本书的部分成果获得如下项目资助：

福建省社会科学规划项目"海峡两岸税收程序法律制度比较与协调问题研究"（2011B208）；

司法部国家法治与法学理论研究项目中青年课题"《税收征收管理法》修订的重点和难点问题研究——从海峡两岸比较的角度"（14SFB30038）。

厦门大学"中央高校基本科研业务费专项资金资助"（项目编号：20720151038）。

／税收公法学丛书／

葛克昌 李刚 ／总主编

海峡两岸税收程序法律制度比较与税收协调问题研究

李刚 郝利军 著

厦门大学出版社
XIAMEN UNIVERSITY PRESS

国家一级出版社
全国百佳图书出版单位

图书在版编目(CIP)数据

海峡两岸税收程序法律制度比较与税收协调问题研究/李刚，郝利军著.
—厦门：厦门大学出版社，2018.7
（税收公法学丛书）
ISBN 978-7-5615-6925-2

Ⅰ.①海… Ⅱ.①李… ②郝… Ⅲ.①税收制度-对比研究-中国
Ⅳ.①F812.422

中国版本图书馆 CIP 数据核字（2018）第 069296 号

出 版 人	郑文礼
责任编辑	李　宁
美术编辑	李嘉彬
技术编辑	许克华

出版发行	厦门大学出版社
社　　址	厦门市软件园二期望海路 39 号
邮政编码	361008
总 编 办	0592-2182177　0592-2181406(传真)
营销中心	0592-2184458　0592-2181365
网　　址	http://www.xmupress.com
邮　　箱	xmup@xmupress.com
印　　刷	厦门集大印刷厂

开本	720 mm×1 000 mm　1/16
印张	34.5
插页	2
字数	658 千字
版次	2018 年 7 月第 1 版
印次	2018 年 7 月第 1 次印刷
定价	96.00 元

本书如有印装质量问题请直接寄承印厂调换

厦门大学出版社
微信二维码

厦门大学出版社
微博二维码

海峡两岸财税法名家推荐词

　　良善的税捐实体法,必须有完善的税捐程序法配合才能落实。所以如何完善税捐程序法,是一个重要的科研项目。往往由于担心税捐程序法的完善可能不利于税收目标之达成,使税捐程序法的合理化总是趋于保守。这时,比较法的研究可以提升改革的安全性,能够壮胆,鼓励稳健逐步试行。台湾地区"税捐稽征法"制定较早,又有大量税务行政诉讼实践之经验,并辅以"大法官"解释制度,一定程度上可显示稽征法制尚可改进之处及其改进过程可能需要之调适。这些经验及其在税捐法制及税政上的表现,对大陆《税收征管法》修订之借鉴意义,值得仔细评估。本书就海峡两岸税捐程序法律制度加以对比,并提出彼此可互相借鉴之处,有理论与实务之参考价值,深值赞赏!

——黄茂荣

(台湾地区前"大法官",台湾大学法学院兼任教授)

　　十年持续关注一个问题,不容易;尤其又是以真正日新月异的海峡两岸税收程序法规则为对象开展比较研究,更是难上加难。本书的不少观点,如税收滞纳金的性质和功能、清税前置程序和限制出境制度规则的改进与完善,不仅有作者的独到见解,也确实值得立法机关认真思考。

——刘剑文

(北京大学法学院教授,中国法学会财税法学研究会会长)

比较法学一向为法学研究方法之一，透过比较研究，可以吸收参考他人智能，获得法治原理及其背后基础之法哲学思想，有助于自身法学研究。有关比较法学的研究，要能深入掌握其精华，必须能够"知己知彼"。海峡两岸间虽无语言障碍，但毕竟在法律体制方面迥异。李刚副教授因有机缘两度来台访学，得以深入了解台湾租税法制，并从两岸租税程序法之异中求同，其结合台湾地区"税捐稽征法"及相关制度之演变、有关判例和"大法官"解释等素材而开展两岸比较研究，从中提炼出租税法治精华，可供学术上及实务上参考，令人敬佩，更值得我们研读。

——陈清秀

（东吴大学法学院专任教授）

洞察两岸税收程序之异同优弊，探析海峡税收协调之路径曲直。

——廖益新

（厦门大学法学院教授，中国法学会财税法学研究会副会长）

总　序

　　欧债危机敲响了当代租税国危机之警钟,危及市场经济基本秩序与国家宪政基础。实则早在百年前于1918年熊彼德所发表之《租税国家危机》一文,即明确指出国家债务失去控制,已宣告租税国家危机来临;而其主要原因,在于社会因素致国家支出暴增,与因经济因素使国家收入停滞不前。德国公法学者Isensee教授,则归结此种历程为初由"财政危机"转为"经济危机",终陷入"宪法危机"的困境,如何将此宪法之脱缰野马,控制在重塑市场经济公法秩序建制中,为当代最重要之法制课题。

　　厦门大学虽偏居东南一隅,但会计学与财税法学具有长远深厚之传统,不仅名师辈出,学子成就傲人,尤以廖益新教授领导下之国际税法,成绩最为斐然。现厦门大学以其固有之基础,积极规划系列"税收公法学丛书",以因应时代需求;由备受期待之青年学者李刚博士主其事,以其积极任事,具远见与耐心。该丛书虽有各种艰困仍待克服,但如持之有故,积年累月,终将有相当成果之一日,吾人等自应尽力配合,共襄盛举。兹在丛书出刊之初,简述其背景及时代意义,望读者切莫以一般丛书视之。

葛克昌

2013 年 5 月 8 日

主编手记:税收公法学丛书的由来

原台湾大学法律学院教授、现东吴大学法学院客座教授葛克昌先生在两岸税法学界的地位与影响,恐怕无人不晓。本人就算是再费笔墨,也难以尽述葛师在税法研究上的高深造诣、两岸交流上的倾力奉献和提携后进上的不遗余力。因此,本套丛书由葛师擎旗帷幄,应是恰如其分。本人蒙葛师赏识,允为主编之一,不胜惶恐,将本套丛书来龙去脉作一简介,亦属分内之事。

2011年7月初,厦门大学第三学期(短学期)之际,应厦门大学国际税法与比较税制研究中心(CITACT-XMU)主任廖益新教授之邀,葛师造访厦门大学法学院,在我校漳州校区为本科生开堂讲学"税捐行政法",本人有幸全程陪同并聆听葛师教诲。厦门大学出版社副社长施高翔博士闻名师而动,与甘世恒编辑专程赴漳州校区拜访葛师,殷切表达厦大出版社拟规划出版"台湾法学家大系"丛书,恳请葛师赐稿襄助之意,双方乐而达成初步出版意向,并委由本人居中联络后续事宜。现在想来,本套"税收公法学丛书"之名,最初即由我们四人在厦大漳州校区宾馆的大堂沙发上商议而定。然而,由于本人怠惰,此事竟拖延一年有余。

2012年9月底至11月底,承葛师及其助理台大法律学院法学研究所财税法组的吴怡凤、巫念衡和陈佳函诸同学尽心周到安排,本人应邀赴台湾大学法律学院先参加"第17届两岸税法研讨会:税捐证据法制"活动,继而于大学部和研究所开课讲授大陆税法。借此次访台之机,不仅终于将此前意向落实,与葛师商定首期出版计划,包括葛师的《租税国的危机》《税捐行政法——纳税人基本权视野下之税捐稽征法》和本人撰写的《现代税法学要论》共三种。截至2018年4月,除上述三书之外,本套丛书已出版东吴大学法学院陈清秀教授所著《现代财税法原理》、本人和郝利军合著的《VIE架构境外间接上市税法问题研究》。

葛师所著繁体版诸专书,本人早在十余年前(2002年)因撰写博士学位论文之需就已拜读,2005年结识葛师以来,一直蒙葛师慷慨赠书,得以持续学习葛师推陈出新的专著要义。这一次兼具编辑与求学者的双重视角,重读各书,对字里行间所展现的葛师思想精髓的体认又与之前初读各书时有所不同。本人将重读纸版书时所勾画之处,与此前初读之时所做的笔记相对照,发现竟然只有一半内容是重叠的,不仅感慨经典著作常读常新,这也是在编辑工作之余的一种额外收获。只是必须说明的是:本套丛书出版各台湾学者论著,虽经本人逐一全书通读,并为符合大陆读者阅读习惯,在尽可能保持原文原貌原意的基础之上,仅对个别字词文句作必要的技术处理,即便还有厦大出版社邓臻编辑、李宁编辑的最后把关检视,仍难免有疏失遗漏之处,请读者体谅;若还肯不吝赐知,为将来的修订助力,则无疑是编者的大幸。

最后,感谢厦大出版社施高翔博士慧眼独具,为两岸法学交流再添新篇;感谢邓臻编辑、李宁编辑为本套论丛所付出的努力。相信他们的眼光和努力会经由读者的肯认获得回报。

李　刚

2018 年 3 月 6 日修订

(李刚的电子信箱:ligang76@163.com)

葛克昌教授序

　　初识李刚教授时，其尚在厦门大学博士后流动站研究，回首十五年，李刚教授勤于科研，著作日丰，学养日深，已略见大师风范。其文章多出于自身好学深思有所得，但文字活泼不忘家中生活，如父母妻儿与其互动小故事，甚至金庸武侠、电影领悟随手拈来，均见其人爱父母爱家爱电影侠者生涯，多彩多姿之人生，唯其核心仍环绕着税收正义与法治化进展。

　　2018 年 3 月，李教授来台湾东吴大学访学数月并返厦后，收到其电子邮件发来与郝利军合著之《海峡两岸税收程序法律制度比较与税收协调问题研究》巨著，原来其第二度来台访学系为该书完稿上穷碧落下黄泉，可见其深耕之勤。其实其浸淫于两岸税法比较，已有十余年，此次在大陆《税收征管法》面临大幅修订之际，而就税收程序予以比较，本身即有相当价值。就两岸税收程序之历史纵深予以深掘，以究明其发展之趋向，并从法理方面探究税法本质与特色，自不同于一般比较法之研究。该书集中焦点于"两岸税收程序法比较"，则是最具法治国家理念高度之著作。因现代国家侵害人权最多者，厥为公权力机关；最有可能以公益为名义滥用公权力，其中又以稽征机关最为可能。因税捐为公法上强制无对待之金钱给付义务，又常有推估核定之滥用，与举证责任之误解。因此现代国家无不规范税捐调查（检查），亦即宪法基本之程序保障，须有"高度刑事诉讼程序化调查模式"，较行政程序须更高之正当法律程序要求。税收程序法从"私法思维模式"，进而至"行政法思维模式"，至 21 世纪无不要求进展至"宪法思维模式"，亦即以保障纳税人基本权为优先。是以先进国家，逐渐在稽征程序之前，先颁发"纳税人权利宪章"，并有"纳税人权利保障法"与"纳税人权利保护官"，尤以强调保障社会弱者之社会法治国家。

　　欣见该书出版，自是税法学崭新一页，故乐为之序。

台湾地区东吴大学法学院客座教授、台湾地区税法学会理事长
葛克昌
2018 年 3 月 28 日

自　序

一

2017 年 9 月至 2018 年 2 月在台湾东吴大学法学院访学期间,笔者安排父母来台自由行以偿二老夙愿。11 月初的一天,乘车前往日月潭的途中,聊及近年来专注海峡两岸税收程序法律制度比较研究一事,母亲突然问道,两岸税法都有什么差异? 猝不及防之下,笔者顺口回答:"差异多了去了!"言毕又觉得如此敷衍打发母亲实有不该。旋即思考,该如何向对法律完全是外行的母亲解释。片刻后,笔者说,最大的差异应该是法治化程度不同。这应是笔者关注两岸税法十余年以来体认到的最主要认识。

这一法治化程度的不同,可以税收法定主义为例简要说明。我国《宪法》本无规定税收法定主义之意,①2015 年修订的《立法法》第 8 条增设第 6 项可谓朝向内涵法律保留原则的(形式)税收法定主义迈出重要一步,但由于该法第 9 条以及《税收征收管理法》(简称《税收征管法》)第 3 条的缘故,在(形式)税收法定主义上还留有重大缺口。② 当前落实税收法定主义的进程中,也确实仅仅追求形式上的税收法定主义而已,此从 2011 年《车船税法》颁行的同时废止《车船税暂行条例》,到 2016 年《环境保护税法》的颁布,再到 2017 年年底颁布的《烟叶税法》和《船舶吨税法》基本是原相应税种暂行条例内容的平移等例大体可获验知。反观台湾地区,台湾地区宪制性规定第 19 条结合第 170 条,加之"大法官"解释对租税法律主义不遗余力地宣导,③并且将财

---

① 参见李刚:《现代税法学要论》,厦门大学出版社 2014 年版,第 86~94 页。

② 参见李刚:《论形式税收法定主义的落实——以税收立法体制的完善为关键》,载《税务与经济》2017 年第 1 期,第 74~77 页。

③ 根据笔者的统计,自 1949 年 1 月 6 日以来,截至 2018 年 2 月 9 日,台湾地区"大法官"累计作出 761 号解释。其中,有关税法问题的台湾地区宪制性规定解释(以下简称"涉税解释")计有 152 号(从 1954 年 6 月 23 日第一个涉税的释字第 36 号解释,至 2017 年 12 月 15 日释字第 757 号解释),占总数的 19.97%。在 152 号涉税解释中,援引台湾地区宪制性规定第 19 条或者租税法律主义者计有 79 号,占涉税解释总数的 52%。

产权保障原则、法律保留原则、比例原则或单独或与租税法律主义共同运用于对税捐法律法规等的司法审查中,因此无论是在税收实体法方面还是税收程序法方面均较好地贯彻了租税法律主义。再如,本书各章在就海峡两岸相同或者类似的各项制度展开比较之后,从两岸各自规则的形式及其效力层级来看,几乎可以得到一致的结论,即台湾地区的税法规则,相比大陆在符合税收法定主义及其具体化的法律保留原则、授权明确性原则以及比例原则等方面都要胜出一筹,尽管台湾地区学者还在努力批评其税法规则对税法基本原则的违反、"大法官"解释时不时就宣告某个税法条文违反宪制性规定。或者正是因为始终处于这种批评和司法审查的压力环境中,才有其税收法治水平的持续保证与稳步发展。

二

笔者开始从事海峡两岸税收程序法律制度比较问题研究始自 2008 年申报某部级课题,虽然当时申报未果,而且此后多次屡败屡战,但反而促成了笔者不间断地阅读和思考,迄今正好十年。当初之所以选择这一问题作为申报课题的选题,一方面缘于自 2005 年起与台湾地区诸多税法学者陆续结识并拜读赠书,发现两岸从税收实体法到税收程序法有各种共通的问题,特别是在某些方面,台湾地区曾经产生的疑问及其解决方案(尤其以"大法官"涉税解释的方式并促成有关系争规定的修改为代表)几乎可以看作是大陆类似问题的前鉴或预警版本。例如,有些问题已经暴露出来,典型者如《税收征管法》第 88 条所规定的纳税争议救济程序中的"清税前置"程序是否违反平等原则以及对人民救济权利的保障;[①]有些问题虽已存在,但由于缺乏充分的税务行政诉讼和有效的司法审查而尚未显现,比如对行为罚可否按所谓"偷税额"为基数给予倍数罚款,应否有合理最高额的限制,[②]行为罚与偷税罚能否并罚,[③]经由税收核定的应纳税额能否作为偷税罚的处罚基数;[④]等等。以上仅是税收程序法方面的列举而已,至于税收实体法方面也不在少数,此不赘述。

可能是因为笔者身处与宝岛台湾相距最近的城市,位于向来注重台湾地区问题研究的厦门大学,在与台湾学者交往十几年的过程中,不仅先后邀请黄茂荣

---

① 参见台湾地区"大法官"释字第 211 号、第 224 号、第 321 号和第 439 号解释;以及本书第十二章第二节。

② 参见台湾地区"大法官"释字第 327 号、第 356 号、第 685 号解释。

③ 参见台湾地区"大法官"释字第 503 号、第 754 号解释。

④ 参见台湾地区"大法官"释字第 700 号解释。

教授、葛克昌教授和陈清秀教授来校短学期授课讲学，而且于 2012 年和 2017—2018 年先后两次赴台湾大学和东吴大学短期访学，得以较为全面系统地了解台湾地区税法规则并学习相关研究成果。在此过程中，也有意识地引导笔者的硕士生选择某些具体税收程序法律制度的两岸比较作为学位论文选题，并且将自己在长期关注中的所思所想倾囊相授，由硕士生结合自己的研究心得发展成文，部分成果已经体现在本书中。加之，自 2013 年笔者受聘"两岸关系和平发展协同创新中心"研究人员以后，更是以两岸税法比较为己任。

三

　　研究过程中可能遭遇的困难，虽然已有较为充分的心理预见，但还是有些应对失策。最大的困难就是作为研究对象的两岸税收程序立法变动太频繁。大陆作为基本税收程序法的《税收征管法》虽然自 2001 年以来所做的两次修改，每次修改只改了一个条文，但这并未阻挡具体税收征管制度改革的步伐，以至于在缺乏上位法依据的情况下，改革措施就已经以试点创新的面目悄然出现，如事先裁定制度①和"多证合一"登记制度改革。与此同时，台湾地区的"税捐稽征法"自 2000 年至今修订了 19 次（如自 2008 年起算则修订了 15 次），至于有关的法规命令和行政规则的变动更是不计其数。

　　两岸税收程序法律规则频繁变化的后果，就是导致每完成本书的一章，甚至一节之后，就已经成为"历史文献"而可丢入"故纸堆"中去了。尤其是在 2013 年年底已经完成了大约 15 万字初稿后决定暂时搁置，坐等 2008 年就已列入全国人大常委会立法规划的《税收征管法》的大幅修订出台，以便将这一最新变化反映到书稿中。未曾想，中间"丢了两次靴子"（即 2013 年和 2015 年的两次单条修订），该法的大幅修订千呼万唤出不来，而已完成的书稿在两岸日新月异的税制改革和税法变动形势下愈发显得"陈旧"。终于在此次赴台访学期间，下定决心全面更新、增补并修订成书。

　　帮笔者下定这个决心的另外一大助力就是笔者曾指导的硕士生、现任职于

---

　　①　在 2015 年 1 月的《税收征管法修订草案（征求意见稿）》第 46 条规定事先裁定制度之前，国家税务总局就在税收遵从协议的框架下，允许大企业申请事先裁定，还有山东省青岛市李沧区国家税务局作为纳税服务创新的事前询复制度，以及广州市地方税务局在全市推行的事先裁定体系，均是在没有上位法依据的情形下开展的。参见郑玮明：《内地与香港事先裁定个案的实证研究——兼评〈税收征收管理法〉的修订》，厦门大学财税法专业 2018 年硕士学位论文。

解放军北京某部的郝利军的加入。2015—2016 年我们合作撰写《VIE 架构境外间接上市税法问题研究》(厦门大学出版社 2016 年版)一书,开启了我们师生合作的旅程,此后利军一直协助笔者完成厦门市国家税务局委托的《中国大陆居民赴台湾地区投资税收指南》(2015 年版、2017 年版和 2018 年版)的课题报告撰写工作,最终 30 万字左右的课题报告均由利军先行完成初稿,因此他对于近年来台湾地区税收法制的全貌及其最新发展动态更为熟悉。当笔者再次邀请他参与本书写作时,他欣然同意,不但撰写了部分章节,而且承担了本书原稿中至少一半章节涉及的两岸税法规则的更新以及绝大部分图表的制作等格式调整工作。

由于自 2008 年至今十年来,笔者指导的不少硕士生都程度不同地参与了本书的写作,或者是收集整理资料,或者是承担部分章节的撰写;有些同学的硕士学位论文即脱胎于其承担的书稿。本书虽然基于各种原因没有全部纳入,最后纳入本书的也由笔者或者郝利军根据两岸有关税法规则的变化做了大幅甚至是面目全非的修改,但仍然不能抹杀他们的功劳。他们是 2007 级:李海波、姚雅丹、潘璐;2008 级:王宇、李娟;2009 级:毛文婷、郑仁杰、张明梅、林志峰、杨波、郭元凯、刘杰;2010 级:石楚、张芸、邓朱明、任新翠、刘俊、黄羽婷;2011 级:李亚平、游凯杰、昝星源;2013 级:邓娴、曾佳乐、汪雯;2014 级:李庆艳、李松香。对他们撰写的内容,本书如果予以采用并做了何种程度的修改,均会在相关章节标题下以脚注说明。

全书均由笔者从头至尾审读、修改,有时虽然是在原稿基础上修改,但很多时候改到最后发现已经是完全重写,此次在台访学期间笔者新写的内容粗略估计就超过 15 万字;而全书一半以上章节中已过时的两岸税法规则则由郝利军予以更新。因此,以下笔者和郝利军就各章节撰写的分工仅系大体而言:

主要由李刚负责的部分包括:前言,第一章至第九章,第十二章,第十三章第二节,第十四章第一节,第十五章。

主要由郝利军负责的部分包括:第十章至第十一章,第十三章第一节,第十四章第二节。

四

虽为"序",但其实是全书最后撰写的部分,目的就在于完成所有正文后才能对全书内容有整体上的把握和细节上的熟稔,从而得以回顾总结本书的意义并检讨其不足。

在目前已经不太流行做单纯比较研究的趋势背景下,本书的研究显得有些吃力不讨好。"吃力"的部分已如前述,作为研究对象的两岸有关税收程序法规则变动太快，与笔者历来习惯"慢工出细活"的研究风格"势成水火"，已然尝尽苦头。"不讨好"之处往往体现在作为比较研究前提的"可比性基础"，以及作为比较研究结论的所谓"借鉴参考建议"两大方面。正如我国早期所开展的风风火火的比较法学研究一般，在并不过多考虑或者有意忽视可比性基础的情况下，就"鼓吹"应该借鉴和参考其他国家或地区的所谓"先进经验"。此种忽视本土化而贸然进行法律移植在税法领域的典例就是在西方本有"良税"美誉的增值税制引入我国之后，一方面导致严格的"以票控税"，即只看发票形式不看交易实质的畸形征管模式，另一方面又引发大量以虚开增值税专用发票为代表的发票犯罪。至于在个人所得税方面倒是与前述增值税形成相反对照，由于一直未能培育出混合税制乃至综合税制所植根的蕴含自觉申报、主动纳税在内的税法意识和税法文化氛围，因此从 1996 年起就提出的向混合税制转变的口号，[①]喊了二十多年至今尚未迈出实质性的一步。[②]

　　就本书而言，时刻面临上述两大方面的拷问。在可比性基础方面，笔者认为，除却两岸之间本有的民族同种、文化同根以及经济互利的广泛背景之外，本书最主要的比较对象是相比税收实体法规则而言"个性"并非那么突出的税收程序法规则，这为本书的比较研究奠定了较为可靠的可比性基础。对此，本书"前言"第二部分已有简要说明，个别章节（如第十二章第二节之三和第十三章第二节之一）还就具体制度的可比性问题予以专论，此处不赘。

　　至于在借鉴参考方面，由于前述可比性基础得以大体成立的缘故，又值我国《税收征管法》面临大幅修订之际，因此本书采取两岸具体制度逐一对比并提出比较结论的方式，应该多少还是有些参考价值的。而且，虽然无法完全避免仅仅基于法条的对比就得出结论的现象，但本书在力所能及的范围内还是引用了大陆一些典型案例和台湾地区"大法官"涉税解释作为素材予以佐证。

　　从事比较法学研究，研究者总是自觉或者不自觉地选取通常认为优于本国

---

　　① 我国早在 1996 年的《国民经济和社会发展"九五"计划和 2010 年远景目标纲要》中就指出个人所得税改革的方向是"建立覆盖全部个人收入的分类与综合相结合的个人所得税制"；此后，类似表述先后出现在 2001 年的《国民经济和社会发展第十个五年计划纲要》、2003 年的《中共中央关于完善社会主义市场经济体制若干问题的决定》、2006 年的《国民经济和社会发展第十一个五年规划纲要》、2011 年的《国民经济和社会发展第十二个五年规划纲要》、2013 年的《中共中央关于全面深化改革若干重大问题的决定》和 2015 年的《中共中央关于制定国民经济和社会发展第十三个五年规划的建议》之中；并且从 2001 年"十五"计划纲要开始，原先的"分类与综合"改为"综合与分类"，进一步明确了混合税制中以综合为主、分类为辅的改革倾向。

　　② 参见廖益新：《税法的移植与本土化问题》，载《政法论坛》2006 年第 5 期，第 40~42 页；杨斌：《中国税改论辩——文化差异对财税制度设计及其运行效果的影响》，中国财政经济出版社 2007 年版，第 101~137 页。

或者本地区的其他国家或者地区作为参照系,因为比较的主要目的无非在于"他山之石,可以攻玉",这也是为何很少见到经由比较之后得到本国或者本地区法律较优而沾沾自喜的结论。本书亦不例外,但是仍然注重在台湾地区相比大陆在税收程序法方面整体上较为先进的框架中,发掘大陆相比台湾地区在个别具体制度上不遑多让甚至有所超越之处,而时刻提醒自己不能秉持凡域外借镜就是域外好的惯性思维。

例如,大陆目前开展的"多证合一"登记制度的改革,若能在改革进程中妥善解决其合法性依据问题,则作为改革成果的"多证合一"登记制度显然优于台湾地区区分主体(主体登记中又分为税籍登记和厂商登记两种)和客体(物)分别加以登记的做法(参见第二章第一节)。

再如,在涉税信息共享方面,大陆目前启动并推进的政务信息资源共享体系的建设,如能在真正建立起"行政一体化"理念的基础上构建各行政机关互助机制并妥善解决其中信息权与隐私权的冲突问题,则不仅优于台湾地区以"财政资讯中心"为核心的财政资讯共享制度,其意义更将超越税收和税法领域(参见第三章第二节和第四章第三节)。

又如,在税收滞纳金的立法模式方面,大陆统一适用《税收征管法》的滞纳金规则,显然比台湾地区采取"税捐稽征法"的一般性规定,又由各税种法个别规定且与"税捐稽征法"的一般性规定并无太大差异的分散性立法模式在整体上更优(参见第六章第一节)。

至于台湾地区迄今仅签订了 34 个双边税收安排和 13 个海空运输税收协议,与大陆签订的多达 103 个双边税收协定、3 个双边税收安排、10 个税收信息交换协定以及《多边税收征管互助公约》等多边税收协定所构建的庞大税收协定网络亦无法相提并论(参见第十五章第一节)。

在所谓借鉴和参考方面,仍需考虑两岸不同的法治水平和制度背景,不宜主张全面移植或者局部嫁接台湾地区的相关制度。例如,在纳税申报的激励机制上,我们就建议继续完善大陆的纳税信用等级制度(参见第五章第一节之三),而无须引入台湾地区的蓝色申报书制度。

当然不可否认,借鉴和参考更多的还是从台湾地区整体较优的制度规则和理论研究中获得改进大陆相应制度的启发,并且由于深入的比较而水到渠成地获得一些具有所谓创新性的观点。

例如,在税收滞纳金的法律性质方面,本书不仅创造性地提出"利罚参照比较法",以量化的直观方式辅助界定税收滞纳金的法律性质,而且筛选出影响税收滞纳金功能及其法律性质界定的四大因素,即征收比率、计征期间、税收利息是否并存以及《行政强制法》的(执行)滞纳金,从而通过对该四大因素的分析较为准确地界定了税收滞纳金的应然性质与其从法律文本中体现出的实然性质,并对《税收征管法》最新修订草案有关滞纳金和税收利息规则做了较为详尽的分析(参见第六章)。

再如,在两岸间有关税收担保法律属性不同观点的梳理和比较中,发现大陆学者至今仍然在引用台湾地区学者陈敏教授1994年的旧文作为税收担保私法属性说的代表性观点,①而未关注到由于台湾地区"行政诉讼法"1998年的大幅修订而引入给付诉讼类型之后,陈敏教授已改为主张税收担保合同性质应为行政契约因而具有公法属性。同时,还指出大陆《税收征管法》中的税收担保制度因笼而统之为公法属性,而未基于税收担保合同的行政契约性质厘清税收担保人与纳税主体(即纳税人和扣缴义务人)之间的区别,导致将二者等同对待,致使税收担保人蒙受了诸多"不白之冤"(参见第七章第一节)。

又如,本书第十二章第二节,以台湾地区有关税捐复查限制规则的"大法官"解释为线索,结合申请案由及相关立法修订历史,详细介绍了其最早确立于20世纪初的税捐复查限制规则,在首经1986年"大法官"释字第211号解释宣告符合台湾地区宪制性规定之后,又经1988年释字第224号解释、1993年释字第321号解释直至1997年释字第439号解释相继宣告违反台湾地区宪制性规定,由此促动其"海关缉私条例"(2013年修订)、"税捐稽征法"(1990年修订)和"关税法"(1991年修订)先后修法。台湾地区类似于大陆《税收征管法》第88条所规定的"清税前置"程序的税捐复查限制规则,历经四号"大法官"解释、前后将近30年时间才得以废止的历史,似乎昭示着大陆在法规有效的司法审查机制的情况下,期待立法机关(其实主要是实际把持税法草案起草权的财税主管部门)主动、完全废止"清税前置"程序似乎还有些不切实际。为此,本书也结合《税收征管法》最新修订草案的有关内容,提出了近期和远期两个修改方案。

有时,两岸有关制度间过于明显的差异确实让人感到有些气馁。如限制出境制度方面,经由两岸限制出境制度演变历史的比较,可以看出制度演进的朝向截然不同。希望本书运用法律保留原则和比例原则对限制出境制度的检验能够促使《税收征管法》修订草案的起草者重新反思草案中的相应条文(参见第九章第一节)。

此外,本书对内地与香港、大陆与台湾地区签订的双边区际税收协议(安排)所做的文本比较,尤其是对后者在体例结构、两岸税务联系机制与业务交流制度、资讯交换的"四不原则"(即不溯及既往、不作税务外用途、不用于刑事案件以

---

①　参见陈敏:《租税法之提供担保》,载《政大法学评论》1994年第52期。不过,亦有学者指出,陈敏教授认为税收担保合同是一种私法契约的结论,并非基于其理性分析,而系对当时制度的一种妥协。参见刘剑文、熊伟:《税法基础理论》,北京大学出版社2004年版,第406页。

及非具体个案不提供)等三方面具有创新性规定的提炼应当具有相当的原创性(参见第十三章第二节)。还有,笔者早在《两岸税收协议》签订之前就曾建议,由大陆台资企业与其在台关联企业分别向其各自主管税务机关申请谈签预约定价协议,经由两个单边预约定价协议形成实质上双边预约定价的效果,以此促成两岸主管税务机关在各自税务主管当局的特别授权下开展有关税收信息交换和相互协商程序活动。[①] 在《两岸税收协议》签署两年多且其生效不可预期的情况下,上述建议似乎仍然有其意义(参见第十五章第二节)。

从不足方面看,我们认为主要有如下三大方面:

一是两岸税收程序法律制度比较与两岸税收协调问题二者之间在逻辑上尚有脱节之处;对此,本书"前言"之一将有详述。

二是所比较的税收程序法律制度在体系上仍然不够全面。例如有关税收程序法律关系的主体制度(参见第三章第一节、第五章第四节)和税收处罚法部分,均有单独成章加以比较研究的必要,但目前仅是分散于有关章节中。再如,某些重要的税收程序法律制度,例如税法上协力义务制度(参见第三章第一节)和税收优先权制度(参见第六章第二节),仅是在个别章节有所涉及,未能单独加以比较研究。至于税收程序法上的举证责任问题(参见第五章第三节之二),笔者目前还力有未逮,只能暂且弃之不顾。

三是在比较时,虽力图避免仅是两岸法条的罗列和法条文字的简单比较,而尽量结合其演变史、相关理论或者案例以丰富比较的形式与内容,从而拓实比较结论的基础,但是,目前各章节书稿在这方面的水平还参差不齐。

在我国,历来每当立法变动随即掀起一股集中研究热潮,待至久未变动或者变动后不久,热潮便慢慢消逝。《税收征管法》的大幅修订至今已逾十几年之久,本书研究亦得以在此动力促使下持续而行。尤其是借此次访台之机,陋室孤居中,得以拜读体认前辈学者之深文大义、观察琢磨学界同行之百家争鸣,虽然最终反映到本书中仅为笔者的浅见寡识,但尚称得上是客观、冷静之作,唯望耐心的读者于字里行间揣摩体会。

五

在台湾东吴大学法学院访学期间完成本书的最终撰写和修订工作,无论是从时间还是地点来说,都再恰如其分不过了。而得以有此机缘,首先必须感谢东

---

① 参见李刚、李海波:《海峡两岸税收协调的基本原则与具体路径》,载《税务研究》2010年第1期,第60～61页。

吴大学法学院院长洪家殷教授和财税法研究中心主任陈清秀教授的邀请,以及陈虹淑秘书的细致安排。陈清秀教授带领我们几个访问学者,登阳明山观景、上猫空品茶,而且时不时就送一本新出或再版的专著,让我们敬佩不已;其所著《税法总论》(2016 年第 9 版)亦成为本书引用率最高的专著。在台北访学期间,还承蒙台湾地区前"大法官"黄茂荣教授、东吴大学法学院葛克昌教授、台湾大学法学院蔡茂寅教授多次款待,交流之中获益匪浅,与诸位前辈学者十几年"忘年交"情谊再进一步。台湾植根国际资讯股份有限公司提供本书作者使用的"植根法律网"成为本书获取台湾地区有关法律法规、解释令函和司法判解的最主要途径,不在此对该公司及其董事长吴铭子女士道谢实在说不过去。此外,访学期间得以结识同期自大陆来东吴大学法学院访学的华侨大学法学院钟付和老师和江苏南通大学的王菁老师,加上早已认识的武汉大学法学院叶金育老师,大家彼此关照,谈天说地,结伴出游,相处愉快。

六

据有学者考证,早在 1847 年,德国学者基尔希曼(Julius von Kirchmann)在柏林发表一篇有名的演讲《法学无学问价值论》,其中讲到立法者只要把"改正"这个词说三遍,汗牛充栋的法学著作就会变为一堆废纸。这一说法代表了 19 世纪中期在概念法学的统领下自由法学兴起的前奏。[①] 如果移用于本书的撰写上,不需三遍,立法者只需把立法修订做一遍,本书的不少论述可能就失却意义,而笔者也经不起再来一次全面修改的折磨了。唯愿两岸慢些修改规则,让本书多少发挥点作用吧!

李　刚

2018 年 2 月 12 日

台湾东吴大学外双溪校区东桂学庐

---

① 　参见梁慧星:《民法解释学》,法律出版社 2015 年第 4 版,第 64 页。

海峡两岸税法及相关术语对比表

台湾地区	大　陆	相似度
备妥移转订价文据	同期资料准备	类似
财产交易所得	资本利得	类似
常规交易原则	独立交易原则	相同
罚锾	罚款	相同
法规命令	行政法规	类似
法条序号:条、项、款、目	法条序号:条、款、项、目	相同
(费用等)税前认列	(费用等)税前列支	相同
关系人(企业)	关联方(企业)	相同
记账士	(注册)税务师等税务代理人	类似
揭露关系人及关系人事务数据	关联申报	类似
就源扣缴	源泉扣缴	类似
居住者和非居住者	居民纳税人和非居民纳税人	相同
课税处分	具体税收行政行为	类似
权利金	特许权使用费	相同
设算扣抵法	归集抵免制	类似
实际管理处所	实际管理机构	相同
税捐稽征机关/稽征机关	税务机关	相同
税目	税种	相同
税收扣抵	税收抵免	类似
税收资讯交换	税收信息(或情报)交换	相同
税籍登记	税务登记	类似
税务诉愿	税务行政复议	相同
税务协谈	税务约谈	类似
未分配盈余	未分配利润	相同
行政罚、秩序罚	行政处罚	类似
移转订价	转让定价	相同
营利事业	企业	类似
预先订价协议	预约定价安排	相同
资本稀释	资本弱化	相同
智慧财产权	知识产权	相同
租税协定	税收协定	相同

海峡两岸税种(税目)大致对应关系

台湾地区	大 陆
营利事业所得税	企业所得税
综合所得税	个人所得税
遗产及赠与税	无
证券交易税	无
期货交易税	无
加值型及非加值型营业税	增值税
货物税及烟酒税	消费税
货物税、烟酒税、特种货物及劳务税(部分)	消费税(部分)
烟酒税(部分内容)	烟叶税
无	城市维护建设税
关税	关税
土地增值税	土地增值税
无	耕地占用税
地价税	城镇土地使用税
房屋税、特种货物及劳务税(部分)	房产税
使用牌照税	车船税
无	车辆购置税
无	资源税
无	环境保护税
契税	契税
印花税	印花税
"所得税法"吨位税制	船舶吨税

图表索引

说明:本书图表按"章-节-序号"编号,如表 1-1-1 为第一章第一节的第一个表格,图 1、图 2、图 3 为"引言"部分图示,图 4-1-1 为第四章第一节的第一张图。

简　目

下编　海峡两岸税收协调问题研究

详　目

下编　海峡两岸税收协调问题研究

引　言

一、程序法律制度在比较与协调语境下的区别

除税法总论系从法学角度的分类以外,对以税法规范所构成的税法体系的划分,按照税收法律关系性质的标准,大陆多分为税收实体法和税收程序法两大部分,而台湾地区则多分为税捐实体法、税捐程序法、税捐救济法和税捐处罚法四大部分。这一区别的意义并非仅在于后者更为细致而已,而在于台湾地区税法理论与实践更加肯认税捐救济法和税捐处罚法兼受"行政程序法"或"行政罚法"与税法基本原则的共同约束,税捐救济法因确保"有权利即有救济"和税收处罚法对税收行政相对人,尤其是纳税人影响甚巨,因而在税法体系框架内具有独立成类并深入研究的必要。因此,台湾地区学界所称税收程序法系狭义角度,其仅指税收征管行政程序法,包括税收法律关系主体制度、税务管理制度、税收征收制度、税收征收保障制度、税务检查制度和税务代理制度;大陆所称税收程序法则系广义观察,除税收征管行政程序法外,还包括税务处罚制度和税务行政复议法律制度。[①] 本书如未特别说明,则均采广义的税收程序法观点,但暂未包括税收处罚法。而本书所谓两岸税收程序法律制度的比较研究,即主要围绕有关税收征管制度和税务行政复议制度展开。

至于在国际税法语境中所称的国际或者区际税收协调法律程序,则与上述税收程序法律制度有所不同。国际税法是国家之间协调税收利益关系的过程中所产生的国家涉外税收征纳关系和国家间税收分配关系的法律规范的总称;[②] 就前者涉外税收征纳关系而言,由于其属于一国税收征纳关系的整体,因此其所

---

① 有学者主张最广义的税收程序法观点,将税收程序法分为通则性税收程序制度(税收程序的一般规定)、税收管理程序制度、税收确定程序制度、税收征收程序制度、税收执行程序制度、税收检查程序制度、税收处罚程序制度、税收救济程序制度和税收立法程序制度共九个部分。参见施正文:《税收程序法论——监控征税权运行的法理与立法研究》,北京大学出版社 2003 年版,第 236～262 页。

② 刘剑文主编:《国际税法学》,北京大学出版社 2013 年第 3 版,第 14～15 页。

适用的程序法与上述税收程序法并无二致；就后者国际税收权益分配关系而言，其所适用的程序法规则与上述税收程序法则大异其趣。协调国际税收权益分配关系的规范，又称为冲突规范，其主要目的与作用在于解决不同国家之间税收管辖权的冲突以及因此而产生的税收利益的分配问题，并大多以避免双重征税和防止逃漏税作为前述问题的两大类型表现。观察集中约定两类问题的国际税收协定，例如经济合作与发展组织（OECD）2017年年底颁布修订后的《关于所得和财产的税收协定范本》，在其五大构成部分，[①]即协定的适用范围、对各类跨国所得和财产价值的征税权划分、消除国际重复征税的方法、禁止对缔约国国民的税收歧视待遇和建立国际税务行政协助关系中，能够无争议地归类于程序规范者除了第31条"生效"和第32条"终止"外，恐怕只有被统称为国际税务行政协助制度的第25条"相互协商程序"（mutual agreement procedure）、第26条"税收信息交换"（exchange of information）和第27条"税收征管协助"（assistance in the collection of taxes）了。[②]

上述三种专门协调国际税收关系的程序制度（简称"国际税收协调程序制度"）与前文所称（内国）税收程序法之间既有紧密的联系又有较大的差异。就紧密的联系方面而言，例如作为国际税收信息交换所交换对象的税收信息必然是根据内国涉税信息收集程序法规范所收集到的信息，[③]因此内国有关涉税信息收集的税收程序法制度构成国际税收信息交换制度的前提和基础。国际税收征管协助与此同理，因为不能要求被请求方缔约国采取其国内税收征管程序法所没有规定的征管措施来协助请求方缔约国。

就差异而言，不同的国际税收协调程序制度与内国税收程序法制度之间的差异程度亦有不同。例如前述国际税收信息交换制度，除了要有内国涉税信息收集程序法律制度作为其基础外，还需要纳入或者经由专门的国内税法的转化才能发挥实效，国家税务总局（简称"税务总局"）颁行的《国际税收情报交换工作规程》的通知（国税发〔2006〕70号）就属于此类，并且由于二者的紧密联系，可以认为内国涉税信息收集程序法规则、作为转化规则的《国际税收情报交换工作规程》和国际税收协定中的国际税收信息交换条款共同构成了广义上完整的国际税收信息交换制度；其中，后两种规则构成狭义上的国际税收信息交换制度。而

---

① 参见廖益新主编：《国际税法学》，高等教育出版社2008年版，第68～75页。

② See OECD, Model Tax Convention on Income and on Capital: Condensed Version 2017, OECD Publishing, http://dx.doi.org/10.1787/mtc_cond-2017-en，访问日期：2018年2月10日。

③ 从这个角度来说，"国际税收信息交换"的合理表述应该是"国内税收信息的国际交换"："国内"形容税收信息的来源范围，"国际"形容税收信息的交换主体。参见李刚：《现代税法学要论》，厦门大学出版社2014年版，第310页。

且,狭义的国际税收信息交换制度必然以内国涉税信息收集程序法规则为前提和基础,否则就失其实际意义;反之则不然。再如,相互协商程序则是一个较为独立的国际税收协调程序制度,国际税收协定中的相互协商条款虽然亦需诸如税务总局颁行的《税收协定相互协商程序实施办法》(国家税务总局公告 2013 年第 56 号)和《特别纳税调查调整及相互协商程序管理办法》(国家税务总局公告 2017 年第 6 号)等才得以转化为内国税法,但在前文所述的内国税收程序法当中并不存在一个与相互协商程序相对应的制度,这也是我们认为不同的国际税收协调程序制度与内国税收程序法之间差异程度不同的原因所在。

大陆与台湾地区同属一个主权国家的不同法域,其二者之间虽仅为区际税收协调关系,但在基本原理和技术规则上与国际税收协调应有一脉相承的同质性。因此,当论及两岸税收程序法律制度比较时,其中的税收程序法律制度是与税收实体法律制度相并列的一个类别概念;当论及两岸税收协调程序法律制度研究时,其中的协调程序法律制度与前文所称税收程序法律制度已经分属两事。也正是从这个意义上,本书的书名由最初的"海峡两岸税收程序法律制度比较与协调问题研究"改为现名。

2008 年,笔者最初以"海峡两岸税收征管法律制度比较与协调问题研究"作为申报课题的选题,后来逐步扩充为"海峡两岸税收程序法律制度比较与协调问题研究",试图将范围由税收征管程序扩大到税收救济法部分。在后续的研究过程中,逐步体认到前述税收程序法律制度与区际税收协调程序法律制度之间的差异,并且随之产生试图将二者融合在同一主题下予以逻辑化体系安排的困难。为了解决这一问题,除了在此特别予以说明以外,只有从形式上将本书体系分为比较与协调的上下两编以示一定程度的区隔,从而缓解由于二者差异而造成的逻辑连贯问题。

二、海峡两岸税收程序法律制度比较与税收协调的重要意义

两岸人民血肉相连,两岸的经贸往来也不是政治所能阻断,特别是在改革开放之后,两岸的贸易得到了前所未有的快速发展。目前,如图 1～图 3 所示,大陆已成为台湾地区最大的贸易伙伴、出口市场和贸易顺差来源地。① 台湾地区是大陆第七大贸易伙伴、第九大出口市场和第六大进口来源地。2016 年,大陆与台湾地区贸易额为 1796 亿美元,占大陆对外贸易总额的 4.9%。其中,大陆对台湾地区出口 403.7 亿美元,自台湾地区进口 1392.3 亿美元。截至 2016 年

---

① 依据"台湾地区大陆委员会"《两岸经济统计月报第 286 期》制作。

12月底,大陆累计批准台资项目 98815 个,实际使用台资 646.5 亿美元。按实际使用外资统计,台资占大陆累计实际吸收境外投资总额的 3.7%。[①] 但自 2014 年开始,由于台湾地区"太阳花运动"等事件影响以及此后两岸政治关系方面众所周知的原因,两岸进出口贸易额双双呈现下滑趋势,而且在可以预见的短期内难以恢复到原有的水平。

两岸贸易统计(单位:百万美元)

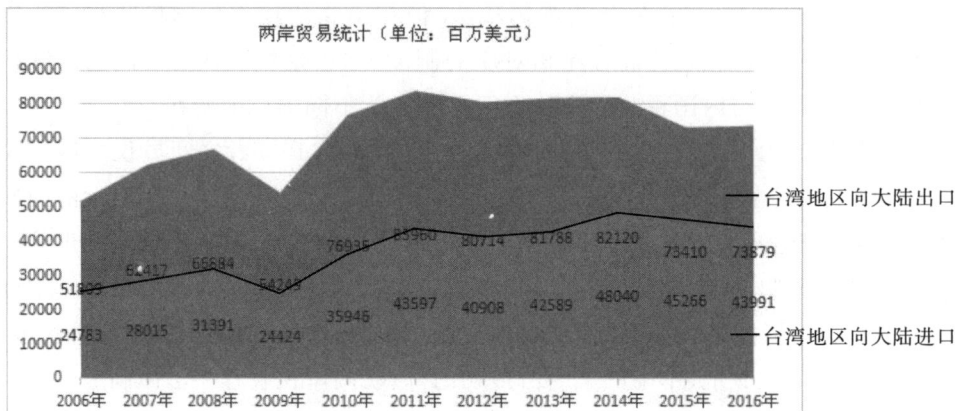

图1 海峡两岸贸易统计图

自 2008 年两岸恢复两会,即"海峡两岸关系协会"(以下简称海协会)和台湾财团法人"台湾海峡交流基金会"(以下简称海基会)制度化协商以来,截至 2016 年 1 月,已举行十一次两岸两会高层会谈,共签署 23 项协议并达成两项共识,这些协议为两岸的经贸交流秩序建立了规范框架。

但是长期以来,两岸经贸往来处于单向性、不平衡的状态,严重抑制了两岸经济合作发展的活力。随着两岸经贸互动日趋热络、紧密,面对世界经济全球化、区域经济一体化带来的新情况和新问题,实现两岸经济关系正常化、制度化和自由化,已是历史的必然,也是两岸双方迫切的需要。为此,2010 年 6 月 29 日,海协会与海基会于重庆签署了《海峡两岸经济合作框架协议》(Economic Co-operation Framework Agreement,简称 ECFA),并于 9 月 11 日完成换文程序,同意于 2010 年 9 月 12 日起实施。ECFA 除以降低两岸互贸产品的关税或者实施优惠关税等为主要内容外,还涉及两岸互相开放投资领域。根据 ECFA 附件四《服务贸易早期收获部门及开放措施》,大陆方面承诺,对会计、计算机及其相关服务、研究和开发、会议、专业设计、进口电影片配额、医院、民用航空器维修,

---

① 参见商务部台港澳司:《2016 年 1—12 月大陆与台湾贸易、投资情况》,http://tga.mofcom.gov.cn/article/sjzl/taiwan/201702/20170202508884.shtml,访问日期:2017 年 1 月 26 日。

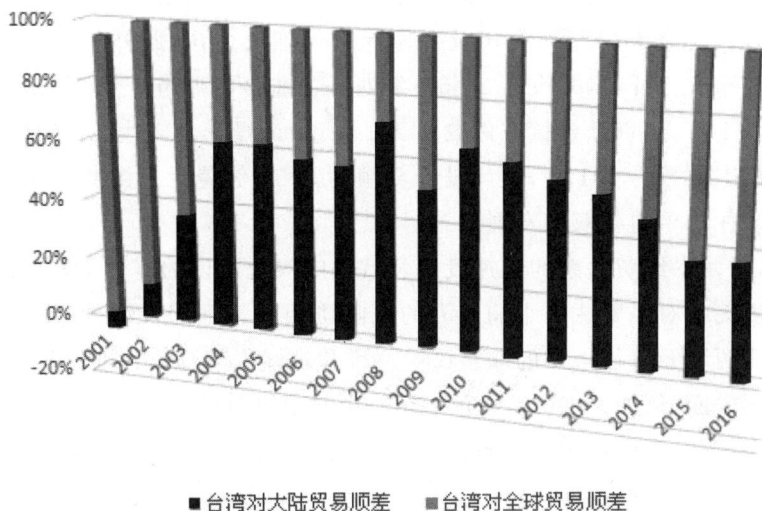

图 2　台湾地区对大陆贸易顺差与对全球贸易顺差对比图

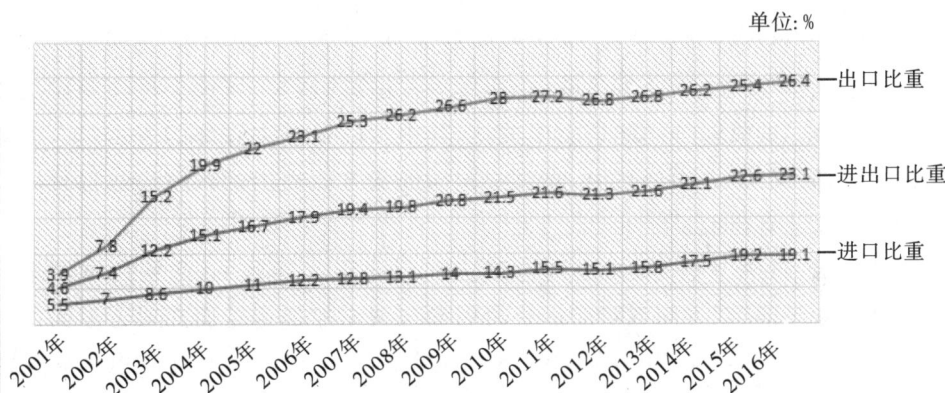

图 3　台湾地区对大陆贸易占其贸易总额比重图

以及银行、证券、保险等 11 个服务行业对台实施更加开放的政策措施,具体开放措施包含 19 项内容;台湾方面承诺,对研究与发展、会议、展览、特制品设计、进口电影片配额、经纪商、运动及其他娱乐、航空电脑订位系统以及银行等 9 个服务行业对大陆进一步放开。例如,根据台湾方面的统计,截至 2017 年 12 月底,在金融服务业方面,台湾地区金融监管机构核准 13 家台湾地区银行赴大陆设立分(支)行及子银行,1 家证券商赴大陆参股设立期货公司,1 家证券商赴大陆参股设立证券公司,4 家投信事业赴大陆参股设立基金管理公司并已营业,有 20 家台湾地区投信事业及 1 家证券商、10 家台湾地区保险业、6 家台湾地区银行向大陆提出 QFII 资格并均获大陆证券监理机构核准资格,已核准 12 家台湾地区保险业及 3 家保险经纪公司赴大陆参股投资,并已获大陆核准参股投资大陆 7 家保险业者、2 家保险经纪人公司及 1 家保险代理人公司;此外,大陆银行在台部分已有 3 家分行开业,并设有 2 家办事处。在非金融服务业方面,从 2011 年至 2017 年 11 月,陆资赴台核准件数为 241 件,累计投资金额达 3.77 亿美元;台资来大陆核准件数为 731 件,累计投资金额达 8.52 亿美元。由此,两岸经贸交流开始由以往的单向朝双向发展。

然而,与两岸经贸关系的迅速发展及其相应双边协议的签署不相匹配的是,两岸税务机关在对经贸往来影响巨大的税收协调政策上却长期处于停滞状态,直接导致在两岸经贸往来中的双重(不)征税和逃漏税问题。目前的税收协调还仅限于个别方面,例如,2006 年 9 月 18 日,中共中央台湾事务办公室(以下简称"中共中央台办")与中国国民党台商服务联系中心在北京达成 10 项共同意见,其中第 3 项即"大陆有关部门将继续推进依法治税,贯彻落实鼓励台商投资的各项税收优惠政策,加强对台商进行税收政策及法规的宣传。双方促进避免对已依法纳税的企业和个人所得在两岸重复征税,对台商个人所得税的核算方式进行深入研究",[①]从而迈出了两岸在双边税收协调上的第一步。2007 年 7 月 25 日,上述双方再次在北京达成 10 项共同意见,其中第 7 项提出了"适时做好相关税制调整工作"等主张,并就大陆《企业所得税法》的制定、城镇土地使用税法和《税收征管法》的修订等问题表示了关注,其中大陆业务主管部门表示:"今后对《税收征收管理法》作出修订时,将对中国国民党方面提出的调整税收追征期规定问题予以认真研究。"[②]

2008 年 11 月 4 日,海协会与海基会在台北正式签署了《海峡两岸海运协议》,其第 6 条即"双方同意对航运公司因参与两岸船舶运输而在对方取得的运输收入,相互免征营业税和所得税"的规定在两岸税收协调上具有里程碑的意义。2009 年 4 月 26 日,两会在南京签署的《海峡两岸空运补充协议》第 7 条也规定,双方同意在互惠的基础上,磋商互免两岸航空公司与经营活动有关的关税、检验费和其他类似税费等问题,并对两岸航空公司参与两岸航空运输在对方取得的运输收入,相互免征营业税及所得税。由此,两岸在税收协调方面开始有了初步的探索,但仍主要限于传统的单边措施,合作领域也有待于进一步拓展。

---

① 《中台办与国民党台商服务中心达成 10 项共同意见》,中国台湾网:http://2006. chinataiwan. org/web/webportal/W5270251/Uchenl/A340511. html,访问日期:2008 年 11 月 16 日。

② 《国共两党有关机构第三次保护台商合法权益工作会谈达成十项共同意见》,新华网:http://news. xinhuanet. com/politics/2007-07/25/content_6429519. htm,访问日期:2008 年 11 月 16 日。

从 2009 年税务总局和台湾相关部门通过海协会和海基会建立的平台商谈两岸税收协议开始,历经 6 年数回合协商,才就协议内容达成全部共识。2015 年 8 月 25 日,海协会和海基会在福州举办的"两岸两会第十一次高层会谈"中,签署了《海峡两岸避免双重课税及加强税务合作协议》(以下简称《两岸税收协议》);截至 2018 年 2 月底,两岸均未完成相应的生效程序,该协议尚处于未生效状态。

随着《两岸税收协议》未来的生效执行,两岸在税收协调方面将开展合作,这就必须建立在对两岸的税法制度有充分了解的基础之上。

目前,海峡两岸无论在税收实体法还是税收程序法方面都存在着较大的差异,而大陆对于两岸在税收实体法方面的差异已经有了不少研究,但对于税收程序制度上的比较还研究甚少。不可否认在税收实体法方面的比较有其必要性,特别是大陆近年来通过渐进式的税制改革有向台湾地区所代表的较为先进的税制靠拢的可能,例如 2017 年年底初步完成的"营改增"改革在废止营业税的同时将增值税征税对象扩围到所有商品和劳务上,与台湾地区实施的加值型及非加值型营业税之间的共通性更为明显;再如大陆一直试图启动的个人所得税由分类税制向综合与分类相结合的混合税制转变的改革,可以从台湾地区较为成熟的个人所得税综合税制中获得不少启发。反之,大陆企业所得税法中具有反避税功能的实际管理机构标准和受控外国公司制度自 2008 年就已施行,对于台湾地区 2016 年 7 月通过增订其"所得税法"第 43 条之 3 和之 4 才确立该两项制度且尚未生效实施,也应有供其参考的价值。

相比税收实体法的比较而言,我们认为启动两岸在税收程序法方面的比较,并推动区际税收协调程序制度的创新和实践更具有现实可行性。其主要原因包括如下四个方面:一是两岸在税收程序制度,尤其是税收征管制度方面的共性大于差异,相对两岸在税种法方面的共性而言,就更加明显。例如两岸的税收征管制度均包括税务管理、税款征收、税务检查等基本环节,通过深入的比较可以发现有些制度"名异实同",有些制度虽然不同,但其差异也主要体现在细节方面,所以比较借鉴的难度较小。二是税收征管制度既有适用于大部分税种的一般规则,又有仅适用于个别税种的特殊规则,前者形成税收征管制度的"面",后者构成税收征管制度的"点",结合上述两岸在税收征管制度方面共性较大的现状,其比较呈现出"面宽点多"、灵活性强的特点。三是税收实体法的协调最终都要通过税收程序法制度加以实现。无论是所得税法领域的纳税人身份的认定或者税收抵免制度,还是关税法领域的减免关税等,最终都必须通过一定的程序法制度来落实。这些程序法制度既包括两岸各自税收征管法和有关税收实体法中的程序制度,又包括《两岸税收协议》中的程序制度,即所谓区际税收协调程序制度。四是根据我国现行税收立法体制,国务院及财税主管部门和地方政府对于税收征管制度的具体化或者调整有着相对比较大的权限,不一定非要由全国人大及其常委会讨论决定,大部分征管规则的具体事项可以由国务院或财政部、税务总局在其法定权限范围内直接规定或依法授权地方政府根据具体情况加以规定,符合在两岸税收协调方面由地方政府"先行先试"总结经验,再由下而上形成制度传导的现实路径选择需要。

因此,我们认为,现阶段对两岸以税收征管法为主的税收程序法律制度进行深入的比较,并在此基础上提出具体的协调建议是非常必要的,它不仅在理论上具有拓荒的意义,而且在实践上至少还有以下几个方面的重要意义。

(一)进一步促进两岸经济的交流与融合

现阶段,由于两岸常态化的双边税收合作尚未实际开展,使得在经贸往来中双重征税固然有之,双重不征税亦非罕见,前者增加了企业的税务风险以及因应成本,后者侵蚀了两岸各自税基,不利于两岸经贸关系更快更好地发展。截至 2017 年 12 月,我国已经与 103 个国家或地区签订了双边税收协定(99 个已生效执行),与香港特别行政区和澳门特别行政区签订了双边税收安排,与台湾地区签订了双边税收协议(尚未生效),与 10 个国家或地区签订了税收信息交换协定,还加入了《多边税收征管互助公约》(*The Multilateral Convention on Mutual Administrative Assistance in Tax Matters*;2017 年 1 月 1 日起执行)、《金融账户涉税信息自动交换多边主管当局间协议》(*Multilateral Competent Authority Agreement on Automatic Exchange of Financial Account Information*)和《实施税收协定相关措施以防止税基侵蚀和利润转移的多边公约》(*Multilateral Convention to Implement Tax Treaty Related Measures to Prevent Base Erosion and Profit Shifting*),[①]开展了广泛的税收合作,这些都大大促进了我国与其他国家和地区之间的贸易往来,对我国每年对外贸易的快速增长起到了很好的推动作用;而欧盟在建设区域经济一体化的过程中也非常重视各个国家和地区在税收上的协调与合作,早在半个世纪以前,欧洲各国就开始了在税收上的协调,至今,欧盟不但已经很好地解决了重复征税问题,而且无论在直接税还是在间接税的协调上都取得了令人瞩目的成绩。

在当前经济全球化的背景之下,区域经济的协调发展已成为新的经济发展模式,特别是在海峡两岸暨香港、澳门先后加入 WTO 以后,出现了"一国四席"的前所未有的良好局面,我们应该充分利用这一优势来促进海峡两岸暨香港、澳门经济的进一步发展与融合。内地先后与香港和澳门签订的更紧密经贸安排和避免双重征税的安排,有效促进了三地经济的交流与融合,因此进一步整合两岸

---

① 参见税务总局网站,http://www.chinatax.gov.cn/n810341/n810770/index.html,访问日期:2017 年 12 月 28 日。

经济已成为当务之急。我们认为,现阶段进一步整合两岸经济的关键就在于加强两岸的税收协调与合作。

(二)维护两岸各自的税收利益

由于两岸在税收征管制度上的差异以及缺乏有效的税收合作与税收信息交换,目前在经贸往来过程中存在双重征税问题的同时,也同样存在双重无税[①]或者逃漏税的情况。有的纳税人采取经由第三地的方式利用有关税收协定优惠从事"跨境税收套利",或者利用两岸税法对于居民身份认定规则的差异和漏洞,以及税务机关无法掌握其在另一方的利润和收入的实际情况逃漏税款,严重损害了两岸各自的税收利益,同时也导致了其他依法纳税的纳税人在市场竞争过程中处于不利地位。而只有充分研究两岸在税收征管制度上的差异并针对该差异采取应对措施,以及加强两岸税务机关的信息交流工作才能有效维护两岸各自的税收利益。

(三)保护两岸投资者的合法税收权益

目前两岸的经济交往正由以往的单向朝双向的方向发展,对于两岸赴对方投资的投资者来说,由于两岸在税收实体法和税收程序法方面的差异,投资者普遍面临至少四大问题:一是存在被双重征税的风险;二是因为对对方税收征管的具体制度不甚了解而面临违反税法的风险;三是当与主管税务机关产生争议时,也必须注意到两岸税务行政救济制度的不同;四是当违反税法时面临的税务行政处罚乃至刑事处罚均有巨大的差异。因此,加强对两岸税收程序具体制度的比较研究不但有助于帮助他们更好地了解两岸在税收程序方面的异同,采取适当的因应对策,而且能够为两岸税务机关提供一定的参考,以切实维护两岸投资者的合法税收权益。

(四)进一步发挥福建作为对台交流窗口的作用

改革开放之初,中央政府就在广东、福建两省实行"特殊政策、灵活措施",并率先在两省设立了四个经济特区,以充分发挥两省在推进"一国两制,和平统一"战略中的核心作用。至此,福建一直作为大陆对台交流的窗口和先锋,为两岸的经济交流做出不可替代的贡献。目前,福建应该进一步采取措施加快推进两岸的经济融合,充分发挥作为对台交流先行者的重要作用。早在 2008 年"厦门市国际税收研究会"委托笔者承担"海峡两岸税收征管法律制度的比较及协调问题

---

① 参见陆佳:《海峡两岸避免所得双重无税问题之初探》,载《西南民族大学(人文社科版)》2009 年第 10 期,第 177～178 页。

研究"课题和 2009 年"厦门市社会科学联合会"委托"海峡两岸税收协调厦门先行问题研究"课题时,我们就在比较研究两岸税收征管制度的基础上提出了福建省应尽快设立对台自由贸易区以及建设厦门自由贸易区的具体建议。2009 年 5 月福建省获批建设海峡西岸经济区(简称"海西经济区")和 2015 年 12 月包括厦门片区在内的中国(福建)自由贸易试验区(简称"福建自贸区")的事实,验证了当时课题组所提建议的前瞻性。海西经济区和福建自贸区的相继建设必将充分发挥福建在对台交流上的各种优势,进一步巩固福建作为大陆对台交流窗口的地位。

当然,上述四点意义最后都归于一点,就是通过双边税收协调促进两岸经济进一步融合以最终实现两岸的和平统一。正如时任国家主席胡锦涛在党的十七大报告中所言,"凡是对台湾同胞有利的事情,凡是对维护台海和平有利的事情,凡是对促进祖国和平统一有利的事情,我们都会尽最大努力做好。我们理解、信赖、关心台湾同胞,将继续实施和充实惠及广大台湾同胞的政策措施,依法保护台湾同胞的正当权益"。因此,虽然两岸政治关系目前暂时跌入低谷,但我们应该以更为强烈的责任感和紧迫感,对两岸税收程序制度的特点和差异进行系统分析,并在此基础上提出协调两岸税收关系的制度建议,促动《两岸税收协议》的尽早实施,有效避免两岸双重征税和防止逃漏税,更好地促进两岸的经济交流与融合,为完成祖国的和平统一大业尽一份绵薄之力。

三、海峡两岸税收协调的基本原则

前文通过与两岸间税收实体法差异的对比,我们简要论证了开展两岸税收程序法比较研究的可比性基础问题。此处主要讨论两岸税收协调的基本原则问题。

研究两岸税收协调程序法律制度的主要目的,在于避免双重征税和防止逃漏税,切实保障两岸投资者的合法权益,进一步促进两岸的经济融合,推动祖国的和平统一大业。为此,应遵循下列基本原则。

(一)"一国两制"基本国策

自 1982 年邓小平提出"一国两制"以来,"一国两制"的光芒已经照耀了香港和澳门两个特别行政区,保证了香港和澳门在回归祖国之后经济仍然持续稳定地发展,雄辩地表明了"一国两制"是经过实践充分证明了的解决我国领土历史遗留问题的伟大方针政策。"一国两制"基本国策是我们在研究过程中始终坚持的最高指导原则,我们坚决反对"两个中国"或者"一中一台"。

当然,在"一国两制"的基本原则下,我们也应该本着更加务实的态度来灵活处理两岸税收协调过程中可能遇到的一些情况,只有这样才能真正达到对两岸税收程序法律制度进行比较和协调的目的,才能真正有效地促进两岸的经贸交流与融合。

（二）税收法定主义的灵活运用与海峡西岸经济区先行先试原则

税收法定主义作为一项税法的基本原则,目前无论是在我国《宪法》,还是在事实上具有税法体系中母法地位的《税收征管法》中均未得到确立。[①] 我国长期以来在税法领域形成了以国务院及其财税主管部门主导税收立法的行政主导模式,[②]以及地方有权机关也享有一定程度的在本地方范围内制定具体税收征管程序规则的立法权现状。特别是,2009 年 5 月颁布的《国务院关于支持福建省加快建设海峡西岸经济区的若干意见》(国发〔2009〕24 号)赋予福建省"两岸人民交流合作先行先试区域"的战略定位,指出要在海西经济区"增创体制机制新优势。进一步发挥厦门经济特区在体制机制创新方面的试验区作用。从海峡西岸经济区的实际出发,围绕建立有利于科学发展的体制机制和扩大两岸交流合作的需要,先行试验一些重大改革措施"。

本书认为,海峡两岸的税收协调是一种在同一国家内不同法域间的特殊区际税收协调,不应简单照搬 OECD 税收协定范本或者联合国的税收协定范本,也不能简单挪用现成的双边税收协调模式和方法,而应针对具体情况和特殊问题,在相关制度上做出符合实际的创新。因此,在对几乎没有任何先例可循的两岸税收关系协调的过程中,完全采取"法律"的形式不具有现实可行性,但可以在《立法法》第 8 条所确立的法律保留原则的指导下,由最高立法机关采取特别授权的方式,由福建省或者厦门市有权机关先行制定一些与台湾地区进行税收协调的创新规则,或者授权由省级或者计划单列市级别的税务机关展开与台湾地区有关税务机关开展(双边)预约定价谈判以及开展税收信息交换和相互协商活动,[③]为两岸税收关系的全面协调创造条件、积累经验,再推而广之,待时机成熟后,逐步将先行先试的制度规则向上传导。即采取"(经济特区)地方性法规→省级地方性法规→(财税主管部门)部门规章→(国务院)行政法规→(全国人大或其常委会)法律"的由下而上、以点带面的制度传导模式,最终回归到税收法定主义。

---

① 参见李刚:《现代税法学要论》,厦门大学出版社 2014 年版,第 86～94 页。

② 参见李刚:《税制改革的含义与模式:法律解释学的分析——以新一轮税制改革为例》,载史际春主编:《经济法学评论》(第 15 卷),中国法制出版社 2015 年版,第 89～92 页。

③ 详见本书第十五章第二节。

(三)单向单边税收优惠措施为主导原则

税收公平是税法的基本原则之一,有学者就主张两岸税收协调的原则之一就是平等互利原则。[①] 但是,就目前现状而言,出于实现祖国统一大业目标的考虑,为了让台湾当局和台湾同胞切实感受到祖国大陆为其谋福祉的诚意,应当主要采取大陆单向给予税收优惠的方式作为两岸税收协调的初始出发点。这种税收优惠措施不仅包括税收实体法上的优惠,还更应包括税收程序方面的便利。

事实上,在税收实体法方面,我国对台资历来与港资、澳资一样,均视同外资给予税收优惠待遇;对于台湾同胞,也参照外籍人员在个人所得税的扣除额上给予比其他国内人员更大的优惠。[②] 我们认为,对两岸税收关系加以协调不仅需要我国在税收实体法方面单向给予台资相比港资、澳资更优惠的待遇,而且在以前一直忽视的税收程序法方面也可以赋予台资企业和人员以程序上的更大便利。虽然这种兼具实体和程序方面的税收优惠措施势必构成对税收公平原则的违反,但在推动两岸和平统一进程加速发展的前提下,应当是具有合理性和正当性的。需要强调的是,以单向单边税收优惠为主导,并不排斥双向双边的税收互惠,例如目前对两岸航空运输就互免营业税和所得税,税收互惠才是两岸税收协调的最终目的之一。

[①] 参见刘隆亨、孙健波、李玉红、吴军:《海峡两岸税收协调与合作的研究》,载《北京联合大学学报(人文社会科学版)》2009年第4期,第50页。

[②] 大陆按现行政策将台籍人员参照外籍人员处理,其工资薪金所得缴纳的个人所得税可享受每月4800元的扣除额,这一标准比大陆人员每月3500元的扣除额高出1300元。

【上　编】

海峡两岸税收程序法律制度比较研究

第一章

海峡两岸税收程序法律制度的总体比较

　　税收程序法律制度虽然与税收实体法律制度有别而具相对独立性,但不可否认前者系为后者所服务,而且所谓"实体"与"程序"亦属相对而言,各个税种法中就有不少适用于本税种的特殊程序性规定,税收程序法典中亦不乏税收实体性规则,此其一。税收征管程序法律制度与税收征管行政体制亦难舍难分,在某种意义上说,形实兼备的税收征管行政体制因税收征管程序法律制度而生,系其物化之体现,此其二。有权利必有救济,因此税收救济程序法律制度与税收实体法律制度和税收征管程序法律制度如影随形,属于广义的税收程序法律制度,此其三。因此,本书首章即循序对两岸有关税收实体法、税收征管行政体制、税收征管基本法律和税收行政救济法律制度做概要式介绍与比较。

第一节　海峡两岸主要税收实体法简介

一、大陆主要税收实体法简介

　　中华人民共和国成立之初到 1957 年基本建立全国统一税制以来,历经1958 年、1973 年、1983 年、1994 年和 2000 年数次重大税制改革,以 2013 年 11 月 12 日中共中央十八届三中全会通过的《中共中央关于全面深化改革若干重大问题的决定》(简称《全面深化改革的决定》)为起点,[①]以 2014 年 6 月 30 日中共

---

　　①　参见高培勇:《财税体制改革与国家治理现代化》,社会科学文献出版社 2014 年版,"前言"第 2～3 页。

中央政治局会议审议通过的《深化财税体制改革总体方案》为蓝图,以 2014 年 10 月 23 日中共中央十八届四中全会通过的《中共中央关于全面推进依法治国若干重大问题的决定》所指明的法治化为路径,我国目前正在推进新一轮税制改革。

截至 2018 年 2 月,我国的广义税法体系,除作为宪法性法律的《宪法》和《立法法》等有关税收的条款和其他非税法的单行法律法规的涉税条款之外,在狭义税法体系内,共有 19 部主要税收法律、行政法规:(1)在税收法律层级,包括《税收征管法》《企业所得税法》《个人所得税法》《车船税法》《环境保护税法》《烟叶税法》和《船舶吨税法》共 7 部;(2)在税收行政法规层级,包括《增值税暂行条例》《消费税暂行条例》《城市维护建设税暂行条例》《进出口关税条例》《资源税暂行条例》《房产税暂行条例》《土地增值税暂行条例》《城镇土地使用税暂行条例》《耕地占用税暂行条例》《车购税暂行条例》《印花税暂行条例》和《契税暂行条例》共 12 部。

根据当前我国法治发展趋势和税制改革实践,预计到"十四五"中后期,我国广义税收法律体系将会得到完全改观,在落实形式税收法定主义和建设完备的税收法律体系方面取得令人瞩目的成绩:2015 年 3 月修订后的《立法法》以规定税收基本制度的立法权专属权力机关的形式,部分体现了税收法定主义;修订之后的《税收征管法》将与《立法法》保持协调,在其规定中重申税收法定主义。届时我国狭义税收法律体系的构成将会调整如下:(1)作为基本税收程序法的《税收征管法》;(2)商品与劳务税法包括《增值税法》《消费税法》《烟叶税法》《城市维护建设税法》和《关税法》共 5 部;(3)所得税法包括《企业所得税法》和《个人所得税法》共 2 部;(4)财产与行为税法包括《资源税法》《环境保护税法》《房地产税法》[①]《耕地占用税法》《契税法》《车船税法》《车辆购置税法》《印花税法》和《船舶吨税法》共 9 部;合计共 17 部。如图 1-1-1 所示。

---

① 《房地产税法》一旦颁行,目前的《房产税暂行条例》和《城镇土地使用税暂行条例》将被废止,但《土地增值税暂行条例》是否废止仍有争议。

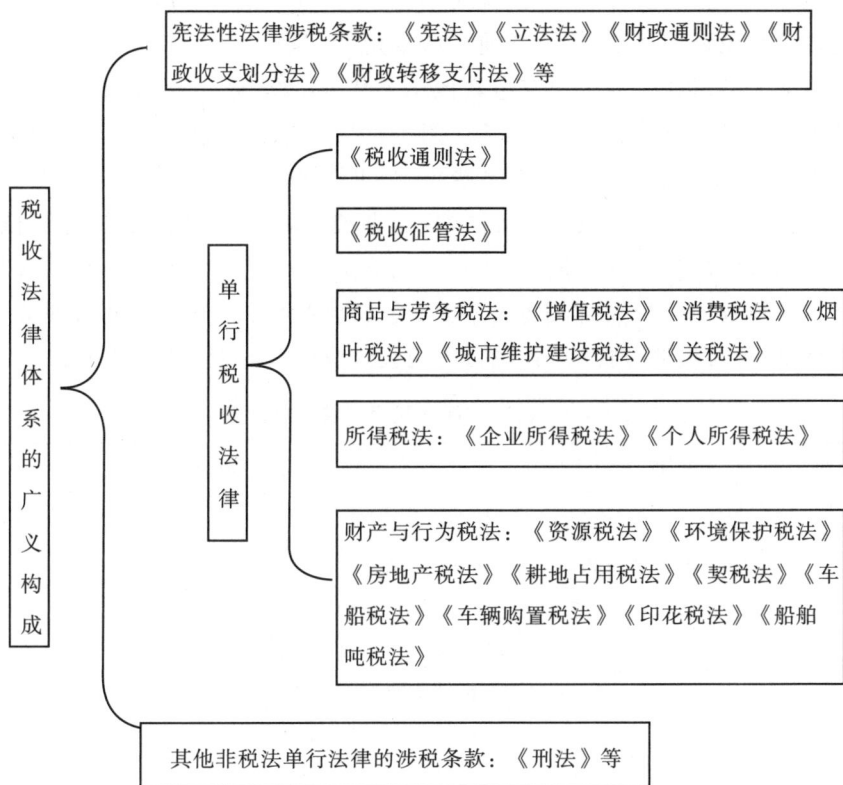

图 1-1-1　税收法律体系广义构成图

（此处为税收法律体系结构图，内容如下）

税收法律体系的广义构成：

宪法性法律涉税条款：《宪法》《立法法》《财政通则法》《财政收支划分法》《财政转移支付法》等

单行税收法律：
- 《税收通则法》
- 《税收征管法》
- 商品与劳务税法：《增值税法》《消费税法》《烟叶税法》《城市维护建设税法》《关税法》
- 所得税法：《企业所得税法》《个人所得税法》
- 财产与行为税法：《资源税法》《环境保护税法》《房地产税法》《耕地占用税法》《契税法》《车船税法》《车辆购置税法》《印花税法》《船舶吨税法》

其他非税法单行法律的涉税条款：《刑法》等

图 1-1-1　税收法律体系广义构成图

二、台湾地区主要税收实体法简介与近年来重大税制变化

（一）台湾地区主要税收实体法简介

依"财政收支划分法"，台湾地区现行税收根据税收管理权的归属可区分为所谓"国税"和地方税两级，其中，地方税又大致可分为"直辖市税"及县市税两种。台湾地区共计有 15 种税法，19 种税目（相当于大陆所称"税种"）。依据"财政收支划分法"第 8 条、第 12 条及"特种货物及劳务税条例"第 24 条，"国税"包括：营利事业所得税、综合所得税、关税、加值型及非加增值型营业税（简称"营业税"）、证券交易税、期货交易税、货物税、特种货物及劳务税、遗产税、赠与税、烟酒税、矿区税（已取消）；地方税包括：地价税、田赋（已停征）、土地增值税、印花税、契税、使用牌照税、房屋税、娱乐税、特别税课。原则上，各税目分别按照"国

税"及"地方税"的分类,分别由"国税局"或各"直辖市"及县(市)政府税捐稽征机关征收,即为"税捐稽征法"第3条前段所规定的:"税捐由各级政府主管税捐稽征机关稽征之。"但各税种法如有由其他机关代征的规定,其征收权在依法委托代征的限度,移转于受托代征之机关。图1-1-2为台湾的税收结构,即现行税目划分情形。依"地方制度法"第67条规定,"'直辖市'、县(市)、乡(镇、市)之收入及支出,应依本法及'财政收支划分法'规定办理。地方税之范围及课征,依'地方税法通则'之规定。……"依"财政收支划分法"第8条、第12条及"特种货物及劳务税课税收入分配及运用办法"第3条,台湾地区各税可划分为独分(享)税、共分(享)税及统筹分配税,各税目的税收分成比例如表1-1-1所示。

表1-1-1　台湾地区各税目税收分成比率

税课划分	税　目	税收分成比率
"国税"	关税	"中央"100％
	营利事业所得税	"中央"90％、"中央"统筹10％
	综合所得税	"中央"90％、"中央"统筹10％
	遗产及赠与税	"直辖市":"中央"50％、直辖市50％ 县市:"中央"20％、市80％或乡镇市80％
	货物税	"中央"90％、"中央"统筹10％
	烟酒税	"中央"80％ "直辖市"及县市合计20％,其中18％按人口比例分配"直辖市"及台湾省各县市,2％按人口比例分配金门、马祖。
	证券交易税	"中央"100％
	期货交易税	"中央"100％
	营业税	"中央"61.2％ "中央"统筹38.8％[(1－3％)×40％] 备注:减除3％统一发票给奖奖金后之40％由"中央"统筹分配地方,其余划归"中央"
	特种货物及劳务税	优先拨供民众年金保险"中央"应补助之保险费及应负担款项之用,必要时拨供支应其他经行政管理机构之社会福利支出("特种货物及劳务税课税收入分配及运用办法")

续表

税课划分	税 目	税收分成比率
"直辖市"及县(市)税	印花税	"直辖市"100%；县市 100%
	使用牌照税	"直辖市"100%；县市 100%
	地价税	"直辖市"、市 100% 县：县 50%、县统筹 20%、乡镇市 30%
	土地增值税	"直辖市"100% 县市：县市 80%、中央统筹分配县市 20%
	房屋税	"直辖市"、市 100% 县：县 40%、县统筹 20%、乡镇市 40%
	娱乐税	"直辖市"、市 100% 县：乡镇市 100%
	契税	"直辖市"、市 100% 县：县统筹 20%、乡镇市 80%

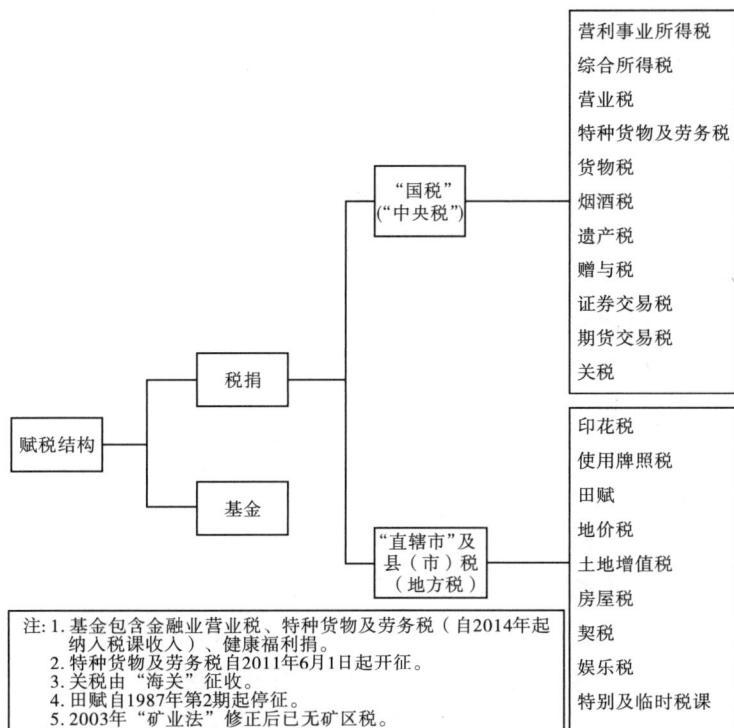

注：1. 基金包含金融业营业税、特种货物及劳务税（自2014年起纳入税课收入）、健康福利捐。
2. 特种货物及劳务税自2011年6月1日起开征。
3. 关税由"海关"征收。
4. 田赋自1987年第2期起停征。
5. 2003年"矿业法"修正后已无矿区税。

图 1-1-2 台湾地区赋税结构(含关税及基金)图①

———————————

① 依据台湾地区赋税事务主管机关：《2015 年度台湾地区赋税年报》中"赋税结构"图制作。

(二)台湾地区近年来重大税制变化①

1."财政健全方案"(短期税制调整)所得税制改革措施

台湾地区自1998年度起实施两税合一制度,公司分配股利时,其缴纳营利事业所得税(简称"营所税")可以全数扣抵个人股东综合所得税(简称"综所税"),以促进投资来带动经济成长,本质为对投资所得之租税优惠。但是,实施以来对促进投资无明显帮助,减少税收近兆元,影响财政健全,且股利所得及可扣抵税额集中于高所得者,未能改善所得分配。为改善所得分配、适度提高所得者对社会之回馈,并充裕税收,台湾地区财政事务主管部门参考国际税制改革趋势及各界意见,2014年2月24日公布"财政健全方案",并于2014年6月4日修正公布"所得税法"部分条文(见表1-1-2),调整股东获配股利净额之可扣抵税额为原可扣抵税额之半数、修正综所税课税级距并辅以配套措施,以协助改善所得分配、增加税收收入及健全财政。

表1-1-2　台湾地区"财政健全方案"所得税制改革修正重点内容

重 点	说 明
修正两税合一"完全设算扣抵制度"为"部分设算扣抵制度"	1.台湾个人股东、台湾地区境外股东获配股利或盈余之股东可扣抵税额减半; 2.非小规模营利事业之独资、合伙应办理营利事业所得税结算、决算及清算申报并缴纳应纳税额半数。
调整综合所得税税率结构	增加综合所得净额超过1000万元新台币部分,适用45%税率规定。
订定配套措施	提高个人综合所得税扣除额、增雇员工费用加成减除、放宽研发投资抵减条件。

2.受控外国公司和实际管理处所立法

台湾地区行政管理机构于2016年年初,参考OECD与G20提出的《税基侵蚀和利润转移行动计划》(Base Erosion and Profit Shifting,BEPS)第3项行动计划建议、OECD税收协定范本和联合国税收协定范本,以及《两岸税收协议》,提出"所得税法"第43条之3及之4修正草案,并于2016年7月12日经"立法机构"三读通过,建立了营利事业受控外国公司和实际管理处所制度。2017年5月10日修正公布的"所得基本税额条例",增订第12条之1条文,将受控外国公

---

①　参见李刚主持:《中国大陆居民赴台湾地区投资税收指南(2017年版)》,厦门市国家税务局委托课题报告,2017年12月。

司制度扩及适用至个人；又于 11 月制定"个人计算受控外国企业所得适用办法"。依"所得税法"第 126 条,此次修订施行日期由行政管理机构订定,目前尚未实行。

3. 修订转移定价制度

台湾地区财政事务主管部门 2015 年 3 月 6 日修正发布"营利事业所得税不合常规移转订价查核准则"(简称"移转订价查核准则")部分条文,修正要点包括:(1)增订企业重组之定义及企业重组交易类型;(2)参照 OECD《移转订价指南》第 9 章"移转订价观点之企业重组"增订营利事业从事企业重组之利润分配应考虑之因素及实际交易执行之认定;(3)将成本及营业费用净利率纳入可比较利润法所使用之利润率指标;(4)将"各参与人均对受控交易做出有价值及独特贡献之情形"纳入适用利润分割法;(5)将决算(解散、废止、合并、转让)申报案件纳入适用"移转订价查核准则"的范围;(6)修正预先订价协议申办制度并增订预备会议申请机制;(7)对于营利事业未依规定提示文据或未能提示,稽征机关亦未查得资料,得按"营业成本及营业费用",依同业利润标准核定所得额。

为因应 BEPS 第 13 项行动计划(《移转订价文据及国别报告》)成果报告,2017 年 11 月 13 日,台湾再次修订"移转订价查核准则"多达 12 个条文,其中最重要者系 2017 开始实施的移转订价报告三层文据新规范,该规范在原本的移转订价报告基础上,增加了集团主档报告(master file)与国别报告(country-by-country reporting)的新制度规定。

4. 实施房地合一课征所得税制度

台湾地区 2015 年修改相应的税法规范,改以房屋、土地交易所得合一按实价课征所得税,并辅以特种货物及劳务税不动产部分停征、所得税增加之税收用于提供住宅政策及社会福利支出等配套措施,自 2016 年起,实施"房地合一"税制。

5. 个人之证券交易所得停征所得税

"立法机构"通过"所得税法"第 4 条之 1、第 14 条之 2 及第 126 条条文修正案,自 2016 年 1 月 1 日起停止课征个人证券交易所得的所得税,证券交易损失亦不得自所得额中减除,营利事业之证券交易所得则维持按"所得基本税额条例"规定课征基本税额(亦即适用最低税负制),证券交易所征收率仍维持 3‰。

6. 2018 年"所得税法"重大修订

2018 年 1 月 18 日,台湾地区"立法机构"通过"所得税法"部分条文修正草案,共计修订 25 个条文、增订 1 个条文和删除 11 个条文;[①]异动的条文数量多达 37 条,从这个角度看,此次修订为"所得税法"自 1963 年 1 月 29 日修正重颁 50 多年来幅度最大的一次修订。[②] 修订主要内容如表 1-1-3 所示。

表 1-1-3　台湾地区"所得税法"2018 年 1 月修订主要内容[③]

条文		原规定	修法内容	施行日期
第 3 条之 1(股利或盈余所含税额之扣抵)		在两税合一制下,股东获配股利中公司所缴纳之营所税,得用以扣抵其应纳之综合所得税额	本条删除(因废除两税合一之部分设算扣抵制度)	自 2018 年 1 月 1 日起适用
第 5 条(所得税税率结构)	综所税	综所税课税级距为 6 级,其累进税率分别为 5%、12%、20%、30%、40%、45%	综所税课税级距由 6 级,调整为 5 级,其累进税率分别为 5%、12%、20%、30%、40%	自 2018 年度适用
	营所税	税率:17%	税率:20%;但中小企业课税所得在 50 万元新台币以下者,分三年逐步调到 20%	
第 14 条(综合所得额之计算——第一类:营利所得)		营利所得 1.公司、合作社分配之股利总额(＝股利金额加可扣抵税额)或盈余总额(＝盈余金额加可扣抵税额) 2.独资、合伙应分配之盈余总额(＝税局核定所得额减除半数应纳税额) 3.一时贸易盈余	营利所得 1.公司、合作社、其他法人(例如有限合伙、医疗社团法人等)分配之股利金额或盈余金额 2.独资、合伙分配之盈余(＝税局核定所得额) 3.一时贸易盈余	自 2018 年度适用

---

① 修正公布第 5 条、第 14 条、第 14 条之 3、第 15 条、第 17 条、第 24 条、第 42 条、第 66 条之 9、第 71 条、第 75 条、第 76 条、第 79 条、第 88 条至第 89 条之 1、第 92 条、第 100 条、第 102 条之 1、第 106 条、第 108 条、第 110 条、第 114 条之 1 至第 114 条之 3 及第 126 条;增订第 114 条之 4;删除第 3 条之 1、第五节节名、第 66 条之 1 至第 66 条之 8、第 73 条之 2 及第 100 条之 1 条文,除第 5 条、第 66 条之 9、第 71 条、第 75 条、第 79 条、第 108 条及 110 条,自 2018 年度施行,第 73 条之 2 自 2019 年 1 月 1 日施行外,其余自 2018 年 1 月 1 日施行。

② 台湾地区"所得税法"自 1963 年 1 月 29 日修正重颁以来,异动条文数量超过 30 次及以上者包括:(1)1972 年 12 月 30 日,共计修订 23 个条文,增订 7 个条文;(2)1977 年 1 月 30 日,共计修订 31 个条文、删除 4 个条文;(3)1989 年 12 月 30 日,共计修订 31 个条文、增订 1 个条文、删除 2 个条文。

③ 本表来源于德勤(台湾):《"所得税法"部分条文修正重点简介》,https://www2.deloitte.com/tw/tc/pages/tax/articles/income-tax-amend.html,访问日期:2018 年 2 月 2 日。

续表

条文	原规定	修法内容	施行日期
第15条第4项（配偶之合并申报——股利所得课税）	本项新增	1.夫妻及同申报户扶养亲属有a项之股利、盈余须适用相同方式课税 2.自行选择下列二者中有利之方式适用： （1）股利、盈余并入综合所得课税（享有股利、盈余8.5%之可抵减税额，可用以扣抵个人综合所得税，每户上限8万元新台币） （2）股利、盈余按单一税率28%分开课税	自2018年度适用
第17条（综合所得净额计算——扣除额）	1.标准扣除额9万元新台币 2.薪资所得特别扣除额12.8万元新台币 3.身心障碍特别扣除额12.8万元新台币 4.幼儿学前扣除额2.5万元新台币	1.标准扣除额12万元新台币 2.薪资所得特别扣除额20万元新台币 3.身心障碍特别扣除额20万元新台币 4.幼儿学前扣除额12万元新台币	自2018年度适用
第42条（转投资收益免税之规定）　营利事业获配之股利、盈余净额	依法设立之公司，投资于境内其他营利事业，所获配之股利净额或盈余净额，不计入所得额课税	依法设立之公司，投资于境内其他营利事业，所获配之股利净额或盈余净额，不计入所得额课税；依法设立之公司、合作社，及其他法人之营利事业（例如有限合伙、医疗社团法人等），投资于境内其他营利事业，所获配之股利金额或盈余金额，不计入所得额课税	自2018年度适用
机关团体获配之股利、盈余净额	教育、文化、公益、慈善机构或团体获配之股利或盈余净额者，不计入所得额课税	本项删除（机关或团体获配股利或盈余应并计其收入，依教育文化公益慈善机构或团体免纳所得税适用标准征、免所得税）	

续表

条文	原规定	修法内容	施行日期
第 66 条之 1 至第 66 条之 8（股东可扣抵税额账户）	在两税合一之设算扣抵制下，营利事业须设置股东可扣抵税额账户以正确计算并记录股利可扣抵税额	本条删除（因废除两税合一部分设算扣抵制度，取消股东可扣抵税额账户之设置、记载、计算及分配）	自 2018 年度适用
第 66 条之 9（未分配盈余之课税）	税率：10％	税率：5％	自 2018 年度未分配盈余适用
第 71 条（结算申报）	1.综所税纳税人应以股利总额（股利金额加计可扣抵税额）并计所得课税，计算应纳结算税额时，可以减除获配之可扣抵税额 2.独资、合伙组织之营利事业须办理结算申报并缴纳半数应纳税额	1.股利、盈余按上述第 15 条第 4 项修正规定申报纳税（二择一） 2.独资、合伙组织要办理结算申报，但不须缴税，其所得直接归课独资资本主或合伙人综所税	自 2018 年度适用
第 73 条之 2（非境内居住者抵缴税额之规定）	非台湾地区境内居住者获配之抵缴税额，仅得以该税额之半数抵缴该股利净额或盈余净额之应扣缴税款	本条删除	自 2019 年 1 月 1 日起施行

上述修订的主要内容及效益包括以下四个方面：[①]

(1)减轻薪资所得者、中低所得者及育儿家庭之租税负担：①综所税标准扣除额由 9 万元新台币提高为 12 万元新台币（有配偶者加倍扣除）、薪资所得及身心障碍特别扣除额由 12.8 万元新台币提高为 20 万元新台币，增幅达 33％～56％，受益户数达 542 万户。②综所税幼儿学前特别扣除额由每名子女 2.5 万元新台币大幅提高为每人 12 万元新台币，减轻养育幼儿负担，因应台湾地区目前少子女化现象，鼓励生育。通过上述调整，年薪 40.8 万元新台币（月薪 3 万元新台币以下）、双薪家庭年薪 81.6 万元新台币、双薪 4 口之家（扶养 2 名 5 岁以下子女）年薪 123.2 万元新台币，可免纳所得税，减轻薪资所得者及中低所得者

---

① 参见台湾地区赋税事务主管机关新闻稿：《"立法机构"三读通过所得税制优化方案》，https://www.mof.gov.tw/Detail/Index? nodeid＝137&pid＝77642，访问日期：2018 年 1 月 18 日。

税负。

（2）有利留才揽才，提高国际竞争力：调降综所税最高税率为40％，删除综合所得净额超过1000万元新台币部分适用45％税率级距。调整后台湾地区综所税最高税率低于OECD国家之平均最高税率（42.47％），有助于企业留才揽才及投资，提高国际竞争力。

（3）提高投资意愿，创造就业机会：

①订定个人居住者（内资股东）之股利所得课税新制。个人股利所得计税方式按下列两种择一择优适用：A.股利并入综合所得总额课税，并按股利之8.5％计算可抵减税额，抵减应纳税额，每一申报户可抵减金额以8万元新台币为限，全年股利所得约94万元新台币以下者可抵税（或退税）。B.股利按28％税率分开计算税额，与其他类别所得计算之应纳税额合并报缴。

②合理调整营所税税率结构：A.营所税税率由17％调高为20％，但课税所得额未超过50万元新台币之营利事业，采分年调整，2018年度税率为18％、2019年度税率为19％，2020年度以后始按20％税率课税，落实照顾获利较低企业之政策。B.营利事业未分配盈余加征营所税税率由10％调降为5％，适度减轻须借保留盈余累积自有稳定资金之企业所得税负，协助筹资不易及中小型新创企业累积未来转型升级之投资动能。C.外资股利所得扣缴率由20％适度调高为21％。

③独资合伙组织所得免征营所税，直接归课出资人综所税：上开股利所得课税新制搭配营所税税率与外资扣缴率之调整，使企业主要投资人营利事业阶段与个人股东阶段之股利税负最高由现行49.68％调降为42.4％，获得减轻，且内外资税负差距由现行16.08％大幅降低为5.6％，促进内、外资股东股利所得税负衡平，有助提高投资意愿，创造就业机会。

（4）简化税制税政，符合国际趋势：废除两税合一部分设算扣抵制，删除营利事业设置股东可扣抵税额账户、相关记载、计算与罚则，大幅降低纳税义务人依从成本，并减少征纳争议，有助简化税制税政，符合国际趋势。

7.修正"遗产及赠与税法"及"烟酒税法"

为配合"长期照顾服务法"第15条，明定以调增遗产税、赠与税税率及烟酒税烟品应征税额所增加税课收入，作为长期照顾服务特种基金财源，2017年5月10日修正公布"烟酒税法"第7条、第20条、第20条之1及"遗产及赠与税法"部分条文，将各类烟品应征税额由每千支（每公斤）征收590元新台币调增为每千支（每公斤）征收1590元新台币、遗产税及赠与税由单一税率10％调整为三级累进税率10％、15％及20％，二者免税额分别维持220万新台币和1200万新台币不变。其中"烟酒税法"第7条、第20条、第20条之1条文于2017年6月12日施行。

8.建立跨境电商课征营业税制度

台湾地区于 2016 年 12 月 28 日修正公布"营业税法"部分条文,建立跨境电商简易登记及报缴税平台,配合修正"税籍登记规则"等子法规,建立了跨境电商课征营业税制度,并于 2017 年 5 月 1 日实施。依台财税字第 10604539420 号函,跨境电商(台湾地区境外之事业、机关、团体、组织在台湾地区境内无固定营业场所,销售电子劳务予境内自然人),年销售额逾 48 万元新台币者,应依"营业税法"第 28 条之 1 第 1 项规定向主管稽征机关申请税籍登记。[①]

9.颁行"纳税者权利保护法"

台湾地区于 2016 年制定公布了"纳税者权利保护法",以"特别法""专门法"的形式对纳税人权利予以保护;2017 年 9 月 8 日财政事务主管部门颁布"纳税者权利保护法施行细则",均于 2017 年 12 月 28 日起施行。

"纳税者权利保护法"主要包括四个方面的内容:[②](1)税法原则:税捐法定主义(第 3 条)、生存权及人性尊严保障(第 4 条)、量能原则(第 5 条)、租税优惠不得过度及应举行公听会并提出税式支出评估(第 6 条)、实质课税原则和避税调整原则不处罚(第 7 条)、禁止过度原则(第 15 条);(2)正当法律程序之遵守:强化正当法律程序(第 12 条)、不得依推计结果处罚(第 14 条第 4 项)、资讯公开(第 8、第 9 条);(3)强化税务救济:设置纳税者权利保护咨询会(第 19 条)、纳税者权利保护官(第 20 条)、救济争点主义改采总额主义(第 21 条)、税务专业法庭及税务案件专业法官(第 18 条);(4)税捐罚原则:有责性原则(第 16 条第 1 项)、不知法规按情节得减轻或免除其处罚(第 16 条第 2 项)、裁罚应斟酌受责难程度、所生影响和所生利益及其资力(第 16 条第 3 项)。

此外,为落实"纳税者权利保护法"第 10 条至第 12 条正当法律程序规定及第 20 条设置纳税者权利保护官之立法意旨,使税捐稽征机关进行调查程序、选任纳税者权利保护官及办理纳税者权利保护事项有一致性准据,台湾地区于 2017 年 9 月 14 日发布"税捐稽征机关调查程序应行注意事项"及"纳税者权利保护官资格及选任要点""纳税者权利保护官办理纳税者保护事项作业要点"。

10.修改滞(怠)报金加征滞纳金、利息及滞纳金加征利息规定

台湾地区为落实"大法官"释字第 356 号、第 616 号、第 746 号解释意旨,于

---

① 此外,关于网络课税,台湾地区于 2013 年 4 月 29 日成立"网络交易课税项目小组",以加强网络课税资料之搜集及查核。为便利搜集网络交易资料及处理课税问题,2015 年 2 月 4 日"电子支付机构管理条例"第 25 条第 3 项明定税捐稽征机关得要求电子支付机构提供必要交易纪录,以有利稽征机关搜集网络课税资料之完整性,并自同年 5 月 3 日施行。

② 参见葛克昌:《纳税者权利保护法析论》,台湾元照出版有限公司 2018 年版,第 2 页;另请参见陈清秀:《台湾地区"纳税者权利保护法"之条文解析》,载《现代法治研究》2017 年第 3 期,第 26～41 页。

2017 年 6 月 14 日修正公布"遗产及赠与税法"第 51 条、"所得税法"第 112 条、"营业税法"第 50 条和第 60 条、"货物税条例"第 31 条、"烟酒税法"第 18 条和第 23 条及"规费法"第 20 条,删除滞报金及怠报金加征滞纳金,滞报金、怠报金及滞纳金加征利息规定。

　　11. "企业并购法"修订税收优惠措施

　　配合"所得税法"延长亏损扣抵年限及并购对价多元化,台湾地区于 2015 年 7 月修订"企业并购法",修改相关租税优惠措施,自 2016 年 1 月 8 日起开始施行。2015 年 11 月 24 日"金融机构合并法"修正了相关税收优惠措施。修订要点详见表 1-1-4。

表 1-1-4　台湾地区企业并购税收优惠修订要点

修正要点	法条指引
交易税负缓免规定: (1)分割:从当然适用改为所收股份达对价 65% 才适用,因此土地增值税记存 3 年内亦必须持续达到该标准。(从"与合并一致"改成"与收购一致") (2)母公司以股份转换方式收购原已持有 90% 之子公司亦可适用。	第 39 条(原第 34 条)
亏损扣抵适用年限由 5 年延长为 10 年。	第 43 条(原第 38 条)
分割亦需符合取得有表决权之股份达交易对价 80% 以上,并将取得之股份全数转予股东者,才可免征营利事业所得税。	第 44 条(原第 39 条)
连结税制含母公司以股份转换方式收购原已持有 90% 之子公司(由 90% 变为 100%)。	第 45 条(原第 40 条)

第二节　海峡两岸税收征管行政体制概况

一、大陆税收征管行政体制概况[①]

　　1994 年分税制实施之前,我国一直采行统一的一套税收征管体制,即全国

---

　　① 参见王宗涛:《国税地税征管体制》,载李刚主持:《"十三五"税法体系规划研究课题报告》,国家税务总局政策法规司委托课题,2016 年 3 月。

设置一套税务征管机构。具体而言:1988 年,国务院行政机构改革,将隶属于财政部的税务总局改为国家税务局,为国务院直属局级机构。1993 年,国家行政机构进一步调整,国务院决定设国家税务总局,直属国务院领导。1992 年《税收征管法》第 5 条规定:"国务院税务主管部门主管全国税收征收管理工作。"在法律形式上确立了我国统一的税务管理机构设置模式。

1993 年 12 月 15 日,国务院发布《关于实行分税制财政管理体制的决定》(国发〔1993〕85 号;简称《分税制的决定》),开始确立我国沿用至今的分税制财政分权体制。按《分税制的决定》规定,税收实行分级征管,中央税和共享税由中央税务机构负责征收,共享税中地方分享的部分,由中央税务机构直接划入地方金库,地方税由地方税务机构负责征收。《分税制的决定》在政策层面确立了我国国税、地税分离的征管体制。为配合分税制的体制改革,1993 年 12 月 9 日,国务院办公厅转发《国家税务总局关于组建在各地的直属税务机构和地方税务局有关问题的通知》(国办发〔1993〕87 号),规定设立两套税务机构,提出两套税务机关的设立原则、征管范围及相关问题,并部署组建两个税务机构的实施步骤。

为配合分税制和新税制的实施,理顺分配关系、便于征收管理,1996 年 1 月 24 日,国务院办公厅转发《国家税务总局关于调整国家税务局、地方税务局税收征管范围的意见》(国办发〔1996〕4 号),明确了国家税务局和地方税务局的税收征管范围。

2001 年《税收征管法》第 5 条规定:"国务院税务主管部门主管全国税收征收管理工作。各地国家税务局和地方税务局应当按照国务院规定的税收征收管理范围分别进行征收管理。"首次在立法层面确立了我国的国税、地税分离的征管体制。

2002 年 1 月 24 日,为配合所得税收入分享体制改革的需要,国务院发布《关于所得税收入分享体制改革后税收征管范围的通知》(国税发〔2002〕8 号),对所得税收入分享体制改革后所得税税收征管范围予以重新分配。2003 年 6 月 25 日,税务总局又发布《关于所得税收入分享体制改革后税收征管范围的补充通知》(国税发〔2003〕76 号)。2008 年 12 月 28 日,税务总局发布《关于调整新增企业所得税征管范围问题的通知》(国税发〔2008〕120 号),2009 年 1 月 23 日发布《关于明确非居民企业所得税征管范围的补充通知》(国税函〔2009〕50 号),对企业所得税征管范围再一次做出调整,规定以 2008 年 12 月 31 日为基点,2008 年 12 月 31 日之前国税局、地税局各自管理的企业所得税纳税人不作调整,2009 年起新增企业所得税纳税人中,应缴纳增值税的企业,其企业所得税由国税局管理;应缴纳营业税的企业,其企业所得税由地税局管理。

2004 年 1 月 7 日,税务总局发布《关于加强国家税务局、地方税务局协作的意见》(国税发〔2004〕4 号),提出加强国税、地税的征管协作,明确征管协作的必要性和可行、协作的具体事项与内容、建立国地税协调工作机制等。2008 年 8 月 20 日,税务总局发布《关于进一步加强国家税务局、地方税务局稽查工作协作的意见》(国税函〔2008〕741 号)。2011 年 8 月 22 日,税务总局发布《关于进一步加强国家税务局、地方税务局合作的意见》(国税发〔2004〕4 号)。2014 年 12 月 27 日,税务总局发布《税务登记管理办法》(国家税务总局令第 36 号),其中规定:国家税务局、地方税务局按照国务院规定的税收征收管理范围,采取联合登记或分别登记的方式办理税务登记;税务登记合作是国税、地税协作征管的一个具体体现。2015 年 6 月 25 日,税务总局又发布《国家税务局、地方税务局合作工作规范(1.0 版)》,内容涉及纳税服务合作、征收管理合作、税务稽查合作、信息共享合作和其他事项合作等五大方面,全面具体规定了国税、地税合作的具体规范和操作方式方法,这是当前及未来一段时间内国税、地税合作的最新的指导性规范。

2015 年 12 月 24 日,中共中央办公厅、国务院办公厅发布《深化国税、地税征管体制改革方案》(中办发〔2015〕56 号),明确了未来我国税收征管体制的顶层设计,即维持国税、地税分离的征管体制并予以改革完善。为因应这一趋势,自该方案公布以来,税务总局陆续颁布了一系列规范性文件,包括《关于加强国家税务局、地方税务局互相委托代征税收的通知》(税总发〔2015〕155 号)、《关于合理简并纳税人申报缴税次数的公告》(国家税务总局公告 2016 年第 6 号)、《关于深化行政审批制度改革切实加强事中事后管理的指导意见》(税总发〔2016〕28 号)和《关于营业税改征增值税委托地税机关代征税款和代开增值税发票的公告》(国家税务总局公告 2016 年第 19 号)等,进一步改革完善现行国税、地税分离的征管体制,构筑与国家治理体系和治理能力现代化相匹配的现代税收征管体制。

目前,税务总局是国务院主管全国税收工作的部级直属机构,各省及省以下税务机构又分别设为国家税务局和地方税务局两套系统,具体负责国税和地税的征收工作。国家税务局系统的机构设置为四级,即税务总局,省(自治区、直辖市;以下简称"省级")国家税务局,地(市、州、盟;以下简称"地市级")国家税务局,县(市、旗;以下简称"县级")国家税务局。国家税务局系统实行税务总局垂直管理的领导体制,在机构、编制、经费、领导干部职务的审批等方面按照下管一级的原则,实行垂直管理。地方税务局按行政区划设置,分为三级,即省级、地市级和县级地方税务局。地方税务局系统的管理体制、机构设置、人员编制按地方人民政府组织法的规定办理。省级地方税务局实行省级人民政府和税务总局双重领导,以地方政府领导为主的管理体制。税务总局对省级地方税务局的领导,主要体现在税收政策、业务的指导和协调以及对国家统一的税收制度、政策的组织实施和监督检查等方面。省级以下地方税务局实行上级税务机关和同级政府双重领导、以上级税务机关垂直领导为主的管理体制,即地市级以及县级地方税务局的机构设置、干部管理、人员编制和经费开支由所在省级地方税务机构垂直管理。①

二、台湾地区税收征管行政体制概况

台湾当局于 1951 年颁布实施了"台湾省内'中央'及地方各项税捐统一稽征条例",规定除关税、盐税、矿区税及烟酒公卖仍由"中央"课征外,其余税种委由台湾省在各县市设立的税局稽征处统一稽征,从而开始在台湾实行税捐统一稽征制度。但后来随着经济的发展,税捐稽征工作越发繁重,于是台湾地区行政管理机构在 1967 年 7 月 1 日将台北市升格为"直辖市",财政事务主管部门设立台北市"国税局",负责征收台北市的各项税,同时仍保留台北市政府辖下的台北市税捐稽征处,负责征收地方税;之后,台湾地区开始逐步形成和完善双轨稽征体制。②

目前,在台湾地区,最高税务行政机关为财政事务主管部门,财政事务主管部门下设赋税事务主管机关,主管内地税行政业务和税务稽查工作(台湾地区赋税事务主管机关组织结构详见图 1-2-1),财政事务主管部门另设有台北市、高雄市、台湾省北区、台湾省中区及台湾省南区等五个"国税局"主管台北市、高雄市与台湾省的"国税"稽征工作,五个"国税"局下又设有分局、稽征所等具体负责各辖区的"国税"稽征工作。此外,财政事务主管部门还设有"税制委员会""诉愿审议委员会""关政司""关税总局""财税人员训练所""财政资讯中心"等五个机构,其中"税制委员会"负责研究税制、税政的改革和发展,"诉愿审议委员会"负责审查有关纳税争议的诉愿审查,"关政司"负责关税行政业务,"关税总局"负责关税稽征业务,"财税人员训练所"负责新进及在职财税人员的训练和培训,"财政资讯中心"负责有关财税资料的处理以及税收信息化建设。对于地税的稽征,台北市和高雄市的地方税务主管机关为财政局,财政局下设税捐稽征处负责地方税的征收工作;在台湾省其他地方,各县市政府也下设有税捐稽征处,负责地方税的征收工作;金门和马祖也分别设有税捐稽征处,负责地方税的征收工作,并代为征收"国税"(台湾地区"国税局"组织系统与职责详见图 1-2-2)。

---

① 这方面的详细介绍,见税务总局网站:http://www.chinatax.gov.cn/n480462/n6395945/n7867213/index.html,访问日期:2008 年 11 月 16 日。

② 参见朱大旗:《台湾税法研究》,中国人民大学中国法制史专业 1995 届博士学位论文,第 38 页。

　　总的说来,按照朱大旗教授的观点,台湾地区的税捐稽征体制虽然有双轨稽征体制的特征,但至今仍未完全脱离混合稽征体制的窠臼,这主要表现在"国税"征管方面并未在行政管理机构设立"税务总局",而是在"直辖市"和省下分区设立了五个"国税局",并向财政事务主管部门直接负责。此外,台湾地区在地方税的征管上,"省税"与"县市税"同样也是合并课征。[①] 我们认为,台湾地区的这种混合稽征体制与其行政区域狭小,从而通过减少税捐稽征层级,提高税捐稽征效率不无关系。

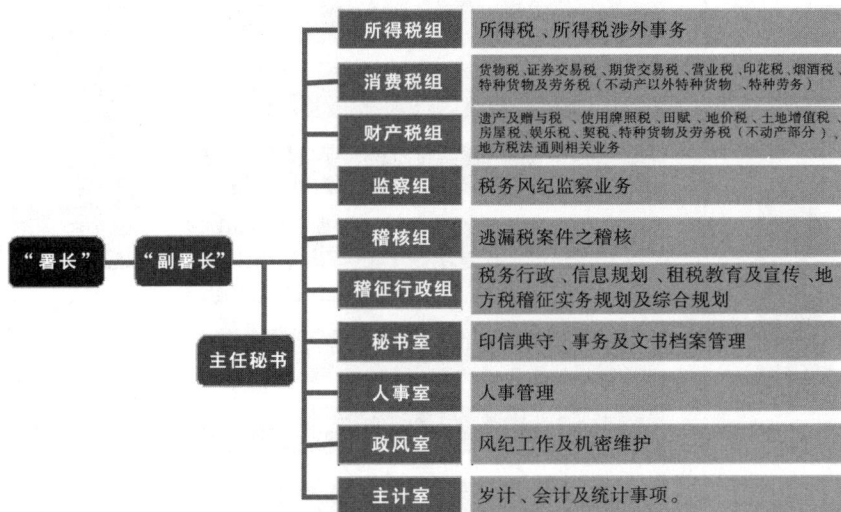

图 1-2-1　台湾地区赋税事务主管机关组织结构图

资料来源:台湾地区赋税事务主管机关网站。

第三节　海峡两岸税收征管基本法律的历史演变及其简要比较

　　两岸均制定有专门的税收程序性法律作为税收征管的基本法律,在大陆为《税收征管法》,在台湾地区为"税捐稽征法",并且两部基本法律均有配套的实施规则。此外,由于各税种的特殊性,在各税种法及其实施规则中又包含有关于该

------

　　① 参见朱大旗:《台湾税法研究》,中国人民大学中国法制史专业 1995 届博士学位论文,第 40～42 页。

综合规划科	规划设计、研究发展、管制考核及各税审查案件之覆核	
服务科	纳税服务、租税教育之推行及倡导	
审查一科	营利事业所得税	
审查二科	综合所得税、遗产及赠与税	
审查三科	货物税、菸酒税、证券交易税、期货交易税、特种货物及劳务税及各税违章案件之查缉	
审查四科	营业税	
征收科	税款之征收、划解、退税及欠税之清理执行	
法务一科	国税法规之谘议及营业税 营利事业所得税等行政救济	
法务二科	国税法规之谘议及综合所得税、遗产税、赠与税、货物税、菸酒税、证券交易税、期货交易税、特种货物及劳务税等救济	
税务资讯科	自动化作业规划、执行、维护及课税资料搜集、整理、建档、通报及保管	
监察室	税务风纪	
政风室	政风预防及查处、公务机密维护及机关安全维护	
秘书室	文书、档案、出纳及事务	
人事室	人事档案管理、人员任免迁调、差勤、考绩、奖惩、待遇福利、退休、抚卹及组织编制	
主计室	岁计、会计及统计	

局长 — 副局长

所属四级机关：信义分局、中正分局、中正分局、中正分局

各分局、稽征所：办理为民服务、所得税、营业税、遗产及赠与税、特种货物及劳务税、货物税、烟酒税之申报收件及审查（营利事业所得税依各局订定授权金额及查核范围；遗产及赠与税柜台化案件）、扣缴业务之辅导检查、税款征收、退税、欠税清理等业务。

派出单位：北投稽征所、大同稽征所、中北稽征所、万华稽征所、南港稽征所、文山稽征所、中南稽征所、士南稽征所、内湖稽征所

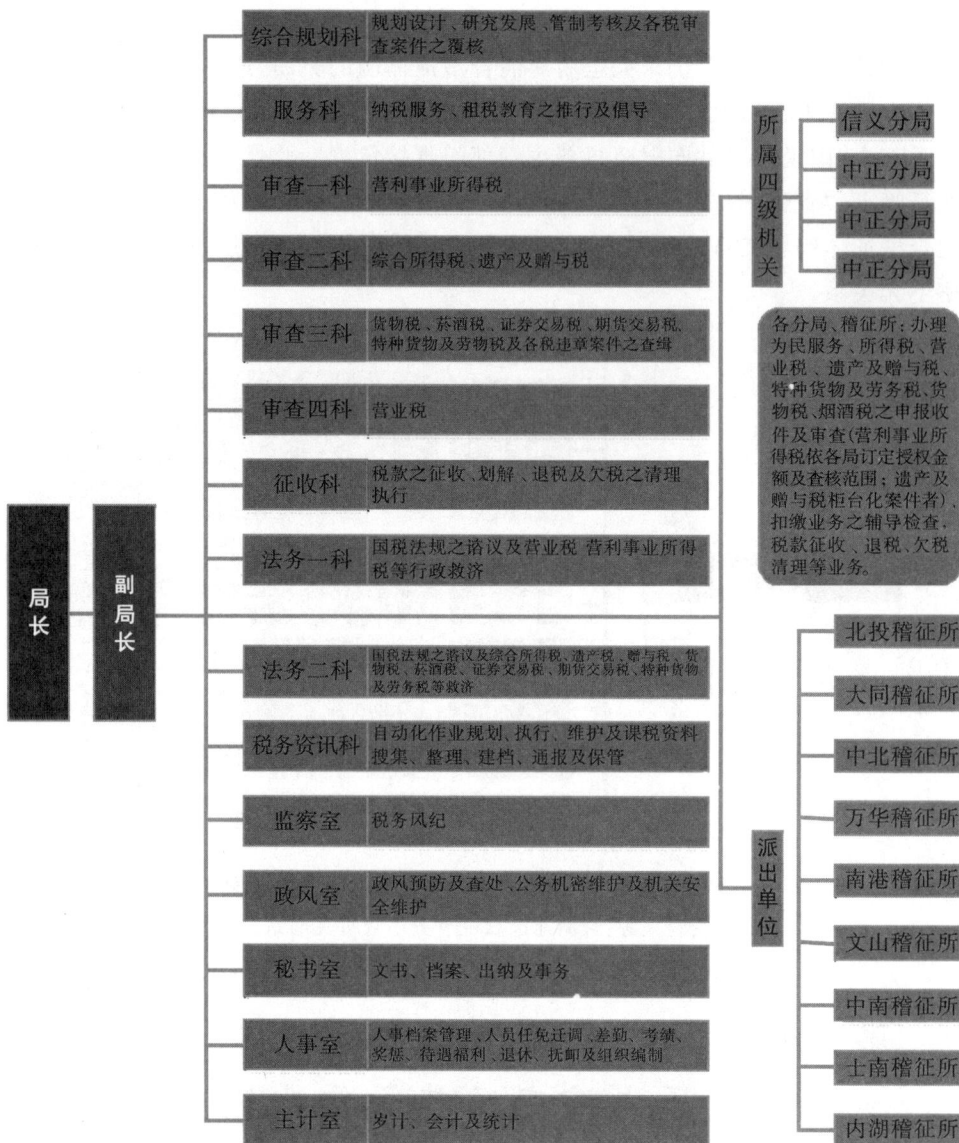

图 1-2-2　台湾地区"国税局"组织系统与职责图①

税种征收的特别规定,或者另行制定专门的征收规则。例如在大陆,《车辆购置税暂行条例》之外还有《车辆购置税征收管理办法》。

与大陆一样,台湾地区除某些税种法中包含有针对该税种稽征的特别规定

---

①　依据台湾地区财政事务主管部门:《2014 年度财政年报》——"各地区'国税局'组织系统与职掌图";以及台北"国税局":《2014 年度台北市"国税"统计(第 47 期)》——"本局组织系统图"编制。

外,也还有专门针对特殊税种的稽征规则,如在"货物税条例"和"烟酒税法"之外,又有专门的"货物税稽征规则"和"烟酒税稽征规则",另"台湾地区与大陆人民关系条例"及其施行细则对于台湾地区人民、法人、团体或其他机构的大陆来源所得或者大陆人民、法人、团体或其他机构的台湾地区来源所得的课征又进行了特别规定,这些法律法规相对于"税捐稽征法"而言也都属于特别法。

一、大陆《税收征管法》的历史演变

有学者从最广义的税收程序法的观点,将我国税收程序法的历史发展分为三个阶段:一是分散规定的初创和停滞阶段(1949—1986 年);二是有专门立法的建立和发展阶段(1986—1996 年);三是向新模式转化的健全和完善阶段(1996 年至今)。[①]

仅就《税收征管法》的历史演变来看,其前身为 1986 年国务院颁布的《税收征收管理暂行条例》(共计 9 章 44 条;简称《税收征管条例》),1992 年 9 月 4 日七届全国人大常委会第 27 次会议通过《税收征管法》,共计 6 章 62 条。1995 年 2 月 28 日,八届全国人大常委会第 12 次会议第一次修订,[②]仅修订了第 14 条有关发票管理和印制的规定。2001 年 4 月 28 日,九届全国人大常委会第 21 次会议第二次修订,修改多达 90 余处,条文由 62 条增加至 94 条。2013 年 6 月 29 日,十二届全国人大常委会第 3 次会议通过的《关于修改〈中华人民共和国文物保护法〉等十二部法律的决定》第三次修订,仅涉及有关税务登记的第 15 条第 1 款。2015 年 4 月 24 日,十二届全国人会常委会第 14 次会议通过《关于修改〈中华人民共和国港口法〉等七部法律的决定》第四次修订,仅涉及有关减免税的第 33 条。

国务院制定的《税收征收管理法实施细则》(简称《实施细则》;共计 9 章 86 条)首次颁布于 1993 年 8 月 4 日;为配合 2001 年大幅修订的《税收征管法》,2002 年 9 月 7 日《实施细则》得以制定重颁,共计 9 章 113 条;此后,历经 2012 年 11 月 9 日(修改 3 条)、2013 年 7 月 18 日(修改 2 条)和 2016 年 2 月 6 日(修改 1 条)三次修订。

[①]　参见施正文:《税收程序法论》,北京大学出版社 2003 年版,第 316～325 页。

[②]　在大陆,法律的修正意指对法律文本部分条款的个别或者局部修改,修订则是指法律文本的全面或者整体修改。台湾地区似乎无此区分,均用"修正"表述。下文不做此区分,统一用"修订"表述。

表 1-3-1　大陆《税收征管法》历次修订简表

序号	修订时间	修订内容	所涉条文总数
1	1986.04.21	《税收征管条例》颁布	9 章 44 条
2	1992.09.04	《税收征管法》颁布	6 章 62 条
3	1995.02.28	修订第 14 条	1 条
4	2001.04.28	修订 90 余处	6 章 94 条
5	2013.06.29	修订第 15 条第 1 款	1 条
6	2015.04.24	修订第 33 条	1 条

　　由表 1-3-1 可知:(1)《税收征管法》的大幅修订目前仅 2001 年一次;(2)历次修订时间间隔最长为 12 年(即 2001 年 4 月 28 日第 2 次修订到 2013 年 6 月 29 日第 3 次修订),最短为两年(即 2013 年 4 月 28 日第 3 次修订到 2015 年 4 月 24 日第 4 次修订);平均间隔时间为 5.8 年。

　　此外,2008 年 10 月底,十一届全国人大常委会公布了 5 年立法规划,在第一类项目即"任期内提请审议的法律草案"中包括了《税收征管法》的修订,可惜未能完成。2013 年 6 月 7 日,国务院法制办公室(简称"国务院法制办")将《税收征管法修正案(征求意见稿)》(简称《2013 修订案》)在其官网上全文公布,向全社会公开征求意见。由于该修正案避重就轻,注重部分条文文字的改动,例如修改最多之处的就是将十余处"滞纳金"改为"税款滞纳金",而未对 2001 年《税收征管法》颁行十几年来存在的主要问题加以修订,因此遭遇来自学术界和实务界的普遍批评。2013 年 10 月 30 日,十二届全国人大常委会公布了 5 年立法规划,在第一类项目即"条件比较成熟、任期内拟提请审议的法律草案"中再次列入"税收征收管理法(修改)"。2015 年 1 月 5 日,国务院法制办将《税收征管法修订草案(征求意见稿)》(简称《2015 修订草案》)在其官网上全文公布,再次向全社会公开征求意见。2015 年 12 月 27 日,"税收征收管理法(修改)"被列入全国人大常委会 2016 年工作计划,可惜截至 2017 年年底仍未完成。

　　与《2013 修订案》不同,《2015 修订草案》按照"大修"的思路重起炉灶,对现行《税收征管法》做了大幅修订:条文数由现行 6 章 94 条增加至 11 章 139 条;其中,修改条文 59 条,新增条文 46 条,删除条文 3 条,内容未予任何变动的条文 32 条;原第二章"税务管理"第一节"税务登记"改为第二章"税务登记",第二章第二节"账簿凭证管理"改为第三章"凭证管理",新增第四章"信息披露",第二章第三节"纳税申报"和第三章"税款征收"合并为第五章"申报纳税",新增第六章"税额确认"和第七章"税款追征",第四章"税务检查"改为第八章,第五章"法律责任"改为第九章,新增第十章"争议处理",第六章"附则"改为第十一章;具体可参见表 1-3-2。

表 1-3-2　《税收征管法》与《2015 修订草案》结构对照表

	《税收征管法》		《2015 修订草案》	
章节及条文数	Ch. 1 总则 1—14 条共 14 条		Ch. 1 总则 1—17 条共 17 条	
	Ch. 2 税务管理 15—27 条共 13 条	§1 税务登记 15—18 条共 4 条	Ch. 2 税务登记 18—23 条共 6 条	
		§2 账簿凭证管理 19—24 条共 6 条	Ch. 3 凭证管理 24—29 条共 6 条	
			Ch. 4 信息披露 30—35 条共 6 条	
		§3 纳税申报 25—27 条共 3 条	Ch. 5 申报纳税 36—42 条	36—46 条共 11 条
	28—53 条共 26 条	Ch. 3 税款征收 28—34 条	Ch. 5 申报纳税 43—46 条	
		Ch. 3 税款征收 35—36 条	Ch. 6 税额确认 47—56 条共 10 条	
		Ch. 3 税款征收 37—53 条	Ch. 7 税款追征 57—87 条共 31 条	
	Ch. 4 税务检查 54—59 条共 6 条		Ch. 8 税务检查 88—93 共 6 条	
	60—88 条共 29 条	Ch. 5 法律责任 60—87 条	Ch. 9 法律责任 94—125 条共 32 条	
		Ch. 5 法律责任 88 条	Ch. 10 争议处理 126—132 条共 7 条	
	Ch. 6 附则 89—94 条共 6 条		Ch. 11 附则 133—139 条共 7 条	
合计	6 章 94 条		11 章 139 条	

由于此次《税收征管法》的大幅修订持续时间较长，因此学术界和实务界倾注了持续的热情予以研究，例如，就连以往从未有人关注的该法名称，也有学者建议改为《税收征收法》[①]或者《税收程序法》《税收程序通则》[②]等，以去除其管理化或者计划经济色彩。为了能对《税收征管法》的此次修订能有所助益，本书在比较两岸现行税收程序法条文与制度时，也将以适当的方式提及对《2015 修订草案》相应条文的意见和完善建议。

二、台湾地区"税捐稽征法"的历史演变

台湾地区现行税捐稽征法制最初源自行政管理机构 1950 年 12 月颁布并自 1951 年起施行的所谓"戡乱期间台湾省内'中央'及地方各项税捐统一稽征暂行办法"；1951 年 6 月，"立法机构"审议通过"台湾省内'中央'及地方各项税捐统

[①]　参见刘剑文、陈立诚：《迈向税收治理现代化——〈税收征收管理法修订草案（征求意见稿）〉之评议》，载《中共中央党校学报》2015 年第 2 期，第 44 页。

[②]　参见李万甫、孙红梅主编：《〈税收征收管理法〉修订若干制度研究》，法律出版社 2017 年版，第 62 页，注①。

一稽征条例"。1963 年,财政事务主管部门邀请有关专家共同研议,草拟"税捐稽征法",1967 年年底完成草案初稿;1968 年,财政事务主管部门又拟订"加强税捐稽征条例草案"。1973 年,财政事务主管部门参照日本的《国税征收法》和《国税通则法》、韩国的《国税征收法》及联邦德国的《联邦租税通则》等立法例,重拟完成"税捐稽征法"草案,送行政管理机构核议;1975 年,行政管理机构送请"立法机构"审议;终于 1976 年 10 月 22 日公布施行。①

"税捐稽征法"自颁行以来,截至 2017 年 12 月,先后经过了 26 次修订;最近一次修订是 2017 年 6 月 14 日。目前"税捐稽征法"共计 80 个条文,②分为总则、纳税义务、稽征、行政救济、强制执行、罚则和附则等七章。因为"税捐稽征法"一开始并没有明确授权有关机关制订施行细则,所以在该法实际执行过程中出现不能完全适应税收征管的需要时,财政事务主管部门于 1977 年颁布了"税捐稽征法实施注意办法",以辅助该法的执行;直至 1992 年 11 月"立法机构"才增加了"税捐稽征法"第 50 条之 5 的规定,授权财政事务主管部门制订施行细则,于是 1993 年,财政事务主管部门根据该授权颁布了"税捐稽征法施行细则"(以下简称"施行细则")。截至 2017 年 12 月,"施行细则"共修订 3 次,最近的一次修订是 2013 年 1 月 7 日,目前该细则共计 17 条。

表 1-3-3　台湾地区"税捐稽征法"历次修订简表③

序号	修订时间	修订内容	所涉条文总数
1	1976.10.22	"税捐稽征法"颁布	7 章 51 条
2	1979.08.06	增订第 48 条之 1	1 条
3	1990.01.24	修正公布第 2、6、23、30、33、34、35、38、39、41-46 条,第 48 条之 1;增订第 11 条之 1、第 35 条之 1、第 50 条之 1;删除第 36、37 条	21 条
4	1992.11.23	修正公布第 48 条之 2、第 50 条之 2 至第 50 条之 5	5 条
5	1993.07.16	修正公布第 48 条之 1	1 条
6	1996.07.30	增订第 1 条之 1、第 48 条之 3	2 条

---

①　参见张昌邦:《税捐稽征法论》,台湾文笙书局 1991 年版,第 3~4 页。

②　该法条文序号依序到第 51 条止,但因修订时采取"第×条之×"的方式增补条文以及仅删除条文内容但保留条文序号的方式删除条文,故实际有效条文数为 80 条(截至 2017 年 12 月)。

③　根据台湾植根法律网有关内容整理:http://www.rootlaw.com.tw/LawContent.aspx? LawID=A040070050000100-1040114,访问日期:2017 年 12 月 28 日。

续表

序号	修订时间	修订内容	所涉条文总数
7	1997.05.21	修正公布第 33 条	1 条
8	1997.10.29	修正公布第 6 条	1 条
9	2000.05.17	修正公布第 11 条之 2	1 条
10	2007.01.10	修正公布第 6 条	1 条
11	2007.03.21	修正公布第 23 条	1 条
12	2007.12.12	修正公布第 18 条	1 条
13	2008.08.13	修正公布第 24、44 条	2 条
14	2009.01.21	修正公布第 28 条	1 条
15	2009.05.13	修正公布第 24、33 条,第 48 条之 1;增订第 12 条之 1	4 条
16	2009.05.27	修正公布第 47 条	1 条
17	2010.01.06	修正公布第 44 条;增订第 1 章之 1 章名、第 11 条之 3 至第 11 条之 7、第 25 条之 1	7 条
18	2011.01.26	修正公布第 38 条	1 条
19	2011.05.11	修正公布第 19、35、51 条;施行日期由行政管理机构定之	3 条
20	2011.11.23	修正公布第 1 条之 1,第 6、23 条	3 条
21	2012.01.04	修正公布第 47 条	1 条
22	2013.05.29	修正公布第 12 条之 1、第 25 条之 1、第 39 条	3 条
23	2014.06.04	修正公布第 30、33、43 条,第 48 条之 1	4 条
24	2014.06.18	修正公布第 48 条	1 条
25	2015.01.14	修正公布第 26、33 条	2 条
26	2017.01.18	修正公布第 23 条	1 条
27	2017.06.14	增订第 5 条之 1、第 46 条之 1	2 条

由表 1-3-3 可知:(1)"税捐稽征法"幅度最大的一次修订是 1990 年 1 月 24 日的第 2 次修订,共修订增删了 21 个条文;次之的是 2010 年 1 月 6 日的第 16 次修订,除增设第 1 章之 1 的章名为"纳税义务人权利之保护"外,还增删修订了 7 个条文;其他的历次修订大多是针对少则 1 条、多则 3—5 个条文。(2)历次修订时间间隔最长为 11 年(即 1979 年 8 月 6 日第 1 次修订到 1990 年 1 月 24 日第 2 次修订),最短仅为十几天(即 2009 年 5 月 13 日第 14 次修订到同年 5 月 27

日第 15 次修订、2014 年 6 月 4 日第 22 次修订到同年 6 月 18 日第 23 次修订）；平均间隔时间为 1.6 年。（3）同一年当中修订次数最多的为 3 次，分别为 2007 年、2009 年和 2011 年。（4）被修订次数最多的是有关个人财税信息秘密之保护的第 33 条和有关自动补缴漏税之免除处罚及按日加计利息的第 48 条之 1，分别被修订了 5 次。

三、海峡两岸税收征管基本法律的简要比较

表 1-3-4　两岸基本税收征管法简况对照表

	大　陆	台湾地区	
	税收征管条例	适用"行政程序法"等其他相关程序法。①	
	1986.4.21 国务院发布		
税收程序法	税收征管法	"税捐稽征法"	
历史沿革	1992 年 9 月 4 日通过；1995 年 2 月 28 日、2001 年 4 月 28 日、2013 年 6 月 29 日和 2015 年 4 月 24 日四次修订	1976 年 10 月 22 日通过，至 2017 年 6 月 14 日止，共修订 26 次；最大的修订在 1980 年 1 月 24 日；2010 年 1 月 6 日修订增加第一章之一"纳税义务人权利之保护"	
制定/修订机关	全国人大常委会	"立法机构"	
章节条文数	6 章 94 条	7 章 80 条	
实施规则	税收征管法实施细则	"税捐稽征法实施注意事项"	"税捐稽征法施行细则"
历史沿革	1993 年 8 月 4 日发布；2002 年 9 月 7 日重新公布；2012 年 11 月 9 日、2013 年 7 月 18 日、2016 年 2 月 6 日三次修订②	1977 年 2 月 16 日公布	1993 年 5 月 17 日公布；2008 年 2 月 20 日、2011 年 8 月 11 日、2013 年 1 月 7 日三次修订
制定/修订机关	国务院	财政事务主管部门	财政事务主管部门
章节条文数	9 章 113 条	15 条	17 条

---

①　例如，在强制执行上适用"行政执行法""财务案件处理办法""强制执行法"等。参见陈清秀：《税法总论》（修订 9 版），台湾元照出版有限公司 2016 年第 9 版，第 562～564 页。

②　第一次修订系配合《行政强制法》所作小幅修订，修订了第 64 条第 2 款、第 65 条、第 69 条第 2 款；参见 2012 年 11 月 9 日《国务院关于修改和废止部分行政法规的决定》（国务院令第 628 号）。第二次修订了第 23 条和第 30 条第 1 款；参见 2013 年 7 月 18 日《国务院关于废止和修改部分行政法规的决定》（国务院令 638 号）。第三次修订了第 43 条；参见 2016 年 2 月 6 日《国务院关于修改部分行政法规的决定》（国务院令第 666 号）。

　　由以上两岸各自基本税收征管法历史演变的介绍可以看出,其形式上的主要区别在于对税收法定主义的贯彻不同。台湾地区奉行较为严格的税收法定主义,因此不仅其"税捐稽征法"由"立法机构"颁行,而且一直到1992年11月第3次修订时增设第50条之5"本法施行细则,由财政事务主管部门拟订,报请行政管理机构核定后发布之"。才由其财政事务主管部门根据授权于1993年颁布"施行细则"。大陆长期以来并无税收法定主义的传统,加之《宪法》和《立法法》中对全国人大及其常委会分别享有"基本法律"和"其他法律"的国家立法权的分界不明,所以作为税收领域最基本程序性法律的《税收征管法》从其制定到后续所有修订均由全国人大常委会实施,未能由全国人大主导。① 虽然1992年《税收征管法》第61条就规定"国务院根据本法制定实施细则",国务院也随之于1993年根据授权颁布了《实施细则》,因此并无上述台湾地区一度欠缺立法授权的情形存在,但本应定位于解释上位法的《实施细则》,不但条文数(共计86条)远超《税收征管法》(62条),而且还超越其应有定位,规定了上位法所无的制度或者增加了有关当事人的实体性和程序性义务,例如该《实施细则》第42条有关对未领取营业执照从事工程承包或者提供劳务的单位和个人责令其提交纳税保证金的规定,以及第55条有关因偷税未缴或者少缴的税款或者骗取的退税款无限期追征的规定等。此后的情形大体类似。2002年《实施细则》113条,超过2001年《税收征管法》94条;《实施细则》第11条第1款有关工商机关通报事项的范围扩大化解释了《税收征管法》第15条第2款的内容,第30条第1款有关纳税人采取邮寄或者数据电文方式等其他方式办理纳税申报增设上位法中所无的"经税务机关批准"的规定②等。

　　此外,两岸在基本税收征管法方面的修订是整体修订还是个别修订也有所不同。台湾地区以个别修订为主,或者是因条文不敷实际需要就及时修订,或者是因有关"大法官"解释宣告条文违反宪制性规定而必须修订,所以其修订频率较高。而大陆早期似以整体修订为主,但由于整体修订牵涉过多、争议颇大,自2008年列入全国人大常委会立法规划以来,迄今逾十年迟迟未能出台;加之近几年新一届政府执政以来,大力推行"简政放权"的政策,因此在《税收征管法》的修订方面也开始采取个别修订的方式。

---

　　①　参见李刚:《税制改革的含义与模式:法律解释学的分析》,载史际春主编:《经济法学评论》(第15卷),中国法制出版社2015年版,第92~93页。

　　②　2016年2月6日,《实施细则》修订时,第30条第1款中的"经税务机关批准"被删除。

第四节　海峡两岸税务行政救济制度的
历史演变及其整体实施状况

由于本书将税收征管程序和税务行政救济程序共同作为广义的税收程序，因此在本节从宏观的角度对两岸的税务行政救济制度历史沿革和整体实施状况进行对比。

一、海峡两岸税务行政救济制度的历史演变[①]

（一）大陆税务行政复议的发展沿革

大陆的税务行政复议制度始创于 20 世纪 50 年代。1950 年由政务院批准、财政部公布的《中央人民政府财政部设置财政检查机构办法》第 6 条规定："被检查部门，对检查机构之措施，认为不当时，得具备理由，向其上级检查机构，申请复核处理。"这里的"申请复核处理"，就是我国税务行政复议制度最早的雏形。之后，随着可申请行政复议范围的不断扩大，政务院颁布了《税务复议委员会组织通则》，首次明文使用了"复议"这一概念。[②] 到了 50 年代中后期，规定行政复议制度的法律法规也越来越多。这一时期行政复议制度的突出特点是行政复议决定为终局决定，当事人对复议决定不服，不能再提起行政诉讼。

20 世纪 60 年代至 70 年代，我国行政复议制度发展处于停滞状态，仅有个别规章对行政复议加以规定，税务行政复议制度的构建也因此中断。1978 年党的十一届三中全会之后，行政复议制度作为社会主义法制建设的一项重要内容得到迅速发展，据统计，到 1990 年 12 月为止，已在 100 多部法律法规中规定了行政复议。但此时，行政复议案件还不多，行政复议制度尚不健全；同时由于没有对行政复议制度进行统一规范的法律，关于行政复议的范围、管辖、审理、程序、时限等事项，都缺乏统一的法律依据。直到 1989 年 4 月 4 日《行政诉讼法》颁布，促使行政复议的立法排上日程。为了适应和配合行政诉讼制度的实行，在

[①]　本部分原稿参见毛文婷：《海峡两岸税务行政救济制度比较研究》，厦门大学法学院经济法专业 2012 年硕士学位论文。收入本书时，由李刚做了部分修改。

[②]　《税务复议委员会组织通则》第 1 条："为各大城市人民政府贯彻国家公平合理的税收政策，调查税务工作中的公私关系，本集体协商共同负责精神，得视实际需要，依本通则组织税务复议委员会。"

制定《行政复议法》时机尚不成熟的情况下,国务院于 1990 年颁布了《行政复议条例》,并于 1994 年对该条例进行了修改。《行政复议条例》的颁布和实施,为我国行政复议工作提供了最直接的行政法规依据,极大地促进了行政复议制度的发展和完善,标志着行政复议制度进入了一个全新的发展时期。

税务复议制度也在这个过程中也逐步得到恢复和建立。1980 年《中外合资经营企业所得税法》、1981 年《外国企业所得税法》《个人所得税法》及 1986 年《税收征管条例》,其中都有涉及税务行政复议的相应条款。1988 年,我国首起税务行政诉讼案发生,纳税人支国祥状告河南省驻马店地区税务局,获得胜诉。该案中税务机关败诉的主要原因是没有严格按照规定的程序做好复议工作,这一案件从反面促进了税务行政复议工作的开展。1989 年 5 月,当时的国家税务局(现为税务总局)在河南省驻马店地区税务局进行了税务行政复议工作试点,并于当年 10 月推出了《税务行政复议规则(试行)》。1990 年 12 月 24 日国务院颁布《行政复议条例》,为了配合其实施,税务总局于 1993 年 11 月 6 日出台《税务行政复议规则》,以专门规范税务行政复议案件的审理。1999 年 4 月 29 日,九届全国人大常委会第九次会议通过《行政复议法》,标志着大陆行政复议制度的进一步完善,并为各行政机关制定有关行政复议的法规提供了法源依据。在此基础上,税务总局在 1999 年 9 月 23 日发布《税务行政复议规则(试行)》;为了配合《税收征管法》及其《实施细则》的修改,又于 2004 年 5 月 1 日施行修订后的《税务行政复议规则(暂行)》。

2007 年 5 月 29 日,国务院发布了新制定的《行政复议法实施条例》,就如何通过行政复议解决行政争议、化解社会矛盾做了具体规定。近年来,税收工作正处于各种社会矛盾的集中释放区,社会各界对税收征管、税务稽查、干部作风等引发的征纳矛盾都异常敏感。如何化解这些矛盾就成为当前税务行政执法过程中一项重要工作。[①] 为此,2007 年 3 月 13 日,税务总局发布了《关于全面加强税务行政复议工作的意见》(国税发〔2007〕28 号),对税务行政复议工作提出了新的要求。为了更好地指导税务行政复议工作,加快税收法治建设,2009 年,税务总局对《税务行政复议规则(暂行)》进行了较大范围的修改,发布了新的《税务行政复议规则》,在结构上由原来的八章扩展为十二章,条文由 52 条扩充为 105 条;进一步明确了"解决税务行政争议"这一立法宗旨,"定分止争"成为税务行政复议的核心工作。2015 年 12 月 28 日,税务总局对《税务行政复议规则》进行了三处修改(2015 年国家税务总局令第 39 号):一是第 19 条第 1 款第 1 项,区分计划单列市的国税局和地税局,复议管辖机关不同;二是第 52 条有关行政复议

---

① 参见袁森庚:《新〈税务行政复议规则〉的新精神》,载《涉外税务》2010 年第 11 期,第 60 页。

证据;三是第 86 条增加 1 款,作为第 2 款:"行政复议审理期限在和解、调解期间中止计算"。

(二)台湾地区税务复查及诉愿的发展沿革

台湾地区的行政救济制度,在 1911 年国民政府时期之前并不完备,人民的权利很难寻求救济。直到 1911 年《中华民国临时约法》第 8 条规定:"人民有陈述于行政官署之权。"才明确规定了人民权利的救济途径。1914 年 5 月 17 日《诉愿条例》颁布,并在当年 7 月 20 日以法律形式施行《诉愿法》,至此诉愿制度得以建立。1928 年北伐成功,国民政府成立,行政及司法体制都较之前有很大不同,于是在 1930 年 3 月 24 日重新制定《诉愿法》,经过 1935 年 10 月 4 日及 1937 年 1 月 8 日两次修正,条文总计 13 条;之后直到 1970 年 12 月 23 日对"诉愿法"再次进行修订,全文增加到 28 条。1976 年台湾地区颁行"税捐稽征法",第 35 条规定了复查制度,即"纳税义务人对于核定税捐的处分如有不服,应依规定格式,申请复查"。

1998 年 12 月 3 日,台湾地区对"诉愿法"进行了最大规模的一次修改,[①]旨在强化诉愿审议的功能,充分发挥救济程序的效用,将原本 28 条大幅增订修正为 101 条,强化了行政救济的自我审查功能(如新增第 58 条赋予原处分机关重新反省审查撤销原处分的机会),扩大了诉愿客体的范围和有权申请诉愿的主体范围,改进了诉愿委员会的组成,明确规定诉愿不停止原处分执行的一般原则和例外停止执行的情况。

(三)简要比较

通过前文的介绍,可以看出无论是行政复议制度还是诉愿制度的发展都与社会法治的发展进程息息相关。在立法技术还不是很完善,对政府机构行政权力约束较少的时期,人民寻求救济也较为困难,比如大陆早期的复议决定作为终局裁决,不得再提起行政诉讼;而台湾地区早期的诉愿决定,也仅有一级行政诉讼可以为其提供救济。而随着社会法治程度的提高,对政府行政权力立法约束越来越多的同时,税务行政救济制度也随之发展得越来越完善;两岸的纳税人都可以通过提起行政救济的形式来主张其合法权益。其实,无论是税务行政复议还是诉愿制度,本质都是行政机关内部的自省程序,其独立性难免遭到质疑,所以才需要由司法救济来确保行政救济结果的公正性。因此,只有当司法可以独立发挥监督的功能时,诉愿制度才能有真正运作的机会,人民对于权利的救济也

---

① 该法此后至今,又经过 2000 年 6 月和 2012 年 6 月两次小幅修改。

才有可以确保的机会。大陆与台湾地区分别在修订的《税务行政复议规则》及"诉愿法"中都特别强调了司法监督的精神,其用意即在于以司法监督的方式,来确保行政救济程序的公正性。

两岸税务行政救济制度的发展轨道也有其不同之处,台湾地区自1998年"诉愿法"修订之后,形成了相对稳定的诉愿行政救济渠道;而大陆税务行政复议的相关法规还在不断地探索修订。同时,台湾地区在修订"诉愿法"的过程中,始终以方便行政相对人的权利救济为贯彻目标;可以说,其"诉愿法"的修订过程,也是行政相对人不断为其权利斗争,主张修法以加强对行政机关的约束的过程。相较之下,大陆的税务行政复议制度的建立过程中,行政机关一直处于较强势的主导地位,纳税人的参与途径与机会都比较少。

二、海峡两岸税务行政救济制度整体实施状况的比较

立法者设计税务行政救济制度的目的在于保障纳税人认为其权益受到不法侵害之后有寻求补救的权利和途径,因此考察其实施情况才能判定这一制度是否真的能成为捍卫纳税人权利的武器;故本部分对大陆的税务行政复议制度和台湾地区税务诉愿制度的实施情况进行比较。

(一)大陆税务行政复议的实施情况

大陆有关税务行政复议信息公开的较少,税务总局只就1994年至2005年间的税务行政复议应诉工作进行了调查分析。这十年来,大陆税务系统发生行政复议案件4300多件,复议决定维持与撤销变更的比例约为50.4：49.6;行政诉讼案件1400多件,裁判维持与变更撤销的比例为55：45。① 国务院法制办官网"中国政府法制信息网"公布的2009—2016年全国行政复议、行政应诉案件统计数据中,只公布了国务院部门层级的有关案件数据,为了形成一定的关联性考察,将其中与税务总局有关的行政复议案件和行政应诉案件的统计数据并列制表如下:

---

① 参见《全国税务行政复议应诉工作调查分析报告》(未公开稿),国家税务总局行政复议处材料室2006印制;转引自伍玉联:《我国现行税务行政复议制度的问题与完善》,http://www.dffy.com/faxuejieti/ss/200901/20090117190421.htm,访问日期:2011年12月1日。

表 1-4-1　税务总局受理行政复议案件和行政应诉案件数据统计表（2001—2016 年）①

| 年份 | 受理行政复议案件[1] | | | | 行政应诉案件 | | | |
	数量	排名[2]	总数[3]	占比%	数量	排名	总数	占比%
2016	456	4	6530	6.98	367	2	4229	8.68
2015	688	2	5728	12.01	549	2	3724	14.74
2014	680	3	5846	11.63	303	2	1295	23.40
2013	513	4	5961	8.61	236	2	1292	18.27
2012	536	1	3596	14.91	163	2	1242	13.12
2011[4]			1755				697	
2010	342	1	2192	15.60	169	2	777	21.75
2009	431	1	2328	18.51	186	1	268	69.40
2008	577	1	2252	25.62	225	1	373	60.32
2007	592	1	2297	25.77	192	1	371	51.75
2006	496	1	2003	24.76	146	1	290	50.34
2005	488	1	1994	24.47	287	1	446	64.35
2004	197	2	1757	11.21	72	1	206	34.95
2003	214	2	1760	12.16	78	1	224	34.82
2002[5]	187	2	2288	8.17			108	
2001	333	2	2630	12.66	88	1	153	57.52

说明：

[1] 2015 年以前在统计事项方面采取的表述是"收到行政复议申请情况"，2015 年起改为"受理行政复议案件情况"。

[2] 排名是指税务总局受理的行政复议案件或者行政应诉案件数量在国务院各部委各自的案件数量中的名次。

[3] 总数是指国务院各部委受理的行政复议或者行政应诉案件数量总数。

[4] 2011 年公布的统计数据中，缺失税务总局的数据。

[5] 2002 年公布的统计数据中，缺失税务总局行政应诉案件的数据。

虽然上述行政复议案件和行政诉讼案件并非均是与税务争议相关的案件，例如，其中就包括由于纳税人不服政府信息公开行为的复议申请和行政诉讼案件，②但大体还是可以得出复议程序具有纾解讼源作用的结论。

---

① 数据来源：国务院法制办官网"中国政府法制信息网"的"办内工作—复议工作"栏目公布的 2001—2016 年全国行政复议、行政应诉案件统计数据，访问日期：2017 年 12 月 29 日。

② 根据税务总局官网公布的数据，在有关政府信息公开的行政救济方面，税务总局 2016 年收到复议申请 14 件、应诉 4 件，2015 年复议申请 18 件、应诉 6 件，2014 年复议申请 5 件、应诉 2 件，2013 年复议申请和应诉各 1 件，2012 年复议申请 42 件，2011 年复议申请 44 件，2010 年复议申请 3 件，2009 年复议申请 11 件。参见税务总局网站"信息公开—政府信息公开—政府信息公开年报"栏目公布的税务总局 2016 年政府信息公开年度报告，访问日期：2017 年 12 月 29 日。

(二)台湾地区税务诉愿制度的实施情况

相较之下,获取台湾地区税务行政救济制度的信息则便利得多。台湾地区财政事务主管部门网站每年都会定期公布当年"诉愿审议委员会"受理的诉愿案件数量及申请情况,但仅是就"国税"所提起的诉愿(见表1-4-2)。

表 1-4-2　台湾地区税务诉愿提起数量统计表(2001—2014 年)

年度	件数	年度	件数	年度	件数	年度	件数
2001	5880	2002	6069	2003	6128	2004	6156
2005	5484	2006	5856	2007	4607	2008	4438
2009	4258	2010	3439	2011	2777	2012	2577
2013	2563	2014	2371	2015	2394		

资料来源:台湾地区财政事务主管部门网站

台湾地区北、中、南区"国税局"自 1992 年 7 月 1 日成立,1999 年 7 月 1 日,台湾地区将营业税改制为"国税",由财政事务主管部门作为诉愿受理机关,原由台湾省政府、台北市政府、高雄市政府受理的营业税诉愿案件,均移转至财政事务主管部门受理,导致 1999 年的收案件数高达 8830 件;后经"诉愿审议委员会"加强诉愿业务联系工作,协同各税捐稽征机关共同落实加速行政救济业务审理、提升审案质量及疏减讼源,自 2000 年后每年收受案件数已减少为约 6000 余件,至 2007 年度更减为不足 5000 件,此后一直平稳减少至 2014 年低于 2500 件。

(三)简要比较

由于缺乏两岸在税务行政救济案件方面的全面数据,而且,税务行政救济的数量与两岸各自的税法体系完备程度、救济机关的独立性程度、有关行政救济法的修订及其实施程度,乃至财政收入形势密切相关,因此缺乏可比性基础。至于在两岸税务行政救济规则方面的具体比较,本书第十二章将予以详述。

第二章

海峡两岸税务登记和发票管理法律制度比较

——税务管理制度比较之一

　　包括税务登记、凭证管理和涉税信息管理在内的税务管理,是税收征管活动及其程序的起始环节,其主要作用均在于解决税收征管活动中征纳双方对涉税信息的不对称问题,从而为后续税收征管活动提供必要的信息基础。简单来说,税务登记主要从形式上解决纳税主体是否存在的问题,凭证管理解决的是纳税主体的应税活动是否发生以及是否真实的问题,而涉税信息管理则是对前两项制度的实施效果加以检验并查漏补缺。从这个意义上看,税务登记、凭证管理和涉税信息管理其实都属于广义的涉税信息管理的范畴,只不过税务登记和凭证管理更强调纳税主体的协力义务,而(狭义的)涉税信息管理则主要属于税务协助制度范畴。

　　《税收征管法》此次大幅修订的重中之重就是涉税信息管理制度,其中又以税务行政协助制度为主。因此,自本章开始的连续三章,依次比较税务登记和发票管理制度、税务行政协助制度和涉税信息共享制度。

第一节　税务登记制度比较

　　税务登记和普通民商事登记均属于行政登记范畴,亦即行政处分中的"形成处分"。① 普通民商事登记的作用在于赋予特定主体某项权利或权利能力,具有创设性;而税务登记的目的则是对税收征纳法律关系的一种前提性确认,与纳税人税收权利能力无关。换言之,应税事实的发生和税收权利义务关系的形成独

---

　　① 参见陈敏:《行政法总论》,台湾新学林出版有限公司 2016 年第 9 版,第 344、350~351 页。

立于税务登记,效力不受登记与否的影响,税务登记不过是税务机关掌握税源的一种手段。此特点为两岸税收立法所反映,不过大陆还规定,纳税人在开立银行账户、领购发票、申请税收优惠、办理停业歇业等事项时必须提供税务登记证件,[①]因此税务登记在大陆还体现出更为严格的管理色彩。

税务登记在台湾称为"税籍登记",就是营业人向"国税局"申请营业税籍,可供报缴营业税、营所税及综所税之用。从法律渊源来看,台湾地区将相关制度规定在各主要税种法及其相应稽征规则之中。例如,"加值型及非加值型营业税法"(简称"营业税法")及依该法第30条之1授权而由财政事务主管部门订定之"税籍登记规则",[②]此外"所得税法"和"货物税条例"及依该条例第36条授权而由财政事务主管部门订定之"货物税稽征规则"等都有各自的登记要求,而作为程序法的"税捐稽征法"及其"施行细则"却没有采用"税籍登记"这一上位概念,也没有对登记行为作出普遍性的规定。大陆则将相关制度统一规定在《税收征管法》《实施细则》和《税务登记管理办法》(以下简称《登记办法》)三部税法文件

---

① 参见《实施细则》第18条。

② 台湾地区税务登记制度最初见于1956年3月6日由行政管理机构订定发布的"营利事业登记规则",该规则后经数次修正,直至1986年3月19日修正发布共计12条,系以"所得税法"第121条和"营业税法"第28条为授权依据而制定,统一适用于所得税和营业税的有关登记事项。但由于"所得税法"所称"营利事业"与"营业税法"规定须履行登记义务的营业人有别,前者系从与"非营利事业"相对而言,后者"营业人"则既包括营利事业又包括非营利事业,导致非营利事业应否适用"营利事业登记规则"产生疑义。而且按稽征实务作业,各地区"国税局"之营利事业税籍数据,除扣缴单位数据以外,均系依据营业税主管稽征机关资料办理。

为此,台湾地区"所得税法"第18条、第19条关于"营利事业登记"的规定在2006年5月30日的修订中被删除,避免了所得税、营业税两套登记制度并存的现象。此外,在原"营利事业统一发证办法"下,统一发证制度寓管理于登记,导致保护交易安全的登记制度被利用作为管理工具,造成登记困难,无法达到保护交易安全之目的。因此,基于事前审查无法达成预期管理目的等原因,行政管理机构在监察机构的建议下于1999年废除了营利事业统一发证制度,采行登记与管理分离原则。自此营业登记回归由各"国税"单位自行办理。

为配合营利事业统一发证制度的废除,根据"营业税法"第28条的授权,财政事务主管部门于2003年8月12日订定发布"营业登记规则",并自"营利事业登记规则"和"营利事业统一发证办法"相继于2009年4月11日和13日先后废止后开始施行。此后,"营业登记规则"历经4次修正。

台湾地区于2015年6月24日制定公布"有限合伙法",增订有限合伙事业组织型态;2016年12月28日"营业税法"修订时增订台湾地区境外之事业、机关、团体、组织在台湾地区境内无固定营业场所,销售电子劳务予境内自然人,为营业税之纳税义务人,应自行或委托报税之代理人于台湾地区办理税籍登记及报缴营业税等规定,并将"营业登记"文字修正为"税籍登记"。为配合上述两法修订,2017年3月29日,财政事务主管部门对"营业登记规则"进行修订并更名为"税籍登记规则"。

之中,形成了统一适用于各税种的税务登记规则;此外,个别税种法还规定了其自身特殊的登记规则,如《增值税一般纳税人登记管理办法》(2017年国家税务总局令第43号)。目前两岸税务登记制度存在以下差异:

一、登记对象比较[①]

(一)大陆的登记对象

大陆的登记对象仅限于已有或可能负有纳税义务的主体。具体而言,除国家机关、个人、无固定生产、经营场所的农村流动商贩无须办理登记外,下列主体均应向生产、经营所在地税务机关申报办理税务登记:(1)从事生产、经营的纳税人,包括企业、企业在外地设立的分支机构或生产经营场所、个体工商户以及生产经营型的事业单位;(2)非经营性质但有应税事实的纳税人;(3)根据法律、行政法规的规定负有扣缴税款义务的扣缴义务人(国家机关除外);(4)境外企业在境内提供劳务者;(5)外出经营纳税人,即在异地县(市)实际经营或提供劳务者。2015年之后,由于"多证合一"登记制度改革的推进,持有加载统一社会信用代码的营业执照纳税人无须再行申报办理税务登记。

此外,根据《增值税一般纳税人登记管理办法》第2条、第3条、第4条,增值税纳税人年应税销售额超过财政部、税务总局规定的小规模纳税人标准(简称"规定标准")的,除按照政策规定选择按小规模纳税人纳税的和年应税销售额超过规定标准的其他个人之外,应当向主管税务机关办理一般纳税人登记;年应税销售额未超过规定标准的纳税人,会计核算健全,能够提供准确税务资料的,可以向主管税务机关办理一般纳税人登记。

(二)台湾地区的登记对象

台湾地区的登记对象既包括负有纳税义务的主体,也包括一些应税物品。就主体登记而言,一般经营者所需进行的登记为税籍登记,适用"营业税法"和"税籍登记规则"的相关规定。"营业税法"第5章第1节对税籍登记进行了原则性的规定:首先,明确了税籍登记义务。"营业税法"第6条规定,营业人包括:(1)以营利为目的之公营、私营或公私合营之事业;(2)非以营利为目的之事业、机关、团体、组织,有销售货物或劳务;(3)台湾地区境外之事业、机关、团体、组织,在台湾地区境内之固定营业场所;(4)台湾地区境外之事业、机关、团体、组

---

① 这里的对象仅指需要登记的人和物。具体的登记内容比较将在后文"二、登记种类与程序比较"中进行。

织,在台湾地区境内无固定营业场所,销售电子劳务予境内自然人(以下简称"境外电商营业人")。"营业税法"第 28 条规定了营业人的税籍登记义务,明确营业人之总机构及其他固定营业场所,应于开始营业前,分别向主管稽征机关申请税籍登记。第 28 条之 1 规定境外电商营业人应自行或委托报税代理人申请税籍登记。

上述营业人总机构和固定的营业场所原则上需要分别向各自的管辖机关申请登记。台湾地区法令曾规定有例外的情况,对于经批准由总机构合并其他分支单位申报销售额、应纳税额的营业人,其设立、变更、注销等相关登记应由总机构向其所在地税务机关申请。但后来该法令经变更后基本符合"营业税法"第 6 条由总分机构分别申请的规定。① 而对于外国营利事业在台湾地区没有固定营业场所而仅有营业代理人的情况,台湾地区法令规定该营业代理人无须办理营业登记,但应向该管稽征机关报备。② 考虑到这种报告性质上与登记相当,外国营利事业的登记对象不限于固定场所。

依照"营业税法"第 29 条及相关解释函令的规定,税籍登记义务在两种情况下可以免除:一是各级政府机关作为主体;二是专营某些"营业税法"上免征营业税的事项。需要指出的是,对于没有达到营业税起征点的小规模商业,虽然在"商业登记法"上不必登记,③但在"营业税法"上仍需进行税籍登记。

主体登记的另一表现形式是特殊经营者的厂商登记,"货物税条例""烟酒税法""特种货物及劳务税条例"等都要求进行厂商登记。例如,"货物税条例"及"货物税稽征规则"规定厂商登记义务主体为"货物税条例"所要求的从事应税货物生产、储存、运输、销售(包括代销)等活动的实体,包括公司、商号、货物持有人等各种存在形式。货物税厂商登记以产制工厂为登记单位,同一公司如设数厂,仍须分别办理厂商登记。④ "娱乐税法"要求经常性经营者、临时经营但收取费用者进行登记,而临时经营但不收取费用者,仅需要向税务机关报告。⑤

而对于物的登记,"货物税条例""烟酒税法"等规定了"产品登记",即以每一

---

① 台湾地区财政事务主管部门第 7526642 号函。该函不再援用,另有 1991 年第 790731141 号函变更解释,规定:"经本部核准由总机构总缴营业税款之营业人,如发生分支机构新增、注销或变更事项时,应由分支机构所在地之稽征机关依其申请事项办理异动,通报财税数据中心更正核准总缴档,并通知总机构所在地稽征机关,免再由营业人之总机构提出申请。"

② 参见台湾地区财政事务主管部门第 30916 号函。

③ 参见台湾地区"商业登记法"第 5 条第 5 项。

④ 参见"台湾省政府财政厅"1958 年 3 月 4 日财一字第 507 号通知。

⑤ 参见台湾地区"娱乐税法"第 7 条、第 8 条。

种应税货物为单位在生产前进行客体登记,①以便稽征。财产税领域则要求以应税财产为对象进行税务登记,其设籍义务表现为普遍的财产申报义务。由于多数应税财产本身在台湾地区也是要进行财产登记的,因此税捐债务人为保障其财产权原则上会进行登记,税务机关容易掌握税源;但某些应税财产在台湾地区是无须进行财产登记的,比如牌照和房屋,②此时纳税人的税籍申报义务就显得十分重要。

从现有规定来看,大陆以主体为标准的综合登记模式简单易行,其关于登记对象的规定更符合税收效率原则。台湾地区的登记对象由各税种法分别确定,不仅繁杂,而且难免产生重复登记和监管缺位的问题。比如,营业人既从事应税货物生产又具有普通营业行为时,营业登记与厂商登记同时存在似乎没有必要。

二、登记种类与程序比较

(一)设立登记

大陆设立登记要么在满足一定条件后30日内进行,要么在发生应税事实后30日内进行,且不同的登记义务人对应不同的登记类型与税务登记证件。四者的具体关系如表2-1-1所示:

表 2-1-1　大陆设立登记综合情况表

登记义务人	登记义务的起算时间	登记类型	核发的税务证件
需要先行工商登记或营业审批的生产经营型纳税人	工商登记或批准设立之日	税务登记	税务登记证及副本
		分支机构登记	
		注册税务登记(适用于经批准设立但未办工商执照的情形)	
外出经营纳税人	进行生产经营前	报验登记	外出经营活动税收管理证明

①　参见台湾地区"货物税条例"第19条,"货物税稽征规则"第15条;"烟酒税法"第9条,"烟酒税稽征规则"第2节。

②　参见黄茂荣:《税法总论——税捐法律关系》(第三册),台湾植根法学丛书编辑室2008年第2版,第642页。

续表

登记义务人	登记义务的起算时间	登记类型	核发的税务证件
独立的承包承租人①	合同签订之日	承包承租登记	
在境内提供劳务的境外企业	合同签订之日	境外企业登记	临时税务登记证及副本
未经工商登记也未经批准而擅自经营者	发生应税事实之日	临时税务登记	
非生产经营型的纳税人	发生应税事实之日	临时税务登记	
已办税务登记的扣缴义务人	扣缴义务发生之日	扣缴税款登记	税务登记证件上登记扣缴税款事项②
可不办税务登记扣缴义务人	扣缴义务发生之日	扣缴税款登记	扣缴税款登记证件

资料来源:《税收征管法》《实施细则》以及《登记办法》。

大陆对于"无照户"及"非正常户"纳税人实施特别的登记措施。③ 税务机关对无照户纳税人核发临时税务登记证及副本(并限量供应发票)。已领取税务机关核发税务登记证及副本的无照户纳税人已领取营业执照或已经有关部门批准的,应当自领取或批准之日起30日内,向税务机关申报办理税务登记;税务机关应当收回并做作废处理临时税务登记证及副本的,并发放税务登记证及副本。对非正常户纳税人的法定代表人或经营者申报办理新的税务登记的,税务机关核发临时税务登记证及副本,限量供应发票。税务机关发现纳税人的法定代表人或经营者在异地为非正常户的法定代表人或经营者的,应通知其回原税务机关办理相关涉税事宜。纳税人的法定代表人或经营者在原税务机关办结相关涉税事宜后,方可申报转办正式的税务登记。④

台湾地区的登记时间均为应税事实开始之前。比如"营业税法"要求营业登

---

① 依照《登记办法》第10条第4款,独立承包人须满足"有独立的生产经营权、在财务上独立核算并定期向发包人或者出租人上交承包费或租金"的条件。

② 2014年12月修订的《登记办法》将第17条修改为:"已办理税务登记的扣缴义务人应当自扣缴义务发生之日起30日内,向税务登记地税务机关申报办理扣缴税款登记。税务机关在其税务登记证件上登记扣缴税款事项,税务机关不再发放扣缴税款登记证件。

③ 根据《国家税务总局关于进一步完善税务登记管理有关问题的公告》(公告2011年第21号)第1条,无照户纳税人,是指应办而未办工商营业执照,或不需办理工商营业执照而需经有关部门批准设立但未经有关部门批准的从事生产、经营的纳税人。根据《登记办法》第40条,非正常户纳税人,具体是指未按照规定的期限申报纳税,在税务机关责令其限期改正后,逾期不改正的,税务机关派员实地检查后查无下落并且无法强制其履行纳税义务,由税务检查人员制作非正常户认定书认定的已办理税务登记的纳税人。

④ 参见《国家税务总局关于进一步完善税务登记管理有关问题的公告》(公告2011年第21号)。

记在营业开始前进行,"货物税条例"要求厂商登记在开始生产前进行,只是申请登记前应获得工厂设立的许可。"烟酒税法"除要求产制厂商依"烟酒管理法"有关规定取得许可执照外,也要求厂商于开始产制前,办理烟酒税厂商登记及产品登记。

相比之下,大陆的设立登记规则不但复杂(表现为登记类型多、起算点多),而且不够科学。比如一份附条件或附期限的承包合同,签订之后 30 日内尚处于效力待定阶段。此时要求当事人做出税务登记可能与最终的合同效果相悖,不但不能有效监控税源,反而让当事人承担设立登记、注销登记两次义务,增加了遵从成本。税务登记在工商登记后 30 日内进行的规定同样存在类似问题:若公司登记后尚未发生应税行为时就决定变更某些事项,比如增资、变更法定代表人或是增加营业场所,那么对于纳税人和税务机关而言无疑又增加了一次变更登记的负担。因此台湾地区以"开始营业前"作为统一的登记时间点是一种较为科学的做法。

登记内容上,单位名称地点、负责人(法定代表人)信息、注册资本额、生产经营方式(台湾地区为营业种类)在两岸均属必备记载事项。大陆所独有的记载内容:登记类型、核算方式、生产经营范围、生产经营期限、投资总额和财务负责人信息。[①] 台湾地区独有的记载内容包括:(1)厂商登记所要求的厂外未税仓库的名称地址以及厂商主要机器设备的名称、生产能量;(2)产品登记所要求的产品名称、规格、包装材料与方法、净重、预计的制造成本、利润及不含税款的出厂价格、是否与同一企业的其他工厂的产品品质、规格相同等。[②]

两相比较,台湾地区的厂商登记与产品登记均源于"货物税条例",属于较为特殊的登记形式,为便于征管,其登记事项比较复杂。由于大陆没有相对应的制度,因而缺乏可比性。然而对于普通的税务登记,大陆需要记载的事项较台湾地区多。这一方面固然有利于税务机关充分掌握纳税人的信息,减少监管漏洞,但另一方面也导致变更登记的数量相应猛增,阻碍了征管效率的提高。

此外,大陆的设立登记还涉及以下四个方面的报告备案登记规定:[③](1)存款账户账号报告。从事生产、经营的纳税人应持税务登记证件在金融机构开立基本账户和其他存款账户,并有义务自上述账户开立或变化之日起 15 日内向税务机关报告其在金融机构开立的上述账户。(2)财务会计制度及核算软件备案报告。纳税人自领取税务登记证件之日起 15 日内,将其财务、会计制度或者财务、会计处理办法报送主管税务机关备案。纳税人使用计算机记账的,应当在使

---

① 参见《登记办法》第 14 条。
② 参见台湾地区"货物税稽征规则"第 10 条、第 15 条、第 17 条第 1 项。
③ 参见《税收征管法》第 17 条,《实施细则》第 19 条、第 21 条。

用前将会计电算化系统的会计核算软件、使用说明书及有关资料报送主管税务机关备案。(3)税务机关对税务登记证件实行定期验证和换证制度,纳税人应当在规定的期限内持有关证件到主管税务机关办理验证或者换证手续。[①] (4)外出经营报验登记。从事生产、经营的纳税人到外县(市)临时从事生产经营活动的,进行生产经营前应持税务登记证副本和所在地税务机关填开的外出经营活动税收管理证明,向营业地税务机关进行报验登记,并接受经营地税务机关的管理。证明按一地一证的原则发放,有效期限一般为 30 日,最长不得超过 180 天。经营者应在经营活动结束后向营业地税务机关进行申报,并于"外出证明"期满后 10 日内向所在地税务机关办理注销手续。[②]

台湾地区"营业税法"2016 年修订时,增订第 2 条之 1 增加境外电商营业人为营业税纳税人。同时增订第 28 条之 1、第 49 条之 1 对境外电商营业人的税籍登记及其处罚事项进行了规定。第 28 条之 1 规定境外电商营业人年销售额逾一定基准(48 万元新台币[③])者,应自行或委托报税代理人申请税籍登记。"税籍登记规则"也专设一章(第 3 章)对境外电商营业人的设立登记、变更登记、停(复)业申报核备、注销登记及废止登记进行了详细地规定。而大陆现行税法仅规定在大陆承包工程作业或提供劳务的非居民企业,应向项目所在地主管税务机关办理税务登记手续,对于向境内个人销售电子劳务的非居民企业办理税务登记没有明确的规定。鉴于大陆网络电子交易蓬勃发展,境内个人利用网络向境内未设立机构场所的外国企业购买电子劳务情形日益普遍且频繁,依大陆税法规定,上述情况下买受人负扣缴义务。由于网络交易信息具有隐秘性,税收征管中信息不对称问题严重,税务机关难以掌握个人的消费情况,对税源的掌控困难,纳税遵从成本相对较高。因此,大陆有必要借鉴台湾地区的境外电商营业人税籍登记的规定,从而增强对跨境电子商务的税源管控能力。

(二)变更登记

两岸的变更登记都适用于已登记的事项发生变更,但经营者主体地位尚未消失的情形。[④] 存在的差异主要有:

---

① 参见《国家税务总局关于换发税务登记证件的通知》(国税发〔2006〕38 号)。

② 参见《登记办法》第 33 条、第 34 条。

③ 参见台湾地区财政事务主管部门台财税字第 10604539420 号函,核定的销售额为 48 万元新台币,自 2017 年 5 月 1 日生效。

④ 这一规则也存在例外。台湾地区"财政事务主管部门"第 30514 号函规定,厂商登记中的主体变更,应根据(原)"货物税稽征规则"第 7 条需要重新办理厂商登记,而非变更登记。而根据修改后的"货物税稽征规则"第 12 条,厂商登记表所载事项有变更的,应申请变更登记,但是需重新填具厂商登记表,其处理程序与第一次办理厂商登记相同。

1. 大陆的变更登记要么在工商机关办理变更登记之日后 30 日内进行,要么自税务登记内容实际发生变化或自有关机关批准或者宣布变更之日起 30 日内进行(即不需要变更工商登记时)。台湾地区一律为登记事项实际变更之后的 15 日内进行。①

2. 台湾地区营利事业解散后的清算过程需要办理变更登记,②大陆进行清算时则不必。

3. 台湾地区"营业税法"和"货物税条例"都要求变更登记时结清税款或提供担保,而大陆仅规定了纳税人在注销税务登记前向税务机关结清应纳税款、滞纳金、罚款,对于变更登记中的欠税问题则没有涉及。

(三)注销登记

两岸目前最主要的区别在于注销税务登记与注销工商登记之间的关系。大陆要求先注销税务登记,而台湾地区则规定:"公司组织之营利事业在未经主管机关核准解散前向稽征机关申请注销登记者,应通知其先向主管机关补办解散登记,经主管机关核准解散后,始可核准其注销登记。"③由此,台湾地区要求工商登记和其他登记先于营业登记办理注销。而对于公司解散后未注销营业登记的,其法人格在清算限度内视为继续存续,法人在税法上的义务也依然存在。④同时台湾地区也规定,营利事业在解散、废止、转让等消灭事实发生后 15 日内应申请注销登记,由此督促登记义务人尽快完成各种注销手续。

上述制度差异源于两岸对清算中公司地位的不同认识。台湾地区的公司在解散时即丧失权利能力,而在之后的清算过程中,公司被视为在有限范围内的继续存续;而大陆则将清算视为公司的一种存在形态,只是公司的权利能力受到限制。由此不难理解台湾地区有别于大陆的清算变更登记制度和营业登记注销

---

① 参见台湾地区"营业税法"第 30 条,"税籍登记规则"第 10 条,"货物税稽征规则"第 12 条。

② 参见黄茂荣:《税法总论》(第三册),台湾植根法学丛书编辑室 2008 年第 2 版,第 662 页。依台湾地区财政事务主管部门台财税字第 0920450799 号函:"查司法机构释字第 492 号解释文,明示'公司法'第 25 条规定,解散之公司于清算范围内,视为尚未解散,即法人尚未消灭;第按贵部(引者注:经济事务主管部门)68/05/17 商字第 13713 号函规定,公司于清算范围内准予办理改派监察人登记;又公司组织已依法向主管机关办理变更登记者,应于办妥公司变更登记之日起 15 日内申请营业变更登记,为本部 80/04/30 台财税第 800134811 号函核释有案;准此,公司组织于清算程序中,如已依法向主管机关办理变更公司登记者,有关营业登记部分,允应参照上开本部函规定办理。"

③ 台湾地区财政事务主管部门第 50569 号函。

④ 参见黄茂荣:《税法总论》(第三册),台湾植根法学丛书编辑室 2008 年第 2 版,第 663 页。

制度。

此外,台湾地区"营业税法"第 30 条第 2 项规定:"前项营业人申请变更登记或注销登记,应于缴清税款或提供担保后为之。但因合并、增加资本或营业种类变更而申请变更登记者,不在此限。"有学者指出,"只要真有已登记事项之变更,以纳税义务人未缴清税款或提供担保为理由,拒绝办理其变更登记,并不妥当。盖登记之目的在于公示应登记事项之事实或法律关系的状态。为求登记所公式之内容或状态与实际情形一致,只要有变更,办理登记的主管机关自当准许其变更登记之申请,并依其申请之内容而为登记,没有拒绝之合理立场。这于注销登记的情形亦当如是。至于欠税应当如何追缴,这是另一个等待深入研究的课题,不得以还没有研究出适当之追征方法为理由,拒绝依申请,办理变更或注销登记。"[1]大陆《实施细则》虽对变更登记没有限定条件,但在第 16 条也规定:"纳税人在办理注销税务登记前,应当向税务机关结清应纳税款、滞纳金、罚款,缴销发票、税务登记证件和其他税务证件。"比较而言,比台湾地区给予缴清税款或提供担保两种选择的方式还要严格,上述学者的观点同样值得考虑。

(四)撤销登记

台湾地区稽征机关可以撤销或废止营业人的登记。营业人之设立或其他登记事项有伪造、变造文书,经有罪判决确定者,主管稽征机关得依检察机关通知,撤销其营业登记。此外,还规定了废止登记,即主管稽征机关可以依职权或利害关系人申请,废止营业人的营业登记,具体情形包括:(1)登记后满 6 个月尚未开始营业,或开始营业后自行停止营业达 6 个月以上;但有正当理由经核准延展者,不在此限。(2)迁离原址,逾 6 个月未申请变更登记,经稽征机关通知仍未办理。(3)登记后经有关机关调查,发现无营业迹象,并经房屋所有权人证明无租借房屋情事。[2] 相比之下,大陆登记制度中没有撤销登记和废止登记的概念,纳税人因撤销依法终止纳税义务的、被工商行政管理机关吊销营业执照或者被其他机关予以撤销登记的应办理注销登记。同时,立法上却有两项相似的规定:一是税务机关可以将已办理税务登记但不按时申报纳税,且未经改正又下落不明、无法强制履行的纳税人认定为"非正常户"。"非正常户"状态持续超过 3 个月的,税务机关可以宣布其税务登记证件失效。二是税务机关有权建议其他登记机关撤销相关登记。

在税务登记的诸种类型中,设立登记、变更登记和注销登记等都是因纳税人申请而发生的登记行为,而从台湾地区的经验来看,撤销登记和废止登记是由非

---

① 黄茂荣:《税法总论》(第三册),台湾植根法学丛书编辑室 2008 年第 2 版,第 768 页。

② 参见台湾地区"税籍登记规则"第 11 条。

纳税人申请或者由税务机关依职权行使的登记行为,理应有其存在的制度价值;换言之,特别在注销登记,当纳税人怠于申请注销登记或于事实上已不可能申请注销登记时,为维护税务登记秩序或者保护其他利害关系人的权益,就有必要由税务机关行使撤销登记或者废止登记的行政职权。大陆由于缺乏有关撤销登记和废止登记的规定,在实务上造成的问题已经通过司法案例反映了出来。例如,吴昌文与上海市徐汇区国家税务局、上海市地方税务局徐汇区分局税务行政诉讼案中,2011 年,不法分子使用原告吴昌文遗失的身份证(并经公安机关报案证明),在工商登记机关申请办理了上海晓奕实业有限公司(简称"晓奕公司")的工商许可并以原告为法定代表人。原告后于 2014 年 4 月自己申请设立公司时才发现此事,且晓奕公司已成为税务登记的非正常户。2015 年 5 月,工商登记机关撤销了晓奕公司设立登记的行政许可。随后,原告请求撤销两被告,即上海市徐汇区国税局和上海市地税局徐汇区分局对晓奕公司颁发的税务登记。但两被告认为,晓奕公司 2012 年 6 月向两被告申领的 200 张上海市商业零售统一发票至今未缴销,两被告已于当年认定晓奕公司为非正常户,次年 3 月做出证件失效户确认书;由于晓奕公司税务登记已失效,法律上也没有可撤销的规定,故无法撤销税务登记。

法院认为,根据《实施细则》第 15 条第 3 款、《发票管理办法》第 28 条、《登记办法》第 28 条第 2 款和第 31 条,纳税人被吊销营业执照或者被其他机关予以撤销登记的,应当先向税务机关结清应纳税款、多退(免)税款、滞纳金和罚款,缴销发票、税务登记证件和其他税务证件,经税务机关核准后,办理注销税务登记手续。而晓奕公司至今结存 200 张发票未进行缴销,两被告不予注销晓奕公司税务登记的行政行为符合法律规定。故判决驳回原告的诉讼请求。①

以上案件的核心问题即在于在已有公安机关报案证据证明原告身份证遗失、甚至工商登记机关都已撤销晓奕公司工商登记从而其法人资格灭失,而盗用原告身份证件设立晓奕公司的所谓不法分子也不见踪迹、不可能去申请注销登记,税务机关恪于法无明文规定,仅能宣布税务登记证件失效,致使晓奕公司的税法主体资格仍然存续,②根据《登记办法》第 41 条,被宣布税务登记证件失效的非正常户,其应纳税款的追征仍按《税收征管法》及其《实施细则》的规定执行。因此,应当借鉴台湾地区有关撤销登记和废止登记的规定,完善大陆的税务登记

---

① 参见该案一审行政判决书(上海市徐汇区人民法院〔2015〕徐行初字第 212 号)。

② 税法上纳税人的主体资格并不以工商登记、甚至税务登记为必要条件,未经工商登记或者税务登记亦可得为纳税主体。法人的税收责任能力也并不因其私法上主体资格的灭失而随之丧失。参见李刚:《税法与私法关系总论——兼论中国现代税法学基本理论》,法律出版社 2014 年版,第 305～319 页。

制度,不但解决上述案件中类似的非正常户长期存在的问题,而且补全税务机关的税务登记管理职权,使其可以依非纳税人的申请撤销税务登记。

(五)停业复业登记

此项制度的作用表现在两个方面:其一,保护纳税人的经营权益;经营者办理停业登记后可以避免因税务机关不当核定税额等原因造成的各种损失。其二,提高管理效率;税务机关将已停业的纳税人单独进行管理可以优化管理结构,使管理手段更具针对性。

目前两岸都有停业复业登记的相关规定,但具体内容却有很大差别。从主体上看,台湾地区的营业人都有权申请暂停营业,大陆《登记办法》第23条则将申请主体限定为实行定期定额征收的个体工商户,范围相当狭窄。大陆纳税人的停业期限不得超过1年,期满不能及时恢复生产经营的,应当在期满前向税务机关提出延长登记的申请,否则将被视为已经恢复经营,并纳入正常征管。纳税人停业未按规定向主管税务机关申请停业登记的,应视为未停止生产经营;纳税人在批准的停业期间进行正常经营的,应按规定向主管税务机关办理纳税申报并缴纳税款。未按规定办理的,按照税收征管法的有关规定处理。同时,纳税人在停业期间发生纳税义务的,应当按照税收法律、行政法规的规定申报缴纳税款。[①]

台湾地区停业期间最长不得超过1年,但于停业期间届满前申报展延停业日期,经主管稽征机关核准者,不在此限。停业期限届满,未依规定申报停业、复业者,按擅自歇业处理由主管稽征机关通报公司或商业登记机关废止(撤销)其公司或商业登记。经核准使用统一发票之营业人申请停业当期之销售额及应纳或溢付营业税额,应于次期开始15日内,向主管稽征机关申报。其有应纳税额者,检附缴纳收据一并申报。从程序上看,台湾地区营业人暂停营业、复业、停业期限届满续停或提前复业者,均应于停、复业前,向主管稽征机关申报核备;公司、独资及合伙组织之营业人,已向公司或商业登记主管机关办妥停业或复业登记者,由主管稽征机关依据公司或商业登记机关提供之停业、复业登记数据办理,并视为已依规定申报核备。大陆的申请人必须分别办理停业登记和复业登记,且办理停业登记时必须说明停业期限。台湾地区的营业人则可以在停业时声明复业期限并由此免予复业申报,也可以在停业时不说明停业期限,之后再另行办理复业手续。相比之下,此项制度在台湾地区适用范围广、办理手续简便,对纳税人而言十分有利,但对税务机关的监管水平提出了更高要求。考虑到大

---

① 《国家税务总局关于完善税务登记管理若干问题的通知》(国税发〔2006〕37号)第7条。

陆的征管实际,在维持严格申请程序的前提下适度扩大此项登记的适用范围是比较理想的借鉴方案。

三、违反登记义务的法律责任比较

台湾地区主要以罚款形式对违反登记义务者进行处罚。其中,"营业税法"(第 45 条、第 46 条)规定,营业人未申请营业登记者,除通知限期补办外,可以处 3000 元新台币至 3 万元新台币,未依规定申请变更、注销登记或申报暂停营业、复业,或申请营业、变更或注销登记之事项不实,除通知限期改正或补办外,并可以处 1500 元新台币以上 1.5 万元新台币以下罚款;届期仍未改正或补办者,得按次处罚。另外,未经营业登记而擅自营业或申请注销登记后,或经主管稽征机关依本法规定停止其营业后,仍继续营业的,还会被处以所漏税额 5 倍以下的罚款,并被停止营业。[①]

大陆三部程序法对违反登记义务(包括换证义务)者也以罚款为主。其中纳税人不办理税务登记的,税务机关应当自发现之日起 3 日内责令限期改正;逾期不改正的,可以处 2000 元以下的罚款;情节严重的,处 2000 元以上 1 万元以下的罚款。经税务机关提请,由工商机关吊销其营业执照。[②] 扣缴义务人违反登记义务(未按照规定办理扣缴税款登记)的处罚仅规定在《登记办法》之中,但罚款额度为 1000 元以下,较一般纳税人 1 万元的上限要低。纳税人、扣缴义务人违反《登记办法》规定,拒不接受税务机关处理的,税务机关可以收缴其发票或者停止向其发售发票。[③] 此外,大陆对于未按照规定使用税务登记证件,或者转借、涂改、损毁、买卖、伪造税务登记证件的行为也处以罚款。同时,纳税人通过提供虚假的证明资料等手段,骗取税务登记证的,处 2000 元以下的罚款;情节严重的,处 2000 元以上 1 万元以下的罚款。纳税人涉嫌其他违法行为的,按有关法律、行政法规的规定处理。

四、大陆税务登记制度改革

(一)税务登记创新和便利化改革

2014 年 7 月,税务总局在其发布的《关于创新税收服务和管理的意见》(税

---

① 参见台湾地区"营业税法"第 51 条第 1 项。
② 参见《税收征管法》第 60 条,《登记办法》第 42 条。
③ 参见《登记办法》第 45 条。

总发〔2014〕85号)中提到了税务登记创新和便利化改革,明确各地可以根据不同条件,积极探索创新税务登记方式。关于税务登记方式创新方面,提出:(1)国税机关、地税机关协同,一方受理,统一办理。对纳税人提出的税务登记申请,由受理的国税机关或地税机关一方负责,纳税人不需再向另一方税务机关提出申请。(2)多部门联合办理。有条件的地方可以探索建立营业执照、组织机构代码证、税务登记证等多证联办机制,相关部门同步审批,证照统一发放,以便利纳税人。(3)"三证合一"。探索跨部门业务流程再造,建立营业执照、组织机构代码证与税务登记证"一表登记、三证合一"制度。市场主体一次性提交包含办理营业执照、组织机构代码证、税务登记证所需的所有信息,相关部门受理申请并进行审核,准予登记的,向市场主体发放一份包含营业执照、组织机构代码证、税务登记证功能的证照。(4)电子登记。积极探索推进全程电子化登记,实现网上申请、网上审核、网上发证,足不出户就可以办理,纳税人不需要就不再发放纸质税务登记证件。同时,在简化税务登记手续方面要求:(1)简化资料提供。纳税人申请办理税务登记时,税务机关应根据申请人情况,不再统一要求纳税人提供注册地址及生产、经营地址等场地的证明材料和验资报告,可不进行实地核查。(2)探索推送服务。税务机关要积极推进跨部门协作,参与建立市场主体登记及信用信息公示平台,推动登记信息实时交换和共享,及时获取工商登记、组织机构代码等信息;有条件的地方可以改变以往税务登记由纳税人发起的做法,将获取的市场主体工商登记、组织机构代码信息内容录入税务登记表,直接赋予市场主体纳税人识别号,并主动推送给纳税人签字确认,不再要求纳税人重复提供并填报信息。(3)推进即时办理。税务机关办税窗口只对纳税人提交的申请材料进行形式审查,收取相关资料后即时办理税务登记,赋予纳税人识别号,发给税务登记证件,以减少纳税人等待时间,提高办理效率。与此同时,要全面实行"同城通办"。伴随着《登记办法》的修订和"多证合一"改革的推行,其中大多数意见目前均已落实。

(二)取消登记相关审批事项

2014年年底,为贯彻落实转变政府职能、深化行政审批制度改革精神,根据国务院关于取消行政审批项目的有关决定,税务总局修改了《登记办法》,修订的主要内容如下:第一,落实简政放权政策。取消了"办理税务登记(开业、变更、验证和换证)核准"和"扣缴税款登记核准"两项行政审批事项。无论是税务登记证或是临时税务登记证均由"核发"改为"发放",将"申请"改为"报告",不再是审核制;同时取消纳税人办理税务登记提交的证件和资料明显有疑点时"实地调查"制度。第二,明确了税务机关办理时间,规定无论纳税人办理新设、变更税务登记,税务机关应当日办理。[①] 第三,明确纳税人识别号唯一性。原"税务登记代码"改为"纳税人识别号",此外,已取得统一社会信用代码的法人和其他组织,其纳税人识别号使用18位的"统一社会信用代码",编码规则按照相关国家标准执行。第四,取消部分临时登记。取消临时工商营业执照,办理临时税务登记规定;取消"外出经营超180天办理临时税务登记"规定。第五,修改部分法律责任。(1)删除了与《税收征管法》第60条规定内容重复的法律责任部分;(2)扣缴义务人未办理扣缴义务登记的罚款上限由2000元降为1000元。

(三)由"三证合一"到"多证合一"的改革

2014年开始,在国务院深化商事登记制度改革的决策部署下,在改革市场准入制度方面,各地相继开始鼓励探索实行工商营业执照、组织机构代码证和税务登记证,即俗称"三证合一"登记制度。2015年,《国务院办公厅关于加快推进"三证合一"登记制度改革的意见》(国办发〔2015〕50号)发布,正式推行"三证合一"登记制度改革。所谓"三证合一",就是将企业依次申请的工商营业执照、组织机构代码证和税务登记证三证合为一证,提高市场准入效率;"一照一码"则是在此基础上更进一步,通过"一口受理、并联审批、信息共享、结果互认",实现由一个部门核发加载统一社会信用代码的营业执照。继"三证合一"之后,又将统计登记证纳入合办范围,实现工商、税务、质监、统计"四证合一"。2016年,《国务院办公厅关于加快推进"五证合一、一照一码"登记制度改革的通知》(国办发〔2016〕53号),在全面实施"三证合一"登记制度改革的基础上,从2016年10月1日起再整合社会保险登记证和统计登记证,实现"五证合一、一照一码"。在更大范围、更深层次实现信息共享和业务协同。上述"多证合一"改革,可以进一步便利企业注册、降低创业准入的制度性成本,也可以维护交易安全、消除监管盲区的有效途径。

"三证合一"营业执照兼具工商营业执照、组织机构代码证、税务登记证的功能。税务总局印发《关于落实"三证合一"登记制度改革的通知》(税总函〔2015〕482号),明确"三证合一"并非是取消税务登记,税务登记的法律地位仍然存在,只是自2015年10月1日起,政府将此环节改为由工商行政管理部门一口受理,核发一个加载法人和其他组织统一社会信用代码营业执照,不再领取税务登记证,企业办理涉税事宜时,在完成补充信息采集后,凭加载统一代码的营业执照可代替税务登记证使用。"三证合一"推行后,新办企业及换发证照的企业将取

---

① 这一修改是为了符合《税收征管法》2013年的修订,即将第15条第1款中"税务机关应当自收到申报之日起30日内审核并发给税务登记证件"的表述修改为"税务机关应当于收到申报的当日办理登记并发给税务登记证件"。

得工商登记部门核发的载有 18 位的"统一社会信用代码"的营业执照。该 18 位"统一社会信用代码"既是企业的工商登记号，又是税务登记号。上述通知对市场主体设立、变更、注销等环节工作流程进行了细化和规范。实行"三证合一、一照一码"登记模式后的企业到工商登记"一个窗口"统一受理申请后，其申请材料和登记信息在部门间共享，各部门数据互换、档案互认。对于工商登记已采集信息，税务机关不再重复采集；其他必要涉税基础信息，可在企业办理有关涉税事宜时，及时采集，陆续补齐。在完成补充信息采集后，凭加载统一代码的营业执照可代替税务登记证使用。发生变化的，由企业直接向税务机关申报变更，税务机关及时更新税务系统中的企业信息。具体来说，企业在工商登记，取得"三证合一、一照一码"证照后，30 日内未去税务机关报到，不属于逾期登记。实行"三证合一、一照一码"登记的纳税人发生涉税信息事项变更的，应在登记管理部门办结变更登记事项后，向主管税务机关申报变更。但其生产经营地址、财务负责人、核算方式三项信息的变更均向主管税务机关申请。纳税人持有加载统一社会信用代码的营业执照进行注销时，需先进行清税申报，向税务机关填报《清税申报表》，税务机关在结清应纳税款、多退（免）税款、滞纳金和罚款，缴销发票和其他税务证件后，向纳税人出具《清税证明》。纳税人可向国税、地税任何一方主管税务机关提出清税申报。

随着"多证合一"的登记制度改革与加快推进行政审批制度改革、政府信息互联共享等工作紧密结合、统筹安排、同步推进，以及近年来《税收征管法》修订进程的加快，大陆税务登记制度水平提升很快，在某些方面甚至可能领先于台湾地区。

但不可不察的是，"多证合一"的登记制度改革虽然是有利于行政相对人的行政举措，但尚欠缺法律的明确依据。从其法源依据看，充其量是国务院的行政法规，具体实施时依据的多为税务总局的内部函件，如税总函〔2015〕482 号文；从行政法法理看，实际上是以首次受理的工商行政管理部门对于包括税务机关在内的其他行政机关的行政协助行为替代了纳税人申报办理税务登记的行为，从而使得目前《税收征管法》第 15 条有关纳税人应于法定期限内向税务机关申办税务登记的规定被彻底架空，失去其意义。《2015 修订草案》相对应的第 18 条的修改显然也还尚未跟上"多证合一"登记制度的改革步伐，必须重新考虑。例如，在显然不应废除而应继续保留纳税人可自行向税务机关申办税务登记的同时，可以在"多证合一"登记制度具备稳定运行的常态化基础上，将纳税人向工商行政管理机关申请办理工商登记的行为采取拟制的方法"视为"同时向税务机关申请办理税务登记；既解决税务登记制度独立性与"多证合一"登记制度综合性并存而非互相冲突的问题，又可赋予纳税人以一定的选择权。

第二节　发票管理制度比较

与税务登记仅仅提供课税可能性不同,发票、凭证、账簿等课税资料直接记载纳税人的经济活动,是税务机关掌握税源的直接依据。依法使用发票、凭证、账簿是纳税人、扣缴义务人履行税收协力义务的重要内容。而其中发票又是两岸立法的重点,因为它与普通会计凭证、账簿存在诸多不同:首先,发票在经济往来中往往扮演多重角色,比如在买卖关系中作为买方付款的凭据,在产品质量纠纷中作为消费者行使"三包"权利的证明等。其次,对纳税人而言,发票本身可能代表着经济利益。比如在增值税抵扣环节,进项发票意味着纳税人有权主张返还已负担的税款。最后,也是最为重要的,发票体现了税法对经济活动的特殊评价,即需要用发票来证明的经济往来一般都属于具有税法意义的法律事实,税务机关可以通过"以票控税"的模式进行有效监督。发票的上述特点决定了其管理主要依靠行政监管的模式实现,有别于普通凭证和账簿所采用的纳税人自行管理与税务机关行政管理相结合的管理模式。

目前两岸涉及发票的税法规则大致包括以下三个层次:第一层次是税收程序法,大陆为《税收征管法》及其《实施细则》,台湾地区为"税捐稽征法"及其"施行细则";第二层次是税种法,大陆主要有《增值税暂行条例》及《增值税暂行条例实施细则》,[①]台湾地区主要有"营业税法"及"营业税法施行细则";第三层次是专门制定的发票规则,大陆重要的有《发票管理办法》(2010 年国务院令第 587号)、《发票管理办法实施细则》(2014 年国家税务总局令第 37 号;简称《发票细则》)、《增值税专用发票使用规定》(国税发〔2006〕156 号)和《网络发票管理办法》(2013 年国家税务总局令第 30 号),台湾地区重要的有"统一发票使用办法""统一发票给奖办法""电子发票实施作业要点"等。从规则体系上看,大陆税务总局的"办法""通知""批复"以及台湾地区财政事务主管部门的"令函"等行政规则在发票管理规则中占据了不小比例。这也从一个侧面反映了发票监管不但复杂,而且相关规范性文件的效力层级较低。

---

①　目前"营改增"的重要规范依据《国家税务总局关于全面推开营业税改征增值税试点有关税收征收管理事项的公告》(公告 2016 年第 23 号)规定了"营改增"相关的发票规范。

一、发票类型比较

(一)大陆的增值税专用发票与普通发票

"营改增"全面试点之前,大陆将发票划分为"普通发票"与"增值税专用发票"(以下简称"专用发票")。① 其中专用发票适用于销售货物、进口货物以及提供加工、修理修配劳务三种增值税应税行为,普通发票主要适用于原《营业税暂行条例》②所规定的 9 类应税行为和不能开具专用发票的增值税应税行为,比如向小规模纳税人或消费者提供应税产品或劳务等。因此,普通发票的使用范围远大于专用发票的使用范围,成为流转税环节的主要凭证。

在"营改增"之前,尽管普通发票上印有全国统一的发票代码和发票号码,但由于普通发票大多依据行业类型分别设计,并且《发票细则》赋予了省级税务机关一定的发票种类划分权以及联次增减权,③因此交易中使用的发票种类繁多、表现形式各异,且存在地域性差异,给全国范围内的发票管理工作带来了一定麻烦。有鉴于此,税务总局曾发文要求一些行业的普通发票实行统一化、专业化的管理。例如银行接受收费单位委托办理代收费业务时应开具"银行代收费业务专用发票";④纳税人发生不动产交易以及从事建筑业务时必须使用全国统一的新版四联式"销售不动产统一发票"和新版三联式"建筑业统一发票"。⑤ 类似的规定还有《国家税务总局关于统一报关代理业专用发票有关问题的通知》(国税函〔2008〕417 号)、《国家税务总局、保监会关于启用新版〈保险业专用发票〉有关问题的通知》(国税发〔2007〕122 号)等。不过这些发票虽名为"专用发票",且大多由机器开具,但它们并不具备增值税专用发票的全国四级交叉稽核机制,日常管理也主要由地方税务机关负责。普通发票中还有两类比较特殊的发票,一类

---

① 也有观点认为,国有金融、邮电、铁路、民航、公路和水上运输等单位使用第三种类型的发票,即"专业发票"。不过这种发票的独立性尚存疑问,且不完全由税务机关监管,故本部分对此不予讨论。

② 《营业税暂行条例》已于 2017 年 11 月 19 日被《国务院关于废止〈中华人民共和国营业税暂行条例〉和修改〈中华人民共和国增值税暂行条例〉的决定》(2017 年国务院令第 691 号)所废止。

③ 参见《发票细则》第 3 条、第 6 条。

④ 参见《国家税务总局、中国人民银行关于银行代收费业务使用税务发票有关问题的通知》(国税发〔2007〕108 号;根据国家税务总局公告 2011 年第 2 号废止)。

⑤ 参见《国家税务总局关于使用新版不动产销售统一发票和新版建筑业统一发票有关问题的通知》(国税发〔2006〕173 号;根据国家税务总局公告 2016 年第 23 号废止)。

是按照增值税法和营业税法的相关规定能够抵扣税款的发票,常见的有农产品收购发票、废旧物资收购发票、海关完税凭证以及货物运输发票四类。它们具备专用发票的某些管理特点,从而与一般发票有所区别:其中海关完税凭证已纳入税务机关的"金税系统",可以与专用发票合并稽查;"收废企业"与"用废企业"之间的废旧物资收购发票必须使用"一机多票系统"开具;①运输发票必须使用计算机、税控器等设备开立,且发票信息需要逐级传送至税务总局。② 另外一类特殊发票则是"定额发票",主要由不在税控收款机推行范围内或开票量、开票金额较小,不适合使用机具开票的纳税人使用,以便税务机关及时掌握纳税人的生产经营情况。

自 2016 年 5 月 1 日起,随着大陆全面推开"营改增"改革,将建筑业、房地产业、金融业、生活服务业纳入试点范围,现行营业税纳税人全部改征增值税。随着营业税退出历史舞台,现行的发票种类大幅减少,税务总局明确,纳税人可以使用的发票种类有:增值税专用发票、增值税普通发票、机动车销售统一发票、增值税电子普通发票、门票、过路(过桥)费发票、定额发票、客运发票、二手车销售统一发票以及国税机关发放的卷式普通发票。"营改增"后,门票、过路(过桥)费发票属于予以保留的票种,自 2016 年 5 月 1 日起,由国税机关监制管理。原地税机关监制的上述两类发票,可以沿用至 2016 年 6 月 30 日。③ 随着增值税发票管理新系统的推行,减并发票种类后,上述发票种类基本上可以满足纳税人的需求,并方便纳税人发票使用,同时也符合增值税规范管理的要求。 例如,增值税一般纳税人提供货物运输服务,统一使用专用发票可以满足货物运输业纳税人发票使用的需要,基于上述原因,税务总局发文停止使用原货物运输业增值税专用发票。④

---

① 参见《国家税务总局关于废旧物资回收经营企业使用增值税防伪税控一机多票系统开具增值税专用发票有关问题的通知》(国税发〔2007〕43 号;根据财税〔2008〕157 号文废止)。

② 参见《国家税务总局关于公路、内河货物运输业统一发票增值税抵扣有关问题的公告》(公告 2006 年第 2 号)、《国家税务总局关于使用新版公路、内河货物运输业统一发票有关问题的通知》(国税发〔2006〕67 号;部分条款失效)以及《公路、内河货运发票税控系统营业税"票表比对"及货运发票稽核比对管理操作规程(试行)》(国税发〔2006〕163 号附件)第 4 章第 2 节。

③ 参见《国家税务总局关于全面推开营业税改征增值税试点有关税收征收管理事项的公告》(公告 2016 年第 23 号)。

④ 《国家税务总局关于停止使用货物运输业增值税专用发票有关问题的公告》(公告 2015 年第 99 号)。

表 2-2-1　"营改增"国地税发票对照表

原地税票种	适用对象	现国税票种
通用定额发票	所有纳税人	通用定额发票
定额门票	需要使用门票的纳税人	定额门票
通用机打卷式发票	收银机具备开具卷式发票的纳税人	通用机打卷式发票
通用机打发票	增值税一般纳税人	增值税专用发票、增值税普通发票、增值税电子普通发票
通用机打发票	月不含税销售额超过 3 万元或季不含税销售额超过 9 万元的小规模纳税人	增值税普通发票、增值税电子普通发票
通用机打发票	月不含税销售额不超过 3 万元或季不含税销售额不超过 9 万元的小规模纳税人	通用机打发票
通用机打发票	收取过路(过桥)费纳税人	通用机打发票
医疗门诊费用专用发票、销售不动产发票、建筑业发票、其他发票	增值税一般纳税人	增值税专用发票、增值税普通发票、增值税电子普通发票
医疗门诊费用专用发票、销售不动产发票、建筑业发票、其他发票	月不含税销售额超过 3 万元或季不含税销售额超过 9 万元的小规模纳税人	增值税普通发票、增值税电子普通发票
医疗门诊费用专用发票、销售不动产发票、建筑业发票、其他发票	月不含税销售额不超过 3 万元或季不含税销售额不超过 9 万元的小规模纳税人	通用定额发票、通用机打发票

(二)台湾地区的统一发票

台湾地区没有类似大陆专用发票与普通发票的区分,其规范意义上的发票仅指统一发票。根据台湾地区"统一发票使用办法"与"营业税法"的规定,以营利为目的的公营、私营或公私合营事业,以及有销售货物或劳务行为的非以营利为目的的事业、机关、团体、组织在发生营业税法上的应税行为时原则上需要开立统一发票,不过符合"统一发票使用办法"第 4 条(共列举 35 项)的规定,营业人可以免用统一发票。

而免用统一发票的经济活动如表 2-2-2 所示：

表 2-2-2 台湾地区免用统一发票范围表

经济活动类型	具体经济项目
绝大多数政府行为	①政府机关销售剩余或废弃的物资； ②其他经营者（主要是公共事业）受政府委托从事代销、代办活动。
公益或共用性质的营业	①医院、学校、养老院、邮政、新闻机构、科研机构等提供符合自身目的的商品或服务； ②营业人提供农田灌溉用水； ③农产品批发市场的承销。
内部性的经营活动	①合作社、商会销售货物或劳务给社员； ②员工福利机构给予员工福利。
金融机构的营业	银行、保险、证券等机构的业务活动。①
部分娱乐业的经营	①门票收入；②游艺场、儿童乐园等部分娱乐项目。
部分服务业的经营	①交通运输业（包括出租车业）客票收入； ②免税商店销售收入； ③理发沐浴业收入、查定征收型的特种饮食业收入； ④代销印花税票和邮票收入。

资料来源：台湾地区"统一发票使用办法"第 4 条

比较表 2-2-2 所列内容与"营业税法"第 8 条、第 11 条、第 12 条的相关规定可以发现，免开发票的项目在台湾地区大多免征营业税②或者适用特别税率，③不纳入统一发票监控系统有其合理性。

由于统一发票需要广泛运用于商品与服务的流转环节，因此必须考虑开票方式与发票受众方面存在的差异。为此，台湾地区"统一发票使用办法"第 7 条规定了六类联次不同的统一发票，如表 2-2-3 所示：④

---

①　这些业务活动必须是该机构的基本营业项目。一些新的服务内容，比如银行提供的"保管箱"服务，则不属于免用统一发票的范围。

②　表 2-2-2 中的前 3 类，即绝大多数政府行为、公益或共享性质的营业、内部性的经营，属于免税类型。

③　金融业一般适用 1%～5% 的低税率、特种饮食业则适用 15% 或 25% 的高税率，而一般情况下的营业税税率为 5%～10%（目前核定的征收率为 5%）。

④　按照台湾地区"统一发票使用办法"第 7 条的规定，加印发票联次需要得到财政事务主管部门的许可。

表 2-2-3 台湾地区统一发票类型表

统一发票类型	发票联次设计	使用范围
三联式统一发票	存根联、抵扣联、收执联	专供营业人之间销售货物或提供劳务,并依一般税额(加值额)计算税额时使用。
二联式统一发票	存根联、收执联	专供营业人向非营业人销售货物或劳务,并依一般税额(加值额)计算税额时使用。
特种统一发票	存根联、收执联	专供营业人销售货物或劳务,但依照特种税额(销售额)计算税额时使用。
收银机统一发票	存根联、抵扣联、收执联(向非营业人销售时需要销毁抵扣联)	营业人销售货物或劳务,并依一般税额(加值额)计算税额,以收银机开具统一发票时使用。
电子计算机统一发票	(1)三联式(存根联、扣抵联、收执联,向非营业人销售时需要销毁抵扣联):供营业人销售货物或劳务,并依一般税额(加值额)计算税额时使用;(2)二联式(存根联、收执联):其供营业人销售货物或劳务,依照特种税额(销售额)计算税额时使用。
电子发票	存根档、收执档及存证档	指营业人销售货物或劳务与买受人时,以因特网或其他电子方式开立、传输或接收之统一发票。

而对于统一发票使用范围以外的经济往来,营业人开立商业凭证即可。营业人可以自行决定凭证的印制、使用数量以及式样,并对其进行编号。商业凭证虽为自制文书,其在会计核算中却与统一发票具备同等效力。台湾地区"商业会计法"允许营业人在不需要开立统一发票的情况下,使用商业自制凭证作为会计记录凭证。不过需要注意的是,商业凭证通常用于商业交易过程中,收款时还需要另行开立收据。[①]

(三)发票体系对比分析

考察台湾地区"营业税法"后会发现,其同样包括依"加值额"计算税额(相当

---

① 福建省地方税务局编:《中国台湾税收制度》,中国税务出版社 2007 年版,第 283 页。

于大陆增值税模式下的一般计税方法)和依非加值额计算税额(相当于大陆原营业税模式和"营改增"后的简易计税方法)的规定。"营改增"之后,大陆一改原有增值税应税行为少,但税收收入多,营业税虽重要性不如增值税,但包含大量应税行为的状况,现行的流转税制统一为增值税,计算税额的模式主要为依据增值额(相当于台湾地区的加值额)计算税额的一般计税模式,辅以按照销售额和增值税征收率计算税额的简易计税方法,增值税、营业税的二元式立法以及各自计税方式的差别消除。台湾地区"加值型"应税行为比例很大,抵扣链条相当完整,①因此台湾地区可以只用一种发票监控各抵扣环节,而将个别例外情形直接并入同一监管体系(表现为使用特种统一发票),两个体系存在"营业税法"的包容关系,不至于引起混乱。同时,大陆与"营改增"配套的发票体系也相应调整,改变了原有普通发票和专用发票两个彼此独立又相互影响的发票体系,2015年4月1日起,税务总局在全国范围内分步全面推行增值税发票管理新系统,利用网络技术,实施发票信息源头管理,从根本上保证发票本身及内容的真实性,实现增值税一体化管理。大陆正在建立一套与"营改增"后单一增值税体系相配套独立、统一的增值税发票体系,与台湾地区"统一发票"这个单一的发票体系总体来看区别有所缩小,但在具体的细节方面还有很大的不同。

对比两岸发票制度后可以发现,大陆"小规模纳税人"的规定不尽合理,容易诱发发票违法行为,进而侵蚀本就不够完整的增值税管理链条。现阶段大陆小规模纳税人占增值税纳税人的绝大部分,其发生应税行为时,向税务机关按固定征收率申请代开(或自开)增值税专用发票。② 但实际上,抛开代开发票的成本不说,小规模纳税人不能抵扣进项税额的特点增加了生产成本,使他们处于竞争上的劣势;③而固定的征收率④又意味着某些低利润行业的小规模纳税人需要承担较大的税负。实践中一些小规模纳税人违法使用专用发票以获取利益,给专用发票的监管带来极大压力。比如挂靠一般纳税人,采用支付一定"手续费"的方式来换取对方开具专用发票;再比如与一般纳税人合谋,将进项发票提供给一

---

① 从台湾地区"营业税法"第4章第2节规定来看,目前只有金融业、特种饮食业、部分农产品销售业依照销售额计算税额。

② 2016年8月1日起,税务总局决定在部分地区开展住宿业增值税小规模纳税人自行开具增值税专用发票试点工作,试点范围限于全国91个城市月销售额超过3万元(或季销售额超过9万元)的住宿业增值税小规模纳税人。

③ 大陆月销售不到3万元或季9万元的小规模纳税人开具与其经营业务范围相应的增值税普通发票和不开票销售,可以免税。但如果增值税小规模纳税人需要向税务机关申请代开(或自开)增值税专用发票,仍应按规定预缴增值税税款。

④ 根据2017年11月最新修订的《增值税暂行条例》第12条,小规模纳税人的征收率为3%。

般纳税人进行抵扣,从中获取"好处费"。虽然台湾地区统一发票制度也有小规模纳税人的规定,但实际效果截然不同。由于小规模纳税人的税负仅为1%,相对一般营业人5%~10%的税负而言明显要低,且在查定的税额范围内允许扣除进项加值税额的10%,因此小规模营业人不使用统一发票,而按照查定销售额纳税其实享有更大的税收利益。也就是说,台湾地区的制度设计是以牺牲部分税收收入为代价来消除小规模纳税人的发票违法动机。

由此看来,税制设计直接影响着发票监管制度与监管效果。良好的商品税制能够在一定程度上降低发票管理压力。大陆与营改增配套的发票体系改革,消除了发票二元管理体制,进一步降低监管成本。目前,大陆应抓住当前税制改革的契机,继续完善统一的增值税发票体系,并改进和完善小规模纳税人等的规则设计。

二、发票管理制度比较

大陆发票监管权由税务总局和省级税务机关共同行使。其中省级税务机关不仅负责执行地域性的管理事务,而且可以依据总局的授权制定地方性的监管措施。[①] 台湾地区发票监管权则由其"财政事务主管部门"统一行使,各级税务机关仅有执行权。现阶段两岸的监管内容主要包括以下几个方面。

(一)发票印制管理比较

两岸目前最大的区别在于纳税人是否享有发票印制权。大陆将印制权完全赋予税务机关行使,其中普通发票原则上由省级税务机关指定的企业在本省范围内印制,[②]专用发票由税务总局统一印制,[③]发票准印证由税务总局统一监制,省级税务机关核发。2014年《发票细则》修订之前,纳税人仅在税务机关批准后享有部分发票的冠名权。2014年年底,为落实国务院取消"印制有本单位名称发票"行政审批项目的规定,新修订的《发票细则》对用票单位使用印制有本单位名称的发票不再设置条件限制,明确用票单位可以书面向税务机关要求使用印有本单位名称的发票,税务机关根据领购单位和个人的经营范围和规模确认印

---

① 此外,对国有金融、邮电、铁路、民航、公路和水上运输等有特殊的经营方式和业务需求行业的发票管理办法,2011年修订的《发票管理办法》取消了国务院有关主管部门或省级人民政府有关主管部门经同级税务部门批准后进行自主管理的权限,修改为国务院税务主管部门可以会同国务院有关主管部门制定该行业的发票管理办法。

② 《发票管理办法》第14条规定,发票确有必要到外省印制的,应当由省级税务机关取得印制地省级税务机关同意,由印制地省级税务机关指定的印制发票的企业印制。

③ 参见《税收征管法》第22条,《发票管理办法》第7条。

有该单位名称发票的种类和数量。①

相比之下,台湾地区财政事务主管部门没有垄断统一发票的印制权,符合条件的纳税人也可以拥有这一权利。立法上规定,经核准使用"收银机统一发票"的公司,若最近半年内,总、分机构合计平均每月使用二联式或三联式收银机统一发票分别达到五万份,且满足下列条件之一者,可以由总机构申请自行印制收银机发票:②(1)无拖欠已确定的营业税税款及罚款;(2)最近两个年度的营利事业所得税系委托会计师查核签证申报,或经核准使用蓝色申报书申报。此外"电子计算机统一发票"也可以由营业人自行印制。③ 由于这种开票方式必须利用电子计算机制作进销纪录,按月打印进货、销货及存货清单,并配置专业会计人员,④因此立法上没有再对计算机发票的自行印制资格附加额外的限定条件。⑤

在允许部分纳税人自行印制发票的同时,台湾地区对其监管也十分到位。以收银机发票为例,获得许可的营业人应于首次印制前以及之后年度开始前30日,估计当年度各期印制数量,向总机构所在地稽征机关申请起讫号码,按顺序印制。如数量不足,应于5日前向主管稽征机关申请增加配号,而对当期多余部分应及时报告并销毁。⑥ 对于印制材料、印制规格与印制方法,财政事务主管部门亦有详细规定。⑦

纳税人能否使用自己的设备印刷发票意义重大。从征纳关系的整体分析,集中印制发票能够降低税务机关的管理成本,但会因为领购、分配等环节提高纳税人的遵从成本;反之,将印制权赋予纳税人行使会增加管理成本,但减少纳税遵从成本。考虑到具体征纳关系中纳税人的诚信度和税控能力有差异,总成本最低的征管方案往往是由部分纳税人享有印制权。正如台湾地区只允许诚信度高、用票量大的纳税人印制两种税控性较强的发票,而传统的二联式、三联式以及特种发票仍由财政事务主管部门统一印制。作为这一制度的重要补充,台湾地区纳税人在享有印制权的同时需要承担申报义务,即在次期开始10日内,将上期使用号码情况填表分送有关的总分支机构所在地主管稽征机关。不难看

---

① 《国家税务总局关于修改〈中华人民共和国发票管理办法实施细则〉的决定》(2014年国家税务总局令第37号)。

② 台湾地区"稽征机关办理营业人自行印制收银机统一发票注意事项"第2条。

③ 台湾地区"统一发票使用办法"第31条。

④ 台湾地区"统一发票使用办法"第25条。

⑤ 为落实节能减碳及推动电子发票政策,规划辅导以电子计算机开立统一发票之营业人转换开立电子发票,考量营业人依从成本,2016年7月15日修正的"统一发票使用办法"增订第25条第3项,规定自2017年1月1日起停止核准营业人以电子计算机开立统一发票。

⑥ 台湾地区"稽征机关办理营业人自行印制收银机统一发票注意事项"第5条、第8条。

⑦ 台湾地区"稽征机关办理营业人自行印制收银机统一发票注意事项"第4条。

出,台湾地区对纳税人自行印制发票也是持谨慎态度的,其制度具有一定的借鉴价值。

相比之下,大陆坚持源头监管,对发票印制始终保持高压状态。立法上不但遵循集中印制原则,而且规定了严格的防伪制度。涉及的相关内容包括:"税务总局指定企业生产发票防伪用品""税务总局负责设计全国统一发票监制章的式样并制定发票版面印制的要求""发票监制章由省级税务机关制作""发票实行定期换版制度"等。从这些规定来看,纳税人自行印制发票尚难以在大陆获得认可。不过作为折中措施,大陆允许纳税记录良好、企业财务管理规范且保证发票电子存根可靠存储5年以上并按期(月或季)向主管税务机关报送发票电子存根数据的纳税人使用单联普通发票,以达到节省成本的目的。[①] 此外,为了进一步降低印制环节的成本,税控发票已采用密码防伪技术取代传统的水印纸、荧光油墨防伪措施。

(二)发票领购管理比较

由于大陆的发票必须由税务机关统一印制,领购发票因此成为所有纳税人生产经营中的一项必备活动。《发票管理办法》第15条第1款规定,经过税务登记的需要领购发票的单位和个人可以向税务机关领购发票。《国家税务总局关于税务行政许可若干问题的公告》(公告2016年第11号)已取消了发票领购的行政许可事项。依照《发票管理办法》第15条第1款,主管税务机关根据领购单位和个人的经营范围和规模,确认领购发票的种类、数量以及领购方式,在5个工作日内发给发票领购簿。目前税务机关办理领购的流程为:首先应办理增值税发票核定,即增值税纳税人按生产经营需要,向税务机关(国税业务)申请增值税税控系统开具的发票种类(包括增值税专用发票、货物运输业增值税专用发票、增值税普通发票及机动车销售统一发票、增值税电子普通发票)、单次(月)领用数量及增值税普通发票、机动车销售统一发票的最高开票限额。若报送资料齐全、符合法定形式、填写内容完整的,税务机关应受理后在5个工作日内办结。对已办理发票核定的纳税人,需购买增值税税控专用设备,在核定范围内向主管税务机关领用发票。同时,由于增值税专用发票(增值税税控系统)最高开票限额属行政审批事项,纳税人购买增值税税控专用设备后,还需要同时申请增值税专用发票(增值税税控系统)最高开票限额许可。该许可的条件是"已纳入增值税防伪税控系统管理的增值税一般纳税人,申请的增值税专用发票最高开票限额与其实际生产经营和销售所需开具专票的情况相符"。对申请领用增值税专

---

① 《国家税务总局关于税控发票印制使用管理有关问题的通知》(国税发〔2005〕65号)、《国家税务总局关于使用计算机开具单联式发票有关问题的批复》(国税函〔2006〕210号)。

用发票、货物运输业增值税专用发票的纳税人,自纳税人增值税专用发票(增值税税控系统)最高开票限额获批之日起 1 个工作日内办结。[1]

依据《税收征管法》第 72 条、《登记办法》第 45 条规定,若纳税人有其规定的税收违法行为,拒不接受税务机关处理的,税务机关可以收缴其发票或者停止向其发售发票。《纳税信用等级评定管理试行办法》(国税发〔2003〕92 号)第 14 条规定,对 D 级纳税人,可依照税收法律、行政法规的规定收缴其发票或者停止向其发售发票。"对于欠税又无合理原因的纳税人,要按《税收征管法》的规定收缴其发票或者停供发票。"[2]鉴于以往的税务实践中一些税务机关将发票的发售作为"监督"纳税人的有效手段,对那些有偷漏税嫌疑,或存在欠税等税收违法行为的纳税人一律实行"发票管制",因此税法又规定,被税务机关依法收缴发票、停止发售发票的纳税人,取得经营收入需要开具发票的,可以向主管税务机关申请为其代开发票,以保障其正常的生产经营。[3]

就单次领购数量而言,针对普通发票的规定比较明确(见表 2-2-4):

表 2-2-4 大陆纳税人普通发票单次购买数量表

主体类型	一次性领购数量
初次申请领购发票者	≤1 个月使用量
一年内有违章记录的纳税人	
使用发票比较规范且无发票违章记录的纳税人	≤3 个月使用量
使用冠名发票的企业	≤1 年使用量
定期定额户	提供小面额发票,及时根据使用情况调整供应量

资料来源:《国家税务总局关于进一步加强普通发票管理工作的通知》(国税发〔2008〕80 号)

从《增值税专用发票使用规定》来看,专用发票同样存在领购数量的限制,[4]

---

[1] 税务总局办税指南——发票领用,http://www.chinatax.gov.cn/n810346/n2199823/n2199838/n2199928/index.html,访问日期:2016 年 10 月 27 日。

[2] 《国家税务总局关于进一步加强税源管理工作的意见》(国税发〔2006〕149 号)第 6 部分。

[3] 《国家税务总局关于加强和规范税务机关代开普通发票工作的通知》(国税函〔2004〕1024 号)。

[4] 《增值税专用发票使用规定》第 6 条第 2 款第 4 项将"购票限量"作为税务机关需要掌握的信息之一。

实践中通常由税务机关裁量确定。如《增值税一般纳税人纳税辅导期管理办法》（国税发〔2010〕40号）规定主管税务机关对辅导期纳税人实行限量限额发售专用发票。实行纳税辅导期管理的小型商贸批发企业，领购专用发票的最高开票限额不得超过10万元；其他一般纳税人专用发票最高开票限额应根据企业实际经营情况重新核定。辅导期纳税人专用发票的领购实行按次限量控制，主管税务机关可根据纳税人的经营情况核定每次专用发票的供应数量，但每次发售专用发票数量不得超过25份。辅导期纳税人领购的专用发票未使用完而再次领购的，主管税务机关发售专用发票的份数不得超过核定的每次领购专用发票份数与未使用完的专用发票份数的差额。

此外，为提高工作效率，减少办税环节，税务机关对增值税发票实行分类分级规范化管理。具体来说，对于纳税信用等级评定为A类的纳税人或地市国税局确定的纳税信用好，税收风险等级低的其他类型纳税人，[①]可一次领取不超过3个月的增值税发票用量，纳税人需要调整增值税发票用量，手续齐全的，按照纳税人需要即时办理。[②]

大陆还有两项特殊的发票领购制度：一是辅导期的一般纳税人增购专用发票时需要按比例预缴税款；[③]二是异地领购发票可以适用"保证金"制度，即跨省从事经营活动的单位或者个人，应当凭所在地税务机关的证明，向经营地税务机关申请领购经营地的发票。开票机关可以要求提供保证金。[④]我们认为，这两项制度都是有瑕疵的：前者造成个别纳税人预缴税款的"期间利益"损失；后者不利于商品、劳务的跨区域流动，且税务机关有转移监管责任的嫌疑，因为不同地域的税务机关有义务相互合作管理纳税人，但通过"保证金"的形式，纳税机关的合作义务和监管责任都被相应减轻。

相比之下，台湾地区的领购规则比较一致。由于立法上要求营业人在月底时申购下个月要使用的统一发票，因此经营性纳税人需要每次固定领取相当于1个月使用量的发票。不过"电子计算机发票"和"收银机发票"的使用人需要提前30日（首次使用者）或在12月1日前申请本年度或次年度的发票配号，此后

---

① 若上述纳税人2年内有涉税违法行为、移交司法机关处理记录，或者正在接受税务机关立案稽查的，不适用该规定。同时，辅导期一般纳税人专用发票限量限额管理工作，按照《增值税一般纳税人纳税辅导期管理办法》有关规定执行。

② 《国家税务总局关于简化增值税发票领用和使用程序有关问题的公告》（公告2014年第19号）。

③ 《增值税一般纳税人纳税辅导期管理办法》第9条规定，辅导期纳税人一个月内多次领购专用发票的，应从当月第二次领购专用发票起，需按照上一次已领购并开具的专用发票销售额的3%预缴增值税，未预缴增值税的，主管税务机关不得向其发售专用发票。

④ 《发票管理办法》第17条、第18条。

无须逐月申请。当然,无论哪种类型的统一发票,若当月购入量确实不够使用的,营业人可以再向税务机关申购。另外,营业人在申购时需要一并提交"使用统一发票明细表",以供税务机关核查上月发票使用情况。

比较两岸发票领购规则后,我们认为台湾地区的规定简单明确、监管到位、操作性强。现阶段大陆没有规定发票的申购时间,也没有规定发票的使用期限,税务机关主要通过"验旧购新"和"定期核验"的方式进行领购审查。具体来说,凡使用税控收款机开具发票的纳税人,税务机关要按规定通过税控管理后台对其报送的开票电子数据进行采集认证,即验旧。验旧通过的,准予购新。凡使用手工开票及未实行电子数据报送的纳税人,税务机关要定期核验发票使用情况,并将纳税人使用发票的情况、经营情况与纳税情况进行分析比对,发现问题及时处理并相应调整供票量。[1] 由于发票没有明确的领购时间,现有的验旧购新机制可能需要审查过去较长时间(比如 3 个月)的经济往来,税务机关负担较重。考虑到现阶段大陆监管能力有限,若完全采用台湾地区的领购管理模式也会产生很大的监管成本。比如,强制纳税人定期申购发票会大幅度提高税务机关工作量,但能否有效弥补发票监管中的漏洞尚有疑问。我们认为,发票领购后规定一个较短的使用报告期限是一种较好的管理方案,[2]因为它在提高税务机关发票掌控能力的同时不会产生过大的征纳成本。大陆存在的另外一个问题是,对不同的纳税人限定不同的发票领购数量有违税收公平原则,造成不同纳税人的纳税成本不一致。现有规定明显有利于规模较大的经济组织,因为它们容易获得印制冠名发票的资格,也容易避免纳税过程中的违章行为,从而获得领取发票方面的程序性利益。

(三)发票使用管理比较

1. 开立时间上,大陆《发票管理办法》第 19 条规定:"销售商品、提供服务以及从事其他经营活动的单位和个人,对外发生经营业务收取款项,收款方应当向付款方开具发票;特殊情况下,由付款方向收款方开具发票。"从语义上分析该规定属于会计学上的"收入实现制"模式;然而《发票细则》将开票时间限定为"发生经营业务确认营业收入时",又倾向于采用"权责发生制"模式。由于发票的经济意义重大,立法上的模糊规定导致实践中不少卖方将发票作为付款的担保迟迟不愿交付买方,而买方则试图尽早获得发票以取得主动,由此出现不少纠纷,影

---

[1] 《国家税务总局关于进一步加强普通发票管理工作的通知》(国税发〔2008〕80 号)第 6 部分的规定。

[2] 目前大陆尚无明确的发票使用报告时间。相关论述参见后文"发票使用管理比较"的第 4 点。

响了交易的正常进行。对此,台湾地区的做法有可借鉴之处。它们根据各行业的交易习惯制定了《营业人开立销售凭证时限表》,将开票时间区分为发货时、收款时、结算时、交付成果时以及双方约定的时间(详见表2-2-5)。尽管这种类型化的规定有其僵硬的一面,但作为规范开票时间的尝试是值得肯定的。

表 2-2-5　台湾地区统一发票开立时间表

行业类型	开立时限
买卖、制造、手工、出版、农林、畜牧、水产、矿冶	1.以发货时为限,但对发货前已收的货款部分,应先行开立;2.书面约定销售货物,但必须以买受人承认为买卖契约生效要件的,以买受人承认时为限。
新闻业	1.印刷费等以交件时为限。但交件前已收的价款部分,应先行开立。2.广告费以收款时为限。3.销售货物部分,按买卖业开立。
包作业	依其工程合约所载每期应收价款时为限。
公用事业(本业以外营业部分按性质类似之行业开立)、运输业、装潢、广告、劳务承揽、仓库、租赁、银行业、保险(经营不动产按买卖处理)、信托投资、证券、期货、票券业、典当业(流当品以交货时为限)	以收款时为限。
娱乐业、旅宿业、理发业、沐浴业	以结算时为限。
印刷、照相(销售器材按买卖业)、加工、修理	以交件时为限。但交件前已收的价款部分,应先行开立。
代办、行纪、技术(设计)、公证	按双方约定时间。
包作业	依其工程合约所载每期应收价款时为限。
一般饮食业	1.凭券饮食者,于售券时开立;2.非凭券饮食者,于结算时开立;3.外送者,于送出时开立。
特种饮食业	1.凭券饮食者,于售券时开立;2.非凭券饮食者,于结算时开立。

资料来源:根据台湾地区"营业税法"附表《营业人开立销售凭证时限表》整理。

2.记载内容上,两岸规定基本一致。唯一的区别在于发票金额的计算方式。大陆专用发票的计税价格不包括本次增值税额(价外税),但普通发票的计税价格必须包括相应的税款(价内税)。台湾地区统一发票的计税金额一律不包括营业税额,并且统一发票上必须注明"应税""零税率"还是"免税"。买受人为非营业人时,还需要将税额与销售额合计(定价)开立。①

3.开票方式上,大陆有纳税人自行开票和税务机关代开发票两种。除了前面提到的专用发票的代开外,下列情况下税务机关可以依纳税人的申请代开普通发票:②

(1)已办理税务登记的单位和个人在销售货物、提供应税劳务、转让无形资产、销售不动产以及税法规定的其他商事活动中(餐饮、娱乐业除外)有以下情形之一:①纳税人虽已领购发票,但临时取得超出领购发票使用范围或者超过领用发票开具限额以外的业务收入,需要开具发票的;②被税务机关依法收缴发票或者停止发售发票的纳税人,取得经营收入需要开具发票的;③外省纳税人来本辖区临时从事经营活动,确因业务量小、开票频率低,无须向经营地税务机关办理报验登记的。

(2)正在申请办理税务登记的单位和个人,自领取营业执照之日起至取得税务登记证件期间发生的业务收入需要开具发票的。

(3)应办理税务登记而未办理的单位和个人,在补办税务登记手续后,对其自领取营业执照之日起至取得税务登记证件期间发生的业务收入需要开具发票的。

(4)依法不需要办理税务登记的单位和个人临时取得收入需要开具发票的。

台湾地区不存在代开制度。凡不属于"免开统一发票"的经济往来,纳税人都需要自行填开发票。大陆之所以要规定代开制度,一是因为立法上将税务登记作为纳税人自由使用发票的前提条件,因而需要相应的代开制度作为补充;二是出于对纳税人违法使用发票的顾虑。我们认为,大陆的代开制度虽然有其合理的监管考虑,但由此造成的征纳成本同样不容忽视。不但税务机关逐笔开立发票会耗费较多的行政资源,而且纳税人也会因此额外支付手续费,并承担较高的遵从成本。

两岸纳税人使用发票时还必须遵循"逐笔开票"原则。不过两岸也规定了"汇总开票"制度以提高交易效率。其中大陆《发票细则》第25条规定:"向消费者个人零售小额商品或者提供零星服务的,是否可免予逐笔开具发票,由省级税务机关确定。"《增值税专用发票使用规定》第12条规定:"一般纳税人销售货物或者提供应税劳务可汇总开具专用发票。汇总开具专用发票的,同时使用防伪

---

① 参见台湾地区"统一发票使用办法"第9条。

② 参见《国家税务总局关于加强和规范税务机关代开普通发票工作的通知》(国税函〔2004〕1024号)。

税控系统开具《销售货物或者提供应税劳务清单》，并加盖财务专用章或者发票专用章。"而台湾地区主要有两类汇总开票：①(1)按日汇开，即营业人每笔销售额与销项税额合计未满 50 元新台币的交易，除买受人要求或营业人以网际网络或其他电子方式开立电子发票、使用收款机开立统一发票或使用收款机收据代替逐笔开立统一发票的情形外，免予逐笔开立统一发票，但应在每日营业结束时按总金额汇开一张发票；(2)按月汇开，即满足无欠缴已确定的营业税款和罚款，②且最近两年营利事业所得税系委托会计师查核签证或经核准使用蓝色申报书的营业人，在当地稽征机关核准后，可以在月底汇总开具其对其他营业人销售货物或劳务的统一发票。

从现有规定来看，台湾地区的汇开制度比较保守。未赋予税务机关裁量权，而仅规定了纳税人在少数情况下才能免予逐笔开票，因此汇开发票在台湾地区属于一种程序性激励措施。相比之下，大陆对发票汇开的限制较少。增值税专用发票的使用人只要具备税控装置，即可享有汇总开票的权利；普通发票的使用人也有权申请税务机关根据具体情况判断其是否具有汇开资格。在这一点上，大陆的做法无疑更具效率。

4.使用期限上，台湾地区的统一发票原则上仅限当月使用，当月未用完的空白发票必须截角作废进行保存，非当期发票要经过稽征机关核准后才能使用。③与台湾地区相比，虽然大陆的规范性文件没有对发票有效期作出规定，但出于监管上的考虑，地方税务机关在诸如定额发票上加印使用期限的做法也比较普遍。从税务总局的批复精神来看，这类做法是得到认可的。④ 而对于发票使用中的报告问题，《发票管理办法》第 27 条规定："纳税人要定期向主管税务机关报告发票使用情况"；有关文件进一步指出："税务机关应当要求企事业单位定期列出所开具的发票清单，并汇总开票金额，随同使用过的发票一并提交税务机关验旧。"⑤但遗憾的是目前尚无规范性文件对报告的具体时间作出规定。而台湾地区纳税人在月底领购发票时需要报告本月的发票使用情况。

5.大陆限制发票的使用区域，单位和个人仅限于在本省范围内使用发票，未

---

① 台湾地区"统一发票使用办法"第 15 条、15 条之 1、第 11 条。

② 按照台湾地区财政事务主管部门第 861933776 号函，行政救济程序中欠缴税款但已提供担保的，也允许按月汇开。

③ 台湾地区财政事务主管部门第 800274079 号函规定，对于提前使用次月统一发票的营业人，如果原因是当月份统一发票已用完，且没有其他不法行为，可免援引"税捐稽征法"第 44 条关于"违反给予或取得凭证规定"的处罚。

④ 《国家税务总局关于商业专用发票加印使用期限问题的批复》(国税函〔2006〕1000 号)。

⑤ 参见《国家税务总局关于进一步加强税源管理工作的意见》(国税发〔2006〕149 号)第 5 部分。

经批准不得跨规定的使用区域携带、邮寄、运输空白发票。这一做法延续了印制、领购环节所遵循的"地域管理"原则。此外,大陆有三项针对专用发票的使用规定。

一是实行最高开票限额制度。增值税专用发票(增值税税控系统)实行最高开票限额管理。最高开票限额,是指单份专用发票或货运专票开具的销售额合计数不得达到的上限额度。最高开票限额由一般纳税人申请,区县税务机关依法审批。① 一般纳税人申请最高开票限额时,需填报《增值税专用发票最高开票限额申请单》。主管税务机关受理纳税人申请以后,根据需要进行实地查验。实地查验的范围和方法由各省国税机关确定。并明确规定税务机关应根据纳税人实际生产经营和销售情况进行审批,保证纳税人生产经营的正常需要。② 关于最高开票限额管理,相关税法文件曾规定区县税务机关对纳税人申请的专用发票最高开票限额要"严格审核",要"控制发票数量"以利于加强管理,③但该表述条款后来被废止。

二是强制使用增值税税控装置。《增值税专用发票使用规定》第3条要求纳税人通过增值税防伪税控系统开具专用发票。而按照"一机多票"制度的要求,除商业零售业以外的增值税一般纳税人还必须通过上述系统开具普通发票。④ 税务总局自2015年1月1日起对新认定的增值税一般纳税人和新办小规模纳税人推行了增值税发票系统升级版,要求新认定的一般纳税人和新办小规模纳税人发生增值税业务对外开具发票(不包括通用定额发票、客运发票和二手车销售统一发票)应当使用专用设备开具。在此基础上,税务总局决定自2015年4月1日起在全国范围分步全面开展增值税发票系统升级版推行工作,对目前尚未使用增值税发票系统升级版的增值税纳税人,按照先增值税一般纳税人和起征点以上小规模纳税人,后起征点以下小规模纳税人和使用税控收款机纳税人的顺序,分步开展全面推行工作,2015年年底前完成尚未使用增值税发票系统升级版的增值税纳税人的推行工作。增值税发票系统升级版是对增值税防伪税

---

① 《国家税务总局关于下放增值税专用发票最高开票限额审批权限的通知》(国税函〔2007〕918号)规定,自2007年9月1日起,原省、地市税务机关的增值税一般纳税人专用发票最高开票限额审批权限下放至区县税务机关。

② 参见《国家税务总局关于在全国开展营业税改征增值税试点有关征收管理问题的公告》(公告2013年第39号;部分条款失效)。

③ 参见《国家税务总局关于下放增值税专用发票最高开票限额审批权限的通知》(国税函〔2007〕918号)。

④ 参见《国家税务总局关于启用增值税普通发票有关问题的通知》(国税发〔2005〕34号)。由于这类普通发票格式、字体、栏次、内容与增值税专用发票完全一致,因此也被冠以"增值税普通发票"的名称。

控系统、货物运输业增值税专用发票税控系统、稽核系统以及税务数字证书系统等进行整合升级完善。

三是实行限期验证与抵扣。发票认证是指纳税人到税务机关通过增值税税控系统对增值税专用发票、货物运输业增值税专用发票和机动车销售统一发票的抵扣联进行识别、确认。纳税人必须自进项发票开具之日起180日内到税务机关进行认证,认证通过的发票应在通过的次月申报抵扣,否则不予抵扣进项税额。① 这一规定的主要目的是防止纳税人利用稽核系统的验证时间差开立"阴阳票"。为简化办税流程,减轻纳税人办税负担和基层税务机关负担,2016年税务总局先后决定对纳税信用A级和B级增值税一般纳税人取消增值税发票认证,纳税人取得销售方使用增值税发票系统升级版开具的增值税发票(包括增值税专用发票、货物运输业增值税专用发票、机动车销售统一发票),可以不再进行扫描认证,只需在互联网勾选相关发票,即可在当期用于申报抵扣或者出口退税。②。

上述三项措施较好地防止了专用发票的违法行为,提高了监管力度,符合现阶段大陆的发票管理形势。

(四)电子发票的应用及其监管比较

电子商务的迅猛发展以及降低发票使用、管理成本的需要催生出了电子发票。虽然广泛运用税控措施,采用电脑、税控器开票,但发票管理长期处于"纸面化"阶段,电子发票的探索和应用起步较晚。网络发票探索是从2009年开始的,主要是摸索技术实现的途径和形式等。2013年已有59个省级税务部门(31个国税部门、28个地税部门)应用推广了网络发票,其中浙江、陕西、江苏等国税局,广东、江苏、重庆等地税局基本实现全省(市)全行业网络发票全覆盖,共有452.56万户纳税人开出了38.31亿份网络发票,开票金额19.55万亿元。所谓网络发票,是纳税人通过互联网登录税务机关网站或使用具备网络通信功能机具开具的直接将交易信息传输到税务机关后台系统的一种机打发票。网络发票区别于传统的手工发票和定额发票,具有成本低,填开数据真实,便于实时查验发票真伪、有利于税收征管等优点。推广网络发票有利于提高发票查询的及时性,有利于防范和打击发票违法行为,有利于强化税源控管,降低办税成本。

---

① 参见《国家税务总局关于调整增值税扣税凭证抵扣期限有关问题的通知》(国税函〔2009〕617号)。

② 参见《国家税务总局关于纳税信用A级纳税人取消增值税发票认证有关问题的公告》(公告2016年第7号);《国家税务总局关于全面推开营业税改征增值税试点有关税收征收管理事项的公告》(公告2016年第23号)。

2010 年《发票管理办法》修订时,在第 23 条专门规定:"国家推广使用网络发票管理系统开具发票,具体管理办法由国务院税务主管部门制定。"2013 年 1 月 25 日,税务总局公布了《网络发票管理办法》,自 2013 年 4 月 1 日起施行。目前已应用网络发票实现了发票的领购、开具、缴销、查询、比对等功能。

网络发票的推广进一步发展到电子发票也就是发票无纸化奠定了基础。电子发票是信息时代发票形态及服务管理方式变革的新产物,是指纸质发票的电子映像和电子记录,是网络发票的电子形态,是全新的无纸化发票形式。《网络发票管理办法》第 15 条规定,省以上税务机关在确保网络发票电子信息正确生成、可靠存储、查询验证、安全唯一等条件的情况下,可以试行电子发票。2012 年 11 月,深圳、重庆、南京、杭州、青岛五个城市依托电子商务示范城市建设工作开始试行电子发票,北京、上海、成都在政府支持下同步启动电子发票试点,陆续完成了电子发票应用系统建设,2013 年 6 月份起陆续顺利开出电子发票。从长远看,电子发票有利于加快简化发票的流转、贮存、查验、比对,提升节能减排效益,降低纳税人成本,强化税务发票管理,为网络发票的电子形态或无纸化提供了广阔的发展前景,税务总局明确指出鼓励和支持条件成熟的地区和行业试点电子发票。[①] 同时,2013 年税务总局已与发改委、财政部、国家档案局联合开展电子发票与会计档案电子化综合试点工作,推动电子发票的接收及归档保存,以实现电子发票系统与会计核算系统的对接,加快电子发票推广与应用的相关工作安排。[②] 2015 年,为进一步适应经济社会发展和税收现代化建设需要,税务总局开发了增值税发票系统升级版电子发票系统,同时研究制定了与各地已推行的电子发票系统衔接改造方案,决定自 2015 年 8 月 1 日起在北京、上海、浙江和深圳开展增值税发票系统升级版电子发票试运行工作,试点地区纳税人已实现使用增值税电子发票系统开具增值税电子普通发票。2015 年 9 月起,根据增值税发票系统升级版推进需要,税务总局决定对增值税发票系统升级版与电子发票系统实现对接。税务总局在增值税发票系统升级版的基础上,组织开发了增值税电子发票系统,经试点具备了全国推行的条件后,要求非试点地区已使用电子发票的增值税纳税人于 2015 年 12 月 31 日前完成系统对接技术改造,2016 年 1 月 1 日起使用该系统开具增值税电子普通发票,其他开具电子发票的系统

---

① 参见《税务总局征管和科技发展司负责人就〈网络发票管理办法〉有关问题答记者问》,http://www.chinatax.gov.cn/n810219/n810724/c1107793/content.html,访问日期:2013 年 4 月 2 日。

② 参见《国家发展和改革委员会办公厅、财政部办公厅、国家税务总局办公厅、国家档案局办公室关于组织开展电子发票及电子会计档案综合试点工作的通知》(发改办高技〔2013〕3044 号)。

同时停止使用。北京市、上海市、浙江省、深圳市外,其他地区已使用电子发票的增值税纳税人,应于 2015 年 12 月 31 日前完成相关系统对接技术改造,2016 年 1 月 1 日起使用增值税电子发票系统开具增值税电子普通发票,其他开具电子发票的系统同时停止使用。[①]

与近年来网络发票和电子发票迅速发展形成鲜明对比的是,对于二者的监管措施还不够健全。目前关于网络发票和电子发票的相关规定基本上都是税务总局发布的部门规章或规范性文件,位阶较低,同时这些规范性文件主要针对网络发票和电子发票的使用和推广等技术性问题,对于监管没有明确和具体的规定。虽然,目前推行的电子发票是由增值税发票系统升级版电子发票系统开具的,而增值税发票系统升级版是对增值税防伪税控系统、货物运输业增值税专用发票税控系统、稽核系统以及税务数字证书系统等进行的整合升级完善,具有一定的监管功能。但对具有无纸化等特征的电子发票的监管仍存在一定的不足,需通过专门的立法就相关监管问题进行明确。

台湾地区则在电子发票的推广、使用上领先一步。2000 年 12 月,台湾地区财政事务主管部门就开始推动"网际网络传输统一发票试办作业",经过试点,2006 年 12 月 6 日正式完成电子发票整合服务平台上线,"电子发票实施作业要点"生效,截至 2017 年 1 月共修订 8 次。台湾地区一直致力于推动电子发票的应用,制定了"电子发票推动计划"。为提高民众使用载具、索取电子发票,落实电子发票全面无纸化,台湾地区财政事务主管部门 2013 年间曾两次增开"无实体电子发票专属奖",并制定了"奖励使用电子发票绩优营业人实施要点"。财政事务主管部门财政资讯中心自 2014 年 3 月起成立电子发票推广小组,负责电子发票业务规划、推广、辅导、法制协调。

台湾地区"电子发票实施作业要点"规定,电子发票指营业人销售货物或劳务与买受人时,以网际网络或其他电子方式开立、传输或接收之统一发票。电子发票应用于营业人与营业人或机关团体交易以及营业人和非营业人的交易。关于营业人与非营业人交易使用电子发票,"电子发票实施作业要点"曾规定有限制条件:(1)经核准使用电子计算机统一发票;(2)提供 200 万元新台币作为保证金;(3)没有欠缴已确定的营业税款和罚款;(4)同意将电子发票上传整合服务平台留存。为减轻营业人的营业成本,以提高营业人使用电子发票意愿,2009 年修订将保证金由 200 万元新台币调降为 100 万元新台币,2010 年修订取消了 100 万元新台币保证金的要件,而 2013 年的修订彻底取消了上述限制条件。

根据"电子发票实施作业要点",财政事务主管部门负责提供营业人开立、传

---

① 《国家税务总局关于开展增值税发票系统升级版电子发票试运行工作有关问题的通知》(税总函〔2015〕373 号)。

输、交换、储存电子发票的资讯系统及其他相关整合性服务；经核准的营业人可以作为加值中心提供加值服务。① 整套电子系统具备执行发票开立、收取、作废及销货退回、进货退出或折让等行为的功能，并由加值中心或营业人自行将相关电子资料传送至财政事务主管部门的整合平台存证。

上文已述，为推广电子发票，台湾地区目前已取消了使用门槛，只要经所在地主管稽征机关核准营业登记之营业人，即取得使用电子发票之资格，营业人向整合服务平台进行身份认证，或向加值服务中心申请身份认证后，即可使用电子发票。营业人成为买方或卖方加值服务中心的门槛随着历次修订而逐渐降低，2013 年 8 月 22 日修订的"电子发票实施作业要点"取消了加值服务中心营业额等门槛规定，另改以强化其电子发票信息作业与信息安全能力，以提升营业人信赖。营业人欲担任加值服务中心，应先向财政事务主管部门财政资讯中心申请电子发票系统检测，取得检测通过文件后，再并同营业人担任加值服务中心申请书及相关文件向所在地主管稽征机关申请。②

为了便于监管，台湾地区将电子发票与营业人所使用的纸质发票挂钩，原则上要求营业人以当期未使用的发票的字轨号码作为所开具电子发票的字轨号码，除非营业人既不属于经核准使用电子计算机统一发票的主体，又不属于经核准自行印制三联式收银机统一发票的主体。这种情况下营业人可以通过"整合服务平台"直接取得电子发票专用字轨号码。此外，电子发票的信息与相关证明文件和纸质发票一样需要保存 5 年。营业人违反"电子发票实施作业要点"，所在地主管稽征机关得要求营业人限期改正，如营业人未于期限内改正或违反情节重大时，可以停止其使用电子发票。停止后，营业人仍应依"营业税法"及"统一发票使用办法"等相关规定开立及交付统一发票。

发票电子化管理是未来发票监管的发展趋势。其优势不仅表现为广泛信息共享、大容量存储、精确数据处理所带来的监管质量的提高（比如通过计算机程序运算杜绝"阴阳票"现象），而且体现为发票印制、发行、使用等诸环节成本的大幅度降低。更为重要的是，在电子商务蓬勃发展的今天，纸质发票已经无法适应异地开票、迅捷开票、无书面凭证开票的要求。若发票监管体制不创新，将导致以电子商务为代表的信息化交易税基大量流失。为适应现代信息社会和税收现代化建设需要，我国目前以增值税发票系统升级版为基础推行的电子发票制度，急需制定相应位阶的规范以明确其使用和监管制度，制定统一的文件规范以保障电子发票的安全性。大陆电子发票的制度设计可以参考台湾地区的立法，即首先要构建好电子发票运营管理中心以提供技术支持。其次可以规定电子发票

---

① 台湾地区"电子发票实施作业要点"第 2 点。
② 台湾地区"电子发票实施作业要点"第 15 点。

使用和管理制度,从而激励纳税人提高自身诚信度,享受无纸化发票带来的征管高效率。最后是要将电子发票的监管与纸质发票的监管相衔接,以保障监管体系的完整性。

(五)大陆有奖发票制度与台湾地区统一发票奖励制度比较

尽管目前对于有奖发票是否是成本最小的监管制度设计仍存在很大争议,但这一制度在提高发票监控准确度、降低监管成本方面的确产生了显著效果。不少城市使用有奖发票后地方税收立即有了大幅度增长就是很好的证明。2004年前后,为调动消费者索取发票的积极性和增强索取发票的意识,以及减少对于消费者不索取发票的收入不申报纳税的现象,各地税务机关会根据需要在某一行业或者某些行业,在个人消费行为较多、现金交易量大、税源监控比较困难的行业或某些现金流量较大的领域,比较典型的如服务业、娱乐业和文化体育业使用的发票中,推行使用有奖发票。实践中的具体规则授权地方自行确定,目前尚无全国范围的规范性文件。有奖发票也有很多形式,各地也是多种方式并行,主要包括即时刮票和发票摇奖两种。个别地区还存在积票兑奖的形式,即累计指定金额或者份数的发票可以去税局换取现金奖励。以上海市的《普通发票有奖管理试行办法》为例,该发票由上海地方税务局统一监制,涵盖服务业、娱乐业、文化体育业和建筑业等行业,通过即时刮奖和统一摇奖(2008年起取消摇奖)两种方式开奖,奖金额度从5元到1万元不等。

近年来,各地税务局对于有奖发票的态度开始出现两极分化。一方面,发票奖金在逐渐降低,一些地方取消了发票摇奖,甚至取消有奖发票制度。在"营改增"试点开展后,北京、长沙、郑州、宁波等城市相继取消有奖发票。其原因除了"营改增"外,税务部门认为纳税人税法遵从度近年来不断提高,依靠有奖发票推动地方税收收入增长的效用正在逐年减弱。而2016年5月"营改增"改革全面推开后,地方税务机关的发票管理职能全部移交至国家税务机关,各地地税局相继取消有奖发票。另一方面,一些地方推广有奖发票的积极性仍非常高,并在不断创新发奖方式。2015年税务总局在《"互联网＋税务"行动计划》(税总发〔2015〕113号)中提出了"互联网＋发票摇奖"行动,提出要重构有奖发票,将有奖发票"搬"上互联网,让信息多跑路、群众少跑腿,与社会力量合作,支持传统金融账户和微信钱包、支付宝钱包等新兴互联网金融账户,改变有奖发票手工操作的不便。通过移动终端"扫一扫"等方式,提供发票即时摇奖,即时兑奖,奖金即时转入金融账户的新模式,提升用户的抽奖体验和参与感,调动消费者索要发票的积极性,促进税法遵从。深圳国税局、地税局于2016年1月在原有有奖发票模式基础上增加了"互联网＋有奖发票"新模式,纳税人通过手机软件即可查验到发票的真伪,即时获取有奖发票中奖信息。①

台湾地区早在 20 年前就已经建立起了一套完整的激励体系以协助税务机关进行发票监管,并为此专门制定了"统一发票给奖办法",规定每年从营业税收入中提取 3‰ 作为各种奖励的经费来源,并由财政事务主管部门会同营业税稽征机关设置专门单位负责执行。整个激励体系以"统一发票开奖"制度为核心,采用每两个月集中开奖一次的办法奖励统一发票的索票人,其奖励力度高于大陆。只是营业人、部分公益机构获得的统一发票、按日汇开的发票以及漏开、短开经查获后补开的发票不能参与开奖。②

除了对索取发票的消费者进行奖励外,台湾地区对检举、查获伪造、盗卖统一发票或开立不实统一发票营业人案件的检举人、查获人也给予奖励。③ 而对于诚实开立统一发票的营业者,各商业、公益团体可以向当地主管稽征机关推荐。受到认可的营业人可以在未来 3 年内享有"专柜受理申报""获得税务资讯及税务帮助""免列入营业税选案查核对象"等程序性优惠。④

相比台湾地区统一发票奖励制度,大陆有奖发票不仅适用范围较窄,而且制度设计上还存在一些问题:

1. 发票奖励的合法性存有疑问。现阶段的相关规定都来源于税务总局的部门规范性文件,其效力是有疑问的。同时,"悬赏协税"这种用公共财政经费奖励举报者的制度应当经过纳税人的同意。我们认为,发票奖励作为一项重要的发票管理制度,有必要在法律或者至少行政法规的层面上进行立法。"营改增"后,由国税局统领发票管理职能后,有奖发票管理衔接问题亟待解决,可借机进行相关立法,对发票奖励制度进行明确的规范。

2. 发票中奖概率较低、奖励幅度有限,对索票人的激励不足。实践中一些商家往往以"降价"为诱饵使消费者放弃索票,并从中赚取可观的差额利润,导致部分税款流失。造成这种现象的原因之一是我国奖金来源尚无统一规定,奖励主要由地方财政自行安排,缺乏系统性保障。比如上海方面就要求"奖金按开票单位的税收征管体制,分别由同级财政承担"。⑤ 然而地方财政水平的参差不齐必然导致奖励措施的区域性差异。财政比较宽裕的地方无疑占有优势,能够最大限度地发挥有奖发票的激励作用(比如实施二次开奖制度),通过高投入高产出

---

① 《深圳市国税地税联合推出"互联网＋有奖发票",发票中奖可领"微信红包"》,深圳市国家税务局网站:http://www.szgs.gov.cn/col/col3843/index.html,访问日期:2015 年 12 月 30 日。

② 台湾地区"统一发票给奖办法"第 11 条。

③ 台湾地区"统一发票给奖办法"第 12、13 条。

④ 台湾地区"财政事务主管部门奖励开立统一发票绩优营业人实施要点"。

⑤ 《上海市普通发票有奖管理试行办法》第 6 条。

的方式提高地方税收征管水平;而财力有限的地方则难以维持太高的奖金支出和兑奖成本,有奖发票对地方税收的促进作用受到限制。由此观之,现阶段所采用的有奖发票地方管理模式有悖于公平原则,进一步拉大了地方财政差距,有必要逐步过渡到全国统一的管理模式,即制定全国范围的奖励规则并提供相应的资金保障。

3.对用票人的激励机制有所欠缺。索要发票的消费者有机会赢得奖金,发票违法行为的举报人通常也能获得一定奖励,但发票使用人却难以从监督机制中直接取得收益。这种税务机关和消费者联手对付商家的做法并不是一个均衡的博弈过程,难以有效消除部分用票人的作假动机。当前立法侧重于用票人的"依法开票"义务,并规定了相应的惩罚措施。而对于用票人的奖励问题,仅"纳税信用等级评定"制度有所涉及,即信用等级为 A 的纳税人享受征管程序上的某些优惠。① 由于发票使用情况只占评定内容的一小部分(15％以下),②这种间接奖励制度可能会使一些诚实用票的纳税人因为其他方面表现不佳(比如税务登记有所欠缺)而失去获评"A 级"的机会。考虑到发票使用在税务管理中的重要地位,大陆有必要借鉴台湾地区的做法,对诚实开票的经营者直接规定一些奖励措施,尤其是征纳程序方面的优惠。

4.票面设计存在瑕疵。普遍采用"刮奖式"有奖发票,其印制成本较普通发票要高。为控制印刷成本,不少地方将相关行业(比如各种性质的服务业)的有奖发票统一设计、批量印刷。然而这一做法却导致有奖发票在管理上与普通发票脱节。税务机关需要花费更多的精力来鉴别纳税人是否合法地取得、填开了有奖发票,由此带来的征管成本足以抵消印制环节的费用结余。而台湾地区则利用统一发票的编号进行开奖,在降低印制成本的同时强化了发票监管,其做法值得大陆借鉴。

三、发票法律责任比较

在"税捐稽征法"和"营业税法"的范围内,台湾地区对依法负有开立统一发票义务的营业人予以处罚的情形主要包括三类:③

1.核定应使用统一发票而不使用或将统一发票转给他人使用的,除通知限期改正或补办外,并得处以 3000 元新台币以上 3 万元新台币以下的罚款。逾期

---

① 参见《纳税信用管理办法(试行)》(国家税务总局公告 2014 年第 40 号)第 29 条。

② 《纳税信用评价指标和评价方式(试行)》(国家税务总局公告 2014 年第 48 号)。

③ 台湾地区"营业税法"第 47 条、第 48 条、第 52 条、第 53 条。

仍未纠正者将遭受连续处罚,并被停止营业。这种处罚由稽征机关交付法院进行。[①]

2.发票内容应行记载事项未依规定记载或记载不实的将按统一发票所载销售额的1‰处以罚款(金额最低不少于1500元新台币,最高不超过1.5万元新台币)并被要求纠正;届期仍未改正或补办,或改正或补办后仍不实者,按次处罚。若未依规定记载或所载不实事项为买受人名称、地址或统一编号者,其第二次以后处以罚款为统一发票所载销售额的2‰(金额最低不少于3000元新台币,最高不超过3万元新台币)。

3.漏开统一发票或在统一发票上短开销售额者,除应按短开、漏开的销售额补缴税款外,还将被处以5倍以下的罚款。一年内被查获3次的营业人将被停止营业。停业最长时间不得超过6个月,但若停业期满后相关义务仍未履行,稽征机关可以继续要求停业至义务履行时为止。

此外,不按规定期限申报统一发票明细表的营业人将按照超期时间承担缴纳滞报金的责任。

需要注意的是,尽管台湾地区"税捐稽征法"第48条之1规定了"自动补缴"免罚措施,即纳税人在未被检举或未被税务机关、财政事务主管部门调查之前主动补缴所漏税款的应被免除稽征法和刑法上的处罚,但漏开、短开统一发票行为违反的是"营业税法"第32条关于按时开立发票的规定,不再适用第48条之1的免罚规则。

相比之下,大陆的处罚范围更广。不仅台湾地区各税种法以及"税捐稽征法"所认定的应罚行为都有所涉及,而且《发票细则》还将项目填写不齐全、未经批准拆本使用发票、未经批准跨区域使用发票、未按规定设置发票登记簿、未按规定建立发票保管制度以及丢失发票等台湾地区不予处罚的行为纳入其罚则部分。此外,大陆还存在间接性的发票责任,规定于《发票管理办法》第41条:"违反发票管理法规,导致其他单位或者个人未缴、少缴或者骗取税款的,由税务机关没收非法所得,可以并处未缴、少缴或者骗取的税款1倍以下的罚款。"整体上看,大陆对发票违法行为的处罚力度更大,体现出更强的惩戒性。

刑事责任方面,台湾地区"刑法"并无直接针对发票违法行为的条款,司法机关需要依据伪造文书罪和欺诈罪的相关规定定罪量刑,所涉及的行为内容较大陆要少。大陆刑法则系统地规定了发票刑事责任,包括:(1)以增值税专用发票为犯罪对象,行为包括虚开、伪造、非法出售、非法购买;(2)以增值税专用发票之外具有退税、抵扣税款作用的凭证和发票为犯罪对象,行为包括虚开、伪造、擅自制造、非法出售;(3)以其他普通发票为犯罪对象,行为包括伪造、擅自制造、非法

---

① 台湾地区"营业税法"第44条。

出售。从量刑上看,所有的发票犯罪行为均可被处以自由刑,其中,2011 年《刑法修正案(八)》通过之前,增值税专用发票和抵扣型发票的法定刑最高可至死刑。相比而言,台湾地区上述两项罪名的法定刑较轻。

第三章

海峡两岸税务行政协助法律制度比较

——税务管理制度比较之二

所谓税务协助制度，又称第三人协助制度，是指除税收法律关系当事人之外的第三人依据法律法规的规定或者与税务机关之间的约定，以自己的名义做出协助行为，协助征税机关顺利实现税收债权的法律制度的统称。在税收征管实践中，如果单凭税务机关的力量很难保障对税源的全面监控，不可避免地会导致税款的流失，国家的财政收入也难以确保。虽然纳税主体负有协力义务，但实践中即便其履行了协力义务，税务机关仍然需要从其他途径获得涉税信息予以印证，当纳税主体未完全或者不履行协力义务时就更需要如此；加之，税务机关的税收征收及其保障措施等也脱离不了第三人的协助。因此，负有协助义务的第三人在税务机关的税收征管活动中占有不可或缺的地位。

不论是国务院法制办 2013 年 6 月公布的《2013 修订案》，还是 2015 年 1 月再次公布的《2015 修订草案》，税务行政协助制度和涉税信息管理制度均为其重点和难点问题。为此，本章和下一章分别围绕前述两项制度展开海峡两岸之间的比较研究。

本章中，为建立起税务协助制度的一般理论框架，先对税务协助制度的一般原理予以介绍，再比较海峡两岸税务行政协助制度。

第一节　税务协助制度的一般原理

由于现代行政的日益复杂，有时单靠税务机关自身的力量，难以实现有效地税收征管（比如说难以实现对税源的有效监控或者难以全面地掌握纳税人的涉税信息），或者征税成本过高，这就需要借助其他主体的力量来实现税收征管的目的。在税收征管中，作为税收法律关系当事人一方的税务行政相对人负有的税务登记、纳税申报等义务,通说认为系"协力义务",而除当事人之外的第三人负有的对税务机关协助的义务,则称为"协助义务",规范这一协助义务的制度即为税务协助制度。

一、税务协助的概念

(一)税务协助概念中的第三人

界定税务协助中提供协助的主体、即第三人是理解税务协助概念的关键,必须首先明确。

1. 大陆

大陆有学者认为,除纳税义务人和国家及其征税机关是具有直接权利义务关系的主体之外,其他参与税收征管活动的主体皆为第三人。[①] 但我们认为,根据《税收征管法》的有关规定,除税务机关外,税收法律关系的另一方主体包括纳税人和扣缴义务人。[②] 较有疑问的是纳税担保人和受托代征人二者。

我们认为,税收担保是一种兼具公私混合法属性且以公法属性为主的担保制度,[③]作为第三人的税收担保人[④]基于其与税务机关的担保合同而负有担保义务,其权利义务与纳税人和扣缴义务人存在重大差异,[⑤]并不属于纳税主体范畴;虽然在税收担保法律关系当中,税收担保人系一方主体,但当其未履行时,税务机关可以对其采取强制执行措施,因此税收担保人并不属于税务协助中所谓"第三人"的范畴。

至于受托代征人,其受托代征的义务虽然也系基于税务机关依《实施细则》第 44 条与之所签订的"委托代征协议"这一具有公法性质的契约所产生,但与税收担保合同不同的是,其公法性质相对较弱,当受托代征人未履行合同义务时,

---

① 参见李建国、滕一良:《完善税务管理第三方法律制度体系研究》,载《税务研究》2010 年第 10 期,第 65 页。

② 根据我们对《税收征管法》法条的统计,"纳税人"单独出现的法条计有 32 条,"扣缴义务人"单独出现的法条计有 5 条,"纳税人、扣缴义务人"并列出现的法条计有 26 条,"纳税人"和"扣缴义务人"虽非并列但同时出现在同一法条中的计有 7 条。可见,纳税人和扣缴义务人负有的义务和承担的法律责任在很多情形下是一致的。

③ 详见本书第七章第一节。

④ 当纳税人以自己的财产为其税收债务提供担保时,纳税人与纳税担保人的身份合二为一;因此,此处仅讨论纳税人以外的第三人为纳税人提供担保的情形。

⑤ 根据我们对《税收征管法》法条的统计,纳税人、扣缴义务人和纳税担保人并列出现的条文仅有 1 条(第 43 条),纳税人、扣缴义务人和纳税担保人同时出现的条文仅有 2 条(第 40 条第 1、2 款和第 88 条第 1 款)。

税务机关并不能像对待税收担保人、甚至纳税人和扣缴义务人那样,对之采取税收保全或者强制执行措施,而只能循私法途径请求受托代征人承担违约责任。① 从这个意义上说,受托代征人属于税务协助中所谓"第三人"的范畴,其所提供协助的方式是一种经由合同的约定方式。②

此外,根据《税收征管法》第 90 条第 2 款,以及《增值税暂行条例》第 20 条第 1 款和《消费税暂行条例》第 24 条第 1 款,进口环节的增值税和消费税由海关负责代征;这是大陆另外一种代征形式,即法定代征。由于海关本身系征税机关、即税收法律关系当事人一方主体,且其代征义务系由法定,因此就该代征而言,并不构成税务协助。但需注意的是,当海关就税务机关负责征管的税种向其提供协助时,例如就出口退税事宜向税务机关提供有关信息,则构成税务协助。

2.台湾地区

台湾地区学者认为,税捐法律关系的当事人包括税捐权利人与税捐义务人;对他人的税捐事件,在事实的调查过程中,负有协力义务的第三人,并非税捐义务人。③ 台湾地区"税捐稽征法"第 50 条规定:"本法对于纳税义务人之规定,除第 41 条规定外,于扣缴义务人、代征人、代缴人及其他依本法负缴纳税捐义务之人准用之。"因此,其税捐法律关系当中作为行政相对人一方的当事人主体范围广于大陆。其中,台湾地区的"代征人"与大陆的"受托代征人"有所不同。根据台湾地区"税捐稽征法"第 3 条、第 35 条之 1、第 42 条和第 50 条规定,其代征人属于税捐法律关系的法定当事人之一,且各税种法对代征人还做了具体规定。然而,由于所规定的具体代征人及其相应法律规则不同,各税种法所称"代征人"是否属于税务协助意义下所称"第三人"还需要进一步分析。

(1)公权力机关作为代征人的情形,例如"特种货物及劳务税条例"第 16 条第 5 项和"烟酒税法"第 12 条第 2 项所规定的海关,"契税条例"第 29 条所规定的乡、镇、市、区公所,以及"使用牌照税法"第 3 条第 2 项所规定的交通管理机关。其中,与前文有关大陆海关的法定代征义务相同,台湾地区的海关亦非税务

① 参见李刚:《税法与私法关系总论》,法律出版社 2014 年版,第 137~139 页。

② 值得注意的是,《2015 修订草案》新增第 37 条,在《实施细则》第 44 条的基础上修改为:"(第 1 款)税务机关根据有利于方便纳税和降低税收成本的原则,可以委托有关单位代征税款。税务机关应当与受托代征人签订代征协议,明确代征范围、代征标准、代征期限以及代征人的法律责任,并颁发委托代征证书。委托代征证书应当公示。(第 2 款)代征人按照代征协议以税务机关的名义依法征收税款,纳税人不得拒绝;纳税人拒绝的,代征人应当及时报告税务机关。(第 3 款)税务机关按照规定付给代征人代征手续费。"我们认为,《2015 修订草案》的上述规定虽然将委托代征制度的规则效力层级由行政法规层面提升至法律层面,并未改变委托代征协议作为一种公法契约的性质。

③ 参见陈清秀:《税法总论》(修订 9 版),台湾元照出版有限公司 2016 年第 9 版,第 282 页。

协助中的第三人。至于乡镇市区公所和交通管理机关,属于税捐机关根据其裁量权"可以"委托代征的对象主体,并非必然的代征人,且相应税种法并未规定其未履行代征义务的罚则,因此应当属于税务协助中的第三人。

(2)私人主体作为代征人的情形,例如"娱乐税法"第3条第2项规定的娱乐场所、娱乐设施或娱乐活动之提供人或举办人,"证券交易税条例"第4条规定的证券承销商、证券经纪商、受让证券人,以及"期货交易税条例"第3条规定的期货商。与第一种情形不同,上述主体的代征人地位均为法定,且相应税种法也规定了其未履行代征义务时的罚则,因此其均属于税捐法律关系的一方当事人,而非税务协助的第三人。

综上所述,尽管海峡两岸有关税收法律关系当中作为行政相对人的一方当事人主体范围不尽相同,但除上述当事人之外,其他在税收征管中依法或者依约协助税务机关达到税收征管目的的主体,应当均为负有协助义务的第三人;其类型包括除税务机关以外的其他行政机关、司法机关和社会主体。

(二)税务协助的概念与类型[①]

所谓税务协助,是指除税收法律关系当事人之外的第三人依法或者依约以自己的名义做出协助行为,协助征税机关实现税收债权的行为;规范税务协助行为的法律制度,即为税务协助制度。

依据不同的标准,可以将税务协助划分为如下不同的类型:

1.根据提供协助的主体的不同,可以分为行政协助、司法协助以及社会协助

行政协助是指除税务机关外,其他行政机关对税务机关提供的协助;例如《税收征管法》第15条第2款规定的工商行政管理机关向税务机关定期通报工商登记、核发营业执照。司法协助则指司法机关(主要是法院)在司法过程中向税务机关提供的协助;例如台湾地区"印花税法"原第28条规定的各级法院审理案件时发现有违反该法凭证时应移送管辖法院依该法规定裁罚。[②] 社会协助则是指行政机关和司法机关以外的社会主体向税务机关提供的协助;例如《税收征管法》第17条规定的银行等金融机构应在纳税人的账户和税务登记证中互相登录号码。

有学者从主体的角度,将征税协助主体分为广义和狭义两种:狭义者只包括行政机关,以及征税协助只发生在行政机关之间的内部程序中,可称为征税行政协助主体;广义者还包括行政机关以外的其他机关、企事业单位和个人,可称为

---

① 部分内容参见任新翠:《海峡两岸税收征管中第三人协助制度比较研究》,厦门大学法学院2013年法律硕士学位论文。

② 该条规定出现于1978年的"印花税法"中。1993年7月,该法修订时,为配合1992年修正公布的"税捐稽征法"第50条之2,删除了第28条。

征税社会协助主体(护税主体)。①

2.根据协助行为达到的目的不同,可以分为以涉税信息收集为目的的协助行为和以实现税款征收(税收债权)为目的的协助行为

前者所要达到的目的是帮助税务机关尽可能全面地收集涉税信息,以使税务机关更好地对税源进行监控,尽可能地避免国家税款的流失;例如《税收征管法》第17条第3款规定的银行和其他金融机构应协助税务机关依法查询从事生产、经营的纳税人开立账户的情况。后者则指当发生或可能发生危害税收债权的情况时,第三人协助税务机关顺利实现税款征收的行为;例如《税收征管法》第44条规定的限制出境措施。

3.根据启动协助程序的主动被动与否,可以分为主动协助与被动协助

主动协助是指第三人依法主动向税务机关提供协助的行为;如《税收征管法》第15条第2款规定的工商行政管理机关向税务机关定期通报工商登记、核发营业执照。被动协助是指应税务机关的请求,第三人被动提供协助的行为;例如《税收征管法》第40条第1款第1项规定的税务机关采取强制执行措施时,可以书面通知纳税人的开户银行或者其他金融机构从其存款中扣缴税款。在被动协助中,如果税务机关请求协助的行为不合法或不合理,第三人应该或可以拒绝提供协助。

4.根据协助义务产生的依据不同,可以分为法定协助和约定协助

法定协助是指协助主体根据法律等的规定向税务机关提供的协助,例如前述《税收征管法》第15条、第17条、第40条和第44条均为法定协助。约定协助是指协助主体根据与税务机关之间所签订的协议向其提供的协助,例如前述大陆的委托代征制度和近年来从税务总局到各地税务局与工商机关、民政机关等分别签订的信息共享协议等,以及前述台湾地区"契税条例"第29条和"使用牌照税法"第3条第2项的规定。

二、税收征管中协助义务与协力义务的异同

相比协助义务来说,纳税主体的协力义务在税收征管过程中出现的频率更高。二者仅一字之差,虽存在些许共通之处,但是其间也有较大的差异。

(一)相同之处

1.二者行为指向的主体和根本目的相同

无论是协力义务、还是协助义务,其行为指向的主体均为税务机关,其共同

---

① 参见施正文:《税收程序法论》,北京大学出版社2003年版,第212页。

的根本目的,都在于协同或者帮助税务机关掌握各种涉税信息、发现课税事实、降低征税成本乃至顺利实现税收债权,达到公平合理、经济高效课税的目的。

2.比例原则的适用相同

税务机关无论是要求纳税主体履行协力义务,还是请求第三人给予协助,均应遵循比例原则。在税收征管过程中,税务机关可以自己完成的行为,应单独完成,不得给纳税主体或第三人造成不必要的负担。即便是税务机关需要协力或者协助,也应遵循比例原则,以最大化的维护纳税主体和第三人的合法权益。例如税务机关要求协力义务人提出账簿或凭证为优先,若经过复核发现有问题时,才可再要求纳税义务人到场问询。

(二)不同之处

1.内涵与理论基础不同

《新华汉语词典》中,"协助"意为"辅助","协力"意为"共同努力"。协助义务强调负有协助义务的第三人处于"帮助、辅助"的地位,其协助税务机关的目的在于帮助税务机关实现税收征管;理论基础来自于行政机关一体化理念。而协力义务的理论基础,早期认为系以解决税收征管过程中征纳双方信息不均衡为目的,近来有学者认为协力义务是防范税务机关过度侵入纳税人信息权的重要制度设计。[①]

2.义务产生的方式与义务主体不同

协力义务概由法定,其主体系税收法律关系一方当事人,主要包括纳税人和扣缴义务人。而协助义务如前所述,其义务主体系税收法律关系当事人之外的第三人,既有基于法定而为特定主体的情形,又有基于约定而由税务机关根据裁量权从不特定主体中选择部分主体的情形。

3.违反义务的后果不同

协力义务主体违反协力义务时,根据其义务内容的不同,承担的法律责任不尽一致,概括起来由轻至重大致有不得享受税收优惠、推计课征、加收滞纳金乃至行政处罚。而协助义务主体由于其产生方式的不同及主体类型的多样化,所以各自承担的法律责任差异也较大。就法定协助而言,由于银行等金融机构等社会协助主体,属于税收征管法直接规制的对象,所以违反协助义务时要承担行政处罚的法律责任,例如《税收征管法》第73条就规定对违反协助义务的银行等金融机构及其直接负责的主管人员和其他直接责任人员处以罚款。[②] 相比而

---

① 参见葛克昌:《税捐行政法——纳税人基本权视野下之税捐稽征法》,厦门大学出版社2016年版,第326~331页。

② 《2015修订草案》中的对应条文为第110条,内容未变。

言,行政协助主体和司法协助主体违反协助义务的法律责任则要么根本缺位,要么虽有规定也实际上处于虚化状态,对此,下节还会详述。

第二节　税务行政协助制度比较[①]

行政协助,是指在公务启动之后、行政职权行使的过程中,由于法律因素或者事实因素的限制,行政主体无法自行执行职务或者自行执行职务会带来严重不经济,基于公共利益的需要,向无隶属关系的行政主体提出协助请求,由被请求主体在自身职权范围内对请求主体的行政职务从旁帮助或者由请求主体与被请求主体共同针对行政相对人行使行政职权,并承担相应法律责任的行为及其制度。[②] 作为行政机关之一的税务机关在税收征管过程中,当行使收集涉税信息以及税收保全或者强制执行措施等行政职权时,经常会与其他无隶属关系的行政机关的职权范围产生交织。出于行政分权原则和行政效率原则的考虑,税务机关既不能超越其职权范围,一般情况下又无必要对已在其他行政机关掌握之中的事实信息进行重复调查,因此就需要请求其他行政机关就涉税事项给予协助,规范这一行为的制度就是税务行政协助制度。

《2013 修订案》中就包括以税务行政协助方式强化涉税信息管理的内容。此后公布的《2015 修订草案》,从涉税信息管理方面看,较之《2013 修订案》有较大进步,不仅修订了现行《税收征管法》的相关条文,而且单列一章、即第四章"信息披露"来专门规范涉税信息管理事项。但从税务行政协助制度的整体角度观察,上述两个修订案草案仍然不尽如人意。其原因主要在于以下立法缺位和理论不足两大方面:从立法实践方面看,税务行政协助是从属于行政协助制度整体的组成部分,而大陆立法上虽有关于行政协助的零星规定,例如《行政许可法》第64 条、《行政监察法》第 22 条、《税收征管法》第 5 条、《国家安全法》第 12 条、《海关法》第 4 条和第 7 条、《文物保护法》第 32 条、《体育法》第 51 条、《消防法》第 33条、《矿产资源法》第 11 条、《铁路法》第 56 条、《传染病防治法》第 39 条等,[③]但行政协助制度尚未成型。2004 年 11 月,行政立法研究组向全国人民代表大会法律工作委员会提交的《行政程序法(试拟稿)》虽对行政协助制度作了简单规定,

---

① 　本节内容曾以《海峡两岸税务行政协助制度比较研究》为名,发表于漆多俊主编:《经济法论丛》(第 25 卷),法律出版社 2013 年版;后收入李刚:《现代税法学要论》,厦门大学出版社 2014 年版。收入本书时根据《2015 修订草案》等最新发展对正文和脚注均做了修改。

② 　黄学贤、周春华:《行政协助概念评析与重塑》,载《法治论丛》2007 年第 3 期,第 85 页。

③ 　参见周春华:《行政协助基本问题研略》,载《法治研究》2007 年第 7 期,第 30 页。

但遭到了行政法学界的诸多批评。^①因此,欠缺《行政程序法》的一般性规定,税务行政协助制度难以单独建立。从理论研究方面看,行政法学界关于行政协助问题的研究主要是基于《行政程序法(试拟稿)》的立法需要而兴起的,目前还停留在概念界定和域外法制介绍的初级阶段,^②既未形成有关行政协助制度的一般理论,更未延伸到具体行政机关之间的协助问题上;而税务学者由于缺乏行政程序法的基本认识,对税务行政协助问题的研究还存在不少偏误,例如将扣缴义务人的扣缴义务、国税局与地税局之间、甚至同一税务机构内部不同业务部门之间的合作都归入行政协助的范畴之内。^③因此,欠缺行政法上成熟的行政协助理论的支撑,对税务行政协助问题的研究还较为肤浅。

相对而言,我国台湾地区既有"行政程序法"关于行政协助的一般性规定,大陆行政法学者也多引为比较的参照,在具体税种法当中又有适应其税种法个别需要的特别规定,因此,就税务行政协助制度开展海峡两岸间的比较研究,既可为当前《税收征管法》的修订提供借鉴,又可由点到面地为行政协助制度的整体构建提供个案参考。以下,则分别从税务行政协助制度的原则和具体行政机关对税务机关的协助两个层面展开两岸间的比较分析,进而提出构建大陆税务行政协助制度的若干建议。

一、税务行政协助制度原则的比较

大陆关于税务行政协助制度的一般原则,可以分为两个层次加以考察。第一个层次是地方政府的领导与协调原则,主要体现为两条规定。一条是《税收征管法》第5条第2款:"地方各级人民政府应当依法加强对本行政区域内税收征收管理工作的领导或者协调,支持税务机关依法执行职务,依照法定税率计算税额,依法征收税款。"^④各级税务机关作为所属地方各级政府的职能部门,依一般法理,本应受其领导,因此,上述规定原属多余。其立法背景在于 20 世纪 90 年

---

①　参见王麟:《行政协助论纲——兼评〈中华人民共和国行政程序法(试拟稿)〉的相关规定》,载《法商研究》2006 年第 1 期,第 44~50 页;周春华:《行政协助基本问题研略》,载《法治研究》2007 年第 7 期,第 21~30 页。

②　参见黄学贤、吴志红:《行政协助分类研究初探》,载《江苏社会科学》2009 年第 1 期,第 134~135 页。

③　参见朱晓波、曲荣芬:《税收行政协助相关问题的几点认识》,载《财经问题研究》2003 年第 2 期,第 71~73 页。

④　《2015 修订草案》的对应条文为第 5 条第 3 款,并修改为:"地方各级人民政府应当依法加强对本行政区域内税收征收管理工作的领导或者协调,支持税务机关依法执行职务,建立、健全涉税信息提供机制。"从其内容上看,实际上是将现行《实施细则》第 4 条第 2 款的内容予以提升到法律层面。

代中期分税制财政体制推行后,分设了负责征收中央税与共享税的国家税务局和负责征收地方税的地方税务局,前者采取垂直领导体制而后者采取由上级税务局和同级地方政府双重领导且以地方政府领导为主的体制,导致地方政府和中央政府在税收收入方面有不同的利益诉求,而且地方政府在片面追求"招商引资"的规模和地方财政收入政绩的过程中,存在着早期越权给予税收优惠或者侵占中央税收收入、后期通过财政补贴等方式变相返还税收的不当甚至违法做法,直接干预税务机关依法征税,①——这本身也是之所以推行分税制的主要原因之一。再者,大陆尚缺乏《财政收支划分法》,对中央税、共享税与地方税的税收征管权及税收收益权划分的依据仅停留在国务院的行政法规层面,且分享比例始终处于变动之中。② 因此,从防止地方政府干扰中央税收收入的角度出发,上述规定仍有其存在的必要。事实上,地方政府往往对税务行政协助的有效开展确实起到了关键的推动作用。有学者就指出:"在我国税收行政协助中,被请求机关进行协助的最主要动力是地方政府的行政介入。"③另一条则是《实施细则》第4条第2款:"地方各级人民政府应当积极支持税务系统信息化建设,并组织有关部门实现相关信息的共享。"该款实际上是《税收征管法》第5条第2款规定的具体化,而且指明了税收征管的核心问题、即涉税信息管理。因此,虽然该款规定仍然将主体定位在地方政府,但已经体现出围绕涉税信息管理的税务行政协助的意味。④

第二个层次是《税收征管法》第5条第3款:"各有关部门和单位应当支持、

---

① 参见 2016 年 9 月 13 日,四川新光硅业科技有限责任公司诉乐山高新技术产业开发区管理委员会税收行政允诺二审行政判决书(四川省乐山市中级人民法院〔2016〕川 11 行终 56 号)。

② 例如,《国务院关于实行分税制财政管理体制的决定》(国发〔1993〕85 号)、《国务院关于调整证券交易印花税中央与地方分享比例的通知》(国发〔1996〕49 号)、《国务院关于印发所得税收入分享改革方案的通知》(国发〔2001〕37 号)、《国务院关于调整证券交易印花税中央与地方分享比例的通知》(国发明电〔2015〕3 号)等。国发〔1996〕49 号文将证券交易印花税中央与地方的分享比例由之前的各 50% 调整为中央 80%、地方 20%;国发明电〔2015〕3 号文则全部调整为中央收入。国发〔2001〕37 号文规定:"2002 年所得税收入中央分享 50%,地方分享 50%;2003 年所得税收入中央分享 60%,地方分享 40%;2003 年以后年份的分享比例根据实际收入情况再行考虑。"

③ 李文:《税收行政协助的中外比较》,载《涉外税务》2004 年第 3 期,第 41 页。

④ 《实施细则》并未对税务行政协助的其他事项内容加以明确规定,而是单独对涉税信息共享问题作出规定,可见涉税信息管理的重要性;下文有关工商机关、交通管理机关对税务机关的行政协助主要就集中在涉税信息的提供方面;此次《2015 修订草案》对《税收征管法》作出的重要修订之一也就在于试图建立起全面的涉税信息管理制度,本书第四章将对此详述。

协助税务机关依法执行职务。"①可以视为是对包括税务行政协助在内的税务协助制度的统领性原则规定。②

台湾地区同样可以分为两个层次考察。就第一个层次而言,台湾地区虽然也存在"'国税'('中央税')与'直辖市税'或县市税(地方税)"③的区分,但由于其各税种在"'中央'与地方政府"之间的划分及其在各级政府之间的收益分享比例由法律层级的"财政收支划分法"④和"地方税法通则"以及符合法律保留原则的"'中央'统筹分配税款分配办法"予以明确规定,不存在类似大陆的问题,因此在其"税捐稽征法"中并未、也无须规定地方各级政府的领导与协调原则。

第二个层次,台湾地区"行政程序法"第19条第1项规定:"行政机关为发挥共同一体之行政机能,应于其权限范围内互相协助。"作为行政机关互相协助的一般原则性规定;随后在该条第2—7项分别规定了得请求协助的具体情形与书面方式、被请求机关的拒绝权与应拒绝的情形、请求机关与被请求机关之间异议的处理以及因行政协助所需费用的金额与负担方式等具体内容,从而较为全面地构建了行政协助制度的框架。因此,作为行政程序特别法的"税捐稽征法"就无须再就原则问题做出重复规定了。

二、具体行政机关的协助比较

(一)工商行政管理机关的协助比较

负责企业和个体工商户从设立到注销各类登记事项的工商行政管理机关(以下简称"工商机关")的协助,对税务机关在税源管理全程中获取纳税人的涉税信息至关重要。大陆《税收征管法》第15条第2款对此作了一般性规定:"工商行政管理机关应当将办理登记注册、核发营业执照的情况,定期向税务机关通

---

① 《2015修订草案》的对应条文为第5条第4款,并修改为:"各有关部门和单位应当支持、协助税务机关依法执行职务,及时向税务机关提供涉税信息。"结合第5条第3款的修改,可以明显看出涉税信息管理作为税务行政协助制度的核心。

② 该款规定中的"部门"应当理解为"政府部门",因此其体现的是政府所属各部门对税务机关的行政协助;"单位"由于意义指向宽泛,因此可以理解为既包括法院等司法机关的司法协助,也包括银行等金融机构等社会主体对税务机关的社会协助。

③ 这是从税收征管权主体角度所做的划分,如果从税收收益权角度,则可分为独分税、共分税与统筹分配税。参见黄茂荣:《税法总论——法学方法与现代税法》(第一册增订三版),台湾植根法学丛书编辑室2012年第3版,第42~44页。

④ 参见该法第6条、第7条、第12条,第16条之1等。

报。"①《实施细则》第 11 条第 1 款将定期通报的内容解释为包括"办理开业、变更、注销登记以及吊销营业执照的情况",并于第 2 款授权税务总局和国家工商行政管理总局(简称"工商总局")联合制定通报的具体办法。据此,二者于 2003 年 7 月 2 日联合颁布了《关于工商登记信息和税务登记信息交换与共享问题的通知》(国税发〔2003〕81 号;以下以文号简称,后同),从登记信息交换的内容、信息交换制度和机制以及组织协调工作等三个方面作了较为详细的规定。其中,工商机关向税务机关提供的信息包括设立登记、变更登记、注销登记、吊销营业执照和年检验照等五大类信息,在设立登记信息中又具体包括了营业执照注册号、企业名称(个体工商户字号)、法定代表人(负责人或个体工商户业主)、住所(经营场所)、电话、企业类型、核准日期和登记机关名称。此后,为了掌握实践中频繁出现的公司股权转让的有关涉税信息,税务总局和工商总局又于 2011 年 12 月 22 日联合颁布了《关于加强税务工商合作、实现股权转让信息共享的通知》(国税发〔2011〕126 号),规定工商机关向税务机关提供的信息为"有限责任公司已经在工商行政管理部门完成股权转让变更登记的股权转让相关信息,包括:营业执照注册号、公司名称、住所、股东姓名或者名称、股东证件类型、股东证件号码、股东出资额、出资比例、登记日期。"近来,为了配合"多证合一"登记制度改革,加强部门信息共享和联合监管,工商总局和税务总局于 2018 年 1 月 15 日联合发布了《关于加强信息共享和联合监管的通知》(工商企注字〔2018〕11 号),从扩大登记信息采集范围、协同做好涉税事项办理提醒服务、协同推进企业简易注销登记改革、建立协同监管和信息共享机制等方面对工商机关和税务机关的行政协助问题做了进一步规定,而且体现出信息双向传递共享和协同监管的明显特征,将二者间的行政协助推进了一大步,从而也成为目前税务机关与其他行政机关之间税务行政协助关系最紧密和趋向常态化的典范。

台湾地区"税捐稽征法"及其"施行细则"没有对商业登记(类似大陆的工商登记)或者税籍登记(类似大陆的税务登记)做出专门规定,而是分别规定于"商业登记法"和"营业税法""货物税条例"等税种法规则中。其中,"营业税法"第 30 条之 1 授权"财政事务主管部门"制定了"营业登记规则"。②"营业登记规则"第 2 条规定营业人在开始营业前,应向主管稽征机关申请营业登记;但是,公司、独资及合伙组织者(以下统称"营利事业")免予申请办理营业登记,而是由主管

---

① 由于《2015 修订草案》试图建立起包括工商机关等各行政机关对税务机关的行政协助制度,因此现行《税收征管法》第 15 条第 2 款在《2015 修订草案》被删除,未再单独予以规定。

② 台湾地区"商业登记法"第 21 条授权行政管理机构制定了"营利事业统一发证办法"(1969.9.9 颁布),但该办法已于 2009 年 4 月 13 日被废止;"商业登记法"第 21 条也于 2016 年 5 月 4 日修订时被删除。

稽征机关依据公司或商业登记主管机关①提供登记基本资料办理。由此,公司或商业登记主管机关负有向稽征机关提供有关商业登记资料的协助义务,否则税捐机关无法为营利事业直接办理营业登记。反之,如果营利事业在未被核准商业设立登记之前,即擅自开始营业,因符合课税要素而税捐机关对之设籍课税的,除依法免办商业登记部分者外,税捐机关应于核定设籍课税时,随即将设籍课税之税籍资料通报其所在地商业登记主管机关。② 由此,税捐机关对商业登记主管机关也有反向的通报义务。

比较而言,大陆虽有相关规定,但实践中,工商机关对税务机关的协助常态大多限于纳税人的设立登记方面,且协作效果不尽如人意。如企业注册后,工商机关即使能够将登记情况提供给税务机关,但由于工商营业执照号码与税务登记号码不统一,使得计算机管理户籍检索无法实现对接,手工核对又费时费力,效果不佳。③ 至于在变更登记和注销登记(涉及欠税和纳税人的主体资格灭失问题)等方面,还没有常态性的协助。例如注销登记,虽然《税收征管法》第16条规定,纳税人应在办理工商注销登记之前,先向税务机关申请办理税务注销登记,但实践中税务机关待纳税人已注销工商登记之后才发现其欠税的情形时有发生,由于其主体资格已灭失,欠税无从追缴。台湾地区“营业登记规则”第9条规定:“营业人解散、废止、转让或与其他营业人合并而消灭者,应自事实发生之日起15日内,填具注销登记申请书,向主管稽征机关申请注销登记。”同时,在“商业登记法”中对于商业解散登记和营业注销登记之间的先后关系并未予以规定。但是,行政实务上认为:“公司组织之营利事业在未经主管机关核准解散前向稽征机关申请税注销登记者,应通知其先向主管机关补办解散登记,经主管机关核准解散后,始可核准其注销登记。”④此外,“营业登记规则”第11条第3项还规定了营利事业发生应撤销或废止(营业)登记的法定情形时,税捐机关应先通报商业登记机关,经其办理撤销或废止登记后,才能撤销或废止其营业登记。由此可以判断,不仅税捐机关对商业登记主管机关负有通报的协助义务,而且导致营利事业主体资格灭失的商业解散、撤销或废止登记应先于营业撤销或废止登记之前为之,与大陆规定的顺序正好相反。由于台湾地区通说认为,纳税人的民事权利能力和民事行为能力的民事主体资格与其税收权利能力和税收行为能

---

① 台湾地区“公司法”第6条:“公司非在‘中央’主管机关登记后,不得成立。”“商业登记法”第2条第1项:“本法所称主管机关:在‘中央’为经济事务主管部门;在‘直辖市’为‘直辖市’政府;在县(市)为县(市)政府。”

② 参见台湾地区财政事务主管部门1986年11月29日台财税字第7519193号函。

③ 参见靳东升主编:《依法治税——税收执法环境研究》,经济科学出版社2006年版,第76页。

④ 台湾地区财政事务主管部门1984年1月25日台财税字第50569号函。

力的税收主体资格二者并行不悖,后者并不因纳税人进行了商业登记或者营业登记而取得,而是在满足课税要件时即已具备,[①]因此,公司即便在依法解散之后,[②]如仍从事满足课税要素的营利行为,则其税收主体资格仍然存续,而不至于发生因主体资格灭失导致应纳税捐无从征缴的情形。

由以上比较可以看出,两岸在工商登记与税务登记及其二者之间的关系方面共同之处在于:一是在法律当中作一般性规定,同时授权行政机关制定具体的登记规则;二是均规定了工商/商业登记机关与税务机关彼此之间的相互协助义务。不同之处在于:一是台湾地区的"营业登记规则"是由其财政事务主管部门根据"营业税法"的直接授权所制定,符合法律保留原则。而大陆的国税发〔2003〕81 号文则仅根据属于行政法规层级的《实施细则》的授权所制定,在立法授权的合法性上不无疑问;至于国税发〔2011〕126 号文所涉及的股权转让信息事宜,既不属于《税收征管法》第 15 条第 2 款所规定的"办理登记注册、核发营业执照的情况",也不属于《实施细则》第 11 条第 1 款所规定的"办理开业、变更、注销登记以及吊销营业执照的情况",因此,该号文已然超出文义解释所圈定的法解释的最大范围,在立法授权的合法性和合理性两方面均应存疑。二是两岸在工商注销登记与税务注销登记的先后顺序上正好相反,台湾地区的规定更有利于欠税的追缴。

(二)出境管理机关的协助比较

大陆《税收征管法》第 44 条规定,欠缴税款的纳税人或者其法定代表人未结清税款、滞纳金,又不提供担保的,税务机关可以通知出境管理机关阻止其出境。为此,税务总局、公安部根据《实施细则》第 74 条(原第 52 条)的授权,联合颁布的《阻止欠税人出境实施办法》(国税发〔1996〕215 号)和《国家税务总局关于认真贯彻执行阻止欠税人出境实施办法的通知》(国税发〔1996〕216 号)作了进一步的规定。《立法法》第 8 条第 5 项规定:"下列事项只能制定法律:……(五)对公民政治权利的剥夺、限制人身自由的强制措施和处罚;……"因此,对涉及限制纳税人人身权的强制措施仅由行政法规授权且仅由规范性文件以规定,本身就

---

① 参见黄茂荣:《税法总论》(第三册),台湾植根法学丛书编辑室 2008 年第 2 版,第 90、644～645 页;陈清秀:《税法总论》(修订 9 版),台湾元照出版有限公司 2016 年第 9 版,第 283 页。

② 台湾地区"公司法"第 25 条规定:"解散之公司,于清算范围内,视为尚未解散。"

显得合法性不足。①

相比而言,台湾地区的限制出境制度规定在其"税捐稽征法"第24条,不仅立法层级较高,而且内容也较确定和全面:(1)第1项和第2项分别规定了对欠税人财产的保全措施。(2)第3项首先规定了得限制出境对象的欠税金额与已确定的罚款单计或合计的标准,即个人在100万元新台币以上,营利事业在200万元新台币以上者;其在行政救济程序终结前,个人在150万元新台币以上,营利事业在300万元新台币以上。其次规定由财政事务主管部门限制出境。最后规定已提供相当担保者,应解除其限制。(3)第4项规定限制出境时,应同时以书面叙明理由并附记救济程序通知当事人,依法送达。(4)第5项规定,税捐机关未执行前述第1项、第2项所规定的有关针对欠税人的财产的保全措施的,有权主体不得限制欠税人出境。(5)第6项规定限制出境期间不得逾5年。(6)第7项规定了应解除出境限制的五种具体情形。

比较以上两岸有关规则可以看出,台湾地区从立法形式到具体内容值得大陆借鉴参考之处颇多。从各规定的形式来看,符合应以法律的形式做出限制人身权规定的议会保留原则;而且,对限制出境的实体与程序要件在法律中作明确规定,可以避免行政机关以自身制定的、稳定性较差的行政法规甚至部门规章为自己设定宽泛的裁量权。从具体内容方面看,限制出境的理由与救济程序应以书面形式送达当事人、限制出境在未对欠税人财产采取相应保全措施之前不得为之、限制出境的最长期间、解除出境限制的具体情形等规定,均为大陆限制出境制度所欠缺。对此,本书第九章还有详述。

(三)车辆或交通管理机关的协助比较

税务机关之所以需要车辆或交通管理机关(以下统称"交通管理机关")的协助,主要是为了获取有关车船、牌照的涉税信息,从而顺利实施车船税、车辆购置税或者使用牌照税等财产税的征收管理。

---

① 《实施细则》本身是由全国人大常委会在《税收征管法》第93条授权国务院制定的,国务院又在该细则中将限制出境具体办法的立法权转授给了税务总局和公安部,存在是否违反《立法法》第12条第2款(原第10条第3款)有关"被授权机关不得将被授予的权力转授给其他机关"规定的嫌疑。我们认为,根据《宪法》第89条第1项和《立法法》第65条,国务院根据宪法和法律制定行政法规系其职权立法权的范围,因此,《实施细则》系国务院行使其职权立法权的结果,不存在上述转授权的问题。参见李刚:《税制改革的含义与模式:法律解释学的分析》,载史际春主编:《经济法学评论》(第15卷),中国法制出版社2015年版,第94~95页。

这一方面的协助规则,大陆主要规定在《车船税法》第 10 条、①《车船税法实施条例》第 22 条、《车辆购置税暂行条例》第 14 条和《车辆购置税征收管理办法》第 41 条等税种法中。其具体内容,可以概括为三个方面:(1)交通管理机关与税务机关应当定期交换有关信息;(2)交通管理机关对纳税人提交的依法纳税或者免税证明的核查义务,以及纳税人未予提交时,不得办理车辆登记注册等相关手续的禁止义务;(3)在纳税人拒绝缴纳车购税时,税务机关可以通知交通管理机关暂扣纳税人的车辆牌照。

台湾地区专门以车船等交通工具为课税对象的税种仅有使用牌照税,②其所依据的"使用牌照税法"对税捐机关与交通管理机关之间在交通工具的号牌发放(第 3、12 条)、过户登记(第 12、15 条)、停止或恢复使用(第 13 条)、变更(第 14 条)和移转(第 15 条)等方面的协作配合作了较为全面的规定,其中直接涉及二者互相协助关系的规则可概括为:(1)纳税人的使用牌照得以交通管理机关核发的号牌替代,税捐机关可不再核发使用牌照;(2)必要时,地方政府可核定,委托交通管理机关代征税款及统一发照;(3)交通管理机关应当将交通工具过户等异动资料通知税捐机关;(4)经查获违法未缴税的交通工具,其所有人或使用人未预缴保证金,或无法提供相当财产担保时,税捐机关得代为保管该项交通工具号牌或行车执照。

由以上两岸比较可以看出,大陆在恪守交通管理机关与税务机关各自职权划分的前提下规定二者间的协助问题,而台湾地区则体现出两个特点:一是对二者的职权作了交叉规定,例如号牌可以替代使用牌照——即交通管理机关核发的号牌具有相当于使用牌照税完税凭证的作用,再如税捐机关可以代为保管违法交通工具的号牌或行车执照而无须请求交通管理机关协助执行。二是规定必要时,可由地方政府决定委托交通管理机关代征税款及统一发照,但实践中采行

---

① 《车船税法》第 10 条所规定的负有提供车船信息等协助义务的主体,除公安机关以外,还包括交通运输、农业、渔业等车船登记管理部门、船舶检验机构和车船税扣缴义务人的行业主管部门。

② 另外,台湾地区"特种货物及劳务税条例"规定的税目除房屋、土地与飞机、直升机、豪华家具与奢侈品等之外,也包括了销售价格或完税价格在 300 万元新台币以上的小客车和游艇。因该法条文未涉及税捐机关与其他行政机关之间的协助问题,故本书不予讨论。

这种方式的极少，[①]而且委托代征与行政协助已经是两种不同的制度范畴。[②] 对于第一个特点，在行政分权方面是否妥当，我们不敢妄予评论，但从避免不同行政机关之间协助渠道不畅以及因信息来回传递所导致的时间等行政资源的浪费，从而提高行政效率的角度看，台湾地区的做法不无可供大陆参考之处。此外，相比台湾地区仅规定交通管理机关应向税捐机关负通报信息的单向协助义务而言，大陆规定二者负有互相交换信息的双向协助义务有其更加可取之处，因为税务机关所获取的交通工具涉税信息对于交通管理机关执行职务来说也有重要的参考价值，而且以互利为基础有利于提高双方的协助积极性。

（四）税务检查时公安机关的协助比较

大陆有关税务检查的立法与实践，长期以来存在内部征管机构与稽查机构职能不清、外部与公安检察机关配合不畅的问题。[③] 就公安机关对税务机关税务检查时的协助问题而言，税收征管法并未予以规定，实践中主要依据税务总局与公安部先后于 1997 年 10 月和 2001 年 1 月联合发布的《关于严厉打击涉税犯罪的通知》和《关于深入开展打击涉税违法犯罪活动进一步整顿和规范税收秩序的通知》（国税发〔2001〕81 号）。上述两个通知主要是针对涉税犯罪问题就税务机关与公安机关之间的协作配合加以规定，其中的制度性内容可以概括为，建立二者之间的涉税案件移送制度、联席会议制度和案件线索通报机制，而且在前一个通知中虽规定二者"要本着各司其职、通力合作的原则，互相支持，互相配合"，同时又规定"公安机关……不向税务机关派驻办案机构，不建立联合办案队伍，不以各种形式介入或干预税务机关行政执法活动"，这就使仅有检查权却无搜查

---

① 2012 年 7 月 13 日，本书作者在台湾植根法律网上遍查台湾地区各地方政府根据"使用牌照税法"第 37 条授权所颁布的使用牌照税征收细则或征收自治条例，发现除以下两地外，其他均规定由本地税捐机关负责征收：（1）台东县的规定采取"稽征机关或交通管理机关"并列的方式，未明确具体何者负责；（2）"台湾省使用牌照税稽征业务实施要点"第 2 条："本省使用牌照税之稽征，除澎湖县辖内车辆由该县税捐稽征处自行处理外，其余地区均委托公路局监理业务机构代征税款及统一发照。"

② 大陆的委托代征规定于《实施细则》第 44 条和税务总局 2013 年 5 月 10 日颁发的《委托代征管理办法》（国家税务总局公告 2013 年第 24 号），虽可适用于所有税种，但必须满足"零星、分散和异地缴纳"的条件。例如，2012 年 7 月 5 日，江苏省地方税务局与江苏省地方海事局签约，委托后者代征船舶车船税。参见赵灿奇等：《江苏率先实现船舶车船税省级统一委托代征》，载《中国税务报》2012 年 7 月 16 日，第 3487 期，第 1 版。

③ 税务机关内设的征管机构与稽查机构均负有检查职能，虽有二者分工的原则性规定，但实践中仍然存在重复检查、协调缺失等问题。参见刘剑文：《走向财税法治——信念与追求》，法律出版社 2009 年版，第 299～300 页。由于该问题不属于税务机关与外部其他行政机关之间的协助问题，因此本章不予讨论。

权的税务机关在税务检查时遇到的"调查取证难"的问题更加突出。"由于没有明确的协查机制,松散型的税警配合使税收执法刚性并无实质性提高,税务稽查的手段有限,使得其职能实现受到很大制约。"①

与大陆形成鲜明对比的是,台湾地区在"税捐稽征法"和众多税种法的征收程序规则中对警察机关参与协助税捐机关的检查等行政执法活动作了明确规定,其规则的内容特点可概括为两个方面:(1)警察机关的协助范围不仅包括有涉税犯罪嫌疑案件的税务搜查,且警察介入税务搜查须以由税捐机关申请司法机关签发搜索票为程序前提,②还包括非涉税犯罪嫌疑案件的一般税务检查;③(2)不仅包括税务搜查与检查,还包括税务行政送达与处罚等其他税务行政执法活动。④ 其规则的形式特点也可概括为两个方面:一是不仅在作为基本程序法的"税捐稽征法"中规定了警察的协助,而且在具体税种法中也作了规定;二是规则的效力层级不仅包括法律,还包括部门规章,⑤从而构建了内容较为完整的警察机关协助制度规则体系。此外,在实践中,台湾地区有些地方政府还专门颁布了"财税警联合查辑违章漏税案件执行小组设置要点"⑥,规定由当地财政机关、警察机关和税捐机关负责人作为委员,并指派各自机关人员作为干事,组成联合查辑小组,协同配合查处违章漏税案件。

由此可以看出,大陆在公安机关协助税务机关的制度建设方面,从形式到内

---

① 刘剑文:《走向财税法治——信念与追求》,法律出版社 2009 年版,第 300 页。

② 如台湾地区"税捐稽征法"第 31 条、"烟酒税法"第 15 条、"货物税条例"第 27 条等作了几乎相同的规定,即税捐机关对于有涉税犯罪嫌疑的案件,应先叙明理由,申请当地司法机关签发搜索票后,会同当地警察或自治人员实施搜查。由于"税捐稽征法"第 31 条所规定的税务搜查,仅限定为有逃漏所得税与营业税犯罪嫌疑的案件,因此"烟酒税法"和"货物税条例"又专门规定了针对各自税种的税务搜查。为避免重复立法、浪费立法成本,妥适的办法是应当择机修订"税捐稽征法"第 31 条,将税务搜查所针对的税种扩大到必要的其他税种或者所有税种。

③ 如台湾地区"使用牌照税法"第 21 条规定车辆总检查应由主管稽征机关会同警察机关派员组织检查队进行;"印花税法施行细则"第 16 条规定妨害印花税之检查应由警察或自治人员协助。

④ 送达方面,如台湾地区"证券交易税条例"第 12 条第 2 项规定,稽征机关依法制发之缴款书,缴款人拒绝接收者,得寄存于送达地之警察机关,并作成送达通知书,粘贴于缴款人住居所或营业所门首,以为送达。处罚方面,如"所得税法"第 112 条第 3 项和"营业税法"第 53 条第 2 项均规定税捐机关作出的停止营业处分,应由警察机关协助执行。

⑤ 如台湾地区"各级稽征机关处理违章漏税及检举案件作业要点"第 18 条第 2 项、第 20 条第 3 项;以及"税捐稽征机关清理欠税作业要点"第 3 条第 4 项第 3 款。

⑥ 2012 年 7 月 15 日,我们在台湾植根法律网上查找到颁布了"财税警联合查辑违章漏税案件执行小组设置要点"的台湾地区地方政府包括台中市、台北县、云林县、新竹县和台东县。

容可以借鉴台湾地区之处颇多。结合大陆的实际情况,本书初步建议如下:首先,必须在较高效力级别的规范性文件、最好是《税收征管法》当中对二者的协助做出原则性的统一规定,从而可以普遍适用于各个税种的征管。在没有上位法指导性规定的前提下,仅仅依靠行政级别相等的税务总局与公安部联合发布部门规章的方式,不仅其效力层级太低,而且对二者的约束力不够。其次,在《税收征管法》规定协助原则的同时,应当再授权国务院就公安机关与税务机关的协助问题在充分征求协调二者意见的基础上制定具体的实施办法,明确协助的程序性要件,增强该办法对二者的行政约束力。最后,要根据实践中的需要,将公安机关对税务机关的协助事项范围由涉税犯罪案件扩大到税务机关的一般税务检查,乃至税收强制执行和税收行政处罚等,增强税务机关行政执法的刚性。例如,大陆的税收检查实践中,税务机关面对被检查人存有真实财务账簿凭证等涉税资料但已上锁的抽屉或者文件柜无计可施的现象时有发生。① 而台湾地区"税捐稽征机关清理欠税作业要点"第3条第4项第3款则规定:"对于易引起纠纷,须指认欠税人或须开锁进入其住所或营业场所之执行案件,应商请管区警察到场支援,并为证明,以减少纠纷。"

　　从两岸税收征管实践来看,工商机关、出入境管理机关、交通管理机关和公安机关等行政机关对税务机关的协助,构成税务行政协助的常态。除此之外,还有其他行政机关也对税务机关负有协助义务。例如在大陆,《契税暂行条例》第12条第2款规定了土地管理部门、房产管理部门应当向税务机关提供有关资料、协助征收契税;《耕地占用税暂行条例》第12条第2款规定了土地管理部门对同级地税机关的通知义务,以及凭耕地占用税完税凭证或者免税凭证和其他有关文件发放建设用地批准书;《国家税务总局、财政部、国土资源部关于进一步加强土地税收管理工作的通知》(国税发〔2008〕14号)中规定各级财税和国土资源部门在土地税收征管工作中与税务机关互相提供相关资料、信息共享、协助税务机关做好源泉控管和税款征缴工作的义务;尤其是于2018年1月1日生效实施的《环境保护税法》有关环境保护主管部门密切协助税务机关征收环境保护税将会成为税务行政协助的"新常态"。② 在台湾地区,"所得税法"第85条规定:

――――――――――――

　　① 　《2015修订草案》第92条第2款:"税务机关在调查税收违法案件时,纳税人以锁门、锁柜等方式隐藏涉税证据或者财产、物品拒绝检查的,经县以上税务局(分局)局长批准,可以强行进入纳税人生产、经营场所,或者对纳税人所持有或者控制的涉税财物、账簿凭证、资料等强行开封、开锁,实施强制检查、调取证据。税务机关实施强制检查、调取证据,应当在公安机关协助和保护下进行,公安机关应当予以协助和保护。"此外,在由现行《税收征管法》第41条修改而来的第68条中增设第2款:"税务机关采取强制执行措施时,可以提请公安机关协助,公安机关应当予以协助。"可以认为在一定程度上实现了本书此处的建议。

　　② 　参见该法第14条、第15条、第20条。

"户籍机关依法办理户籍异动登记时,应抄副本分送当地稽征机关。""房屋税条例"第 23 条规定:"房屋之新建、重建、增建或典卖移转,主管建筑机关及主办登记机关应于核准发照或登记之日,同时通知主管稽征机关。"

三、结论:大陆税务行政协助制度构建的若干建议

从本书作者所接触的数份《税收征管法》修订的意见稿并结合基层税务机关所反馈的意见来看,①税务行政协助构成此次修订案的一个重点和难点问题。前文虽然就几个主要行政机关对税务机关的协助问题在两岸之间进行了从规则内容到法理背景的比较,并在总结各自优劣所在的基础上重点对大陆有关制度规则的改进完善提出了初步建议,但仍然有必要就大陆税务行政协助制度的整体构建,从参考借鉴台湾地区有益经验的角度,进行以下三方面的讨论。

(一)法律体系的协调性与统一性及立法形式是基础

台湾地区"行政程序法"第 19 条对行政协助作了较为详细的规定,从而发挥了作为一般法在行政协助问题方面的指导性依据作用。"税捐稽征法"第 1 条规定:"税捐之稽征,依本法之规定,本法未规定者,依其他有关法律之规定。"由此确立了"税捐稽征法"作为相对"行政程序法"而言的特别法地位,因此当涉及出入境管理机关或者警察机关对税务机关的协助时,应援引"税捐稽征法"第 24 条和第 31 条的特别规定,否则就可直接依据"行政程序法"来处理其他行政机关对税捐机关的协助问题。同时,在税法体系之内,"税捐稽征法"相对于各具体税种法而言,又构成一般法与特别法的关系,因此,当涉及商业登记与营业登记之间的关系以及交通管理机关对税务机关的协助问题时,则在作为特别法的"营业税法"和"使用牌照税法"体系内来加以特别规定。从而通过这种层层递进的方式形成了从"'行政程序法'(一般法)→(特别法)'税捐稽征法'(一般法)→各税种法(特别法)"的合逻辑规则体系,而且均采用"法律"的形式。

大陆行政程序方面目前还欠缺类似台湾地区"行政程序法"的一般法,虽试图在作为税法体系内一般法的《税收征管法》中规定税务行政协助制度,但实际上力不从心或者挂一漏万。以下则以有关涉税信息管理的行政协助(简称"涉税

---

① 有关资料显示,除各级地方政府外,国税系统约需要 28 个政府部门的支持和配合,地税系统约需要 31 个政府部门的支持和配合。参见靳东升主编:《依法治税——税收执法环境研究》,经济科学出版社 2006 年版,第 3 页。

信息协助")为例加以说明。①

　　所谓"力不从心",是指虽然在《税收征管法》第5条第3款中笼统规定了"各有关部门和单位"的协助义务,但由于未予具体指明,所以实践中该条被虚化,以致目前对税务机关掌握涉税信息较为重要的行政机关,如海关、人力资源与社会保障部门、国土资源部门(尤其"不动产登记局")、外汇管理部门、国有资产管理部门等等是否负有税务行政协助义务处于不确定状态,即便依上述条款应认定负有协助义务,但负有何种协助义务以及如何履行也是一片空白,此其一。其二,虽然在《税收征管法》中明确规定了工商机关的协助义务,且以部门规章的形式规定了具体操作办法,但由于一是部门规章的效力层级太低、约束力不强,二是欠缺罚则,同样难以真正发挥实效。实践中有时还需经由当地税务机关与工商机

---

　　① 有行政法学者认为,行政机关之间的信息共享行为不是行政协助,因为提供信息机关的行为并不发生在接受信息的行政主体作出特定行为时(持相同观点者参见朱丘祥:《从行政分权到法律分权》,中国政法大学出版社2013年版,第143页),且提供信息机关所提供的信息,可能对接受机关有用,也可能无用,并不必然发生特定的行政法后果。但该学者同时又以行政协助行为的内容为标准将行政协助分为条件保障型、信息提供型和资源共享型三类;其中信息提供型协助是指,请求机关作出某种行政行为时,缺乏作出该行为应当具备的背景资料、事实证据等,需要其他拥有相关资料、证据或有条件搜集相关信息的行政机关提供帮助。参见王麟:《行政协助论纲》,载《法商研究》2006年第1期,第45、47页。我们认为,该学者之所以将信息共享行为排除在行政协助范畴之外,而将信息提供行为作为行政协助的种类之一,其标准应该在于信息需求机关是否主动提出信息请求;这也是绝大多数行政法学者界定行政协助概念的要素之一,即"行政协助请求的提出,是行政协助启动的标志。"(周春华:《行政协助基本问题研略》,载《法治研究》2007年第7期,第26页。)但是从税收征管中涉税信息管理的实践来看,税务机关未主动提出请求的信息共享行为与主动请求的信息提供行为都是税务机关获取涉税信息的重要方式(以下统称"涉税信息协助方式"),前者更是构成日常税收征管必不可少的内容。而且,往往正是在对其他行政机关主动提供的一般涉税信息的初步分析评估中,有时才能发现疑点,进而主动要求其他行政机关提供进一步详细的信息。这两种涉税信息协助方式之间的关系其实就如同国际税收情报交换方式中的应请求的情报交换(exchange of information on request)与自动情报交换(automatic exchange of information)之间的关系一样,前者是国际税收情报交换实践中最常见的方式,但后者呈现出快速发展的趋势。(参见付慧姝:《税收情报交换制度法律问题研究》,群众出版社2012年版,第10～20页。)在税收征管实践中,涉税信息共享方式是以涉税信息为内容的税务行政协助的日常方式,涉税信息提供方式则是进阶方式。

关另外签订合作协议的方式，①或者由地方政府规章来加以规定，②甚至要依靠税务机关请客送礼等所谓"联络感情"的民间方式才能从工商机关处获得有效信息。③

---

① 2012 年 4 月，上海市国税局、地税局与工商局举行仪式，共同签署《上海工商和税务部门政府信息共享协议》（以下简称《上海政府信息共享协议》），双方将进一步深化完善企业设立并联审批、法人信息共享与运用系统建设过程中建立的协作配合机制，通过政务外网定期传输共享信息。参见苏俊、朱维忠、刘进：《上海税务、工商机关实现信息共享》，载《中国税务报》2012 年 4 月 18 日，第 3451 期，第 1 版。行政协助的分类中，有一种是以发生的前提或依据为标准，将行政协助分为法定协助与任意协助（自由协助），后者是指在法定协助情形之外、立法规定的一些鼓励行政机关寻求行政协助的情形。（参见王麟：《行政协助论纲》，载《法商研究》2006 年第 1 期，第 47 页。）我们认为，《上海政府信息共享协议》虽突破了《税收征管法》所规定的限于在工商登记方面的信息共享行政协助范围，而具有了以行政合同的方式开展任意协助的意味，但并不属于任意协助的范畴。因为，任意协助应当是与法定协助相区隔的一种协助类别，即二者之间是并列、互不交叉或者涵盖的关系。但《上海政府信息共享协议》所约定的交换信息的范围包括了工商机关依法应向税务机关提供的工商登记方面的信息，从而将"法定"的协助义务通过"协议"的方式变成了一种"约定"的协助义务，弱化了协助义务的"法定性"；此其一。其二，如在全国各地推广会额外增加各地税务机关与工商机关谈签协议的征管成本。有学者就指出，"我国税收行政协助中与税务机关联合颁布协议性文件的行政机关在很大程度上是迫于政府的行政压力，自愿性较差……因此，我国税收行政协助实践中的行政合同实际上早已超越了具体规定的范畴，进入了本应由法律规范的一般性领域，事实上充当了法律的延伸。……发端于法律不健全的这种税收行政协助的泛合同化大大提高了税收行政协助的交易成本，降低了效率。"（李文：《税收行政协助的中外比较》，载《涉外税务》2004 年第 3 期，第 41 页。）因此，上海的这一做法可以认为是地方税务机关在现有法律制度框架下不得已而为之的"创新式"举措，但并不值得全面推广效仿。类似的例子还有 2016 年 4 月 8 日，《民政部、国家税务总局关于加强民政部门与税务部门合作开展婚姻登记信息共享工作的通知》（民函〔2016〕107 号），这应该是为了给个人所得税向混合所得税税制转变且采夫妻联合申报制而创造必要的涉税信息基础条件。

② 有新闻报道，为了消除其他经济管理部门对信息交换中的泄密担心，让税务机关顺利获得高收入者的涉税信息，江苏省南通市地方税务局专门出台了《高收入者个人所得税直接管理涉税信息保密规定》；在这一规定的支持下，南通市地税局与房管局、车管所、公安局、出入境管理局、工商局、外汇管理局等部门密切配合，获取了包括高收入者的房屋产权、汽车号牌、投资企业和金额、股权变动等涉税信息，基本掌握了纳入个人所得税直接管理的 5 万多名高收入者的身份信息、财产信息、投资信息、收入信息、大额资产交易信息等情况。2012 年，南通市高收入者申报缴纳个人所得税 28.68 亿元，占全市个人所得税收入的 58.89%，同比增长 20%。参见刘云昌、施忠华、张晶、傅海虹：《个税直管试水，高收入者更须警惕纳税风险》，载《中国税务报》2013 年 7 月 15 日，第 B1 版。

③ 这一现象不仅仅出现在税务行政协助方面，而是普遍存在于整个行政协助领域。有学者就指出："在实践中，行政主体之间的行政协助关系基本上是靠两个主体之间的感情来维系，关系好的往往给以协助，关系一般的给一定的利益作为回报，有些还要看被请求机关的脸色……"李延、练琪：《论建立我国行政协助制度的困难和意义》，载《太原师范学院学报（社会科学版）》2006 年第 1 期，第 63 页；并参见黄学贤、吴志红：《行政协助分类研究初探》，载《江苏社会科学》2009 年第 1 期，第 134 页；以及黄学贤、吴志红：《行政协助程序研究》，载《行政法学研究》2009 年第 4 期，第 31 页。

所谓"挂一漏万",是指即使在《税收征管法》中采取列举的方式逐一列出应负协助义务的各具体行政机关,但仍然难以面面俱到。本书作者曾经接触到的两份意见稿中,前一份在专设的"税收协助"一节中,就质量技术监督、建设、价格、统计、国土、房产、水利、交通、科技、知识产权、外经贸、民政、教育、卫生、国有资产、信息产业、文化、体育、社会保险、公积金、劳动和社会保障、人民银行和公安机关等各个行政机关各自单独制定了一个相应的协助义务条款,条文数多达23条;后一份则在"涉税信息管理"一节中用一个条款作列举式规定:"工商、人民银行、公安、国土、房产、知识产权、质量技术监督、价格、统计、交通、信息产业、民政、劳动和社会保障、文化、体育、国有资产等各级政府有关部门和单位应当按照税务机关规定的内容、格式、时限等要求提供本单位掌握的涉税信息。"姑且不论两份意见稿相比,后者就比前者少列举了七个行政机关,按照其立法思路,是否意味着未列举的行政机关就无协助义务了呢? 而且,两份意见稿中都未提及海关,但事实上海关对税务机关就进出口货物课征国内流转环节的商品税以及出口退税等征管事项负有极为重要的协助义务。更何况,政府机构一旦改革,或者新增管理部门,或者原有管理部门被撤并,上述列举规定的方式岂非又要修订?

其实,大陆的上述规定与做法并非完全不可取,只是与台湾地区相比,一是在形式上缺乏效力等级较高的"法律"的统一规定;二是在内容体系上不同规定之间未建立起由一般法到特别法的内在逻辑关系。对此,考虑到《行政程序法》暂时难以出台而《税收征管法》修订在即的实际情况和大陆历来的立法传统,本书对大陆税务行政协助制度体系构建的立法形式与逻辑体系建议如下:一是在《税收征管法》修订时就其他行政机关对税务机关的协助做出明确的一般性规定,作为税法体系内税务行政协助制度的指导性原则。必须说明的是,此处所谓"一般性规定",并非仅是类似现行《税收征管法》第5条第3款的笼统规定,而是应参照台湾地区"行政程序法"第19条,对税务行政协助的原则、协助的具体情形与方式以及异议的处理与费用承担等问题均加以规定。二是在《税收征管法》修订时授权国务院根据《税收征管法》的一般规定,在《实施细则》中制定税务行政协助的具体实施规则或者单独制定《税务行政协助实施条例》,来统领规范国务院所属各行政机关对税务机关的行政协助。三是基于某些税种、例如车船税、环境保护税和契税等的特殊性,确实需要对税务机关与特定行政机关就双方的协助问题进行特别规定的,可以有两种选择:一种是规定在国务院颁布的行政法规层级的具体税种法条例中,另一种则是由国务院在其制定的行政法规层级的《实施细则》或者《税务行政协助实施条例》中明确授权税务总局与特定行政机关联合发布有关二者协助问题的部门规章;后者可能更符合大陆的行政立法习惯。通过以上逐层递进的修法或立法方案,在解决授权合法性问题的基础上,建立起从效力形式上表现为由法律到行政法规再到部门规章,在适用关系上表现为一般法与特别法的具有内在逻辑的税务行政协助制度规则体系。

继《2013 修订案》之后,《2015 修订草案》对现行《税收征管法》有关涉税信息管理规则的修订则更进一步,试图建立起较为全面的涉税信息管理规则体系,例如新增纳税人识别号制度(第 8 条,第 18 条第 1、4 款,第 21 条第 3 款,第 22 条,第 31 条)。从广义的税务协助的角度出发,《2015 修订草案》的有关修订可以概括为如下五个方面:(1)从地方政府的领导与协调原则方面而言,进一步强化了涉税信息管理的重要地位。例如将现行《税收征管法》第 5 条第 2 款改为第 3 款,并将最后的"依照法定税率计算税额,依法征收税款"改为"建立、健全涉税信息提供机制";同时将第 5 条第 3 款改为第 4 款,并在最后新增"及时向税务机关提供涉税信息"的表述。(2)专设的"信息披露"一章更是明确了涉税信息管理作为税务协助的核心地位。该章中,除新增规定纳税人应当主动提供涉税信息的协力义务(第 30、31、34 条)以及社会协助主体(如第 32 条有关银行等金融机构和第 33 条有关网络交易平台)应当主动提供涉税信息的协助义务外,在第 35 条规定了:"政府有关部门和机构应当向财政、税务机关提供本单位掌握的市场主体资格、人口身份、专业资质、收入、财产、支出等与征税有关的信息,具体办法由国务院另行规定。"(3)在司法协助方面,新增税务机关提请法院执行的规定(第 64 条第 4 款)。(4)在具体的税务行政协助方面,新增了多处公安机关的协助义务规定(第 68 条第 2 款有关强制执行时的协助,第 71 条第 2 款有关限制出境时的协助,第 92 条第 2 款有关税务检查时的协助)和有关登记部门的协助义务规定(第 72 条和第 74 条)。(5)新增了对未履行协助义务的主体予以罚款的规定(第 111 条)。

《2015 修订草案》的上述新规,不仅有在涉税信息管理方面的税务协助的一般性规定,还有分别针对不同对象的行政协助、司法协助和社会协助的具体规定,同时新增了协助主体的法律责任规定,相比现行《税收征管法》而言,无疑是较大的进步。但从税务行政协助的角度观察,仍然有所不足。以涉税信息管理作为税务行政协助的核心地位固然是从税收征管角度配合当前税制改革的重大举措所做出的呼应,但同时却忽略了对税务行政协助的一般性规定。如前述《2015 修订草案》的第 5 条第 3、4 款和第 35 条尚难担当起规范税务行政协助一般性规定的重任,这就意味着在除涉税信息管理以外的其他事项方面,还是必须针对各个不同的行政机关相应规定其协助义务来实现,难免仍有"挂一漏万"之虞。因此,《2015 修订草案》采取的依旧是(税务)行政机关主导立法、"头痛医头、脚痛医脚"的传统修订模式,缺乏对整体构建税务行政协助制度的全局视角和前瞻眼光。

(二)行政一体化理念的指导与"互利对等"原则的贯彻是关键

行政协助制度的产生是行政分权与行政一体化原则辩证统一的结果：由于行政分权产生了行政协助的需求，由于行政一体化导致了行政协助产生的必然性。[①] 行政机关本为一体，"就组织构造及运作而言，行政在本质上具有整体性，于运作过程中，应当重视团队精神。盖行政代表国家追求公共利益，形成社会生活，行政机关各项举措皆是代表国家，故各机关及单位之间应力求相互配合，始能圆满达成行政任务。"[②]只是因应时代发展、社会管理事项日益繁多复杂，从提高行政效率与专业化服务水平角度才有了各职能部门的划分，有如人之四肢，须依大脑所发出指令(即宪法和法律)协同运作，才能行动自如，因此互相协作配合乃行政机关一体化的题中应有之义。但我国行政机关长期以来未确立行政一体化理念，各自为政，导致行政协助法制化程度低、实践效果较差。[③] 行政协助制度的首要作用就在于解决科层制公共行政结构与行政一体化之间的矛盾，[④]因此，在继续坚持行政分权原则的基础上，行政机关应当逐步接受和普遍认同行政一体化的理念，以此作为推进行政协助制度建立的指导。反观大陆法系的部分国家，不仅将行政协助作为一种行政行为在行政程序法中予以规定，更将其作为一项原则予以规定，例如《德国行政程序法》第 4 条第 1 款、《西班牙公共行政机关法律制度及共同的行政程序法》第 3 条第 2 款和《瑞典行政程序法》第 6 条，均将行政协助作为所有行政机关原则上都应当遵守的处理其相互之间关系的基本的行政法制度。[⑤] 我国《行政程序法(试拟稿)》第 14 条第 1 款也规定："行政机关之间应当根据行政的整体性、统一性，相互提供协助，共同完成行政管理任务。"[⑥]台湾地区"行政程序法"第 19 条第 1 项则规定："行政机关为发挥共同一体之行政机能，应于其权限范围内互相协助。"

在行政一体化理念指导下，还应将"互利对等"原则贯彻到对税务行政协助制度具体规则的设计过程中，即注重由其他行政机关对税务机关的单向式协助向二者双向式的互助转变，消除其他行政机关对税务机关单向负协助义务的抵

---

① 参见余湘青：《警察行政协助的困境与出路》，载《行政法学研究》2008 年第 2 期，第 73 页。

② 翁岳生编：《行政法》(上册)，中国法制出版社 2002 年版，第 20 页。

③ 参见李文：《税收行政协助的中外比较》，载《涉外税务》2004 年第 3 期，第 41 页。

④ 参见王麟：《行政协助论纲》，载《法商研究》2006 年第 1 期，第 47～48 页。

⑤ 参见王麟：《比较行政协助制度研究》，载《法律科学》2005 年第 5 期，第 77 页；以及黄学贤、吴志红：《行政协助程序研究》，载《行政法学研究》2009 年第 4 期，第 29～30 页。

⑥ 黄学贤、周春华：《行政协助概念评析与重塑》，载《法治论丛》2007 年第 3 期，第 81 页。

触性,从而在互利对等的基础上提高双方互助的积极性。例如,大陆就比较注重规定在工商机关、交通管理机关对税务机关协助的同时,税务机关亦有向前二者提供有利于其履行自身职责的有关信息的协助义务;再如,《环境保护税法》第15条①及《环境保护税法实施条例》第14—16条也就税务机关与环境保护主管部门之间的涉税信息共享做出了原则性规定。相比台湾地区并未规定税捐机关向交通管理机关通报信息的反向协助义务而言,大陆的规定更具合理性。

此外,大陆2015年开始推行"三证合一"改革、2016年进阶到"五证合一"改革不仅减轻了纳税人等市场主体的负担,而且解决了长期以来各行政部门在登记方面各自为政、信息不畅的痼疾;2016年9月5日,国务院颁发《关于印发政务信息资源共享管理暂行办法的通知》(国发〔2016〕51号),更是体现了国务院从"行政一体化"角度推进政务信息资源共享的战略高度。

(三)行政协助的费用负担与法律责任是保障

在设计税务行政协助制度的具体规则时,不仅需要从实体和程序两个方面作全方位考虑,避免"重实体、轻程序"的现象发生,而且要妥善解决其中的协助费用与法律责任两个对行政协助制度起着重要保障作用的问题:前者主要解决被请求机关的顾虑,理顺请求机关与被请求机关之间的经济关系;后者则决定了税务行政协助制度能否真正有效运作。当然,这两个问题其实属于行政程序法层面上应予规定的内容,在税务行政协助规则体系内无法单独解决。

1.税务行政协助的费用负担

大陆有关税务行政协助费用的规定,主要有三个。一个是体现在国税发〔2003〕81号文所称:"工商行政管理机关和税务机关互相交换信息,不得以任何名义向对方收取费用。"虽然我们难以掌握实践中因双方互相交换信息而对其各自所增加的额外费用的具体数据,但上述不考虑实际情况、近乎武断的规定显然会构成双方开展协助的障碍,更无法推而广之,应当在设计税务行政协助费用承担规则时重新予以考虑。

另外两个是《国家税务总局、财政部、建设部关于加强房地产税收管理的通知》(国税发〔2005〕89号)和《国家税务总局、财政部、国土资源部关于加强土地税收管理的通知》(国税发〔2005〕111号),分别规定,对于国土资源管理部门配

---

① 《环境保护税法》第15条:"(第1款)环境保护主管部门和税务机关应当建立涉税信息共享平台和工作配合机制。(第2款)环境保护主管部门应当将排污单位的排污许可、污染物排放数据、环境违法和受行政处罚情况等环境保护相关信息,定期交送税务机关。(第3款)税务机关应当将纳税人的纳税申报、税款入库、减免税额、欠缴税款以及风险疑点等环境保护税涉税信息,定期交送环境保护主管部门。"

合土地税收管理增加的支出、房地产管理部门配合税收管理增加的支出,地方财政部门应给予必要的经费支持。并授权各地方的税务、财政部门和国土资源管理部门、房地产管理部门可以结合本地情况,共同协商研究制定贯彻落实上述两个通知的具体办法,并抄报税务总局、财政部和国土资源部。其中,《福建省财政厅、省地方税务局、省国土资源厅转发国家税务总局、财政部、国土资源部〈关于加强土地税收管理的通知〉的通知》规定:"对税务、财政机关为征税所取得的信息,国土资源部门不得收取任何费用。但对于国土资源部门配合土地税收管理增加的支出,各级财政部门应给予必要的经费支持。"《哈尔滨市人民政府批转市地税局等 4 部门关于明确哈尔滨市耕地占用税和契税征收方式等有关问题意见的通知》(哈政综〔2012〕14 号)规定:"市财政局按照国家税务总局、财政部、住建部关于加强房地产税收管理有关文件要求,给予住房保障和房产管理、国土资源部门必要的协助税收征管工作经费,纳入部门预算管理。"虽然由财政部门负责解决协助主体由于协助税务机关而产生的费用的合理性值得进一步探讨,但与前述国税发〔2003〕81 号文完全不予考虑的做法相比,起码已经是对协助费用问题予以了正视。

关于行政协助费用的负担模式,目前世界上主要有两种模式:[①]一种是德国模式,即一定金额内由被请求机关支付,超过部分可要求请求机关偿还;如《德国行政程序法》(1976 年)第 8 条规定:"(1)请求协助机关不需要向被请求机关支付行政规费。如具体个案的垫款超过 50 马克,可要求请求协助机关偿还。相互间提供职务协助的,无须偿还垫款。(2)被请求机关为实现职务协助所为的需支付费用的公务,有权得到第三人所欠的费用(行政规费、使用费和垫款)。"另一种是日韩模式,也包括我国台湾地区,由请求机关支付协助费用;如台湾地区"行政程序法"第 19 条第 7 项规定:"被请求机关得向请求协助机关要求负担行政协助所需费用。其负担金额及支付方式,由请求协助机关及被请求机关以协议定之;协议不成时,由其共同上级机关定之。"我国《行政程序法(试拟稿)》第 15 条采取的是日韩模式。[②] 虽然有学者主张日韩模式比德国模式更适合我国的实际情

---

①　参见黄学贤、吴志红:《行政协助程序研究》,载《行政法学研究》2009 年第 4 期,第 34 页。

②　还有学者分为三种模式:行政协助的请求主体负担模式(韩国、我国台湾地区)、行政协助的被请求主体负担模式(德国之原则规定)、行政协助的请求主体和被请求主体都负担模式(德国之例外规定)。参见周春华:《行政协助基本问题研略》,载《法治研究》2007 年第 7 期,第 25 页。

况,①但大多数行政法学者都认为应当区分行政协助的类型来确定费用负担模式;②在法定行政协助情形下,由于协助情形、协助机关、协助手段等都有一定的可预见性,因此其费用负担可以采取德国模式,即无须由请求机关支付协助费用,而由被请求机关自行负担已列入财政预算内的协助费用;在任意协助(自由协助)情形下,由于此种协助具有临时性和不可预见性,被请求机关并没有实施协助所需的预算费用,同时也是为了鼓励被请求机关提供协助,因此其费用负担应采取日韩模式。

我们较为赞同上述多数行政法学者的见解,并运用到税务行政协助领域加以进一步说明。以协助涉及的主要内容为标准,税务行政协助可以分为涉税信息协助、税收征收保障协助和税务检查协助三大类:

(1)涉税信息协助又可分为涉税信息共享协助与涉税信息提供协助两种,前者是指无须税务机关主动提出特定的请求,而由其他行政机关依法主动将所掌握的涉税信息提供给税务机关,例如前文所述工商机关将有关工商登记的信息、交通管理机关将有关车辆注册的信息提供给税务机关;后者是指需由税务机关主动提出法定协助范围之外的信息请求,其他行政机关应请求向税务机关提供特定的涉税信息。从这两种涉税信息协助所针对的内容对象来看,涉税信息共享协助适宜确定为法定协助,其费用由被请求机关自负,涉税信息提供协助则应规划为任意协助,其费用由税务机关承担。但国发〔2016〕51号文第5条有关政务信息资源共享原则的第2项原则为"需求导向,无偿使用",即"因履行职责需要使用共享信息的部门(以下简称使用部门)提出明确的共享需求和信息使用用途,共享信息的产生和提供部门(以下统称提供部门)应及时响应并无偿提供共享服务。"同时,第21条第4款规定:"政务信息资源共享相关项目建设资金纳入政府固定资产投资,政务信息资源共享相关工作经费纳入部门财政预算,并给予优先安排。"我们认为,使用部门无偿获取、提供部门自付其费的"无偿使用"原则作为信息共享的一般原则符合我国实际情况,但应当允许存在例外。国发〔2016〕51号文所规范的政务信息主要是针对各政务部门(包括政府部门及法律法规授权具有行政职能的事业单位和社会组织)依其职权在日常管理中已收集到的信息,如果是虽在提供部门职责权限之内、但却不在日常管理收集信息范围之列且需专门调查才能获取的信息,若无使用部门的申请,提供部门亦不会启动

---

① 参见王麟:《比较行政协助制度研究》,载《法律科学》2005年第5期,第81页。

② 参见王麟:《行政协助论纲》,载《法商研究》2006年第1期,第49页;周春华:《行政协助基本问题续略》,载《法治研究》2007年第7期,第25页;黄学贤、吴志红:《行政协助分类研究初探》,载《江苏社会科学》2009年第1期,第137页;黄学贤、吴志红:《行政协助程序研究》,载《行政法学研究》2009年第4期,第34页。

专门调查程序,这一类信息也采取无偿原则的话,恐怕会导致信息提供的障碍。

(2)税收征收保障协助由于涉及的保障措施较多,[①]可以根据具体的保障措施及相应的协助行为分别规划为法定协助与任意协助,从而确定其费用负担方式。例如前文所提及的出境管理机关协助税务机关限制欠税人出境制度,就可确定为法定协助,由出境管理机关自负协助费用。

(3)税务检查协助由于其临时性较强、被检查对象不像工商登记或车辆注册那样容易特定化,所以当需要其他行政机关,尤其是公安机关协助时,应当确定为任意协助,由税务机关承担协助费用。

2.税务行政协助的法律责任

行政协助的法律责任问题包括责任承担主体、归责原则、承担情形和承担方式等方面,由于涉及请求主体、被请求主体、行政相对人三方主体及其相互之间关系,所以显得尤其复杂,[②]不仅包括协助机关应予协助但未予协助造成行政任务目的落空时应否以及如何承担法律责任的问题,还包括因请求机关的执法行为(主行为)与协助机关的协助行为(从行为)二者之一不当导致另一错误等情形造成行政相对人的损害时应如何承担与分配法律责任的问题。例如,就前者而言,国税发〔2003〕81号文规定工商机关与税务机关未依规交换信息的,应由上级机关责令限期改正并依《国家公务员管理条例》[③]追究主管领导和直接责任人员的行政责任。如果依法应予行政协助本属行政机关的职责之一,则上述规定还能发挥指引作用;但遍查《公务员法》(以及其所取代的《国家公务员暂行条例》),其中并未对行政协助问题做出任何规定,更遑论法律责任了,因此上述规定仅具有宣言意义而无实际效用。

国发〔2016〕51号文第21条第1款、第2款规定了国家发展改革委、财政部、国家网信办分工负责,对政务部门落实政务信息资源共享要求和网络安全要求的情况进行联合考核,凡不符合政务信息资源共享要求的,不予审批建设项目,不予安排运维经费。第24条又规定了国务院各部门、各省级人民政府违反该号文规定由国家发改委通知整改的具体情形,并规定未在规定时限内完成整改的,国家发改委要及时将有关情况上报国务院。上述规定可以看作是在政府

---

① 税收征收保障措施根据涉及的公私法因素可以分为两大类:一类是公私混合法属性的保障措施,包括税收优先权、纳税担保、税收代位权和税收撤销权;另一类是公法属性的保障措施,包括欠税公告、限制出境、税收保全和税收强制执行。其中,第一类可能发生的行政协助情形较少、社会协助或司法协助较多,第二类则可能发生的行政协助、社会协助和司法协助均较多。

② 参见周春华:《行政协助基本问题研略》,载《法治研究》2007年第7期,第28～29页。

③ 此处所称《国家公务员管理条例》应为《国家公务员暂行条例》的笔误,后者已于2006年1月1日被《中华人民共和国公务员法》所废止。

信息资源共享建设的过程中对政务部门未履行信息资源建设和提供义务的政治责任方面的规定。至于在税务协助领域,《2015修订草案》第111条规定:"负有提供涉税信息协助义务和其他协助义务的纳税人、扣缴义务人以及其他有关单位和个人未按照本法规定履行提供涉税信息和其他协助义务的,经税务机关责令限期改正逾期仍不改正的,由税务机关对其处2000元以上1万元以下的罚款;造成国家税款重大损失的,处10万元以下的罚款。"姑且无论纳税人、扣缴义务人本身即负有的提供涉税信息的协力义务与该条中所称"协助义务"如何区分,该条中的"其他有关单位和个人"似乎包括了除税收法律关系一方当事人以外的其他所有第三人,即负有协助义务的行政机关、司法机关和社会主体。结合该草案新增的多处有关公安机关的协助义务规定,我们很难想象在大陆现实的行政机关体制下,当公安机关未履行其税务行政协助义务时,由税务机关"责令"其限期改正、甚至处以罚款。比较而言,该条规定可能不如上述国发〔2016〕51号文第21、24条规定的责任方式更有实益。

再看台湾地区,无论是在作为一般法的"行政程序法"还是作为特别法的"税捐稽征法"中,[①]对行政协助的法律责任问题干脆未着片墨。仅有其"遗产及赠与税法"第52条规定:"违反第42条之规定,于办理有关遗产或赠与财产之产权移转登记时,未通知当事人缴验遗产税或赠与税缴清证明书,或核定免税证明书,或不计入遗产总额证明书,或同意移转证明书等之副本,即予受理者,其属民营事业,处15000元新台币以下之罚锾;其属政府机关及公有公营事业,由主管机关对主办及直接主管人员从严议处。"有学者就指出台湾地区"行政程序法"对行政协助的法律责任承担问题未予规定,从而具有进一步完善的空间。[②]还有学者指出,德国对于被请求机关不予协助的行为未规定明确的责任形式,特别是没有规定被请求机关应当对请求机关所实施行为的行政相对人负担法律责

---

① 台湾地区"税捐稽征法"第46条:"(第1项)拒绝税捐稽征机关或财政事务主管部门赋税事务主管机关指定之调查人员调查,或拒不提示有关课税资料、文件者,处新台币3000元新台币以上30000元新台币以下罚锾。(第2项)纳税义务人经税捐稽征机关或财政事务主管部门赋税事务主管机关指定之调查人员通知到达备询,纳税义务人本人或受委任之合法代理人,如无正当理由而拒不到达询者,处3000元新台币以下罚锾。"两项规定显有不同之处在于,第2项指明了违法行为主体为纳税人本人或其代理人,而第1项则欠缺对违法行为主体的明确描述,从文义解释的角度来看,应当包括所有依法负有接受调查义务或提示有关资料义务之人。但其中是否也包括其他行政机关,从而税捐机关得以据此处罚则不无疑问。

② 参见黄学贤:《台湾地区行政程序中的协力行为》,载《台湾法研究》2006年第3期,第46页;以及黄学贤:《行政程序中的协力行为研究——基于两岸理论与实践的比较》,载《苏州大学学报(哲学社会科学版)》2006年第5期,第28页。

任。① 不过,也有学者指出,其他国家对行政协助法律责任不进行规定并不意味着缺失这部分内容,而是因为这些国家已有较为完备的行政程序法和行政救济法,因此只需将行政协助的内容与相关责任内容接轨即可,而无须单独进行规定。②

借助行政法学界关于行政协助分类方面的研究成果,我们拟对税务行政协助作一具体探讨。有学者以被请求主体提供的协助行为与请求主体原行政行为所针对的行政相对人是否会发生外部行政法律关系为标准,将行政协助分为外部协助与内部协助两类:前者中提供协助的行政主体会直接与原行政行为的行政相对人发生行政法律关系;后者中协助主体只与请求主体发生内部行政法律关系。诚如该学者所称,上述外部协助与内部协助划分的最重要意义在于这两种协助引起的行政法律关系不同,请求主体和被请求主体所要承担的行政法律责任也有所不同;③这一意义在具体的税务行政协助种类中也同样成立。例如前述有关税务行政协助从内容方面所划分的三大类中:(1)涉税信息协助应当主要属于内部协助,协助主体只是向税务机关提供涉税信息,如工商机关提供工商登记信息、交通管理机关提供车辆注册信息等,并不参与到税务机关对行政相对人所采取的具体行政行为中,哪怕这一具体行政行为是税务机关依据通过协助途径所获得的信息决定做出的,因此,协助主体只对其提供的信息协助行为承担内部行政法律责任,如因工商机关拒绝提供有关纳税人工商登记信息而导致税务机关无从知晓纳税人的存在、亦无从课税,或者如交通管理机关提供的车辆注册信息有误而使税务机关误对已缴纳车辆购置税的纳税人再次课税并加收滞纳金等,此时应由协助主体对税务机关承担相应的行政责任;至于对纳税人来说,则仍由税务机关承担外部行政责任。(2)税收征收保障协助则由于保障措施种类较多而较为复杂,但主要应当是外部协助。例如限制出境,虽然出境管理机关直接针对欠税人实施限制其出境的措施,但这一措施完全系基于税务机关的通知所做出,因此尽管从形式上看,税务机关和出境管理机关共同完成了限制出境这一具体行政行为,均与欠税人发生了外部的行政法律关系,但从实质上看,应当由税务机关就限制出境行为对欠税人承担外部行政法律责任。在台湾地区,有学者就指出:"……有关欠税人之出境限制……就事件本质而言,纳税义务人是否欠税,有无符合税法所定限制出境之要件,涉及财税主管机关之专业知识,

---

① 参见王麟:《比较行政协助制度研究》,载《法律科学》2005 年第 5 期,第 80 页。

② 参见黄学贤、吴志红:《行政协助程序研究》,载《行政法学研究》2009 年第 4 期,第 35 页。

③ 参见黄学贤、吴志红:《行政协助分类研究初探》,载《江苏社会科学》2009 年第 1 期,第 137 页;黄学贤、吴志红:《行政协助程序研究》,载《行政法学研究》2009 年第 4 期,第 35 页。

并非入出境及移民事务主管机关所能了解,因此,以财政事务主管部门作为限制出境之处分机关,并由财政事务主管部门于行政救济程序中作为被告进行答辩,也符合专业分工之理念。"①(3)税务检查协助同样由于涉及范围较广,既包括内部协助,又包括外部协助。就前文所述在税务检查过程中公安机关的协助来说,应属于外部协助;在这种情形下,税务机关与公安机关均与行政相对人发生了外部行政法律关系,应当对其负连带责任。

---

① 陈清秀:《税法总论》(修订 9 版),台湾元照出版有限公司 2016 年第 9 版,第 621 页。

第四章

海峡两岸涉税信息共享法律制度比较①

——税务管理制度比较之三

现代社会实行信息共享的原动力是什么？欧洲的《布加勒斯特宣言》②认为：“信息交流和共享是实现一个顺畅和透明的决策过程的基础条件，也是任何民主制度的先决前提。未来的信息社会是以广泛传播和分享信息、各利益相关方（包括政府、私营部门和民间团体）的真诚参与为基础。”在作为现代国家赖以生存的血液的税收征管过程中，随着信息技术突飞猛进的发展，涉税信息的共享成为核心内容。涉税信息共享，主要是指税务机关内部以及税务机关同其他行政机关、司法机关和社会主体等共享涉税信息。在当前税制改革由间接税为中心向“双主体”税制模式转变背景下，尤其是开征房地产税以及个人所得税由分类税制向综合与分类相结合的混合税制转变的过程中，构建新型的涉税信息共享制度显得尤为重要：一方面纳税人数量增长较快，组织形式、运作方式日趋多元化、复杂化，还存在跨地区、跨行业等复杂因素，税源显著扩大但隐蔽性却日益增强；另一方面，税种较多，税源零星分散，大量的涉税信息掌握在其他行政机关

---

① 本章原稿为汪雯：《海峡两岸涉税信息共享制度比较研究——兼论〈税收征收管理法〉的修订》，厦门大学法学院 2016 年法律硕士学位论文。收入本书时，由李刚做了全面修改，其中第一节、第二节第二部分修改较多，第三节内容重新作了整合。

② 该宣言是 2002 年 11 月 9 日在为筹备信息社会世界高峰会议而召开的布加勒斯特泛欧大会上发表的，标题为“迈向信息社会：原则、战略和优先行动”，代表了国际上具有典型意义的当代信息共享的指导思想。它是联合国欧洲经济委员会成员国在这个信息社会泛欧大会上就有关信息社会的一些原则和优先事项达成的共识。这些共识许多都关系到在信息社会中信息资源共享以及法律保障的原则问题，因此该宣言也可以被看成是信息社会加强信息共享和法制的欧洲宣言，也是欧盟发展信息资源共享的立意深远的思想源泉和政策依据。参见刘可静：《西方信息共享的理念及其法律保障体系》，载《图书情报工作》2007 年第 3 期，第 4 页。

以及第三方机构的手中。① 因此,税务机关单枪匹马地从事税收征收管理,不仅难以保障税款的应收尽收,而且在其自身职权范围无法或很难以较低成本获得履行职能所必需的涉税信息时,涉税信息共享呼之欲出,再加上信息技术突飞猛进发展,为信息共享提供了技术支持,使涉税信息共享的可能性大大增加。

涉税信息共享需要制度的保障,因为不仅税务机关希望获取全面的涉税信息,其他行政机关和有关各方都希望能够共享涉税信息,但纳税主体却希望其涉税信息尽可能保密,这一冲突的背后其实是税收征管权与纳税人隐私权之间的较量,可以通过制度的设计,规范涉税信息的共享程序来平衡这一矛盾。在大陆,截至《2015 修订草案》,载《税收征管法》的三版修订意见稿②一直都将涉税信息共享作为重点难点问题,但感觉尚未妥善解决。相比之下,在台湾地区,涉税信息被称为"课税资料",对其管理也有着丰富的实践经验。关于课税资料共享的规定分散在"税捐稽征法""行政程序法""个人资料保护法"以及各机关内部行政规则如"课税资料管制要点"等法律法规中。而且,自 1968 年 5 月起台湾地区"行政管理机构赋税改革委员会"与财政事务主管部门联合设立的"财税资料处理及考核中心",几经变化,现名为"财政资讯中心",③已成为台湾地区税政及税务现代化的关键,也是提升稽征效率、有效掌握税源的最重要利器。④

值此《税收征管法》修订之际,展开海峡两岸相关制度之间的比较研究,富有重要的参考意义。

---

① 樊其国:《涉税信息共享进行时》,载《首席财务官》2014 年第 3 期,第 86 页。

② 包括《2013 修订案》、2014 年 7 月 9 日《国家税务总局办公厅关于征求〈税收征管法修订稿(征求意见稿)〉意见的通知》(税总办函〔2014〕577 号)和《2015 修订草案》

③ 1970 年 7 月"赋税改革委员会"任务完成结束后,"财税资料处理及考核中心"改隶财政事务主管部门。1987 年 5 月 29 日,该中心组织条例奉令公布并改名称为"财政事务主管部门财税资料中心"。2013 年 1 月 1 日,依"财政事务主管部门组织法"第 5 条奉令公布并改名称为"财政事务主管部门财政资讯中心"。职权设置:财政事务主管部门为办理财政事务主管部门及所属机关(构)资讯业务,特设财政资讯中心,并依据"财政事务主管部门财政资讯中心组织法"规定,置主任一人,副主任二人,主任秘书一人,设六组分掌组织权责事项,各组置组长、副组长各一人,组以下分科办事,另设支援服务室、秘书、主计、人事及政风室,并各置室主任一人。依组织法该中心掌理下列事项:(1)财政事务主管部门资讯体系之整体规划、协调及研考。(2)财政事务主管部门与所属机关(构)资讯作业计划、设备之审议、作业检查及绩效评核。(3)财政事务主管部门与所属机关(构)资讯安全之规划、倡导及评核。(4)财政资讯作业之整体规划、系统设计、处理手册及规范之审订、训练及作业之辅导、督导、管制。(5)依"税捐稽征法"与其他相关法律规定执行资料之搜集、资讯处理及运用。(6)政府采购及民间参与公共建设资讯体系之建立与管理。(7)其他有关财政资讯事项。参见"财政事务主管部门财政资讯中心"网站,http://www.fia.gov.tw/ct.asp? xItem=229&CtNode=226&mp=1,访问日期:2016 年 12 月 20 日。

④ 庞凤喜:《台湾地区税制结构转型观察》,载《涉外税务》2013 年第 1 期,第 50 页。

第一节　涉税信息共享的基本法律理论

一、涉税信息的内涵

（一）涉税信息基本概念

1. 涉税信息的概念辨析

目前学界有关涉税信息概念的界定较少,如有学者认为:"涉税信息是指对确定应纳税额具有直接或间接影响的各种数据、事实等信息,特别是有关收入、支出等计税依据的涉税信息";[1]另有部分学者在论述纳税人隐私权保护时提及了纳税人信息、税务信息以及个人信息等相关概念。本节首先对个人信息、纳税人信息、税务信息以及涉税信息这一组概念加以辨析。

个人信息,是信息基本分类中重要的一种,我国学界普遍认为个人信息指的是所有可以直接或者间接识别本人的信息总和。[2] 而所谓识别,就是能通过这些信息将个人加以区分。现代社会已经是一个信息化的网络时代,一切能够表征本人特性的数字或符号也都算做个人信息,例如网络实名等。

纳税人信息,可分别从纳税人和税务机关两个角度加以界定:从纳税人角度出发,根据个人信息的定义,纳税人信息就是基于纳税人个体可识别性为基础产生的各种信息的总称;[3]从税务机关角度出发,则认为纳税人信息是税务机关识别特定纳税人以及确定该纳税人具体税收义务的依据。相比之下,我们倾向于前者,纳税人信息这一概念本身就是在信息主体分类角度下所做的定义,而且主要是指纳税人围绕税收征管而存在、产生的各种相关信息。

税务信息,税务是指和税收相关的事务,那么税务信息就应该是指和税收工作相关的信息。税收工作本就是一个涉及主体广泛、环节众多的综合管理类事项,因此税务信息的外延也很大。而且基于税收工作的复杂性和综合性,本书认

---

[1] 参见李万甫、孙红梅主编:《〈税收征收管理法〉修订若干制度研究》,法律出版社 2017 年版,第 133 页。

[2] 廉霄:《从民法视角看隐私与个人信息保护机制的构建》,载《黑龙江省政法干部管理学院学报》2010 年第 8 期,第 58 页。

[3] 李建人:《税务公开语境下的纳税人信息保护》,载《南开学报(哲学社会科学版)》2012 年第 4 期,第 24 页。

为完全没有必要对税务信息的具体内容进行封闭式的限定,即便要划分也可以从信息性质上着手,比如划分为直接同税收工作相关的信息和间接可转化为同税收工作相关的信息。

涉税信息,顾名思义,涉及税的信息,从语义外延来说,广义的涉税信息指的就是任何与税相关的信息,类似于税务信息。而狭义的涉税信息更多是指纳税主体等税收行政相对人在经济活动过程中形成的,作为税收决策与征管基础的收入、支出、财产、行为、货币资金等流量性和存量性信息资料,是税制设计和实施最为基础的元素。[①] 依本书见解,作为税收法律关系当中与征税机关相对的另一方主体即税收义务人,主要是纳税主体(包括纳税人和扣缴义务人)和纳税担保人两大类。[②] 因此,狭义的涉税信息指的就是与税收义务人相关的涉税信息,只不过若称之为"税收义务人的涉税信息"未免冗长且费解。至于如上一章所述,第三人基于法定或者约定的原因而对税务机关负有协助义务时,该第三人的有关信息也会成为一种涉税信息;我们认为,此类信息可以归入广义的涉税信息中与狭义的涉税信息相区别的其他涉税信息。

综上所述,本书认为,广义的涉税信息类似于税务信息,是任何与税相关的信息。狭义的涉税信息指的是与税收义务人有关的涉税信息;根据税收义务人类型的不同,又可分为纳税人信息、扣缴义务人信息(前二者合称"纳税主体信息")、纳税担保人信息等。而纳税主体信息中的自然人纳税主体信息,包括自然人纳税人信息、自然人扣缴义务人信息等都是个人信息的下位类,比如个人身份证信息、财务信息等,所以纳税主体信息和个人信息是交叉重合的。那么这一组概念的最终关系为:税务信息包含税收义务人信息→税收义务人信息包含纳税主体信息→纳税主体信息包含纳税人信息→纳税主体信息与个人信息的交叉重合部分为自然人纳税主体信息,如图4-1-1所示。

2.涉税信息的分类

涉税信息根据不同的标准可以进行不同的分类。

(1)从信息主体的角度,涉税信息包括征税主体信息、税收义务主体信息以及第三方信息。其中,征税主体主要是指税务机关和海关。税收义务主体中最主要的是纳税主体,因此后文如无特别说明,均以纳税主体指称。纳税主体中纳税人又有不同的划分方法:按照纳税人的私法组织形态,可以分为自然人、法人及非法人组织;按照所得税管辖权的标准,可以分为居民纳税人和非居民纳税

---

① 参见张念明、庞凤喜:《论涉税信息管理能力与税制结构优化》,载《中南财经政法大学学报》2015年第2期,第28页。

② 当然,如果进一步扩展的话,情形会更加复杂,具体请参见李刚:《税法与私法关系总论》,法律出版社2014年版,第299～305页。

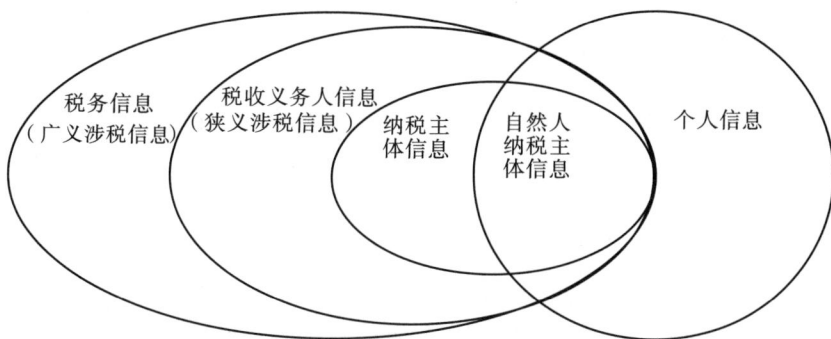

图 4-1-1　税务信息构成与个人信息关系图

人。第三方涉税信息主体,包括其他行政机关、司法机关以及社会主体。

(2)从信息来源的角度,涉税信息可以分为申报信息、调查信息、提供信息和交换信息。申报信息是纳税主体主动报送的涉税信息。调查信息是征税主体依职权通过调查分析获取的涉税信息,一般法律会明确规定职权范围,强调的是征税主体获取涉税信息的主动性。提供信息是第三方提交的涉税信息。而交换信息,则是同其他国家、机构、个人通过信息交换渠道获取的涉税信息;在税收协定中,信息交换形式可由协定双方自行约定,我国目前主要是应请求交换信息。

(3)从涉税信息内容的角度,按能否直接识别标准可以分为直接涉税信息和间接涉税信息。所谓直接涉税信息,就是该信息可以单一地表示某种课税要素等税法上的事实,不需要其他信息的配合,比如税率、税基等。而对应的间接涉税信息就是不能单独识别某种课税要素等税法上的事实,需要与其他信息配合才能确定税收关系的信息,比如账簿、凭证等都要结合税法规定才能确定应纳税额。

(4)从信息性质角度区分涉税信息可从两个维度进行,保密与公开维度和正负面维度。保密与公开维度下,涉税信息分为涉税保密信息和涉税非保密信息。正负面维度下,主要是强调涉税负面信息,负面信息在宏观层面上,包括了严苛的税负,不合理的税制以及在国际交往中的税收歧视;在微观的层面上,就包括了可能对纳税人良好商业信誉产生减损作用的不利涉税信息,比如欠税记录、税务处罚信息等。[①] 而涉税正面信息是除了负面信息之外的信息。

(5)最后以涉税信息的信息载体以及处理技术上看,涉税信息分为电子涉税信息和纸质涉税信息。

---

① 李建人:《税务公开语境下的纳税人信息保护》,载《南开学报(哲学社会科学版)》2012 年第 4 期,第 25 页。

(二)涉税信息的法律特征

如前文所述,狭义的涉税信息可以统称为纳税主体的信息,而自然人纳税主体信息又算是个人信息的下位类别,所以自然人纳税主体信息和单位纳税主体信息的法律特征需要分别探讨。

个人信息兼具人格权与财产权的双重属性,所以自然人纳税主体信息同样具有双重属性。人格权,是指民事主体专属享有,为维护其独立人格所必须具有的权利,以人格利益为客体。[①] 对自然人纳税主体信息而言,该信息能够识别特定自然人的信息,因而具有人身依赖性与人身专属性,比如个人身份证号码、特殊经济活动交易信息等。同时自然人纳税主体对其信息的支配、控制、利用是其固有的、专属的权力,一旦纳税主体信息被侵犯,扰乱私生活的自由与安宁,必然也就侵害了自然人纳税主体的一般人格利益。而鉴于单位无人格权,[②]所以单位纳税主体对其涉税信息所享有的权利不具有人格权属性,而具有下文所说的财产权属性。

在法学上,客体作为财产,必须具备三个基本条件,可支配性、有用性和稀缺性。[③] 反观涉税信息,首先纳税主体基本信息,不论是自然人纳税主体还是单位纳税主体都是对其进行描述和反映的外在符号,可以转让或者继承,符合财产法上关于财产可支配的要件,同时该信息能够作为信息权利人与市场商业主体交易的客体,通过对其商业化的处理,权利人能够直接获取财产利益,因此具备了财产的使用价值。另外在信息时代,纳税主体的信息已经成为一种附加值极高的商品,市场主体往往希望通过获取这样的信息进行市场分析与研读,特别是在充满竞争的行业领域中,因此纳税主体信息同样具有稀缺性的财产权属性,比如企业银行账户信息、经济活动交易信息等,对竞争对手来说就有可能就是宝贵的商业秘密。需要注意的是,虽然涉税信息具有财产权利属性,但纳税主体对其所享有的权利内容同一般人对其个人信息所享有的权利内容存在差异,也就是征税主体对涉税信息的收集、利用是强制的、无偿的,不像个人信息的支配权利人可以要求支付相应的对价。

---

① 王利明:《人格权法新论》,吉林人民出版社 1994 年版,第 487 页。

② 对于单位是否具有人格权,在理论上存在肯定和否定两种观点,本书赞同否定论,正如尹田教授所言法人的名称权、名誉权等权利无精神利益,实质上是一种财产权,且不具有专属性,非为任何团体人格存在之必须,故法人无人格权。参见尹田:《论一般人格权》,载《法律科学》2002 年第 4 期,第 12 页。

③ 刘德良:《论个人信息的财产权保护》,人民法院出版社 2008 年版,第 23 页。

二、涉税信息共享的内涵

(一)涉税信息共享的概念和类型

涉税信息共享是"涉税信息"和"共享"两个概念的组合。涉税信息已如前述,而所谓共享,美国学者肯特认为其最确切的含义是互惠(reciprocity),即是一种每个成员都拥有一些可以贡献给其他成员的有用事物,并且每个成员都愿意且能够在其他成员需要时提供这些事物的伙伴关系。[①] 一般的物质、能量资源为所有者拥有,在交换(使用)过程中实现了所有权的转移,转让方失去,受让方获得。[②] 但信息不同,信息可以在不同的时间、不同的地点由两个或者两个以上的信息主体获取并使用。涉税信息的共享指的就是涉税信息的获得主体和需求主体共同使用已有的涉税信息,涉税信息共享制度则是以一定的规则及其内涵的运行方式来保障涉税信息共享实现的法律制度。

从共享的主体来看,涉税信息共享包括国内层面上征税机关的共享、征税机关与其他行政机关和司法机关之间的共享、征税机关与第三方社会机构之间的共享以及国际层面上的涉税信息交换,具体如下:

1.征税机关的共享

在大陆,由于征税机关包括税务机关和海关,且主要是税务机关(后文即以"税务机关"指称征税机关),因此可以区分为同作为征税机关的税务机关与海关之间的共享,和税务机关内部之间的共享。就前者而言,由于海关并非是完全意义上的征税机关,因此其与税务机关之间的涉税信息共享,可以纳入税务机关与其他行政机关之间的涉税信息共享范畴。

在大陆现行税收征管体制下,税务机关内部之间的共享,又可分为两个层面:一是1994年实现分税制财政管理体制以来建立的国税、地税两套征管系统之间的共享;二是税务系统内部的共享,包括纵向的税务总局与省级税务局等地方性税务机关之间的共享,和横向的同一税务系统不同内设部门之间的共享,比如征管部门与稽查部门之间的共享。但是正如本书第三章所指出的,税务机关内部的涉税信息共享,不属于税务行政协助的范围,亦非本章所讨论的涉税信息共享制度的重点。

台湾地区实行的是较彻底的三级分税制度,税务机关按照"中央""直辖市"

---

① 高知鸣:《政府信息共享的行政法研究》,载《第四届全国公法学博士生论坛论文集》,2009年5月。

② 邹志仁:《信息学概论》,南京大学出版社2007年版,第9页。

"县(市)"三级设置,各项税收划分为"国税""直辖市税"以及"县市税"。财政事务主管部门是主管税收的最高行政机关,下设有赋税事务主管机关和各区"国税局"等机构。因此,台湾地区的征税机关内部的信息共享也可分为两个层面:一是分税制度下各级税项征税机关之间的信息共享;二是财政事务主管部门下设各机关之间的信息共享。

2.税务机关与其他行政机关、司法机关的共享

其他行政机关和司法机关在其管理工作中也掌握了大量的涉税信息,可与税务机关实现信息共享。其他行政机关包括财政、工商管理、国土资源、房产管理部门、交通管理部门、公安、社保、审计、统计等;司法机关即法院掌握着纳税人进入民事执行程序或者破产程序的有关信息,成为共享的信息对象。

3.税务机关与第三方社会机构的共享

银行、证券、信托、保险、网络交易平台等第三方社会机构掌握着纳税主体的开户、支付、存款和收益等财务状况和资金流动等方面信息,对于税务机关确定纳税主体的经营状况、成本、价格、利润等动态信息具有重要意义。

4.不同国家或者地区税务主管当局等之间的共享

国际层面上,涉税信息共享还发生在与我国税收管辖权存在交叉重叠的其他主体之间,例如作为税收信息交换协定的双方缔约国政府、负责实际执行的各缔约国税务主管当局、其他国际组织等。

我国《税收征管法》修订的重点难点主要是税务机关与其他行政机关、第三方社会机构涉税信息共享机制的建立,构成本章研究的重点。

(二)涉税信息共享的特征

1.以税务机关为中心

当前税制改革的方向是提高直接税的比例,推进个人所得税制由目前的分类税制向混合税制转变,在制定《房地产税法》的前提下开征房地产税,这两个税种要求税务机关较为全面地掌握纳税人,尤其是自然人纳税人的涉税信息。涉税信息共享本身也正是在税制改革的大背景下作为征管体制改革的关键问题而提出的,主要解决的是税务机关税收征管之需,目的是为了配合税收实体法的改革,所以涉税信息共享既以税收征管为起点,又以其为终点。这一点从"涉税信息"这一名词即可看出,因为同样的信息,对于税务机关而言是"涉税"信息,但对于其他主体而言就不一定是"涉税"信息,例如纳税人的工商登记信息。

2.信息交流的双向性

传统的涉税信息共享模式强调的是涉税信息从其他行政机关、第三方机构向税务机关单方向的传递,对涉税信息从税务机关逆向传递到他方未予以足够重视。虽然涉税信息共享是以税务机关为中心,但既然作为"共享",就意味着共

享主体之间涉税信息交流的"双向性"。特别是强调"双向"的共享,而非"单向"的传递,能够有效地弥合行政分权原则造成的职能分立和冲突,是在当前各个行政机关各自为政、尚未形成"行政一体化"形势下,获得其他行政机关的配合,顺利构建涉税信息共享制度的关键。最新颁行的《环境保护税法》及其《实施条例》在这方面做出了良好的示范。

3. 信息标准的一致性

行政效率是行政权的生命,现代社会中的行政权尤其如此,[①]效率水平主要取决于信息的合理筛选、有效传输以及在可靠信息基础上做出决策。要想实现涉税信息在各个行政机关以及社会机构之间畅通的传输,前提是各共享主体对同一涉税信息收集、储存的标准是一致的,或者按照统一规范和标准,改造升级各相关部门的信息管理系统。这一要求不仅是共享信息技术层面上需要突破的难点,更是共享制度顶层设计的关键之处。比如 2015 年 6 月国务院批准的《法人和其他组织统一社会信用代码制度建设总体方案》,将建立覆盖全面、稳定且唯一的以组织机构代码为基础的法人和其他组织统一社会信息代码制度。而在此之前,机构代码是不统一的,大多数代码仅应用于各部门的内部管理,并且各类机构代码长度、含义、作用不同,这就造成了各部门之间对法人和其他组织的认定以及其相关数据之间是相互割裂封闭的,存在信息孤岛问题,难以实现共享。

4. 信息共享的及时性

涉税信息共享的及时性是保障税收征管效用的基础,不论是日常的税收征管还是专门的税收检查,都有申报缴纳期限或者检查期限的要求,只有及时获取涉税信息,才能更好地发挥税收作为经济活动"晴雨表"的作用,为国家宏观经济决策提供及时而准确的依据。在涉税信息共享机制中,这一及时性体现为涉税信息获取传递的方式、方法与技术装备的整合,而在"互联网＋税务"的时代,该整合又主要取决于信息技术的使用和共享数据库的建设,比如当前正在进行的为简化政府审批程序的"多证合一"改革,即使现在已经能够打印出多证合一的证书,但事实上,各部门仍然是各建有各的数据库,信息共享的及时性依旧会因为跨系统的传递而大打折扣。所以建立一个统一的信息共享的数据库,各部门能够及时持续地上传或者查询纳税主体的信息,才是有效保障涉税信息共享及时性的解决之道。

本书第三章提到的《国务院关于印发政务信息资源共享管理暂行办法的通知》(国发〔2016〕51 号)已经从国务院层面对政务信息资源的整合和共享做出了

---

① 　章剑生:《现代行政法基本原则之重构》,载《中国法学》2003 年第 3 期,第 60 页。

拓荒式的努力,改变了以往只是税务机关"单兵作战"因而困难重重的局面,使包括涉税信息在内的各类政务信息能够高度整合并由各行政机关依法按规运用,开创了政务信息资源共享的新时代。

三、涉税信息共享制度建设的必要性

(一)税制结构优化的需要

1994 年税制改革以后,税制结构长期以间接税为中心,直接税尤其是个人所得税和财产税的收入比重提升缓慢,即便当前的经济基础中已含有较为丰厚的直接税税基。[①] 究其原因,随着市场化改革的不断深化和全球化进程的深入推进,面对层出不穷的新兴的、流动的、隐性的税源,涉税信息的管理未能实现对税源的即时跟进、有效追踪和深度挖掘,没有实现同步升级,进而难以实现税收的再分配调节功能。党的十八大确立了国家治理体系和治理能力现代化建设方针,制定了《深化财税体制改革总体方案》,税务系统为建成与之相匹配的现代税收征管体系,也提出了"信息管税"的口号来指导税收征管工作。推进和落实这一思想,就必须认识到这样一个事实:信息管税就要先掌握信息。其基本内涵包括:信息管税要真实信息;信息管税要实时信息;信息管税要共享信息。[②] 可以说,构建新型的涉税信息共享制度之所以成为当前《税收征管法》修订的重点难点,正是由于其本身更是当前新一轮财税体制改革的需求所在。

(二)行政一体化建设的需要

信息法治一直是行政法学研究的重点领域之一。纵观整个行政法的发展进程,从警察行政到依法行政、从管理行政到服务行政,现代信息技术的发展使公

---

① 2015 年人均 GDP 为 5.2 万元,按照平均汇率折算为 8016 美元,属于世界银行划分的"中上等收入国家",根据国际经验,我国已进入全面提升所得税尤其是个人所得税在税制结构中地位的阶段。同时随着房地产改革的深化,房地产业是我国经济的主要增长点,2015 年全国房地产开发投资额高达 95979 亿元,占全国固定资产投资投资总额的 17%,其中住宅投资 64595 亿元,占房地产开发投资的 67.3%,全国商品房销售额达 87281 亿元,创历史新高,在房地产业对经济增长贡献较大份额时,实际上也形成了财产税广泛的课税基础。参见统计局:《2015 年全国房地产开发投资高达 8.7 万亿》,http://finance.youth.cn/finance_gdxw/201512/t20151212_7411518.htm,访问日期:2015 年 12 月 12 日;《中国 2015 年 GDP增长 6.9%,人均 5.2 万元》,http://mt.sohu.com/20160119/n435080406.shtml,访问日期:2016 年 1 月 19 日。

② 焦瑞进:《从税制改革谈信息管税的前景》,http://blog.sina.com.cn/s/blog_493cd61c0102vqze.html,访问日期:2016 年 3 月 10 日。

共行政所涉范围和程度空前庞大,行政机关权限交织,信息共享是行政一体性宪政原则下的必然趋势。[1]《中华人民共和国行政程序法〈试拟稿〉》第14条第1款规定:"行政机关之间应当根据行政的整体性、统一性相互提供协助,共同完成行政管理任务。"[2]作为行政机关之一的税务机关在税收征管过程行使收集涉税信息的职权时,经常会与其他无隶属关系的行政机关的职权范围发生交织。出于行政分权原则和行政效率原则的考虑,税务机关既不能超越其职权范围,一般情况下又无必要对已在其他行政机关掌握之中的事实信息进行重复调查,[3]因此,税务机关此时就需要针对涉税信息的共享请求其他行政机关提供行政协助。

但是一直以来,现行的涉税信息共享模式过多地强调了税务机关从其他行政机关"单向"获取涉税信息,共享的行政主体出于对利益的追求和对责任的回避,共享的积极性并不高。再加上在涉税信息共享的实践中,不同的行政机关有不同的信息管理系统,采集的同一种数据的一致性较差,数据匹配率低下,迟报、瞒报、缓报信息的现象屡见不鲜,信息的真实性大打折扣。因此在行政一体化原则的指导下,对涉税信息共享制度的设计时还应根据"互利对等"原则注重税务机关"单向"获取信息向二者"双向"共享信息的转变。正如2015年12月公布的《深化国税、地税征管体制改革方案》中提到的,推进涉税信息共享就要加快《税收征管法》修订和实施进程,落实各方法定义务,建立统一规范的信息交换平台和信息共享机制。特别指出要建立税务部门税收信息对外提供机制,保障各有关部门及时获取和使用税收信息。并以"多证合一、一照一码"改革为契机,拓展跨部门的税收合作,实现信息贡共享、管理互助、信用互认。

(三)纳税主体权益保护的需要

涉税信息共享的制度建设中,与纳税人权益保护最为相关的就是涉税信息保密和纳税人隐私权保护。一般而言,隐私权是指公民或法人的个人或内部信息不被非法获悉和公开、公民个人生活不被外界非法侵扰、个人私事的决定不受非法干涉的一种独立的人格权。[4]而众所周知,税收征管的进行必须以相关的经济事实及存在的证据明晰为前提,而信息共享的主要内容正是这些事实及证据。调查和共享涉税信息时必然会侵入纳税主体的私人领域,与隐私权相冲突,

---

① 翁岳生编:《行政法》(上册),中国法制出版社2002年版,第20页。

② 《中华人民共和国行政程序法〈试拟稿〉》有不同版本,本书采用的是2004年11月行政立法研究组向全国人大法律工作委员会提交的《中华人民共和国行政程序法〈试拟稿〉》(第11稿)。

③ 参见本书第三章第二节。

④ 王利明:《人格权法新论》,吉林人民出版社1994年版,第487页。

其至还有可能会影响到社会经济的秩序,比如税务机关向第三方金融机构调取纳税人的金融信息,第三方金融机构不仅无权决定使用客户的信息,同时金融机构对金融消费者和客户信息的严格保护,正是金融市场发展的重要原因,一旦金融机构过分透露了客户的金融信息,将会不利于金融市场的稳定。所以对涉税信息共享和保密的程序进行制度化建设,对税务机关介入纳税主体私领域的程度和程序进行限定,是解决这一矛盾的有效方式,构建涉税信息共享制度也正是保护纳税主体权益的现实需要。

(四)国际反避税合作的需要

国际层面上的涉税信息共享主要指的是税收信息交换。随着全球经济一体化的不断深入,涉税信息的跨国流动需求也在不断增加。2008年国际金融危机爆发以来,国际社会高度重视税收征管协作,加强国际税收信息交换,打击国际逃税避税。当前我国不仅是世界第二大经济体,也是世界最主要的外国投资目的地之一,以往税务机关由于受到执法权的限制,对发生在境外的应税行为的信息获取能力有限,比如境外非居民企业之间转让中国居民企业股权的所得,按照《企业所得税法》应予征税,但我国税务机关对境外非居民企业的经营情况、交易细节很难做到全面了解,即便作出征税决定,税款征收也存在一定的困难。[①] 为此,我国已加入并于2017年1月起执行的《多边税收征管互助公约》,其重要内容之一就是税收信息交换,通过国际税收征管协作打击跨境逃税避税行为,同时我国将于2018年9月起实施《金融账户涉税信息自动交换标准》(Standard for Automatic Exchange of Financial Account Information in Tax Matters,以下简称《金融涉税信息标准》),"税收透明度和情报交换全球论坛"也将在2019年对我国进行专项信息交换同行审议;早自2015年10月开始,我国接到的每一个专项信息请求都将计入同行审议的范围,发出信息请求的国家将对我国提供核查结果的时间和质量进行评估。[②] 也就是说,国际层面上税收信息交换的质量水平不仅关系着反避税跨国合作的绩效,还有可能对我国产生一定的政治影响。

---

① 《专访:加强国际税收合作,提高我国反避税能力—访中国国家税务总局国际税务司司长龚祖英》,http://www.gov.cn/jrzg/2013-08/27/content_2475157.htm,访问日期:2016年3月10日。

② 《关注:2016年国际税收管理重点要干这些大事》,http://www.ctaxnews.com.cn/xinwen/dujia/201602/t20160219_66304.htm,访问日期:2016年3月10日。

第二节　涉税信息共享制度比较

一、涉税信息共享制度的宏观比较

(一)现行涉税信息共享制度比较

1.大陆涉税信息共享制度

大陆涉税信息共享法律制度体系覆盖了法律、行政法规、部门规章、地方政府规章和地方规范性文件。

首先,在法律、行政法规层面,《税收征管法》第 5 条第 3 款和第 17 条第 3 款分别规定了各有关部门单位、银行和其他金融机构应当支持、协助税务机关执行职务,没有明确提到涉税信息管理。反而是作为行政法规的《实施细则》第 4 条直接规定了地方各级人民政府组织有关部门实现相关信息共享的原则。再看三版修订案:(1)《2013 修订案》新增第 28 条关于涉税信息的规定,强调政府部门、有关单位、银行和其他金融机构应该及时向税务机关提供其掌握的涉税信息。(2)2014 年 7 月 9 日,税总办函〔2014〕577 号文公布的《税收征管法修订案(会议审议稿)》(以下简称《2014 审议稿》)第 5 条规定地方各级政府要领导协调建立健全涉税信息提供机制,第 7 条规定国家有计划地通过现代信息技术装备各级税务机关,建立税务机关与其他部门地的信息共享制度;并在第四章以"涉税信息"命名的专章中,以第 29 条至第 37 条共计 9 个条文规定了纳税人、银行、网络交易管理机构、公安、工商管理等各个部门要向税务机关提供涉税信息。(3)《2015修订草案》保留了《2014 审议稿》第 5 条和第 7 条的相关规定,却把第四章的名称由"涉税信息"改为"信息披露",条文改为了 5 个(第 30 条至第 35 条),删除了有关纳税人境外从事生产、经营的信息,国际税收协定信息交换取得的信息以及金融机构负有保密义务的信息的相关规定;条文还对纳税主体需要向税务机关提供交易信息的给付行为的具体金额做了具体的规定,向税务机关提供涉税信息的行政部门也由列举式叙述改为了"政府及有关部门"这一概括式叙述。

其次,有关涉税信息共享的部门规章和规范性文件,在北大法宝法律法规数据库中以"涉税信息共享""信息交换"和"涉税保密信息"为关键词全文检索出部门规章和规范性文件共 14 篇,分别是《国家税务总局关于印发〈"互联网＋税务"行动计划〉的通知》(税总发〔2015〕113 号)、《国家税务总局关于加强纳税人权益保护工作的若干意见》(税总发〔2013〕15 号)、《国家税务总局关于印发〈"十二五"时期纳税服务工作发展规划〉的通知》(国税发〔2011〕56 号)、《国家税务总局关于切实加强高收入者个人所得税征管的通知》(国税发〔2011〕50 号)、《国家税务总局大企业税收管理司关于下发 2010 年大企业税收管理与服务工作要点的通知》(企便函〔2010〕1 号)、《国家税务总局关于印发〈全国税务系统 2010－2012 年纳税服务工作规划〉的通知》(国税发〔2009〕131 号)、《国家税务总局关于加强企业所得税管理的意见》(国税发〔2008〕88 号)、《财政部、国家税务总局、中央编办关于贯彻落实新修订的〈中华人民共和国耕地占用税暂行条例〉有关工作的通知》(财税〔2007〕163 号)、《国家税务总局关于印发〈纳税人涉税保密信息管理暂行办法〉的通知》(国税发〔2008〕93 号)、《关于加强年所得 12 万元以上个人自行纳税申报信息保密管理的通知》(国税发〔2006〕162 号)、《商务部、国家工商行政管理总局、国家税务总局关于更换成品油经营证书和建立成品油市场监管信息交换制度的通知》(商改发〔2004〕512 号)、《国家税务总局、国家工商行政管理总局关于工商登记信息和税务登记信息交换与共享问题的通知》(国税发〔2003〕81 号)、《国务院信息化工作办公室等七部门关于在进出口领域开展企业基础信息交换试点的通知》(国信办〔2003〕6 号)。检索出地方政府规章 4 篇，《邯郸市保障地方税收若干规定》《江苏省实施〈中华人民共和国耕地占用税暂行条例〉办法》《宁夏回族自治区地方税收保障办法》和《本溪市涉税信息管理办法》；地方规范性文件 137 篇，文件的主要内容是关于的涉税信息共享与交换的有 37 篇，在此就不一一列举。除了以上直接规定涉税信息共享的法律文件外，还有一些法律制度虽不直接涉及涉税信息共享，但事实上却为涉税信息共享提供了制度保障，包括：《国务院关于印发促进大数据发展行动纲要的通知》(国发〔2015〕50 号)、《国务院办公厅关于运用大数据加强市场主体服务和监管的若干意见》(国办发〔2015〕51 号)、国办发〔2015〕50 号文、国发〔2016〕51 号文、《国家税务总局关于明确社会组织等纳税人使用统一社会信用代码及办理税务登记有关问题的通知》(税总函〔2016〕121 号)等。

2.台湾地区涉税信息共享制度

在台湾地区，稽征机关所拥有的纳税人的课税资料在所有行政机关中最为完整，无论是纳税人的基本资料还是纳税人的财产、资产、所得和消费，稽征机关都会对其进行搜集、归户、厘正、建档。在收集的过程中难免涉及资料共享，而关于课税资料共享的规定则分散在"税捐稽征法""行政程序法""个人资料保护法"以及各机关内部行政规则如"财政事务主管部门财税资讯中心处务规程"等法律法规和行政规则中。其中"税捐稽征法"第 30 条为稽征机关调查获取课税资料提供了最直接的法律依据，第 33 条则规定获取课税资料的相关机关和个人应绝对保守秘密。台湾的"行政程序法"第 19 条第 1 项规定："行政机关为发挥共同一体之行政机能,应于其权限范围内互相协助。"随后第 2—7 项对行政协助制度做了详尽的规定,稽征机关向无隶属关系的行政机关请求提供与课税相关的资料,需遵从该程序法律的规定。台湾的"个人资料保护法"是为了规范个人资料的收集、处理及利用,以避免人格权受侵害而制定的,该法第 2 条[①]对个人资料的定义做了明确限定,前文分析已知自然人纳税主体的课税资料与个人资料是有重合的,比如个人资料定义中身份证统一编号、财务情况、社会活动等都可能是关于自然人纳税主体的课税资料。"个人资料保护法"对公务机关和非公务机关对个人信息的收集利用有非常详细的规定,所以当稽征机关向其他行政机关或银行等机构收集属于个人资料的自然纳税人课税资料就应当受到该法的规制。其他的各区"国税局"处务规程和办事细则中也有提到课税资料,但多就课税资料的收集、整理、管理分属哪个部门进行了明确的规定。

3. 两岸整体立法比较

在大陆,《税收征管法》没有对涉税信息共享做出明确规定,但《实施细则》却单独对涉税信息共享问题做了规定,可见涉税信息共享的重要性。[②] 从《2013 修订案》、经《2014 审议稿》、最后到《2015 修订草案》,有关涉税信息共享的条文被反复修改,可见其所涉各方利益一直难以协调,立法起草的过程也成为不断博弈的过程。除了法律层面上的制度建设,14 篇部门规章和 4 篇地方政府规章,除《纳税人涉税保密信息管理暂行办法》和 2010 年《本溪市涉税信息管理办法》中有针对涉税保密信息的范围、内部管理、外部查询管理以及责任追究等方面做具体规定,其他部门规章等都只是原则性地提出要建设涉税信息共享机制。至于地方性规范文件,如前文所述,涉及涉税信息共享的 137 篇,详细规定了共享程序和内容的有 37 篇。总体上说,大陆涉税信息共享的制度建设,在各个层级都有涉及,法律层级上的《税收征管法》则一直处于悬而未决的状态。基于《税收征管法》第 5 条第 2 款,在实践中,地方政府对涉税信息管理的有效开展起到了关键的推动作用,在涉税信息共享中占据了主导地位,所以各地区范围内自行设立的共享规定较多。

相比之下,台湾地区"税捐稽征法"第 30 条对税捐稽征机关和赋税事务主管机关获取课税资料的调查权做了具体规定,第 33 条同时提出稽征机关应对所获得的课税资料保密的义务及例外;可见该法单向保障了稽征机关对涉税信息的

---

① 台湾地区"个人资料保护法"第 2 条:"个人资料:指自然人之姓名、出生年月日、民众身份证统一编号、护照号码、特征、指纹、婚姻、家庭、教育、职业、病历、医疗、基因、性生活、健康检查、犯罪前科、联络方式、财务情况、社会活动及其他得以直接或间接方式识别该个人之资料。"

② 李刚:《现代税法学要论》,厦门大学出版社 2014 年版,第 331 页。

获取。"行政程序法"第19条对行政协助制度作了详细规定,对于整体的行政协助制度的构建起到了一般法的指导性依据作用。"税捐稽征法"本质上为税捐的行政程序法,为"行政程序法"施行前,运用最广的特别行政程序法。① "税捐稽征法"之于"行政程序法"就构成了特别法与一般法的关系,因此当稽征机关获取课税资料时可援引"税捐稽征法"中的相关规定,而其他行政机关需要稽征机关提供课税资料时就可援引"行政程序法"中关于行政协助的一般规定。可以说,第19条补充了课税资料在税捐稽征机关与其他行政机关之间双向共享的程序法规,与"税捐稽征法"一起共同构成了涉税信息共享制度的法律框架。对于纳税人涉税信息的保护,除了"税捐稽征法"第33条的保密规定,如前文所述,"个人资料保护法"可以看作是对自然人纳税人涉税信息保护的一个有效的补充。

(二)两岸实施情况比较

1. 大陆实例——"多证合一、一照一码"改革

大陆有关"多证合一、一照一码"的登记制度改革在本书第二章第一节第四部分已有详论,本章此处不再赘述。其实在推行"三证合一"改革之前,就有个别地方政府制定了涉税信息管理的规则,比如《本溪市涉税信息管理办法》和《葫芦岛市涉税信息交换管理办法》;还有个别地方的税务机关通过与银行或者工商局签署合作协议或者备忘录的形式来推行涉税信息共享,比如2012年4月,上海市国税局、地税局与工商局签署了《上海工商和税务部门政府信息共享协议》,2015年12月,北京市国税局与交通银行北京市分行、中国银行北京分行、光大银行北京分行、北京银行、北京农商银行等五家银行签订了《"征信互认银税互动"合作框架协议》;同时,深圳市早在2014年就推行了营业执照、组织机构代码证、税务登记证和刻章许可证"四证合一"登记模式改革,黑龙江省也在2015年紧随其后,同样进行了"四证合一"的改革。可以说,"多证合一、一照一码"的改革是建立在以上各地方政府以及地方税务机关对涉税信息管理制度建设的探索之上的,是对行政一体化原则的重要实践,更是当前涉税信息共享制度建设前进的关键一步。

本书第二章第一节中提到的吴昌文与上海市徐汇区国家税务局、上海市地方税务局徐汇区分局税务行政诉讼案,也从侧面证实了此次改革的必要性和改革的难点。通过该案,可以发现工商行政许可的撤销和税务登记的注销有着不同的路径,一般来说税务登记的注销因为未结清税款、滞纳金和罚款,缴销发票、税务登记证件等等原因充满了变数,那么在此次"多证合一"登记制度的改革中,

---

① 参见葛克昌:《税捐行政法》,厦门大学出版社2016年版,第60页。

"并联审批"将工商登记的实质审查和税务登记的形式审查合为一体,如果要撤销或注销"多证合一"之后的营业执照,税务机关和工商部门就必须事先沟通,提前达成一致。但如何使"多证合一"后营业执照的撤销程序兼顾目前在工商登记的撤销和税务登记注销不同的前置条件,正是此次改革绕不开的难点问题。

2. 台湾地区实例——"财政事务主管部门财政资讯中心"

在台湾地区,财政资讯中心专门负责规划、执行财政事务主管部门与所属各机关资讯业务的推展及管理事项。台湾地区的信息化建设始于 1968 年,初期是以赋税业务为主,到 1983 年以后,"国库"、关税及国有财产等各项业务陆续完成了各分体系信息系统建设,到现在,"财政资讯中心"正在打造台湾新一代财政云架构蓝图,以保证包括课税资料在内的一系列政务信息的跨部门共享。该中心的应用系统分为财政内网云和外网云。内网云以内部行政业务服务为主,包括大资料分析、各机关业务需求的资讯系统,外部云则是提供给财政事务主管部门以外的对象。可以说财政云整合了财政事务主管部门各个机关的各个机房和信息,为方便各机关调取所需信息提供了一个最佳的平台。到目前为止,财政云除整合了 5 个"国税局"和 22 个地方税务局机房外,还逐步将"关务事务主管机关""国产事务主管机关""国库事务主管机关"和"赋税事务主管机关"等机关的机房整合。面对各个机关重视资料安全的程度不一样,行事风格不同的情况,资讯中心在制度层面上,注意小细节,取最大公约数,在异中求同,又在同中求异;从整体层面上对涉税信息工作平台建设提供了保证。

3. 比较

通过以上实例的比较,可以看到,大陆在构建涉税信息共享的规则时,是由分散到统一,先由个别地方的政府和税务机关以地方政府规章或者行政协议的方式开展,之后再由中央在此基础上制定统一的规章。然而规章的效力级别较低,协议的方式更是弱化了法律规则的刚性,即便是由国务院开展的"多证合一"登记制度改革,也尚欠缺上位法的依据。相比之下,台湾地区则是以法律形式加上统一的机构设置("财政资讯中心")来保证涉税信息的共享,统一的平台、统一的数据标准和统一的交换程序,从上到下地进行制度规范,就不会出现大陆在统一各级地方政府及税务机构已经制定的涉税信息共享制度时所面对的差别各异,标准不一的问题。值得注意的是,大陆政务信息资源还是主要在行政机关系统内部的整合,台湾地区"财政资讯中心"也只是整合了财政事务主管部门各个机关的涉税信息,因此在与司法机关之间,以及与银行等第三方社会机构之间信息共享的方面还有进一步发展的空间。

二、涉税信息共享制度的微观比较

(一)权利主体比较

《税收征管法》第 5 条第 3 款规定"各有关部门和单位应当支持、协助税务机关执行职务。"这里的"部门"应当理解为"政府部门","单位"由于意义指向宽泛,可解释为既包括司法机关又包括银行等社会机构。① 因此,《税收征管法》虽未明确提到涉税信息共享概念,但通过对上述条文的解释,税务机关单方面请求涉税信息协助的对象就比较广泛。《2014 审议稿》对涉税信息共享规定最为详尽,应当向税务机关提交涉税信息的主体也进行了广泛列举,包括:纳税人及其第三方、银行和其他金融机构、网络交易管理机构、公安、工商管理、土地、房产管理、知识产权管理、民政、社会保障、教育、环境保护、交通运输、工业与信息化、外汇、证券等。从立法技术来看,在列举之后仍用"等"做了开放式的定义,导致法条不够简洁且容易遗漏。所以,《2015 修订草案》改为"政府有关部门和机构",用抽象的概括式定义来进行限定,简洁而有效。

(二)共享信息内容比较

从提供涉税信息的角度来看,《税收征管法》第 15 条第 2 款、第 17 条第 3 款分别规定了工商机关和银行等金融机构应当提供的涉税信息内容;第 57 条规定了税务检查中被检查人应"如实提供有关资料及证明材料"的义务。《2015 修订草案》则予以了更加细化的规定,如第 32—35 条规定,银行等金融机构要向税务机关提供掌握的账户持有人的账户、账号、投资收益以及账户利息总额、期末余额等信息,网络交易平台要提供电子商务交易者的登记注册信息,政府机关要提供掌握的市场主体资格、人口身份、专业资质、收入、财产、支出等信息;由此可见,这些涉税信息更多是纳税主体在经济活动中形成的被税务机关用来确定其纳税义务的依据信息。

台湾地区"税捐稽征法"第 30 条没有对课税资料的内容进行限定,但描述了其载体形式,即账簿、文据或有关文件,当稽征机关的调查人员要求提供时,相应的机关、团体和个人就不得拒绝。可以说抽象的概括式描述让稽征机关可以更好地利用第 30 条去获取课税资料,除此之外,"个人资料保护法"可以看作是对自然人纳税人涉税信息保护的一个有效的补充。比如个人资料定义中身份证统

---

① 李刚:《现代税法学要论》,厦门大学出版社 2014 年版,第 331 页。

一编号、财务情况、社会活动等都可能是关于自然人纳税人的课税资料。可见，台湾地区对于涉税信息的内容有了"税捐稽征法"和"个人资料保护法"的双重限定，对于一些私密信息比如犯罪前科都有比较充分的保护。

相较而言，在法治程度较高的社会环境中，概括式规定的方式避免了列举式规定难以面面俱到、容易遗漏的弊端。就大陆目前的情形看，行政一体化程度低，行政机关各自为政情况严重，涉税信息共享的积极性本就不高，所以《税收征管法》采取"列举＋概括"式的规定更能清晰明了地对涉税信息的内容进行限定。

（三）共享信息的方法和程序比较

在台湾，稽征机关可以根据"税捐稽征法"第30条，向有关机关、团体或个人调查获取课税资料，反过来，行政机关或司法机关如需稽征机关所拥有的课税资料可以通过"行政程序法"第19条"执行职务所必要之文书或其他资料，为被请求机关所持有者"申请行政协助，协助应以书面为之，如拒绝需有正当理由，有异议由共同上级机关决定，没有共同上级机关，由被请求机关的上级机关决定，协助的金额及支付方式，由双方协议。而非公务机关可以按照"个人资料保护法"第三章非公务机关对个人资料的收集、处理及利用进行申请，凡是符合该法第19条规定的目的，非公务机关也可向稽征机关申请获取课税资料中的个人信息。

在大陆，没有《行政程序法》和《个人信息保护法》对涉税信息共享的程序进行限定，《税收征管法》三版修订案也没有对具体的程序作规定，但是前文所提的《本溪市涉税信息管理办法》是专门针对涉税信息管理的地方政府规章，也是目前为止在大陆针对涉税信息管理设计得最完善的管理条文，该办法中关于涉税信息共享的程序，第9—11条做了较为详细的规定。第9条下面32项规定了31个部门在哪个时间节点哪个时间段内向统一的涉税信息管理机构提供何种涉税信息。具体每个部门的时间限制与时间节点都是不同，比如"发展和改革部门于每季度结束之日起20个工作日内，提供上季度各类项目的审批、核准和备案情况。"第32项规定了其他部门单位，也做了封闭式限定。第10条规定，传递涉税信息"可以采取网络传输、移动存储介质等电子数据交换形式或纸质文件的形式进行"。第11条规定了公安机关、国土资源、房产部门、文化、教育、卫生、民政、工商、人民银行本溪市中心支行、各国有银行、政策性银行、商业银行、电业部门等等应当按照法定程序向税务部门提供协助。《纳税人涉税保密信息管理暂行办法》第12条至第19条，对人民法院、人民检察院、公安机关、纳税人自己、抵押权人、质权人请求查询时，税务机关应给予支持，相应地在申请时要提交各自的申请材料，得到税务机关审核后才能查询。

可见大陆在涉税信息共享的程序上是有立法实践尝试的，今后的立法模式可参照台湾地区通过一般法"行政程序法"和特别法"税捐稽征法"两法共同对共享程序进行规制的模式,也可在《税收征管法》中对共享程序作原则性规定,然后在《实施细则》对具体程序详细陈述;对此,本章第三节还将予以探讨。

(四)共享信息保密规定比较

《税收征管法》第 8 条第 2 款规定:"纳税人、扣缴义务人有权要求税务机关为纳税人、扣缴义务人的情况保密。税务机关应当依法为纳税人、扣缴义务人的情况保密。"①《实施细则》第 5 条进一步规定:"第 8 条规定的保密情况,是指纳税人、扣缴义务人的商业秘密及个人隐私。税收违法行为不属于保密范围。"同样的,税务总局 2008 年发布的《纳税人涉税保密信息管理暂行办法》,对纳税人的保密信息也是限定为商业秘密和个人隐私,但第 3 条列明了例外规定:"除下列情形外,不得向外部门、社会公众或个人提供:(一)按照法律、法规的规定应予公布的信息;(二)法定第三方依法查询的信息;(三)纳税人自身查询的信息;(四)经纳税人同意公开的信息。"

台湾地区"税捐稽征法"第 33 条第 1 项规定除对纳税人本人或其继承人等 8 类特定机关或人员以外,"税捐稽征人员对于纳税义务人之财产、所得、营业、纳税等资料应绝对保守秘密。"第 2 项则规定税捐稽征机关对其他政府机关等特定机关或人员出于统计、教学、研究与监督目的而供应资料,并不泄漏纳税义务人之姓名或名称,且符合"政府资讯公开法"规定者,不受第 1 项规定限制。第 3 项规定有关监察机关、救济机关、调查机关等特定机关或人员,对税捐稽征机关所提供的涉税信息,不得另作其他目的使用。

整体比较而言,台湾地区有关纳税人涉税信息的保密规定以保密为原则、以法定情形下的公开为例外,二者一体更为周全。具体来说,首先,两岸的涉税信息保密问题都是在法律层面上予以规定,但大陆只是作原则性规定,对保密信息的内容限定和例外都以部门规章的形式予以一定程度地细化。而台湾地区"税捐稽征法"第 33 条的规定相比大陆就详细得多。其次,大陆对保密信息的范围明确限定为商业秘密和个人隐私,税收违法行为不属于保密范围,因此是带有合法与否的性质连结到保密与否的问题,而台湾地区则是从财产、所得、营业、纳税等类别的角度概括保密对象,两种不同的规定方式对纾解纳税人对税务机关应否保密和能否保密的担心所起到的作用显然不同。因为除特殊情形外,一般违法行为不予保密似乎应是公理和常识,并不应法律有无明文规定而不同。最后也是最重要的是,台湾地区所规定的"绝对保密"规则远远超过大陆仅是宣示性的规定,体现了对纳税人涉税信息保密义务的较高程度,从而也在一定程度上消

---

① 《2015 修订草案》与此相应的第 11 条第 5 款在保留了原规定内容后,于末尾增加"法律另有规定除外"。

除了纳税人提供涉税信息时担心被泄露或者用作他途的顾虑。

（五）法律责任比较

《2015 修订草案》新增第 111 条规定了负有提供涉税信息协助义务和其他协助义务的纳税人、扣缴义务人以及其他有关单位和个人没有履行提供涉税信息和其他协助义务的，可处 2000—10000 元的罚款，造成税款重大损失的，处 10 万元以下罚款。台湾地区"税捐稽征法"第 46 条第 1 项规定，拒绝配合稽征机关或赋税事务主管机关的调查人员，不提供相关课税资料的，处以 3000—30000 元新台币的罚款。

关于涉税信息的保密义务，《2015 修订草案》第 125 条规定："未按照本法规定为纳税人、扣缴义务人、检举人保密的，对直接负责的主管人员和其他直接责任人员，由所在单位或者有关单位依法给予处分。"相比大陆以上又是宣示性的规定以至于造成"责任虚化"的情形，在台湾地区，根据"税捐稽征法"第 33 条第 3 项，监察机关、受理有关税务诉愿和诉讼的机关、依法从事调查税务案件之机关、经财政事务主管部门核定之机关与人员、债权人已取得民事确定判决或其他执行名义者如有泄漏情事，准用第 43 条第 3 项泄露秘密之规定；后者规定："税务稽征人员违反第 33 条规定者，处 1 万元新台币以上 5 万元新台币以下罚款。"

此外，值得一提的是，台湾地区"税捐稽征法"2017 年 6 月的最新修订，增订了第 5 条之 1 和第 46 条之 1 两个条文，前者是有关本于互惠原则与外国政府或国际组织商订税务用途信息交换及其他税务协助之条约或协议以及限制的规定，后者是违反前者规定的罚责。后者规定，有关机关或人员违法规避、妨碍或拒绝调查或备询，或未应要求或未配合提供有关信息者，可处 3000 元新台币以上 30 万元新台币以下罚款，并通知限期配合办理；届期未配合办理者，得按次处罚。未依法进行金融账户尽职审查或其他审查者，可处 20 万元新台币以上 1 千万元新台币以下罚款。

第三节　大陆涉税信息共享制度的完善建议

一、大陆涉税信息共享制度建设面临的困境及其解决思路

（一）税收法定主义指导下提升制度的法律位阶和明确性

如前所述，台湾地区采取"税捐稽征法""行政程序法""个人资料保护法"多

管齐下的方式,为涉税信息的共享程序提供法律层面的依据。反观大陆,《税收征管法》层面仅是原则性规定,主要还是以部门规章和规范性文件,以及地方性政府规章为主构建涉税信息共享的规则框架。《2015 修订草案》虽较《税收征管法》在具体性和明确性方面有所进步,但仍未摆脱原则性立法和不具可操作性的习惯弊病,因此应当摆脱宣示性立法的方式,采用尽量明确具体的立法语言,并且在随后的《实施细则》中再予以进一步规范,避免将实际内容交由部门规章去规定的做法。

(二)协调机构的确立以突破部门界限

涉税信息共享是一个多主体多方面的系统性项目,涉及的各级行政机关和社会机构组织繁多复杂,必须要有一个专门的协调机构来统筹组织整个涉税信息的管理,包括建设信息共享平台和制定涉税信息共享的一般规则,明确各主体在信息共享中承担的责任。在台湾地区扮演这一角色的就是"财政资讯中心",承担着综合管理涉税信息、协调涉税信息共享的职责。在大陆,当前涉税信息共享的实践主要是社会综合治税的模式,一般存在于市一级,由当地政府牵头建立综合治税小组,政府领导任组长,税务部门主管,其他部门配合,统一制定综合治税的政策措施。[①] 但不难发现,因为各地政府制定的标准不同,共享的程度不同,涉税信息共享将止步于市一级。

目前,国发〔2016〕51 号文第 4 条所规定的作为负责组织、指导、协调和监督政务信息资源共享工作的"促进大数据发展部际联席会议"作为一个较为松散的非常设性机构能否真正承担起这么一项牵涉所有行政机关信息资源、体量如此庞大的整合工作,还需进一步观察。最终如能建立起政务信息数据共享交换平台并发挥其实效,那么就非台湾地区的"财政资讯中心"所能比肩的了。

(三)配套制度的构建以保障涉税信息共享

涉税信息共享制度建设具有基础性和系统性的特征,除了需要建立有效的法律基础,还需要相关配套制度的支持,也可以说,配套制度的不完善将会削弱涉税信息共享的有效管理,主要包括以下三个方面:

第一,建立起完善的纳税人识别号制度。《2015 修订草案》新增第 8 条规定国家施行统一的纳税人识别号制度。目前,根据《国家税务总局办公厅关于落实国务院统一社会信用代码建设方案调整相关信息系统的通知》(税总办发〔2015〕160 号)中有关纳税人识别号与统一社会信用代码衔接方案,2015 年 10 月 1 日

---

① 张怡、唐琳艳:《第三方涉税信息共享程序规则的构建》,载《经济法论坛》2014 年第 1 期,第 194 页。

之后新登记注册的法人和其他组织的纳税人识别号采用统一社会信用代码。这为税务系统对组织体形态的纳税主体的涉税信息集中统一管理,实现与各个部门之间信息共享提供了一个统一的路径。

然而,有关自然人纳税人识别号应当如何设计,还有不同观点:一种观点主张由税务机关编制单独的税务识别号;另一种观点主张采用身份证号,其中又分直接采用和以身份证号中部分号码加上其他信息标识作为纳税人识别号两种做法。[①] 需要通过对两种观点结合实践推行的可能性与便利性,以及与非自然人纳税人识别号的系统兼容性等方面的利弊分析,确定采用何种自然人纳税人识别号编码方式,从而为涉税信息的共享提供必不可少的制度基础。

第二,完善现金交易管理制度。通过银行系统进行结算的经济活动,其涉税信息较好捕捉和追踪,但是现金交易难以避免且非常普遍,难以监控。《现金管理暂行条例》第2条第1款规定其适用对象仅为在开户银行开立账户的具有组织体形态的开户单位,未包括自然人;第5条第2款,规定使用现金的结算起点为1000元(2011年修订时标准)。因此,其监控范围非常有限,无法满足当前拟开征房地产税和推行个人所得税混合税制改革的税收征管需要。

为此,一方面,应当完善包括自然人在内的现金监管制度,限制大额现金的交易范围和流通,引导交易主体降低现金的使用频率;另一方面,积极推行自然人支票和信用证业务,鼓励非现金结算,加大票据结算业务,提倡信用卡及电子货币结算。[②]

第三,寻求涉税信息共享与个人隐私权保护的均衡。隐私权给予了特定主体对其个人信息的控制与决定权,任何其他私权主体或是公权力主体,都不得逾越该特定空间。[③] 涉税信息共享,是对纳税主体信息的共享,而且由于税收征管法历来的公法刚性定位和税务机关的强势地位,目前包括《税收征管法》修订在内的各项有关涉税信息制度改革呈现出税收征管权对纳税人经济隐私的全面"侵入",身份主体信息和经济交易信息固不必言,未来随着房地产税的开征和个人所得税混合税制改革以及夫妻联合申报制的推行,自然人纳税人的家庭财产(动产和不动产)、婚姻状况、家庭成员,甚至健康状况等各种信息均可能会暴露在税务机关面前。因此,如何细致规定税务机关得以"侵入"纳税人隐私权的范

[①]　参见李万甫、孙红梅主编:《〈税收征收管理法〉修订若干制度研究》,法律出版社2017年版,第105页。

[②]　参见李万甫、孙红梅主编:《〈税收征收管理法〉修订若干制度研究》,法律出版社2017年版,第97页。

[③]　汤洁茵:《税收征管与隐私权的冲突与制衡》,载《河北法学》2008年第12期,第39页。

围和程度、严格规范税务机关的保密义务等问题都构成涉税信息共享制度得以有效推行的基础条件。

二、《税收征管法》中涉税信息共享规定的完善建议

基于前文的两岸比较，我们认为，《2015 修订草案》有关涉税信息共享的规定应当注意以下几个方面。

(一)信息共享程序的设计

在当前缺失《行政程序法》的情况下，《税收征管法》的修订可以对信息共享的程序规则在符合税收法定主义要求的基础上尽可能地予以明确、具体地确定，即便是授权国务院在《实施细则》中加以细化，也应当符合法律保留原则和授权明确性原则。

首先，有关信息共享的主体，为了立法的简洁考量，可用"列举＋概括式"的定义来限定信息共享的主体，列举以示强调、概括以防遗漏。从信息共享的角度来看，主要是税务机关与其他行政机关之间的共享，银行等金融机构等第三方社会主体仅负有向税务机关提供涉税信息的义务，而非与之共享涉税信息。

其次，有关信息的提供，应当规定信息提供主体提供信息的时间节点，还应该根据各种类型信息提供主体的特点规定其所提供的涉税信息的具体内容。然后，规定横向上统一提供给涉税信息协调管理机构，纵向上相关数据从地方逐级汇总到中央。其中，提供的信息内容应该规定统一的格式或者载体形式，提供完成后，信息提供主体应向涉税信息协调管理机构索要回执，证明其规定义务的完成。涉税信息协调管理机构要对提供的信息进行形式审查，并按照基本标准录入系统。

再次，有关信息的保管，信息提供主体按照法定程序和标准向涉税信息协调管理机构提交了相应的涉税信息后，该协调机构应按照法定程序进行保管。首先该机构可先对各个部门机构提供的信息进行比对，对信息的完整性和真实性进行检查，然后定期将涉税信息进行电子磁盘存档和备份，以方便查询。

最后，有关信息的共享，有权从信息共享平台中获取信息的主体在申请查询相应的涉税信息时，应当按照法定程序进行申请，包括凭统一格式和部门负责人签字等形式，对需求信息的内容和目的用途等进行描述和阐述。涉税信息协调管理机构应对其进行申请进行审查，因为涉及涉税信息的保密性，这里的审查就应该是实质审查，并且有严格的共享程序要求。

(二)信息共享程序的保障

信息共享程序的保障措施既包括涉税信息共享中保密措施的设计,还包括对信息共享的监督程序。前者更是涉及纳税主体的切身权益,是实现共享的前提条件和重要保障。

首先,保密涉税信息的界定,大陆仅规定商业秘密和个人隐私属于保密范围,相较台湾地区对纳税人的财产、所得、营业、纳税等资料都要绝对保密,范围太窄,也就是说一个纳税人的普通经营信息在台湾地区是保密信息,而在大陆就不是。可参照台湾地区的做法,对保密信息的内容不作局限的界定,但反向不应保密的主体对象则以排除法的方式明确规定。

其次,关于涉税信息的保密,要跳出"由税务部门主责"的思维局限。由涉税信息协调管理机构从规则和技术两方面确保信息安全,并且监督各信息提供者和信息获取者保密义务的履行。

最后,建立相应的监督程序和法律责任制度,为敦促信息提供主体及时提供真实完整的涉税信息,对那些不提供真实全面信息或者不按规定提供信息的机关,应设计相应的罚则,主管负责人也应当承担相应的责任。当然,如本书第三章第二节所述,在设计法律责任制度时,要区分信息提供主体中其他行政机关和第三方社会主体,其法律责任应有所不同。

第五章

海峡两岸税收征收
法律制度比较

第一节　纳税申报制度的比较

一、纳税申报制度概述

(一)两岸纳税申报基本概念的厘清

台湾地区营利事业所得税(简称"营所税")申报大致有五种:结算申报、决算申报、清算申报、暂缴申报和扣缴申报。营所税采取在纳税年度上半年结束后暂缴,年度终了后结算的稽征方法。其申报制度也相应包括"暂缴申报"和"结算申报"两个环节。关于"暂缴",纳税人应于每年9月1日起至9月30日止,按其上年度结算申报营所税应纳税额的二分之一为暂缴税额,自行向库缴纳,并依规定格式,填具暂缴税额申报书,检附暂缴税额缴款收据,一并申报该管稽征机关。而结算申报,指纳税人应于每年5月1日起至5月31日止,填具结算申报书,向该管稽征机关,申报其上一年度内构成综合所得总额或营利事业收入总额项目及数额,以及有关减免、扣除事实,并应依其全年应纳税额减除暂缴税额、尚未抵缴扣缴税额及可扣抵税额,计算其应纳结算税额,于申报前自行缴纳。台湾地区综合所得税(简称"综所税")采取自行申报和就源扣缴(扣缴申报)两种方式,但以自行申报为主。

大陆的纳税申报没有明确的法定分类,我们认为,广义的纳税申报包括以下情形:登记申报、预缴申报、①免税申报和清算申报。大陆的纳税申报、免税申报与扣缴申报等,相当于台湾的"结算申报"。根据《税收征管法》第 15 条,登记申报指的是企业(及个体工商户、从事生产、经营的事业单位)成立时,需自领取营业执照之日起 30 日内,持有关证件,向税务机关申报办理的税务登记。大陆的"预缴"并非适用于所有所得税中,而且一般是按年计算,分月预缴,不同于台湾的"暂缴"。首先,企业所得税分月或者分季预缴。企业应当自月份或者季度终了之日起 15 日内,向税务机关报送预缴企业所得税纳税申报表,预缴税款。自年度终了之日起 5 个月内,向税务机关报送年度企业所得税纳税申报表,并汇算清缴,结清应缴应退税款。另外,在个人所得税领域中,特定行业的工资、薪金所得应纳的税款,可以实行按年计算、分月预缴的方式计征。自年度终了之日起 30 日内,合计其全年工资、薪金所得,再按 12 个月平均并计算实际应纳的税款,多退少补;个体工商户的生产、经营所得应纳的税款,按年计算,分月预缴,由纳税人在次月 7 日内预缴,年度终了后 3 个月内汇算清缴,多退少补;一年内分次取得承包经营、承租经营所得的,应当在取得每次所得后的 7 日内预缴,年度终了后 3 个月内汇算清缴,多退少补。

(二)大陆纳税申报制度沿革

1992 年《税收征管法》正式导入纳税申报制度,在此之前,大陆一直实行的是"税收专管员固定管户"制度,即"一员到户,各税统管"。该制度是税务部门在新中国成立初期,针对税务人员任务刚性较强,纳税户数量较少,税种单一的情况,对纳税人按地域、行业、经济性质、税种或按税额大小在一定时间内实行的一种税收征管制度。

20 世纪 80 年代中期至 90 年代初期,从省到市县各级税务机关都成立了税务稽查队,实行"多员进厂,征、管、查分离"的征管模式。税务总局于 1989 年 12 月下发了《关于全国税收征管改革的意见》,在全国全面推广税收"征、管、查"三分离、两分离的模式,这也是因为纳税主体越来越多,税源急剧扩大而越来越复杂,过去单一的"税收专管员管户制"已经难以为继。而直到 1993 年《税收征管法》正式施行,包揽着纳税人从税务登记、纳税鉴定、辅导、核税等大量事宜的税收专管员制度才被纳税申报制度所取代。

---

① 参见《企业所得税法》第 54 条,《个人所得税法》第 7 条,《个人所得税法实施条例》第 41 条。

二、纳税申报制度主要内容比较

两岸负有申报义务的主体都包括纳税人和扣缴义务人,前者负纳税申报、后者负扣缴申报义务。此外,台湾地区还有另外两种申报义务人:一是营业代理人:在台湾未设立机构而有营业代理人的(除依台湾"所得税法"第25—26条规定计算所得额,并依规定扣缴所得税款外,由该营业代理人负责办理结算申报缴纳税款);二是遗嘱执行人、继承人或遗产管理人:综所税的纳税申报义务人中,明确规定了死亡申报与离境申报。台湾境内居住的个人于年度中死亡而无配偶时,其死亡及以前年度依法规定应申报课税所得,应由遗嘱执行人、继承人或遗产管理人办理结算申报。

(一)免予申报的情形

1.法律明确规定免税的所得免予申报

免税所得具体分为绝对免税和可能免税两种情形。大陆在申报义务上,对此不作区别性规定。而台湾则仅仅允许绝对免税的情形得以免予申报。可能免税的情形,如大陆《个人所得税法实施条例》第6条规定的"可以"免税的来自"境外"的所得,台湾也称作"附条件免税",即需要经稽征机关核定后才能认定应否免税,而其不合免税要件者,仍应课税。因此"附条件免税"在核定之前仍需要履行申报义务。[①]

还有一些其他特别规定免税和免予申报的情形。比如《个人所得税法实施条例》第25条规定的按照国家规定单位为个人缴付和个人缴付的基本养老保险费、基本医疗保险费、失业保险费、住房公积金免予申报义务。再比如台湾,宗教团体、各行业公会组织及同乡会同学会等无任何营业或作业组织收入的,免予申报义务。

2.所得总额不超过一定法定金额的,免予申报

大陆《个人所得税法》规定了免征额,台湾地区"所得税法"也规定,台湾境内居住的个人全年综合所得总额不超过当年度规定免税额及标准扣除额的合计数者,得免办结算申报。

另外,大陆的减免税分为备案类减免税和报批类减免税。前者无须审批,但应经税务机关登记备案。后者则应由税务机关审批,即对纳税人提供的资料与减免税法定条件的相关性进行审核,只要符合法定条件,即可得到批准。

---

① 参见台湾地区"所得税法"第71条第2项。

(二)必须申报的法定情形

即便是无所得或者得享受减免税优惠待遇时,也必须进行申报。对此,大陆规定的情形有:(1)纳税人在纳税期内没有应纳税款的;(2)企业在纳税年度内无论盈利或者亏损,都应当向税务机关报送预缴企业所得税纳税申报表、年度企业所得税纳税申报表、财务会计报告和税务机关规定应当报送的其他有关资料;①(3)纳税人享受减税、免税待遇的,在减税、免税期间也应当按照规定办理纳税申报。

台湾地区规定的情形有:(1)个人全年综合所得总额虽不超过免税额及标准扣除额的合计数,但申请退还扣缴税款者,仍应依法办理结算申报;(2)"附条件免税"在稽征机关核定之前必须办理结算申报。如符合"所得税法"第4条第13款、第14款规定的教育、文化、公益、慈善机构或团体及其作业组织,以及合作社经过稽征机关核定后方可免税,因此不能免除申报义务;(3)未在台湾办理营业登记而从事营利活动的事业,也应依法办理结算申报。

(三)合并申报

两岸在个人所得税法方面采取的纳税申报制度因各自税制模式不同而有差异。大陆个人所得税为分类税制,采个人申报方式。台湾地区则为综合税制,兼采个人申报和配偶合并申报②两种申报方式。在纳税人与配偶的情形,除二者分居得各自申报并计税外,配偶两人所得必须合并申报,但计税方式可以二选一,即各类所得合并计税,或者仅薪资所得分开计税而其余各类所得合并计税;此外,受纳税人扶养的亲属也必须由纳税人合并申报("所得税法"第15条第1项、第2项)。

大陆个人所得税正面临由目前的分类税制向混合税制转变的改革,转变之后应否兼采夫妻联合申报或者家庭申报,首先取决于个人所得税混合税制的实体课税规则的设计,其次受制于相应的个税征管技术与水平,最后还应考虑采行之后会否加重纳税人负担以至于破坏婚姻家庭自由权。例如,税务机关如不能从民政部门获取纳税人婚姻状况信息,夫妻联合申报就是枉然;在此基础上,尚需获得纳税人户口簿所登记的家庭成员状况信息,才有可能采家庭申报。由于大陆个人所得税的税制模式系由分类税制起步,亦未一步到位改为综合税制,因此在混合税制下先采行夫妻联合申报方式较为稳妥,只是必须在实体课税规则

---

①　参见《企业所得税法实施条例》第129条。

②　"配偶合并申报"原多表述为"夫妻合并申报",但在2017年5月24日,台湾地区"大法官"释字第748号解释承认"同性婚姻"之后,宜改采"配偶合并申报"为妥。

的设计上务必做到夫妻联合申报计算的所得税负不能超过夫妻分开各自申报计税再加总的所得税税负，从而避免造成税法对婚姻的歧视和对平等原则的违反。[①]

(四)纳税申报方式的可选择性

《税收征管法》第 26 条赋予纳税人选择直接申报、邮寄申报、数据电文申报等方式的权利，但 2002 年《实施细则》第 30 条第 1 款附加"经税务机关批准"的条件，限制了纳税人就邮寄申报或者数据电文申报的选择权，增加母法所无的限制条件，有违反税收法定主义之嫌。随着网络和信息化的发展，纳税人采取电子申报方式，快捷而又准确，取消纳税人申报方式的核准是形势所趋。因此，在新一届政府"简政放权"改革的背景下，税务总局于 2014 年 4 月发布《关于发布取消简并涉税文书报表的公告》(公告 2014 年第 21 号)，取消了包括《纳税申报方式认定申请表》在内的 15 份涉税文书报表，从而在事实上废除了税务机关有关纳税人选择纳税申报方式的许可权;2016 年 2 月，《实施细则》修订时，第 30 条第 1 款中原"经税务机关批准"的表述也被删除。目前，数据电文申报包括网络申报、电话申报、手机短信申报、银行网点申报等，部分地区针对实行"定期定额"方式征收增值税税款的个体工商户，实行批量扣款。

台湾地区税法规定的申报方式包括人工申报、媒体申报、电子申报三种主要方式。人工申报即人工填写营所税结算申报书。媒体申报，是指自财政事务主管部门电子申报缴税服务网站下载申报软件，建文件后检核前端程序，以磁盘或光盘片递送。电子申报包括网络申报和二维条形码申报:前者即以因特网办理

---

① 例如，1993 年 5 月 21 日，台湾地区"大法官"释字第 318 号解释认为:"1963 年 1 月 29 日修正公布之'所得税法'第 15 条、第 17 条第 1 项，关于纳税义务人应与其有所得之配偶及其他受扶养亲属合并申报课征综合所得税之规定……。惟合并课税时，如纳税义务人与有所得之配偶及其他受扶养亲属合并计算税额，较之单独计算税额，增加其税负者，即与租税公平原则有所不符。……"

再如，2012 年 1 月 20 日，"大法官"释字第 696 号解释认为:"1989 年 12 月 30 日修正公布之'所得税法'第 15 条第 1 项规定:'纳税义务人之配偶，及合于第 17 条规定得申报减除扶养亲属免税额之受扶养亲属，有前条各类所得者，应由纳税义务人合并报缴。'……其中有关夫妻非薪资所得强制合并计算，较之单独计算税额，增加其税负部分，违反台湾地区宪制性规定第 7 条平等原则，应自本解释公布之日起至迟于届满 2 年时失其效力。""财政事务主管部门 1987 年 3 月 4 日台财税第 7519463 号函:'夫妻分居，如已于综合所得税结算申报书内载明配偶姓名、身份证统一编号，并注明已分居，分别向其户籍所在地稽征机关办理结算申报，其归户合并后全部应缴纳税额，如经申请分别开单者，准按个人所得总额占夫妻所得总额比率计算，减除其已扣缴及自缴税款后，分别发单补征。'其中关于分居之夫妻如何分担其全部应缴纳税额之计算方式规定，与租税公平有违，应不予援用。"

申报;后者即纳税人下载(或由税捐机关提供光盘)安装网络报税软件,申报试算后需打印二维条形码结算申报书,邮寄或亲赴所辖税捐机关进行申报。台湾对不同的申报种类规定了不同的申报方式,以营所税结算申报为例,可使用的申报方式包括人工申报、媒体申报和网络申报。下列申报案件只能用人工申报方式,不可采用媒体及网络申报:(1)属会计科目特殊案件(如金融业及保险业等);(2)逾期申报案件。下列申报案件可采用媒体办理申报,但不可使用因特网传输申报:(1)特殊会计年度申报案件;(2)决算、清算申报案件自 2013 年 7 月 1 日起,可采用媒体办理申报。

有关申报日期,采取邮寄方式办理纳税申报的,大陆规定应当使用统一的纳税申报专用信封,并以邮政部门收据作为申报凭据;邮寄申报以寄出的邮戳日期为实际申报日期。在台湾地区,对此并无统一规定,但"所得税法施行细则"第50 条规定:"申报日期,应以申报书送达稽征机关之日为准;其邮递者,应以挂号寄送,并以交邮当日邮戳日期为申报日期;透过因特网传输者,应以申报资料传输至稽征机关之日为申报日期。"该规定可否类推适用于其他各税申报行为,不无疑义。有学者认为,对于税捐申报效力的发生时期,原则上应采到达主义;但如采邮寄申报书者,得以发寄局邮戳日期为准,其法源依据为"行政程序法"第49 条:"基于法规之申请,以挂号邮寄方式向行政机关提出者,以交邮当日之邮戳为准。"[1]

三、纳税申报的激励机制比较

(一)蓝色申报制度与纳税信用等级制度概述

税务征管过程中,信息不对称将直接影响行政机关的执法成本和执法效率。而纳税人是涉税信息的掌握者,要使纳税人如实向税务机关提供涉税信息,必须一方面建立有效的激励机制,使纳税人从自身利益最大化的角度,主动向税务机关申报涉税信息;另一方面实施严厉的惩罚措施,并使税收惩罚成为违法者的现实威胁是税收激励机制形成的首要条件。[2]

对于鼓励纳税人的激励机制,台湾地区以蓝色申报书为核心的分色管理制度(简称"蓝色申报制度")是个典型的范例。所谓蓝色申报书,依"所得税法"第

---

[1] 参见陈清秀:《税法总论》(修订 9 版),台湾元照出版有限公司 2016 年第 9 版,500 页。

[2] 参见岳树民、李建清等:《优化税制结构研究》,中国人民大学出版社 2007 年版,第202～203 页。

77条第2项,是"指使用蓝色纸张,依规定格式印制之结算申报书,专为奖励诚实申报之营利事业而设置";营所税的结算申报,须经稽征机关核准才得使用蓝色申报书,其实施办法,由财政事务主管部门定之。简言之,蓝色申报书是为奖励营利事业诚实设账、记账、保存凭证并诚实自动调整其结算申报所得额而设置。台湾地区财政事务主管部门1993年发布修正的"营利事业所得税蓝色申报书实施办法"(简称"蓝色申报办法")对使用蓝色申报书的申请与核定、使用蓝色申报书申报的具体规则和奖惩做出了具体的规定。

大陆也有相关的激励制度,即"纳税人信用等级评定"制度(简称"纳税信用等级制度")。1996年在深圳率先建立了ABC分类申报、检查制度。2003年,税务总局发布了《纳税信用等级评定管理试行办法》,将该制度在全国范围内推行。2014年,税务总局又发布了《纳税信用管理办法(试行)》(公告2014年第40号)和《纳税信用评价指标和评价方式(试行)》(公告2014年第48号),并且根据由此建立起来的纳税信用等级体系给予A级纳税人以取消增值税专用发票认证、简化其办税流程的激励,[①]或者对增值税发票使用实行分类管理,[②]还与国家发改委牵头,联合20多家有关机关和组织,对纳税信用A级纳税人实施联合激励措施。[③] 由此,初步建立了现代化的纳税信用管理体系。

(二)蓝色申报制度与纳税信用等级制度的内容比较

总体来看,虽然台湾地区的蓝色申报制度和大陆的纳税信用等级制度有异曲同工之处,但在适用范围和效果方面仍有较大的区别。前者的目的主要是激励营利事业诚实设账、记账、保存凭证并诚实自动调整其结算申报所得额;而后者是大陆社会信用体系整体建设的一个组成部分,目的是规范纳税信用管理,通过褒扬诚信、惩戒失信,促进纳税人诚信自律,提高税法遵从度。设账记账、申报只是纳税人遵从义务的一部分。因此大陆纳税信用等级制度比台湾蓝色申报制度的激励范围更全面。以下对这两个制度的具体规定做一个比较。

1.适用条件(评价指标)比较

关于适用条件,台湾蓝色申报制度适用的实体方面审查核定条件主要包括三个方面:设账记账的规范程度、申请书表内容的完整和准确性、账目记载的真实性。

---

① 参见《国家税务总局关于纳税信用A级纳税人取消增值税发票认证有关问题的公告》(公告2016年第7号)。

② 参见《国家税务总局关于按照纳税信用等级对增值税发票使用实行分类管理有关事项的公告》(公告2016年第71号)。

③ 参见《关于对纳税信用A级纳税人实施联合激励措施的合作备忘录》(发改财金〔2016〕1467号)。

大陆纳税信用等级制度的评价指标则较为复杂,分为三部分内容:纳税人信用历史信息,税务内部信息、外部信息。纳税人信用历史信息包括纳税人的基本信息、评价年度之前的纳税信用记录,以及相关部门评定的优良信用记录和不良信用记录。税务内部信息包括经常性指标信息和非经常性指标信息。经常性指标信息包括涉税申报信息、税(费)款缴纳信息、发票与税控器具信息、登记与账簿信息等 4 个一级指标,非经常性指标信息包括纳税评估、税务审计、反避税调查信息和税务稽查信息 2 个一级指标。结合税务管理实际,最终细化为 6 个一级指标,20 个二级指标,95 个三级指标,指标信息主要从税务管理系统中采集。外部信息包括外部参考信息和外部评价信息。外部参考信息主要是指评价年度相关部门评定的优良信用记录和不良信用记录。外部评价信息主要指从相关部门取得的影响纳税人纳税信用评价的指标信息,当前主要有 4 个指标,评价方式为扣 11 分,即如果发现纳税人在不同部门之间存在提供信息不对称的情形,则纳税人(被扣分后)不可以评价为 A 级纳税信用。评价指标中纳税人信用历史信息和外部参考信息仅记录,不扣分,不影响年度纳税信用评价结果。影响纳税信用评价的主要是税务内部信息和外部评价信息,采取年度评价指标得分和直接判级方式确定。

相比而言,大陆的评价指标更为全面,台湾蓝色申报制度的三个实体审查条件均为大陆纳税信用等级制度评价指标的税务内部信息中经常性指标所覆盖。涉税申报信息、登记与账簿信息作为经常性指标信息,是评价指标的重要组成部分。借助纳税信用评级体系的奖惩措施,可以起到一定的激励与遏阻作用。

2.适用激励机制的程序比较

表 5-1-1　蓝色申报制度与纳税信用等级制度的适用程序比较表

适用程序	台　湾　地　区	大　陆
申请适用/评级的条件	审查申请者的各项条件,符合规定条件者,即可审查通过。	已办理税务登记,从事生产、经营并适用查账征收的企业纳税人。
申请适用/评级的时间	申请时间:企业申请使用蓝色申报书应于会计年度开始后 3 个月内提出;新设企业应于该企业会计年度终了前提出。 评级:凡经税务稽征机关核准使用蓝色申报书的纳税人,除自行申请注销或因违反规定而被取消蓝色申报资格外,其蓝色申报资格在以后年度继续有效。	评价周期为一个纳税年度,税务机关每年 4 月确定上一年度纳税信用评价结果。

续表

适用程序	台 湾 地 区	大 陆
申请需报送的材料	除填具申请书外,还应报送企业经营账簿等有关资料。	无须报送,由税务总局和省税务机关按月主动采集。
审查决定的部门	台湾税捐稽征机关内设的蓝色申报审查委员会	省以下税务机关负责所辖地区纳税信用管理工作的组织和实施。
取消蓝色申报或不得评为A级称号的规定及其情形	对蓝色申报企业有以下情形之一者,其行为年度的蓝色申报书,视为普通申报书:(1)未按要求对不合规定的申报项目进行自动调整,并经通知补正也未切实办理者;(2)未按规定设账及同一年内2次以上未按规定记账,经通知限期改正而未照办者;(3)未按规定开具凭证,或未按规定将原始凭证编号装订成册,经通知限期改正而未照办者;(4)未按"所得税法"规定期限办理结算申报者;(5)应缴所得税款及有关滞报金、滞纳金、怠报金、短估金、利息及罚款等至结算申报时尚未缴清者。 对违反"所得税法"规定或违反"蓝色申报办法"的规定,情节严重者,将撤销其行为年度蓝色申报的许可。稽征机关取消蓝色申报,应以书面形式载明事实及处理依据,通知该蓝色申报企业。	有下列情形之一的纳税人,本评价年度不能评为A级:(1)实际生产经营期不满3年的;(2)上一评价年度纳税信用评价结果为D级的;(3)非正常原因一个评价年度内增值税或营业税连续3个月或者累计6个月零申报、负申报的;(4)不能按照国家统一的会计制度规定设置账簿,并根据合法、有效凭证核算,向税务机关提供准确税务资料的。 税务机关为纳税人提供信用评价结果的自我查询服务,应主动公开A级纳税人名单及相关信息。
相关行政决定的补救措施	若申请书的内容或报送的账簿等有关资料不齐全,则税捐稽征机关应立即通知申请者于10日内补送。 蓝色申报企业若对取消其蓝色申报的处分不服,应于接到通知后20日内陈述理由,并提供各项证明文件请求复核。税务稽征机关可在1个月内做出核定。若当事人对复核核定决定仍有不服者,可依法诉愿及行政诉讼。	纳税人对纳税信用评价结果有异议的,可以书面向做出评价的税务机关申请复评。做出评价的税务机关进行复核。

　　大陆的纳税信用等级制度是整个社会信用体系的一个环节,是由税务机关主动采集信息,依据相关标准主动进行评价,并在其自由裁量的范围内对纳税信用评价体系内的纳税人进行奖罚,因此纳税人基本是被动地适用纳税信用等级制度,而无主动参与或者选择不参与的可能。台湾地区的蓝色申报制度是为了

鼓励纳税人诚实设账、如实申报,由纳税人主动申请适用的一个激励制度。因此,前者体现的是传统税收征管中"管理与服从"的理念,而后者表明的则是现代税收征管中"服务与合作"的精神;显然,后者依纳税人的申请而启动,纳税人的参与水平高,更能调动纳税人的积极性,从而可以更好地实现其制度设计所要达到的激励目的。

有关救济方面,在台湾地区,"蓝色申报办法"第9条规定,纳税人对税务机关不许可其适用蓝色申报书和取消其适用蓝色申报书的处分不服的,可以请求复核,对复核不服的,可以依法提起诉愿及行政诉讼。在大陆,《纳税信用等级评定管理试行办法》第22条规定:"纳税人对税务机关做出的纳税信用等级评定有异议的,可以依法申请行政复议。"2014年《纳税信用管理办法(试行)》没有有关行政复议的规定,但于第24条规定:"纳税人对纳税信用评价结果有异议的,可以书面向作出评价的税务机关申请复评。作出评价的税务机关应按本办法第三章规定进行复核。"可见,大陆新增纳税人有异议时的复核制度,值得肯定。至于《纳税信用管理办法(试行)》有无规定针对复核结果能否行政复议,并不影响纳税人对复核结果享有申请复议的权利;因为能否作为复议申请标的的具体行政行为,既非由税务总局的税收规范性文件所能确定,亦无必要在每个文件中重复《行政复议法》或者《行政诉讼法》的既有规定。

3. 激励措施的具体内容比较

台湾地区规定营利事业使用蓝色申报书,可以享受下列各种优惠待遇:(1)亏损结转、费用扣除等方面的会计处理优惠。蓝色申报企业其前10年的亏损可在本年所得中扣除。如公司形式的营利事业,亏损及申报扣除年度,会计账册簿据完备,均使用"所得税法"第77条所称的蓝色申报书,且如期办理申报并缴纳所得税额的,公司合并后存续或另立公司于办理营所税结算申报时,可以将各该办理合并之公司于合并前经该管稽征机关核定尚未扣除之前10年内各期亏损,按各该办理合并之公司股东因合并而持有合并后存续或另立公司股权之比例计算之金额,自亏损发生年度起10年内,从当年度纯益额中扣除。① 符合规定的交际应酬费用列为费用或损失的限度更高。② 综所税盈亏减除方面,适用"蓝色申报书"申报者计算个人综合所得总额时,如纳税义务人及其配偶经营两个以上之营利事业,其中有亏损者,得将核定之亏损,就核定之营利所得中减除,以其余额为所得额。③ (2)手续优先、简化。公司形式的营利事业,会计账册

---

① 参见台湾地区"所得税法"第39条,以及"企业并购法"第43条和"金融机构合并法"第13条第2项。

② 参见台湾地区"所得税法"第37条。

③ 参见台湾地区"所得税法"第16条。

簿据完备,使用蓝色申报书或经会计师查核签证,并如期办理暂缴申报者,得以当年度前 6 个月之营业收入总额,依规定试算其前半年之营利事业所得额,按当年度税率计算其暂缴税额,不适用一般情况下(按其上年度结算申报营利事业所得税应纳税额之二分之一为暂缴税额)的计算方式。① (3)法定免予处罚的条件更加宽松。例如,根据"税务违章案件减免处罚标准"第 3 条,营所税纳税人未申报或短漏报所得额,得免予处罚的情事包括:①依"所得税法"第 110 条第 1 项和第 2 项应处罚锾案件,经调查核定所漏税额在 1 万元新台币以下,但使用蓝色申报书申报案件的标准为 2 万元新台币以下。②依"所得税法"第 110 条第 4 项规定应处罚锾案件,2014 年度以前案件,经调查核定短漏之课税所得额依当年度适用之营所税税率计算之金额在 1 万元新台币以下,但使用蓝色申报书申报案件的标准在 2 万元新台币以下;2015 年度以后案件,经调查核定短漏课税所得额之所漏税额半数在 1 万元新台币以下,但使用蓝色申报书申报案件的标准在 2 万元新台币以下。② (4)营业税方面,经核准使用蓝色申报书申报营所税的营业人,可以向稽征机关申请以进项凭证编列的明细表,代替进项税额扣抵联申报。③ 营业人经核准使用蓝色申报书的,向所在地主管稽征机关申请核准后,可以就其对其他营业人销售之货物或劳务,按月汇总于当月月底开立统一发票(区别于逐笔开立)。④

大陆,纳税信用评价结果作为税务机关对相关纳税人实施分类管理的依据。税务机关按照守信激励、失信惩戒的原则,对 A、B、C、D 四个不同信用级别的纳税人区别对待,对 A、B 两个级别的纳税人采取激励性的服务管理,而对 C、D 两级则适用惩戒性措施。对 A 级纳税人,税务机关予以下列激励措施:(1)主动向社会公告年度 A 级纳税人名单;(2)一般纳税人可单次领取 3 个月的增值税发票用量,需要调整增值税发票用量时即时办理;(3)普通发票按需领用;(4)连续 3 年被评为 A 级信用级别的纳税人,还可以由税务机关提供绿色通道或专门人员帮助办理涉税事项;(5)税务机关与相关部门实施的联合激励措施,以及结合当地实际情况采取的其他激励措施。对 B 级纳税人,税务机关实施正常管理,适时进行税收政策和管理规定的辅导,并视信用评价状态变化趋势选择性地提供适用于 A 级纳税人的激励措施。对 C 级纳税人,税务机关依法从严管理,并视信用评价状态变化趋势选择性地采取适用于 D 级纳税人的惩戒性的管理措施。对 D 级纳税人,税务机关应采取以下惩戒措施:(1)公开 D 级纳税人及其直

---

① 参见台湾地区"所得税法"第 67 条第 3 项。
② 参见台湾地区"税务违章案件减免处罚标准"第 3 条,另参见其第 3 条之 1、第 4 条。
③ 参见台湾地区"营业税法施行细则"第 38 条第 3 款。
④ 参见台湾地区"统一发票使用办法"第 15 条之 1 第 3 项。

接责任人员名单,对直接责任人员注册登记或者负责经营的其他纳税人纳税信用直接判为 D 级;(2)增值税专用发票领用按辅导期一般纳税人政策办理,普通发票的领用实行交(验)旧供新、严格限量供应;(3)加强出口退税审核;(4)加强纳税评估,严格审核其报送的各种资料;(5)列入重点监控对象,提高监督检查频次,发现税收违法违规行为的,不得适用规定处罚幅度内的最低标准;(6)将纳税信用评价结果通报相关部门,建议在经营、投融资、取得政府供应土地、进出口、出入境、注册新公司、工程招投标、政府采购、获得荣誉、安全许可、生产许可、从业任职资格、资质审核等方面予以限制或禁止;(7)D 级评价保留 2 年,第 3 年纳税信用不得评价为 A 级;(8)税务机关与相关部门实施的联合惩戒措施,以及结合实际情况依法采取的其他严格管理措施。

比较来看,在激励措施的内容方面,大陆主要侧重程序上的方便,从反面给予的惩戒措施,也主要在于监管程序上的严格化。——这与其强调税收征管的"管理"特性与强度密不可分。相反,台湾地区则通过实体上的利益和程序上的便利双管齐下诱导纳税人申请使用蓝色申报书,因此不仅在实体税法、如"所得税法"中,而且还在程序税法、如"统一发票使用办法"中,给予蓝色申报纳税人以激励措施,甚至在免予处罚的情事中都给予蓝色申报纳税人以更低的适用门槛标准。——这亦导源于其对"服务与合作"的税捐稽征理念的奉行。

(三)蓝色申报制度对大陆的启发

可能是由于在制度内容和制度理念方面显示出蓝色申报制度相比纳税信用等级制度相比而言的优越性,而且蓝色申报制度作为一种较为成熟的申报激励制度在世界上多个国家或者地区得到了广泛推行,因此有学者建议,应借鉴台湾地区的蓝色申报制度的大部分内容,争取与纳税信用等级评定制度相嫁接。[①]我们认为,从蓝色申报制度中提炼出来的"服务与合作"理念,确实值得大陆借鉴,但倒未必一定要改用蓝色申报制度,或者直接移用蓝色申报制度的有关内容。最主要的理由在于两岸无论是在税收法制体系,还是税收法治状况方面差别还较大,简单移植会有水土不服的问题。

具体来说,原因可以从如下几方面考察:首先,蓝色申报制度毕竟只适用于部分、甚至少数纳税人,且在税收法制体系较为完善、税收法治水平较为先进的土壤中才能真正发挥实效,大陆目前尚不具备这一环境条件。其次,大陆的纳税信用登记制度对优良级纳税人给予正面宣导的鼓励,如在纳税信用等级评定结

---

① 参见刘植才:《台湾营利事业所得税"蓝色申报"制度评价及借鉴》,载《涉外税务》2005 年第 2 期,第 58 页。

果的公示中,A 级纳税人无疑获得了一个具有积极意义的宣传机会,①对其经济交易活动会有间接的促进作用,很多企业在其广告宣传中从不忘展示其"A 级纳税人"的信用等级即为适例。再次,蓝色申报制度中以实体上税收利益作为激励措施的做法,在大陆就不宜采用。因为如果以实体税收利益作为激励措施,其可能导致的问题已有制度实践先例。例如,有奖发票制度推行之初以税款作为奖励资金来源就遭遇了是否符合税收法定主义的疑惑。再如,各个地方政府自行其是、"无权""越权"给予的所谓"税收优惠措施"既违反税收法定主义,又在后期地方政府无法实现该优惠时造成对信赖保护原则的破坏,以至于政府公信力受损,而给予优良级纳税人以实体税收利益的激励,在实践中很容易沦陷转化为一种变相的"税收优惠"(特别是当优良级纳税人普遍是经营状况良好、盈利能力较强的大企业时就更是如此),不仅创造了极大的权力寻租空间,而且容易失去法治框架内的控制。最后,大陆的纳税信用等级制度构成社会信用体系整体建设的一部分,并与其他信用类型、如财务信用等相辅相成,而且该制度自 2003 年实施至今十几年来,既沉淀了大量的制度成本,又累积了丰富的制度经验,因此不能轻言废弃、盲目进行制度转换。

四、纳税申报相关法律责任比较

(一)纳税人违反暂缴申报义务的法律责任

大陆《税收征管法》未对违反预缴申报义务的法律责任做出规定,《企业所得税法》及其《实施条例》也是如此。台湾地区"所得税法"第 68 条则规定,营利事业逾期未办理暂缴,以 10 月 31 日(每年 9 月 1 日起至 9 月 30 日止为法定暂缴期限)为界,处理不同:10 月 31 日以前已依第 67 条第 1 项规定计算补报及补缴暂缴税额者,应自 10 月 1 日起至其缴纳暂缴税额之日止,按其暂缴税额,按日加计利息,一并征收;而逾 10 月 31 日仍未依前项规定办理暂缴者,稽征机关应按第 67 条第 1 项规定计算其暂缴税额,并加计 1 个月之利息,一并填具暂缴税额核定通知书,通知该营利事业于 15 日内自行向库缴纳。可见,超越了法定暂缴期限后 1 个月,则处罚更重,由按日加计利息直接变为加计 1 个月利息处理。

---

① 参见刘威威:《纳税信用等级:企业的诚信招牌——山东省纳税信用等级评定采访实录》,载《中国税务》2005 年第 1 期,第 8 页。文中提及,评得 A 级对企业的间接影响不可低估。"A 级"纳税人称号成为商誉的组成部分,对某些公司的招标、寻求商业合作机会等经营过程中,起到了不可忽视的积极作用。

(二)纳税人违反按期申报义务的法律责任

大陆《税收征管法》第 62 条规定,纳税人未按照规定的期限办理纳税申报和报送纳税资料的,由税务机关责令限期改正,可以处 2000 元以下的罚款;情节严重的,可以处 2000 元以上 1 万元以下的罚款。此外,第 63 条规定,经税务机关通知申报而拒不申报或者进行虚假的纳税申报,不缴或者少缴应纳税款的,是偷税,按偷税行为予以处罚。

相比之下,台湾地区税法有关程序性规定要丰富得多。首先是稽征机关"催报"的前置程序。稽征机关应于结算申报限期届满前 15 日填具催报书,指示延迟申报的责任。[①] 这类似于大陆《税收征管法》第 37 条、第 38 条、第 40 条所规定的税收保全措施和强制执行措施的"责令限期缴纳"的前置程序,但又不尽相同。其一,前者无须其他法定限制条件,只要满足固定期限条件(申报期限届满前 15 日),即可催报;而后者则一般要求纳税人有违法行为(如未办税务登记或者未按期缴纳税款)或违法行为之可能(如税务机关有根据认为纳税人有逃避纳税义务行为的),方可责令限期缴纳应纳税款;其二,前者目的只是单纯地履行提醒义务,后者虽然也系提示,但提示之后紧跟着刚性较强的措施。这与前述两岸在税收征管方面所奉行的理念不同有关。台湾地区的催报程序不仅可以督促纳税人按时申报纳税,减少申报失误,还可以打消纳税人侥幸逃漏税的心理。因此,大陆应该借鉴台湾地区的催报制度,并结合新的税收管理员"管户"责任,在纳税年度结束后向纳税人寄发通知书,通过此类提示性、劝告性的服务方式,在维护纳税人利益的同时,提高其纳税遵从度。

其次,在履行催报义务后,稽征机关仍应容忍一个"滞报通知"期限,才能做出相应行政处分(税收核定与其他金钱性处罚)。依台湾地区"所得税法"第 79 条第 1 项,纳税人未依规定期限办理结算申报的,稽征机关应即填具滞报通知书,送达纳税人,限于接到滞报通知书之日起 15 日内补办结算申报。只有当超过此期限仍未办理结算申报者,稽征机关应依查得之资料或同业利润标准,核定其所得额及应纳税额,并填具核定税额通知书,连同缴款书,送达纳税人依限缴纳。这显然也是在服务理念下制定的有利于纳税人的程序性规则。[②] 但是,根据"所得税法"第 108 条第 1 项,纳税人在收到上述滞报通知书 15 日内补办结算申报,经稽征机关据以调查核定其所得额及应纳税额者,不能就因此逃过惩罚,

---

① 参见台湾地区"所得税法"第 78 条第 1 项。

② 依台湾地区"所得税法"第 79 条第 2 项,综合所得税纳税人不适用催报规定;其逾期未申报者,稽征机关应即依查得之资料或同业利润标准,核定其所得额及应纳税额,通知依限缴纳。

应按核定应纳税额另征 10% 滞报金；其属独资、合伙组织之营利事业应按稽征机关调查核定应纳税额之半数另征 10% 滞报金。但最高不得超过 3 万元新台币，最低不得少于 1500 元新台币。

最后，"所得税法"第 108 条第 2 项规定，纳税人超过补报期限，仍未办理结算申报，经稽征机关依查得数据或同业利润标准核定其所得额及应纳税额者，应按核定应纳税额另征 20% 怠报金；其属独资、合伙组织之营利事业应按稽征机关调查核定之应纳税额之半数另征 20% 怠报金；但最高不得超过 9 万元新台币，最低不得少于 4500 元新台币。① 由于怠报属于稽征机关已提示补报但纳税人仍未办理结算申报的情形，因此怠报金的课征比例与上下限额度均高于滞报金，以加强惩戒，并起到敦促纳税人及时补办结算申报的作用。

此外，有关营利事业未分配盈余申报的滞报金及怠报金，个人未依限办理房屋、土地交易所得申报、短漏报房屋、土地交易所得或未申报者之处罚分别规定于"所得税法"第 108 条之 1 和第 108 条之 2。

(三)纳税人违反如实申报义务的法律责任

大陆有关纳税人未如实申报（即"虚假纳税申报"），并导致不缴或者少缴税款结果的，归类为偷税行为的一种，并在《税收征管法》第 63 条予以规定；纳税人不进行纳税申报，不缴或者少缴税款的，则规定于第 64 条第 2 款，除追缴税款和滞纳金外，并处不缴或者少缴税款 50% 以上 5 倍以下的罚款。与现行《税收征管法》第 63 条相对应的《2015 修订草案》第 97 条除将前者的"偷税"改为"逃避缴纳税款"（简称"逃税"）外，还将上述第 64 条第 2 款所规定的"不进行纳税申报"的行为改称"不申报"行为作为逃税行为的客观表现形式之一。可见，大陆将

---

① 1989 年 12 月 30 日"所得税法"修正公布的第 108 条第 1 项，对滞报金仅有最低额 1500 元新台币的下限，并无上限金额规定。1997 年 12 月 30 日"所得税法"增订第 108 条之 1 第 1 项，对营利事业未按规定依限办理未分配盈余申报，但已按规定补办申报，经稽征机关据以调查核定其未分配盈余及应加征之税额者，应按核定应加征之税额另征 10% 滞报金；该滞报金亦仅有最低额 1500 元新台币的下限，而无上限金额规定。对此，2006 年 9 月 15 日，台湾地区"大法官"释字第 616 号解释认为，前述两项系争规定，"乃对纳税义务人未于法定期限内履行申报义务之制裁，其违规情节有区分轻重程度之可能与必要者，自应根据违反义务本身情节之轻重程度为之。上开规定在纳税义务人已缴纳其应纳税款之情形下，行为罚仍依应纳税额固定之比例加征滞报金，又无合理最高额之限制，显已逾越处罚之必要程度而违反'台湾地区宪制性规定'第 23 条之比例原则，与台湾地区宪制性规定第 15 条保障人民财产权之意旨有违，应自本解释公布之日起，至迟于届满一年时，失其效力。"

2007 年 7 月 11 日，在释字第 616 号解释所定失效期 1 年届满前，"所得税法"修订第 108 条和第 108 条之 1，不仅于各该条第 1 项均增设最高额 3 万元新台币的限制，而且参照释字第 616 号解释意旨，于各该条第 2 项增设怠报金最高额 9 万元新台币的限制。

违反如实申报义务、甚至消极的不申报行为直接与逃税行为相连接,而未单独对所谓虚假纳税申报行为进行罚则设计,因而有其规范逻辑上的不足。

相比而言,台湾地区税法中的有关规定更为全面。首先,应办理结算申报而未办理,经稽征机关核定应纳税额者,不再享受法定相关的扣除规定("所得税法"第17条第1项第2款第2目列举扣除额)。其次,纳税人结算申报时对扣除额计算错误,导致短缴税款①的,经稽征机关核定补缴者,应自结算申报期限截止之次日起,至缴纳补征税款之日止,就核定补征之税额,依第123条规定之存款利率,按日加计利息,一并征收,应加计之利息金额不超过1500元新台币者,免予加计征收。但加计之利息,以一年为限。

(四)逾期自动补报减半处罚

台湾地区"所得税法"第114条第2款规定,扣缴义务人已依法扣缴税款,但未依法定期限按实填报或填发扣缴凭单者,除限期责令补报或填发外,应按扣缴税额处20%罚锾。但最高不得超过2万元新台币,最低不得少于1500元新台币;②逾期自动申报或填发者,减半处罚。此外,"所得税法"第114条之3第1项、第2项,针对营利事业亦有类似规定,即逾期自动申报或填发者,减半处罚。

除了"所得税法"明文规定外,实务中也有减半处罚的例子。如,遗产税继承人已于法定期间内申报,复于稽征机关派案审查之后,唯确尚未进行调查前自行补报,其应纳税额尚无应加计之利息。③ 这种做法的好处显而易见,一方面对逾期未申报的纳税人以尽快补报的激励,另一方面可以大大减轻稽征机关的工作负担,很值得我们借鉴。

---

① 指综合所得税纳税人结算申报所列报之免税及扣除项目或金额,及营利事业所得税纳税人结算申报所列报减除之各项成本、费用或损失,超过本法及附属法规规定之限制,致短缴自缴税款。参见台湾地区"所得税法"第102条。

② 1989年12月30日"所得税法"修正公布的第114条第2项前段,对扣缴义务人已扣缴税款但未按期按实填发或者填报扣缴凭单者,处以20%的罚锾,仅有1500元新台币的下限规定。对此,1993年10月8日,"大法官"释字第327号解释认为,"对于扣缴义务人已将所扣税款依限向国库缴清,仅逾期申报或填发扣缴凭单者,仍依应扣缴税额固定之比例处以罚款,又无合理最高额之限制,应由有关机关检讨修正。"

2001年1月3日,回应释字第327号解释,"所得税法"修订第114条,在上述条款中,增设22500元新台币的最高额限制;2009年5月27日,"所得税法"修订第114条,又将前述22500元新台币改为2万元新台币。

③ 台湾地区财政事务主管部门1996年6月22日台财税字第850281106号令函。

第二节　纳税期限制度的比较

一、纳税期限的类型比较

(一)纳税计算期与税款缴库期

1.大陆[①]

纳税期限指纳税义务发生后,纳税人依法缴纳税款的期限,包括纳税计算期和税款缴库期:前者说明纳税人应多长时间计缴一次税款,反映了计税的频率;后者说明应在多长期限内将税款缴入国库,是纳税人实际缴纳税款的期限。[②]

大陆《税收征管法》第 32 条规定:"纳税人未按照规定期限缴纳税款,扣缴义务人未按照规定期限解缴税款,税务机关除责令限期缴纳外,从滞纳税款之日起,按日加收滞纳税款万分之五的滞纳金。"[③]该条中的"规定期限"当然是指纳税期限,那么是纳税计算期还是税款缴库期呢? 参照《实施细则》第 75 条:"税收征管法第 32 条规定的加收滞纳金的起止时间,为法律、行政法规规定或者税务机关依照法律、行政法规的规定确定的税款缴纳期限届满次日起至纳税人、扣缴义务人实际缴纳或者解缴税款之日止。"可以认为,第 32 条中所称的"规定期限"具体指税款缴库期。

大陆大多数税种法中各所规定的"纳税期限"也比较含糊,而且与《税收征管法》第 32 条所指"规定期限"之间不相一致。如《增值税暂行条例》第 23 条规定:

---

① 参见李刚:《税法与私法关系总论》,法律出版社 2014 年版,第 353～358 页。

② 参见张守文:《税法原理》(第 7 版),北京大学出版社 2016 年第 7 版,第 51 页。

③ 该条规定在《2015 修订草案》中被分解为两条:第 58 条:"纳税人未按照规定期限缴纳税款,扣缴义务人未按照规定期限解缴税款的,税务机关应当责令其限期缴纳或者解缴。"第 59 条:"(第 1 款)纳税人未按照规定期限缴纳税款的,扣缴义务人未按照规定期限解缴税款的,按日加计税收利息。(第 2 款)税收利息的利率由国务院结合人民币贷款基准利率和市场借贷利率的合理水平综合确定。(第 3 款)纳税人补缴税款时,应当连同税收利息一并缴纳。"究其原因,我们认为主要是由于第 32 条中的"税务机关除责令限期缴纳外"从一般语义的角度容易被理解为构成加收滞纳金的前提条件之一;换言之,加收滞纳金不仅需要纳税主体未按期纳税,还需要税务机关责令限期缴纳的行为作为前提。但滞纳金的加收一般而言应当仅以纳税主体未按期纳税为充要条件,《2015 修订草案》将税务机关责令限期缴纳单独规定,可以避免上述问题。然而,就本书此处所论"规定期限"的含糊性问题,《2015 修订草案》并未解决。

"（第 1 款）增值税的纳税期限分别为 1 日、3 日、5 日、10 日、15 日、1 个月或者 1 个季度。纳税人的具体纳税期限，由主管税务机关根据纳税人应纳税额的大小分别核定；不能按照固定期限纳税的，可以按次纳税。（第 2 款）纳税人以 1 个月或者 1 个季度为 1 个纳税期的，自期满之日起 15 日内申报纳税；以 1 日、3 日、5 日、10 日或者 15 日为 1 个纳税期的，自期满之日起 5 日内预缴税款，于次月 1 日起 15 日内申报纳税并结清上月应纳税款。（第 3 款）扣缴义务人解缴税款的期限，依照前两款规定执行。"该条第 1 款中所称"纳税期限"从字面上看指的是纳税计算期，第 2 款中所称"1 个月或 1 个季度""1 日、3 日、5 日、10 日或者 15 日"均指纳税计算期；第 2 款中所称"自期满之日起 5 日内预缴税款"以及"于次月 1 日起 15 日内申报纳税"中的"5 日"和"15 日"则是指税款缴库期。与《增值税暂行条例》作了相同规定的还有《消费税暂行条例》第 14 条，①其他如《个人所得税法》第 9 条②等税种法有关纳税期限的规定均包括了纳税计算期和税款缴库期两种。

可见，当把《税收征管法》第 32 条中的"规定期限"笼统地理解为"纳税期限"的同时，税种法对"纳税期限"的规定，从字面上理解却是指纳税计算期，而从滞纳金制度的立法意图来看则应当是税款缴库期。因此，就非常容易在实践中产生不同的理解。之所以出现这种现象，主要是因为长期以来我国在税收立法方面采取的是所谓"空白"授权立法，没有奉行税收法定主义的传统。而国务院、乃至财政部和税务总局等在制定税收行政法规等税法规则时，立法随意性较大，对税法体系内部各个税法之间相互衔接和协调的问题重视不够，没有采用统一、明

---

①　《消费税暂行条例》第 14 条："（第 1 款）消费税的纳税期限分别为 1 日、3 日、5 日、10 日、15 日、1 个月或者 1 个季度。纳税人的具体纳税期限，由主管税务机关根据纳税人应纳税额的大小分别核定；不能按照固定期限纳税的，可以按次纳税。（第 2 款）纳税人以 1 个月或者 1 个季度为 1 个纳税期的，自期满之日起 15 日内申报纳税；以 1 日、3 日、5 日、10 日或者 15 日为 1 个纳税期的，自期满之日起 5 日内预缴税款，于次月 1 日起 15 日内申报纳税并结清上月应纳税款。"

②　《个人所得税法》第 9 条："（第 1 款）扣缴义务人每月所扣的税款，自行申报纳税人每月应纳的税款，都应当在次月 15 日内缴入国库，并向税务机关报送纳税申报表。（第 2 款）工资、薪金所得应纳的税款，按月计征，由扣缴义务人或者纳税义务人在次月 15 日内缴入国库……（第 3 款）个体工商户的生产、经营所得应纳的税款，按年计算，分月预缴，由纳税义务人在次月 15 日内预缴，年度终了后 3 个月内汇算清缴，多退少补。（第 4 款）对企事业单位的承包经营、承租经营所得应纳的税款，按年计算，由纳税义务人在年度终了后 30 日内缴入国库，并向税务机关报送纳税申报表。纳税义务人在一年内分次取得承包经营、承租经营所得的，应当在取得每次所得后的 15 日内预缴，年度终了后 3 个月内汇算清缴，多退少补。（第 5 款）从中国境外取得所得的纳税义务人，应当在年度终了后 30 日内，将应纳的税款缴入国库，并向税务机关报送纳税申报表。"

确的立法语言。

因此,我们建议《税收征管法》修订时,应当明确纳税期限包括纳税计算期和税款缴库期两类,同时各个税种法也将其纳税期限作相应分类;然后再在有关滞纳金制度中明确对纳税人征收滞纳金的前提是纳税人未在税款缴库期内足额缴纳税款。

《企业所得税法》的有关规定在一定程度上避免了上述税种法对纳税期限界定不清的做法。从该法第53条第1款的规定,即"企业所得税按纳税年度计算。纳税年度自公历1月1日起至12月31日止。"可以看出,所谓纳税年度是指税款计算期。从该法第54条第2、3款的规定,即"(第2款)企业应当自月份或者季度终了之日起15日内,向税务机关报送预缴企业所得税纳税申报表,预缴税款。(第3款)企业应当自年度终了之日起5个月内,向税务机关报送年度企业所得税纳税申报表,并汇算清缴,结清应缴应退税款。"可以看出,所谓"15日"和"5个月"分别是指预缴税款的缴库期和清缴税款的缴库期。

2.台湾地区

台湾地区"税捐稽征法"第20条有关滞纳金的规定中并未使用纳税期限或者缴纳期间等类似用词,而是称:"依税法规定逾期缴纳税捐应加征滞纳金者,每逾2日按滞纳数额加征1‰滞纳金;逾30日仍未缴纳者,移送法院强制执行。"但在其他条文中则存在使用不同词语表述税款缴库期的现象。使用最多的词为"缴纳期间",如第17条有关查对更正、第23条有关追征时效规定的第1项、第27条有关缓缴权利的停止、第35条有关申请复查期限、第50条之1第1项有关征收期间的起算等规定均是如此。

再如,第24条第3项和第48条之1第3项①使用的"缴纳期限",与缴纳期间同义。还如,第26条第1项规定:"纳税义务人因天灾、事变、不可抗力之事由或为经济弱势者,不能于法定期间内缴清税捐者,得于规定纳税期间内,向税捐稽征机关申请延期或分期缴纳,其延期或分期缴纳之期间,不得逾3年。"其中的"法定期间"与"规定纳税期间"二者是否相同,值得进一步思考。至于第21条有关核课期间规定的第1项第1款、第22条有关核课期间起算规定的第1款和第2款所采用的"规定期间"一词,依其上下文判断,系指申报期间,既非指缴纳期间,与各该条所规定的核课期间也还不至于发生混淆。

---

① 该款中既使用了"缴纳期限",又使用了"缴纳税款期间",二者其实含义一致,应统一表述。

在实体税法中,如"所得税法"第 67 条第 1 项[①]和"货物税条例"第 23 条第 1 项[②]均规定了各自的缴纳期间。

(二)法定缴库期与核定缴库期

1. 大陆[③]

大陆《税收征管法》第 31 条第 1 款规定:"纳税人、扣缴义务人按照法律、行政法规规定或者税务机关依照法律、行政法规的规定确定的期限,缴纳或者解缴税款。"[④]该款规定的就是纳税期限问题,但究竟是指纳税计算期,还是指税款缴库期,也不十分明确,因此需要结合第 31 条第 2 款规定来加以判断。第 31 条第 2 款规定:"纳税人因有特殊困难,不能按期缴纳税款的,经省、自治区、直辖市国家税务局、地方税务局批准,可以延期缴纳税款,但是最长不得超过 3 个月。"从该款规定来看,所谓"延期"应当是指延长税款缴库期。因为对于有特殊困难而不能按期纳税的纳税人来说,如果仅延长其税款计算期是没有意义的,所以纳税人申请延长的只能是税款缴库期。因此,如果结合第 2 款有关延期纳税的规定,那么就可以明确第 1 款规定的纳税期限也应当是指税款缴库期。

既然第 31 条第 1 款规定的是税款缴库期,那么根据该款规定,就存在两种税款缴库期:一种是法律、行政法规规定的税款缴库期,可简称为法定缴库期;另一种是税务机关依照法律、行政法规的规定确定的期限,可简称为核定缴库期。那么第 32 条中所称"规定期限"究竟是仅指法定缴库期,还是也包括核定缴库期呢?这又是由于"规定期限"的含糊性所造成的实践中理解的疑惑之一。

我们认为,应当遵循法律解释的内容性因素、即体系解释和目的解释的方法,[⑤]来确定第 32 条中所称"规定期限"的具体所指。从体系解释的角度看,第 32 条紧跟第 31 条之后,第 31 条规定的是税款缴库期问题,而第 32 条规定的是纳税人未按纳税期限纳税而应承担的不利法律后果、即滞纳金的加收,因此第 32 条所规定的期限与第 31 条所规定的期限应当具有同一性。从目的解释的角

---

① 该项规定:"营利事业除符合第 69 条规定者外,应于每年 9 月 1 日起至 9 月 30 日止,按其上年度结算申报营利事业所得税应纳税额之二分之一为暂缴税额,自行向库缴纳,并依规定格式,填具暂缴税额申报书,检附暂缴税额缴款收据,一并向该管稽征机关申报。"

② 该项规定:"产制厂商当月份出厂货物之应纳税款,应于次月 15 日以前自行向公库缴纳,并依照财政事务主管部门规定之格式填具计算税额申报书,检同缴款书收据向主管稽征机关申报;无应纳税额者,仍应向主管稽征机关申报。进口应税货物,纳税义务人应向海关申报,并由海关于征收关税时代征之。"

③ 参见李刚:《税法与私法关系总论》,法律出版社 2014 年版,第 353～358 页。

④ 该款规定在《2015 修订草案》中改为第 43 条第 1 款,文字没有任何变化。

⑤ 参见黄茂荣:《税法总论》(第二册),台湾植根法学丛书编辑室 2005 年版,第 63～86 页。

度看,既然滞纳金制度的目的在于督促纳税人按期纳税,那么不论是法定缴库期还是核定缴库期,只要纳税人未按期纳税,就要被加收滞纳金;如果把核定缴库期排除在外而不加收滞纳金,那么核定缴库期就失去了意义。因此,第32条中所称"规定期限"应当与第31条规定的税款缴库期一致,既包括法定缴库期,也包括核定缴库期。《实施细则》第75条的规定进一步验证了上述观点。

2.台湾地区

台湾地区,类似的,纳税期间也根据采取发单课征或自动报缴税捐而有所区分。"税捐稽征法"第22条规定:"前条第1项核课期间之起算,依左列规定:一、依法应由纳税义务人申报缴纳之税捐,已在规定期间内申报者,自申报日起算。二、依法应由纳税义务人申报缴纳之税捐,未在规定期间内申报缴纳者,自规定申报期间届满之翌日起算。三、印花税自依法应贴用印花税票日起算。四、由税捐稽征机关按税籍底册或查得资料核定征收之税捐,自该税捐所属征期届满之翌日起算。"可见,采用发单课征方式的纳税人,以缴款书上所载明缴纳期限为清偿期,没有缴纳期限记载的,以该核定送达纳税人时为准。在自动申报缴纳的情况下,纳税人应于申报期限内申报,并缴纳税款。

此外,该法第10条规定:"因天灾、事变而迟误依法所定缴纳税捐期间者,该管税捐稽征机关,得视实际情形,延长其缴纳期间,并公告之。"由文义解释和体系解释可知,该条中的"缴纳税捐期间"[①]和"缴纳期间"虽然意义相同,但已经具有一属法定缴纳期间和一属核定缴纳期间的区别。

二、纳税申报期限比较

(一)主要税种法规定的纳税申报期限比较

表5-1-2　两岸主要税种法申报期限比较表

	台 湾 地 区	大 陆
各税种的申报期限	1.所得税[②] (1)结算申报:历年制为每年5月1—31日,采非历年制会计年度的营利事业,申报期限比照历年制推算;	1.个人所得税依类型而不同: (1)工薪所得一般按月计征,由扣缴义务人或者纳税人在次月7日内向税务机关办理纳税申报。

---

① "税捐稽征法"第48条之1第3项中使用的是"缴纳税款期间",从法律术语统一的角度来说,这两个词应当一致表述。

② 参见台湾地区"所得税法"第71条、第75条、第67条、第92条。

续表

台　湾　地　区	大　陆
决算申报:营利事业解散、废止、合并或转让之日起 45 日内; (2)清算申报:清算结束之日起 30 日内; (3)暂缴申报:申报时间为每年 9 月 1—30 日,但采特殊会计年度之营利事业,申报期间比照历年制推算,意即特殊会计月份的初始月份加 8; (4)扣缴申报:①台湾地区境内居住者及在台湾地区境内有固定营业场所的营利事业:应于每月 10 日前将上一月内所扣税款向"国库"缴清。 ②非台湾地区境内居住者及在台湾地区境内无固定营业场所之营利事业:应于代扣税款之日起 10 日内,将所扣税款向"国库"缴清。 ③营利事业有解散、废止、合并或转让,或机关、团体裁撤、变更时:应随时就已扣缴税款数额缴纳。 2.营业税① (1)每 2 月一期,自次期开始 15 日内; (2)每月一期,于次月 15 日前(限于适用零税率之营业人); (3)合并、转让、解散或废止营业的,事实发生之日起的 15 日。 3.契税② (1)于不动产买卖、承典或交换赠与、分割权契约成立之日起,或因占有而依法申请为所有人之日起 30 日内; (2)不动产移转之判决确定日起 30 日内。法院拍卖案件应于法院发给权利移转证明书之日起 30 日内;产权纠纷案件应于法院判决确定之日	(2)个体工商户和个人独资、合伙企业投资者取得的生产、经营所得应纳的税款,分期预缴的,纳税人在每月(季)终了后 7 日内办理纳税申报,纳税年度终了后在 3 个月内进行汇算清缴。 (3)年终一次性取得的对企事业单位的承包经营、承租经营所得,纳税人自取得所得之日起 30 日内办理纳税申报。 (4)在 1 个纳税年度内分次取得的承包经营、承租经营所得,在每次取得所得后的次月 7 日内申报预缴,纳税年度终了后 3 个月内汇算清缴。 (5)从中国境外取得的所得,纳税人在纳税年度终了后 30 日内向中国境内主管税务机关办理纳税申报。 (6)其他所得一般由扣缴义务人代扣代缴(源泉扣缴),在纳税人取得所得的次月 7 日内向税务机关按次办理纳税申报。 (7)纳税年度终了 3 个月内,年所得 12 万元以上的纳税人,纳税人从中国境内两处或者两处以上取得工资、薪金所得的,或者从中国境外取得所得的,或者取得应纳税所得、没有扣缴义务人的,以及国务院规定的其他情形,应当到主管税务机关办理自行纳税申报。 2.企业所得税按月预缴的,应于次月 15 日内办理纳税申报;按季预缴的,在季度终了后 15 日内办理纳税申报。

---

①　参见台湾地区"营业税法"第 35 条。

②　参见台湾地区"契税条例"第 16 条。

续表

台 湾 地 区	大 陆
起 30 日内;新建房屋由承受人取得使用执照案件应有核发使用执照之日起 60 日内;向政府机关标购或领买公产案件应于政府机关核发产权移转证明书之日起 30 日内。	3.增值税:纳税人以 1 个月或者 1 个季度为 1 个纳税期的,自期满之日起 15 日内申报纳税;以 1 日、3 日、5 日、10 日或者 15 日为 1 个纳税期的,自期满之日起 5 日内预缴税款,于次月 1 日起 15 日内申报纳税并结清上月应纳税款。①

台湾地区"营业税法"第 35 条第 1 项后段规定,纳税人"有应纳营业税额者,应先向公库缴纳后,检同缴纳收据一并申报。""所得税法"第 71 条第 1 项规定,纳税人应于结算申报时,计算其应纳的结算税额,于申报前自行缴纳。有学者指出,上述两条规定显示,在自动报缴税捐的情形,纳税人不先缴纳税款,即不能为申报,导致无资力缴纳税款者,由于不能办理申报,在违反缴纳义务的同时也违反申报义务,构成怠报与滞纳。因此,应该在制度设计上,使确实无资力的纳税人起码能够先履行申报义务。② 大陆《个人所得税法》第 9 条规定:"(第 1 款)扣缴义务人每月所扣的税款,自行申报纳税人每月应纳的税款,都应当在次月 7 日内缴入国库,并向税务机关报送纳税申报表。(第 2 款前段)工资、薪金所得应纳的税款,按月计征,由扣缴义务人或者纳税义务人在次月 7 日内缴入国库,并向税务机关报送纳税申报表。"从上述规定来看,似乎也存在应以履行缴纳义务为前提才能履行申报义务的问题,因此,应该进一步明确立法语言,使纳税人能够分开履行申报义务与缴纳义务,避免遭受行为罚与滞纳金的同时处罚;当然,按次申报并纳税的情形除外。

(二)延期申报制度比较

两岸的税法都设计了延期申报制度。《税收征管法》第 27 条第 1 款规定:"纳税人、扣缴义务人不能按期办理纳税申报或者报送代扣代缴、代收代缴税款报告表的,经税务机关核准,可以延期申报。"③但是延期申报不等于延期缴纳税款。经核准延期申报的纳税人、扣缴义务人,应当在纳税期内按照上期实际缴纳

---

① 《增值税暂行条例》第 23 条第 2 款。

② 参见黄茂荣:《税法总论》(第三册),台湾植根法学丛书编辑室 2008 年第 2 版,第 818 页,注 16。

③ 该款规定在《2015 修订草案》中改为第 41 条第 1 款,文字没有变化。

的税额或者税务机关核定的税额预缴税款,并在核准的延期内办理税款结算。台湾地区"税捐稽征法"并没有对申报期限的延长进行统一的规定,而是在各税种法中进行了相关规定。

关于"不可抗力",两岸均规定为申请延期申报的重要理由之一,核准与否的规定也差别不大。如果纳税人因不可抗力,不能按期办理纳税申报,则不需要事前的核准。但不可抗力情形消除后,纳税人应当立即向税务机关报告。税务机关应当查明事实,予以核准。[①] 而台湾"契税条例"第 30 条规定,在契税申报期限内,因不可抗力致不能如期申报或缴纳者,应于不可抗力之原因消灭后 10 日内,声明理由,经查明属实,免予加征怠报金或滞纳金。显然申报义务人也是应当在事后而非事前申请核准。

另外,台湾地区还有些比较有特色的规定。例如,个别税种法规定,有"正当理由"即可申请法定延期,而如遇有"不可抗力"则赋予稽征机关一定的裁量权,视实际情况核定,是否需要进一步延长法定延期期限。[②]

我们认为,大陆可以借鉴台湾地区的相关规定,通过明确限定延期申报的具体期限,并对税务机关课以向上级报告并对外公告延期事由的义务,不仅可以尽量减少其执法过程中的寻租空间,限制税务机关在决定"延期申报"案件时的裁量权,还进一步实现了行政公开、透明执法,有利于增强税务机关的权威和公信力。

三、纳税期限的提前和延长的比较

(一)纳税期限提前的比较[③]

纳税期限的提前即税收债务清偿期的提前。对此,《德国租税通则》第 221 条规定:"消费税或加值税之租税义务人,多次未准时缴纳者,稽征机关得另行指定一在租税成立后、法定清偿期前之时点,命其缴纳。有理由足认,消费税或加值税之收入受危害者,亦同;清偿期之提前,得以提供担保代替之。在第 1 句之情形,仅于曾告知租税义务人,如再次未准时缴纳将提前清偿期,始许可为之。"[④]依台湾地区"税捐稽征法"第 25 条第 1 项规定,有下列情形之一者,税捐

---

① 《实施细则》第 37 条。

② 台湾地区"遗产及赠与税法"第 26 条规定,因有正当理由申请延长期限以三个月为限,但因不可抗力或有其他特殊之事由者,得由稽征机关视实际情况核定。

③ 参见李刚:《税法与私法关系总论》,法律出版社 2014 年版,第 349～351 页。

④ 陈敏译著:《德国租税通则》,台湾地区司法机构 2013 年版,第 412～413 页。

稽征机关对于依法应征收之税捐,得于法定开征日期前稽征之。但纳税义务人能提供相当担保者,不在此限:(1)纳税义务人显有隐匿或移转财产,逃避税捐执行之迹象者;(2)纳税义务人于税捐法定征收日期前,申请离境者;(3)因其他特殊原因,经纳税义务人申请者。

而大陆《税收征管法》第 38 条第 1 款仅规定:"税务机关有根据认为从事生产、经营的纳税人有逃避纳税义务行为的,可以在规定的纳税期之前,责令限期缴纳应纳税款;在限期内发现纳税人有明显的转移、隐匿其应纳税的商品、货物以及其他财产或者应纳税的收入的迹象的,税务机关可以责成纳税人提供纳税担保。……"相较前述德国和我国台湾地区立法而言,未免失于全面,应可加以参考而做出修订,将"税收债务清偿期的提前"规定为下述几种情形:

1. 税收债务人此前已有数次未准时缴纳,而且在税务机关告知将提前清偿期后仍未准时缴纳者。税收债务人已有数次未按时履行其给付义务,对税收债权的正常实现已具有"过错",经税务机关"如再次未准时纳税将提前清偿期"的提示后,仍未按时纳税,可视为对"提前清偿期"之债务内容变更的默认;这种情形,与私法上合同债务关系的清偿期提前一般需双方当事人以明示方式协商一致方可发生不同,具有公法性质的税收债权应不受私法上的这种限制。其效果在于,滞纳金自提前的清偿期届至即开始计算,而非待至原纳税期限之时,以这种滞纳金的提前计算可能导致的不利益对税收债务人施加压力,从而尽量使税收债权得以正常、准时的受偿。只是清偿期的提前,在适用一次之后,不得从此连续适用,除非税收债务人故态重萌,否则仍应按原纳税期限征税。

2. 有理由足以认定税收债权受有危害之时。私法上双务合同之债如果出现此种情形,当事人可行使抗辩权以对抗之,先序履行债务之当事人的不安抗辩权尤其适用。但这里所论的税收债务,是一种无对价的给付,也无先后序履行债务之分,而且具有公法性质,因此不安抗辩权不仅不得适用于税收债务人,即便对税收债权人也无适用余地。税务机关只有通过提前清偿期的方法,以求其债权得以安全获偿。税收债务的这一情形,以英美法系合同法上的默示预期违约规则作为类比应该更为合适,因为该规则并不要求债务履行的时间有先后之别,也无须债务人有明确不履行债务的表示,在后果方面除因税收债务关系的公法强制性而不得被解除之外,也可由债务人通过提供担保的方式以避免清偿期的提前。

3. 税收债务人申请离境时。依大陆《税收征管法》第 44 条规定,欠缴税款的纳税人或者其法定代表人需要出境的,应当在出境前向税务机关结清应纳税款、滞纳金或提供担保,否则,税务机关可以通知出境管理机关阻止其出境。税收债务人已欠缴税款而欲出境,如不清偿其所负税收债务或提供相应担保,固然导致被限制出境的结果。但税收债务人尚未欠缴税款而欲出境(特别是在纳税期限即将到来之时出境),虽然不得加以限制,但其对税收债权的危害可能性仍然潜在,为避免此种可能的危害,应当使其税收债务提前到期;除非有情形表明税收债务人的出境并不会给税收债权的清偿带来危害,例如税收债务人短期离境,在税收债务清偿期到来之前就可返境等情形。

4.税收债务人申请时。大陆《合同法》第71条规定:"(第1款)债权人可以拒绝债务人提前履行债务,但提前履行不损害债权人利益的除外。(第2款)债务人提前履行债务给债权人增加的费用,由债务人负担。"这一规定,应可类推适用于税收债务。税务机关发现足有危害税收债权的情形,即可要求税收债务人提前清偿;倘若并非税务机关主动发现,而是税收债务人欲保持良好的纳税记录,又担心法定的纳税期限届满时无法负担纳税义务,主动提出提前清偿之时,更无不许之理。

5.其他法定情形。如台湾地区"税捐稽征法"第25条第2项规定:"纳税义务人受破产宣告或经裁定为公司重整前,应征收之税捐而未开征者,于破产宣告或公司重整裁定时,视为已到期之破产债权或重整债权。"这种因其他法定原因而使税收债务提前得以清偿的情形,除破产或重整外,还应扩展至不论何种原因而导致的法人或非法人组织的终止。

(二)纳税期限延长的比较

大陆《税收征管法》第31条规定:"(第1款)纳税人、扣缴义务人按照法律、行政法规规定或者税务机关依照法律、行政法规的规定确定的期限,缴纳或者解缴税款。(第2款)纳税人因有特殊困难,不能按期缴纳税款的,经省、自治区、直辖市国家税务局、地方税务局批准,可以延期缴纳税款,但是最长不得超过3个月。"台湾地区"税捐稽征法"第26条规定:"(第1项)纳税义务人因天灾、事变、不可抗力之事由或为经济弱势者,不能于法定期间内缴清税捐者,得于规定纳税期间内,向税捐稽征机关申请延期或分期缴纳,其延期或分期缴纳之期间不得逾3年。(第2项)前项天灾、事变、不可抗力之事由、经济弱势者之认定及实施方式之办法,由财政事务主管部门定之。"此外,"遗产及赠与税法"第30条对遗产税和赠与税的延期及分期缴纳做了较为详细的规定。①

比较而言,首先,对于缓缴的原因,大陆采取的是概括式规定。何为"特殊困难",《税收征管法》语焉不详,留待《实施细则》第 41 条做了进一步解释。② 而台湾地区采取了列举式,将缓缴的原因定为"天灾、事变、不可抗力之事由或为经济弱势者",同时明定由其财政事务主管部门制定认定与实施办法,符合法律保留原则。相较之下,大陆《税收征管法》有关"特殊困难"的规定过于笼统,而《实施细则》的所谓进一步明确也偏向狭窄。

其次,大陆的缓缴采取的是批准制,批准权由省级国税局或地税局行使。而台湾地区采取的是申请核准制。相较之下,大陆的批准权限设置的级别过高,批准程序烦琐,在最长仅能延期 3 个月的情况下,过高的批准权限层级导致过长的程序耗费时间。对此,《2015 修订草案》相应的第 43 条第 2 款改为:"纳税人因有特殊困难,不能按期缴纳税款的,经县以上税务局(分局)局长批准,可以延期缴纳税款,但是最长不得超过 3 个月。"该款规定降低了批准权限的级别至县级税务局,同时明确必须由局长批准,通过行政首长责任制的方式防范审批权的滥用,较之现行规则有所进步。

再者,台湾地区除了延期缴纳外,还多了分期缴纳的方式。《2015 修订草案》对应现行《税收征管法》第 31 条的第 43 条增设的第 3 款:"纳税人补缴税款数额较大难以一次缴清的,经县以上税务局(分局)局长批准,可以分期缴纳,但最长不得超过一年。"新增规定了分期缴纳的方式,值得肯定;只不过其中所谓"补缴税款数额较大难以一次缴清的"还有待《实施细则》进一步明确。

最后,台湾地区"税捐稽征法"第 27 条规定:"纳税义务人对核准延期或分期缴纳之任何一期应缴税捐,未如期缴纳者,税捐稽征机关应于该期缴纳期间届满之翌日起 3 日内,就未缴清之余额税款,发单通知纳税义务人,限 10 日内一次全部缴清;逾期仍未缴纳者,移送法院强制执行。"意即经准许延期或分期缴纳后,

---

① 台湾地区"遗产及赠与税法"第 30 条:"(第 1 项)遗产税及赠与税纳税义务人,应于稽征机关送达核定纳税通知书之日起 2 个月内,缴清应纳税款;必要时,得于限期内申请稽征机关核准延期 2 个月。(第 2 项)遗产税或赠与税应纳税额在 30 万元新台币以上,纳税义务人确有困难,不能一次缴纳现金时,得于纳税期限内,向该管稽征机关申请,分 18 期以内缴纳,每期间隔以不超过 2 个月为限。(第 3 项)经申请分期缴纳者,应自缴纳期限届满之次日起,至纳税义务人缴纳之日止,依邮政储金一年期定期储金固定利率,分别加计利息;利率有变动时,依变动后利率计算。(第 4 项)遗产税或赠与税应纳税额在 30 万元新台币以上,纳税义务人确有困难,不能一次缴纳现金时,得于纳税期限内,就现金不足缴纳部分申请以在台湾地区境内之课征标的物或纳税义务人所有易于变价及保管之实物一次抵缴。……"

② 《实施细则》第 41 条第 1 款:"纳税人有下列情形之一的,属于税收征管法第 31 条所称特殊困难:(一)因不可抗力,导致纳税人发生较大损失,正常生产经营活动受到较大影响的;(二)当期货币资金在扣除应付职工工资、社会保险费后,不足以缴纳税款的。"

如果纳税人仍迟延缴纳到期税款,会使以下各期皆提前到期,纳税人因此丧失其余各期延期或分期缴纳税款的期限利益。这一方式也值得大陆《税收征管法》修订时借鉴。

第三节　税收核定制度的比较

一、税收核定法律框架性规则比较

(一)税收核定制度与纳税申报制度的关系及其协调承接

大陆有关税收核定的规则体系,可以大体分为税收程序法和税收实体法中的税收核定规则两大方面。从税收程序法、即《税收征管法》的方面看,税务机关有权核定应纳税额的情形包括:(1)该法第35条所规定的6种情形,系最主要的部分;(2)该法第27条第2款规定,延期申报时应当在纳税期内按照上期实际缴纳的税额或者税务机关核定的税额预缴税款;(3)该法第36条规定,对关联交易允许税务机关合理调整;(4)第37条规定,对未办理税务登记以及临时从事经营的纳税人,税务机关可以核定其应纳税额。从税收实体法的方面看,包括:(1)《企业所得税法》第44条规定,企业不提供与其关联方之间业务往来资料,或者提供虚假、不完整资料,未能真实反映其关联业务往来情况的,税务机关有权依法核定其应纳税所得额;(2)《个人所得税法实施条例》第17条第2款规定,从事生产、经营的纳税义务人未提供完整、准确的纳税资料,不能正确计算应纳税所得额的,由主管税务机关核定其应纳税所得额;(3)《增值税暂行条例》第7条规定,纳税人发生应税销售行为的价格明显偏低并无正当理由的,由主管税务机关核定其销售额;(4)《消费税暂行条例》第10条规定,纳税人应税消费品的计税价格明显偏低并无正当理由的,由主管税务机关核定其计税价格;(5)《车辆购置税暂行条例》第7条第2款规定,纳税人购买自用或者进口自用应税车辆,申报的计税价格低于同类型应税车辆的最低计税价格,又无正当理由的,按照最低计税价格征收车辆购置税。

申报纳税与税收核定是税款征收制度的两大支柱,但大陆并没有明文规定二者之间的制度承接。值得期待的是,《2015修订草案》规定的税收征管基本程序,以纳税人自行计税申报为基础,由申报纳税、税额确认、税款追征、争议处理等环节构成。把税额确认作为税收征管的中心环节,专设一章,对税额确认的程序规则、确认规则、举证责任分配等做出规定,明确规定了纳税申报与税收确认

（核定）制度间的承接。

台湾地区"所得税法"第80条对纳税申报和税额核定两个制度的衔接程序作了清晰的规定：稽征机关接到结算申报书后，应派员调查；视当地纳税人之多寡采分业抽样调查方法，并征询各该业同业公会之意见，核定该行业所得额标准，进而核定其所得额及应纳税额。纳税人申报之所得额如果在核定标准以上，以其原申报额为准；如不及前项规定标准者，应再个别调查进行核定。可见，稽征机关对纳税人的申报不仅仅有形式审查义务，还应当履行调查职责，目的是确定各特定行业的所得额标准，以与申报额做比较。

另外，与大陆相类似，如果纳税人未依法履行纳税申报义务，应接受稽征机关的税收核定。具体而言，首先，逾期办理结算申报，无论是补办结算申报后加征的滞报金，抑或是未补办结算申报加征更重的怠报金，都要以稽征机关调查核定其所得额及应纳税额为基础；稽征机关应依查得之资料或同业利润标准，核定其所得额及应纳税额，并填具核定税额通知书，连同缴款书，送达纳税人依限缴纳。

其次，在上年度未依法申报，或于年度中途设账，或虽经申报，但无法提示有关证明所得额之账簿文据的情形，经依查得数据或同业利润标准核定所得额者，应通知其列报期初盘存明细表，标明各类盘存之数量、单位、原价，并注明其为成本、市价或估定价额予以核定。

最后，上年度虽办理结算申报，而未经查账核定，如果其原因与货品、原料、物料、在制品、制成品或副产品之价格及数量无关应就上年度申报之期末盘存，核定本期之期初盘存。

还有，如果上年度已办理结算申报，但经查账核定有漏匿报者，应依稽征机关查定之结存数量、金额为本期期初盘存。[①]

（二）税收核定制度的分类比较

大陆的税法理论上，有学者将税收核定分为以下几类：一是基于事实证明的税收核定，二是基于事实推定的税收核定，三是基于事实协议的税收核定。基于事实证明的税收核定，是指经过税务稽查程序，证明纳税事实客观存在之后，税务机关所进行的税收核定。[②] 这一类型税收核定的规则最具典型性，以下介绍的税收核定制度的框架性规定也主要以基于事实证明的税收核定为主。基于事实证明的税收核定包含了纳税人认识偏差和主观故意两方面原因，还有更重要的是，必须有一个明确的调查结果。相应地，对税务机关的证据要求较高：通过

---

① 参见台湾地区"营所税查核准则"第47条至第49条。
② 刘剑文、熊伟：《税法基础理论》，北京大学出版社2004年版，第384页。

税务调查,税务机关对包括收入、支出、成本、费用、利润、财产在内的应税事实必须有直接证据予以证明。因此赋予税务机关的裁量空间相应较小。

大陆税法实践中的核定征收,有两种具体的方式,一是核定应税所得额方式,二是核定应税所得率方式。对这两种方式,2008年1月1日起施行的《企业所得税核定征收办法(试行)》(国税发〔2008〕30号,以下简称《企业所得税核定办法》)限定了明确的适用范围,纳税人没有选择采用何种方式的自由。具体而言,以下情形均采用核定其应税所得率方式:第一,能正确核算(查实)收入总额,但不能正确核算(查实)成本费用总额的;第二,能正确核算(查实)成本费用总额,但不能正确核算(查实)收入总额的;第三,通过合理方法,能计算和推定纳税人收入总额或成本费用总额的。纳税人不属于以上三种情形的,采核定应纳所得税额方式。

而台湾地区营所税的课征,其核定方法有依法核定与查账核定两种,依法核定方法,不根据会计凭证文据等资料,而以纳税人当年度营业状况为依据;[①]查账核定,即采同业利润标准等法定计算方法核定税额。[②]可以推测,所谓"查账核定"相当于大陆的"基于事实证明的税收核定",所谓"依法核定"即推计课税。在一定条件下,纳税人可以申请选择采用依法核定方式或查账核定方式。明文适用"查账核定"的情形为:第一,涂改内容或有缺漏页数,经查明无不法情事,且会计记录衔接,凭证相符者,仍应查账核定。第二,营利事业当年度使用之账簿因故灭失者,得报经该管稽征机关核准另行设置新账,依据原始凭证重行记载,依法查账核定。[③]第三,进货价格显较第22条所称之时价为高者,如能提出正

---

① 税捐机关应依"所得税法"第83条规定进行核定:稽征机关进行调查或复查时,纳税人应提示有关各种证明所得额之账簿、文据,其未提示者,稽征机关得依查得之数据或同业利润标准,核定其所得额。前项账簿、文据,应由纳税人依稽征机关规定时间,送交调查,其因特殊情形,经纳税人申请,或稽征机关认有必要,得派员就地调查。纳税人已依规定办理结算申报,但于稽征机关进行调查时,通知提示有关各种证明所得额之账簿、文据而未依限期提示者,稽征机关得依查得之数据或同业利润标准核定其所得额;嗣后如经调查另行发现课税资料,仍应依法办理。

② 参见台湾地区"高等法院"台中分院2006年上诉字第2602院台中分院刑事判决要旨。

③ 参见台湾地区"营利事业所得税查核规则"第7、11条。在原始凭证灭失方面的具体规定为:(1)营利事业当年度关系所得额之全部或一部之原始凭证,因遭受不可抗力灾害或有关机关因公调阅,以致灭失者,该灭失凭证所属期间之所得额,稽征机关得依该事业以前3个年度经稽征机关核定纯益率之平均数核定之。(2)账簿凭证,在办理结算申报后未经稽征机关调查核定前,因遭受不可抗力灾害或有关机关因公调阅,以致灭失者,如申报纯益率未达前3个年度核定纯益率之平均数者,也按该事业以前3个年度经稽征机关核定纯益率之平均数核定之;如其申报纯益率已达该事业前3个年度经稽征机关核定纯益率之平均数,从其申报所得额核定。

当理由,仍应依账证核定(未能提出正当理由或证明文件者,稽征机关应按该项时价核定其进货成本)。①

(三)税收核定的法律效力

1. 税收核定的法律效力

从税收核定的法律性质看,虽然其只是对纳税义务的确认,不具有创设税收债务的效力,但是由于其符合具体行政行为的特征,税收核定又会产生一些形式效力,以保护纳税人的信赖利益。首先,税收核定文书一经送达纳税人,即对纳税人和税务机关本身产生法律上的拘束力,不可任意改变;其次,税收核定具有包括强制执行力在内的执行力;再次,税收核定具有形式上和实质上的确定力;另外,税收核定具有存续力。不过,从税收法定主义的角度看,对于违法或者错误的税收核定,有必要予以撤销或变更。因为,税收核定只是一个确认行为,不可能保证绝对正确,税务机关一般保留了事后调查的权利。② 比如,台湾地区"所得税法"规定,逾期申报的后果之一是引发税收核定程序,但核定后如经稽征机关调查另行发现课税资料,仍应依"税捐稽征法"有关规定予以校正。大陆学者也认为,出于对纳税人的权利保障和权利救济考虑,法律应该全面规定税收核定的变更和撤销。

《2015修订草案》第54、57条规定了税务机关应当再次进行税额确认(核定)的情形,并赋予了纳税人对税务机关的税额确认(核定)一定的异议权。具体来说,在(1)因纳税人提供不正确、不完整计税依据导致之前申报、确认或调整应纳税额不实的;以及(2)税法有新的规定涉及调整纳税人计税依据的情形下,税务机关应对再次进行税额确认(核定)。同时,纳税人对税务机关来源于第三方信息的真实性、完整性可以向该第三方提出异议;并对税务机关因纳税人未履行协助义务等原因而核定应纳税额的,有权提出异议,并应当提供相关证据。

2. 通知书的形式及其法律效力

在台湾地区,做出包括税收核定在内的各类课税处分分别有相应的法律文书。正如前文所述,催报程序有"催报书",而逾期申报需发送"滞报通知书",通知期限过后将"核定税额通知书"与"缴款书"一齐发给纳税人。

在大陆,2005年11月1日,税务总局颁布了修订后的《全国统一税收执法文书式样》(国税发〔2005〕179号),其中设置了《核定(调整)定额通知书》,在该通知书中不仅标明了纳税人应纳税额的明细表,并且明确提示:"定额执行期间内,如月应纳税经营额发生变化,请按有关规定如实向主管税务机关申报。不按

---

① 参见台湾地区"营利事业所得税查核规则"第38条之1。

② 参见刘剑文、熊伟:《税法基础理论》,北京大学出版社2004年版,第388~390页。

规定的期限申报和缴纳应纳税款的,税务机关将依法予以处罚。"2009 年 12 月 14 日,税务总局重新颁布的《税务稽查工作规程》(国税发〔2009〕157 号)第 54 条规定:"审理完毕,审理人员应当制作《税务稽查审理报告》,由审理部门负责人审核。……"第 55 条第 1 款规定:"审理部门区分下列情形分别作出处理:(一)认为有税收违法行为,应当进行税务处理的,拟制《税务处理决定书》;(二)认为有税收违法行为,应当进行税务行政处罚的,拟制《税务行政处罚决定书》;(三)认为税收违法行为轻微,依法可以不予税务行政处罚的,拟制《不予税务行政处罚决定书》;(四)认为没有税收违法行为的,拟制《税务稽查结论》。"

3.因核定结果的效力变动引起的对税收核定的变更

大陆对于核定结果的效力并没有明确定义,但纳税人对税务机关依据《企业所得税核定办法》第 9 条规定采取的方法核定的应纳税额有异议的,"应当提供相关证据,经税务机关认定后,调整应纳税额。"另外,纳税人的生产经营范围、主营业务发生重大变化,或者应纳税所得额或应纳税额增减变化达到 20％的,应及时向税务机关申报调整已确定的应纳税额或应税所得率。

台湾地区的司法实践中,对税收核定结果的法律效力的变更比较谨慎,说明在实务中税收核定的结果具有确定力,不可随意改变。具体而言,纳税人依"所得税法"规定办理结算申报而经该管税捐稽征机关调查核定的案件,如经法定期间而纳税人未申请复查或行政争讼,其"查定处分"(税收核定的结果)即告确定,获得法律上的确定性效力。但嗣后稽征机关如发现原核定确有错误短征情事,仅限于发现新事实或新课税资料,足资证明原处分确有错误短征情形的情形,才可以基于公益上的理由,变更原确定的查定处分,而补征其应征税额;否则,如其课税事实数据未变,仅因嗣后法律见解有异,致课税标准有异时,以法不溯及既往的原则,不得就已经查定确定的案件,凭借新见解重新做出较原处分不利于当事人的查定处分。[①]

而非基于纳税人诈术也非基于法令变迁的原因导致的情形,将引起核定结果的效力发生变更:因纳税人未依限期提示账簿、凭证,稽征机关依查得之数据或同业利润标准核定其所得额后,如经调查另行发现课税资料,仍应依法办理。[②]

除了以上由税捐稽征机关主动引起核定效力变更的情形外,当核定内容有错误、对适用法令有疑义时,纳税人可以依据一定的程序做出不同的申请:纳税人接到补税缴款书及核定通知书后,限于缴纳通知文书有记载、计算错误或重复,始能申请更正;如对核定内容或法令依据有异议时,则应依"税捐稽征法"第

---

① 参见台湾地区"行政法院"2000 年判字第 699 号判决要旨。

② 台湾地区"所得税法"第 83 条。

35条第1项规定,依规定格式,叙明理由,连同证明文件,有应纳税额或应补税额者,在规定之缴纳期间届满翌日起算30日内;无应纳税额或应补税额者,在核定通知书送达后30日内,向"国税局"申请复查。至于申请退还溢缴税款,则限于适用法令错误或计算错误,依"税捐稽征法"第28条规定,自缴纳之日起5年内提出具体证明,申请退还。

可见,核定结果的效力不是恒定不变的。核定结果如果有错误,纳税人有异议权,不过举证责任在纳税人;如果因为情事变更而出现与核定结果不再相符的情形(一般指核定结果已经偏低),大陆的纳税人则有及时报告的义务,显然,对纳税人的要求较为苛刻。相比而言,台湾地区的规定则偏重于明确稽征机关勤勉调查的职责与及时调整错误核定结果的必要性,而且对纳税人异议程序规定得更为详细,更有利于纳税人正当权利的保障。

二、推定课税制度比较

推定课税,大陆学者也称为"基于事实推定的税收核定",台湾地区称之为"推计课税",指不依直接之证据方法,而依间接之证据方法证明待证之税捐客体的数额;[①]或者是指稽征机关在为课税处分(尤其是所得税的核定)之际,不根据直接资料,而使用各种的间接资料,认定课税要件事实(所得额)的方法。[②]

(一)适用情形

表 5-3-1　两岸推计课税的适用情形异同点比较表

适用情形	台湾地区(推计课税)	大陆(税收核定)
相似1	税捐义务人违反结算申报义务。	发生纳税义务,未按照规定的期限办理纳税申报,经税务机关责令限期申报,逾期仍不申报的。
相似2	税捐义务人的账簿凭证书类等并不完备,无法根据直接资料查明其收入与支出的状况的情形。	依照法律、行政法规的规定应当设置但未设置账簿的;虽设置账簿,但账目混乱或者成本资料、收入凭证、费用凭证残缺不全,难以查账的。

---

①　黄茂荣:《税法总论》(第一册增订三版),台湾植根法学丛书编辑室2012年第3版,第551页。

②　陈清秀:《税法总论》(修订9版),台湾元照出版有限公司2016年第9版,第532页。

续表

适用情形	台湾地区（推计课税）	大陆（税收核定）
相似3	账簿书类等虽然完备，但记载错误脱漏之处甚多，与同业者相比较，其所得纯利率偏低，或制作两种账簿，其内容不正确而缺乏可信的情形。	虽设置账簿，但账目混乱或者成本资料、收入凭证、费用凭证残缺不全，难以查账的。
相似4	税捐义务人或其交易关系人不协力调查，例如对于税务人员合法的询问，拒绝陈述或为不实的陈述，或拒绝或妨碍税务人员合法的检查等，致无法取得直接资料的情形。	擅自销毁账簿或者拒不提供纳税资料的；或者拒不提供纳税资料的。
相似5	营利事业与台湾境内外其他营利事业具有从属关系，或直接间接为另一事业所有或控制，其相互间有关收益、成本、费用或损益摊计之交易，有以不合营业常规之安排，规避或减少其在台湾境内之纳税义务者，稽征机关为正确计算相关营利事业之所得额及应纳税额，得依法进行调查，并依"移转订价查核准则"第43条之1规定，报经财政事务主管部门核准按营业常规予以调整。	企业或者外国企业在中国境内设立的从事生产、经营的机构、场所与其关联企业之间的业务往来，应当按照独立企业之间的业务往来收取或者支付价款、费用；不按照独立企业之间的业务往来收取或者支付价款、费用，而减少其应纳税的收入或者所得额的，税务机关有权进行合理调整。
不同点	无	1. 依照法律、行政法规的规定可以不设置账簿的； 2. 纳税人申报的计税依据明显偏低，又无正当理由的； 3. 对未按照规定办理税务登记的从事生产、经营的纳税人以及临时从事经营的纳税人，由税务机关核定其应纳税额，责令缴纳。

资料来源：陈清秀：《税法总论》（修订9版），台湾元照出版有限公司2016年第9版，第541～544页；台湾地区"移转订价查核准则"第2条；《税收征管法》第35条第1款、第36条和第37条。

通过表5-3-1比较可以看出，大陆的税收核定制度范畴比台湾地区的推计课税范畴广，大陆基于事实推定的税收核定与台湾的推计课税制度在适用情形方面极为相似,不同点在于大陆比台湾地区多了关于依法可以不设置账簿的、纳税人擅自销毁账簿的规定,以及对临时从事经营的纳税人的核定规定。

(二)核定权运用的法律规则比较

1. 相关证据规则的比较

推定是一种法律上的假定,它依据有限的间接证据,按照一定的规则进行推理和计算,从而得出法律所认可的事实。按照税收法定主义的要求,推定的对象只能是课税事实,如收入、费用、利润、财产等等,而税额本身以及单纯的基础事实,则不能在推定的对象之中。例如,纳税人是否营业,是否占有不动产,是否从事某种业务,等等,都必须经由证据方法加以查证。[①] 如果不能证明,则税务机关没有权力对该纳税人进行核定征收。但对销售产品的数量和价格,如果用尽方法却仍不能查清的,税务机关可以依法推定。

显然,税收核定既然是税务机关根据间接证据所做出的推定,就很有可能做出不利于纳税人的核定结果。因此世界上很多先进立法例都规定征税机关的推定必须以用尽一切可能的调查手段为必要前提。台湾地区的司法实践亦是如此,"税捐争讼制度采取职权探知主义,即应运用一切阐明事实所必要以及可获致之数据,以认定真正之事实课征租税……"[②],只有当"稽征机关已尽其调查义务,仍未能获得必要之课税事实时",[③]才有推计课税的必要。大陆在这方面的规范是严重缺失的,不仅没有详细规定推定前税务调查的程序条款,甚至也没有将"穷尽一切调查"作为推定课税的前置程序加以规定,导致实践中,很多税务机关以为只要纳税人有违反协力义务的行为,即可进行推定。

台湾地区税法理论与实务一般认为,推计课税仅在两种情形下得以成立:一是稽征机关在客观上不能进行确实的调查与计算之情形,亦即只有在事实的进一步查明,乃是不可能或无期待可能的情形,推计课税始为合法。二是税捐义务人对于有关课税事实之查明,违反协力义务。但此时稽征机关并非当然立即得推计课税,仍应先采取一切调查手段,在可能的以及具有期待可能性之范围内,穷尽调查及运用一切证据方法,仍无法查明或计算课税基础时,始得推计。因此,推计课税并不改变税收征管程序中举证责任的客观配置,仅有特定情形下稽征机关证明程度之减轻的效果。而且,推计课税中仍有"应于当事人有利及不利之情形,一律注意"("行政程序法"第9条和"纳保法"第11条第1项)的"职权调查主义"之适用;换言之,推计课税之适用范围,不仅包括提高税捐(收入)之事

---

① 刘剑文、熊伟:《税法基础理论》,北京大学出版社2004年版,第385页。
② 台湾地区"台中高等行政法院"2005年诉字第274号判决要旨。
③ 台湾地区"台中高等行政法院"2005年简字第190号判决要旨。

实,还应包括减少税捐(成本费用)事实。[①]

2.税务调查核定程序规则

(1)调查制度相关规则:大陆税法没有明确规定税务机关在核定税额之前必须"穷尽一切调查",也就没有相应的程序规定,而台湾地区税法及其实践中都发展出了相应的规范。

①核定所得额之前的调查:稽征机关进行调查或复查时,纳税人应依稽征机关规定时间,将有关各种证明所得额之账簿、文据送交调查。未依法提示者,稽征机关得依查得之数据或同业利润标准,核定其所得额。但因特殊情形,纳税人可以申请稽征人员实地调查;稽征机关认为有必要,也可以依职权派员就地调查。[②] 司法实践中,台湾地区"高等行政法院"认为,主管机关于核定其销售额或应纳税额时,不能仅凭实地抽查该业者销售额,而应同时参照同业情形与有关数据,综合加以评估,以防违背经验法则。[③]

另外,在台湾地区的核定调查程序中,纳税人是否履行提示相关账簿凭证的协力义务,相应地受到的待遇将有很大不同:不履行该义务可能享受不了相关程序优惠,此时受到的推计课税实际上相当于一种变相的行政处罚。比如,只有遵守下列程序:"设置日记账,详细记载业务收支项目、使用前送主管机关验印、取得确实凭证及保存凭证账册 5 年等",并于"稽征机关进行调查或复查时,提示有关各种证明所得额之账簿文据。"纳税人才可以选择按实际所得核定课征,或选择提供账簿凭证,由稽征机关依同业利润标准核定所得额。[④] 如果不履行提示相关账簿凭证的协力义务,则丧失该选择权。

②核定税额的通知及其异议更正:稽征机关应依其查核结果,填具《核定税额通知书》,连同各计算项目之核定数额,送达纳税人。通知书之记载或计算有错误时,纳税人得于通知书送达后 10 日内,向该管稽征机关查对,或请予更正。结合"税捐稽征法"第 35 条,我们认为,此处的"异议更正",应该只限于"核定税额通知书"上记载事项的形式错误,而非"税捐稽征法"第 35 条中规定的实质异议程序。

③涉嫌违法性调查:稽征机关调查时,如发现纳税人有重大逃漏税嫌疑,可以视案情需要,报经财政事务主管部门核准,就纳税人资产净值、资金流程及不合营业常规之营业资料进行调查。[⑤]

---

① 参见陈清秀:《税法总论》(修订 9 版),台湾元照出版有限公司 2016 年第 9 版,第 534~539 页。

② 参见台湾地区"税捐稽征法"第 83 条。

③ 台湾地区"台中高等行政法院"2006 年诉更 1 字第 1 号判决要旨。

④ 台湾地区"台中高等行政法院"2005 年简字第 224 号判决要旨。

⑤ 参见台湾地区"税捐稽征法"第 83 条之 1。

(2)核定程序相关规则:大陆《企业所得税核定办法》改变了以前立法中程序规范严重缺失的局面,规定了一系列程序:核定前的送达通知、鉴定核定税额程序;每个纳税年度后半年的重新鉴定程序;核定后的初步公示制度;另外,分别对采取核定应税所得率方式与核定应纳所得税额方式的纳税人申报预缴程序进行了细化。申报额超过核定经营额或应纳税额的,按申报额缴纳税款;申报额低于核定经营额或应纳税额的,按核定经营额或应纳税额缴纳税款。台湾地区在"营利事业所得税查核准则"(简称"营所税查核准则")中明确了核定结果的告知制度和核定漏报或短报案件的计算方式。① 我们认为,大陆应当取长补短,在将来的法规修订中补充"告知"制度,让行政相对人(纳税人)及时得知这一具体行政行为的内容,维护纳税人应有的合法权利。

(3)异议制度相关规则:在大陆,纳税人对核定结果有异议的,应当提出相关证据,并经过税务机关认可后进行调整。② 如果纳税人所提供证据不能得到认可,必须先依照税务机关的纳税决定缴纳或者解缴税款及滞纳金或者提供相应的担保,然后可以依法申请行政复议。对行政复议决定不服的,可以依法向人民法院起诉。③ 台湾地区纳税人对于核定税捐之处分如有不服,应依规定申请复查,稽征机关应于接到申请书后 2 个月内复查决定,并作成决定书,通知纳税人。前项期间届满后,税捐稽征机关仍未作成决定者,纳税人得径行提起诉愿。纳税人对税捐稽征机关之复查决定如有不服,得依法提起诉愿及行政诉讼。④

(4)小结:推定课税权的运用有"双刃剑"之效。一方面可以弥补纳税申报制度的不足,防止税收流失,另一方面也给税务机关滥用权力乃至寻租开启了方便之门,给纳税人的生产经营造成了不稳定。因此,规范推定课税权的行使十分重要。

以前,大陆对推定课税的相关程序规定存在严重的缺位。除《实施细则》规定回避制度外,税务总局规定的一些具体操作规程规定得过于简单、含糊,《企业所得税核定办法》的出台扭转了这一局面,使得税收核定"有法可依"了,但仍然还不够。我们认为,不仅要进一步完善推定课税的程序规则(如有学者建议的异

---

① 台湾地区"营所税查核准则"第 112 条、第 114 条。

② 《2015 修订草案》第 57 条第 4 款规定:"纳税人对税务机关按照第 50 条规定核定应纳税额有异议的应当提供相关证据。"首次为纳税人的税收核定程序中的异议权提供了法律层面的依据。

③ 参见《实施细则》第 47 条。

④ 参见台湾地区"税捐稽征法"第 35 条、第 36 条。

议听证制度、时效制度等有利于避免不确定状态对纳税人与国库的伤害的制度①），还要强调"执法必严"，一方面不能随意扩大核定征收方式的适用范围，另一方面，税务机关应积极督促核定征收企业所得税的纳税人建账建制，改善经营管理，引导纳税人向查账征收方式过渡。对符合查账征收条件的纳税人，要及时调整征收方式，实行查账征收。

3. 具体事项的举证责任

（1）征税机关的举证责任：无论在征税环节还是诉讼环节，对推定课税中课税事实的证明责任，在于税务机关。根据《税收征管法》第 36 条、第 37 条的规定，税务机关在进行税务检查时，纳税人和扣缴义务人应当接受税务机关依法进行的检查，并且向税务机关如实反映情况，提供有关税收资料和证明材料。可见，大陆采取职权调查主义，税务机关有调查事实的职权，换言之，税务机关对课税事实承担举证责任。但是，"用以证明课税事实的证据往往在纳税人的管理下，以致造成税捐稽征机关之举证的困难。"为克服该困难，法律课以纳税人诸如税务登记、保存账簿、如实记账、申报纳税等协力义务，使税务机关得以顺利进行调查。"基于上述理由，纳税人如果违反凭据、账册或申报义务，税捐稽征机关除得对纳税人课以行为罚外，并取得推定课税的权限。"这在大陆和台湾的法理与实践上是基本一致的。"纳税人如无违反凭证、账册或申报义务，税捐稽征机关原则上并无推定课税的权限。"不同的是，台湾地区仅仅出于税收法定和保护纳税人权益的考虑，还将推计课税视为对稽征机关得以简化课征的一种授权，但这种授权是例外情形，因为应以纳税人的选择权为原则（让纳税人有选择改采依直接证据核实课税②的机会）。③

需要注意的是，法律赋予纳税人协力义务，并非转移税务机关的举证责任由纳税人承担，正如葛克昌教授指出的，"违反协力义务，如有调查可能仍应调查，如因此调查困难，亦只使稽征机关证明程度降低，得以间接证据代替直接证据，纳税人须提出反证始得推翻。在课税原因事实认定过程之中，稽征机关始终负举证责任，不因不尽协力义务而有举证责任转换之效力。"④法律赋予纳税人的

---

① （1）异议听证制度，使纳税人了解推定课税所依据的证据和事实是否充分、正当，核定方法是否合理，而税务机关可以根据涉税额的大小设置正式和简易两种听证制度，以实现效率与正义的统一；（2）时效制度。推定课税各环节的运行程序均应有时效控制，以避免因双方不能在适当时间内行使权利和履行义务而导致相应的权利义务关系一直处于不确定的现象发生。参见王惠：《推定课税权制度探讨》，载《法学家》2004 年第 3 期，第 118～121 页。

② "采直接证据核实课税"，相当于"基于事实证明的税收核定"。

③ 参见黄茂荣：《税法总论》（第二册），台湾植根法学丛书编辑室 2005 年版，第 259～261 页。

④ 葛克昌：《税捐行政法》，厦门大学出版社 2016 年版，第 15、186 页。

协力义务,只是基于公共利益考虑,使纳税人协助税务机关履行调查职责。如果因为纳税人未能履行协力义务,导致税务机关对课税事实的证明责任得以减轻,就可以容忍税务机关的核定数额与实际数额有一定出入,因为这是纳税人不履行协力义务所理应承受的不利益。

(2)纳税人的反证:陈清秀教授认为,纳税人如因违反提示账证等协力义务而被推计课税时,其在行政救济程序以及包括事实审的司法救济程序中,也可以提出账证履行其协力义务,以推翻推计课税。[①] 但台湾地区"最高行政法院"2009 年 8 月第二次庭长法官联席会议决议之理由 7 指出,稽征机关采核实课征方法认定个人所得,原则上优先于推计课税方法。因此,纳税人对推计课税处分不服,于行政救济程序(诉愿)终结前,提示有关账证者,原稽征机关依财政事务主管部门 1990 年 11 月 28 日台财税字第 790367340 号函即应予受理。但当事人就原核定、复查、诉愿决定符合法定要件与否不争执,于提起行政诉讼时,才提示有关账证者,对于稽征机关推计课税程序之合法性既不生影响,纳税人亦无请求改以查账核定之法律依据,行政法院自无命稽征机关改以查账核定所得额,而撤销合法行政处分之权限与法律依据。

在大陆,纳税人对核定结果不服时,也可以举出反证来推翻该核定结果。《实施细则》第 47 条也规定,纳税人对核定结果有异议的,应当提出相关证据,并经过税务机关认可后进行调整。所以推定课税的规定,并没有转移税务机关本应承担的举证责任。[②] 这在两岸都无异议。

如果纳税人所提供证据不能得到认可,纳税人就此可以申请复议。假如复议仍然不能达到目的,可以向法院起诉。我们认为,无论是复议机关还是法院,对于课税事实,都应该依其职权调查确定,而不应不经调查径行接受税务机关的核定结果。

(三)核定方法的比较

台湾地区稽征机关对所得税案件进行书面审核、查账审核与其他调查方式之办法,及对影响所得额、应纳税额及税额扣抵计算项目之查核准则,由财政事务主管部门规定。[③] 推计课税所使用的方法比较分散,概括来说主要有以下几

---

① 参见陈清秀:《税法总论》(修订 9 版),台湾元照出版有限公司 2016 年第 9 版,第556 页。

② 参见刘继虎:《论推定课税的法律规制》,载《中国法学》2008 年第 1 期,第 62～63 页。

③ 台湾地区"所得税法"第 80 条。

种：[①](1)纳税人本人比率法(与前年度比较)，如"营所税查核准则"第 11 条第 2 项规定："营利事业当年度关系所得额之全部或一部之原始凭证，因遭受不可抗力灾害或有关机关因公调阅，以致灭失者，该灭失凭证所属期间之所得额，稽征机关得依该事业前 3 个年度经稽征机关核定纯益率之平均数核定之。"(2)外部的企业比较法(同业利润标准法)，即对于纳税人之营业所得，参考其他同业企业之利润资料，进行推计课税；规定于"所得税法"第 79 条及第 83 条。理论上，该法又可分为类似同业者比率法、同一地区同业比率法和所得标准比率法三种。(3)内部的企业比较法(单位法或效率法)，是指依据纳税人之企业内部资料，进行推计课税。此法包括效率法，即对被推计课税的纳税人的电力使用量、从业人员数、贩卖数量等，乘以从比准同业者调查取得此类指标，相当于每一单位的所得金额的平均值(所谓同业者单位额)，以推计所得金额的方法。(4)银行存款法，是以纳税人在银行账务往来金额(存款金额及支出金额)作为推计其营业收入或成本费用的方法；采用此法时，应再扣除不属于营业收入的存款金额及不属于成本费用的支出金额；于推计收入时，应再加计未存入银行的收入后，核算其应有的营业收入。例如"所得税法"第 83 条之 1 采取的即为此法。(5)纯资产增减法，是对于课税期间的期初和期末的纯资产相比较，计算其增加额，据以推计所得额的方法。

大陆，税收核定方法的一般性规定主要体现在《实施细则》第 47 条第 1 款中，包括了三种具体核定方法以及所谓"按照其他合理方法核定"的概括性兜底条款。此外，《企业所得税法实施条例》第 115 条、《企业所得税核定办法》第 4 条和第 5 条、《个体工商户税收定期定额征收管理办法》(2006 年国家税务总局令16 号；简称《个体户定期定额征管办法》)第 7 条和《增值税暂行条例实施细则》第 16 条等均规定了适用于各该税种的核定方法。综合来看，除了所谓其他合理方法之外，大陆目前各税种共同的核定方法主要还是《实施细则》第 47 条第 1 款规定的三种方法：(1)参照当地同类行业或者类似行业中经营规模和收入水平相近的纳税人的税负(利润率)水平核定；(2)按照营业收入或者成本加合理的费用和利润的方法核定；(3)按照耗用的原材料、燃料、动力等推算或者测算核定。采用前述所列一种方法不足以正确核定应纳税额时，可以同时采用两种以上的方法核定。

此外，专门适用于企业所得税的还有：(1)按照关联企业集团整体利润的合理比例核定；(2)核定应税所得率的方法，适用于能正确核算(查实)或通过合理方法能计算和推定收入总额(成本费用总额)，但不能正确核算(查实)成本费用

---

① 参见陈清秀：《税法总论》(修订 9 版)，台湾元照出版有限公司 2016 年第 9 版，第 545～550 页。

总额(收入总额)的情形。专门适用于增值税的还有:(1)按纳税人最近时期同类货物的平均销售价格确定;(2)按组成计税价格确定。专门适用于定期定额征收的个体工商户的核定方法还有:(1)按照盘点库存情况推算或者测算核定;(2)按照发票和相关凭据核定;(3)按照银行经营账户资金往来情况测算核定。

比较而言,台湾地区推计课税的方法主要规定在其"所得税法"体系中,这与所得税占其税制体系的主体有关;但"税捐稽征法"体系中缺乏一般性规定是其弊端。大陆税收核定的方法既有税种法的个别性规定以体现不同税种的特殊性,又有能覆盖所有税种的税收征管法上的一般性规定,因此从全面性上来看略胜一筹。只不过在具体方法上,还有待进一步改进完善。例如,纳税人本人比率法本应是相比同业利润标准法而言,与纳税人本人关联性更强、可比性更佳的首选方式,但目前大陆仅在增值税上适用,应当将之规定于《税收征管法》中,且作为核定方法的首选。

三、基于事实协议的税收核定

依据税收法定主义,税务机关必须对所有满足课税要素的行为或事件及时足额课征税款,不得违法加征、停征、减征或免征,自然也不允许双方通过协议加以改变。但是在实践中,有时出于不可抗力或其他不可归责于纳税人的原因,例如由于天灾使得账簿资料毁损灭失,使得事实无法查明,或者虽然可以查明,但成本过于巨大,理论上可以采取以事实协议为依据进行税收核定的方式。

台湾地区"营所税查核准则"第 11 条关于账簿资料非故意毁损有着特殊的规则:(1)营利事业当年度关系所得额之全部或一部之原始凭证,因遭受不可抗力灾害或有关机关因公调阅,以致灭失者,该灭失凭证所属期间之所得额,稽征机关得依该事业以前 3 个年度经稽征机关核定纯益率之平均数核定之;(2)账簿凭证,在办理结算申报后未经稽征机关调查核定前,因遭受不可抗力灾害或有关机关因公调阅,以致灭失者,如申报纯益率未达前 3 个年度核定纯益率的平均数,也按该事业以前 3 个年度经稽征机关核定纯益率的平均数核定之;如其申报纯益率已达该事业前 3 个年度经稽征机关核定纯益率的平均数,从其申报所得额核定。

另外,有时在纳税义务发生之前,税务机关和纳税人就即将发生的应税事实(主要是确定计税价格的方法)进行协商,制定协议并根据协议确定该纳税人的应纳税额。这一类型的核定在两岸税务实践中主要体现为预约定价安排。这种事先的核定是为了避免征纳双方对应纳税额产生争议而不得不嗣后调整,从而增加不必要的执法成本与遵从成本。

大陆的预约定价规范依据主要为《实施细则》第 53 条和《企业所得税法》第

42条。具体而言,纳税人可以向主管税务机关提出与其关联企业之间业务往来的定价原则和计算方法,主管税务机关审核、批准后,与纳税人达成预约定价安排,并监督纳税人执行。对此,本书第十五章第二节将专门论述,此处不再赘述。

四、税收核定的相关法律责任

《企业所得税核定办法》仅规定,对违反办法规定的行为,按照《税收征管法》及其《实施细则》的有关规定处理。而《个体户定期定额征管办法》第24条则重点规定了税务机关的相关法律责任:税务机关应当严格执行核定定额程序,遵守回避制度。税务人员个人不得擅自确定或更改定额。税务人员徇私舞弊或者玩忽职守,致使国家税收遭受重大损失,构成犯罪的,依法追究刑事责任;尚不构成犯罪的,依法给予行政处分。

依定期定额户法律责任的有关规定,如经税务机关检查发现定期定额户在以前定额执行期发生的经营额、所得额超过定额,或者当期发生的经营额、所得额超过定额一定幅度而未向税务机关进行纳税申报及结清应纳税款的,税务机关应当追缴税款、加收滞纳金,并按照法律、行政法规规定予以处理。经营额、所得额连续纳税期超过定额,税务机关应当按照《个体户定期定额征管办法》第19条的规定重新核定其定额。可见,对于定期定额户而言,相关责任是补缴税款与滞纳金,甚至引发重新核定程序。

台湾地区"营所税查核准则"第23条规定,销货未给予他人销货凭证或未将销货凭证存根保存者,稽征机关得按当年度当地同时期同业账载或新闻纸刊载或其他可资参证之该项货品之最高价格,核定其销货价格。其未给予他人销货凭证者,应依"税捐稽征法"第44条规定,按该项认定之销货总额,处以5%罚锾;其经查明确属匿报收入者,应依"所得税法"第110条之规定办理。但营利事业自动补报并补缴所漏税款,符合"税捐稽征法"第48条之1规定条件者,免予处罚。"营所税查核准则"第38条第2项规定,营利事业如因交易相对人应给予与而未给予统一发票,致无法取得合法凭证,其已诚实入账,能提示送货单及支付货款证明,经稽征机关查明属实者,准予按实际进价核定进货成本,并依"税捐稽征法"第44条规定处罚。但其于稽征机关发现前由会计师签证揭露或自行于申报书揭露者,免予处罚。交易相对人涉嫌违章部分,则应依法办理。

第四节　其他税款征收方式比较

一、源泉扣缴制度比较

(一)大陆的源泉扣缴制度

1.扣缴申报的应税所得

大陆个人所得税除纳税人自行申报以外,还实行全员全额扣缴申报。全员全额扣缴申报,是指扣缴义务人在代扣税款的次月内,向主管税务机关报送其支付所得个人的基本信息、支付所得数额、扣缴税款的具体数额和总额以及其他相关涉税信息。全员全额扣缴申报的应税所得包括:工资、薪金所得;劳务报酬所得;稿酬所得;特许权使用费所得;利息、股息、红利所得;财产租赁所得;财产转让所得;偶然所得;经国务院财政部门确定征税的其他所得。

企业所得税方面,对非居民企业取得来源于中国境内的所得应缴纳的所得税,实行源泉扣缴,以支付人为扣缴义务人。税款由扣缴义务人在每次支付或者到期应支付时,从支付或者到期应支付的款项中扣缴。

2.扣缴义务的具体内容

第一,扣留义务与及时报告义务。扣缴义务人依照法律、行政法规的规定履行代扣、代收税款的义务。扣缴义务人依法履行代扣、代收税款义务时,纳税人不得拒绝。纳税人拒绝的,扣缴义务人应当及时报告税务机关处理。[①]

第二,登记和设置账簿义务。扣缴义务人应当自扣缴义务发生之日起 30 日内,向所在地的主管税务机关申报办理扣缴税款登记,领取扣缴税款登记证件;税务机关对已办理税务登记的扣缴义务人,可以只在其税务登记证件上登记扣缴税款事项,不再发给扣缴税款登记证件。扣缴义务人应当自税收法律、行政法规规定的扣缴义务发生之日起 10 日内,按照所代扣、代收的税种,分别设置代扣代缴、代收代缴税款账簿。[②]

第三,报送相关信息、表格义务。扣缴义务人的纳税申报或者代扣代缴、代收代缴税款报告表的主要内容包括:税种、税目,应纳税项目或者应代扣代缴、代收代缴税款项目,计税依据,扣除项目及标准,适用税率或者单位税额,应退税项

---

①　参见《税收征管法》第 30 条。
②　参见《实施细则》第 13 条、第 25 条。

目及税额、应减免税项目及税额,应纳税额或者应代扣代缴、代收代缴税额,税款所属期限、延期缴纳税款、欠税、滞纳金等。[①] 初次扣缴申报时,应报送个人的基础信息。个人及基础信息发生变化时,扣缴义务人应在次月扣缴申报时,将变更信息报送主管税务机关。支付应税所得时,不论其是否属于本单位人员、支付的应税所得是否达到纳税标准,扣缴义务人应当在代扣税款的次月内,向主管税务机关报送其支付应税所得个人的基本信息、支付所得项目和数额、扣缴税款数额以及其他相关涉税信息。解缴代扣税款时,应向主管税务机关报送《扣缴个人所得税报告表》《支付个人收入明细表》和个人基础信息。但同时报送有困难的,应最迟在扣缴税款的次月底前报送,可以申请延期。对于《扣缴个人所得税报告表》《支付个人收入明细表》,应按每个人逐栏逐项、如实填写。没有按每一个人逐栏逐项填写的,或者填写不准确的,应要求扣缴义务人重新填报。[②]

第四,缴纳(解缴税款)义务。扣缴义务人每月所扣的税款,应当在次月15日内缴入国库。从事生产、经营的纳税人、扣缴义务人未按照规定的期限缴纳或者解缴税款的,纳税担保人未按照规定的期限缴纳所担保的税款的,由税务机关发出限期缴纳税款通知书,责令缴纳或者解缴税款的最长期限不得超过15日。[③]

《税收征管法》第30条明确了扣缴义务人履行代扣、代收税款的义务的依据为法律、行政法规的规定。对法律、行政法规没有规定负有代扣、代收税款义务的单位和个人,税务机关不得要求其履行代扣、代收税款义务。但对于非居民企业在中国境内取得工程作业和劳务所得,对其应缴纳的所得税未按照规定期限办理企业所得税纳税申报或者预缴申报的,税务机关可以指定工程价款或者劳务费的支付人为扣缴义务人。[④]

3. 相应的法律责任

大陆,课以扣缴义务人的义务和相应处罚大多与纳税人规定于同一条文中,其所承担的法律责任和纳税人并没有太大的差异。具体包括:

(1)不履行扣留义务和报告义务。①扣缴义务人应扣未扣税款的,对扣缴义务人处应扣未扣税款50%以上3倍以下的罚款(由税务机关向纳税人追缴税款)。②因为纳税人拒绝代扣税款而造成无法履行扣留义务的,扣缴义务人需履行向税务机关报告的义务(由税务机关直接向纳税人追缴税款、滞纳金,纳税人

---

① 参见《实施细则》第33条。

② 参见《个人所得税全员全额扣缴申报管理暂行办法》(国税发〔2005〕205号)第3条、第6~10条。

③ 参见《个人所得税法》第9条第1款;《实施细则》第73条。

④ 参见《企业所得税法》第38条,《企业所得税法实施条例》第106条。

拒不缴纳的,强制执行予以追缴并可以处不缴或者少缴的税款50％以上5倍以下的罚款)。[1]

(2)不履行设置账簿的义务。扣缴义务人未按照规定设置、保管代扣代缴税款账簿或者保管代扣代缴税款记账凭证及有关资料的,由税务机关责令限期改正,可以处2000元以下的罚款;情节严重的,处2000元以上5000元以下的罚款。[2]

(3)不履行报送义务。扣缴义务人未按照规定的期限向税务机关报送代扣代缴、代收代缴税款报告表和有关资料的,由税务机关责令限期改正,可以处2000元以下的罚款;情节严重的,可以处2000元以上1万元以下的罚款。[3] 扣缴义务人拒绝履行或不如实履行报送法定资料义务的,由税务机关责令改正,可以处1万元以下的罚款;情节严重的,处1万元以上5万元以下的罚款。[4]

(4)不履行缴纳义务。扣缴义务人未按照规定期限解缴税款的,税务机关可以采取以下相关措施:①责令限期缴纳,并从滞纳税款之日起,按日加收滞纳税款0.05％的滞纳金;②限期内仍未缴纳的,税务机关可以采取强制执行措施予以追缴;③上述第②情形下,税务机关还可以对其处不缴或者少缴的税款50％以上5倍以下的罚款。[5]

(二)台湾地区的就源扣缴制度

1.适用的税种

大陆的全员全额扣缴申报仅适用于个人所得税领域,而台湾地区由于实行不同所得税税种一体立法的方式,因此其"所得税法"规定的扣缴制度适用于包括营利事业所得税和综合所得税在内的两个税种。依据"所得税法"第88条第1项规定,纳税人有下列各类所得者,应由扣缴义务人于给付时,依规定之扣缴率或扣缴办法,扣取税款,并依第92条规定缴纳之:

第一,公司分配予非台湾地区境内居住之个人及总机构在台湾地区境外之营利事业之股利净额;合作社、合伙组织或独资组织分配给非台湾地区境内居住之社员、合伙人或独资资本主之盈余净额。

第二,机关、团体、学校、事业、破产财团或执行业务者所给付之薪资、利息、租金、佣金、权利金、竞技、竞赛或机会中奖之奖金或给与、退休金、资遣费、退职

---

① 参见《实施细则》第94条。
② 参见《税收征管法》第61条。
③ 参见《税收征管法》第62条。
④ 参见《税收征管法》第96条、第70条。
⑤ 参见《税收征管法》第32条、第68条。

金、离职金、终身俸、非属保险给付之养老金、告发或检举奖金、结构型商品交易之所得、执行业务者之报酬,及给付在台湾地区境内无固定营业场所或营业代理人之国外营利事业之所得。

第三,在台湾地区境内经营国际运输、承包营建工程、提供技术服务或出租机器设备等业务,而总机构在台湾地区境外之营利事业,依"所得税法"第25条经财政事务主管部门核准或核定适用该条规定计算其台湾地区境内之营利事业所得额者,依第98条之1之规定,在台湾地区境内未设分支机构而有营业代理人者,应由营业代理人负责扣缴所得税款之营利事业所得,以及在台湾地区境内未设分支机构及营业代理人者,应由给付人于给付时扣缴所得税款之营利事业所得。

第四,在台湾地区境内无分支机构之"国外"影片事业,其在台湾地区境内之营利事业所得额。

另外,"所得税法施行细则"第83条规定了两种免予扣缴的情形。首先,依"所得税法"第88条应扣缴所得税款之各类所得,如有"所得税法"第4条第1项各款规定免纳所得税者,应免予扣缴。但采定额免税者,其超过起扣点部分仍应扣缴。其次,银行业贷放款之利息所得及营利事业依法开立统一发票之佣金、租赁及权利金收入,均免予扣缴。

除上述规定外,台湾地区不需办理扣缴的所得还包括:第一,非属扣缴范围的所得。即非列入"所得税法"第88条扣缴范围的所得,包括居住者的营利所得、分配给居住者个人或总机构在境内的法人的股利总额及盈余总额、自力耕作渔牧林矿所得、财产交易所得等。第二,未超过扣缴起点的所得。依"各类所得扣缴率标准"第13条和第13条之1规定,台湾地区境内居住个人(包括居留满183天的大陆个人)如有"各类所得扣缴率标准"第2条规定的所得,扣缴义务人每次应扣缴税额不超过2000元新台币者,免予扣缴。自2016年起,在台湾地区境内有固定营业场所的营利事业(包括在台湾地区有固定营业场所或营业代理人之大陆法人、团体或其他机构)如有第2条规定的所得,扣缴义务人每次应扣缴税额不超过2000元新台币的,也可以免予扣缴。

2.扣缴义务的具体内容

依据"所得税法"第88条、第89条、第92条、第94条等规定,台湾学者将其分解为四种义务:扣留义务、缴纳义务、申报义务与填发义务,具体叙述如下:

(1)扣留义务。扣缴义务人须依据行政管理机构公布"各类所得扣缴率标准"或"薪资所得扣缴办法"等行政命令,于给付予纳税人之金额中,按所得性质之不同,依不同扣缴率,扣留纳税人之税款,[1]纳税人具有相应的容忍义务。

(2)缴纳义务。一般扣缴所得税款之扣缴义务人,应于每月10日前将上一月内所扣税款向"国库"缴清;非台湾地区境内居住之个人,或在台湾地区境内无固定营业场所之营利事业,有上述四类所得时,扣缴义务人应于代扣税款之日起10日内缴清。

(3)申报义务。按照"所得税法"第89、92条的规定,申报义务依纳税人属于台湾地区境内或境外之人与是否属于免扣缴所得,而有不同之申报期间与申报内容,得区分为三种情形:

首先,扣缴义务人,应于每年一月底前将上一年内扣缴各纳税人之税款数额,开具扣缴凭单,汇报该管稽征机关查核;但营利事业有解散、废止、合并或转让,或机关、团体裁撤、变更时,扣缴义务人应随时就已扣缴税款数额,填发扣缴凭单,并于10日内向该管稽征机关办理申报。

其次,非台湾地区境内居住之个人,或在台湾地区境内无固定营业场所之营利事业,有一般扣缴所得时,扣缴义务人应于代扣税款之日起10日内,缴清税款,开具扣缴凭单,并向该管稽征机关申报核验。

最后,机关、团体、学校、事业、破产财团或执行业务者每年所给付的一般扣缴所得,及第14条第1项第10类之其他所得,因未达起扣点,或因不属"所得税法"规定之扣缴范围,而未经扣缴税款者,应于每年一月底前,将受领人姓名、住址、身份证统一编号及全年给付金额等,依规定格式,列单申报主管稽征机关。

(4)填发凭单义务。扣缴义务人在扣缴税款时,应随时通知纳税人并于法定时间内将扣缴凭单或免扣缴凭单及相关凭单填发给纳税人;而非台湾地区境内居住的个人或在台湾地区境内无固定营业场所之营利事业税款之扣缴,则多了一项手续:应由扣缴义务人填具凭单后,先向税捐稽征机关申报核验,再发给纳税人;机关、团体、学校、事业、破产财团或执行业务者每年所给付的一般扣缴所得,及第14条第1项第10类之其他所得,因未达起扣点,或因不属"所得税法"规定之扣缴范围,而未经扣缴税款者,应于2月10日前,将免扣缴凭单填发纳税人。[2]

---

① 钟典晏:《扣缴义务问题研析》,北京大学出版社2005年版,第11页。

② 参见钟典晏:《扣缴义务问题研析》,北京大学出版社2005年版,第12页;参见台湾地区"所得税法"第89条、第92条、第94条。

3.违反扣缴义务的法律责任

按照"税捐稽征法"第 42 条第 1 项、"所得税法"第 111 条的规定，[①]依据类型化分析法，[②]将台湾地区违反扣缴义务的相关制裁规定列举如下：[③]

(1)依"所得税法"第 114 条第 1 款处罚的情形有：①扣留、缴纳、申报与填发凭单四项义务皆未依法履行；②仅仅履行申报或填发凭单一项义务，或仅履行申报与填发两项义务。如有以上情形，除限期责令补缴应扣未扣或短扣之税款及补报扣缴凭单外，并按应扣未扣或短扣之税额处 1 倍之罚锾；其未于限期内补缴应扣未扣或短扣之税款，或不按实补报扣缴凭单者，应按应扣未扣或短扣之税额处 3 倍之罚锾。

(2)依"所得税法"第 114 条第 2 款处罚的情形有：①仅履行扣留与缴纳两项义务；②仅仅因为没有依法履行申报或缴纳义务，其他义务都已履行。上述情形下，应该限期责令补报或填发，而且，应按扣缴税额处 20％罚锾。但最高不得超过 2 万元新台币，最低不得少于 1500 元新台币；值得注意的是，逾期自动（即在未经检举或未尽稽征机关进行调查前）申报或填发者，减半处罚，这是台湾地区税法中颇具特色的另一激励机制，鼓励纳税人尽快改正其违法行为。另外，经稽征机关限期责令补报或填发扣缴凭单，扣缴义务人未依限按实补报或填发的，应按扣缴税额处 3 倍之罚锾。但最高不得超过 4.5 万元新台币，最低不得少于 3000 元新台币。

(3)依"税捐稽征法"第 42 条第 2 项[④]处罚的情形有：①仅履行两项义务，一项必是扣留义务，另外一项是申报或者填发凭单义务；②仅仅履行扣留义务一项义务，其余义务皆未依法履行的，依据财政事务主管部门 1985 年台财税第 24073 号函中"说明"的第 3 项，应查明扣缴义务人有无侵占已扣取税款情事，再予以处罚。

(4)依"所得税法"第 114 条第 3 款处罚的情形为：逾第 92 条规定期限缴纳

---

①　政府机关、公立学校或公营事业违反第 89 条第 3 项规定，未依限或未据实申报或未依限填发免扣缴凭单者，应通知其主管机关议处该机关或学校之责应扣缴单位主管或事业之负责人。私人团体、私立学校、私营事业、破产财团或执行业务者，违反第 89 条第 3 项规定，未依限填报或未据实申报或未依限填发免扣缴凭单者，处该团体或学校之责应扣缴单位主管、事业负责人、破产财团破产管理人或执行业务者 1500 元新台币罚锾，并通知限期补报或填发；届期不补报或填发者，应按所给付金额，处该团体或学校之责应扣缴单位主管、事业之负责人、破产财团之破产管理人或执行业务者 5％罚锾。但最高不得超过 9 万元新台币，最低不得少于 3000 元新台币。

②　参见钟典晏：《扣缴义务问题研析》，北京大学出版社 2005 年版，第 80～83 页。

③　违反上述义务一般表现为逾期履行、未如实履行与不履行。

④　即扣缴义务人侵占已扣缴税捐，处 5 年以下有期徒刑、拘役或科或并科 6 万元新台币以下罚金。

所扣税款,包括"如在未经检举或未尽稽征机关进行调查前自动缴纳,系属迟延缴纳",每逾2日加征1‰滞纳金。

(5)对于虽未履行扣留义务,但履行了缴纳义务的情形,台湾地区没有明文规定,可视为法律漏洞,按照税收法定原则与法律保留原则,不得进行制裁。

(6)扣缴义务人以诈术或其他不正当方法匿报、短报或不为扣缴税捐的,扣缴义务人侵占已扣缴税捐的,处5年以下有期徒刑、拘役或科或并科6万元新台币以下罚金。可见,仅当扣缴义务人有主观恶意,或者以不正当的手段不履行申报或缴纳义务甚至侵占税款的,才科以刑罚,这就大大缩小了对税收违法行为的惩罚强度。

二、代征制度比较

两岸的税法及实践中都存在税收代征制度,虽然字面上表述一致,实际却是迥然而异。《委托代征管理办法》(国家税务总局公告2013年第24号)第2条规定,委托代征,是指税务机关根据《实施细则》有利于税收控管和方便纳税的要求,按照双方自愿、简便征收、强化管理、依法委托的原则和国家有关规定,委托有关单位和人员代征零星、分散和异地缴纳的税收的行为。根据该办法,委托代征制度的主要内容包括:首先,税务机关应对代征单位或个人进行资格审定,具备法定资格条件①方可委托。其次,税务机关应当与代征人签订《委托代征协议书》,明确委托代征协议的生效和终止及委托代征相关事宜。② 协议签订后,税务机关应当向代征人发放《委托代征证书》,并在新闻媒体或者代征范围内纳税人相对集中的场所,公告代征人的委托代征资格和代征权限等内容。再次,明确了委托代征工作中税务机关和代征人的职责,并特别规定代征人不得对纳税人实施税款核定、税收保全和税收强制执行措施,不得对纳税人进行行政处罚,代征人不得从代征税款中直接扣取代征税款手续费。最后,明确了协议双方的法律责任。除了双方的违约责任,还特别规定代征人在委托代征协议书授权范围内的代征税款行为引起纳税人的争议或法律纠纷的,由税务机关解决并承担相

---

① 依据《委托代征管理办法》第5条至第7条,代征人应具备以下资格条件:一是要求代征人应与纳税人有管理、经济业务往来、地缘等关系。二是要求代征人为单位的,应具有固定的工作场所、规范的内部管理制度、健全的财务制度、熟悉税收法律法规的工作人员等便于委托代征的条件;代征人为个人的,应遵纪守法,并具备与完成代征税款工作要求相适应的税收业务知识和操作技能。

② 依据《委托代征管理办法》第10条第1款,代征协议应规定以下内容:双方的基本信息、委托代征范围和期限、委托代征的税种及附加、计税依据及税率、票、款结报缴销期限和额度、税务机关和代征人双方的权利、义务和责任代征手续费标准、违约责任等有关事项。

应法律责任,税务机关拥有事后向代征人追究法律责任的权利。纳税人对委托代征行为不服,可依法申请税务行政复议。[①]

为理解台湾地区的代征制度,依黄茂荣教授的观点,须先厘清台湾的"代征税捐"与"扣缴税捐"的差别。二者制度上基本结构相近,其差异主要在于:扣缴关系借助扣缴义务人对纳税人负与税捐客体有牵连关系之金钱给付义务;代征关系借助代征义务人在交易或货物进入课税区域的枢纽地位。因此我们认为,台湾的"代征税捐"制度,相当于是大陆的代收代缴制度与委托代征制度的结合体,但从性质上看,还是主要类似于大陆的代收代缴制度。所谓代收代缴,是由与纳税人有经济业务往来的单位和个人在向纳税人收取款项时依法收取税款的方式,也是借助了代收代缴人经济往来过程中的"枢纽"地位,目的都是加强税收的源泉控制,简化征税手续,减少税款流失。另外,在大陆"三代"(委托代征、代扣代缴、代收代缴)管理中,大陆的代收代缴与代扣代缴基本上没有多少区别,而台湾税法中对扣缴义务之说明,原则上皆可准用至代征义务。

大陆的委托代征制度与台湾的代征税捐制度之间异同共存。相同之处主要在于都是基于税收行政效率原则而设计的制度,都是利用代征人具有的在其与纳税人之间的经济往来关系中所具备的某种优势地位而确定代征人,代征人都能获得一定的报酬。不同之处则包括如下几个方面:

第一,代征义务的性质不同。台湾的代征义务系法定义务,大陆的委托代征虽规定于《实施细则》第44条,但其实现需通过与受托代征人签订《委托代征协议书》,因此受托代征人所负代征义务系委托代征协议项下的约定义务;这也是《委托代征管理办法》第1条在表明其制定依据时,除《税收征管法》与《实施细则》等之外,还提及《合同法》的原因所在。委托代征协议并非完全意义上的私法合同,不能由协议双方自由协商主要条款,例如《委托代征管理办法》就对委托代征协议的主要条款作了规定;其性质上应当属于私法形态的辅助行为[②]或称行政辅助行为,归类于私经济行政或称国库行政的一种行为类型。

性质分属法定义务和约定义务,是两岸代征制度最根本的区别。当然,大陆也存在约定代征的例外:一是由海关负责代征进口环节的增值税和消费税;二是国税局和地税局之间的互相委托代征,[③]目前主要体现为国税局委托地税局代

---

① 参见《委托代征管理办法》第27条。

② 参见吴庚、盛子龙:《行政法之理论与实用》(增订15版),台湾三民书局2017年第15版,第10~12页;陈新民:《行政法学总论》(新9版),台湾三民书局2015年新9版,第19~22页。

③ 参见《国家税务总局关于加强国家税务局、地方税务局互相委托代征税收的通知》(税总发〔2015〕155号)。

征"营改增"后纳税人销售其取得的不动产和其他个人出租不动产的税款以及代开增值税发票方面。① 以上均为法定代征,但通常不纳入本书所称的委托代征制度中。

第二,代征人的范围不同。台湾的代征义务系法定义务,因此代征人均由法律直接规定,既包括公权力机关,例如台湾地区"特种货物及劳务税条例"第16条第5项和"烟酒税法"第12条第2项所规定的海关,"契税条例"第29条所规定的乡、镇、市、区公所,以及"使用牌照税法"第3条第2项所规定的交通管理机关;又包括私人主体,例如"娱乐税法"第3条第2项规定的娱乐场所、娱乐设施或娱乐活动之提供人或举办人,"证券交易税条例"第4条规定的证券承销商、证券经纪商、受让证券人,以及"期货交易税条例"第3条规定的期货商。

大陆委托代征中的代征人则系委托人即税务机关根据法定得以委托代征的情形而行使其裁量权予以选择。其形态既可包括公权力机关,例如税务机关委托海事机关代征船舶税目的车船税、委托交通管理机关代征车辆税目的车船税,委托街道办事处代征集贸市场的增值税等;也可包括私人主体,例如在屠宰税未废止前,委托屠宰企业代征屠宰税和增值税等。② 但税务机关选择代征人并非毫无限制,《委托代征管理办法》第5条就规定,税务机关确定的代征人,应当与纳税人有下列关系之一:(1)与纳税人有管理关系;(2)与纳税人有经济业务往来;(3)与纳税人有地缘关系;(4)有利于税收控管和方便纳税人的其他关系。

第三,代征适用的情形不同。台湾地区确定代征义务人包括以下情形:(1)对向其购买商品或劳务者,或(2)对经其媒介买卖商品或有价证券者,或(3)对经其关口通关,输入货物者,代理税捐稽征机关征收纳税人应征之税款,向税捐稽征机关缴纳者。③

大陆委托代征适用的情形,首先,《实施细则》第44条限定为"零星、分散和异地缴纳的税收"。其次,《委托代征管理办法》第4条第1款规定,委托代征范围由税务机关根据加强税收控管、方便纳税的原则,结合当地税源管理的实际情况确定。最后,该条第2款规定,法律、行政法规已确定的代扣代缴、代收代缴税收,不得委托他人代征。

第四,代征人获得报酬的性质不同。台湾地区的代征制度规定了奖金制度,

---

① 参见《国家税务总局关于营业税改征增值税委托地税机关代征税款和代开增值税发票的公告》(公告2016年第19号),《国家税务总局关于营业税改征增值税委托地税局代征税款和代开增值税发票的通知》(税总函〔2016〕145号)。

② 参见李刚:《税法与私法关系总论》,法律出版社2014年版,第137~139页。

③ 参见黄茂荣:《税法总论》(第三册),台湾植根法学丛书编辑室2008年第2版,第164页。

在某些税种法中,依照法定程序及期限完成其代征义务者,主管稽征机关应按其代征税额给与1‰奖金(每一代征人每年以2400万元新台币为限)。① 大陆《委托代征管理办法》第20条则规定,代征人应根据委托代征协议书的规定向税务机关申请代征税款手续费,不得从代征税款中直接扣取代征税款手续费。

第五,法律责任不同。台湾地区的代征关系中,代征义务人因负法定义务,因此当其违法未履行代征义务时,除应赔缴税款外,并得处以罚锾或停止其营业。以具体税种法为例,"娱乐税法"第14条规定,娱乐税代征人不为代征或短征、短报、匿报娱乐税者,除追缴外,按应纳税额处5倍至15倍罚锾,并得停止其营业。依前项规定为停止营业处分时,应订定期限,最长不得超过1个月,但停业期限届满后,该代征人对于应履行之义务仍不履行者,得继续处分至履行义务时为止。代征人逾期缴纳代征税款者,应加征滞纳金。②

大陆的代征人因仅负协议项下的代征义务,并非纳税人或者扣缴义务人,因此税务机关不得将可运用于纳税主体的各种征管措施,如税收核定、税收保全和强制执行措施,乃至税收处罚措施适用于代征人。③《委托代征管理办法》第22条规定,因代征人责任未征或少征税款的,税务机关可按《委托代征协议书》的约定向代征人按日加收未征少征税款万分之五的违约金,但代征人将纳税人拒绝缴纳等情况自纳税人拒绝之时起24小时内报告税务机关的除外;第24条规定,代征人未按规定期限解缴税款的,由税务机关责令限期解缴,并可从税款滞纳之日起按日加收未解缴税款万分之五的违约金。由此可见,代征人所负法律责任主要系合同责任,因此代征人与税务机关因委托代征协议所产生的纠纷也应循私法途径、以民事诉讼的方式解决。

三、定期定额征收——两岸小规模纳税人税款征收制度比较

(一)大陆的定期定额制度

1.适用的纳税人范围

大陆的定期定额征收,是基于事实推定的税收核定(推定课税)的一种特殊表现形式,它专门针对未建账或所建账簿不能准确核算应纳税额的纳税人,是由税务机关核定纳税人在一定时期内应税收入和所得并依税法计算应纳税额的一

---

① 参见台湾地区"证券交易税条例"第8条、"期货交易税条例"第4条。
② 参见黄茂荣:《税法总论》(第三册),台湾植根法学丛书编辑室2008年第2版,第164页。
③ 参见《委托代征管理办法》第19条。

种税款征收管理方式。定期定额征收方式目前广泛适用于大部分个体工商户和部分小型企业,它在简化征收程序、降低征纳成本、保障国家税收等方面发挥了重要作用。

关于定期定额征收的适用纳税人范围,《税收征管法》第 35 条第 1 项规定了"依照法律、行政法规的规定可以不设置账簿的",第 37 条规定了"未按照规定办理税务登记的从事生产、经营的纳税人以及临时从事经营的纳税人";归纳而言就指依法可以不设置账簿的纳税人。至于哪些纳税人依法可以不设置账簿,《税收征管法》和《实施细则》都没有做出明确的规定。根据国务院《关于批转国家税务总局〈加强个体私营经济税收征管强化查账征收工作意见〉的通知》(国发〔1997〕12 号)[①],税务总局据此制定的《个体工商户建账管理暂行办法》(2006 年国家税务总局令 17 号),以及《个体户定期定额征管办法》,主要是指经主管税务机关认定和县以上税务机关批准的生产、经营规模小,达不到《个体工商户建账管理暂行办法》规定设置账簿标准的个体工商户,简单地说就是达不到一定规模的个体工商户。此外,还包括临时从事经营的纳税人和按照《个体户定期定额征管办法》第 26 条规定比照执行税收定期定额的个人独资企业。作为特殊核定的典型,个体工商户的税收核定被称为个体工商户税收定期定额征收(以下简称"定期定额征收"),它是指税务机关依照法律、行政法规及《个体户定期定额征管办法》的规定,对个体工商户在一定经营地点、一定经营时期、一定经营范围内的应纳税经营额或所得额进行核定,并以此为计税依据,确定其应纳税额的一种征收方式。[②]

2.核定的法定程序

(1)自行申报。定期定额户要按照税务机关规定的申报期限、申报内容向主管税务机关申报,填写有关申报文书。申报内容应包括经营行业、营业面积、雇佣人数和每月经营额、所得额(以上皆为预估数)以及税务机关需要的其他申报项目。

(2)核定定额。主管税务机关根据定期定额户自行申报情况,参考典型调查结果,采取法定核定方法核定定额,并计算应纳税额。

(3)定额公示。应当按照便于定期定额户及社会各界了解、监督的原则,由主管税务机关应当将核定定额的初步结果进行公示,公示期限为 5 个工作日。

(4)上级核准。主管税务机关根据公示意见结果修改定额,并将核定情况报

---

① 该号文于 2016 年 6 月 25 日被《国务院关于宣布失效一批国务院文件的决定》(国发〔2016〕38 号)宣布失效。

② 参见唐婉:《我国税收核定制度若干法律问题研究》,厦门大学法学院经济法专业 2008 年硕士学位论文,第 10~11 页。

经县以上税务机关审核批准后,填制《核定定额通知书》。

(5)下达定额。将《核定定额通知书》送达定期定额户执行。

(6)公布定额。主管税务机关将最终确定的定额和应纳税额情况在原公示范围内进行公布。

(7)经营中的报告义务:①定期定额户当期发生的经营额、所得额超过定额一定幅度的,应当在法律、行政法规规定的申报期限内向税务机关进行申报并缴清税款;②定期定额户的经营额、所得额连续纳税期超过或低于税务机关核定的定额,应当提请税务机关重新核定定额;③定期定额户经营情况发生重大变化的,应当向税务机关相应地提出书面的停业报告、复业报告、延长停业报告。

(8)重新核定程序:经税务机关检查发现定期定额户在以前连续定额执行期的经营额、所得额超过定额,税务机关应当按规定重新核定其定额;定期定额户的经营额、所得额连续纳税期超过或低于税务机关核定的定额,应当主动提请税务机关重新核定定额。

(9)定期定额户对税务机关核定的定额有争议的,可以在接到《核定定额通知书》之日起 30 日内向主管税务机关提出重新核定定额申请(并提供足以说明其生产、经营真实情况的证据,主管税务机关应当自接到申请之日起 30 日内书面答复),也可以按照法律、行政法规的规定直接向上一级税务机关申请行政复议;对行政复议决定不服的,可以依法向人民法院提起行政诉讼。

3.核定的具体方法

根据《个体户定期定额征管办法》第 7 条,税务机关进行定期定额核定主要有 7 种方法:(1)按照耗用的原材料、燃料、动力等推算或者测算核定;(2)按照成本加合理的费用和利润的方法核定;(3)按照盘点库存情况推算或者测算核定;(4)按照发票和相关凭据核定;(5)按照银行经营账户资金往来情况测算核定;(6)参照同类行业或类似行业中同规模、同区域纳税人的生产、经营情况核定;(7)按照其他合理方法核定。

4.定期定额核定的法律效力

有关定期定额核定的法律效力,值得探讨的问题是,对定额以外的所得是否还有实体法上的纳税义务?《个体户定期定额征管办法》的回答是肯定的,其第 18 条规定,定期定额户在定额执行期结束后,应当以该期每月实际发生的经营额、所得额向税务机关申报,申报额超过定额的,按申报额缴纳税款;申报额低于定额的,按定额缴纳税款。我们认为,虽然税收定额所依据的经营额核定,可能与纳税人的实际经营存在出入,但不能因此就否定定期定额核定的法律效力。定额核定之后并不是一成不变的,定期定额户的经营额、所得额连续纳税期超过或低于税务机关核定的定额,应当提请税务机关重新核定定额。因此,应当认定定期定额核定的法律效力,而后可以通过赋予税务机关采取行政补充措施的权力的方式,以季度、半年或一年为单位对定额进行调整,以弥补定额与实际不符的缺陷。[①]

另外,在两种情形下,定期定额户还必须另行"办理纳税相关事宜":第一,定额与发票开具金额或税控收款机记录数据比对后,经营额、所得额超过定额的税款仍应缴纳;第二,在税务机关核定定额的经营地点以外从事经营活动所应缴纳的税款。

(二)台湾地区"小规模营利事业"的特别规定

台湾地区"所得税法"中所称小规模营利事业,俗称"小店户",是指规模狭小、交易零星、每月销售额未达使用统一发票标准而按查定课征营业税之营利事业。[②] 小规模营利事业适用以下特别规定:

1. 免办结算、结算或清算申报,不适用暂缴规定

小规模营业人目前无须办理营所税结算申报,亦无须办理决清算申报,[③]故无营所税负担。独资资本主或合伙组织合伙人应将每季核定之营业额加总后,依该行业代号营利事业扩大书面审核之纯益率计算营利所得,并入个人综合所得申报。若不慎漏报该项所得,目前仍有免罚规定。综所税纳税义务人漏报或短报其所经营小规模营利事业之营利所得,除应依法补征其综所税外,得免依"所得税法"第110条规定送罚,其属未办理结算申报案件,比照办理。[④]

需要注意的是,"所得税法"并没有小规模营业人关于各类扣缴除外规定,小规模营业人如于年度中有给付薪资、租金或其他各类所得时,应依"所得税法"第92条及"各类所得扣缴率标准"办理扣缴及申报,未按规定扣缴和申报应依"所得税法"第111条及第114条有关规定处罚。

此外,依"所得税法"第69条规定,经核定的小规模营利事业不适用暂缴规定。

2. 设账、凭证规定

依"营业税法"第32条、"统一发票使用办法"第4条,小规模营业人得掣发

---

① 熊伟、王华:《我国定期定额征税制度检讨——陈德惠律师涉嫌偷税案为例》,载《涉外税务》2004年第9期,第38页。

② 参见台湾地区"所得税法施行细则"第56条第1项,"营业税法施行细则"第9条。

③ 台湾地区"所得税法"71条:"……但其为小规模营利事业者,无须办理结算申报,其营利事业所得额,应由独资资本主或合伙组织合伙人依第14条第1项第1类规定列为营利所得,依本法规定课征综合所得税。"第75条:"……但其为小规模营利事业者,无须办理当期决算或清算申报,其营利事业所得额,应由独资资本主或合伙组织合伙人依第14条第1项第1类规定列为营利所得,依本法规定课征综合所得税。"

④ 台湾地区财政事务主管部门台财税第800760267号函。

普通收据,免用统一发票。依据"税捐稽征机关管理营利事业会计账簿凭证办法"第 5 条规定,凡经核定免用统一发票之小规模营利事业,得设置简易日记簿一种。

"税捐稽征机关管理营利事业会计账簿凭证办法"第 21 条规定,经核准免用统一发票之小规模营利事业,于对外营业事项发生时,得免给予他人原始凭证。依"税务违章案件减免处罚标准"第 2 条,小规模营利事业购进货物或劳务时,未依规定取得或保存进项凭证,免予处罚。同样,依据台湾地区财政事务主管部门1977 年 4 月 4 日台财税第 32147 号函,经核准免用统一发票之小规模营利事业,在辅导设账期间,如于对外营业事项发生时未给予或取得凭证,仍应暂免处罚。至未设置简易日记簿或进货簿者,在辅导设账期间,准暂免依"税捐稽征法"第 45 条规定处罚。但是,台湾地区从 2011 年 10 月 31 日起未将前述第 32147号函列入"税捐稽征法令汇编",因此,未取得进项凭证,已无暂免处罚规定。为给予小规模营利事业一定的缓冲期,财政事务主管部门于 2015 年 7 月 27 日函示即日起至 2015 年 12 月 31 日止辅导期间,小规模营利事业如有未依规定取得或保存进项凭证者,将免予处罚。自 2016 年 1 月 1 日起小规模营利事业于购进货物或劳务时,倘未依规定取得及保存进项凭证者,俟经查获将依"税捐稽征法"第 44 条规定按查明认定之总额,处 5％罚款。

3. 核定征收

依"所得税法"第 14 条规定,合伙人应分配之盈余总额或独资资本主经营独资事业所得之盈余总额,独资、合伙组织为小规模营利事业者,按核定之营利事业所得额计算。同时,在营业税方面,小规模营业人除申请使用统一发票并依"营业税法"第 35 条规定申报销售额者外,其由主管机关依"营业税特种税额查定办法"查定每月销售额按规定税率征收,每季发单缴纳。

4. 不适用催报、滞报金及怠报金规定

依"所得税法"第 79 条及第 108 条规定,小规模营利事业不适用催报及滞报金、怠报金规定。若其届期未申报者,稽征机关应即依查得之资料核定其所得额及应纳税额,通知依限缴纳;嗣后如经稽征机关调查另行发现课税资料,仍应依"税捐稽征法"有关规定办理。

大陆《实施细则》第 36 条规定,实行定期定额缴纳税款的纳税人,可以实行简易申报、简并征期等申报纳税方式。为培养小规模营利事业自动申报的习惯,台湾地区"所得税法"中还曾专门设置了"简易申报书"。但 2009 年"所得税法"修订时删除了第 77 条第 1 项中小规模营利事业使用简易申报书的规定。依台湾地区财政事务主管部门解释,自 1998 年"两税合一"制度施行后,只有采查账核实认定者,才需采用简易申报书申报营利所得。而多数独资资本主或合伙组织合伙人小店户营利所得,均由税捐机关直接归课其个人综所税,仅极少数采用简易申报书报(营利事业所得)税,以 2007 年度为例,使用简易申报书只有 57 家。除上述原因外,小规模营业人较无记账申报能力也是台湾地区取消简易申报书的原因之一。

两岸对小规模纳税人群体的简易征收方式的对比参见下表。

表 5-4-1 两岸对小规模纳税人群体的简易征收方式比较表

	大　　陆	台　湾　地　区
比较点	个体工商户定期定额征收中的简易征收、简并征期	小规模营利事业特别规定
适用主体	定期定额户:主要指个体工商户	小规模营利事业:规模狭小,交易零星,每月销售额未达使用统一发票标准而按查定课征营业税之营利事业。
建账规定	依法可以不设置账簿;但应当建立收支凭证粘贴簿、进销货登记簿,完整保存有关纳税资料,并接受税务机关的检查。	凡经核定免用统一发票之小规模营利事业,得设置简易日记簿一种。经核准免用统一发票之小规模营利事业者,应取得普通收据。①
申报程序的便利	一般负有纳税申报义务,但实行简易申报的定期定额户,应当在税务机关规定的期限内按照法律、行政法规规定缴清应纳税款,当期可以不办理申报手续。	1.免办暂缴、结算、结算或清算申报,由独资资本主或合伙组织合伙人依第 14 条第 1 项第 1 类规定列为营利所得,依本法规定课征综所税; 2.综所税纳税人漏报或短报其所经营小规模营利事业之营利所得,除应依法补征其综所税外,得免依"所得税法"第 110 条规定送罚,其属未办理结算申报案件,比照办理。

---

①　参见台湾地区"营所税查核准则"第 73 条、第 77 条至第 80 条、第 88 条。另外,依据"营所税查核准则"第 67 条,营利事业的费用及损失,未经取得原始凭证,或经取得而记载事项不符者,不予认定。但因交易相对人应给予而未给予统一发票,致无法取得合法凭证,其已诚实入账,能提示交易相关文件及支付款项资料,证明为业务所需,经稽征机关查明属实者,准依其支出性质核实认定为费用或损失,并依"税捐稽征法"第 44 条规定处罚;其于稽征机关发现前由会计师签证揭露或自行于申报书揭露者,免予处罚。交易相对人涉嫌违章部分,则应依法办理。此外,由于小规模营利事业、小商贩、农民、渔民与其他个人一般只能取得一般收据,难以查证核实,容易造假,因此,对于所列支的制造费用及营业费用,如系取得小规模营利事业出具之普通收据,其全年累计金额以不超过当年度经稽征机关核定之制造费用及营业费用之总额 3‰为限,超过部分,不予认定。

续表

	大　陆	台　湾　地　区
其他程序便利	简并征期：定期定额户经营地点偏远、缴纳税款数额较小，或者税务机关征收税款有困难的，税务机关可以按照法律、行政法规的规定简并征期，即仅在最后一个纳税期征收税款。但简并征期最长不得超过一个定额执行期。	1.不适用催报规定；其逾期未申报者，稽征机关应即依查得之资料或同业利润标准，核定其所得额及应纳税额，通知依限缴纳；嗣后如经稽征机关调查另行发现课税资料，仍应依税捐稽征法有关规定办理。 2.不适用滞报金、怠报金制度。
推定课税	定期定额户在定额执行期结束后，应当以该期每月实际发生的经营额、所得额向税务机关申报，申报额超过定额的，按申报额缴纳税款；申报额低于定额的，按定额缴纳税款。	1.合伙人应分配之盈余总额或独资资本主经营独资事业所得之盈余总额，独资、合伙组织为小规模营利事业者，按核定之营利事业所得额计算。 2.以低于时价的价格销货给小规模营利事业，如提出正当理由及取得证明文据，并查对相符时，应予认定。若其无正当理由或未能提示证明文据或经查对不符者，应按时价核定其销售价格。

第六章

海峡两岸税收滞纳金法律制度比较

——公私混合法属性的税收保障制度比较之一

税收征收保障制度是保障税收债权实现的制度的统称,根据其公私法属性的不同,可以分为纯粹公法属性的税收保障制度和公私混合法属性的税收保障制度;以大陆为例,前者包括欠税限制出境(或称离境清税)制度、欠税告知制度、税收保全制度和税收强制执行制度;后者包括税收滞纳金制度、税收担保制度、税收优先权制度、税收代位权和税收撤销权制度。

为了较好地形成海峡两岸之间的制度对比,本书从公私混合法属性的税收保障制度中选取税收滞纳金制度以及税收担保制度两项、从纯粹公法属性的税收保障制度中选取税收保全制度和税收强制执行制度以及欠税限制出境制度,共五项较具代表性的制度加以比较。之所以称其较具代表性,不仅是因为海峡两岸均具有类似制度且差异性较大,还因为:(1)有关税收滞纳金的性质究竟是惩罚性还是补偿性的争论不断,且大陆目前虽仅有税收滞纳金制度,但《2015修订草案》不仅将现行《税收征管法》的税收滞纳金改为税收利息,而且又另外规定了滞纳金,向台湾地区早已有之的滞纳金与利息并行的制度模式看齐;(2)大陆的税收担保制度与税收代位权及税收撤销权制度不同,后二者仅是简单地援引《合同法》当中有关合同代位权和撤销权的规定、而未针对税法的特性建立起自身的税收代位权和税收撤销权制度,税收担保制度则有专门的税法规范予以规定;(3)在所有的税收保障制度当中,税收保全和税收强制执行是最为常见和常用的保障措施;(4)与其他绝大多数制度仅针对纳税主体的财产不同,欠税限制出境制度直接针对纳税主体的人身权,因而其在是否符合比例原则、甚至是否侵犯纳税主体的宪法权利方面的争议最大。对此,台湾地区"纳税者权利保护法"第15条规定:"税捐稽征机关或财政事务主管部门赋税事务主管机关指定之人员依职权及法定程序进行税捐调查、保全与欠缴应纳税捐或罚款之执行时,不得逾越所欲达成目的之必要限度,且应以对纳税者权利侵害最少之适当方法为之。"其明白宣示的比例原则值得大陆借鉴。

自本章开始，分四章逐一展开上述五项制度在海峡两岸之间的比较。

在大陆，税收滞纳金的性质经历了由各种观点林立到逐渐统一认识的过程，然而对税收滞纳金应然性质的认识与从实证角度观察到的《税收征管法》所规定的税收滞纳金的实然性质之间还有差距。2012 年《行政强制法》将滞纳金定性为行政强制执行中的执行罚，其与《税收征管法》的税收滞纳金制度之间的冲突再次凸显了税收滞纳金定性问题的重要性。相比而言，台湾地区的税收滞纳金制度较为成熟，其与利息并存且先后衔接的制度设计，如能借鉴得当，可以妥善解决大陆当前税收滞纳金惩罚性偏重、有违比例原则，以及与《行政强制法》的滞纳金如何协调的问题。

第一节　税收滞纳金的构成要件与法律性质比较

税收滞纳金则是指在税收滞纳后，为督促税收债务人履行税收债务，而在其原负之税款债务外，就滞纳税额，按滞纳期间经过之日数，乘以滞纳税额之一定比例而加征的金钱给付义务。[①] 作为税收附带债务的一种，税收滞纳金以满足法定构成要件为成立前提，其计算所依据的本税应纳税额、加收比例、起止标准皆由法定。

大陆的税收滞纳金规则最初规定于《税收征管条例》第 20 条，其第 1 项、第 2 项分别规定对漏税行为和欠税行为按所漏或所欠税款按日加收 0.5％的滞纳金；1992 年《税收征管法》第 20 条第 2 款则改为对滞纳税款行为，按日加收 0.2％的滞纳金，折合年征收比率为 73％（以下简称"92 年 73％比率"）；现行 2001 年《税收征管法》第 32 条再次改为对滞纳税款行为按日加收 0.05％的滞纳金，折合年征收比率为 18.25％（以下简称"01 年 18.25％比率"）。

---

① 参见黄茂荣：《论税捐之滞纳金》，载《台大法学论丛》1987 年第 2 期，第 92 页。

台湾地区则稍显复杂，"税捐稽征法"第20条虽为有关加收滞纳金的一般性规定，①但其加收规则仍然主要由各税种法分别规定，且征收比率有所差异。例如，"所得税法"第112条第1项、"营业税法"第50条第1项、"遗产及赠与税法"第51条第1项、"土地税法"第53条第1项、"使用牌照税法"第25条、"契税条例"第25条和"房屋税条例"第18条均规定为每逾2日1％，"关税法"第74条第1项规定为按日0.05％，仅"印花税法"第23条第2项前段规定其滞纳金按"税捐稽征法"第20条处理。此外，"印花税法"第23条第2项后段还规定了滞纳30日仍未缴纳，除移送强制执行外，可以按滞纳税额处以1—5倍罚款；此即滞纳罚款。②

---

① 值得注意的是，台湾地区"纳税者权利保护法"（简称"纳保法"）第7条第7项针对该条第3项所规定的稽征机关根据实质课税原则对租税规避行为调整补税时加征的滞纳金，特别规定按应补税款15％计算。由于该法第1条第2项规定："关于纳税者权利之保护，于本法有特别规定时，优先适用本法之规定"，由此引发该法所规定之滞纳金规则与"税捐稽征法"及各税种法、特别是"所得税法"第112条第1项所规定之滞纳金规则之间的适用关系问题。因为后者所规定的滞纳金一般为每逾2日加征1％，而"纳保法"并未规定相同计算规则，而系直接规定"按应补税款15％计算"。根据"税捐稽征法"和"所得税法"等规定的滞纳金一般计算规则，滞纳金系从纳税人陷入滞纳状态、也即缴纳期间届满次日开始计算，最长至30日止。但"纳保法"所规定的滞纳金并未采取上述一般计算规则，意即只要稽征机关认定为租税规避行为而予以调整补税，即不论有无滞纳状态、当然亦不论滞纳期间长短，一律按应补税款15％加征滞纳金。此外，"纳保法"第7条第8项前段规定，针对第3项对租税规避予以调整补税并加征滞纳金和利息的情形，"主管机关不得另课予逃漏税捐之处罚。"结合第7、8项两项规定来看，似乎有以第7项所规定的特殊滞纳金取代逃漏税捐之处罚的意图，从而使第7项规定的特殊滞纳金具有了一定的处罚意味。"纳保法施行细则"第5条第1项规定："本法第7条第7项加计利息之规定，指按应补缴税款加计利息，不包括本法或其他税法加征之滞纳金。"其立法理由称："按租税规避加计利息，系以法律拟制纳税者延迟缴纳，与纳税者逾期未缴纳应纳税款，依各税法加计利息，系属二事。"第5条第3项规定："依本法第7条第3项加征之滞纳金及利息，除本法或本细则另有规定者外，准用'税捐稽征法'、'关税法'及其他有关法律之规定。"其立法理由称："按租税规避加征滞纳金及利息，系以法律创设纳税者租税负担，替代过去应裁处罚款之法律效果，与各税法加征之滞纳金及利息性质不同。为避免衍生后续稽征、行政救济或强制执行等适用疑义，爰予定明。"从大陆的有关实践来看，纳税人实施了避税行为之后一段时间，税务机关才可能发现线索，经由调查核实再到作出补税决定，往往耗时较长，绝不止30日，台湾地区应当亦是如此。从这个角度看，一次性加征等同于"税捐稽征法"所规定的最高限额的滞纳金，似乎又能体现出对纳税人权利保护的意味。

② 台湾地区1962年6月3日修正公布的"使用牌照税法"第27条规定："凡超过滞纳期间或违反本法第13条未经查获而自动申报补税换照视为逾期使用之交通工具，处以应纳税额1倍之罚锾。"亦为滞纳罚款之规定。该条在1971年12月28日修正为："凡超过滞纳期间，或违反第10条第2项或第13条规定，未经查获而自动申报补税换照，视为逾期使用之交通工具，处以应纳税额50％之罚锾。"1995年7月19日该条被删除，其立法理由称："使用牌照税按汽缸总排气量定额课税，与一般底册税之课征，尚无不同，一般底册税逾期缴纳，依'税捐稽征法'第20条规定仅加征滞纳金，另无罚锾规定，爰予配合删除，以资一致。"

比较而言,上述台湾地区关于滞纳金既有一般性规定,又有个别规定;且个别规定多数与一般性规定相同,少数又有其特殊的征收比率和计算方式,还尚有滞纳罚款,因此其滞纳金制度规则体系在统一性方面不及大陆。黄茂荣教授即指出:"自立法技术论,各税之税捐法如无自定不同加征标准的想法,以简单规定应加征滞纳金之请求权的规范基础即可,不需与'税捐稽征法'重复规定其加征标准,以资简化。为避免一再重复之税捐罚则的规定,主管机关应注意检讨删除在各种税法中之处罚规定,将之集中至'税捐稽征法'。"①

一、税收滞纳金构成要件比较

一般而言,加收税收滞纳金需要满足如下构成要件:

1.纳税主体负有金钱给付的税收债务

税收滞纳金通常仅针对纳税主体(包括纳税人和扣缴义务人),并以其负有纳税义务或者扣缴义务为前提;换言之,纳税主体负有金钱给付的税收债务是税收滞纳金的必要条件之一。该金钱给付义务在滞纳金情形中,即为滞纳税款,又可称为"本税",是指已届清偿期而未缴纳的税款。

从税收滞纳金作为一种税收附带债务的角度来看,其依附于本税的税收债务,从发生上看二者具有一体性。而且,"抽象存在的租税债务,仍须经由稽征机关核定或租税义务人申报,始具有确定的内容而具体存在,租税义务人始得缴纳清偿,稽征机关亦始得据以强制执行。"②但在本税税收债务金额嗣后变更时,以当初本税金额为基数计算的税收滞纳金应否随之变更,不无疑义。《德国租税通则》第240条第1款规定,税捐债务金额嗣后变更,不问提高金额或减少金额,均不影响已发生的滞纳金。③ 但有学者为,滞纳金系以本税应纳税额为基础,如基础的课税处分已经变更(减免税额),则其后续的滞纳金核定处分因此构成违法,应配合本税的课税处分予以撤销变更;但在本税应纳税额提高的情形,则滞纳金仍应按提高之前的原本税应纳税额计算。④ 此外,如纳税人仅缴纳本税而未缴

① 黄茂荣:《税法解释与司法审查》(税法总论第二册增订三版),台湾植根法学丛书编辑室 2015 年版,第 505 页,注 9。

② 陈敏:《租税法之附带给付》,载《政大法学评论》1995 年第 54 期,第 69 页。

③ 该款规定:"……租税或租税退给之核定,经废弃、变更或依第 129 条规定更正者,已成立之滞纳金不受影响;责任裁决经撤销、废止或依第 129 条规定更正者,亦同。请求权因抵销而消灭者,抵销权人之债务于届至清偿期前已成立之滞纳金不受影响。"参见陈敏译著:《德国租税通则》,台湾地区司法机构 2013 年版,第 451～453 页。

④ 参见陈清秀:《税法总论》(修订 9 版),台湾元照出版有限公司 2016 年第 9 版,第 408 页。

纳税收滞纳金时,则税收滞纳金得单独成为强制执行的对象;或如纳税人对本税金额无异议,仅对税收滞纳金的计征期间以及金额有异议时,亦得单独就此寻求救济。由此以观,税收滞纳金虽在发生上与本税相伴相生,但一旦发生后即有一定程度地脱离本税的相对独立性。

2. 税收债务已届清偿期

纳税主体超过本税税收债务清偿期、即缴纳期间未为清偿,是在本税税收债务发生之后加收税收滞纳金依序应具备的第二个前提要件。"滞纳金的发生,不仅是以该项税捐已经被核定或申报为准,而且必须已经到期(缴纳期间届至),只有在逾越缴纳期间,才发生滞纳金。"①

有关本税的缴纳期间,通常规定于各税种法中,既有法定缴纳期间,又有核定缴纳期间,本书第五章第二节已有论述,此不重复。需要注意的是,各税种虽多数为按期纳税,但还有按次纳税。如印花税,既不经申报、也不经核定,所以一旦税捐构成要件充分时,而不自行贴花缴纳税款,即构成漏税,原则上无所谓加收滞纳金的问题;依台湾地区"印花税法"第23条,以总缴方式完纳印花税,逾期缴纳者,应按"税捐稽征法"第20条加收滞纳金,已属印花税之变体。②

3. 纳税主体逾清偿期仍未履行税收债务

此为加收税收滞纳金依序的第三个要件。《德国租税通则》第47条规定:"租税债务关系之请求权,尤其因清偿、抵销、免除、时效完成,以及因附解除条件请求权之条件成就而消灭。"③而两岸有关税收债务消灭方式共同的类型也包括清偿、抵销、免除和消灭时效,但规定的具体内容有所不同。其中,与税收滞纳金构成要件具有直接联系和实际意义的主要是清偿。清偿又可分为两种:一种是纳税主体的主动清偿、即缴纳税款;另一种是税务机关的主动清偿、亦即纳税主体的被动清偿,主要包括强制执行。在后者情形,滞纳金其实已经发生。

至于纳税主体逾期未缴纳税款,是以客观上只要未缴即为已足条件,还是在此基础上,尚需纳税主体主观上的可归责性为补充条件,并由此引申出滞纳期间应否有除外期间的问题。对此,两岸间有所差异,后文还将详述。概言之,大陆基本不问主观状态,一律加收滞纳金,而且因无限期连续计征,对非因主观过错而陷入滞纳状态的纳税主体显失公平。在台湾地区,"税捐稽征法"第35条明文规定行政救济程序期间,不加收滞纳金,可以认为从侧面规定了滞纳金的一种除外期间。而且,"大法官"释字第275号解释亦指出:"人民违反法律上之义务而应受行政罚之行为,法律无特别规定时,虽不以出于故意为必要,仍须以过失为

---

① 陈清秀:《税法总论》(修订9版),台湾元照出版有限公司2016年第9版,第406页。
② 参见黄茂荣:《论税捐之滞纳金》,载《台大法学论丛》1987年第2期,第77页。
③ 陈敏译著:《德国租税通则》,台湾地区司法机构2013年版,第78页。

其责任条件。但应受行政罚之行为，仅须违反禁止规定或作为义务，而不以发生损害或危险为其要件者，推定为有过失，于行为人不能举证证明自己无过失时，即应受处罚。"

二、两岸有关税收滞纳金法律性质的不同观点及辨析

有关税收滞纳金的法律性质，主要是学界探讨的话题，两岸有关税收征管的基本程序法律均未对之加以规定，事实上也不可能加以明确规定。学界的主要不同观点如下。

1. 补偿说（利息说）

补偿说认为，税收滞纳金应是纯经济补偿性质，因此明确纳税人因未按期纳税而应承担的是经济责任，而不是行政责任或刑事责任。[①] 早在 1998 年《国家税务总局关于偷税税款加收滞纳金问题的批复》（国税函发〔1998〕291 号）[②] 中便明确滞纳金是纳税人或者扣缴义务人因占用国家税金而应缴纳的一种补偿。利息说认为税收滞纳金本质上是占用国家财政资金而所付出的利息，现行税收滞纳金加收率则为利率。[③] 因此，利息说与补偿说并无太大区别。

对于补偿说，其首先混淆了所谓经济责任与法律责任，尤其行政法律责任的关系。其次，在 92 年 73‰ 比率远高于银行同期贷款利率的情况下，称其仅具补偿性质难以自圆其说。再次，根据民法的观点，补偿一般无过错，而纳税人对于滞纳金的产生，具有一定的过错，基于过错而交付的税收滞纳金应定性为赔偿而非补偿。[④] 最后，税收滞纳金的适用与标准皆由法定，具有法定性、固定性、普遍性等特点；而对于补偿或者利息，当事人可以在事前或事后约定，且约定的比率具有不确定性。

2. 行政处罚说（惩罚说）

行政处罚说认为，滞纳金是行政机关对不按规定缴纳税款或其他有关款项的行政管理相对人所适用的行政处罚。[⑤] 这与 1992 年《税收征管法》有关税收

---

① 参见张慧英：《现行税收滞纳金探析》，载《税务研究》2003 年第 1 期，第 23 页。

② 该批复根据《全文失效废止、部分条款失效废止的税收规范性文件目录》（国家税务总局公告 2011 年第 2 号）已失效。

③ 王东山：《应把税收滞纳金界定为纳税人占用国家税款的利息》，载《中国税务报》2011 年 11 月 16 日。

④ 参见闫海、于骁骁：《论税收滞纳金的法律性质、适用情形与核定机制》，载《湖南财政经济学院学报》2011 年第 6 期，第 6 页。

⑤ 参见周振想主编：《法学大辞典》，团结出版社 1994 年版，第 263 页；赖向明、吴芳：《加收滞纳金是否属行政处罚》，载《涉外税务》1998 年第 11 期。

滞纳金的加收比率是吻合的。只不过,在 2001 年《税收征管法》将税收滞纳金的比率降至每日 0.05% 后,行政处罚说已渐无人主张;但并不能认为税收滞纳金就没有惩罚性。台湾地区"税捐稽征法"第 20 条所规定的每 2 日加征 1% 的滞纳金,单从比率上来看,是大陆的 10 倍,因此其实务上认为滞纳金是一种具有行政罚性质的制裁。① 至于"印花税法"第 23 条所规定的滞纳罚款,虽系典型的行政处罚,但并非滞纳金。此外,"使用牌照税法"第 28 条第 1 项规定:"逾期未完税之交通工具,在滞纳期满后使用公共水陆道路经查获者,除责令补税外,处以应纳税额 1 倍以下之罚锾,免再依第 25 条规定加征滞纳金。"之所以在已处罚款的情形下,不再加征滞纳金,其理由似在于滞纳金具处罚性质,如与罚款并罚,有违"一事不二罚"原则。

3. 执行罚说

纳税义务人滞纳税捐时,自督促履行的观点,对纳税义务人课以行政执行罚,此为执行罚说。② 根据该说,税收滞纳金只是征收到期税收的一种间接强制方法,它既不是利息,也不是处罚,而只是为了督促纳税人按时缴纳税收,是施加给纳税人的具有督促功能的金钱给付义务。

行政处罚(台湾地区称为"行政罚")与执行罚不同。所谓行政罚,又称秩序罚,是指为维持行政上之秩序,达成国家行政之目的,对违反行政上义务者,所科之制裁。③ 所谓执行罚,是指在行政执行程序中,对于不履行其作为或不作为义务者,所施予之强制手段;虽习称"执行罚",但本质上并非处罚,其重点是促使义务人履行义务的一种屈服手段,而非追究其过去违反义务行为之责任。④ 例如,台湾地区"行政执行法"第 2 条和第 30 条所规定的"怠金",就是一种间接强制方法。行政罚与执行罚二者区别在于,前者针对违法行为,重在处罚;后者所针对者不具有完全的违法性,重在督促。大陆《行政强制法》第 12 条将加处滞纳金作为行政强制执行的一种方式,也属于执行罚的一种。如果认为此滞纳金包括《税收征管法》所规定的税收滞纳金,那么后者亦属执行罚是理所当然的。

4. 附带给付说

附带给付说认为由于滞纳金具有补偿、督促、制裁三方面的作用,且具备固

---

① 参见台湾地区财政事务主管部门 1989 年 9 月 1 日台财税第 780231335 号函。

② 黄茂荣:《论税捐之滞纳金》,载《台大法学论丛》1987 年第 2 期,第 86 页;另参见姜明安主编:《行政法与行政诉讼法》,北京大学出版社、高等教育出版社 2007 年版,第 331 页。

③ 参见吴庚、盛子龙:《行政法之理论与实用》(增订 15 版),台湾三民书局 2017 年第 15 版,第 449 页。

④ 参见陈敏:《行政法总论》,台湾新学林出版有限公司 2016 年第 9 版,第 703 页;吴庚、盛子龙:《行政法之理论与实用》(增订 15 版),台湾三民书局 2017 年第 15 版,第 449 页。

定性、强制性和无偿性,应将其确定为兼具补偿与惩罚功能的附带税收。[①] 该说源自《日本国税通则法》的有关规定,其第 60 条至第 69 条,分别就滞纳税、利息税及加算税作了规定;这些附带债务虽称为"税",但并不是本来意义上的税,只不过是为了与本税合在一起征收比较方便,才将其作为本税的附带税。[②] 此外,《德国租税通则》第 3 条第 4 款,列举了怠报金、加征金、利息、滞纳金、强制金及费用为租税附带给付;[③] 台湾地区也在不同税种法中规定了滞报金、怠报金、滞纳金、利息和费用等数种税收附带给付。葛克昌教授即认为,滞纳金属于税捐附带给付之一种,与罚锾不同,与行政执行之怠金亦有不同。[④] 本书认为,所谓附带给付是从滞纳金与滞纳税款的本税之间的关系着眼,并非我们这里所讨论的滞纳金的性质;换言之,附带给付亦有利息之赔偿性或处罚之惩罚性的性质界定问题。

5.损害赔偿兼执行罚说

该说认为,滞纳金主要是一种迟延履行的损害赔偿,但同时也兼有行政执行罚的性质。[⑤] 根据该说,税收滞纳金主要是相对人占用国家税款的损害赔偿,不过由于税收滞纳金征收比例远高于银行同期贷款利率,故其还带有行政执行罚的性质,其目的在于督促纳税主体尽早履行义务。因此,税收滞纳金既具有补偿性质又具有一定惩罚性质,混合功能是其本质特征。[⑥] 目前,该说为学界通说。

黄茂荣教授认为,台湾地区各税种法对税收滞纳金的规定不尽相同,其性质不能一概而论,实际上包含了给付迟延之损害赔偿说(如关税滞纳金)、行政执行罚说(如所得税、遗产及赠与税、营业税、土地税、契税、印花税、使用牌照税和房屋税的滞纳金)、行政秩序罚说(如印花税的滞纳罚锾)、行政执行罚兼给付迟延之损害赔偿说共四种态样。其中,行政执行罚说与行政执行罚兼给付迟延之损害赔偿说,论其实际并无大异,因为自税捐债务属于金钱债务的角度来看,当其迟延给付,本来即应有迟延利息之损害,而通常高于利息的滞纳金即已将该迟延利息覆盖在内,从而在整体上仅表现为一种执行罚。但是为了说明在滞纳期间

① 参见杨亦烽、顾志民:《滞纳金概念之我见》,载《石油大学学报(社会科学版)》1998 年第 4 期;谢愉虹、潘璐:《我国滞纳金制度的缺陷与完善——以〈税收征管法〉第 32 条为视角》,载《税务研究》2009 年第 7 期,第 69 页。

② 参见[日]金子宏:《日本税法原理》,刘多田等译,中国财政经济出版社 1989 年版,第 278 页;陈敏:《租税法之附带给付》,载《政大法学评论》1995 年第 54 期,第 89 页。

③ 参见陈敏译著:《德国租税通则》,台湾地区司法机构 2013 年版,第 4 页。

④ 参见葛克昌:《税捐行政法》,厦门大学出版社 2016 年版,第 91～92 页。

⑤ 参见刘剑文、熊伟:《税法基础理论》,北京大学出版社 2004 年版,第 292 页。

⑥ 林雄:《完善我国税款滞纳金制度的几点建议》,载《涉外税务》2010 年第 2 期,第 31 页。

为何不另征迟延利息,仍以执行罚兼给付迟延之损害赔偿说较为周圆;①这也是台湾地区大多数税种法所规定的税收滞纳金的性质。

三、税收滞纳金法律定性的实证分析方法——利罚参照比较法

从立法论的角度来说,妥适的做法当然是在立法之前对税收滞纳金的(应然)性质及其功能有准确的理解,再来据此设计具体规则。但实际情况却并非总是如此,因此在立法之后再对税收滞纳金的(实然)性质加以界定,就不能不采取实证的方法,前文黄茂荣教授的研究即为典例。如脱离具体规则而空谈税收滞纳金的性质,不仅于事无补,反而缺乏说服力。例如前文所述,国税函发〔1998〕291号文声称92年73‰比率的税收滞纳金仅为一种"补偿",就纯属自说自话。只有找到税收滞纳金的实然定位与其应然定性之间的差距,才有可能为进一步的修法提供方向。

从实证的角度看,通过观察税收滞纳金分别与具补偿性质的利息及具惩罚性质的罚款之间的差距,可以有助于确定其性质。换言之,税收滞纳金过分高于利息而接近于罚款者,应主要为惩罚性质;略高于利息而距罚款较远者,则主要为补偿性质;位于利息与罚款的大概中间位置,则兼具补偿与惩罚性质。

以利息和罚款作为与税收滞纳金比较的两端参照系,优点在于:一是三者的计算基数均以一定的具体金额为表现,具有一定的形式可比性基础;二是利息与罚款分别属于典型的补偿说和处罚说,以税收滞纳金在二者构成的两极之间的位置移动,能够较为直观地判断其性质偏向于何者。为简便起见,我们将此种借助于利息和罚款来确定税收滞纳金性质的方法称为"利罚参照比较法"。

然而采用这一方法来判断税收滞纳金的性质,必须首先解决如下两个前提性问题:

(一)罚款究竟何指

1.大陆

罚款既可以是行政处罚的一种类型,如大陆《行政处罚法》第8条第2项规定的罚款,也可以是间接强制执行的一种方式、即执行罚,如《行政强制法》第12条第1项规定的罚款。因此,某一法条中所规定的罚款性质究竟何属,还应根据其所针对的应罚行为或者对象具体判断,而不能一概论为行政处罚。本书此处所论的罚款,主要从其作为典型的行政处罚的意义来使用。

作为与税收滞纳金形成参照的罚款,自然应当在税收处罚法的体系内确定。

---

① 参见黄茂荣:《论论税捐之滞纳金》,载《台大法学论丛》1987年第2期,第92～96页。

税收处罚的类型,根据违反义务的种类不同,①分为违反缴纳义务的逃税罚(台湾地区称为"漏税罚")②和违反协力义务的行为罚两种。滞纳税款行为,在规定了滞纳期间且未逾滞纳期间的情形下,尚属违反协力义务的行为,逾滞纳期间而仍未缴纳者,则进入违反缴纳义务行为的范畴;在无滞纳期间规定的情形下,则只要未于缴纳期间内缴纳税款,即属违反缴纳义务的行为。③ 由于大陆尚无滞纳期间的概念,因此滞纳税款行为应归属于违反缴纳义务行为的范围。此外,滞纳税款的行为主体为纳税主体(包括纳税人和扣缴义务人),并且其以滞纳税款为基数连续计算。综观《税收征管法》有关罚款的规定来看,针对违反协力义务的罚款,应当主要属于执行罚,其通常为有上限或者同时有上下限的具体金额;④综合其罚款额度来看,最低的上限为2000元以下,最高的上限为5万元以下。针对违反缴纳义务的罚款,则系行政罚的性质,通常以所逃税款为基数加以有上下限幅度的倍数罚;⑤综合其罚款倍数幅度来看,最低的倍数下限为0.5倍以上,最高的倍数上限为5倍以下。显然,可得作为税收滞纳金参照系的罚款,不论是从行为的性质,还是从建立起形式上的可比性来看,应当以逃税罚的幅度倍数罚且以其最低倍数下限0.5倍,即50%为准;这也就同时表明,对具有可罚性的税收违法行为处以超过其违法金额一半以上的罚款,即已足够展现出惩罚性。

2.台湾地区

为了展开两岸间的比较,根据上述思路,同时需要确定台湾地区作为参照系的罚款何指。必须说明的是,台湾地区的漏税罚并未规定于"税捐稽征法"中,而是分散规定于各税种法中。以"所得税法"为例,其规定的漏税罚针对不同行为

---

① 税法中,税收义务人所负义务根据其内容可归纳为缴纳义务(又称金钱给付义务)和行为义务(又称协力义务)两类;这是大致对应于债法的给付义务和附随义务或保护义务的分类。前者主要即税款缴纳义务,系实体性义务,是税收债权的主要内容;后者包括办理税务登记义务、建账义务、提供税务资料义务和申报义务等,系程序性义务,其功能在于确保税收债权的顺利实现。参见黄茂荣:《税法总论》(第三册),台湾植根法学丛书编辑室2008年第2版,第6～7页;以及葛克昌:《税捐行政法》,厦门大学出版社2016年版,第61～62页。

② 此处所谓"逃税罚"中的"逃税"一词系泛称,并非仅指《税收征管法》第63条所规定的"偷税行为",而是包括所有违反缴纳义务的行为;台湾地区的"漏税罚"中的"漏税"亦系作为泛称的"逃漏税"的简称而已。

③ 例如台湾地区"营业税法"第51条第1项第2、6款即属于有滞纳期间且逾滞纳期间才得以漏税罚;该项第1、4款则属无滞纳期间给予的漏税罚。参见黄茂荣:《税法解释与司法审查》(税法总论第二册增订三版),台湾植根法学丛书编辑室2015年版,第504页。

④ 如第60条系针对纳税人的行为罚,第61条系针对扣缴义务人的行为罚,第62条、第64条第1款、第70条系针对纳税主体的行为罚。

⑤ 如第63、68条系针对纳税主体的逃税罚,第64条第2款、第65条系针对纳税人的逃税罚,第69条系针对扣缴义务人的逃税罚等。

主体及其不同行为有多种类型,除第 110 条对于纳税人区分不同情形分别规定了 2 倍以下和 3 倍以下的罚款外,第 110 条之 2 规定了未分配盈余的漏税罚为 1 倍以下罚款,第 114 条又规定了对扣缴义务人违反扣缴义务的不同情形分别处以 1 倍以下和 3 倍以下罚款。再以"营业税法"为例,其漏税罚规定于第 51 条,不论何种情形,统一处 5 倍以下罚款。综合来看,可以将罚款 1 倍、即 100% 的比率作为衡量台湾地区滞纳金的参照系。

(二)利息究竟何指

1. 大陆

"利息者乃比例原本数额,及其存续期间,而依一定比率,以金钱或其代替物为给付之一种法定孳息。"[①]在民法上,利息属于法定孳息,即便当事人没有约定,按照法律的规定,只要有占用资金的行为,资金所有人就可以请求利息。

理论研究中,通常用来做对比的并非利息与滞纳金二者,而是利息的利率与滞纳金的征收比率;其中的利息利率又一般以 1 年期银行贷款基准利率(简称"贷款利率")为准。该贷款利率会有所浮动,据不完全统计,从 2007 年 12 月到 2015 年 10 月期间(此后至今未再调整),中国人民银行对 1 年期(含 1—3 年)贷款基准利率共调整 16 次,由原 7.29% 调整为目前的 4.35%,其中大概自 2015 年 6 月以来至今一直维持在 5% 以下,[②]我们就以 5% 为贷款利率的标准。

除贷款利率外,还存在一种更高的民间借贷利率,这为以往的研究者多所忽略。[③]之所以必须加以考虑,是因为《2015 修订草案》第 59 条第 2 款规定税收利息的利率结合贷款利率和市场借贷利率的合理水平综合确定,明白地表明了这一意图。而且,作为参照系的民间借贷利率应当是为法律所承认的合理限度内的利率。对此,早在 1991 年 8 月 13 日,最高人民法院颁布的《关于人民法院审理借贷案件的若干意见》〔法(民)〔1991〕21 号〕第 6 条就指出:"民间借贷的利率

---

① 林诚二:《民法债编总论——体系化解说》,中国人民大学出版社 2003 年版,第 241 页。

② 各次调整中,除 2008 年 11 月下调比率为 1.08%,超过 1 个百分点外,其他各次调整少则 0.15%(2014 年 11 月下调)、多则 0.27%(2008 年 9、10 月下调),其他各次调整多为 0.25%。参见百度百科"贷款基准利率"词条,https://baike.baidu.com/item/%E8%B4%B7%E6%AC%BE%E5%9F%BA%E5%87%86%E5%88%A9%E7%8E%87,访问日期:2018 年 1 月 9 日。

③ 已有学者将民间借贷利率(可能接近 20%)与税收滞纳金比率相比后,得到后者"其实并不算高"的结论。参见叶姗:《论滞纳税款加收款项之附带给付属性》,载《法学》2014 年第 10 期,第 73~74 页。我们认为,其对民间借贷利率水平的确定尚有疑问,而且仅以民间借贷利率作为比较参照系,而未考虑贷款利率水平,有失偏颇。

可以适当高于银行的利率……最高不得超过银行同类贷款利率的 4 倍(包含利率本数)。超出此限度的,超出部分的利息不予保护。"据后来有学者于 2011 年考证,"根据人民银行确定的一年期利率,4 倍限额大约在 21％～25％之间……随着人民银行对利率的上调,4 倍限额也可能会达到 30％左右。""4 倍范围内的利率基本上可以补偿民间放贷人所承担的机会成本和风险。""20％～30％的利率水平与我们的民间借贷实际利率也基本上相差不多。"①但是,上述所谓"四倍利率标准"或称"四倍红线"遭到了越来越多的批评。② 2015 年 6 月 23 日,最高人民法院颁布《关于审理民间借贷案件适用法律若干问题的规定》(法释〔2015〕18 号),取代了上述法(民)〔1991〕21 号文。法释〔2015〕18 号文第 26 条规定:"(第 1 款)借贷双方约定的利率未超过年利率 24％,出借人请求借款人按照约定的利率支付利息的,人民法院应予支持。(第 2 款)借贷双方约定的利率超过年利率 36％,超过部分的利息约定无效。借款人请求出借人返还已支付的超过年利率 36％部分的利息的,人民法院应予支持。"由此确立了被学界称为"两线三区"的复合性或分层规制方式。③ 根据上述规定,年利率 24％以内的民间借贷才受司法保护。将该民间借贷利率 24％与贷款利率 5％相加,取其平均值 14.5％,作为利罚参照比较法中大陆的利息标准。

2.台湾地区

按照上述思路,确定利罚参照比较法中台湾地区的利息标准,首先是其"税捐稽征法"在规定利息事项时,如第 28 条第 3 项有关纳税人申请退税时加计的利息,第 38 条有关行政救济后不论是稽征机关退还纳税人还是纳税人应补缴税款时加计的利息,以及第 48 条之 1 有关自动补缴漏税得免除处罚但应按日加计利息等,一律采所谓"邮政储金一年期定期储金固定利率"(以下简称"邮储利率")。经查,自 2016 年 7 月 6 日起适用至今的邮储利率以 500 万元新台币为标准分为以下的 1.04％和以上的 0.21％两种利率,④本书采用 1.04％作为邮储利

---

① 参见岳彩申:《民间借贷规制的重点及立法建议》,载《中国法学》2011 年第 5 期,第 90、91、92 页。

② 参见廖振中、高晋康:《我国民间借贷利率管制法治进路的检讨与选择》,载《现代法学》2012 年第 2 期,第 68～72 页;王林清、于蒙:《管控到疏导:我国民间借贷利率规制的路径选择与司法应对》,载《法律适用》2012 年第 5 期,第 63～65 页;高圣平、申晨:《民间借贷中利率上限规定的司法适用》,载《政治与法律》2013 年第 12 期,第 26 页;程金华:《四倍利率规则的司法实践与重构——利用实证研究解决规范问题的学术尝试》,载《中外法学》2015 年第 3 期,第 690～695 页。

③ 参见王林清:《民间借贷利率的法律规制:比较与借鉴》,载《比较法研究》2015 年第 4 期,第 197～199 页;岳彩申、车云霞:《民间借贷法律监管的新进路》,载《河北法学》2016 年第 5 期,第 54～55 页。

④ https://ipost.post.gov.tw/pst/index.html,访问日期:2018 年 1 月 11 日。

率标准。

其次,在所谓民间借贷方面,台湾地区"民法"第 203 条规定:"应付利息之债务,其利率未经约定,亦无法律可据者,周年利率为 5%。"第 205 条规定了最高利率之限制,即"约定利率,超过周年 20%者,债权人对于超过部分之利息,无请求权。"上述两条相结合,曾被认为是大陆前述民间借贷利率所谓"四倍红线"的参考根据。① 因此,20%可以作为台湾地区得受法律保护的民间借贷利率标准。与前述大陆同理,将 20%与 1.04%相加,取其平均值约为 10.5%作为利罚参照比较法中台湾地区的利息标准。

在利罚参照比较法中,征收比率虽然是最主要的比较对象,但还要比较计算基数与比率相乘的结果,这就引出来计算期间以及实际征收率的问题。利息与税收滞纳金均有计算期间而得连续计算,而且税收滞纳金还有无限期连续计征(如大陆)以及限期连续计征(如台湾地区)两种类型的区分;在无限期连续计征且期间足够长的情况下,税收滞纳金相比滞纳税款本金的实际征收率(即最终实际加征的税收滞纳金占滞纳税款本金的比率)甚至可能会超过仅以倍数计算而无计算期间的罚款。因此,计征期间及其类型,和实际征收率也会影响对税收滞纳金的定性。

此外,如《2015 修订草案》一样,在规定税收滞纳金的同时又规定税收利息,即二者并存的制度设计对前者的定性有何影响;以及《行政强制法》中规定的滞纳金与税收滞纳金之间的关系也会影响后者的定性。

综上所述,我们共提炼出影响税收滞纳金定性的四项关键因素:征收比率、计征期间和实际征收率、与税收利息的并存、《行政强制法》中的滞纳金,以下分述之。

四、影响税收滞纳金法律定性的因素

(一)征收比率对税收滞纳金法律性质的影响

税收滞纳金的征收比率是决定其性质的最主要因素。在大陆,92 年 73%比率,不仅远高于 14.5%的利息标准,甚至超出了 50%的罚款标准,因此其惩罚性较强;01 年 18.25%比率仅超出 14.5%的利息标准不到 4 个百分点,而相距 50%的罚款标准较远,因此应认为其偏重于补偿性而略带惩罚性;至于《2015 修订草案》第 67 条所规定的滞纳金比率为按日 0.5%、即年率 182.5%(以下简称

---

① 参见王林清、于蒙:《管控到疏导:我国民间借贷利率规制的路径选择与司法应对》,载《法律适用》2012 年第 5 期,第 63 页。

"15 年 182.5％比率"），已经是 50％的罚款标准 3 倍多，惩罚性最强，甚至强于低倍数的罚款。

在台湾地区，如前文所述，大多数税种法规定每逾两日加征 1％滞纳金，虽然平均为每日 0.5％，是大陆的 10 倍，但由于台湾地区滞纳金最多计征 30 日（此即所谓"滞纳期间"），故其最高实际征收率为 15％。该比率超出 10.5％利息标准不到 5 个百分点，远低于 100％的罚款标准，因此，兼具给付迟延之损害赔偿及行政执行罚之作用。[①]

（二）税收滞纳金的计征期间及实际征收率对其法律性质的影响

如前所述，滞纳金的计征期间分为无限期计征和限期计征两种：前者如大陆，计算至纳税人实际缴纳时为止，因此其实际征收率由征收比率和计征期间二者共同决定；后者如台湾地区，最多计算 30 日，其实际征收率最高为 15％。需要说明的是，虽然利息也存在无限期计算的可能，且时间足够长亦会出现利息金额超过贷款本金的情形，从形式上看与滞纳金似乎更具有可比性。但利息系由借贷双方意思表示一致所达成的约定，其所适用的私法自治原则与滞纳金的公法强制性有根本差异，因此此处所谓税收滞纳金的计征期间和实际征收率对其性质的影响，主要出于与罚款比较的角度。

计征期间因素的存在，说明判断税收滞纳金的性质不能仅仅比较其征收比率，而是应当将二者结合起来，并比较其实际征收率与罚款之间的关系。从这个角度观察，不论税收滞纳金征收比率的高低，在无限期连续计算的情形下，总有超过滞纳税款本金的那一天。例如，按 92 年 73％比率，只需 500 天就达到滞纳税款本金的 1 倍；按 01 年 18.25％比率，需要 2000 天（即约 5 年半不到）；按 15 年 182.5％比率，仅需 200 天。而台湾地区滞纳金的征收比率虽然高达 0.5％，但由于有 30 天滞纳期间的规定，使得最高实际征收率也就止步于 15％。由此可以看出，税收滞纳金的计征期间及其实际征收率具有修正滞纳金性质的重要作用；换言之，税收滞纳金的性质由于征收期间的缘故而处于动态变化之中。在上文仅就比率展开比较的情况下，01 年 18.25 比率不过略高于利息标准而距罚款标准较远，尚可认为偏向于利息补偿性质；但当计征期间超过 5 年半之后，税收滞纳金的实际征收率就会超过 50％的罚款 1 倍，从而具有了较强的惩罚性。此时，税收滞纳金所具有的督促功能不仅荡然无存，甚至可能起到促使欠税人"破罐子破摔"的反效果，更不用提对比例原则的违反。可见，在征收比率既定的基础上，有无计征期间的限制以及该限期的长短，对税收滞纳金的定性至关重

---

①　参见黄茂荣：《税法总论》（第三册），台湾植根法学丛书编辑室 2008 年第 2 版，第 862 页。

要。而且,有限制的计征期间、即所谓滞纳期间,还会起到税收的单纯给付迟延(即违反协力义务)与违反缴纳义务之间的客观要件上的缓冲作用。①

(三)税收利息并存对税收滞纳金性质的影响

不少国家或者地区的税法中滞纳金与利息并存,如根据《日本国税通则法》第2条第1款第4项,附带税,是指国税中的滞纳税、利息税、过少申报加算税、无申报加算税、不缴纳加算税及加重加算税;②其中,前二者分别对应于税收滞纳金和利息。《德国租税通则》在第240条规定了滞纳金的同时,又于第233a条至第237条分别规定了五种利息债务的情形,分别为补税及租税返还之加计利息、展延清偿期之利息、逃漏租税之加计利息、返还金额之诉讼利息、停止执行之利息。③台湾地区税法上的利息多由各税种法分别规定,大致包括核定补税加计利息、核准延期或分期报缴税款加计利息、滞纳税款加计利息、逃漏税加计利息、行政救济利息等。"滞纳金主要功能,在于实现已届清偿期之税捐,并促使纳税义务人准时缴纳税捐之不具处罚性施压手段。其次要目的,亦有对逾期税捐附加迟延利息之作用;滞纳金虽具有此次要目的,但仍非利息,二者在法律上予以区分,其计算亦与利息无关。"④

"税收利息"一词似乎系大陆首创,⑤可能意在与民法上的利息相区别;其初次出现于2014年7月税务总局在税务系统内部发布的《2014审议稿》中。《2015修订草案》第59条将现行滞纳金改为"税收利息",按日加计,其比率则授权国务院确定,具体比率虽尚不得而知,但从确定该比率应考虑的两项标准、即人民币贷款基准利率和市场借贷利率的合理水平来看,税收利息的主要定性应为补偿性;第67条又另外规定了按日0.5%的滞纳金,显然侧重于惩罚性。

对于滞纳税款,与仅有税收滞纳金而无税收利息相比,二者并存的制度设计,最明显的好处是可以让二者各归其位、各得其所:税收利息主要负责迟延给

---

① 参见黄茂荣:《税法解释与司法审查》(税法总论第二册增订三版),台湾植根法学丛书编辑室2015年版,第504页,注8。

② 《外国税收征管法律译本》组译:《外国税收征管法律译本》,中国税务出版社2012年版,第1797页。

③ 参见陈敏译著:《德国租税通则》,台湾地区司法机构2013年版,第434~449页。

④ Tipke/Lang, Steuerrecht, 14 Aufl., 1994, §22 Rn. 366. 转引自葛克昌:《税捐行政法》,厦门大学出版社2016年版,第92页。

⑤ 有学者在分别考证了"税收"和"利息"二词各自的含义后,认为二者不宜搭配使用;同时指出,我国将税收征管中本意应为"税收利益"的"tax interest"生硬地直译为"税收利息",会引起语义上的误读和法理层面的误解。因此,应用"税收迟纳金"或"税收延迟金"代替"税收利息"的表述。参见欧阳明、刘芹:《"税收利息"探源及辨析》,载《税务研究》2016年第7期,第112~115页。

付的损害赔偿功能,而税收滞纳金主要负责略带惩罚性的督促功能。换言之,当同时有税收利息规定时,就很难再主张税收滞纳金仅为补偿性质了。

当然,能否实现上述制度目的,仍然取决于二者的具体规则如何设计。如台湾地区"所得税法"第 112 条第 1 项在规定了按两日 1‰,且滞纳期间仅限 30 日的滞纳金之后,又在第 2 项规定自滞纳期限届满之次日起,至纳税人缴纳之日止,按邮储利率按日加计利息;"营业税法"第 50 条规定与之类似。通过具有督促功能的滞纳金与具有补偿功能的利息先后衔接计算的方式,使二者互相配合共同发挥作用。反观大陆《2015 修订草案》,第 59 条规定税收利息自纳税人或扣缴义务人未按照规定期限缴纳或解缴税款之日起算,第 67 条则规定滞纳金自纳税人逾期不履行税务机关征税决定的,自期限届满之日起算。二者在计算期间方面的关系究竟如何,是先后衔接计算,还是交叉计算,抑或重叠计算,难以探明。对此,本章第二节再予详述。

(四)《行政强制法》中的滞纳金对税收滞纳金法律性质的影响

以上三点主要系在税法尤其是《税收征管法》体系之内的探讨,本点则从税法体系之外出发。

大陆 2012 年施行的《行政强制法》第 12 条将滞纳金规定为行政强制执行中的执行罚(为了以示与税收滞纳金的区别,简称"执行滞纳金");第 45 条第 2 款规定加处执行滞纳金的数额不得超出金钱给付义务的数额;第 46 条规定了加处执行滞纳金超过 30 日的,经催告当事人仍不履行的,行政机关可以强制执行。上述规定带来与《税收征管法》中税收滞纳金之间关系如何处理的问题,[①]并且已经反映在司法案例当中。

2013 年佛山市顺德区金冠涂料集团有限公司诉广东省国家税务局一案[②]中,被告根据其做出的税收强制执行决定,从原告的银行存款账户中扣缴税款 2214.86 元和滞纳金 3763.04 元;审理法院认为,加处滞纳金的数额超出了税款

---

① 有学者就概括了四个操作层面上的问题,包括:税收滞纳金的起算时间及加收程序;税收滞纳金是否可以超过税款本金;对税收滞纳金可否减免;加收税收滞纳金是行政强制执行(执行罚)行为还是征税性行为。参见袁森庚:《关于税收滞纳金制度立法选择的思考》,载《涉外税务》2012 年第 6 期,第 250 页。

② 参见 2013 年 12 月 13 日,佛山市顺德区金冠涂料集团有限公司诉广东省国家税务局一审判决书(广东省广州市中级人民法院〔2013〕穗中法行初字第 21 号)。

本身金钱给付义务的数额,违反《行政强制法》第 45 条的规定,判决撤销该行政强制决定。① 而在 2015 年张建琴与常州市金坛地方税务局行政征收一案②中,一审法院认为税收滞纳金是对纳税人未按时缴纳税款所实施的一种经济上的补偿性与惩罚性相结合的措施,而《行政强制法》中的滞纳金属于执行罚,两种滞纳金的性质不同,操作程序也不一样,故对原告要求返还其已缴纳的滞纳金及相应利息的诉求不予支持;二审法院居然直接援引 2011 年就被宣布失效的国税函〔1998〕291 号文有关(税收)滞纳金是纳税人或者扣缴义务人因占用国家税金而应缴纳的一种补偿而不是处罚的规定,认为税收滞纳金不适用《行政强制法》的规定,并驳回上诉、维持原判。从上述两个案件,可以看出不同法院对税收滞纳金及其是否受《行政强制法》的约束,观点截然不同。

为了厘清税收滞纳金与执行滞纳金之间的区别,或许先考察台湾地区的类似问题可以有所启发。台湾地区"行政执行法"第 2 条第 1 项明定怠金为行政执行之间接强制方法的一种,第 30 条第 1 项规定了得处以怠金的情形及其处罚金额幅度(5000 元新台币以上、30 万元新台币以下)。"税捐稽征法"第 20 条规定的执行罚为滞纳金,其名称即与怠金不同,而且该法第 1 条规定:"税捐之稽征,依本法之规定;本法未规定者,依其他有关法律之规定。"明确了"税捐稽征法"相对"行政执行法"而言的特别法地位。即便是"所得税法"中所规定的滞报金和怠报金均为执行罚性质,也因其名称不同且"所得税法"的特别法地位而不至于与怠金规则产生冲突,从而避免了类似大陆在税收滞纳金和执行滞纳金之间纠缠不清的情形。

在大陆,有关税收滞纳金与执行滞纳金之间的关系,学界多从《行政强制法》与《税收征管法》之间的关系入手加以分析,并形成了各种不同的观点,本书将其中具有代表性的观点概括为如下三种:第一种可称为《行政强制法》优先适用说。该说认为,《行政强制法》和《税收征管法》二者,前者是行政强制的基本法而后者是补充法,前者是特别法而后者是普通法(一般法),前者是新法而后者是旧法,因此税收滞纳金应受《行政强制法》规范。③ 第二种可称为《税收征管法》优先适

---

① 类似的案例还有 2016 年 7 月 29 日,米易县国家税务局与米易县石峡水电开发有限公司限期缴纳税费一审行政裁定书(四川省米易县人民法院〔2016〕川 0421 行审 4 号)。该案中,法院准予强制执行纳税人应向税务机关缴纳的增值税及滞纳金,但同时注明"(加处滞纳金的数额不得超出所欠税费)"。

② 参见 2015 年 7 月 15 日,张建琴与常州市金坛地方税务局行政征收一审行政判决书(金坛市人民法院〔2015〕坛行初字第 0024 号);2015 年 10 月 27 日,张建琴与常州市金坛地方税务局行政征收二审行政判决书(常州市中级人民法院〔2015〕常行终字第 232 号)。

③ 参见张峰振:《税款滞纳金的性质与法律适用——从一起税款滞纳金纠纷案谈起》,载《河北法学》2015 年第 1 期,第 103~104 页。

用说,认为《税收征管法》相对《行政强制法》而言为特别法,①因此税务机关应依据特别法、即《税收征管法》的规定作出行政行为;但同时又主张《行政强制法》中滞纳金数额不得超过本金的规定,应当在税收征管实践中得到遵守。② 第三种暂且称为各自适用说,该说首先肯认《行政强制法》系特别法而《税收征管法》系一般法,但又认为根据《立法法》(原)第 84 条(现第 93 条),《行政强制法》不能约束其生效之前设定税收强制的行为,根据法不溯及既往原则,《税收征管法》及其《实施细则》在《行政强制法》实施之前设定的税收强制措施不受《行政强制法》的约束,但立法机关等有权主体应当及时清理,废止与《行政强制法》规定不一致的税收强制手段。③

本书认为,解决由于《行政强制法》和《税收征管法》均就滞纳金加以规定的法规竞合问题,根本仍然在于《行政强制法》与《税收征管法》究竟何者为特别法、何者为一般法,这就取决于针对的事项和拟解决的问题。"对同一事项并存多数法律规定,依其规范之对象、地域及时间相比较,其范围较大或时间较长者,为'普通法';其范围较小或时间较短者为'特别法'。"④显然,《行政强制法》适用于所有行政机关的强制执行事项,而《税收征管法》主要适用于作为行政机关之一种的税务机关,而税收强制执行系由税务机关这一特定行政主体在税收征管这一特定行政活动中所采取的一种不同于其他行政机关所实施的特定的强制执行,因此在针对包括税收滞纳金在内的税收强制执行事项上,应当采取《税收征管法》为特别法的观点,已有司法案例采取这一观点来判断《行政强制法》与《税收征管法》之间的适用关系问题;⑤这也是从前文有关台湾地区"税捐稽征法"第1 条所获得的启发。此外,各自适用说指出的,制定在后的《行政强制法》无溯及既往效力,不应追溯适用于已为《税收征管法》早就规定的税收强制措施,也是一

①　这也是大多数学者所持的观点,参见袁森庚:《论税收强制与〈行政强制法〉的衔接》,载《税收经济研究》2012 年第 1 期,第 39 页;郝朝信:《〈税收征收管理法〉与〈行政强制法〉:冲突与协调》,载《财经科学》2013 年第 2 期,第 122 页。

②　参见刘剑文、侯卓:《论〈行政强制法〉在税收征管中的适用》,载《税务研究》2012 年第4 期,第 42~43 页。

③　参见徐继敏:《税收征管程序适用〈行政强制法〉若干问题研究——兼议〈税收征管法〉的修订》,载《税务研究》2013 年第 5 期,第 43 页。

④　陈敏:《行政法总论》,台湾新学林出版有限公司 2016 年第 9 版,第 719~720 页。

⑤　参见 2016 年 3 月 15 日,陈世周与海南省地方税务局稽查局其他行政再审裁定书(海南省海口市中级人民法院〔2016〕琼 01 行审复 1 号);2016 年 9 月 8 日,额敏县地税局行政裁定书(新疆生产建设兵团第九师中级人民法院〔2016〕兵 09 行审复 2 号)。该两案针对者虽然系《税收征管法》第 40 条和《行政强制法》第 53 条之间的关系,认为前者既然规定税务机关有强制执行权,就不应适用后者请求法院强制执行,但法院已明确表明了在行政强制执行事项上,《税收征管法》为特别法而《行政强制法》为一般法的观点。

个重要理由。但是,对于《税收征管法》所未规定的有关税收强制执行的程序性规定,仍应适用《行政强制法》。

(五)小结

从应然的角度看,我们赞成将税收滞纳金定性为执行罚(惩罚性)兼迟延给付之损害赔偿(利息补偿性)的观点,其理由有关文献论之甚详,①此处不赘。

从实然的角度看,通过前文对影响税收滞纳金的四个关键因素的分析,我们认为,大陆现行《税收征管法》所规定的税收滞纳金,若单从征收比率看,符合其应然定性;但将无限期计征期间考虑进来,则偏向惩罚性,且期间愈长惩罚性愈强,实际征收率超过滞纳税款本金1倍以上时,则沦为完全的惩罚性,与罚款相差无几。可见合理的固定计征期间、即滞纳期间的限制,不仅可以使税收滞纳金保持其应然定性而不发生偏离现象,而且相当于量化的比例原则,确保税收滞纳金作为一种间接强制执行的手段,与其督促纳税主体尽快缴纳税款的制度目的之间具有合理的关联性。《行政强制法》中执行滞纳金由于并非仅针对公法上金钱给付义务,因此其是否具有利息补偿性无关紧要,主要系为惩罚性的执行罚;即便针对公法上的金钱给付义务,其利息补偿性也为惩罚性所吸收。至于有关执行滞纳金标准的告知、不得超过金钱给付义务的数额以及逾30日经催告仍不履行时行政机关可以强制执行等规定,倒是相比《税收征管法》而言更好地体现了比例原则。

《2015修订草案》响应学界呼吁,②将现行税收滞纳金改为"税收利息",同时另定滞纳金条款,显然意在分清二者性质进而理顺二者关系,并使此"滞纳金"与《行政强制法》所规定的执行滞纳金保持一致,从而受该法约束。只不过从目前的条文表述来看,有疑问处甚多,还需进一步分析。

---

① 参见黄茂荣:《论论税捐之滞纳金》,载《台大法学论丛》1987年第2期,第92~96页。

② 参见袁森庚:《论税收强制与〈行政强制法〉的衔接》,载《税收经济研究》2012年第1期,第47页;郝朝信:《〈税收征收管理法〉与〈行政强制法〉:冲突与协调》,载《财经科学》2013年第2期,第123页;叶姗:《论滞纳税款加收款项之附带给付属性》,载《法学》2014年第10期,第69页。

第二节　税收滞纳金的制度规则及其在相关程序制度中的适用比较

——兼论大陆税收滞纳金制度的完善

《2015 修订草案》相比现行《税收征管法》而言，有关税收滞纳金规则的改变可谓是最大的变化之一，为我们探讨其制度完善提供了文本对象。因此，本节在两岸有关制度规则比较的前提下，主要结合《2015 修订草案》的有关规定，讨论如何进一步完善大陆的税收滞纳金制度。

一、税收滞纳金具体制度规则比较

(一)税收滞纳金的征收比率

有关两岸税收滞纳金征收比率的比较，上一节已有详述，此处不再重复。

在上一节的分析中，我们将税收滞纳金的应然性质确定为损害赔偿兼执行罚性质，而将现行《税收征管法》所规定的税收滞纳金的实然性质判断为与罚款相差无几的惩罚性。从这一立场出发，对现行滞纳金规则的完善，就应当通过规则的修改从而使其向应然定性靠拢。

《2015 修订草案》既然在第 59 条将现行税收滞纳金改称为税收利息，在第 67 条另定滞纳金(为区别及简便起见，以下或简称"新滞纳金")，从而形成税收利息与滞纳金并存的制度格局，其立法意图应当不难猜测，即使税收利息主要承担迟延给付的损害赔偿功能，而使滞纳金主要承担惩罚性的执行罚功能；由此亦可推知，该滞纳金应受《行政强制法》所规定的执行滞纳金制度约束。因此，《行政强制法》所规定的有关执行滞纳金的程序规则、特别是不应超过金钱给付义务金额的上限规定，应当适用于新滞纳金，从而相当于给新滞纳金设定了固定的计征期间。虽然新滞纳金得以名正言顺地担起惩罚之责，但从其督促纳税主体尽快缴纳税款的制度目的出发，仍需使督促手段与其目的之间符合比例原则的审查。新滞纳金征收比率高达 0.5%，甚至超出 1992 年《税收征管法》所规定的 0.2%，仅需 200 天即达到滞纳税款本金的 1 倍，难免有违反比例原则之嫌。当《2015 修订草案》将现行《税收征管法》大多数 5 倍罚款的幅度上限降低为 3 倍(如第 97 条、第 100 条)，从而体现出缩小处罚裁量权范围的进步意识时，新滞纳金却大幅增加，亦有背道而驰之感。台湾地区滞纳金的征收比率虽然平均亦高达每日 0.5%，但也正因如此，所以予以 30 日的滞纳期间的限制，从而使其实际征收率不超过 15％，以符比例原则的要求。因此，新滞纳金的征收比率应当降低。我们认为，基于与本章第一节将贷款利率与民间借贷利率相加后所取平均值 14.5％ 的比较，同时出于维持制度连贯性的考虑，新滞纳金维持现行《税收征管法》0.05％ 的征收比率、即年利率 18.25％ 即可。

(二)新滞纳金与税收利息的衔接

《2015 修订草案》所规定的新滞纳金与税收利息二者之间，是否有如台湾地区那般先滞纳金而后利息的衔接关系，①从其有关表述来看，有较大疑义。第 59 条规定加收税收利息的要件为"未按规定期限缴纳税款"，而第 67 条规定加收滞纳金的要件为"逾期不履行税务机关依法作出征收税款决定的"，其中前者的"规定期限"应当理解为法定缴纳期限（简称"法定期限"），后者"逾期"结合后文所逾之期应当理解为核定缴纳期限（简称"核定期限"）；换言之，新滞纳金的起算日为法定期限届满的次日，税收利息的起算日为核定期限届满的次日。按照《2015 修订草案》的有关规定，则法定期限与核定期限之间关系的可能情形如下：(1)根据《2015 修订草案》第 59 条（现行《税收征管法》第 32 条），法定期限届满，开始加收税收利息；于法定期限届满后，根据《2015 修订草案》第 58 条（现行《税收征管法》第 32 条）或者第 64 条（现行《税收征管法》第 40 条），税务机关又责令限期缴纳，该责令限期即为核定期限，②于是在责令期限届满后又开始加收滞纳金。(2)根据《2015 修订草案》第 62 条（现行《税收征管法》第 38 条），法定期限尚未届满，税务机关责令限期缴纳——即所谓清偿期的提前，责令限期届满后开始计算滞纳金，如法定期限随后亦届满，纳税人仍未缴纳，则又开始计算税收利息。由以上两种情形来看，不论法定期限还是核定期限何者届满在先，亦即税收利息或者滞纳金何者加收在先，除非纳税主体在第(1)种情形中于责令限期内缴纳了税款从而只需负担税收利息，或者在第(2)种情形中在责令限期届满后、法定期限届满前缴纳了税款从而只需负担滞纳金，否则必然会出现同时重叠加收税收利息与滞纳金的情形。这种重叠加收的情形，不仅与二者各自性质不符，而且加重了纳税主体的负担，严重违反比例原则，更会导致二者的补偿功能与督促功能

---

① 值得注意的是，台湾地区"纳保法"第 7 条第 7 项针对该条第 3 项所规定的稽征机关根据实质课税原则对租税规避行为调整补税时加征的滞纳金及利息，先是规定按应补税款 15％ 计算滞纳金，然后规定"并自该应补缴税款原应缴纳期限届满之次日起，至填发补缴税款缴纳通知书之日止，按补缴税款，依各年度 1 月 1 日邮政储金一年期定期储金固定利率，按日加计利息，一并征收。"由此产生，滞纳金与利息二者是否存在重复计算的疑问，以及在该补缴税款缴纳通知书所载明缴纳期限届满后，纳税人仍未缴纳的，应该重新计算征收滞纳金、滞纳期间届满后再计算利息还是仅继续计算利息的问题。

② 根据《实施细则》第 73 条，所谓责令缴纳的最长限期不得超过 15 日。

走向反面。

我们认为,如果要参照台湾地区滞纳金与利息先后衔接的做法,则要全面修改《2015 修订草案》中有关滞纳金、税收利息以及法定期限和核定期限的条款,这样做可能会在解决滞纳金与税收利息关系问题的同时制造出其他问题。因此从立足于《2015 修订草案》现有条文的角度出发,考虑到在法定期限届满前,税务机关即可依法责令限期缴纳,亦即核定期限具有优先于法定期限的效力的因素,可以规定:(1)在上述第(1)种情形,法定期限届满次日起开始加收税收利息,税务机关又责令限期缴纳的,直至该责令限期届满之日仍加收税收利息,该责令限期届满次日起开始加收滞纳金、且不再同时加收税收利息,至滞纳金加收至达到滞纳税款本税金额之日止,仍未缴纳的,改采加收税收利息;(2)在上述第(2)种情形,与前类似,责令限期届满次日起开始加收滞纳金,法定期限即便随后届满也不再同时加收税收利息,直至滞纳金加收至达到滞纳税款本税金额之日止,仍未缴纳的,改采加收税收利息。其总体原则即为,一是税收滞纳金(因其征收比率高于税收利息)优先于税收利息适用,二是二者不可同时重叠征收。只不过,上述分段加收的方式未免有些烦琐,有损税收行政效率。如果能够不惧将《2015 修订草案》有关条文推倒重来,我们认为采取类似台湾地区先滞纳金后利息、前后衔接的方式可以一劳永逸。

(三)税收滞纳金的征收期间

期间,指期日与期日之间而言,乃时间动态的一定长度,有其开始及终止。[1]税收滞纳金的征收期间,即其起算日期与终止日期之间的时间幅度,以及其中止或中断事由等。

1.起算日期

大陆《税收征管法》第 32 条规定税收滞纳金的起算日为滞纳税款之日;《实施细则》第 75 条进一步解释为税款缴纳期限届满次日。这是指法定期限,核定期限则由税务机关依法确定。

台湾地区"税捐稽征法"第 20 条仅规定"依税法规定逾期",亦即逾期问题由各税种法各自规定。如"所得税法"第 112 条规定为"逾期缴纳","营业税法"第 50 条规定为"自缴纳期限届满之次日起","土地税法"第 53 条规定为"未于税单所载限缴日期内缴清应纳税款""经核准以票据缴纳者,以票据兑现日为缴纳日"。各税种法的表述虽然有所不同,但滞纳金的加征一般都从缴纳期限届满的次日起算。

---

[1]　王泽鉴:《民法总则》,北京大学出版社 2013 年版,第 404 页。

在实践中,税收缴纳期限依具体情形可分为申报纳税、核定征收、延期纳税、延期申报四种情况,在届满日期的界定上也有所不同。以延期纳税为例,纳税人税款缴纳期限被延长,延展的期间结束时,税款的缴纳期限即告届满。而根据大陆《实施细则》第 42 条第 2 款,税务机关对申请延期缴纳税款报告不予批准的,从缴纳期限届满之日起加收滞纳金;而第 75 条规定的起算日为缴纳期限届满次日,导致正常纳税与延期纳税方面有关税收滞纳金的起算日不一致。

2. 终止日期

对于终止日期,在大陆,根据《实施细则》第 75 条,为纳税人实际缴纳或者扣缴义务人解缴税款之日。如前所述,《2015 修订草案》所规定的新滞纳金既然受《行政强制法》约束,则意味着在其 0.5% 的日征收比率下,最长计征期间为 200 天;纳税主体在此最长计征期间内缴纳的,缴纳当日即为滞纳金止期,否则即以缴纳期限届满次日起第 200 天为止期。

在台湾地区,如前所述,滞纳金的时间计算单位为每 2 日,且滞纳期间为 30 日。换言之,在 30 日的滞纳期间内,纳税人在滞纳税款后 2 日内缴纳税款,无滞纳金加收;在第单数天缴纳税款,滞纳金的计算止期为其缴税当日的前一天;在第双数天缴纳税款,则计算止期为缴税当日的前两天;如超出 30 日仍未缴纳,滞纳金也仅计算至第 30 日为止。此后改为加计利息的方式。因此,台湾地区采取滞纳金与利息先后衔接的方式,既能起到督促作用,又能补偿财政资金被占用的损失。

3. 除外期间

大陆税法体系内,没有有关税收滞纳金的计征期间中止或者中断的规定,不问何种原因连续计算。对于因不可抗力、第三方原因(如银行系统维护导致无法缴纳税款)和纳税主体财产被税务机关实施保全措施或者强制执行措施等导致无法缴纳税款的期间,均无扣除的规定。倒是海关总署《关于税收强制中税款滞纳金计算截止时间的批复》(署税函〔2017〕206 号)指出:"对因未缴纳税款的货物采取税收强制措施,进入拍卖程序后,拍卖程序及抵缴处理均处在海关控制下,所需时间纳税义务人无法掌控,从合理行政角度出发,同意以海关采取税收强制措施之日作为滞纳金计算截止日。"此外,根据《税收征管法》第 88 条规定,纳税主体如仅通过提供担保的方式取得复议资格进而提起行政复议以及行政诉讼,在行政救济程序期间,税收滞纳金是否继续计算,亦无相关规定。

台湾地区"税捐稽征法"第 35 条第 1 项规定,纳税人对于核定税捐之处分如有不服的,可以申请复查。第 39 条第 1 项规定,依第 35 条规定申请复查者,暂缓移送强制执行。在此意义下,复查有缓课税捐停止强制执行的作用。[①] 纳税人未在规定期限内缴纳税款,若在法定期限内向税捐稽征主管机关提起复查,则可以中止滞纳期间的计算。复查程序属行政救济程序,[②]故不加收滞纳金。此外,在行政诉愿与行政诉讼中也适用期间扣除的规定,亦不加收滞纳金。[③] 根据"税捐稽征法"第 38 条第 3 项,经复查、诉愿或行政诉讼程序终结决定或判决后,如纳税人需补缴税款的,需按日加计利息一并征收。需要指出的是,该规定对补缴税款的税款加计利息而非加收滞纳金,既能打消纳税人因担心救济程序期间过长而导致负担的滞纳金款项过高的顾虑从而消除纳税人行使救济权利的制度障碍,又通过加计适当合理的利息避免纳税人反复利用救济程序推迟缴纳税款,防范滥诉。因此,以上制度设计对于完全缺乏相应规则的大陆颇具参考价值。

《2015 修订草案》第 60 条既于第 2 款规定了非因纳税主体的过错导致滞纳税款的不加收税收利息,从而确立了加收税收利息的过错责任原则;又于第 1 款规定了税收利息得中止计算的三种客观情形,包括:(1)纳税主体的财产、银行账户被税务机关实施保全或者强制执行措施;(2)不可抗力;(3)国务院税务主管部门确定的其他情形。以上规定,相比现行《税收征管法》有关税收滞纳金的规定不可谓不是一大进步。只是从主观和客观的逻辑顺序来看,第 60 条第 1 款和第 2 款调换前后顺序更为妥适。

然而,《2015 修订草案》采税收利息与新滞纳金并存的制度设计,理应对二者计算期间的中止情形做基本类似的规定,因为导致纳税主体陷入滞纳状态而非可归责于纳税主体的客观原因,并不因对其加收的是税收利息或者新滞纳金而有所不同。特别是当《2015 修订草案》意图使其所规定的新滞纳金复归《行政强制法》的调整范围,当其未对新滞纳金的中止情形加以规定从而得以作为特别法优先适用时,就理应适用《行政强制法》的有关规定,如该法第 39 条。[④]《行政强制法》既然将执行滞纳金作为间接强制执行的手段之一,那么当出现第 39 条所规定的中止情形时,执行滞纳金当然亦随之中止计算;问题是第 39 条所规定的情形是否均适用于税收征管领域。因此,为避免《2015 修订草案》通过生效

---

① 黄茂荣:《税法总论》(第三册),台湾植根法学丛书编辑室 2008 年第 2 版,第 834 页。

② 参见洪家殷、江彦佐:《两岸税务行政内部救济程序之比较研究——以税捐稽征(征管)法为中心》,载刘剑文主编:《财税法论丛》(第 11 卷),法律出版社 2010 年版,第 173 页。

③ 黄茂荣:《税法总论》(第三册),台湾植根法学丛书编辑室 2008 年第 2 版,第 835 页。

④ 《行政强制法》第 39 条:"(第 1 款)有下列情形之一的,中止执行:(一)当事人履行行政决定确有困难或者暂无履行能力的;(二)第三人对执行标的主张权利,确有理由的;(三)执行可能造成难以弥补的损失,且中止执行不损害公共利益的;(四)行政机关认为需要中止执行的其他情形。(第 2 款)中止执行的情形消失后,行政机关应当恢复执行。对没有明显社会危害,当事人确无能力履行,中止执行满三年未恢复执行的,行政机关不再执行。"

后,就此问题又引发其与《行政强制法》之间应适用何者的疑义,实有必要亦确立新滞纳金加收的过错责任原则以及规定中止计算的具体情形。特别需要指出的是,前文有关台湾地区在行政救济程序期间不加收滞纳金仅加计利息的做法值得大陆借鉴。

(四)税收滞纳金的减免

在大陆,有学者总结概括了逾期缴纳税款不加收税收滞纳金的 14 种情形,[①]本书试按照各情形依据的规则位阶重新整理分类如下:(1)因税务机关责任造成纳税人少缴税款不加收滞纳金,依据为《税收征管法》第 52 条和《实施细则》第 80 条;(2)所得税汇算清缴截止期前补缴税款不加收滞纳金,依据为《企业所得税法》第 54 条第 1 款、第 2 款;(3)破产企业在破产申请受理时滞纳金停止加算,依据为《企业破产法》第 46 条和《最高人民法院关于审理企业破产案件若干问题的规定》(法释〔2002〕23 号)第 61 条;(4)符合条件的历史欠税及滞纳金纳入豁免范围,依据为财政部、国家税务总局联合发布的《关于豁免东北老工业基地企业历史欠税有关问题的通知》(财税〔2006〕167 号)和《关于豁免内蒙古东部地区企业历史欠税有关问题的通知》(财税〔2008〕109 号);(5)应纳税额和滞纳金不足 1 元的免征,依据为《国家税务总局关于 1 元以下应纳税额和滞纳金处理问题的公告》(公告 2012 年第 25 号);(6)特别纳税调整期限内补征税款不加收滞纳金,依据为《特别纳税调整实施办法(试行)》(国税发〔2009〕2 号)第 109 条;(7)扣缴义务人应扣未扣税款不加收滞纳金,依据为《国家税务总局关于行政机关应扣未扣个人所得税问题的批复》(国税函〔2004〕1199 号)第 3 条;(8)延期缴纳税款批准期限内和预缴税额小于应纳税额不加收滞纳金,依据为《国家税务总局关于延期申报预缴税收滞纳金问题的批复》(国税函〔2007〕753 号)第 1 条、第 2 条;(9)善意取得虚开增值税专用发票如重新取得发票或已追缴抵扣税款不加收滞纳金,依据为《国家税务总局关于纳税人善意取得虚开增值税专用发票已抵扣税款加收滞纳金问题的批复》(国税函〔2007〕1240 号);(10)四川地震受灾企业应纳(补)税款延期期间一律不加收滞纳金,依据为《国家税务总局关于四川地震受灾期间有关税收征管问题的批复》(国税函〔2008〕661 号);(11)年度企业所得税汇算清缴特殊情况不加收滞纳金,依据为《国家税务总局关于 2008 年度企业所得税纳税申报有关问题的通知》(国税函〔2009〕286 号);(12)应纳税款纳税期限遇到顺延节假日不加收滞纳金,以核定方式补税不应加收滞纳金。此外,《海关总署关于明确税款滞纳金减免相关事宜的公告》(公告 2015 年第 27 号)第

---

① 参见樊其国:《逾期缴纳税款不加收滞纳金的十四种情形》,载《税收征纳》2014 年第 7 期,第 17~18 页。

1 条规定,符合下列情形之一的,海关可以依法减免税款滞纳金:(1)纳税义务人确因经营困难,自海关填发税款缴款书之日起在规定期限内难以缴纳税款,但在规定期限届满后 3 个月内补缴税款的;(2)因不可抗力或者国家政策调整原因导致纳税义务人自海关填发税款缴款书之日起在规定期限内无法缴纳税款,但在相关情形解除后 3 个月内补缴税款的;(3)货物放行后,纳税义务人通过自查发现少缴或漏缴税款并主动补缴的;(4)经海关总署认可的其他特殊情形。

以上所列情形并非均是减免滞纳金的情形,还包括滞纳金计征期间的除外期间,但显而易见的是,绝大多数的规范依据仅为以"批复"为名的内部文件,即便是规范性文件也是极为少见。虽然上述不加收或者减免税收滞纳金的情形,有其正当合理性,尤以海关总署 2015 年第 27 号公告为代表,但税收滞纳金即为税收附带债务,亦应受税收法定主义的约束。在《税收征管法》或者《海关法》《进出口关税条例》并未授权征税机关得以减免税收滞纳金的情形下,上述由征税机关自行做出的不加收或者减免滞纳金的规定难免缺乏"合法性"色彩。

在台湾地区,仅有少数税种法对免征滞纳金作了专门规定,如"关税法"第 79 条第 2 项规定了记账税款免征滞纳金的五种情形,包括因政府管制出口、天灾、事变或不可抗力等等。此外,在财政事务主管部门根据"公库法"第 10 条的明确授权制定的"各级公库代理银行代办机构及代收税款机构税款解缴作业办法"第 5 条规定,各项税捐本税、滞纳金、加计利息等一律收至元为止,角以下免收。比较而言,台湾地区对滞纳金的减免规定较少,而且或者以法律的形式或者以符合法律保留原则的法规命令的形式加以规定。

《2015 修订草案》第 104 条第 2 款规定:"纳税人有特殊困难不能及时完全履行纳税义务的,税务机关可以与纳税人达成执行协议,约定分阶段履行;[①]纳税人采取补救措施的,可以减免加处的罚款或者滞纳金。"系参照《行政强制法》第 42 条[②]而来。同时,第 124 条第 2 款亦规定:"对主动纠正税收违法行为或者配合税务机关查处税收违法行为的,可以视情节从轻、减轻、免予行政处罚或者减免征收税收利息。"以上两款规定虽然语多含糊,未必符合授权明确性原则,但起码为进一步制定有关减免新滞纳金或者税收利息的细化规则提供了法律层面的授权依据。

---

①　该款规定与同法第 43 条第 2 款规定的延期缴纳及第 3 款规定的分期缴纳之间是何关系,值得探讨。

②　《行政强制法》第 42 条:"实施行政强制执行,行政机关可以在不损害公共利益和他人合法权益的情况下,与当事人达成执行协议。执行协议可以约定分阶段履行;当事人采取补救措施的,可以减免加处的罚款或者滞纳金。"

二、税收滞纳金在相关程序制度中的适用比较

(一)税收优先权能否适用于税收滞纳金

"税捐优先权系指税捐债权与其他债权竞合时,原则上税捐债权应优先于其他债权而征收。"[①]通常认为,税收优先权的设定基于税收的公益性和风险性,[②]其功能主要在于保全税收债权并获得清偿。虽然从世界范围内来看,不论是日本新《破产法》将清偿顺位中税收债权顺位后移以及职工债权顺位的前移,还是澳大利亚和俄罗斯的《破产法》取消税收优先权,以及德国《破产法》1999 年修订时废除了包括税收在内的所有公课的优先受偿权,[③]从而呈现出税收优先权的弱化趋势,但在大陆目前来看,取消税收优先权可能还为时过早。[④] 就税收滞纳金问题而言,由于其税收附带债务的属性,且兼具损害赔偿和执行罚性质,由此引发其可否适用税收优先权的疑义。

有学者认为,税收优先权应及于并仅能及于本税及租税附带给付债务中有迟延利息性质者。[⑤] 因此,仅具损害赔偿性质的税收利息,应可作为税收优先权的适用对象。至于税收滞纳金,从其应然层面来看,虽然我们主张其兼具损害赔偿和执行罚性质,但如前文所述,该性质定位其实与执行罚说并无二致,表明"损害赔偿"意在说明滞纳金计征的同时为何不再加计迟延给付的利息,由于征收比率较高的滞纳金已将迟延给付的利息所覆盖,因此其在整体的外在形式上其实仅表现为惩罚性而已。据此,出于不应将纳税主体因过错而负有的惩罚性金钱给付义务列入税收优先权适用范围,而使其他无过错的债权人无辜分担纳税主体的过错的目的,应当认为税收优先权的适用不及于税收滞纳金。[⑥]

大陆《税收征管法》第 45 条规定了税收优先权,且在条文中仅提及"税收"的优先权,从文义解释角度出发,当然不包括税收滞纳金。再从体系解释的角度看,《税收征管法》中将税款和滞纳金并同规定的方式主要有三种:一是将二者以

---

① 陈清秀:《税法总论》(修订 9 版),台湾元照出版有限公司 2016 年第 9 版,第 606 页。

② 参见熊伟、王宗涛:《中国税收优先权制度的存废之辩》,载《法学评论》2013 年第 2 期,第 49 页。

③ 参见陈清秀:《税法总论》(修订 9 版),台湾元照出版有限公司 2016 年第 9 版,第 606 页。

④ 参见李万甫、孙红梅主编:《〈税收征收管理法〉修订若干制度研究》,法律出版社 2017 年版,第 189～194 页。

⑤ 参见张劲心:《租税法概论》,台湾三民书局 1979 年版,第 127～129 页。

⑥ 参见黄茂荣:《税捐法论衡》,台湾植根法学丛书编辑室 1991 年版,第 87 页。

"、"隔开而并列为"税款、滞纳金"加以规定,包括第 44 条有关限制出境、第 52 条有关追征期、第 53 条有关税款入库预算级次、第 63 条有关偷税行为、第 64 条有关不申报行为、第 65 条有关逃避追缴税款行为、第 67 条有关抗税行为的规定;二是以"及"字前后连接表现为"税款及滞纳金",即第 88 条第 1 款;三是第 40 条第 2 款:"税务机关采取强制执行措施时,对前款所列纳税人、扣缴义务人、纳税担保人未缴纳的滞纳金同时强制执行。"联系上下文,该款显然是指滞纳金与税款同时强制执行。由此可见,当立法者意图有关规则应适用于滞纳金时,会采取上述各种方式将之与税款同时并列。因此,当第 45 条并未列示滞纳金时,理应得出税收优先权规则不适用于税收滞纳金的结论。但《国家税务总局关于税收优先权包括滞纳金问题的批复》(国税函〔2008〕1084 号)却认为,按照《税收征管法》的立法精神,税款滞纳金在征缴时视同税款管理,税收强制执行、出境清税、税款追征、复议前置条件等相关条款都明确规定滞纳金随税款同时缴纳。因此,《税收征管法》第 45 条规定的税收优先权执行时包括税款及其滞纳金。该批复仅以内部函件的方式做出了超越法律文义的解释,应该认为不仅形式上不具有普遍的对外效力,而且实质上也与前文所述不论是滞纳金的实然定性还是应然定性相悖。相比而言,《最高人民法院关于税务机关就破产企业欠缴税款产生的滞纳金提起的债权确认之诉应否受理问题的批复》(法释〔2012〕9 号)的规定更为合理,即破产企业在破产案件受理前因欠缴税款产生的滞纳金属于普通债权,破产案件受理后因欠缴税款产生的滞纳金不属于破产债权。

台湾地区"税捐稽征法"第 6 条第 1 项首先规定了税收优先于普通债权的一般优先权,其次于第 2 项又规定了土地增值税、地价税、房屋税之征收及法院、行政执行处执行拍卖或变卖货物应课征之营业税,优先于一切债权及抵押权的特别优先权。[①] 根据该法第 49 条规定:"滞纳金、利息、滞报金、怠报金、短估金及罚款等,除本法另有规定者外,准用本法有关税捐之规定。但第 6 条关于税捐优先及第 38 条,关于加计利息之规定,对于罚款不在准用之列。"因此,第 6 条第 2 项所提及的各税滞纳金也具有特别优先权。但有学者指出,上述滞纳金、滞报金、怠报金及短估金,均具有行政处罚的意义,为贯彻该法有关罚款不在准用之列的立法意旨,应将其排除在优先受偿权的准用范围之外。[②] 此外,"关税法"第 95 条第 4 项规定,应缴或应补缴之关税,应较普通债权优先清缴。

对应于现行《税收征管法》第 45 条的《2015 修订草案》第 73 条,仅将前者条

---

① 有关该项所提及各税,为何赋予其优先于一切债权及抵押权的如此之强的优先权的原因,参见陈清秀:《税法总论》(修订 9 版),台湾元照出版有限公司 2016 年第 9 版,第 608~609 页。

② 参见黄茂荣:《税捐法论衡》,台湾植根法学丛书编辑室 1991 年版,第 87 页。

文改动了一处,即将"法律另有规定的除外"改为"企业破产法另有规定的除外",而将《保险法》《商业银行法》和《海商法》等有关优先权制度置之不理,有其不足之处。由于第 73 条仍仅使用"税收"一词,因此仍然存在税收优先权能否适用于税收利息和新滞纳金的问题。如前文所述,新滞纳金惩罚性更强于现行滞纳金,因此不应包括在税收优先权适用范围内;至于税收利息则应予以纳入。但综观《2015 修订草案》有关税收利息的条款,虽然在第 59 条第 3 款规定"纳税人补缴税款时,应当连同税收利息一并缴纳",第 64 条第 2 款规定对纳税主体等未缴纳的税收利息同时强制执行,并不能从体系的角度得到税收利息可适用税收优先权的结论。为避免挂一漏万,借鉴前述台湾地区"税捐稽征法"第 49 条有关税捐的准用规定就显得非常必要,而且也不必再如第 59 条第 3 款和第 64 条第 2 款那般,以单独条款的形式强调税收利息附随于本税了。只是如增设该规定,不仅要全盘考察所有有关条文,能否将税收利息准用之,而且还不应忘记规定新滞纳金不得准用第 73 条有关税收优先权的规定。

(二)税收滞纳金的强制执行

两岸税收强制执行制度的比较,本书第八章第二节有专论。本节此处主要介绍税收滞纳金能否随滞纳税款一并强制执行的问题。

在大陆,根据《税收征管法》第 40 条第 2 款,税收滞纳金与税款同时强制执行。当纳税人已缴纳税款,但拒不缴纳滞纳金时,《国家税务总局关于贯彻〈中华人民共和国税收征收管理法〉及其实施细则若干具体问题的通知》(国税发〔2003〕47 号)第 6 条规定,税务机关可以单独对纳税人应缴未缴的滞纳金采取强制执行措施。

台湾地区"税捐稽征法"第 39 条第 1 项规定,纳税人应纳税捐于缴纳期间届满 30 日后仍未缴纳者,由税捐稽征机关移送强制执行。根据该法第 49 条有关税捐规定之准用的规定可知,滞纳金亦随滞纳税款一起移送强制执行。此外,"关税法"第 95 条第 1 项明确规定关税、滞纳金、滞报费、利息等届期未缴者,移送强制执行;"契税条例"第 25 条后段则规定"逾期 30 日仍不缴纳税款及滞纳金或前条之息报金者,移送法院强制执行。"由此可见,在税收滞纳金与滞纳税款是否一并强制执行的问题上,两岸规定基本一致,这也符合滞纳金作为税收附带债务的属性。

如前所述,《2015 修订草案》由于将现行《税收征管法》的税收滞纳金改为税收利息,所以在其与现行《税收征管法》提及税收滞纳金的对应条文中亦以"税收利息"取代"滞纳金",如前述第 59 条第 3 款和第 64 条第 2 款,却忘记了新增的新滞纳金。纳税人在补缴税款时,如果已满足加收新滞纳金的要件的话,难道不需同时缴纳滞纳金吗?税务机关在强制执行时,难道不应对新滞纳金与税款一起强制执行吗？这就是笔者前文所述的"挂一漏万"，再次凸显借鉴台湾地区"税捐稽征法"第49条有关税捐的准用规定的必要性。

（三）税收滞纳金的救济途径

税收滞纳金既然作为税收附带债务，则就其所引发争议而适用的行政救济程序，理应与滞纳税款本身相同。在此，并不因税收滞纳金无论是应然上还是实然上所具有的惩罚性，[①]就将之归于税收行政处罚、继而适用有关税收行政处罚的行政救济程序。上述认识在大陆《税收征管法》第88条规定税务行政救济的"双重前置"程序的情形下，尤为重要。根据该条规定，纳税争议必须先通过"清税前置"取得复议资格，再经由"复议前置"才有可能进入行政诉讼环节；而包括税务行政处罚在内的其他税务争议，则可以在行政复议和行政诉讼中自由选择。然而，《实施细则》第100条在解释《税收征管法》第88条所规定的纳税争议时，其所列举事项并未包括加收滞纳金。我们认为，第100条采取了"列举具体事项＋'等'字"的"列举未尽式"规定方式，因此就其中的"等"字容有扩大解释的空间。而从滞纳金作为税收附带债务的属性角度来看，其对于本税税收债务的依附性使滞纳金争议理应归类于纳税争议。对此，《税务行政复议规则》第14条在规定属于税务行政复议受理范围的具体行政行为时，就将加收滞纳金归入"征税行为"的范畴。同理，《2015修订草案》所规定的税收利息和新滞纳金均为税收附带债务，均应属于"纳税争议"，更何况该草案第126条第1款还扩张了现行《税收征管法》第88条所规定的纳税争议，将"和直接涉及税款的行政处罚上"的争议亦纳入必经复议的范围。

台湾地区历史上虽存在过类似上述大陆的"清税前置"程序，但在数次"大法官"解释之后已予以废除，具体论述详见本书第十二章第二节。

（四）台湾地区利息规则的启发

我们在提及台湾地区税法上的利息规则时，一直使用"利息"一词，而未如在提及大陆《2015修订草案》相应制度时那样使用"税收利息"一词，其原因固然在于"税收利息"系《2015修订草案》的法定用语，但更重要的理由在于，台湾地区税法上的利息规则平等适用于稽征机关和纳税人，典型者如其"税捐稽征法"第

---

① 有学者认为，既然滞纳金的性质以损害赔偿为主，滞纳金争议总体上就应当归入纳税争议，而不是行政处罚争议。参见刘剑文、熊伟：《税法基础理论》，北京大学出版社2004年版，第295页。我们认为，滞纳金争议归入纳税争议并不是因其损害赔偿的性质，而且从实然上看，现行《税收征管法》采取18.25％的年征收率加上无限期连续计征的方式，尚难称为以损害赔偿为主。因此，滞纳金争议得归类于纳税争议的原因在于其税收附带债务的属性。

38条有关行政救济后不论是稽征机关退还纳税人还是纳税人应补缴税款时加计的利息,甚至第48条之1有关自动补缴漏税得免除处罚但应按日加计的利息,一律采所谓"邮储利率",并不因系纳税人补缴税款或者系稽征机关退还税款而有差异。

反观大陆,根据现行《税收征管法》第32条,在纳税主体不论其主观上有无过错一旦陷入滞纳状态即需按远高于银行贷款基准利率的征收比率、即年比率18.25%负担税收滞纳金。而根据该法第51条,纳税人有溢缴税款时,除可要求税务机关退还外,仅得加算银行同期存款利息;《实施细则》第78条第3款将该退税利息解释规定为税务机关办理退税手续当天中国人民银行规定的活期存款利率。按距今最近、即2015年10月24日调整的人民银行存贷款基准利率来看,活期存款基准利率(简称"活期利率")仅为0.35%,税收滞纳金年比率是其52倍多。由此反映出同是占用资金,而且主观上可能均无过错,但税务机关与纳税人之间权利义务严重失衡。

对应于现行《税收征管法》第51条的《2015修订草案》第85条规定的退税利息未变,仍为"银行同期存款利息"。即便该草案将现行税收滞纳金改为税收利息,但作为确定税收利息利率的参照系的两项因素:一是贷款基准利率,如本章第一节所述,1年期目前为4.35%,是活期利率的12倍多;二是市场借贷利率的合理水平,如本章第一节所述,为24%,更是活期利率的68倍多。如果按本章第一节所谓利罚参照比较法中所确定的作为参照系的14.5%作为税收利息标准,也是活期利率的41倍多。尽管《2015修订草案》第60条第2款确定了加计税收利息的过错责任原则,即纳税人因有主观过错且客观滞纳才被加计税收利息,因此应承担相对较高利率水平的税收利息尚且合理,但在将来国务院确定税收利息的具体适用利率标准时,应当从前文所述台湾地区按照统一的邮储利率而平等适用于稽征机关和纳税人的利息规则中获得有益的启发,从而尽量寻求征纳双方的利益均衡。

第七章

海峡两岸税收担保法律制度比较

——公私混合法属性的税收保障制度比较之二

　　担保制度确立的目的在于增加债务人的信用,降低债务风险,作为一种债权实现的保障制度,在私法债务关系上行之有效。税收债务与私法债务一样都存在不能实现的风险,当其成立后,通过借鉴私法担保制度而形成税收担保制度,能够减少税收债务不能实现的风险,从而保障税收债权获得满足。

　　大陆的税收担保制度最早出现于 1986 年《税收征管条例》,其第 24 条规定:"对从事临时经营的纳税人,主管税务机关可以责成其提供纳税保证人或者预缴纳税保证金,限期进行纳税清算。逾期未进行纳税清算的,由其保证人负责缴纳税款,或者以纳税保证金抵缴税款。主管税务机关预收纳税保证金时应当开具收据。"此后,1992 年《税收征管法》第 26 条和 2001 年《税收征管法》第 38 条做了极为简略的原则性规定。在该制度实施三十多年的过程中,逐渐暴露出一些问题,值此《税收征管法》修订之际,应当予以反思并斟酌如何修订。

　　台湾地区早在 1976 年颁布的"税捐稽征法"中就已经规定了税收担保,且在"关税法""营业税法""遗产及赠与税法""娱乐税法""所得税法"和"使用牌照税法"等法律中均有税收担保的相关规定。其立法之久,规定之完善,运行之良好都值得我们探讨与借鉴。

第一节　税收担保的法律属性比较

　　税收担保(taxation warranty),又称纳税担保、税法上的担保。台湾地区多称之为租税担保、纳税担保。税收担保作为税法中的"借用概念"，[①]加之各国税收担保立法和实践不一，其内涵和要求也不一样，如何理解其含义，学界还没有形成统一的认识。

日本学者金子宏教授认为税法上的担保是指在税收的延缓和征收措施中，由纳税人提出申请，并由其提供担保的制度。[②] 我国有学者认为，税收担保是税务机关要求纳税人提供的，以保证纳税人依法履行纳税义务，保障国家税款的安全入库的一种手段；[③]有学者认为，税收担保是我国税法所设定的旨在确保纳税人依法履行纳税义务以维护税收征管秩序并保障国家税收权益的一种法律制度；[④]还有学者认为，纳税担保是指一国税法为保障国家税收债权的实现而特别规定的，允许由纳税人以第三人的信用或在特定财产上设定的权利来保障履行税收债务，从而实现国家税收债权的一种税法上的特别担保制度。[⑤] 最后一种观点从税收债法的角度出发，值得肯定；但却忽略了纳税人以自己的财产亦可提供纳税担保的情形。

《纳税担保试行办法》（2005年国家税务总局令第11号）第2条第1款规定："本办法所称纳税担保，是指经税务机关同意或确认，纳税人或其他自然人、法人、经济组织以保证、抵押、质押的方式，为纳税人应当缴纳的税款及滞纳金提供担保的行为。"该规定虽然较为明确，但其所用"纳税"一词较为狭窄，且无法包含海关所适用的税收担保。本书不采"纳税担保"而采"税收担保"一词，主要理由即在于税法上的担保并不仅限于纳税环节。

本书既着眼于两岸相关制度的比较，而两岸之异首先就在于对税收担保法律属性的认识方面。税法主要是公法，而担保制度则源于私法，税收担保制度融合了公法和私法因素。在税收担保法律关系中，义务人包括纳税人以及纳税人之外的第三人：前者如以自己的财产为自己的税收债务提供担保，则其兼具纳税人（即被担保人）与税收担保人的身份；本章主要探讨后者，即第三人为纳税人的税收债务提供担保。该第三人基于其与纳税人在私法上的某种关系（如身份关系或者私法债权债务关系或者企业关联关系等）而与税务机关缔结税收担保合

① 借用概念，是指已为其他部门法——主要是民商法——赋予了明确的意义和内容，而被税法所加以借用的概念，如租赁、赠与等。参见李刚：《税法与私法关系总论》，法律出版社2014年版，第48页。

② ［日］金子宏：《日本税法原理》，刘多田等译，中国财政经济出版社1989年版，第344页。

③ 刘剑文主编：《财政税收法》，法律出版社2000年版，第521页。

④ 朱欣：《关于纳税担保的若干问题》，载《杭州大学学报》1996年第6期，第36页。

⑤ 郑丽清、卢圣震：《纳税担保的法律性质辨析》，载《福建政法管理干部学院学报》2006年第2期，第77页。

同,从而形成具有三方主体的两种税收法律关系:一是纳税人与税务机关之间的税收债务法律关系,二是第三人与税务机关之间的税收担保法律关系;加之第三人与纳税人之间的私法上关系,由此似乎造成税收担保法律关系在公法与私法性质之间的摇摆。以下两岸间的不同认识即为例证。

一、大陆有关税收担保法律属性的认识

大陆对税收担保法律属性的认识经历了一个过程,在早期甚至有认为纳税担保是一种强制措施的观点。① 此后的发展,大体可以分为三种代表性观点:

第一种可称为公法属性说,亦为多数说。该说主张将税收担保纳入公法制度的范畴,使税务机关在税收担保关系中居于公法主体的地位,享有税法所赋予的各种权力,而税收担保人所负的义务为一种公法上的义务,至于税收担保合同则是行政合同。②

第二种可称为私法属性说,认为在大陆当前状况下,为了保障担保制度的统一和完整,也为了法律适用的便捷,应当以民事目标为重,将纳税担保纯化为民事性质。其理由包括五个方面:其一,从法的行政性与民事性区别标准看纳税担保的法律性质当属民事性。其二,从价值的实现是否有替代方式看纳税担保的法律性质当属民事性。其三,大陆纳税担保操作规范证明税收担保关系当属民事性。其四,担保权利人对违法担保的制裁及强制实行权的规定,不能构成纳税担保合同为行政合同的依据。其五,把纳税担保定性为行政合同或以行政合同为主,将破坏大陆物权法的平等保护原则。③

第三种可称为公私混合法属性说。该说认为,目前学界对纳税担保的法律性质非公即私的两种截然相反的定性,都有其合理性,但都存在以偏概全的局限性。如果能够跳出传统思维上划分公法属性与私法属性这一泾渭分明的樊笼,而以税收法律关系的债务关系性质为基础,就可发现纳税担保制度兼收并举地包含了公法和私法两种因素。如纳税担保法律关系中,既有征税机关与纳税人之间基于公法的权力服从关系,又有纳税人与纳税担保人之间基于私法的平等

---

① 参见华国庆:《略论纳税担保》,载《税务与经济》1995 年第 3 期,第 20 页;金人庆主编:《中国税务辞典》,中国税务出版社 2000 年版,第 282 页。

② 参见刘剑文、熊伟:《税法基础理论》,北京大学出版社 2004 年版,第 402～406 页;金永恒:《论税收担保的法律属性》,载《山西大学学报(哲学社会科学版)》2006 年第 4 期,第 49～51 页。与之类似的观点还可参见杨志强:《试论我国纳税担保制度》,载《税务研究》1995 年第 7 期,第 48～49 页。

③ 参见袁绍义:《纳税担保的法律性质与法律适用》,载《求索》2009 年第 9 期,第 152～153 页。

关系。因此,纳税担保制度实质上是一种"以公为主、公私兼顾",以及兼具公私法两种属性但以公法属性为主的法律制度。①

我们赞成第三种观点。当时应该是直接负责拟定《纳税担保试行办法》的税务总局有关工作人员所撰写的对该办法加以解读的文献中,作者首先列举了纳税担保与民事担保五个方面的区别,包括担保的性质不同(一为税务行政管理行为,一为民事行为)、担保的主体不同(税务机关恒为一方主体)、担保的方式不同(纳税担保只有保证、抵押、质押三种形式)、担保的后续处理不同(税收强制执行措施)和适用的法律依据不同(一为《税收征管法》《实施细则》和《纳税担保试行办法》,一为《担保法》和《合同法》)。接着,该文又指出纳税担保与民事担保的联系主要体现在以下两个方面:一是在法律依据上,对纳税担保而言,《税收征管法》及其实施细则有规定的,依据税收征管法律法规的规定执行;没有具体规定而在纳税担保中又需要明确的具体内容,依照《担保法》等其他相关法律的规定。二是在要求履行担保责任方面,纳税担保大致相当于民事担保中的连带责任担保。② 由此可见,所谓纳税担保与民事担保之间的区别与联系是相对而言的,税务行政管理行为和税务机关恒为一方主体均不能作为否认税法引入私法制度或直接援引私法制度之必要性的理由;担保方式的不同和担保的后续处理之所以有所差异正是因为税收担保的公私混合法属性中应当以公法属性为主而使然,即基于税法的特性而对借用自私法的担保制度加以必要的修正而非全盘接受;至于法律适用上的联系和区别,更是在一定程度上有将纳税担保规则作为特别法而将《担保法》和《合同法》作为一般法的意图。

二、台湾地区有关税收担保法律属性的认识

台湾地区对税收担保法律属性的认识,亦可分为私法属性说与公法属性说两种观点。

1. 私法属性说

陈敏教授在 1994 年发表的《租税法之提供担保》一文中指出,《日本国税通则法》第 50 条第 6 款规定,得以保证人提供担保;另据同法第 50 条,"滞纳情形下,得令保证人缴纳,并为强制执行"。在此,保证人的责任应属公法性质,理论

---

① 参见郑丽清、卢圣震:《纳税担保的法律性质辨析》,载《福建政法管理干部学院学报》2006 年第 2 期,第 78～79 页。持相同观点者还可参史学成:《纳税抵押担保登记问题研究》,载《税务研究》2009 年第 1 期,第 77 页。

② 参见赖先云、王军伟:《纳税担保,新法解读》,载《中国税务》2005 年第 10 期,第 17 页。

上可以由第三人与稽征机关缔结公法上的保证契约。在公法性质的租税法律关系中，也有可能成立稽征机关与人民之间的公法契约关系，使当事人一方或双方承担义务。然而台湾地区尚未建立公法保证制度，如果将其定性为公法上的保证契约，根据"法无明文规定即禁止"原则，除非法律另有规定，稽征机关不能以单方行为行使公权力。又"税捐稽征法"第 39 条及第 50 条，可以移送强制执行者，为纳税义务人、扣缴义务人、代征人、代缴人及其他依税捐稽征法负缴纳税捐义务之人。可见，租税保证人不属于上述可以移送强制执行的范围，而且也没有其他可以在公法上强制执行的办法。此外，当保证事项有争执时，由于是公法上的争讼，不能依民事诉讼程序由民事法院管辖，而台湾地区现行的行政诉讼除了撤销诉讼，并没有其他适当的法律途径可走。因此，从台湾当时的具体情况看，应将稽征机关与第三人缔结的保证契约定性为民法上的保证契约才有现实意义。相应的，台湾的税收担保应为私法属性。①

陈清秀教授也认为，第三人依其对公法上税捐债务提供担保之契约所负金钱给付义务，为私法上义务，而非公法上之纳税义务；第三人如不履行其给付义务时，不得径行移送强制执行。②

2. 公法属性说

吴庚教授对税法上的行政契约，举行政法院 1962 年判字第 367 号为例说明到，纳税人与税捐稽征机关签具切结书，约定由纳税人负责于一定期间内将遗失的免税照找回缴销，如届期不能找回缴销，原告愿遵照规定，办理补税，判决认定"此项切结，属公法上之契约性质"。此外，适用"外销品冲退原料税捐办法"之事件中，制造商与海关之间成立之协议，其内容为厂商一方其原料必须于期限内，全部加工外销，所获得之相对利益则为免除原料之进口税捐，在海关方面，除有权监督厂商原料如期加工外销外，并取得厂商以债券、具结（限于绩优厂商）或第三人（即授信之金融机关）做担保。上述协议本身即为公法上契约，其中由第三人担保者，应认为另成立公法上保证债务之从契约。但由于实务上受行政契约不彰之影响，历来判解均将第三人与税务机关约定，代纳税义务人履行租税债务之契约，视为私法上保证契约。③④

---

①　参见陈敏：《租税法之提供担保》，载《政大法学评论》1994 年第 52 期，第 205 页。

②　参见陈清秀：《税法总论》（修订 9 版），台湾元照出版有限公司 2016 年第 9 版，第 570～571 页。

③　参见台湾地区司法机构 1935 年院字第 1377 号解释、1943 年院字第 2599 号解释、1945 年院解字第 2928 号解释、1946 年院解字第 3089 号解释；"最高行政法院"1959 年判字第 28 号判决、"最高法院"1961 年台上字第 341 号判决。

④　参见吴庚、盛子龙：《行政法之理论与实用》（增订 15 版），台湾三民书局 2017 年第 15 版，第 421 页。

至于陈敏教授,后来转变其观点,认为"在租税法或其他行政法规内,常规定当事人应提供担保,以确保公法金钱债权或达成其他行政目的。……此等要求提供担保之规定,为公法性质,因此保证人或提供担保之人,得与行政机关就此缔结行政契约。"①其之所以转变观点,依笔者看来,最主要原因系其提出上述所谓私法属性说观点之后,台湾地区"行政诉讼法"于 1998 年大幅修正而得以整体改观,不仅使得行政契约由理论走向实务,②而且与之相应的给付诉讼类型也获得立法确立。

台湾地区"行政诉讼法"最初制定于 1932 年,虽历经 1937 年、1942 年、1969 年和 1975 年数次修正,但均属枝叶修饰,体系理念极为落伍。待到 1998 年 10 月 2 日,"行政诉讼法"大幅彻底翻修,由原全文 34 条增至全文 308 条,"已颇具先进之理念,与民主先进国家之立法例,遑不相让。"③行政诉讼的类型亦因此由原先仅有撤销之诉一种,而发展扩大至两类六种。④ 其中,所谓给付诉讼,是指基于公法上之原因,请求行政法院命对造为一定作为、不作为或容忍给付之诉讼。"行政诉讼法"第 8 条第 1 项规定:"人民与'中央'或地方机关间,因公法上原因发生财产上给付或请求作成行政处分以外之其他非财产上之给付,得提起给付诉讼。因公法上契约发生之给付,亦同。"根据该项:(1)不仅人民与行政机关之间得互为原被告、即便行政机关相互之间亦得提起给付之诉。(2)所谓给付,可以为财产上给付,亦可以为非财产上给付,但不包括行政处分之作成。针对行政处分的作成,应提起课予义务之诉,即特别之给付诉讼,此处所谓给付诉讼则系"一般之给付诉讼"。⑤

陈敏教授所著《租税法之提供担保》一文发表于 1994 年,彼时"行政诉讼法"

---

① 陈敏:《行政法总论》,台湾新学林出版有限公司 2016 年第 9 版,第 583 页。

② 陈新民教授指出,在"行政诉讼法"1998 年修正以前,关于行政契约的制度,只停留在学理讨论的层次,也是因为此前的"行政诉讼法"只注重撤销之诉,而无其他种类之诉讼,使得行政契约这一具有给付性质的概念无法于司法实务获得实现。参见陈新民:《行政法学总论》(新 9 版),台湾三民书局 2015 年新 9 版,第 333~334 页。

③ 参见陈新民:《行政法学总论》(新 9 版),台湾三民书局 2015 年新 9 版,第 539 页。

④ 两类为"有名诉讼"与"无名诉讼":前者又包括撤销诉讼、课予义务诉讼(又称"应为行政处分诉讼")、确认诉讼和(一般)给付诉讼四种最基本的类型,以及公益诉讼(又称"民众诉讼")和选举诉讼两种其他类型;后者,或称特种诉讼,则是指对行政法性质之公法争议,在"行政诉讼法"所明文规定的上述有名诉讼类型的原则之外,而例外容许提起行政诉讼,并类推适用有关撤销、确认或给付诉讼之规定的诉讼。参见陈敏:《行政法总论》,台湾新学林出版有限公司 2016 年第 9 版,第 1381~1386 页;以及吴庚、盛子龙:《行政法之理论与实用》(增订 15 版),台湾三民书局 2017 年第 15 版,第 636~653 页。

⑤ 参见陈敏:《行政法总论》,台湾新学林出版有限公司 2016 年第 9 版,第 1384、1424~1426 页。

尚无给付诉讼类型,因此陈敏教授在该文中虽已认为有关保证事项的争执是公法上的争讼,只不过由于彼时的行政诉讼除了撤销诉讼外并无其他适当法律途径可资适用,唯有将之作为私法争议对待,才得循民事诉讼途径获得解决。而"行政诉讼法"1998 年修订新增给付诉讼之后,特别是第 8 条第 1 项后段所谓"公法上契约发生之给付,亦同",对之虽有不同观点,[①]但不仅为税收担保合同的法律定性提供了依据,而且为其相关争议提供了行政诉讼途径。至于在司法实务上,"行政诉讼法"1998 年修订后,也均肯认行政契约的存在,不乏明确认定税收担保书性质为行政契约的判例。[②]

三、由两岸税收担保法律属性观点比较而获得的启发

通过以上对两岸各自就税收担保法律属性不同观点的对比,我们可以发现,台湾地区私法属性说的提出,虽然主要是受其以往"行政诉讼法"立法框架的限制以及因此而导致行政契约理论的不彰,但其基本出发点在于解决实务上的法律适用问题,因此当其"行政诉讼法"的修订为税收担保合同的行政契约定性及其争议解决提供了给付诉讼的可行途径之后,学者即随之转变立场而修正其观点。相比而言,大陆则几乎是纯理论探讨,只是在探讨纳税抵押担保登记问题时才将税收担保的性质问题与具体的法律适用相结合;[③]绝大多数文献在谈及税收担保的私法属性说时,概以陈敏教授的论文为代表性观点,却并不关心台湾地区"行政诉讼法"的立法变化,以致援用至今。

税收担保的法律属性如何,究其实质应从两岸现行法律规则予以推演。私法属性说的观点固不应采纳,否则会造成法律适用上的巨大混乱。若从公法属性说角度出发,当纳税人未为缴纳税款,税收担保人亦不按税收担保合同而为履行时,在台湾地区,由于税收担保合同系行政契约,税捐机关并不能行使公权力直接对税收担保人为行政处分、甚至实施行政执行,这时如何实现税收担保人因担保合同而负有的公法上财产给付义务,给付诉讼的制度意义就得以体现。反之,在大陆,由于《税收征管法》第 40 条将税收担保人与纳税人和扣缴义务人所构成的纳税主体并列等同,因此税务机关得径行对税收担保人采取强制执行措

---

① 一种认为,其所以特别予以规定者,在于行政契约之当事人不限于人民与行政主体,公行政相互间亦得缔结行政契约;参见陈敏:《行政法总论》,台湾新学林出版有限公司 2016 年第 9 版,第 1427 页。另一种观点认为,公法上原因已包括了公法上契约,因此这一表述无非提醒注意之性质,即便没有,解释上并无差异;参见吴庚、盛子龙:《行政法之理论与实用》(增订 15 版),台湾三民书局 2017 年第 15 版,第 646 页。

② 参见台湾地区"最高行政法院"2011 年裁字第 2888 号裁定。

③ 史学成:《纳税抵押担保登记问题研究》,载《税务研究》2009 年第 1 期,第 76～79 页。

施。由此观之,在一定程度上可以说大陆税收担保的公法属性甚至强于台湾地区。

然而,通过对比,更值得我们思考的是同样持公法属性说的台湾地区,其立法上为何不如大陆一般,规定可对税收担保人直接采取强制执行措施,而非要通过给付诉讼的途径去实现所担保的税收债权;即便是在并无给付诉讼类型的旧"行政诉讼法"时代,亦未考虑将税收担保人纳入强制执行对象主体的范围,而主张依循民事诉讼途径。依笔者之见,其根源就在于税收担保合同作为行政契约的定性所在以及因此而导致的税收担保法律关系与税收征纳法律关系存在的本质不同。

首先,就前者而言,行政契约理论是在对传统行政法理论所持国家与人民之间地位不平等以及依法行政原则与契约自由原则不相容的观点加以批判的基础上而产生,基于民主理念而获致承认的行政契约制度,相比行政机关以行政处分行使其公权力的"硬性"方式而言,以其显著的"弹性"优势,更能适应非典型事件从而解决复杂的行政问题。因此,导源于"权力服从关系"的行政处分固然有其合法性,但若能透过相互协商而以缔约方式亦能达致行政目的时,何不以"伙伴关系取代服从关系",不仅相对人较能接受公权力的处置,而且在纳入"双方合意"的要件后,也可减少日后产生的争议。[①]

其次,在将税收担保合同界定为行政契约的基础上,就应秉承并尊重该定性而将其法律关系与基于直接法定方式而产生的(狭义的)税收法律关系予以区别对待。税收担保法律关系虽亦属广义的税收法律关系,但因其主体的三方性及三方主体间性质各异的法律关系而与一般情形下发生于纳税主体与税务机关之间的税收债务法律关系有所不同,事实上,复合结构的税收担保法律关系中包含了上述税收债务法律关系。税收担保人之所以加入到税收担保法律关系当中,从形式上看固然是基于其与税务机关之间签订的属于行政契约性质的税收担保合同,但从实质上看其实是由于其与被担保的纳税主体之间的某种私法关系、即私法基础关系;而且无论基于何种私法关系均为一种约定方式,与纳税主体直接依法定而成为税收债务关系的一方主体有根本差异。

最后,由于纳税主体所负义务系法定义务,且基于税务行政大量性特征,因此税务机关得动用其自力执行权而对纳税主体的财产采取税收保全或者强制执行措施。但税收担保人所负义务系约定义务,与纳税主体有根本不同,税收担保人并不因税收担保合同这一行政契约就使其置于与纳税主体相同的法律地位。而且,一般而言,法定义务重于约定义务,因此得对纳税主体采行之自力执行权,

---

① 参见陈敏:《行政法总论》,台湾新学林出版有限公司 2016 年第 9 版,第 571 页;陈新民:《行政法学总论》(新 9 版),台湾三民书局 2015 年新 9 版,第 334 页。

对税收担保人即不应采行,这也符合手段与目的之间的比例原则。更不用说,税收担保人的加入,不论是为了阻止税务机关为一定行为还是请求其为一定行为,从客观效果上看均提高了税收债权的清偿可能性而有利于税务机关,亦理应与纳税主体区别对待。因此,倘若承认税收担保合同是一种行政契约,就不应采取可对税收担保人直接实施强制执行措施的立法模式,因为后者的强硬性将完全抵销行政契约本应具有的制度柔性而削弱其制度目的。

在大陆,类似台湾地区早期,由于行政契约理论欠发达,而且行政诉讼法上亦欠缺给付诉讼类型、行政机关恒为被告等原因,以至于不仅在理论上忽视税收担保合同作为一种行政契约的属性定位,对税收担保法律关系由公法和私法性质界限分明的不同法律关系所构成亦漠然无视,加之《税收征管法》中可直接对税收担保人采取强制执行措施的规定,而有认为税收担保人应当归属于纳税主体范围的偏误观点,[①]混淆了权利义务具有巨大差异的二者界限。即便承认税收担保人与纳税主体性质同一,亦无法否认前者所负为(行政契约的)约定义务而后者所负为法定义务。因此,当负法定义务的纳税人有不履行纳税义务的可能时,税务机关可责令限期缴纳,限期内有明显转移、隐匿其财产以逃避纳税义务的迹象时,税务机关拟采取税收保全措施之前,纳税人还有以提供担保的方式阻止税收保全措施的机会(《税收征管法》第 38 条);换言之,以上情形下对主观上似难辞其咎的纳税人,税务机关尚且先后给予责令限期缴纳和责令提供担保共两次"先礼",才有保全措施之"后兵"。但是,当税收担保人未按期缴纳所担保的"税款"[②]时,仅有一次被责令限期缴纳的"礼遇",随之就是力度强于税收保全措施的税收强制执行措施(《税收征管法》第 40 条)。如果说法定义务重于约定义务的话,按举重以明轻的一般法理,岂有上述厚此薄彼的做法。或许有人会认为,在《税收征管法》第 40 条情形下,责令限期缴纳之后,难道还要给予税收担保人以提供担保的方式来阻止税收强制执行措施吗?其实,如果非要在立法上将税收担保人与纳税主体做同一性认定,就理应同等对待而给予税收担保人这一机会,只不过这就会陷入担保之担保的循环而徒惹笑话;从反面来看,这也恰

---

① 有学者认为,纳税担保人所负担保税收债务履行的义务是与纳税义务相关的义务,因此纳税担保人并非纳税主体,而系"相关义务主体"。参见张守文:《税法原理》(第 7 版),北京大学出版社 2016 年第 7 版,第 53 页。另有学者持反对意见,认为纳税担保义务实质上相当于纳税义务,因此纳税担保人属于纳税主体。参见施正文:《税收程序法论》,北京大学出版社 2003 年版,第 212~213、217~219 页。

② 税收担保人并无纳税义务,何来缴纳"税款"之说?其实,税收担保人所支付之金额并非税款,而系税收担保合同项下的给付义务,只不过该给付义务之履行会同时发生消灭被担保的纳税人与税务机关之间的税收债务关系的效果而已。参见李刚:《税法与私法关系总论》,法律出版社 2014 年版,第 302~305 页。

恰说明税收担保人与纳税主体并非同类,不应相提并论。

至于有观点认为,将税收担保归入公法领域的重要理由之一,在于税务机关得以行使自力执行权,而无须经由法院的民事诉讼程序,有助于提高税收征管效率。① 我们以为,这一观点虽是对大陆现有法制的认知,但却有过分强调征管效率而有损于税收担保人权益之嫌。因为如果能够经由法院的司法程序对税收担保合同先行审查,与税收担保人被强制执行后不服再寻求行政救济相比,显然前者对税收担保人的权利保障更为有力,更不用提税收担保人在寻求行政救济时不得不面临《税收征管法》第88条所规定的"双前置程序"。

第88条将纳税担保人与纳税主体并列,要求其与税务机关在纳税上发生争议时,必须践行"双前置程序"。《实施细则》第100条进而将所谓纳税争议,解释为是指纳税人、扣缴义务人、纳税担保人对税务机关确定纳税主体、征税对象、征税范围、减税、免税及退税、适用税率、计税依据、纳税环节、纳税期限、纳税地点以及税款征收方式等具体行政行为有异议而发生的争议。由该条所列举各项具体争议事项来看,其所涉信息或者是处于纳税主体管领之下,或者是基于纳税主体与税务机关之间的税收征纳过程而产生,作为第三人的纳税担保人如何得以主张?纳税担保人与税务机关所发生的争议应当是二者就税收担保合同而产生的争议,而该争议显然并非纳税争议。只不过,其核心争点可能会聚焦在税收担保合同所担保的税收债务的具体金额上。从这个角度来看,上述规则似乎体现出由税收担保人代纳税主体之位,从而向税务机关主张围绕税收债务金额而产生的各项异议的意图。但这一推测并不能从法律条文获得验知,而且不仅事实上纳税主体并无义务且一般情形下亦无可能将其涉税信息倾囊相告于税收担保人,法理上看税收担保人亦不能取得纳税主体的法律地位而与税务机关就所谓纳税争议展开争讼。而且,"清税前置"程序虽然提供了缴纳税款及滞纳金或者提供相应担保两个选项作为取得复议资格的前提条件,但对于并无法定纳税义务而仅有约定担保义务的税收担保人而言,其实仅有提供担保一个可能,由此真的形成了"税收担保之税收担保"的怪象。②

以上种种,均是未能准确认识税收担保的行政契约法律性质,而于泛泛而谈的公法属性表象中掩盖了税收担保人与纳税主体不论是形式上还是实质上的区

---

① 参见刘剑文、熊伟:《税法基础理论》,北京大学出版社2004年版,第405～406页。

② 必须说明的是,1992年《税收征管法》第56条规定的"清税前置程序"中,尚无提供担保这一选项,2001年《税收征管法》第88条增加了提供担保的选项,由此形成了税收担保人欲申请行政复议则须再次提供担保的不合理规则。直到2005年《纳税担保试行办法》第4条第2款规定:"纳税担保人按照《税收征管法》第88条规定需要提供纳税担保的,应当按照本办法规定的抵押、质押方式,以其财产提供纳税担保;纳税担保人已经以其财产为纳税人向税务机关提供担保的,不再需要提供新的担保。"才排除了"税收担保之税收担保"的现象。

别,将二者混同一体对待;纳税主体行使行政救济权利必须"清税前置"本就不当,而将税收担保人一起"绑架"进来,更是使税收担保人的境地雪上加霜。因此,应当从税收担保人与税务机关的法律关系基础在于税收担保合同的立场出发,将其从必须适用"双前置程序"的主体范围予以剔除。①

正如前文所述,界定税收担保的法律属性,必须有助于解决法律适用上的问题。有观点认为,无论对税收法律关系采取权力关系说或债务关系说,就纳税担保而言,其法律适用均是相同的。② 即便是主张税收担保为私法属性的学者,在论及税收担保的实体法律适用方面,也认为应该区分民事属性部分和行政属性部分,分别适用民法规范和行政法规范。③ 而我们之所以主张税收担保应为以公法属性为主的公私混合法属性,固然有其理论依据,④但亦以解决法律适用问题为目的。

大陆税法长期以来自成封闭体系,除在一定程度上尚还认可一般行政法规则外,对于其他部门法规则,尤其是私法规则基本处于"不屑一顾"的状态,由此造成税法自行其是、任意解释私法概念而破坏私法秩序。⑤ 只有当认为较为成熟的私法制度可以为征税所用时,才通过明文规定的方式予以引入,例如《税收征管法》第50条所规定的税收代位权和税收撤销权即为明证。至于在借用私法制度时,会否对私法秩序本身造成破坏,则在所不问;例如《税收征管法》第45条以欠缴税款发生时间为标准,将发生在先的税收债权优先于一切发生在后的抵押权、质权和留置权亦为明证。由此,在税收立法上形成一个惯例,税法若需借用私法或者其他部门法规则,须于税法条文中予以明确规定,否则税务机关便不予认可。加之税收法律、行政法规条文高度抽象,而相对具体化的税收行政解释又泛滥成灾,以至于形成税务人员对税收行政解释的严重依赖,实际执法时仅依据税收行政解释,而对上位法规则熟视无睹;为尽量避免此一现象,税收行政解释中又对必不可少的上位法规则予以重复,如果未予重复,则税务人员便以之为无关紧要;由此导致恶性循环。此在税收抵押担保应否适用《物权法》有关规定

---

① 参见本书第十二章第二节。

② 陈文学、高圣平:《纳税担保登记制度研究》,载《求索》2010年第5期,第152页。

③ 参见袁绍义:《纳税担保的法律性质与法律适用》,载《求索》2009年第9期,第153页。

④ 例如,税收担保系从私法处借用本身,就表明其固有的私法属性不可避免地会随之传导而来,如果说采取合同形式尚不足为凭的话,那么从税务机关与税收担保人应当立于平等地位而达致合意来看,应当承认系私法意思自治原则于公法领域的适当展现。再如,具有私法属性并不表明税收担保制度就纯为私法制度,其突出的、为主的公法属性并不容动摇,此从税收担保制度并未完全照搬私法担保制度,而是根据税法特性予以揣摩打造可获明证。

⑤ 参见李刚:《税法与私法关系总论》,法律出版社2014年版,第60～96页。

进行登记问题上表现甚为明显。由于税法条文未明文规定税收抵押担保应予登记,因此便有认为税收抵押无须登记,或者主张区分纳税人自己担保和第三人担保、后者才需登记等观点。① 我们认为,这就是长期以来税法将其与私法相割裂的必然结果。

因此,如果能建立起税收担保的公私混合法属性观念,并以之为教育和宣传理念,通过培训等各种方式使税务人员不仅意识到相比规范调整税收关系的税法而言,私法规则已经"在先"调整作为税收关系基础的经济交易关系,②而且还能以公私法混合属性中私法独具的"柔性"来弱化税法的"刚性"。尤其是认识到,当类似税收担保、税收优先权等借用自私法领域的税法制度未做特别规定时,理应适用作为一般法的《物权法》和《担保法》等私法规则;同时,不忘辅之以在税法规范中增设类似"本法未规定的事项,准用民法有关规定"的表述,从而建立起税法与私法之间制度上交流的一般性规则,避免出现诸如《纳税担保试行办法》并未规定税收担保人的追偿权、税收担保人能否依《担保法》向被担保的纳税主体追偿的疑问;或者导致为了以示税收担保制度的与众不同,将其所有与《担保法》并无本质区别的一般性规则在税收担保制度中重复性规定的立法浪费。台湾地区"税捐稽征法"仅于第 11 条之 1 规定了得提供作为担保品的财产种类,并于第 24 条、第 25 条、第 39 条等规定了提供担保的情形,之所以能够如此简单但又不妨碍其税收担保制度的实施,就是因为该法第 1 条明定:"税捐之稽征,依本法之规定;本法未规定者,依其他有关法律之规定。"当该法未对税收担保加以特别规定时,自然就转而适用其民法担保制度。

---

① 参见史学成:《纳税抵押担保登记问题研究》,载《税务研究》2009 年第 1 期,第 77～78 页。

② "民事法之适用,原则上先于税捐法之适用。惟该适用上的先行性不即意味着其优位性。"Paul Kirchhof, Die Kunst der Steuergesetzebung, NJW 1987, 3221. 转引自黄茂荣:《税法总论》(第一册增订三版),台湾植根法学丛书编辑室 2012 年第 3 版,第 660 页,注 17。"在行政法与私法竞合时,私法虽通常较行政法适用在前,但此时只有时间上的先行性,私法并无评价上的优先性。"Tipke, Die Steuerrechtsordnung Ⅰ, 1993, S, 92ff. 转引自葛克昌:《税捐行政法》,厦门大学出版社 2016 年版,第 160 页。

第二节　税收担保具体制度规则比较

一、税收担保的种类比较

税收担保制度借鉴民法上债的担保制度,但不是全盘皆收,两者有很多不同,表现在担保种类上,税收担保对其有所限制,且具体要求比民法严格。例如,《担保法》规定了保证、质押、抵押、留置和定金五种类型。税收担保则无定金这一类型。定金适用于双务合同,主要是证约定金兼违约定金:前者有证明合同成立的作用,后者则有制裁债务人不履行的作用。不论何者,对于税收征管行政行为都不具有实际意义,因此不作为税收担保的形式。① 以下将就两岸税收担保的具体种类进行比较分析。

(一)大陆税收担保的种类

《实施细则》第 61 条第 1 款规定:"税收征管法第 38 条、第 88 条所称担保,包括经税务机关认可的纳税保证人为纳税人提供的纳税保证,以及纳税人或者第三人以其未设置或者未全部设置担保物权的财产提供的担保。"《纳税担保试行办法》第 2 条第 1 款规定:"本办法所称纳税担保,是指经税务机关同意或确认,纳税人或其他自然人、法人、经济组织以保证、抵押、质押的方式,为纳税人应当缴纳的税款及滞纳金提供担保的行为。"据此,大陆税收担保包括人的担保和物的担保。人的担保即纳税保证人提供的保证,根据《实施细则》第 62 条第 2、3 款规定,纳税保证人包括在中国境内具有纳税担保能力的自然人、法人或者其他经济组织。物的担保即纳税人或者第三人以其未设置或未全部设置担保物权的财产提供的担保,包括抵押和质押。

税收担保种类还包括留置,但是只适用于海关对进出口货物的纳税义务人征收关税时,其规范依据为《海关法》第 61 条第 1 款和《进出口关税条例》第 40 条。由于税务机关在税收征管中很少占有纳税人的财产,所以留置在税收担保上的适用范围较窄,但不能因此便将其排除在税收担保的种类之外。

保证金担保是指税收债务人在纳税义务发生前向税务机关预交一定数额的金钱,待其履行纳税义务后再领回的制度。预缴的金钱应相当于应纳税款,如税

---

① 参见孟繁忠:《对纳税担保有关问题的研究》,载《税务研究》2005 年第 1 期,第 89 页。

收债务人逾期不缴,税务机关则可以以其预缴的金钱抵缴税款、滞纳金和罚款。① 1993年的《实施细则》第42条规定:"对未领取营业执照从事工程承包或者提供劳务的单位和个人,税务机关可以令其提交纳税保证金。有关单位和个人应当在规定的期限内到税务机关进行纳税清算;逾期未清算的,以保证金抵缴税款。"但2001年的《实施细则》删去了保证金担保,《纳税担保试行办法》也未再予以规定。不过在《海关法》(第59条)、《进出口关税条例》(第42条)、《发票管理办法》(第18条、第19条)和《税务代保管资金账户管理办法》(国税发〔2005〕181号,第8条)中仍有保证金担保的规定。因此,保证金担保系一种非普遍适用的税收担保类型。

综上,大陆的税收担保种类主要是保证、抵押、质押、留置和保证金,且以前三种为主。

(二)台湾地区税收担保的形式

台湾地区的税收担保也包括人的担保和物的担保并以后者为主,且主要为意定担保。

1. 物的担保

根据"税捐稽征法"第11条之1关于相当担保品种类的规定,可知均为物的担保。所谓相当于担保税款的担保品,包括黄金(按9折计算),经"中央"银行挂牌的外币、核准上市的有价证券(按8折计算),政府发行经规定可十足提供公务担保的公债(按面额计算),银行存款单折(按存款本金额计算)以及其他经财政事务主管部门核准、易于变价及保管且没有产权纠纷的财产。

台湾地区其他税种法也对税收担保做出了规定。例如,"营业税法"第30条第2项规定,有关营业人申请变更登记或注销登记,应于缴清税款或提供担保后为之。"营业税法施行细则"第37条则规定,上述所谓提供的担保,以合于"税捐稽征法"第11条之1规定者为限。再如,"遗产及赠与税法"第41条第1项规定,若有特殊原因必须于缴清税款前办理产权移转者,得"提出确切纳税保证",申请主管稽征机关核发同意移转证明书。"遗产及赠与税法施行细则"第52条之1则规定上述所谓纳税保证,系指提供符合"税捐稽征法"第11条之1规定之担保品所为之担保。还如,"娱乐税法"第10条第2项规定临时举办娱乐活动售票者,应由负责人于举办前将票编号,标明价格,申请主管稽征机关验印,并办妥纳税保证手续,如期报缴代征税款。根据该法第17条有关制定征收细则的授权条款制定的"台北市娱乐税征收自治条例"第11条之1以及"高雄市娱乐税征收自治条例"第10条,均规定上述所谓纳税保证,除提供现金保证外,其他担保准

---

① 刘剑文主编:《财税法学》,高等教育出版社2003年版,第410页。

用"税捐稽征法"第 11 条之 1 规定办理。

2. 人的担保

"使用牌照税法"第 23 条规定,查获违反该法的交通工具,应责令其所有人或使用人,预缴税款及罚款之同额保证金,或提供相当财产担保,否则即由稽征机关代为保管该项交通工具号牌或行车执照,待缴清税款及罚款后,再予以发还。该条规定的前身系于 1962 年 2 月 3 日"使用牌照税法"由原 21 条经修正全文 38 条时所订定,当时规定的担保形式包括保证金担保和所谓"取具商铺保证"两种,后者实则一种人保。2001 年 1 月 17 日"使用牌照税法"修正第 23 条时为与"税捐稽征法"第 11 条之 1 及第 24 条有关财产担保的规定保持一致,于是改为以提供相当财产担保代替商铺保证。

台湾地区 1972 年 12 月 30 日修正"所得税法"时增订第 110 条之 1,规定在主管稽征机关依法申请法院假扣押时,如纳税人已提供相当财产保证,或觅具殷实商保者,应即申请撤销或免为假扣押;其立法理由称系为配合稽征实务需要而增列。该规定一直沿用至今。其中所谓"觅具殷实商保"即属于人保。

另外,"关税法"第 11 条规定:"(第 1 项)依本法提供之担保或保证金,得以下列方式为之:一、现金。二、政府发行之公债。三、银行定期存单。四、信用合作社定期存单。五、信托投资公司一年以上普通信托凭证。六、授信机构之保证。七、其他经财政部核准,易于变价及保管,且无产权纠纷之财产。(第 2 项)前项第 2 款至第 5 款及第 7 款之担保,应依法设定抵押权或质权于海关。""进口货物先放后税实施办法"第 4 条与上述"关税法"第 11 条作了几乎相同的规定。其中所称"授信机构之保证",亦属一种人保的类型。

对于上述"商铺保证"和"殷实商保",有学者提出是指以商业为保证人,根据相关"商业登记法"和"商业会计法"的规定,应该包括独资、合伙以及公司。而依"公司法"第 16 条第 1 项:"公司除依其他法律或公司章程规定得为保证人者外,不得为任何保证人。"因此,另有台湾学者认为得为保证人者,应为独资、合伙事业、授信机构或以保证为业务之公司。[①] 然而,稽征行政实务上却认为,既然"税捐稽征法"未规定人保的形式,且其第 1 条明定其优先适用,因此造成"所得税法"第 110 条之 1 所规定的"觅具殷实商保"实际上无法适用。[②]

---

① 参见陈敏:《租税法之提供担保》,载《政大法学评论》1994 年第 52 期,第 208 页。

② 台湾地区财政事务主管部门 1977 年 8 月 10 日台财税字第 35292 号函:"欠税人依'所得税法'第 110 条之 1 规定觅具殷实商保应可免予假扣押,但'税捐稽征法'无此规定,应如何适用案?议决:悉依'税捐稽征法'之规定办理。"

(三)简要比较

对比上述两岸有关税收担保种类的规定,可以发现:首先,两岸均规定了人保和物保。但台湾地区有关立法演变似乎呈现出逐步排除人保的趋势,例如"使用牌照税法"删除商铺保证,"所得税法"第110条之1有关"觅具殷实商保"亦因"税捐稽征法"的优先适用而失其意义。[①] 虽然,物保相比人保对于税收债权的满足而言更具有优势,尤其是在税务机关已经在担保财产上设定了抵押权或者质权时更是如此。但限制甚至排除人保,无异于损害了纳税人提供担保时就其担保形式的选择权。就此而言,大陆明确规定纳税保证的人保,未限制纳税人的选择权,相比台湾地区更有利于保障纳税人的权益。

其次,在具体的担保类型上,两岸均有保证、抵押和质押,但大陆还有台湾地区所无的留置,且仅限于海关对进出口货物的纳税人征收关税时适用。这一留置权的规定,利用了进出口货物进关后处于海关直接管领控制之下的优势地位,且作为效力最强的一种担保物权,有利于海关征收关税,因此有其合理性。台湾地区不妨借鉴之。

最后,两岸有关税法条文所使用的"纳税保证"一词含义不同。在大陆,根据《纳税担保试行办法》第7条,纳税保证仅指人保。在台湾地区,纳税保证主要是指物保;但在不同税种法中,纳税保证所指物保又不尽相同。例如,在"遗产及赠与税法"中,纳税保证仅指"税捐稽征法"第11条之1规定的财产担保;在"娱乐税法"中,纳税保证则既包括现金保证,又包括财产担保。由此也说明,两岸有关财产担保的内涵亦有所不同。大陆的保证金担保属于财产担保,而台湾地区税法上所称"提供(相当)担保"专指"税捐稽征法"第11条之1规定的财产担保,现金担保则通常予以单独列明而与提供担保并列,以示二者不同。

二、税收担保的适用情形比较

税收担保的适用情形,即纳税主体提供税收担保的原因,两岸间有较大差异。

(一)大陆税收担保的适用情形

根据《纳税担保试行办法》第3、4条及《海关法》等有关法律法规,大陆税收担保的适用情形主要包括如下五种:一是阻止税收保全措施。根据《税收征管法》第38条第1款,在税务机关责令有关纳税人限期缴纳税款的限期内,如发现

---

① 参见黄淑瑜:《台湾地区内地税租税保全制度之研究》,台湾中原大学2006年硕士学位论文,第21页。

纳税人有明显的转移、隐匿其财产迹象的,税务机关可以责成纳税人提供纳税担保。如果纳税人不能提供纳税担保,税务机关就可以采取税收保全措施。《海关法》第 61 条第 1 款和《进出口关税条例》第 40 条第 1 款规定与上述规定类似,纳税人提供担保亦具有阻止海关采取税收保全措施的作用。二是阻止或者解除限制出境措施。前者根据《税收征管法》第 44 条和《实施细则》第 74 条,欠税人在出境前,可自结清应纳税款、滞纳金与提供担保二者中选择其一,否则税务机关即可通知出入境管理机关阻止其出境。后者根据《阻止欠税人出境实施办法》(国税发〔1996〕215 号)第 8 条第 2 项,被阻止出境的欠税人向税务机关提供相当全部欠缴税款的担保,省级税务机关应当通知同级公安机关撤销限制出境措施。三是取得行政复议资格。《税收征管法》第 88 条的所谓"清税前置"程序,即是指纳税主体和税收担保人在提起行政复议之前,必须先缴纳税款及滞纳金或者提供担保。四是异地领购发票。《发票管理办法》第 18 条第 1 款规定,税务机关对从其他省级行政区来本辖区从事临时经营活动的单位和个人申请领购发票的,可以要求其提供保证人或者根据所领购发票的票面限额及数量交纳不超过1 万元的保证金,并限期缴销发票。五是海关放行货物或者暂时进出口货物的暂免纳关税。前者规范依据为《海关法》第 29 条规定,除海关特准的外,进出口货物在收发货人缴清税款或者提供担保后,由海关签印放行。后者规范依据为《海关法》第 59 条规定,暂时进口或者暂时出口的货物,以及特准进口的保税货物,在货物收发货人向海关缴纳相当于税款的保证金或者提供担保后,准予暂时免纳关税。

(二)台湾地区税收担保的适用情形

台湾地区税收担保的适用情形,按其效果大体上可以分为两大类:①

1.请求征税机关为一定行为

大致包括以下四种情形:(1)申请变更或注销税籍登记;规范依据即前述"营

---

① 2009 年 6 月 15 日,台湾地区"'台湾省北区国税局'处理提供担保品作业要点"第 5 条第 1 项对提供担保品原因规定甚详,包括:(1)纳税义务人不服税捐稽征机关复查决定之应纳税额,依法提起诉愿时,因缴纳半数税款确有困难,为免除被移送行政执行处强制执行,申请提供担保者;(2)遗产税或赠与税纳税义务人有特殊原因必须于缴清税款前办理产权移转,申请税捐稽征机关核发同意移转证明书;(3)为免被限制出境,申请提供担保者;(4)为解除限制出境,申请提供担保者;(5)执行中案件为分期缴纳,申请提供担保者;(6)为免被假扣押,申请提供担保者;(7)为撤销或停止假扣押,申请提供担保者;(8)罚锾及欠税未结,为办理营利事业变更,申请提供担保者;(9)为免被禁止财产处分,申请提供担保者;(10)为涂销禁止财产处分,申请提供担保者;(11)为免被依法提前开征税捐,申请提供担保者。只不过,其中并非均为税法所规定,亦有为"行政执行法"等其他法律所规定的原因。

业税法"第 30 条第 2 项规定。(2)请求核发纳税文书,行使财产权利;规范依据即前述"遗产及赠与税法"第 41 条第 1 项规定。(3)娱乐票验印税收担保;规范依据即前述"娱乐税法"第 10 条第 2 项。(4)进口货物先放后验或者申请复查后提领货物的税收担保。前者是指一般情况下应征关税的进口货物应当缴纳关税后才能放行,而如果提供了税收担保则可以先放行,如"关税法"第 18 条第 1 项、第 2 项,第 19 条第 2 项、第 44 条第 1 项规定;后者是指纳税人申请复查,并得于缴纳全部税款或提供相当担保后,提领货物,规范依据为"关税法"第 45 条。

2.防阻征税机关为一定行为

可以分为四种情况:(1)阻止税收保全措施或者使之解除。例如,根据"税捐稽征法"第 24 条第 2 项、"所得税法"第 110 条之 1 和"关税法"第 48 条第 2 项,提供担保可阻止稽征机关申请法院实施假扣押;再如,根据"税捐稽征法"第 24 条第 3、7 项和"关税法"第 48 条第 8 项第 2 款,欠税人在稽征机关已采取限制出境后,如提供担保,则应解除其出境限制;还如,根据"税捐稽征法"第 25 条第 1 项,提供担保可阻止稽征机关提前清偿期。(2)阻止移送强制执行。如根据"税捐稽征法"第 39 条第 2 项第 2 款,在因纳税人已申请复查而暂缓移送强制执行的情形,在复查决定之后提供与复查决定应纳税额半数相当的担保,并继续提起诉愿者,仍不移送强制执行。"关税法"第 95 条第 3 项类似。(3)排除交通工具号牌或行车执照扣留;规范依据为前述"使用牌照税法"第 23 条。(4)阻止补征税款,即"关税法"第 57 条第 2 项前段规定:"前项复运进口之外销品,经提供担保,于进口之翌日起 6 个月内整修或保养完毕并复运出口者,免予补征已退还之原料关税。"

(三)简要比较

比较而言,从以上两岸规定税收担保的立法形式看,大陆有关税收担保的立法规定较为集中,《税收征管法》仅规定提供担保的适用情形,《实施细则》做了若干原则性规定,具体操作性规则均集中于《纳税担保试行办法》这一部门规章。这是大陆长久以来的立法惯例,如同其他税收程序法制度和税收实体法制度一样,在法律保留原则和授权明确性原则方面应当存疑。台湾地区的立法则相对分散,但分散于各税种法中的提供担保情形又系根据各税种的特点而定,因此亦有其合理性,而非一定要统一规定于"税捐稽征法"。

从两岸税收担保的具体适用情形对比来看,较为明显的相同之处似乎仅有两处:一是阻止税务机关实施税收保全措施方面;二是在关税领域的运用,特别是在进出口货物的先予放行上。当然,更多的是不同之处。整体而言,台湾地区税收担保适用的情形较多,而大陆相对较少,基本属于纳税主体处于被动地位而基于防御税务机关行为而提供担保,缺乏主动请求税务机关为一定行为的情形;

这可能也是造成实践中税收担保运用较少的主要原因之一。以台湾地区税收担保的适用情形为参照,我们认为大陆的税收担保适用范围至少可以做如下改进:

首先,在采取税收强制执行措施之前允许提供担保。从对纳税主体财产权利的影响程度来看,税收强制执行措施重于税收保全措施,而且还容易造成不可回复的后果,例如不动产拍卖。因此,按照举轻以明重的法理,应当允许纳税主体以提供担保的方式阻止在一定期间内暂缓税收强制执行的实施。

其次,大陆《税收征管法》第 44 条仅规定提供担保可以阻止限制出境措施的采取,对于提供担保亦可解除已采取的限制出境措施的有关规则连《实施细则》都未提及,而是栖身于作为规范性文件的《阻止欠税人出境实施办法》中。阻止与解除限制出境措施应属同一事项逻辑相连的先后阶段,尤其后者对纳税人影响更为重要,却采取以法律规定前者而以规范性文件规定后者的方式,失之平衡,因此完全应当参照台湾地区"税捐稽征法"第 24 条规定,在《税收征管法》中予以完整规定。

最后,有关"清税前置"程序中的提供担保,如果该程序能予废止,提供担保自然随之废止,如果仍予保留但降低缴纳税款及滞纳金的比例,则所提供担保亦应与之相当;对此,本书第十二章第二节还有详述。

三、税收担保的范围比较

税收担保的范围,主要是指除了担保税款之外,是否还担保税收附带债务、如滞纳金,以及实现税款和滞纳金的费用等等。

(一)大陆税收担保的范围

税收担保的效力及于税款本税债权概无疑义,但是否及于税收附带给付,对此,《纳税担保试行办法》第 5 条第 1 款规定:"纳税担保范围包括税款、滞纳金和实现税款、滞纳金的费用。费用包括抵押、质押登记费用,质押保管费用,以及保管、拍卖、变卖担保财产等相关费用支出。"

以税收滞纳金为例,如本书第六章所述,不论是从应然角度还是实然角度对现行《税收征管法》所规定的税收滞纳金加以补偿性或者惩罚性的定性,均不能改变其相对于滞纳税款本税而言的税收附带债务性质,因此无论是根据民事担保法的一般原理,还是上述税收担保制度规则,税收担保的范围应当及于税收滞纳金。至于《2015 修订草案》采取税收利息和滞纳金并存的制度,依二者均为税收附带债务的属性,应同为税收担保的范围,只是如果不能妥善解决二者之间是否重复计算,以及滞纳金征收比率过高的问题,则税收担保人的担保责任相比现行《税收征管法》而言,将大大加重。

(二)台湾地区税收担保的范围

在台湾地区,如本章第一节所述,由于陈敏教授以往认为税收担保具私法属性,税收担保合同为私法契约,依私法自治原则,税收担保的范围自然应由提供担保人与稽征机关协商确定。当然,如果有关税法规则对税收担保范围有明文规定的,应依其规定。例如根据原"生产事业输入机器设备分期缴纳及免征进口税捐实施办法"①第 7 条规定,应加征的滞纳金需要列入担保的范围。如果对税收担保范围没有协议,则应该及于滞纳金及利息等附带给付义务以及追保费用。因为附带给付义务虽然是依租税法而成立的,但是它与本税的关系有如私法中担保的从属负担与原债权的关系,所以也应该一样处理。同理,追保费用也属于担保范围。不过滞报金和怠报金具有制裁意义,如果法律没有规定,且提供担保的人和稽征机关也没有约定,则不纳入担保范围。② 但是黄茂荣教授认为滞纳金不在税收担保的范围,因为其关于税捐滞纳金的性质倾向于采行政罚说,所以,"不论其为转嫁或税捐保证,税捐法上之行政罚,例如税捐滞纳金、逃漏的罚锾,对该第三人皆无适用。"③

虽然台湾地区对于税收担保的法律属性认识后来转为公法属性说,但由于"税捐稽征法"对诸如税收担保的范围及其实现程序等并未做特别规定,因此根据该法第 1 条规定,得适用其"民法"物权编的有关规定,依"民法"第 861 条第 1 项有关抵押权之担保范围和第 887 条第 1 项有关质权之担保范围的规定,④在担保契约未为另有约定时,担保物权所担保的范围均包括原债权、利息、迟延利息、违约金及实现担保物权的费用。由此来看,其税收担保的范围亦同样及于滞纳金和利息。

(三)简要比较

由以上比较可以看出,大陆《纳税担保试行办法》虽然效力级别较低,但其将税收担保的范围予以明确规定的方式值得肯定,特别是有关税收滞纳金部分,从

---

① 该办法已于 1991 年 8 月 14 日被台湾地区财政事务主管部门台财关字第 801281532 号令废止。

② 参见陈敏:《租税法之提供担保》,载《政大法学评论》1994 年第 52 期,第 214 页。

③ 参见黄茂荣:《税法总论》(第三册),台湾植根法学丛书编辑室 2008 年第 2 版,第 34、858、148 页。

④ 台湾地区"民法"第 861 条第 1 项:"抵押权所担保者为原债权、利息、迟延利息、违约金及实行抵押权之费用。但契约另有约定者,不在此限。"第 887 条第 1 项:"质权所担保者为原债权、利息、迟延利息、违约金、保存质物之费用、实行质权之费用及因质物隐有瑕疵而生之损害赔偿。但契约另有约定者,不在此限。"

而从一个侧面表明税收担保与民事担保有所不同。台湾地区在税法体系内未对此加以规定,而是准用"民法"有关规定,虽然有避免立法重复之效,但却难以体现滞纳金作为税收附带债务与私法债务相比而言的特殊性。

无论是利息还是滞纳金,均为法定税收附带债务,不容税务机关与欠税人协商予以免除。如果纳税人系以自己的财产为其税收债务提供担保,则其担保范围所及除本税外理应包括附带债务,但在第三人提供担保时,由于税收担保合同的行政契约性质,其自由协商的程度应予以一定限制,否则即与私法契约无从区别。从这个角度来看,税收担保的范围亦应及于税收附带债务。立法上如果再予明确规定,能起杜绝实务困惑之效。至于确实认为滞纳金惩罚性过强,而不应纳入税收担保的范围,则更应于立法上明确表示。

四、税收担保的实现程序比较

在税收担保的情形,当纳税主体逾期未缴纳应缴税款及滞纳金时,就存在如何实现税收担保的问题。税务机关(即担保权人)在担保条件成熟时可以要求担保义务人履行其给付义务从而实现担保,同时消灭纳税主体、即被担保人与税务机关之间的税收债务关系。如果担保人拒不履行其担保义务,如前所述,两岸之间由于对税收担保合同性质认识不同,且立法规则亦不同,因此存在较大差异。

(一)大陆税收担保的实现程序

1.保证担保的实现

根据《纳税担保试行办法》第 13 条等规定,纳税人在规定的期限届满未缴清税款及滞纳金,税务机关在保证期限内书面通知纳税保证人的,纳税保证人应按照纳税担保书约定的范围,自收到纳税通知书之日起 15 日内缴纳税款及滞纳金,履行担保责任。纳税保证人未按照规定的履行保证责任的期限缴纳税款及滞纳金的,由税务机关责令纳税保证人在限期 15 日内缴纳;逾期仍未缴纳的,经批准可以对纳税保证人采取强制执行措施。

从这些规定可以发现,与私法上的保证分为一般保证和连带保证不同,税法上的保证只有连带保证,税收保证人没有先诉抗辩权。先诉抗辩权对于保证人是一种合理的照顾,但是因为其程序比较烦琐,只有强制执行债务人的全部财产仍不能满足其债权时,才能要求保证人承担保证责任,对债权人十分不便。[①] 在税收担保中,设置较为简便的担保实现程序符合税收的公益性以及行政效率原

---

① 刘剑文、熊伟:《税法基础理论》,北京大学出版社 2004 年版,第 417 页。

则。《德国租税通则》第 244 条以及陈敏教授均主张要求税收保证人抛弃先诉抗辩权。[①]

2. 抵押担保的实现

《纳税担保试行办法》第 14 条至第 23 条规定了纳税抵押,且是指纳税人以自己的财产提供抵押担保而言,但第 24 条第 1 款前段又规定:"纳税担保人以其财产为纳税人提供纳税抵押担保的,按照纳税人提供抵押担保的规定执行",因此二者实质上并无太大区别。

根据该办法第 24 条第 2、3 款,纳税人在规定的期限届满未缴清税款、滞纳金的,税务机关应当在期限届满之日起 15 日内书面通知纳税担保人自收到纳税通知书之日起 15 日内缴纳所担保的税款、滞纳金。纳税担保人逾期未缴纳的,由税务机关责令限期在 15 日内缴纳;逾期仍未缴纳的,经县以上税务局(分局)局长批准,税务机关依法拍卖、变卖抵押物,抵缴税款、滞纳金。

《纳税担保试行办法》第 21 条、第 22 条对税收抵押担保实现中的一些特殊情况也作了规定:(1)抵押期间,经税务机关同意,抵押人可以转让已办理登记的抵押物,并告知受让人转让物已经抵押的情况。抵押人转让抵押物所得的价款,应当向税务机关提前缴纳所担保的税款、滞纳金。超过部分,归抵押人所有,不足部分由抵押人缴纳或提供相应的担保。(2)在抵押物灭失、毁损或者被征用的情况下,税务机关应该就该抵押物的保险金、赔偿金或者补偿金要求优先受偿,抵缴税款、滞纳金。抵押权所担保的纳税义务履行期未满的,税务机关可以要求将保险金、赔偿金或补偿金等作为担保财产。

税收抵押担保的实现与私法上实现抵押权的方式不一样,由于税收担保的公法属性,税务机关在履行一定的催告程序后,有权直接采取强制执行措施。如果是第三人提供抵押的情况下,税务机关必须先通知抵押人限期履行担保责任,抵押人逾期不履行担保责任的,再由税务机关责令限期缴纳,逾期仍未缴纳的,才能进行拍卖、变卖。可见,在此过程中税务机关需要有两次通知行为,只是其性质有所不同,前者应属"观念通知",后者则系行政处分。

3. 质押担保的实现

根据《纳税担保试行办法》第 30 条等规定,税收质押担保的实现程序与税收抵押担保大致一样。由于质押担保的特殊性,作为质物的动产或权利证书在质押合同成立时就已转移由税务机关占有,当纳税人逾期不履行纳税义务时,税务机关经合理催告后,可以直接决定拍卖、变卖质物或收取相应的债权。

此外,根据《纳税担保试行办法》第 28 条,以载明兑现或者提货日期的汇票、支票、本票、债券、存款单出质的,汇票、支票、本票、债券、存款单兑现日期先于纳

---

① 参见陈敏:《租税法之提供担保》,载《政大法学评论》1994 年第 52 期,第 215 页。

税义务履行期或者担保期的,税务机关与纳税人约定将兑现的价款用于缴纳或者抵缴所担保的税款及滞纳金。

4.留置权的实现

税收担保中的留置只适用于海关。根据《海关法》第 60 条、第 61 条,在法定情形下,海关得先扣留价值相当于应纳税款的财产;待符合法定情形时,海关可以依法变卖所扣留的财产,以变卖所得抵缴税款,从而实现留置权。

(二)台湾地区税收担保的实现程序

台湾地区由于未对税收担保的实现程序在税法体系内做特别规定,因此应当依据"民法"上有关规定,实现其担保债权。但由于税收担保合同的行政契约性质,当担保人不履行其担保义务时,即属于公法上金钱给付义务逾期不履行的情形,因此通过行政诉讼途径取得确定判决或者其他执行名义后,根据"行政执行法"第 4 条第 1 项,移送"法务事务主管部门行政执行事务主管机关"所属行政执行处执行。而且,根据"行政执行法"第 1 条、第 17 条第 12 项、第 26 条和第 35 条等,行政执行优先适用该法规定,该法未规定者,才准用有关民事强制执行事务的"强制执行法"。

1.保证担保的实现

稽征机关应先通知保证人限期代租税债务人履行清偿责任。由于保证人没有先诉抗辩权,如果保证人经催告而不履行保证责任,稽征机关可以以保证人为被告,向行政法院提起行政诉讼,取得确定判决或其他执行名义后,移送行政执行处强制执行。以共同开票或背书方式提供担保的人,可以以其为被告向法院请求给付票款。

2.抵押担保的实现

租税债务人如果未依期限缴纳,稽征机关应当依"非讼事件法"第 72 条,[①]向地方法院申请裁定准许拍卖抵押物。法院准许后,稽征机关再向行政执行机关申请实施拍卖受偿。

3.质押担保的实现

如果由纳税人提供担保品,税捐稽征机关直接占有动产担保品时,稽征机关先通知提供担保人限期履行担保责任,逾期未履行的,依规定办理实现质权或变

---

① 台湾地区 1972 年"非讼事件法"第 71 条:"(第 1 项)'民法'第 870 条所定抵押权人申请拍卖抵押物事件,由拍卖物所在地法院管辖。(第 2 项)拍卖之抵押物,如为未经办理继承登记之不动产,执行法院应嘱托地政机关办理继承登记后拍卖之。"2005 年"非讼事件法"修改为第 72 条:"'民法'所定抵押权人、质权人、留置权人及依其他法律所定担保物权人申请拍卖担保物事件,由拍卖物所在地之法院管辖。"

卖,也可以连同滞纳案件移送行政执行处强制执行,并通知纳税人。若担保品是不动产,则直接移送行政执行处申请强制执行。如果由第三人提供担保品(包括动产和不动产),税捐稽征机关应先限期履行,当逾期未履行时,依据"强制执行法"第4条第1项第5款①申请法院裁定,取得执行名义后,再向行政执行处申请强制执行。②

4.保证金担保的实现

租税债务人以保证金提供担保,在期限内未缴纳,稽征机关可以以保证金抵偿欠缴款项,并通知租税债务人。

此外,若担保品价值发生变化,导致不足额担保时,一般由稽征机关要求纳税人提供补充担保。但如果导致担保品价值减损是因为经济情势的改变或者非提供担保者个人的因素,则不宜全部由纳税人承担担保品价值减损的不利情势。对此,台湾地区财政事务主管部门解释:"纳税义务人提供上市有价证券作为依法提起诉愿应纳复查决定半数税款之担保,以暂缓移送法院强制执行,嗣后如该证券下跌至担保金额以下时,尚无须通知其补足差额。"③

(三)简要比较

虽然在理论上,两岸有关税收担保法律属性的通说均为公法属性,但由于大陆对税收担保合同的行政契约性质认识不清,未能合理认知税收担保人所负义务系基于税收担保合同而产生的约定义务,而将其与纳税主体在一定程度上等同对待,因此当税收担保人不履行担保合同时,对之直接采取税收强制执行措施以实现担保。台湾地区则基于担保制度可为公法和私法所共通的理念,因此在其正常实现方面主要根据"民法";而在未能正常实现时,则以行政诉讼的方式取得法院执行名义,并依"行政执行法"移送行政执行处予以强制执行,以此凸显出税收担保合同的行政契约性质。

---

① 台湾地区"强制执行法"第4条第1项第5款:"抵押权人或质权人,为拍卖抵押物或质物之申请,经法院为许可强制执行之裁定者。"

② 参见黄淑瑜:《台湾地区内地税租税保全制度之研究》,台湾中原大学2006年硕士学位论文,第28页。

③ 台湾地区财政事务主管部门1996年8月7日台财税字第850402493号函。

第八章

海峡两岸税收保全和税收
强制执行法律制度比较
——公法属性的税收保障制度比较之一

第一节　税收保全制度比较

税收保全是指税务机关在纳税人的行为致使税收债权不能实现或难以实现的情况下,为保障税收债权获得满足而采取的限制纳税人处理和转移财产的措施。税收保全旨在在纳税人不履行或逃避履行税收义务的情况下,通过对纳税人的商品、货物或其他财产采取一定的处分限制措施以保全其责任财产,增加其偿债能力,从而保障税收债权获得实现。

一、两岸税收保全制度主要规则

(一)大陆税收保全制度主要规则

大陆的税收保全制度主要体现在《税收征管法》第 37 条、第 38 条和第 55 条中,可以大致分为征收环节的税收保全措施和检查环节的税收保全措施两大类。[①]

1.征收环节的税收保全措施

(1)对未办理税务登记的纳税人采取的税收保全措施

根据《税收征管法》第 37 条,在税收征管过程中,对未按照规定办理税务登

---

① 参见林雄:《税收保全和强制执行措施新思考》,载《福建税务》2003 年第 12 期,第 38 页。

记的从事生产、经营的纳税人以及临时从事经营的纳税人,由税务机关核定其应纳税额,责令缴纳;不缴纳的,税务机关可以扣押其价值相当于应纳税款的商品、货物。

《2015修订草案》中对应上述第37条的为第61条:"对未按照规定办理税务登记的纳税人以及临时从事经营的纳税人,由税务机关核定其应纳税额,责令缴纳;不缴纳的,税务机关可以扣押其价值相当于应纳税款的商品、货物或者其他财产,并在24小时内向县以上税务局(分局)局长报告,补办批准手续。扣押后缴纳应纳税款的,税务机关必须立即解除扣押,并归还所扣押的商品、货物和其他财产;扣押后仍不缴纳税款或者缴纳不足的,经县以上税务局(分局)局长批准,依法拍卖或者变卖所扣押的商品、货物和其他财产,以拍卖或者变卖所得抵缴税款。"对比而言,一是取消了纳税人之前"从事生产、经营的"限制性表述,从而扩大了得以采取保全措施的主体范围;二是在扣押客体对象方面,在现有的"商品、货物"之外新增了"其他财产",从而扩大了保全措施针对的客体范围;三是新增了扣押之后补办批准手续的程序性规定,从而在审批层级(县级以上税务局局长)和补办时限(24小时)方面防范当场扣押的保全权力的滥用;[①]四是在税收强制执行措施的前提条件方面,在原有的"扣押后仍不缴纳税款"之外新增"缴纳不足"的,合理化地完善了税收强制执行措施的实施条件。

(2)对有逃避纳税义务行为的纳税人采取的税收保全措施

根据《税收征管法》第38条第1款,税务机关如果有根据认为从事生产、经营的纳税人有逃避纳税义务行为的,可以在规定的纳税期之前,责令限期缴纳应纳税款;在限期内发现纳税人有明显的转移、隐匿其应纳税的商品、货物以及其他财产或者应纳税的收入的迹象的,税务机关可以责成纳税人提供纳税担保。如果纳税人不能提供纳税担保,经县以上税务局(分局)局长批准,税务机关可以采取冻结银行存款、扣押、查封价值相当于应纳税款的商品、货物或者其他财产的税收保全措施。由此可以看出,税务机关采取税收保全措施必须依次满足如下递进的条件:(有根据认为)纳税人有逃避纳税义务行为→(规定纳税期届满之前)责令限期缴纳→(限期内)纳税人有明显转移财产或者收入迹象→责成提供担保→不能提供担保→县级以上税务局局长批准→采取税收保全措施。虽然采取税收保全措施需要满足的条件之多、形成的链条之长表明了对防范税务机关滥用税收保全权力的立法意图,但其中"(有根据认为)纳税人有逃避纳税义务行为"和"纳税人有明显转移财产或者收入迹象"两项条件存在着应当如何判断以

---

① 该规定的增加也为了符合《行政强制法》第19条的规定,即"情况紧急,需要当场实施行政强制措施的,行政执法人员应当在24小时内向行政机关负责人报告,并补办批准手续。……"

及先后的逻辑顺序是否颠倒的问题。

对此,《2015 修订草案》中相应的第 62 条第 1 款①做了修改,比较而言:一是取消了"从事生产、经营的"作为纳税人的限定词,从而扩大了提前纳税期措施针对的纳税人范围;二是将"有逃避纳税行为的"改为"有不履行纳税义务可能的",不仅降低了税务机关的证明程度,而且使税收保全本应就在于防患于未然的意图得以体现;三是在冻结纳税人存款之外新增了冻结汇款,扩大了冻结措施的适用客体对象。此外,第 62 条还新增第 2 款规定:"税务机关采取前款规定的措施应当书面通知纳税人并制作现场笔录。"②弥补了现行规定的不足,避免纳税人的财产被采取税收保全措施,尤其是其银行存款或者汇款被冻结,纳税人本人却未必得知的情形发生。

2.检查环节的税收保全措施

根据《税收征管法》第 55 条,税务机关在对从事生产、经营的纳税人以前纳税期的纳税情况进行税务检查过程中,也可采取税收保全措施。其条件是:(1)必须是针对以前纳税期的纳税情况采取税收保全措施;(2)纳税人有逃避纳税义务的行为,并有明显转移财产或者收入的迹象。《2015 修订草案》对应的第 89 条仅是将"从事生产、经营的"限定词予以删除,其他未做修改。

(二)台湾地区税收保全制度主要规则

台湾地区的税收保全制度主要体现在台湾地区"税捐稽征法"第 24 条、第 25 条中,主要有禁止处分、申请假扣押、限制出境和提前征收;其中,后二者分别由本书第九章和第五章第二节专门论述,此处不论。

1.禁止处分

"税捐稽征法"第 24 条第 1 项规定:"纳税义务人欠缴应纳税捐者,税捐稽征机关得就纳税义务人相当于应缴税捐数额之财产,通知有关机关,不得为移转或设定他项权利;其为营利事业者,并得通知主管机关,限制其减资或注销之登记。"该条亦无有关应通知纳税人本人的规定,但台湾地区财政事务主管部门先

---

① 该款规定:"税务机关有根据认为纳税人有不履行纳税义务可能的,可以在规定的纳税期之前,责令限期缴纳应纳税款;在限期内发现纳税人有明显的转移、隐匿其应纳税的商品、货物以及其他财产或者应纳税的收入的迹象的,税务机关可以责成纳税人提供纳税担保。如果纳税人不能提供纳税担保,经县以上税务局(分局)局长批准,税务机关可以采取下列税收保全措施:(一)书面通知纳税人开户银行或者其他金融机构冻结纳税人的金额相当于应纳税款的存款、汇款;(二)扣押、查封纳税人的价值相当于应纳税款的商品、货物或者其他财产。"

② 该款的增加也是为了符合《行政强制法》第 18 条第 7 项的规定,即"行政机关实施行政强制措施应当遵守下列规定:……(七)制作现场笔录……"

是于 1982 年 5 月 21 日台财税字第 33628 号函中规定:"税捐稽征机关依'税捐稽征法'第 24 条第 1 项规定,通知有关机关对于纳税义务人之财产不得为移转或设定他项权利时,应副知各该纳税义务人。"后又于 2015 年 3 月 25 日台财税字第 10304044180 号令取代上述函释,并规定:"税捐稽征机关依'税捐稽征法'第 24 条第 1 项规定,通知有关机关就纳税义务人之财产不得为移转或设定他项权利时,应同时以书面叙明理由并附记救济程序通知纳税义务人,依法送达。"此外,台湾地区"行政程序法"第 100 条第 1 项规定:"书面之行政处分,应送达相对人及已知之利害关系人;书面以外之行政处分,应以其他适当方法通知或使其知悉。"基于"税捐稽征法"与"行政程序法"之间特别法与一般法的关系,"税捐稽征法"未作规定事宜,适用"行政程序法"的一般规定。

2.申请假扣押

"税捐稽征法"第 24 条第 2 项规定:"前项欠缴应纳税捐之纳税义务人,有隐匿或移转财产、逃避税捐执行之迹象者,税捐稽征机关得申请法院就其财产实施假扣押,并免提供担保。但纳税义务人已提供相当财产担保者,不在此限。"该条提及两处"担保",指向不同:前者系依台湾地区"民事诉讼法"第 526 条规定,[①]申请假扣押者,法院得命提供担保,税捐机关为保全税收债权而行使公权力,不宜亦难以由其提供担保以申请假扣押,故明确规定免提供担保。后者意为纳税人已提供财产担保者,税捐机关则不得再向法院申请假扣押。

二、两岸税收保全制度的比较与借鉴

从上文分析可以看出,台湾地区税收保全制度有很多地方值得大陆学习和借鉴,具体而言表现在以下几个方面:

(一)税收保全措施实施主体方面

从税收保全措施的实施主体方面来看,两岸均由税务机关主导实施。不同的是,大陆在冻结措施方面由税务机关通知银行等金融机构第三方社会主体协助实施,其他则由税务机关自行实施;台湾地区的禁止处分和假扣押则均需作为第三方主体的行政机关或者司法机关协助,税务机关无法单独实施。比较而言,台湾地区做法的好处在于:(1)对保护纳税人合法权益更为有利。大陆税收保全

---

① 台湾地区"民事诉讼法"第 526 条:"(第 1 项)请求及假扣押之原因,应释明之。(第 2 项)前项释明如有不足,而债权人陈明愿供担保或法院认为适当者,法院得定相当之担保,命供担保后为假扣押。(第 3 项)请求及假扣押之原因虽经释明,法院亦得命债权人供担保后为假扣押。(第 4 项略)"

措施的决定权和执行权集于税务机关一身,在没有外部监督的情况下滥用可能性较大;而台湾地区的假扣押措施需由法院居中审查税务机关的决定是否妥当,以"分权"的形式对税务机关的保全措施加以监督。(2)因为有第三方主体的介入和协助,避免税务机关直接面对被采取保全措施的纳税人,有助于缓解纳税人与税务机关之间直接的对立、紧张关系。

而之所以有如此差异,其原因在于两岸行政机关一体化程度以及行政与司法配合关系不同:在台湾地区各行政机关之间依法形成了整体、有序、长效的相互协助机制,而且行政机关与司法机关依法各司其职,既无争权,亦无推诿;而大陆恰恰缺乏这一制度前提,实践中,简单到工商机关依法通知税务机关有关纳税人工商登记信息的规定都无法完全执行,遑论税务机关与其他行政机关之间的协助。对比,本书第三章第二节已有详述。

(二)税收保全措施适用主体对象方面

从税收保全措施适用的主体对象方面来看,目前大陆税收保全措施适用于从事生产、经营的纳税人和未按照规定办理税务登记的从事生产、经营的纳税人以及临时从事经营的纳税人;而台湾地区税收保全措施适用于欠缴应纳税捐的纳税人,并未以所谓"从事生产、经营"作为区分标准。换言之,台湾地区税收保全措施适用主体对象比大陆要广泛得多。如前所述,《2015修订草案》如能通过,那么大陆税收保全措施适用的主体对象范围则会扩展至所有纳税人。

(三)税收保全措施适用客体对象方面

在大陆,税务机关针对纳税人不同的财产,可以采取不同的保全措施。例如,针对不动产,可以进行查封;针对动产,可以考虑扣押;针对银行存款,可以直接冻结。从理论上讲,无论是查封还是扣押,或者是冻结存款,都只能限于纳税人自己的财产。[①] 根据《实施细则》第72条,《税收征管法》所称存款,包括独资企业投资人、合伙企业合伙人、个体工商户的储蓄以及股东资金账户中的资金。

根据《实施细则》第59条,《税收征管法》第38条所称"其他财产",包括纳税人的房地产、现金、有价证券等不动产和动产。但是,个人及其所扶养家属维持生活必需的住房和用品,不在税收保全的财产范围之内。机动车辆、金银饰品、古玩字画、豪华住宅或者一处以外的住房不属于个人及其所扶养家属维持生活必需的住房和用品,但单价5000元以下的其他生活用品除外。

在台湾地区,禁止处分的财产通常为房地产等不动产,车辆、船舶、飞机等特

---

① 参见刘剑文、熊伟:《税法基础理论》,北京大学出版社2004年版,第422~423页。

殊不动产也可成为禁止处分的对象。因为转移这些财产或在这些财产上设定他物权通常需要进行登记公示,这使得这些财产的处分在客观上易于被主管机关控制。"税捐稽征法"第24条第1项前段所称"有关机关",系指政府机关,尚不包括金融机构在内,因此税捐机关不得通知金融机构禁止纳税人提领其银行存款;但符合该条第2项规定者,仍得申请法院就该存款实施假扣押,以资保全。[①]此外,欠税人的股票,由于其投资之公司并非禁止处分通知的有关机关,且股票移转不以向公司办理登记过户为生效要件,"税捐稽征机关对欠税之股份有限公司股东,通知该公司禁止其股票移转或设定他项权利,并不能发生法律上阻止财产权移转及设定他项权利之效力。因此纳税义务人欠缴应纳税捐,税捐稽征机关不宜就纳税义务人持有之股票,通知发行公司禁止其移转或设定他项权利。"[②]

台湾地区"税捐稽征法"中没有类似大陆"个人及其所扶养家属维持生活必需的住房和用品,不在税收保全财产的范围之内"的规定,但是台湾地区"强制执行法"第53条规定:"(第1项)左列之物不得查封:(1)债务人及其共同生活之亲属所必需之衣服、寝具及其他物品。(2)债务人及其共同生活之亲属职业上或教育上所必需之器具、物品。(3)债务人所受或继承之勋章及其他表彰荣誉之物品。(4)遗像、牌位、墓碑及其他祭祀、礼拜所用之物。(5)未与土地分离之天然孳息不能于一个月内收获者。(6)尚未发表之发明或著作。(7)附于建筑物或其他工作物,而为防止灾害或确保安全,依法令规定应设备之机械或器具、避难器具及其他物品。(第2项)前项规定斟酌债权人及债务人状况,有显失公平情形,仍以查封为适当者,执行法院得依申请查封其全部或一部。其经债务人同意者,亦同。"这些禁止查封的财产或涉及债务人的基本生存权,或具有人身专属性质,或牵涉到重大的社会公共利益,或从性质上来讲不宜对其采取财产保全措施,因此被排除在税收保全的财产范围之外。

(四)税收保全措施实施条件方面

在大陆,税收保全措施实施条件比较严格,已如前述;其目的在于防范税务机关滥用其税收保全权力。在台湾地区,只要纳税人欠缴应纳税捐,税捐机关即可采取禁止处分措施;欠税人有隐匿或移转财产、逃避税捐执行之迹象者,税捐机关可申请法院实施假扣押。由此观之,看似台湾地区的实施条件相较大陆更为宽松,但由于台湾地区有作为一般法的"行政程序法"和"强制执行法",且注重各项保全措施之间比例原则的审查,因此其税收保全措施的实施条件其实并不

---

① 参见台湾地区财政事务主管部门1995年2月21日台财税字第841605136号函。

② 台湾地区财政事务主管部门1986年8月12日台财税字第7545302号函。

宽松。

无论是大陆《税收征管法》第 38 条第 1 款所称"有逃避纳税义务行为的",还是台湾地区"税捐稽征法"第 24 条第 1 项所称"欠缴应纳税款者",二者作为税收保全措施实施条件,其实难以发挥税收保全防患于未然的立法目的。台湾地区有学者认为:"纳税义务人涉嫌逃漏税被查获时,在稽征机关进行调查核定税捐期间,通常纳税义务人即进行脱产,故有关税捐保全,允宜在发现逃漏税嫌疑时,即得进行禁止处分,方足以确保税捐债权。现行法规定以'欠缴税捐'为前提,实无法达成保全目的,而有修正必要。"①由此来看,《2015 修订草案》第 62 条第 1 款将现行法所称"有逃避纳税义务行为的"修改为"有不履行纳税义务可能的",相较台湾地区现行法更胜一筹。

此外,在提供担保方面,大陆《税收征管法》第 38 条第 1 款采取"可以责成"的表述,既以"可以"一词表明系属税务机关裁量权的范围、又有"责成"二字似乎表明系税务机关职责所在,加之明定"如果纳税人不能提供纳税担保"作为采取税收保全措施的直接前提条件,可能会产生税务机关如若未予责成提供担保是否即不得采取税收保全措施的疑虑。台湾地区"税捐稽征法"第 24 条第 2 项末句采取"但纳税义务人已提供相当财产担保者,不在此限"的表述方式,可以理解为将提供担保规定为纳税人的一项权利,且具有阻却被采取假扣押措施的效力。相较而言,大陆如予以仿效,不仅能减少税收保全措施实施条件的链条、降低其执法风险,还能体现出对纳税人权利的重视。

(五)税收保全具体措施方面

大陆《实施细则》第 66 条规定:"税务机关实施扣押、查封时,对有产权证件的动产或者不动产,可以责令当事人将产权证件交税务机关保管,同时可以向有关机关发出协助执行通知书,有关机关在扣押、查封期间不再办理该动产或者不动产的过户手续。"第 67 条规定:"对查封的商品、货物或者其他财产,税务机关可以指令被执行人负责保管,保管责任由被执行人承担。继续使用被查封的财产不会减少其价值的,税务机关可以允许被执行人继续使用;因被执行人保管或者使用的过错造成的损失,由被执行人承担。"这两条规定所确立的制度大致相当于台湾地区税收保全措施中的禁止处分。但是,与台湾地区禁止处分措施不同的是,大陆实施禁止处分需以实施查封、扣押为前提。也就是说,大陆的禁止处分只是查封、扣押措施的一种辅助手段,其本身并不是一项独立的税收保全措施,不能单独实施。并且,大陆关于"将产权证件交税务机关保管"的规定实无必

---

① 　陈清秀:《税法总论》(修订 9 版),台湾元照出版有限公司 2016 年第 9 版,第 611 页。

要,因为不动产以及无形财产的转让和设立他物权通常需要通过办理登记手续来实现,只要限制不动产及无形财产办理登记手续,即可实现国家机关对纳税人处分不动产及无形财产的控制;而动产通常无须办理产权证,即使像机动车辆、船舶、飞机等需要办理产权证的特殊动产,也是通过办理登记手续来实现权利转移及设立他物权的,要实现国家机关对这些动产的控制,只需要控制这些动产办理登记手续即可。

我们认为,禁止处分应当成为税收保全措施中的一项独立的保全措施,而不只是查封、扣押措施的一种辅助手段。这是因为,禁止处分措施与查封、扣押措施具有不同的制度功能。禁止处分措施只限制纳税人财产的处分权,但并不限制纳税人对其财产的占有、使用和收益权。一方面,处分权是所有权的核心,一旦处分权受到限制,纳税人就无法正常转让其财产或在其财产上设定他物权。这必然会促使纳税人及时缴纳税款,从而保障国家税收债权的实现。另一方面,禁止处分措施并不限制纳税人对其财产的占有、使用和收益权。这样可以提高财产的利用效率,避免资源浪费,减少纳税人因占有、使用和收益权受到限制而产生的损失。相比较而言,查封、扣押措施不仅限制纳税人对其财产的处分权,而且也限制了纳税人对其财产的占有、使用和收益权。因此,查封、扣押措施是一项比禁止处分措施更加严厉的保全措施。在税收保全措施中,应当允许影响程度不同的措施独立存在,以便针对纳税人不同程度的违法行为采取对其财产影响程度不同的措施。而大陆将禁止处分措施完全作为查封、扣押措施的一种辅助手段,在税务机关对纳税人财产采取查封、扣押措施的前提下又赋予纳税人一定程度上使用财产的自由。这既使得查封、扣押措施的执行程度大打折扣,又不利于禁止处分措施优势的发挥,不利于大陆形成宽严有别、宽严相济的税收保全制度。因此,我们认为,应当借鉴台湾地区的禁止处分制度,将其作为一种独立的税收保全措施。

两岸的根本差异,从立法理念上看,在于是否以保护纳税人权利为目的;从立法原则上看,在于是否遵从比例原则。因此,税收保全措施的立法目的既在于对纳税人的财产采取一定限制措施,但又不逾越必要的限度,同时最终督促纳税人尽快纳税,而非使纳税人的财产状况继续恶化,导致其最后"无力"纳税。

(六)税收保全法律责任方面

在大陆,纳税人在限期内已缴纳税款,税务机关未立即解除税收保全措施,使纳税人的合法利益遭受损失的,税务机关应当承担赔偿责任;税务机关滥用职权违法采取税收保全措施,或者采取税收保全措施不当,使纳税人、扣缴义务人或者纳税担保人的合法权益遭受损失的,也应当依法承担赔偿责任。台湾地区"税捐稽征法"中并无这方面的具体规定,但并不意味着台湾地区的税捐机关因其违法行为给纳税人造成损害无须承担责任,有关税捐机关的责任制度主要纳入"行政程序法"体系。

第二节　税收强制执行制度比较

税收强制执行,是指在纳税人或相关主体逾期不履行税法义务,税务机关采取的促使其履行义务或实现税款入库的各种强制执行制度的总称。

一、两岸税收强制执行制度主要规则

(一)大陆税收强制执行制度主要规则

大陆的税收强制执行制度主要体现在《税收征管法》第 37 条、第 38 条、第 40 条、第 55 条和第 88 条中。该法第 37、38 条规定,税务机关对纳税人财产采取税收保全措施后,如果纳税人在期限内仍不履行,税务机关可以采取强制执行措施。第 40 条规定,纳税人、扣缴义务人或者纳税担保人未按照规定的期限缴纳税款,由税务机关责令限期缴纳,逾期仍未缴纳的,经县以上税务局(分局)局长批准,税务机关可以采取强制执行措施。第 55 条规定,税务机关在税务检查过程中发现纳税人有逃避纳税义务行为并有转移、隐匿财产或收入迹象的,税务机关可以依法采取强制执行措施。第 88 条第 3 款规定,当事人对税务机关的处罚决定逾期不申请行政复议也不向人民法院起诉、又不履行的,作出处罚决定的税务机关可以采取强制执行措施,或者申请人民法院强制执行。此外,2011 年 6 月 30 日通过的《行政强制法》中有关行政强制的规范也适用于税收强制执行。

1.税收强制执行的执行人

大陆税收强制执行的双轨制模式最早确立于 1986 年的《税收征管条例》,根据该条例第 38 条,[①] 只有当税务机关采取通过开户银行扣缴、吊销税务登记证并限期缴纳或者提请工商部门吊销营业执照并限期缴纳等措施无效时,才由税务机关提请法院强制执行。1992 年《税收征管法》颁行后,于第 25 条至第 27 条规定了税务机关自力执行事宜,并于第 56 条第 3 款规定:"当事人对税务机关的

---

① 《税收征管条例》第 38 条:"纳税人拖欠税款、滞纳金、罚款,经催缴无效,主管税务机关可以酌情采取以下措施:一、正式书面通知其开户银行扣缴入库;二、吊销其税务登记证、收回由税务机关发给的票证,限期缴纳;三、提请工商行政管理部门吊销其营业执照,停止其营业,限期缴纳;四、采取上述一、二、三项措施无效时,由税务机关提请人民法院强制执行。"

处罚决定逾期不申请复议也不向人民法院起诉、又不履行的,作出处罚决定的税务机关可以申请人民法院强制执行。"由此正式确立了大体延续至今的税务机关执行为主、法院执行为辅的双轨制执行模式。

根据《税收征管法》第 37 条、第 38 条、第 40 条、第 55 条,税务机关应当自行采取强制执行措施;根据该法第 88 条第 3 款,税务机关可以自行采取强制执行措施,也可以申请人民法院强制执行。① 其中,可以由税务机关自行执行、亦可由其申请法院执行的对象仅限于处罚决定。司法实践中,法院准予强制执行税务机关处罚决定②或者认为对于非处罚决定应由税务机关自行执行③固属当然,但却还有准予强制执行税务机关限期缴纳欠税及滞纳金决定的案例,④说明有关法院的认识仍有偏差。

然而《行政强制法》第 13 条规定:"(第 1 款)行政强制执行由法律设定。(第2 款)法律没有规定行政机关强制执行的,行政机关应当申请人民法院强制执行。"由此可见,该法确立的是行政机关与法院二选一的"单轨执行"模式;换言之,法律规定由行政机关执行的,则行政机关应当自行执行;只有当法律没有规定行政机关强制执行的,才由行政机关申请法院强制执行。因此,《税收征管法》与《行政强制法》存在不尽一致的规定。对此,应当认为二者属于特别法与一般法的关系,在强制执行的主体方面应当适用《税收征管法》的规定,其他方面则适

---

① 该款规定在《2015 修订草案》中被单列为第 132 条,未做实质性修改。

② 参见 2016 年 7 月 25 日,临海市国家税务局诉台州特帕尔机械制造有限公司税务行政管理行政裁定书(浙江省临海市人民法院〔2016〕浙 1082 行审 823 号)。该案中,法院准予强制执行申请人做出的临国税稽罚(2016)第 4 号行政处罚决定所确定的内容。

③ 参见 2016 年 7 月 27 日,嘉鱼县地方税务局与嘉鱼县外国语学校行政处罚纠纷一案行政裁定书(湖北省嘉鱼县人民法院〔2016〕鄂 1221 行审 117 号)。该案中,法院认为,根据《税收征管法》第 40 条、第 41 条的规定,申请执行人是具有强制执行措施权力的行政单位,关于征收被申请人相关税收的行为应由申请执行人自行执行;加之申请执行人提供的材料不符合《行政强制法》第 55 条第 1 款的规定,以及未告知被申请执行人根据《行政处罚法》第 42条所享有的听证权利,故裁定不准予强制执行申请人做出的嘉地税税通(2015)7321 号税务事项通知书。

④ 参见 2016 年 7 月 29 日,米易县国家税务局与米易县石峡水电开发有限公司限期缴纳税费一审行政裁定书(四川省米易县人民法院〔2016〕川 0421 行审 4 号)。该案中,法院准予强制执行申请执行人做出的纳税人限期缴纳所欠的增值税税款及相应滞纳金的决定。

用《行政强制法》的规定,例如该法第 53 条有关向法院申请强制执行的期限。①

2.税收强制执行的被执行人

税收强制执行的被执行人包括纳税人、扣缴义务人、纳税担保人以及被处罚人。

(1)从事生产、经营的纳税人。在税收强制执行中,纳税人是最主要的被执行主体。纳税人作为被执行主体时,主要存在于以下几种情形:一是对未按照规定办理税务登记的从事生产、经营的纳税人以及临时从事经营的纳税人,税务机关扣押其商品、货物后仍不缴纳应纳税款;二是未按照规定的期限缴纳税款;三是在税务机关依法进行税务检查时,纳税人有逃避纳税义务行为,并有明显的转移、隐匿其应纳税的商品、货物以及其他财产或者应纳税收入的迹象。无论是哪一种情形,都要求纳税人为从事生产、经营的纳税人,非从事生产、经营的纳税人不能成为税务机关采取强制执行措施的对象,但得以成为税务机关申请法院强制执行的对象。② 如前所述,《2015 修订草案》对应的第 61 条已将"未按规定办理税务登记的从事生产、经营的纳税人"中的"从事生产、经营的"限定条件予以删除。

(2)从事生产、经营的扣缴义务人。在扣缴义务人已经将税款代扣代征的情况下,如果扣缴义务人不按照规定的期限申报缴纳税款,经税务机关责令限期缴纳,扣缴义务人逾期仍未缴纳的,税务机关即可对扣缴义务人采取强制执行措施。该类主体的强制执行问题规定在《税收征管法》第 40 条中,《2015 修订草案》相应的第 64 条同样删除了"从事生产、经营的"限定条件。

(3)纳税担保人。纳税担保人未按照规定的期限缴纳所担保的税款,经税务机关责令限期缴纳,逾期仍未缴纳的,税务机关可以对纳税担保人采取强制执行

---

① 参见 2016 年 8 月 2 日,重庆市国家税务局第二稽查局申请强制执行重庆华亚电工器材厂行政处罚行政裁定书(重庆市渝北区人民法院〔2016〕渝 0112 行审 279 号)。该案中,法院认为,申请执行人 2015 年 9 月 14 日作出税务行政处罚决定书,次日送达给申请执行人;2016 年 7 月 29 日向法院申请强制执行。根据《行政强制法》第 53 条,即"当事人在法定期限内不申请行政复议或者提起行政诉讼,又不履行行政决定的,没有行政强制执行权的行政机关可以自期限届满之日起 3 个月内,依照本章规定申请人民法院强制执行",申请执行人申请执行的税务行政处罚决定已超过申请强制执行期限,故驳回申请执行人的强制执行申请。

② 参见 2017 年 11 月 3 日,莆田市地方税务局稽查局非诉执行审查行政裁定书"(莆田市中级人民法院〔2017〕闽 03 行审 2 号)。该案中,税务机关申请执行的对象均为自然人(包括纳税人和纳税担保人),并认为被申请人不属于《税收征管法》第 40 条所规定的"从事生产、经营的"纳税人和纳税担保人,因此申请法院强制执行。但法院认为,税务机关的前述理解不当,在其未穷尽行政强制执行措施前,向法院申请强制执行,不符合《税收征管法》的相关规定,故裁定不予受理税务机关的强制执行申请。

措施。① 这里所说的纳税担保,既可以是纳税人自己提供的抵押或质押的担保,也可以是第三人提供的担保(包括第三人提供的保证和物的担保)。

(4)被处罚人。对税务机关的处罚决定逾期不申请行政复议也不向人民法院起诉、又不履行的被处罚人,税务机关可以对其依法采取强制执行措施,也可以申请人民法院强制执行。在这种情况下,被执行人只能是被处罚人本人,而不能扩及被处罚人以外的其他主体。

3. 税收强制执行实现税收债权的范围和强制执行的财产范围

《税收征管法》第 40 条第 2 款规定:"税务机关采取强制执行措施时,对前款所列纳税人、扣缴义务人、纳税担保人未缴纳的滞纳金同时强制执行。"②根据《税收征管法》第 88 条第 3 款的规定,税务机关对当事人的罚款亦可采取强制执行措施。因此,税收强制执行措施实现的税收债权范围包括税款、滞纳金和罚款。

至于税收强制执行的财产范围,与前述税收保全措施适用的财产范围相同。另外,大陆未规定行政机关或法院可以对遗产实施强制执行,因此,如果纳税人死亡后,其遗产是否可以被强制执行,是一个值得讨论的问题。《继承法》第 33 条规定:"继承遗产应当清偿被继承人依法应当缴纳的税款和债务,缴纳税款和清偿债务以他的遗产实际价值为限。超过遗产实际价值部分,继承人自愿偿还的不在此限。继承人放弃继承的,对被继承人依法应当缴纳的税款和债务可以不负偿还责任。"由此来看,继承人如果接受继承,也就一并继承了被继承人所负的税收债务和其他私法上的债务,但继承人继承的债务以其继承的遗产范围为限。因此,在继承人接受继承的前提下,继承人继承的遗产应当可以纳入税收强制执行的财产范围。

4. 税收强制执行的执行程序

大陆的税收强制执行的执行人既包括税务机关,也包括经税务机关申请的法院。与此相适应,"大陆的税收强制执行措施存在两套执行程序,一套是行政执行程序,另一套是司法执行程序。总体来说,法院的执行程序较为复杂,而行政执行程序较为简单。"③在司法执行程序方面,从执行开始到执行终结都有较为详细的规定。④ 而在行政执行程序方面,《税收征管法》仅规定了税收强制执

---

① 参见本书第七章第一节之三。

② 由于《2015 修订草案》第 59 将现行《税收征管法》第 32 条规定的滞纳金改为税收利息,因此现行《税收征管法》第 40 条第 2 款中的滞纳金在《2015 修订草案》相应的第 64 条第 2 款中也改为了税收利息。

③ 刘剑文、熊伟:《税法基础理论》,北京大学出版社 2004 年,第 458 页。

④ 司法执行程序主要适用《行政诉讼法》的规定,其在大陆被纳入司法范畴,不属于行政执行的范围。因此,我们在本书中对司法执行程序不予以展开论述。

行的前提条件和审批权限,包括:(1)被执行人特定;(2)欠税事实清楚;(3)被执行人未按规定期限缴纳税款;(4)经税务机关责令限期缴纳,逾期仍未缴纳税款;(5)经县级以上税务局局长批准。《实施细则》第63—69条对查封、扣押、拍卖等强制措施程序进行了规定,2005年5月税务总局颁布的《抵税财物拍卖、变卖试行办法》(国家税务总局令第12号)还做了更详细的规定。

有学者认为,一个操作性强的税收强制执行规范系统体系应包括立案调查、催告、作出强制执行决定和采取强制执行措施等各自包含一系列行为的四大阶段。① 如果以该学者确立的规范体系为标准,《税收征管法》及其《实施细则》中的确缺乏一套完整系统的操作性强的税收强制执行规范系统体系。

令人欣慰的是,《行政强制法》在一定程度上弥补了《税收征管法》及其《实施细则》中长期存在的上述不足之处。该法第三章和第四章分别以专章的形式对行政强制措施和行政机关强制执行的执行程序进行了规定,其中,第三章规定了查封、扣押、冻结等强制执行措施的具体操作程序,第四章规定了金钱给付义务的具体执行程序。尤其值得称道的是,该法在其第四章中对行政强制执行的催告程序进行了详细规定。然而,实践中税务机关对《行政强制法》还是重视不够,以至于出现了未按照《行政强制法》的有关规定进行催告程序就实施税收强制执行措施而导致败诉的案例。② 此外,《2015修订草案》中对应现行《税收征管法》第40条的第64条新增一款作为第3款,规定:"税务机关采取前款规定的强制执行措施应当书面通知纳税人、扣缴义务人、纳税担保人,并制作现场笔录。"可以看作是为了符合《行政强制法》的有关规定所作的修改。

5.税收强制执行的执行措施

税务机关依法可采取的强制执行措施包括:(1)书面通知被执行人的开户银行或者其他金融机构从其存款中扣缴税款。该规定主要体现于《税收征管法》第40条第1款第1项,《2015修订草案》对应的第64条第1款第1项修改为"书面通知其开户银行或者其他金融机构划拨其存款、汇款至缴清税款为止",不仅增加了"汇款"作为划拨的对象之一、从而扩大了执行措施可得执行的对象范围,而

---

① 参见阎海主编:《税收征收管理的法理与制度》,法律出版社2011年版,第74~75页。

② 参见2016年6月23日,银川市国家税务局稽查局与银川盛升物资有限公司税务行政管理行政二审判决书(宁夏回族自治区银川市中级人民法院〔2016〕宁01行终33号)。该案中,一审法院认为,《行政强制法》第35、36、37条规定,行政机关作出强制执行决定前,应当事先书面催告当事人履行义务;当事人有权进行陈述和申辩;经催告,当事人仍不履行行政决定,且无正当理由的,行政机关可以作出强制执行决定。而本案被告在作出涉案强制执行决定前,未履行法定的书面催告程序,剥夺了原告陈述和申辩的权利。加之税务机关其他程序性违法事实,一审法院判决被告败诉。二审法院支持了一审法院的观点,维持原判。

且"至缴清税款为止"的规定也使税务机关可以多次连续通知划拨、从而避免仅划拨一次却不足以扣缴全部税款的情形。(2)扣押、查封、依法拍卖或变卖被执行人的价值相当于应纳税款的商品、货物或者其他财产,以拍卖或变卖所得抵缴税款。

(二)台湾地区税收强制执行制度主要规则

台湾地区税法上强制执行,可分为金钱债务(或金钱给付义务)的强制执行(如税捐债务和作为税捐附带债务的滞纳金、利息、滞报金、怠报金等)与其他税法上义务的强制执行(包括行为、不行为或忍受义务)两种。① 本书仅以前者为比较对象。

"税捐稽征法"有关税收强制执行的规则主要体现在第 39 条、第 20 条、第 27 条和第 40 条。第 39 条第 1、2 项规定:"(第 1 项)纳税义务人应纳税捐,于缴纳期间届满 30 日后仍未缴纳者,由税捐稽征机关移送强制执行。但纳税义务人已依第 35 条规定申请复查者,暂缓移送强制执行。(第 2 项)前项暂缓执行之案件,除有下列情形之一者外,税捐稽征机关应移送强制执行:一、纳税义务人对复查决定之应纳税额缴纳半数,并依法提起诉愿者。二、纳税义务人依前款规定缴纳半数税额确有困难,经税捐稽征机关核准,提供相当担保者。三、纳税义务人依前二款规定缴纳半数税额及提供相当担保确有困难,经税捐稽征机关依第 24 条第 1 项规定,已就纳税义务人相当于复查决定应纳税额之财产,通知有关机关,不得为移转或设定他项权利者。"第 20 条和第 27 条分别规定了纳税人逾期未缴纳滞纳金者和纳税人未如期缴纳经核准延期或分期缴纳税捐且经责令限期缴纳后仍逾期未缴纳者,移送强制执行。第 40 条规定:"税捐稽征机关,认为移送法院强制执行不当者,得向法院撤回。已在执行中者,应即申请停止执行。"此外,台湾地区"行政执行法"和"强制执行法"还有更为详细的规定。

1. 税收强制执行的执行人

台湾地区税收强制执行的执行主体的变化,实际上构成了其税收强制执行制度历史演变的主线,可以分为如下几个阶段:②

(1)"财务案件处理办法"时代

台湾地区"行政执行法"1932 年公布,1947 年修正,对有关公法上金钱给付义务的强制执行,并无明文规定,呈现法律上重大漏洞。司法机构根据法律保留

---

① 参见陈清秀:《税法总论》(修订 9 版),台湾元照出版有限公司 2016 年第 9 版,第 562 页。

② 参见陈清秀:《税法总论》(修订 9 版),台湾元照出版有限公司 2016 年第 9 版,第 562~564 页。

的精神解释,人民滞纳税捐或罚锾,除法令别有规定外,不得就人民财产强制执行;①此后,1954 年 6 月 14 日"大法官"释字第 35 号解释称:"对人民财产为强制执行,非有'强制执行法'第 4 条所列之执行名义,不得为之。行政机关依法科处罚锾之公文书,如法律定有送由法院强制执行或得移送法院办理者,自得认为同法第 4 条第 6 款所规定之执行名义,否则不能径据以为强制执行。"1976 年"税捐稽征法"最初制定时,为满足上述解释要求,于第 39 条规定:"经确定后逾期未缴之税捐,由税捐稽征机关移送法院强制执行。"

此外,台湾地区行政管理机构于 1954 年 10 月 2 日公布"财务案件处理办法";据此,有关欠税及财务罚锾的执行,原则上由行政机关移送普通法院财务法庭依照该办法强制执行,该办法未规定者,再适用"强制执行法"的规定。由于该办法涉及裁罚程序,攸关人民权利义务事项,基于法律保留原则,应以法律定之,该办法仅是法制不备前之过渡措施,因此 1991 年 12 月 27 日被"大法官"释字第 289 号解释宣告违反宪制性规定。

(2)"强制执行法"时代

"财务案件处理办法"废止之后,包括税捐在内的有关公法上金钱给付义务的强制执行,全面回归适用"强制执行法",由行政机关移送法院强制执行。1990 年 1 月 24 日"税捐稽征法"第 2 次修正时首次修改第 39 条,虽增加了有关暂缓移送等规则,但由税捐机关移送法院强制执行的一般性规定未变。

(3)"行政执行法"时代

由于欠税及罚锾等公法上金钱给付义务的强制执行,具有行政权性质,原属行政执行的范畴,因此以往移送法院执行的规定,并不符合行政法法理,且移送法院执行的征收率偏低,且法院执行缓慢,机关间协调配合困难,影响强制执行的效果与时效,因此为强化行政自力执行权,并提升公法上金钱给付义务的收缴率,贯彻执行的效果,台湾地区 1998 年 11 月全面修正"行政执行法",自 2000 年 1 月 1 日起施行。其第 4 条第 1 项规定:"行政执行,由原处分机关或该管行政机关为之。但公法上金钱给付义务逾期不履行者,移送法务主管部门行政执行事务主管机关所属行政执行处执行之。"其第 1 条规定:"行政执行,依本法之规定;本法未规定者,适用其他法律之规定。"因此,当时"税捐稽征法"第 39 条有关移送法院强制执行的规定,自 2000 年 1 月 1 日起不再适用,而改移送行政执行

---

① 参见台湾地区司法机构 1935 年院字第 1229 号解释、1946 年 11 月 26 日院解字第 3308 号解释。

处(现为"行政执行分署"①)强制执行。在此范围内,"行政执行法"为特别法,应予优先适用。"税捐稽征法"迟至 2013 年 5 月 29 日第 21 次修正时才将第 39 条中所"由税捐稽征机关移送法院强制执行"中"法院"一词予以删除;然而其第 20 条、第 27 条和第 40 条至今仍未修改,不得不谓为一大疏漏。

2.税收强制执行的被执行人

税收强制执行的被执行人,一般而言主要是指税捐债务人。税捐债务人为公司者,除无限公司外,公司负责人或股东并非执行债务人。② 而"税捐稽征法"第 50 条规定:"本法对于纳税义务人之规定,除第 41 条规定外,于扣缴义务人、代征人、代缴人及其他依本法负缴纳税捐义务之人准用之。"该条规定在实务中已被财政事务主管部门以行政令函的形式予以运用。③ 因此,在台湾地区,扣缴义务人、代征人、代缴人及其他依"税捐稽征法"负缴纳税捐义务的人均可成为被执行人。

"行政执行法"第 18 条规定:"担保人于担保书状载明义务人逃亡或不履行义务由其负清偿责任者,行政执行处于义务人逾前条第 1 项之限期仍不履行时,得径就担保人之财产执行之。"据此,纳税担保人在符合条件时也可以成为被执行人。

另外,"行政执行法""考量社会上常有利用未成年人、受监护宣告之人、商号、公司等名义为义务人,于负有公法上金钱给付义务后逾期不履行或隐匿、处分应供强制执行之财产,致公法上金钱债权无法获得充分实现者,为防止此种奸诈之行为,"④在特殊情形下,依据"行政执行法"第 24 条,执行债务人可扩展至下列人员:(1)义务人为未成年人或受监护宣告之人者,其法定代理人;(2)商号之经理人或清算人;(3)合伙之执行业务合伙人;(4)非法人团体之代表人或管理人;(5)公司或其他法人之负责人;(6)义务人死亡者,其继承人、遗产管理人或遗嘱执行人。

3.税收强制执行实现税收债权的范围和强制执行的财产范围

根据"税捐稽征法"第 39 条以及第 49 条有关税捐规定之准用的规定,税收

---

① 自 2012 年起,行政执行事务主管机关所属原各行政执行处,根据当年 1 月 1 日起施行的"'法务主管部门'行政执行事务主管机关组织法"第 5 条"本署为应辖区业务需要,得设分署"的规定,改制为"行政执行分署"。由于"行政执行法"第 4 条第 1 项仍采"行政执行处"的表述,故本书有时仍采该表述,而未均改为"行政执行分署"。

② 参见陈清秀:《税法总论》(修订 9 版),台湾元照出版有限公司 2016 年第 9 版,第 571 页。

③ 台湾地区财政事务主管部门 1979 年 1 月 19 日台财税字第 30292 号函规定:"扣缴义务人未补缴扣缴税款者可移送强制执行。"

④ 陈清秀:《税法总论》(修订 9 版),台湾元照出版有限公司 2016 年第 9 版,第 573 页。

强制执行措施实现的税收债权的范围不仅包括税款,也包括滞纳金、利息、滞报金、怠报金、短估金及罚锾等。"行政执行分署"原则上得以纳税人个人财产为限采取强制执行措施以满足上述债权。但是,根据"行政执行法"第15条,若纳税人死亡遗有财产,"行政执行分署"得径对其遗产强制执行。

4. 一定金额以下之税捐,免予移送强制执行

应当是出于稽征经济的考虑,"税捐稽征法"第25条之1规定:"依本法或税法规定应补或应移送强制执行之税捐在一定金额以下者,财政事务主管部门得视实际需要,报请行政管理机构核定免征或免予移送强制执行。"根据该授权,财政事务主管部门于2013年4月1日发布台财税字第10200551680号函,其中规定综所税、营所税等共计17个税目之本税及各该税目之滞纳金、利息、滞报金、怠报金及罚款,每案免移送强制执行限额为300元新台币以下。[①]

5. 税收强制执行的执行程序

"行政执行法"第11条规定:"(第1项)义务人依法令或本于法令之行政处分或法院之裁定,负有公法上金钱给付义务,有下列情形之一,逾期不履行,经主管机关移送者,由行政执行处就义务人之财产执行之:一、其处分文书或裁定书定有履行期间或有法定履行期间者。二、其处分文书或裁定书未定履行期间,经以书面限期催告履行者。三、依法令负有义务,经以书面通知限期履行者。(第2项)法院依法律规定就公法上金钱给付义务为假扣押、假处分之裁定经主管机关移送者,亦同。"根据该条以及"税捐稽征法"的有关规定,税收强制执行必须符合以下要件:[②](1)须有公法上金钱给付义务存在。税法上金钱给付义务包括税

---

① "税捐稽征法"第25条之1系于2010年1月6日修订时首次增订,当时规定:"依本法或税法规定应补、应退或应移送强制执行之税捐在一定金额以下者,财政事务主管部门得视实际需要,报请行政管理机构核定免征、免退或免予移送强制执行。"财政事务主管部门根据该授权于2010年9月24日发布台财税字第09900387560号函,除规定当时综所税和营所税等共计16个税目之本税及各该税目之附带债务和罚款每案免移送强制执行限额为300元新台币以下之外,还规定了有关各税之本税及其附带债务和罚款每次补征金额得予免征的限额,以及有关各税之本税及其附带债务和罚款每次应退金额得予免退的限额。上述首次增订的第25条之1虽然出于稽征经济的考虑规定各种免征、免退或免予移送强制执行的限额,但不能以此为由而于限额内损害纳税人的退税请求权。因此,财政事务主管部门将原台财税字第09900387560号函中有关免退限额的规定删除,并做个别修改后,主动重新发布台财税字第10200551680号函取代之。此后,2013年5月29日"税捐稽征法"修正时亦修订第25条之1,将其中"应退"和"免退"字样删除。

② 参见陈清秀:《税法总论》(修订9版),台湾元照出版有限公司2016年第9版,第567～571页;吴庚、盛子龙:《行政法之理论与实用》(增订15版),台湾三民书局2017年增订15版,第513页。

款、滞纳金、利息、滞报金、怠报金、短估金及罚锾等。(2)须有执行名义,[①]即有以金钱给付为内容的课税处分或罚锾处分、法院裁定或税务机关书面限期缴纳通知书。(3)金钱给付义务已届清偿期。(4)经催缴后逾期仍不履行。稽征机关在移送强制执行前,应尽量催缴。[②]经催缴后,纳税人于缴纳期间届满 30 日后仍未缴纳的,稽征机关方可移送"行政执行分署"强制执行。(5)须经主管稽征机关之移送。

根据"行政执行法"和"税捐稽征法"的有关规定,税收强制执行的移送执行程序,主要包括以下几个环节:

(1)移送环节

纳税人应纳税捐,于缴纳期间届满 30 日后仍未缴纳者,由税捐机关移送强制执行。但届满 30 日后税捐机关应在多长期限内移送,"行政执行法"并无统一规定,授权税捐机关行政裁量决定。"行政执行法"第 13 条规定了移送机关于移送行政执行处执行时应检附的有关文件。

(2)采取强制执行措施

"行政执行法"第 14 条规定:"行政执行处为办理执行事件,得通知义务人到场或自动清缴应纳金额、报告其财产状况或为其他必要之陈述。"该规定一方面有利于执行机关核实义务人的义务内容,另一方面又再次给予义务人主动履行的机会。义务人在其陈述后,仍不履行义务,"行政执行分署"得采取强制执行措施。"行政执行法"第 5 条第 3 项规定:"执行人员于执行时,应对义务人出示足以证明身份之文件;必要时得命义务人或利害关系人提出身份证或其他文件。"但是,根据"行政执行法"第 16 条,执行人员于查封前,发现义务人之财产业经其他机关查封者,不得再行查封。"行政执行分署"已查封之财产,其他机关不得再行查封。

6.税收强制执行的特别措施

根据"强制执行法"第 45 条和第 75 条,税收强制执行对于动产,以查封、拍

---

① 作为强制执行依据的基础名义,亦即是执行名义。陈清秀教授认为行政契约中的和解契约也应属于执行名义,而关于第三人的保证契约是否构成行政契约而成为执行名义,理论界尚有肯定说与否定说之争。参见陈清秀:《税法总论》(修订 9 版),台湾元照出版有限公司 2016 年第 9 版,第 568~570 页。本书第七章第一节主张税收担保合同构成行政契约,根据台湾地区"行政程序法"第 148 条第 1 项,行政契约约定自愿接受执行者,债务人不为履行时,债权人得以该契约为执行名义。因此,行政契约得作为行政执行之执行名义,应无疑问。参见吴庚、盛子龙:《行政法之理论与实用》(增订 15 版),台湾三民书局 2017 年增订 15 版,第 512 页。

② 台湾地区"行政执行法施行细则"第 19 条规定:"公法上金钱给付义务事件移送行政执行处执行前,除法令另有规定或以执行凭证移送执行者外,宜由原处分机关或该管行政机关尽量催缴。"

卖或变卖之方法行之；对于不动产，以查封、拍卖、强制管理之方法行之，拍卖及强制管理之方法于性质上许可并认为适当时，得并行之。此外，为保证强制执行得以有效实现，"行政执行法"还规定了三种特别措施：一是命义务人提供担保及限制住居；二是拘提管收；三是核发禁止奢侈命令。该三种特别措施亦为实现公法上金钱给付义务之间接强制执行方法。[①]

(1)命义务人提供担保及限制住居

"行政执行法"第17条第1、2项规定："(第1项)义务人有下列情形之一者，行政执行处得命其提供相当担保，限期履行，并得限制其住居：一、显有履行义务之可能，故不履行。二、显有逃匿之虞。三、就应供强制执行之财产有隐匿或处分之情事。四、于调查执行标的物时，对于执行人员拒绝陈述。五、经命其报告财产状况，不为报告或为虚伪之报告。六、经合法通知，无正当理由而不到场。(第2项)前项义务人有下列情形之一者，不得限制住居：一、滞欠金额合计未达10万元新台币。但义务人已出境达2次者，不在此限。二、已按其法定应继分缴纳遗产税款、罚锾及加征之滞纳金、利息。但其继承所得遗产超过法定应继分，而未按所得遗产比例缴纳者，不在此限。"

(2)拘提管收

"行政执行法"第17条第3—12项规定："(第3项)义务人经行政执行处依第1项规定命其提供相当担保，限期履行，届期不履行亦未提供相当担保，有下列情形之一，而有强制其到场之必要者，行政执行处得申请法院裁定拘提之：一、显有逃匿之虞。二、经合法通知，无正当理由而不到场。(第4项)法院对于前项申请，应于5日内裁定；其情况急迫者，应实时裁定。(第5项)义务人经拘提到场，行政执行官应即讯问其人有无错误，并应命义务人据实报告其财产状况或为其他必要调查。(第6项)行政执行官讯问义务人后，认有下列各款情形之一，而有管收必要者，行政执行处应自拘提时起24小时内，申请法院裁定管收之：一、显有履行义务之可能，故不履行。二、显有逃匿之虞。三、就应供强制执行之财产有隐匿或处分之情事。四、已发现之义务人财产不足清偿其所负义务，于审酌义务人整体收入、财产状况及工作能力，认有履行义务之可能，别无其他执行方法，而拒绝报告其财产状况或为虚伪之报告。(第7项)义务人经通知或自行到场，经行政执行官讯问后，认有前项各款情形之一，而有申请管收必要者，行政执行处得将义务人暂予留置；其讯问及暂予留置时间合计不得逾24小时。(第8项)拘提、管收之申请，应向行政执行处所在地之地方法院为之。(第9项)法院受理管收之申请后，应即讯问义务人并为裁定，必要时得通知行政执行处指

---

① 参见吴庚、盛子龙：《行政法之理论与实用》(增订15版)，台湾三民书局2017年增订15版，第518～523页。

派执行人员到场为一定之陈述或补正。(第 10 项)行政执行处或义务人不服法院关于拘提、管收之裁定者,得于 10 日内提起抗告;其程序准用'民事诉讼法'有关抗告程序之规定。(第 11 项)抗告不停止拘提或管收之执行。但准拘提或管收之原裁定经抗告法院裁定废弃者,其执行应即停止,并将被拘提或管收人释放。(第 12 项)拘提、管收,除本法另有规定外,准用'强制执行法''管收条例'及'刑事诉讼法'有关讯问、拘提、羁押之规定。"[1]

(3)禁止奢侈命令

2010 年 2 月 3 日,"行政执行法"最新一次修正时,增订第 17 条之 1 规定:"(第 1 项)义务人为自然人,其滞欠合计达一定金额,已发现之财产不足清偿其所负义务,且生活逾越一般人通常程度者,行政执行处得依职权或利害关系人之申请对其核发下列各款之禁止命令,并通知应予配合之第三人:一、禁止购买、租赁或使用一定金额以上之商品或服务。二、禁止搭乘特定之交通工具。三、禁止为特定之投资。四、禁止进入特定之高消费场所消费。五、禁止赠与或借贷他人一定金额以上之财物。六、禁止每月生活费用超过一定金额。七、其他必要之禁止命令。(第 2 项)前项所定一定金额,由法务主管部门定之。(第 3 项)行政执行处依第 1 项规定核发禁止命令前,应以书面通知义务人到场陈述意见。义务人经合法通知,无正当理由而不到场者,行政执行处关于本条之调查及审核程序不受影响。(第 4 项)行政执行处于审酌义务人之生活有无逾越一般人通常程度而核发第 1 项之禁止命令时,应考虑其滞欠原因、滞欠金额、清偿状况、移送机关之意见、利害关系人申请事由及其他情事,为适当之决定。(第 5 项)行政执行处于执行程序终结时,应解除第 1 项之禁止命令,并通知应配合之第三人。(第 6 项)义务人无正当理由违反第 1 项之禁止命令者,行政执行处得限期命其清偿适当之金额,或命其报告一定期间之财产状况、收入及资金运用情形;义务人不为清偿、不为报告或为虚伪之报告者,视为其显有履行义务之可能而故不履行,行

---

[1] 台湾地区"行政执行法"第 17 条系该法 1998 年 11 月 11 日由原全文 12 条修订为全文 44 条时首次规定,当时该条仅 5 项;2005 年 6 月 22 日,第 17 条首次被修订,条款增至 10 项;2009 年 4 月 29 日,该条再次被修订,条款增至 12 项;2010 年 2 月 3 日,该条第三次被修订,条款保持 12 项,但细化了第 2 项等。由此,该条成为"行政执行法"中条项和内容最多,也是被修订次数最多的条文。其原因一方面在于,该条所规定的包括限制住居和拘提管收在内的限制人身自由的强制执行手段,在行政执行各种手段中最强烈、也最为有效;因而另一方面,不仅促使三位受理"拘提管收"的民事庭法官提出"释宪申请"并为"大法官"所受理、进而于 2005 年 1 月 28 日做出释字第 588 号解释宣告系争条款定期失效,而且招致众多学者剥丝抽茧般研究,推动该法持续修订。参见姚其圣:《"行政执行法"拘提管收与限制出境之研究》,台湾翰芦图书出版有限公司 2007 年版;陈新民:《行政法学总论》(新 9 版),台湾三民书局 2015 年新 9 版,第 430~434 页;蔡震荣:《行政制裁之理论与实务》(修订 2 版),台湾元照出版有限公司 2017 年第 2 版,第 379~411 页。

政执行处得依前条规定处理。"①

法务主管部门依该条第 2 项之授权,于 2010 年 6 月 3 日发布法律字第 0990700315 公告"'行政执行法'第 17 条之 1 第 1 项之一定金额",并于 2015 年 1 月 15 日发布法律字第 10403500010 号公告修正前述规则规定,"行政执行法"第 17 条之 1 第 1 项所称滞欠合计达"一定金额",系指义务人滞欠各类公法上金钱给付义务执行事件之金额合计达 1000 万元新台币;第 2 项第 1 款所称禁止购买、租赁或使用"一定金额"以上之商品或服务,系指单笔 2000 元新台币之消费;第 1 项第 5 款所称禁止赠与或借贷他人"一定金额"以上之财物,系指单笔价值 2000 元新台币之赠与或借贷;第 1 项第 6 款所称禁止每月生活费用超过"一定金额",区分义务人之住居所或户籍所在地分别规定了低至 14000 元新台币、高达 24000 元新台币的标准。

二、两岸税收强制执行制度的比较与借鉴

对比上述两岸税收强制执行制度的主要规则,我们可以从如下方面加以概括式分析。

(一)税收强制执行的执行人方面

税收强制执行的执行人实际上体现的是其执行模式问题。国际上税收强制执行的模式,根据其负责实施的主要主体不同,可以分为两大类:第一类为司法执行模式,即主要由司法机关负责实施。例如英国,司法性强制执行是完成行政强制执行任务的主要手段,通常表现为由普通法院颁布的强制执行令状的形式。② 还如 2011 年以前的台湾地区,对于公法上金钱给付义务的强制执行,原"行政执行法"中全无相关规定,因此在个别行政法、如"税捐稽征法"中,规定移送法院强制执行。③ 第二类是行政执行模式,即主要由行政机关负责实施,经由行政机关申请后司法机关执行为辅。例如美国,税收强制执行以税务机关执行为主,属于行政执行模式;只有税务机关向法院申请执行时,司法执行才会启动。④ 再如德国,根据其《行政执行法》第 4 条,执行机关为行政机关或者联邦财

---

① 对这一所谓"禁奢条款"的批评意见,请参见陈新民:《行政法学总论》(新 9 版),台湾三民书局 2015 年新 9 版,第 434~435 页。

② 参见朱新力:《外国行政强制法律制度》,法律出版社 2003 年版,第 1~9 页。

③ 参见陈敏:《行政法总论》,台湾新学林出版有限公司 2016 年第 9 版,第 848 页。

④ 参见熊伟:《美国联邦税收程序》,北京大学出版社 2006 年版,第 151~160 页。

政的执行机关；①根据《德国租税通则》第 249 条第 1 款，强制执行机关为财政处及关税总局；②对于行政上的私法债权、行政合同确立的请求权和行政主体之间的请求权，行政机关则只能请求法院作出可供执行的判决，并且允许强制执行该判决，③只不过这已非行政强制执行的范畴了。在该类中，根据负责执行的行政机关，又可分为由税务机关自行执行和由税务机关以外的专门行政机关负责执行。

综合观察两岸税收强制执行的执行模式，又可大体区分为单轨制和双轨制两种：台湾地区为单轨制，即司法机关或者行政机关由其一负责执行，早期由法院负责强制执行、2012 年开始转由专门的行政执行机关（现为"行政执行分署"）负责；大陆为双轨制，税务机关自行执行为主、司法机关执行为辅。

大陆税收强制执行实行双轨制，税务机关和法院都可以成为执行人。根据《税收征管法》有关规定和《行政强制法》第 13 条，我们似乎可以得出如下结论：在《税收征管法》赋予税务机关得以自力执行的情形中，仅有处罚决定可由税务机关申请法院强制执行；《税收征管法》未赋予税务机关强制执行权的，税务机关则可申请法院强制执行。后者情形如《税收征管法》第 37 条、第 38 条、第 40 条、第 55 条明确规定税务机关得自力执行的主体对象多为"从事生产、经营的纳税人"，因此，对于非从事生产、经营的纳税人、扣缴义务人，税务机关即可以申请人民法院对其采取强制执行措施。但"实务中人们普遍认为，不管是行政处罚案件，还是税款征收案件，只要符合强制执行的标准，税务机关都可以申请法院执行。"④由此可见，双轨制运行机制要求清晰界定税务机关与司法机关税收强制执行的执行权限，否则，容易造成实务中法律适用上的混乱。值得注意的是，对应于现行《税收征管法》第 40 条，《2015 修订草案》第 64 条新增一款作为第 4 款，规定："对纳税人、扣缴义务人、纳税担保人的财产实施强制执行有困难的，税务机关可以依法提请纳税人、扣缴义务人、纳税担保人所在地或者财产所在地人民法院执行。"加之《2015 修订草案》有关税收强制执行的条款中均删除了"从事生产、经营的"限定条件，且上述新规规定的执行对象是被执行人的"财产"，而所谓"实施强制执行有困难的"又语义含糊，因此税务机关可以申请法院强制执行的情形已经扩大到所有税收强制执行的类型，进一步加剧了税务机关自力执行权与申请法院执行权之间界限的模糊。

---

① 参见［德］平特纳：《德国普通行政法》，朱林译，中国政法大学出版社 1999 年版，第 316 页。

② 参见陈敏译著：《德国租税通则》，台湾地区司法机构 2013 年版，第 464 页。

③ 参见［德］哈特穆特·毛雷尔：《行政法学总论》，高家伟译，法律出版社 2000 年版，第 479～480 页。

④ 刘剑文、熊伟：《税法基础理论》，北京大学出版社 2004 年版，第 453 页。

相比而言,台湾地区税收强制执行实行单轨制,税收强制执行案件一律由税务机关移送专门行政执行机关执行,这就避免了双轨制所产生的权限不明问题。当然,如前所述,台湾地区这种将专门行政执行机关作为税收强制执行的唯一执行机关的单轨制也经历了一段发展历程;而且,其由原先的移送法院执行到目前的移送专门行政执行机关执行并非心血来潮,而是有其长期的经验教训作为动因。①

那么,大陆应否学习和借鉴台湾地区的单轨制,是一个值得探讨的问题。尽管目前大陆对税收强制执行权的属性存在不同的认识,②但是我们认为,行政权和司法权是区别明显的两种不同权力,"一项完整的行政权应当包括决定权,也应当包括执行权,后者是前者得以实现的保障"③,而司法权是一种判断权,具有中立性。税收强制执行权是国家为确保其税收债权的实现而由法律赋予有关机关行使的一项执行权,它自产生之日起就带有明显的偏向性,这根本不符合司法权中立性的要求。而且,税收强制执行权必须依赖税务机关的决定权而存在,无论是税务机关还是司法机关,其采取税收强制执行措施的前提是税务机关通过其具体行政行为已经确定义务人负有纳税义务并且义务人未按照规定履行其纳税义务。如果税务机关认为纳税人不存在纳税义务,或者虽然存在纳税义务,但纳税人已经按照规定履行了其纳税义务,则根本没有税收强制执行存在的余地。只有当税务机关通过其具体行政行为认为相对人负有纳税义务,并且义务人未按照税务机关的要求履行其纳税义务时,税务机关才可能行使其税收强制执行权或申请法院行使该项权力。因此,我们既无法割断税收强制执行权与税收决

---

① 例如,以往有关欠税及罚款等公法上金钱给付义务移送法院执行的征起率偏低,绝大部分为无财产可供执行;另因须移送法院办理,法院执行缓慢,机关间协调配合困难,影响强制执行之效果与时效。参见陈清秀:《税法总论》(修订9版),台湾元照出版有限公司2016年第9版,第563~564页。

② 大陆目前对税收强制执行权的认识主要存在三种不同的观点:第一种观点认为,税收强制执行权属于行政权。因为税务行政强制执行的依据是具体行政行为,而作出具体行政行为的权力是行政权力,所以,税收强制执行实质上是税务机关强制执行权的延伸和继续。因此,由司法机关介入行政强制执行,完成行政行为的执行,在理论上是矛盾的。第二种观点认为,税收强制执行权属于司法权。此观点主要以现行行政强制执行制度为立论基础,认为法院作为司法机关,其行使的权力当然为司法权。但是,此观点同时认为,由于法院依税务机关申请对税务具体行政行为的执行是以行政权行使的结果(税务具体行政行为)为依据,所以,作为司法权的强制执行权与行政权之间存在着密切的联系。第三种观点认为,强制执行部分职权具有司法权的特点,部分职权具有行政权的特点,税收强制执行因此兼有行政权和司法权的双重属性。参见傅士成:《行政强制研究》,法律出版社2001年版,第156~157页。

③ 张尚鷟:《走出低谷的中国行政法学——中国行政法学研究综述与评价》,中国政法大学出版社1991年版,第252页。

定权之间的联系,也无法将税收强制执行权归于司法权范畴。从某种意义上来说,税收强制执行权是行政执行权的延伸和组成部分,属于行政权范畴。

既然税收强制执行权属于行政权范畴,那么,将税收强制执行权划归行政机关也就顺理成章了。至于是应归属于税务机关还是归属于专门的执行机关,抑或二者根据一定标准共同行使,值得斟酌。台湾地区目前统一由专门的行政执行机关执行的单轨制做法并非没有弊端,有学者即指出:"大小案件均由'中央'执行,难免人力不足,无法充分处理数以万计的执行案件,加上必须多增加一层移送执行程序的作业,因此,执行成效未必良好,实则,对于大量的小额案件,似可授权各机关自行执行,尤其应可授权地方自治机关自行执行,以符合地方自治的本旨。"[①]由此来看,结合大陆的实际情况,仅从税收强制执行的角度而言,目前以维持现状较妥,只不过要进一步明确限定税务机关得申请法院强制执行的具体情形;至于《2015 修订草案》第 64 条第 4 款的新规,如若不对其中所谓"实施强制执行有困难"界定清楚、例如明确规定税务机关必须已穷尽其税收保障措施和强制执行措施仍无法执行的,将来通过后无疑将会进一步导致税务机关和法院在强制执行权限方面的混乱。但如果从未来大陆在行政信息一体化背景下整合所有行政机关强制执行机构的角度而言,台湾地区的做法不妨作为参考。因为统一由专门的行政执行机关负责强制执行,既可回复行政强制执行权作为行政权属的本来面目,其行政强制执行权与税务机关的行政决定权相分离,又可避免税务机关与纳税人等相关主体在强制执行方面直接的对立紧张关系,其好处是显而易见的。

(二)税收强制执行的被执行人方面

从前述两岸被执行人相关规定的对比可以看出,台湾地区的被执行人范围比大陆要广泛得多,不仅对于纳税人无"从事生产、经营的"限定条件,而且代征人、代缴人及其他依法负缴纳税捐义务的人也纳入被执行人范围,除此之外,在特定条件下未成年人的法定代理人等特殊主体也属于被执行人范围。

大陆《税收征管法》之所以将从事生产、经营的纳税人等主体纳入税务机关税收强制执行的被执行人范围,而将非从事生产、经营的纳税人等主体纳入税务机关申请法院税收强制执行的被执行人范围,其主要原因其实在于非从事生产、经营的纳税人多为个人或者行政机关、事业单位等,相较于从事生产、经营的纳税人等经营性主体而言,对其强制执行的难度较大。难怪有学者认为:"现行立法给人的印象是,对于税源丰裕稳定的主体,即从事生产、经营活动的纳税人,由

---

① 　陈清秀:《税法总论》(修订 9 版),台湾元照出版有限公司 2016 年第 9 版,第 567 页。

税务机关直接征收和执行。而征收难度较大的个人,如果需要强制执行,则由税务机关向法院申请。如果真是这样,则明显体现了税务机关的部门本位思维,有待在立法中加以改进。"①事实上,对于尽调查之能事后发现确无财产可供执行的纳税主体而言,由税务机关执行或者由法院执行其结果是一样的;至于对纳税主体究竟有无财产可供执行一事,目前来看,税务机关掌握涉税信息的能力反倒应该强于法院,《2015 修订草案》通过后更是如此;法院的强制执行只是在执行人员(法警)和执行措施的强硬度方面胜过税务机关,从这个角度而言,将确有财产可供执行但税务机关无力执行的案件申请法院强制执行有其合理之处。

除纳税人、扣缴义务人、纳税担保人、代征人、代缴人外,台湾地区"行政执行法"还将被执行人的范围在满足特定条件下扩展到未成年人和受监护宣告人的法定代理人、商号的经理人或清算人、合伙的执行业务合伙人、非法人团体的代表人或管理人、公司或其他法人的负责人、继承人、遗产管理人或遗嘱执行人等特殊人员。大陆单从税收强制执行的角度而言,同样在设定类似条件的基础上可以适当扩大到如公司的清算人、合伙的执行合伙人、非法人组织或法人组织的负责人方面。

(三)税收强制执行实现的税收债权范围方面

在实现的税收债权范围方面,概括而言,两岸均包括税收债权本身、附带税收债权和具有处罚性质的罚款三大类。只不过,大陆的附带税收债权目前仅包括滞纳金,而台湾地区的附带税收债权则包括滞纳金、利息、滞报金、怠报金、短估金等。

《2015 修订草案》第 59 条将现行《税收征管法》第 32 条所规定的滞纳金改为"税收利息"的同时,又于第 65 条单独规定了滞纳金,但其第 64 条第 2 款规定的与税款一并强制执行的仅为税收利息。由此似乎可以判断,现行《税收征管法》语境下税务总局强调仅具补偿性质的滞纳金在《2015 修订草案》中已为税收利息所取代,其归属强制执行实现的税收债权范围理所当然。同时,《2015 修订草案》另行规定的滞纳金显然是为了与《行政强制法》第 12 条的规定相配合,根据该条规定,滞纳金与罚款同属间接强制方法,其性质为执行罚。再结合《2015 修订草案》第 132 条规定来看,当税务机关做出加收滞纳金的处罚决定后,只有满足该条规定的"当事人对税务机关的处罚决定逾期不申请行政复议也不向人民法院起诉、又不履行"的前提条件,才可以采取税收强制执行措施,或者申请法院强制执行。

---

① 刘剑文、熊伟:《税法基础理论》,北京大学出版社 2004 年版,第 454 页。

(四)税收强制执行的执行程序方面

虽然税收强制执行模式和相应法律规则体系存在着较大差异,但在执行程序方面仍然具有一定的可比性。台湾地区的税收强制执行对于税务机关而言,主要在于移送程序,满足了"税捐稽征法"第 39 条第 1 项所规定的"缴纳期间届满 30 日后仍未缴纳"的条件,即移送给专门的行政执行机关强制执行;行政执行机关则依"行政执行法"的有关规定予以执行,"行政执行法"未予规定者,则准用"强制执行法"的有关规定。① 由此构建起,由"税捐稽征法"启动到适用"行政执行法"和"强制执行法"的不同部门法之间协调统一的强制执行规则体系。

大陆由于以税务机关自行执行为主,所以有关执行程序规定在税法体系当中。虽然《行政强制法》对行政执行程序规定较详,但由于大陆税法体系从立法到执法长期以来封闭性的传统,对作为一般法的《行政强制法》中已规定的内容,税法规范中若不予以重复性规定,则税务机关则不予关注,例如前文曾提及的《行政强制法》中的催告程序;若予以重复性规定,又会导致法律文本的臃肿和立法成本的浪费。因此,应当借鉴台湾地区的做法,在《税收征管法》修订时明确规定本法未予规定者,准用《行政强制法》的有关规定。

(五)税收强制执行的执行措施方面

查封、扣押、拍卖等强制执行措施为两岸所共有,但限制住居、拘提管收和核发禁止奢侈命令则为台湾地区所独有,值得关注。

我们认为,大陆不能移植台湾地区针对被执行人人身而采取的限制居住和拘提管收的强制执行措施。因为这两项制度并非由税务机关实施,而是由专门的行政执行机关实施,一旦移植过来,在大陆现行的税收强制执行模式下,只能归由税务机关自行实施。姑且不论大陆现行税收强制执行模式已然存在诸多问题亟待解决,在大陆由于税法规则得以自由裁量的空间模糊且巨大以及税务机关工作人员整体素质有待提高等因素而导致的税务机关如此"强势"的状况下,针对人身的强制执行措施的贸然引入会加剧已有问题的严重程度并引发长期以来由于税收救济渠道不畅而被强行隐藏的征纳双方矛盾的大规模爆发。

台湾地区的核发禁止奢侈令禁止的是被执行人的奢侈消费行为,而对被执行人的一般性消费行为并不禁止。因此,一方面可以起到保全义务人责任财产的作用,另一方面可对义务人造成心理上的压力,迫使义务人及时履行公法上金钱给付义务。因此,我们认为大陆可以借鉴台湾地区的该项强制执行措施。

---

① 参见台湾地区"行政执行法"第 17 条第 12 项、第 26 条和第 35 条。

　　事实上,大陆税务总局 2014 年 7 月 4 日就颁布了《重大税收违法案件信息公布办法(试行)》(公告 2014 年第 41 号,并于 2016 年被公告第 24 号修订;以下简称《重案信息公布办法》);12 月 30 日,又与国家发改委等 21 个单位联合签署《关于对重大税收违法案件当事人实施联合惩戒措施的合作备忘录》(发改财金〔2014〕3062 号;以下简称《合作备忘录》),共规定了 18 项惩戒措施;[①]2016 年 5 月 30 日,国务院发布《关于建立完善守信联合激励和失信联合惩戒制度,加快推进社会诚信建设的指导意见》(国发〔2016〕33 号),其中也提出对于逃税骗税行为要作为重点领域和严重失信行为实施联合惩戒。

　　《重案信息公布办法》和《合作备忘录》相结合,对税务机关的执法行为提供了强有力的保障。具体而言,主要体现在以下几个方面:

　　1. 从惩戒对象的范围看,仅限于税务机关依《重案信息公布办法》公布的重大税收违法案件信息(即俗称的税收违法"黑名单")中所列明的当事人;[②]当事人为自然人的,惩戒的对象为当事人本人;当事人为企业的,惩戒的对象为企业及其法定代表人、负有直接责任的财务负责人;当事人为其他经济组织的,惩戒的对象为其他经济组织及其负责人、负有直接责任的财务负责人;当事人为负有直接责任的中介机构及从业人员的,惩戒的对象为中介机构及其法定代表人或负责人,以及相关从业人员。由于前述当事人并未限定其国籍,因此,可以理解为包括了外籍自然人和外商投资企业、外国企业等涉外纳税人。

　　2. 从 18 项惩戒措施各自的依据方面看,既包括《税收征管法》《公司法》《证券法》《政府采购法》等法律,也包括《实施细则》《政府信息公开条例》《企业信息公示暂行条例》等行政法规,还包括《重案信息公开办法》《纳税信用管理办法(试行)》《企业法人法定代表人登记管理规定》等规章和《最高人民法院关于限制被执行人高消费的若干规定》的司法解释。

---

　　① 2016 年 1 月 20 日,国家发改委等 44 个单位联合签署了《关于对失信被执行人实施联合惩戒的合作备忘录》(发改财金〔2016〕141 号),其联合惩戒对象为最高人民法院公布的失信被执行人(包括自然人和单位),联合惩戒措施包括八大类 55 项,体现出惩戒部门多、措施多,惩戒力度大,影响范围广,双向共同惩戒等四个特点。参见荆龙:《国家发改委和最高法院等 44 单位联手惩"老赖"》,载《人民法院报》2016 年 1 月 22 日,第 1、4 版。

　　② 《重案信息公布办法》第 6 条第 1 款规定了认定"重大税收违法案件"的 7 种具体标准和 1 种兜底式标准,即"虽未达到上述标准,但违法情节严重、有较大社会影响的";第 2 款规定:"符合前款规定的重大税收违法案件,由税务稽查局作出《税务处理决定书》或《税务行政处罚决定书》,且当事人在法定期间内没有申请行政复议或者提起行政诉讼,或者经行政复议或法院裁判对此案件最终确定效力后,按本办法处理。"此外,该办法第 9 条规定:"符合本办法第 6 条第 1 款第 1 项、第 2 项规定的重大税收违法案件的当事人,能按照《税务处理决定书》《税务行政处罚决定书》缴清税款、滞纳金和罚款的,经实施检查的税务机关决定,只将案件信息录入重大税收违法案件公布信息系统,不向社会公布该案件信息。"

3. 从《合作备忘录》签署与执行主体方面看,21个签署单位中,既包括党中央的有关部门(如中央文明办),又包括国务院的所属各部委(如发改委、公安部、财政部、人民银行等七部委)、直属机构(如税务总局、工商总局、质检总局等五个)、直属事业单位(如银监会、证监会和保监会等三个),还包括最高司法机关(即最高人民法院)和行业主管部门(如民航局、铁路总公司等)等,共同参与的部门之多、涉及的领域之广,在税法实践领域可以说前所未有。再从18项惩戒措施的实施部门或配合部门来看,由税务机关自主决定并通过自身的行政行为实施的仅有第1项有关强化税务管理并通报关部门和第2项阻止出境,第6项有关通过企业信用信息公示系统向社会公示的措施虽由税务机关决定、但需由工商部门配合;其他15项均为由所涉部门或单位依据有关规则以自己的名义单独或者配合共同实施,但其共同点是均需依据税务机关公布或提供的重大税收违法案件信息来确定实施惩戒措施的对象当事人。

4. 从惩戒措施的具体内容方面看,可以分为几大类:(1)降低有关当事人纳税信用的税务资质的措施,如第1项;(2)限制有关当事人迁徙自由等基本权利的措施,如第2项、第3项限制担任相关职务和第5项禁止部分高消费行为;(3)限制或者禁止有关当事人经营资质或者经营行为的措施,占主体部分,如第4项金融机构融资授信参考、第7项限制取得政府供应土地、第8项强化检验检疫监督管理、第9项禁止参加政府采购活动、第10项禁止适用海关认证企业管理、第11项限制证券期货市场部分经营行为、第12项限制保险市场部分经营行为、第13项禁止受让收费公路权益、第14项限制政府性资金支持、第15项限制企业债券发行、第16项限制进口关税配额分配;(4)降低有关当事人社会信誉度的措施,如第6项通过企业信用信息公示系统向社会公示、第17项通过主要新闻网站向社会公布和第18项其他惩戒措施。

5. 综合上述各个方面,可以概括出《重案信息公布办法》和《合作备忘录》相结合的联合惩戒规则体系的特点包括:一是涉及的措施多。《合作备忘录》涉及的18项联合惩戒措施,几乎包括了国务院《社会信用体系建设规划纲要(2014—2020年)》提出的有相关法律法规依据、具有可操作性又适用于税收违法"黑名单"当事人的所有惩戒措施,可以实现对所有违法当事人的全面惩戒。二是惩戒的力度大。《合作备忘录》规定的18项联合惩戒措施,涉及对税收违法"黑名单"当事人的任职资格、行政许可、政府采购、高消费、融资信贷和评优评先等方面的限制。通过对企业、个人(包括财务人员)的共同惩戒,可以有效避免税收违法"黑名单"当事人"金蝉脱壳"、卷土重来情况的发生;可以有效发挥多项措施"组合拳"的威力,实现让失信者"一处失信,处处受限"。三是影响的范围广。对税收违法"黑名单"当事人实施多领域、跨部门的联合惩戒措施,将使税收违法者付出应有的名誉损失和经济损失,大大增加税收违法者的违法成本,对税收违法行为产生严厉的警示和震慑作用。同时,通过反向激励机制,调节纳税人的心理预期和行为决策,对激发、引导纳税人的纳税遵从,提高纳税人的依法纳税意识,减少税务机关的执法成本也将发挥积极作用。据不完全统计,截至 2016 年 7 月底,全国各级税务机关已公布税收违法黑名单 2470 件,其中,共有 620 件逃税和 1 件逃避追缴欠税案件的当事人主动缴清了税款、滞纳金及罚款,占已公布案件比例达 25.1%;因修复信用入库税款 23.4 亿元,滞纳金 6.5 亿元,罚款 10.2 亿元,合计达 40.1 亿元。[①]

　　从大陆上述有关实践来看,显然已经远远超出了台湾地区核发禁止奢侈令的范畴。尽管这一举措在大陆目前现实状况下,对于税务机关的执法可能确实有所助益,但却存在诸多法理上的疑问。例如,从性质上看,如果说《重案信息公布办法》还属于部门规章的话,《合作备忘录》的性质到底为何?显然不属于具有对外效力的法律法规、部门规章或者规范性文件,也非正式的行政合同,最多算是由有关部门共同签署的一项用于指导具体工作的内部工作文件。该备忘录所规定的 18 项惩戒措施各自均有上至法律、下至部门规章的法定依据,因此并非规定了新的惩戒措施,而是将散落于由各有关部门分别负责执行的法律法规规章中的惩戒措施,通过税收违法"黑名单"这一主线索串联起来,由税务机关作为主导机关和各方协作的核心,以税收执法为中心环节,以加强税收征管为主要任务,形成在税法领域褒扬诚信、惩戒失信的社会合力。但是,对于这样一种多部门联合实施、影响触及当事人生产经营、甚至日常生活方方面面的措施,仅由一个内部工作文件通过约定的方式来加以体现,不能不说是对包括依法治税在内的法治的一种背离。再如,《合作备忘录》里规定的联合惩戒措施均围绕着税务机关的执法行为而展开,那么其与《税收征管法》及其《实施细则》当中规定的税务机关执法措施之间的关系如何处理?目前来看,似乎是同步进行。这就意味着,以《合作备忘录》这样一个内部工作文件作为连接点,其他法律法规和部门规章中所规定的由各有关部门负责实施的惩罚措施均进入了(广义的)税收执法领域。这就无法不让人对其合法性产生怀疑。

　　当然,上述举措所透露出来的税收治理非税务机关一家之事、而系一体化行政机关的共同任务、更是全社会应襄助努力的目标的改革方向是值得肯定的,其对大陆涉税信息共享制度和税务协助制度的建立具有理念上的指导意义。以此为契机,通过完善有关法律法规,未来以税务机关为主导、各部门共同参与、全社会一起努力,分工负责、协作共管的新型税收征管体制将会逐步形成。

---

　　①　参见《税收违法黑名单:让失信者寸步难行》,中华人民共和国中央人民政府网站:http://www. gov. cn/xinwen/2016-08/22/content_5101308. htm,访问日期:2017 年 1 月 15 日。

第九章

海峡两岸欠税限制出境法律制度比较
——公法属性的税收保障制度比较之二

欠税限制出境（又称"离境清税"，以下简称"限制出境"）是税收保障措施的一种。由于其针对人身权利，相比其他针对财产权利的税收保障措施而言，不仅力度最强，而且公法属性最为突出。换言之，限制出境措施以限制纳税人的出境自由为手段来保障国家税收利益的实现，在制度设计上其手段与目的之间是否符合比例原则尤其值得注意。

两岸相比而言，台湾地区不仅在台湾地区宪制性规定中明确确认迁徙自由是人民的一项基本权利，继而从纳税人基本权保障的角度，在比例原则的基础上，设计其税法上的限制出境制度，并持续修订完善。因此，值得大陆改进相同制度时予以参考。

第一节 海峡两岸限制出境制度的历史演变及其启发

一、限制出境性质的厘清

（一）限制出境的概念

欠税限制出境，是指欠缴税款的纳税人在出境前应当向税务机关结清应纳税款、滞纳金或者提供相当担保才能出境，否则税务机关可以通知出入境管理机关阻止其出境的一种税收保障制度。该制度通过对有出境需求的欠税人，限制其出境从而形成压力，进而督促欠税人及时清缴所欠税款或者提供相应担保，最终促使国家税收债权的实现。限制出境措施的主要目的不在于对欠税人进行法律制裁,也不在于强制欠税人缴纳所欠税款,而是出于对欠税人出境后因税务机关可能丧失对其实际控制而无法追回所欠税款的担心而采取的税收保全措施。

(二)从限制出境与相关概念的比较看其性质

限制出境的性质主要是指其究竟属于税收保全措施,还是属于(间接)强制执行手段。从台湾地区有关司法实践来看,[①]既有将之界定为税捐债权之保全,[②]亦有认为本质上应属对违反税法上纳税义务者督促履行之间接强制执行手段,[③]还有所谓折中说。[④] 以下则主要在大陆有关制度规则的语境内,从限制出境分别与税收保全措施和税收强制执行措施二者之间的关系来探讨其性质归属问题。

1. 限制出境与税收保全

税收保全是指税务机关因纳税人的行为致使国家税收债权未来可能无法实现或难以实现的情况下,为保证国家税收债权未来能够顺利实现而对纳税人采取的一种限制措施。税收保全既可以针对纳税人的人身即限制出境,也可以针对纳税人的财产实施即税收财产保全措施。

但是,《税收征管法》第 38 条所规定的税收保全措施只限于查封、扣押或冻结等针对纳税人财产的财产保全措施,限制出境似乎与该条所称税收保全措施没有必然的联系。不过,大陆大多数学者主张限制出境属于税收保全措施的范围。有学者认为,"实际上,针对人身的限制出境,虽然无法直接做到保全财产,但确实也是为了保障税收安全,因而可以归入税收保全措施之列。"但同时又认为,"相对于查封、扣押或冻结来说,尽管限制出境并不能直接控制财产,但其属于一种间接的强制措施。"[⑤]由此似乎采取的是折中说或者混合性质说。德国税

---

① 参见陈清秀:《税法总论》(修订 9 版),台湾元照出版有限公司 2016 年第 9 版,第 474~475 页。

② 台湾地区"大法官"释字第 345 号解释认为,行政管理机构 1984 年 7 月 10 日修正发布之"限制欠税人或欠税营利事业负责人出境实施办法",系依"税捐稽征法"和"关税法"有关规定之授权所订定,"上开办法为确保税收,增进公共利益所必要,与台湾地区宪制性规定尚无抵触。"

③ 台湾地区"大法官"释字第 588 号解释系针对"行政执行法"所规定之管收而作出,并将其作为间接执行方法之一。有学者认为,限制出境与拘提管收均属人之假扣押范围,如参照上述释字第 588 号解释,则限制出境亦为间接执行方法。参见陈清秀:《税法总论》(修订 9 版),台湾元照出版有限公司 2016 年第 9 版,第 474~475 页。

④ 参见台湾地区"台北高等行政法院"2010 年诉字第 1924 号判决。不过从该判决表述来看,主要还是将限制出境定位为保全税捐债权措施,认为其为折中说似乎有点牵强。

⑤ 刘剑文:《财税法专题研究》(第 2 版),北京大学出版社 2007 年第 2 版,第 435 页。

法中,针对财产的查封、扣押、冻结等,被称为"物的假扣押"。而针对人的限制出境、拘提管收、监视居住等,则被称为"人的保全假扣押"。① 有学者甚至认为,"税收保全的具体方法既包括对财产的查封、扣押和冻结,又包括对人的出境限制,还包括税收代位权和撤销权。从广义的角度看,甚至连提前征收以及税收担保,很大程度上也是为了税收保全。"②由此可见,目前税法学界对于税收保全措施范围的认识并不一致。

本书认为,税收保全措施可以从广义、中义和狭义三个层次来理解。从广义上来讲,税收保全措施不仅包括针对人身的限制出境措施和针对财产的税收财产保全措施,还包括针对行为(包括积极的作为和消极的不作为)的税收代位权和税收撤销权,因此广义的税收保全措施(制度)又可称为税收(征收)保障措施(制度)。其中,因限制出境和税收财产保全措施的运用需依赖于税务机关的行政职权,故属于公法属性的税收保障措施;而税收代位权和税收撤销权则是基于对第三人利益的保护考量,公法属性的税收保障措施不能直接触及时而设立,是私法债权保全制度在税法领域中的运用,故而属于公私混合法属性的税收保障措施。从中义上来讲,税收保全措施仅包括针对人身的限制出境措施和针对财产的税收财产保全措施,而税收代位权和税收撤销权则被排除在外。这是因为二者源于私法债权保全制度,被税法条文所指引适用后,并未改变其私法属性;税务机关仍然需要依私法途径(即民事诉讼)才能主张这两种权利。从狭义上来讲,税收保全措施仅指税收财产保全措施;《税收征管法》第38条即为典型。

我们认为,并不能因仅有《税收征管法》第38条采取了"税收保全措施"的用词,就认定仅有该条所规定的措施才是税收保全措施。某项措施是否属于税收保全措施,需要从其制度目的出发来加以认定。税收财产保全措施系直接针对欠税人的财产而采取,满足法定条件时则可进一步采取强制执行措施而获得税收债权的满足,仅是与之形式上不同而已,限制出境以限制欠税人出境自由的方式而达到"间接"地保全税收债权实现的同样目的。更何况,限制出境与税收财产保全措施的针对客体对象不同、对纳税人权益影响程度不同因而实施要件也有所不同,因此规定于不同法条之中亦属当然。例如,台湾地区"税捐稽征法"第24条和第25条均未使用"税捐保全"的用词,但并不妨碍在理论上将前者规定的限制登记、假扣押和限制出境以及后者所规定的提前清偿期等措施一并纳入税捐保全措施的范畴。因此,本书采取税收保全措施范围的中义说,即包括针对人身权利的限制出境措施和针对财产的税收财产保全措施。

---

① 参见叶必丰:《行政法学》,武汉大学出版社1996年版,第217、218页。

② 刘剑文、熊伟:《税法基础理论》,北京大学出版社2004年版,第420页。

2.限制出境与税收强制执行

行政强制执行是指"当行政相对人逾期拒不履行其义务时,行政主体依法采取强制性措施,迫使其履行义务的具体行政行为。"[①]行政强制执行具体到税法领域即是税收强制执行,是指当纳税主体逾期拒不履行缴纳义务时,税务机关依法采取强制性措施,迫使纳税主体履行其义务的行为。限制出境和税收强制执行虽然皆以强制性手段以达到满足税收债权的最终目的,但是二者实现的直接结果并不相同。强制执行措施一旦实行,即可实现税收债权的直接满足,纳税主体基本处于被执行人的被动状态。而限制出境措施的实施,并不能直接达到满足税收债权的最终目的,而且仅对于有出境需求的纳税主体才能形成压力,并且在该压力下尚需纳税主体主动履行其缴纳义务才能实现最终目的。如果纳税主体选择放弃出境自由也不履行缴纳义务,则限制出境措施就失去效果,仍然需要采取强制执行措施来实现税收债权。

二、海峡两岸限制出境的主要规则及其历史演变

(一)大陆限制出境的主要规则及其历史演变

大陆早期的《税收征管条例》并未规定限制出境措施,该措施最早出现是在1992年《税收征管法》第28条,即"欠缴税款的纳税人需要出境的,应当在出境前向税务机关结清税款或者提供担保。未结清税款,又不提供担保的,税务机关可以通知出境管理机关阻止其出境。"此后,1993年《实施细则》第52条规定:"欠缴税款的纳税人在出境前未按照规定结清应纳税款或者提供纳税担保的,税务机关可以通知出入境管理机关阻止其出境。阻止出境的具体办法,由国家税务总局会同公安部制定。"

现行《税收征管法》则于第44条规定了限制出境制度:"欠缴税款的纳税人或者他的法定代表人需要出境的,应当在出境前向税务机关结清应纳税款、滞纳金或者提供担保。未结清税款、滞纳金,又不提供担保的,税务机关可以通知出境管理机关阻止其出境。"现行《实施细则》第74条进一步规定:"欠缴税款的纳税人或者其法定代表人在出境前未按照规定结清应纳税款、滞纳金或者提供纳税担保的,税务机关可以通知出入境管理机关阻止其出境。阻止出境的具体办法,由国家税务总局会同公安部制定。"与上述旧法对比,区别主要在于将得限制出境的对象由原仅有纳税人扩大到其法定代表人。

[①]　方世荣、石佑启主编:《行政法与行政诉讼法》,北京大学出版社2005年版,第277页。

此外,1996 年税务总局和公安部依据 1992 年《税收征管法》第 28 条及其《实施细则》第 52 条的规定联合制定颁布了《阻止欠税人出境实施办法》(国税发〔1996〕215 号;以下简称《阻止出境实施办法》),该办法对阻止欠税人出境的实施程序作了较为详细的规定;税务总局随后还颁布了《国家税务总局关于认真贯彻执行阻止欠税人出境实施办法的通知》(国税发〔1996〕216 号)对阻止欠税人出境的审批程序作了进一步规定,并规定了得以阻止欠税人出境的具体欠税数额要求。

《2015 修订草案》与现行《税收征管法》第 44 条的对应条文为第 71 条,并修改为:"(第 1 款)纳税人欠缴税款未结清,又不提供纳税担保的,税务机关可以决定不准纳税人或者其法定代表人、主要税收利益相关人出境;税务机关立案查处涉嫌重大税收违法情形的,可以决定不准纳税人或者其法定代表人、财产实际拥有者或者管理者、直接责任人出境。(第 2 款)对决定不准出境的人员,税务机关应当按照规定及时通知出入境边防检查机关予以协助,或者提请公安机关出入境管理机构不予签发出(国)境证件。"与现行规则相比,主要区别在于一是进一步扩大了得限制出境的对象范围和适用情形,如前者扩大至主要税收利益相关人或者财产实际拥有者或直接责任人等,后者则将被立案查处涉嫌重大税收违法情形也纳入限制出境的适用情形范围。二是除限制出境以外,还增加规定了阻止签发出(国)境证件(以下简称"禁发出境证件"),从而将限制出境原本的制度内涵仅限于出境环节而予以了提前。

(二)台湾地区限制出境的主要规则及其历史演变

台湾地区"税捐稽征法"1976 年首次制定公布时,其第 24 条仅 3 项而已,第 3 项即有关限制出境的规定,并授权行政管理机构制定其实施办法。[①] 根据该授权,行政管理机构于 1977 年 2 月 15 日订定发布"限制欠税人或欠税营利事业负责人出境实施办法"(简称"限制出境实施办法")。

1980 年 2 月 6 日,"关税法"修订时参照上述"税捐稽征法"第 24 条,增订第 25 条之 1,亦以 3 项规定关税之保全。由于"关税法"第 3 项有关限制出境的规定中同样授权行政管理机构制定实施办法,因此,行政管理机构 1981 年修订上述"限制出境实施办法",使之亦适用于"关税法"规定的限制出境措施。2001 年

---

① 台湾地区在 1976 年"税捐稽征法"颁行之前,出境行为受到管制,属于特许行为,对重大欠税人予以特许出境必引起社会之指责。于是行政管理机构在 1967 年以台(1967)内第 3787 号令颁布"控制巨额欠税人或重大违章营业负责人出境处理办法"。1976 年"税捐稽征法"制定时,鉴于上述办法缺乏法律依据,而在"税捐稽征法"第 24 条第 3 项明定授权依据。参见葛克昌:《税捐行政法》,厦门大学出版社 2016 年版,第 119 页。

10月31日,"关税法"修正公布全文96条时,上述1980年"关税法"第25条之1改为第43条;2004年5月5日,"关税法"修正公布全文103条,原第43条改为第48条,条文虽增至5项,限制出境制度亦改为规定于第5项,但与原第48条第3项内容相同,未做变动。

2008年8月13日,"税捐稽征法"第24条首次被修订,修订内容主要针对限制出境制度,不仅丰富原第3项的内容,增加规定了不同情形下个人或营利事业得限制出境的欠税(含罚款)数额标准,同时取消了有关授权行政管理机构制定实施办法的规定,而且增订第4—6项,分别规定了税收财产保全前置要求、限制出境期间以及解除限制出境的具体情形。2009年5月13日,"税捐稽征法"第24条再次被修订,新增1项有关书面叙明理由并附记救济程序通知并送达当事人等内容。

受上述"税捐稽征法"第24条修订的影响,2010年5月12日,"关税法"第48条被修订,条文增至9项,其中第5—9项规定的是限制出境制度,与"税捐稽征法"第24条没有太大差别。2016年11月9日,"关税法"第48条再次被修订,其中有关限制出境制度部分仅是因"内政事务主管部门入出境及移民事务主管机关"改名为"内政事务主管部门移民事务主管机关"而做相应修改。

"限制出境实施办法"后来曾于1984年7月10日和2010年4月28日又做了两次修订,由于"税捐稽征法"第24条于2008年8月13日修订时取消了对"行政管理机构"制定限制出境实施办法的授权,因此2010年4月28日"限制出境实施办法"修订时,不仅于第1条中将原依据"税捐稽征法"第24条的有关授权依据予以删除,而且根据"关税法"第48条的用语更名为"限制欠税人出境实施办法"。该办法自颁布以来,在是否违反授权明确性原则以及台湾地区宪制性规定第10条和第23条对纳税人迁徙自由权的保护等方面一直存在"合宪性"争议。由于相继于2008年和2010年先后修订的"税捐稽征法"第24条和"关税法"第48条有关限制出境的内容基本取代了"限制出境实施办法"所规定的内容,而且符合限制人身权利应由法律加以规定的法律保留原则,特别是在"关税法"第48条于2010年5月12日参照"税捐稽征法"第24条修订时亦取消了对行政管理机构的授权,使"限制欠税人出境实施办法"失去其授权依据,因此,"行政管理机构"于2010年7月21日以台财字第0990039830号令宣布废止"限制欠税人出境实施办法"。

由于"关税法"有关限制出境制度与"税捐稽征法"所规定者基本相同,且从上述两法的立法演变来看,也随着后者的修订而修订,故本章仅以"税捐稽征法"第24条作为开展两岸间比较的对象之一。目前该条共计7项,其中第3—7项针对者为限制出境制度,各项条文概括如下:(1)第1项和第2项分别规定了对欠税人财产的保全措施。(2)第3项首先规定了得限制出境对象的欠税金额与已确定的罚款单计或合计的标准,即个人在 100 万元新台币以上,营利事业在 200 万元新台币以上者;其在行政救济程序终结前,个人在 150 万元新台币以上,营利事业在 300 万元新台币以上。其次规定由财政事务主管部门函请"内政事务主管部门移民事务主管机关"限制出境。最后规定已提供相当担保者,应解除其限制。(3)第 4 项规定限制出境时,应同时以书面叙明理由并附记救济程序通知当事人,依法送达。(4)第 5 项即税收财产保全前置要求,规定税捐机关未执行前述第 1 项、第 2 项所规定税收财产保全措施的,有权主体不得限制欠税人出境。(5)第 6 项规定限制出境期间不得逾 5 年。(6)第 7 项规定了应解除出境限制的五种具体情形。

此外,财政事务主管部门为统一各稽征机关有关限制出境的操作,于 2014 年 12 月 31 日发布"限制欠税人或欠税营利事业负责人出境规范",并于 2017 年 10 月 2 日修订。

(三)简要比较

以上之所以不厌其烦地详尽列举两岸限制出境制度规则的演变过程,意在形成对比,而一旦历史演变事实分明之后,其"天壤之别"也就跃然纸上。

首先,两岸对限制人身权利的制度在法律保留原则方面大相径庭。大陆对于限制出境制度,仅在法律当中做最简单不过的原则性规定,行政法规级别的《实施细则》也是虚晃一枪,转而就授权给税务总局和公安部联合制定规则,违反了法律保留原则和禁止转授权原则,造成限制出境制度的适用条件等具有可操作性的规则停留在两个"国税发"字号的规范性文件层面。而且,可以预见的是,《2015 修订草案》通过之后,还可能继续如法炮制。而台湾地区,早期虽亦有违反法律保留原则和授权明确性原则的现象,但通过逐步的修订改正之,其行政机关也能"知错就改",逐步回归法治原则。

其次,两岸修法所秉持的宗旨和理念截然不同。大陆从 1992《税收征管法》到现行法、再到《2015 修订草案》,通过逐步扩大限制出境的对象范围和强化其措施效果,体现出强烈的加强税收征管的理念,至于对纳税人权益的保护意识,在历次修订中踪迹全无。反之,台湾地区"税捐稽征法"第 24 条至今两次修订,不仅于第一次修订时取消对行政管理机构的授权,而且两次修订或增订的条文或者是以严格限制稽征机关采取限制出境措施的权力为目的,如明确欠税金额标准、税收财产保全前置要求;或者是以保护纳税人权益为目的,如书面叙明理由并附记救济程序予以通知、规定限制出境的最长期间以及应当解除限制出境的具体情形。

因此,在对比如此明显和强烈的情形下,大陆立法者确实值得反思如何改进限制出境制度,而可以借助的工具莫过于法律保留原则和比例原则。

三、法律保留原则和比例原则对限制出境制度的检验

限制出境的正当性是限制出境制度合理存在的根据，其检验主要从（形式上的）合法性和（实质上的）正当性两方面来展开：从前者角度看，要求限制出境制度必须符合法律保留原则；从后者角度看，要求限制出境制度符合比例原则。

台湾地区宪制性规定第 10 条规定：“人民有居住及迁徙之自由。”第 23 条规定：“以上各条列举之自由权利，除为防止妨碍他人自由，避免紧急危难，维持社会秩序，或增进公共利益所必要者外，不得以法律限制之。”其中所指的自由权利包含迁徙自由在内。有学者认为，依据台湾地区宪制性规定第 23 条，在符合以下三个条件时，人民的人权方得限制：第一，具备所谓限制人权的“公益条款”；第二，限制人民的人权应依法律为之；第三，依法律限制人权，应该在“必要”的限制范围内。① 由于上述第一个条件中“公益条款”所要求的公益目的可以被第三个条件中的必要性原则所吸收，因此，上述三个条件可以简化为两个条件：一是以法律限制人权；二是不得超出“必要”的限制范围。前者即为法律保留原则的要求，后者即为比例原则的要求。这两个原则，既是台湾地区宪制性规定限制和保护基本人权的原则，也是“大法官”行使违反宪制性规定审查权”的“合宪性”审查基准。②

（一）限制出境制度的形式检验——法律保留原则

任何限制基本人权的措施，首先必须具有形式上的合法性，台湾地区学说上称之为“法律保留”。③ 所谓法律保留，是指没有法律授权行政机关即不能合法的作成行政行为，因为宪法已将某些事项保留予立法机关，须由立法机关以法律加以规定。④ 该原则在台湾地区司法审查实践中发展出两个具体的子原则：一是法律明确性原则；二是授权明确性原则。

---

① 参见陈新民：《“宪法”学释论》（修正 8 版），台湾三民书局 2015 年第 8 版，第 163～164 页。

② 截至 2018 年 2 月 16 日，共计 761 号“大法官解释”，通过台湾植根法律网（http://www.rootlaw.com.tw/index.aspx），以“法律保留”作为“检索字词”项的关键词，共搜索到 217 号“大法官解释”；以“比例原则”作为关键词，共搜索到 245 号“大法官解释”。可见二者在台湾地区“大法官解释”中扮演的重要角色。

③ 参见李铭义：《“宪法”与人权》，台湾新学林出版股份有限公司 2007 年版，第 49 页。

④ 参见吴庚、盛子龙：《行政法之理论与实用》（增订 15 版），台湾三民书局 2017 年增订 15 版，第 75 页。

1. 法律明确性原则

所谓法律明确性原则是指法律对人民基本权利的限制应当明确具体,能让人民知悉其具体内容并预测其法律后果,从而对人民的行为作出确定性指引。如果法律对人民基本权利的限制不符合法律明确性原则,则该法律可能会因为违反该原则而被宣告无效。"法律明确性原则是对法律保留原则的补充和细化,是为了防止因为限制性规范内容模糊而造成基本权利被过度限制。"①

例如,就欠税本身及其所包含的款项而言,大陆1992年《税收征管法》第28条规定,欠缴税款的纳税人需要出境的,应当在出境前向税务机关结清税款。《阻止出境实施办法》第2条亦采取同样的"欠缴税款"的表述,未对其进一步解释。但该办法第8条第1项有关应当撤销限制出境的具体情形又规定"已结清阻止出境时欠缴的全部税款(包括滞纳金和罚款,下同)",亦即在规范性文件中扩大解释了法律中所称的"欠缴税款"一词。现行《税收征管法》第44条规定欠税人如欲出境,应当在出境前结清税款及滞纳金或提供担保,由此来看,又将所谓"欠税"界定为不仅包括欠缴税款的本税,还应包括滞纳金,从而又与上述《阻止出境实施办法》规定不同。由于现行《税收征管法》不仅为上位法,而且为新法,理应按照该法的规定来理解"欠税"的含义。但无论如何,已显示大陆有关欠税范围的规定不符合法律明确性原则。台湾地区则规定须为"已确定"的欠税加上"已确定"的罚款且不论是单计或者合计,相比而言显然更符合法律明确性原则。

而且,台湾地区限制出境制度已经修改变化之后,目前在法律明确性方面并无争议,但从1976年"税捐稽征法"第24条第3项授权行政管理机构制定限制出境措施的实施办法,直到2008年修订时取消该授权规定期间,一直存在是否符合授权明确性原则的问题。

2. 授权明确性原则

授权明确性原则需要解决的重点问题是,限制出境是否可以由法律授权给行政机关制定行政法规,即限制出境是属于绝对法律保留事项,还是属于相对法律保留事项。台湾地区"大法官"在长期的司法审查实践中逐渐构建出了一套层级化的法律保留体系,尤其是自1997年12月26日释字第443号解释中,参考德国联邦宪法法院判决发展而来的"重要性理论",建立起按照下列顺序减少规范密度之所谓"层级化保留体系":(1)受台湾地区宪制性规定直接规范,不许法律限制之台湾地区宪制性规定保留;(2)须以法律直接规范之"国会保留"(又称"绝对法律保留"),如剥夺人民生命或限制人民身体自由之事项;(3)须以法律或

---

① [日]芦部信喜:《宪法》,李鸿禧译,台湾元照出版有限公司2001年版,第191~192页。

基于法律授权之法规命令规范之"一般法律保留"（又称"相对法律保留"），如包括关系生命、身体以外之其他自由权利的限制，以及给付行政措施涉及公共利益之重大事项；（4）得以主管机关之命令规范，不适用法律保留的事项，例如属于执行法律之细节性、次要性事项。[①]

1976 年"税捐稽征法"规定的限制出境制度当时属于相对法律保留事项，行政管理机构依授权而制定的"限制出境实施办法"一直作为稽征机关处理限制出境案件的主要法规依据。1994 年 5 月 6 日"大法官"释字第 345 号解释认为，1984 年修正发布之"限制出境实施办法"系依"税捐稽征法"第 24 条第 3 项及"关税法"第 25 条之 1 第 3 项规定之授权所订定，并未逾越上述法律授权之目的及范围，且依该办法第 5 条规定，有该条所定 6 款情形之一时，应即解除其出境限制，已兼顾纳税人之权益。因此，该办法为确保税收、增进公共利益所必要，与台湾地区宪制性规定尚无抵触。然而，对于该办法是否抵触台湾地区宪制性规定第 10 条及第 23 条有关迁徙自由的规定以及是否违反法律保留原则中的授权明确性原则方面的争议却并未停止，[②]特别是在"大法官"释字第 443 号解释之后，限制出境制度应属绝对法律保留事项之定位呼之欲出。于是，2008 年"税捐稽征法"第 24 条修订时终于通过取消对行政管理机构授权的方式结束了其在授权明确性方面的争议，并大幅细化其具体规则。

大陆目前对限制出境措施虽然看似与台湾地区早年做法类似，而采取相对法律保留主义的立场，但作为行政法规的《实施细则》第 74 条仅是象征性地重复了《税收征管法》第 44 条规定之后，就授权税务总局和公安部联合制定具体规则，使本应属绝对法律保留范围的限制出境制度的具体规则"沦落"为部门规范性文件的境地。《2015 修订草案》的有关修订也未看出有从符合法律保留原则角度加以改进的意图。我们认为，与要在实质内容上达到比例原则的要求相比而言，在形式上符合法律保留原则较为容易实现，即便目前难以将限制出境作为绝对法律保留事项对待，也应至少达致相对法律保留原则的水平，即应在《实施细则》中对采取和解除限制出境措施的各项要件予以明确规定。

（二）限制出境制度的实质检验——比例原则

在台湾地区"大法官"司法审查实践的早期，其宪制性规定第 23 条仅作为法

[①]　参见陈敏：《行政法总论》，台湾新学林出版有限公司 2016 年第 9 版，第 160～161 页；吴庚、盛子龙：《行政法之理论与实用》（增订 15 版），台湾三民书局 2017 年增订 15 版，第 90～91 页。

[②]　有学者即指出释字第 345 号解释不无斟酌余地。参见葛克昌：《税捐行政法》，厦门大学出版社 2016 年版，第 119 页。

律保留原则的体现,①此后才逐渐将该条与比例原则相联系而作为台湾地区宪制性规定原则予以肯认。② 法律保留原则侧重于从形式上审查系争条款属于何种法律保留的层级,以及是否具有法律的明确授权和是否逾越母法所授权限范围,比例原则则重在审查系争条款的内容是否具有实质的正当性。由前文有关台湾地区限制出境制度的立法演变可知,其数次修订主要是基于比例原则的要求而不断丰富完善其内容,因此,亦可运用比例原则在暂时忽略法律保留原则的情况下,审视大陆限制出境制度的主要内容,从而为其进一步改进提供建议。

1.是否符合适当性原则

适当性原则用于确定手段与目的之间的关联性。从各类税收保障措施的具体内容来看,不论是限制出境还是税收财产保全措施,作为手段方式均能达到其保障作为公共利益的税收债权的目的,只不过其程度有所不同而已。相比税收财产保全措施而言,限制出境措施保全税收债权的程度较弱。因为该措施实际上仅能对有出境需求的欠税人才能起效,只不过由于欠税人是否有出境需求,税务机关无从掌握,如果待其向出入境机关申请出境时再决定限制其出境,显然在时间上会来不及,因此采取类型化的方式,只要满足税法上法定条件时就可对欠税人限制出境,而不问其是否有实际出境需求。

2.是否符合必要性原则

从必要性原则角度来审视,除考虑限制出境措施本身以外,还必须将其置于与税收财产保全措施相联系的整体层面予以观察。就前者而言,《2015 修订草案》第 71 条第 2 款除规定税务机关通知出入境边防检查机关予以协助限制出境外,还规定可以提请出入境管理机构禁发出境证件,从而扩大了限制出境的制度内涵。由于申领出境证件仅表明持证人具有申请出境的前提条件,并不能作为其具有实际出境需求的证据,更不表征其实际出境的行为,更何况欠税人实际出境时仍需事先申请或者在实际出境时获得出入境管理机关的批准,从这个角度来看,申领出境证件与实际出境之间并无必然联系。此其一。其二,上述规定将

---

① 台湾地区"大法官解释"中,首号在解释文中明确将法律保留原则确定为第 23 条之台湾地区宪制性规定原则的解释系 1995 年释字第 380 号解释,但涉税解释中肯认第 23 条之法律保留原则者,迟至 2000 年释字第 505 号解释才首现。

② 比例原则与法律保留原则虽然早在 1989 年释字第 236 号解释中刘铁铮大法官所提《不同意见书》中,共同作为台湾地区宪制性规定第 23 条限制人民自由权利须符合的要件而提出,且此后释字第 243、327、374、384、389、414 号等多号解释中,由多位大法官在其所提各种意见书中,反复将第 23 条与比例原则相联系。但一直到 1997 年的释字第 428 号解释,其解释理由书中才首次将比例原则与第 23 条联系在一起;在解释文中首次将比例原则与第 23 条相联系者,则系 1997 年释字第 436 号解释。2005 年释字第 593 号解释中明确提出第 23 条比例原则,系首号援引该原则的涉税解释。

现行法上限制出境行为,分列为限制出境和禁发出境证件两个行为,不仅增加机关间协调的制度成本,而且该两个行为之间处于何种关系亦语焉不详,是应从其所采取连接二者的"或者"一词的文义解释出发理解为二者选择其一即可,还是应先限制出境再禁发出境证件,或者相反。因此,其三,从申领出境证件和出境两个行为的时间逻辑关系来看,当然是一先一后,因此合理的推论是,对尚未申领出境证件的欠税人应首先禁发出境证件,则限制出境是否仍属必要?对已领取出境证件的欠税人则限制其出境,至于虽已领取出境证件但因有效期届至而须换发新证者,由于法条中仅采取"不予签发"的表述,从文义解释角度看,似乎不能禁止其申请换发新证的行为。由此,又造成同为欠税人,已申领出境证件者和未申领出境证件者之间的不平等待遇。综上所述,若为达到通过对欠税人施加压力而保障税收债权的目的,限制出境为已足,将其提前至申领出境证件环节实无必要,逾越损及欠税人合法权利的必要性程度。

从限制出境与税收财产保全措施之间的关系来观察,更能体现出必要性原则之必要。如前所述,从适用的对象范围来看,税收财产保全措施针对欠税人的责任财产,而限制出境则针对其(人身的)出境自由,因此后者对欠税人的影响重于前者;再从二者的适用效果来看,限制出境其实仅能对有出境需求的欠税人形成一定压力,其效果不及直接针对财产的税收财产保全措施。两相结合,何者对纳税人损害较小,一目了然。因此,在采取对纳税人损害较小且效果较好的税收财产保全措施即能达到保障税收债权的目的时,就不应舍之不用而直接采取限制出境措施。此即必要性原则之要义,亦是台湾地区"税捐稽征法"第 24 条于2008 年首次修订时新增第 4 项(现行法为第 5 项)的主要原因,该项规定有关稽征机关未执行该条第 1 项或第 2 项前段所规定的财产保全措施的,即不得依第3 项规定采取限制出境措施。

虽然国税发〔1996〕216 号文第 1 条第 2 款规定:"对纳税人的欠税事项,凡能在境内控管的,尽可能不要留待欠税人出境时解决",从中似乎在一定程度上体现出应优先"在境内控管"时解决问题、而限制出境应当作为后手措施的比例原则理念,但"尽可能"这一含糊的词语和该号文的内部规范性文件的效力级别不足以限制税务机关在针对财产和针对人身的保全措施中任意选择的裁量权。

大陆不仅在税收财产保全措施与限制出境措施之间缺乏必要性原则的考量,而且诸如针对欠税人人格权的欠税公告、[①]针对财产的冻结存款、查封和扣

---

① 参见龙稳全、李刚:《欠税公告的法律思考》,载《涉外税务》2006 年第 6 期,第 41～43 页。

押措施、限制出境以及税收代位权和税收撤销权①等各种税收保障措施,全凭税务机关裁量选择适用,因此亟须运用比例原则从整体观念角度来反思各保障措施之间的适用先后关系。

此外,如果对确实无偿债能力的欠税人采取限制出境措施,似乎难以达到其保全债权的目的。与前述税务机关对欠税人有无实际出境需求无从掌握不同,欠税人有无可供清偿税收债务的责任财产,属于税务机关应该掌握也能够掌握的信息;换言之,税务机关如果在采取限制出境措施之前,先尽调查之能事以发现欠税人可供执行的责任财产,从而先对欠税人的财产采取保全措施。在此情形下,限制出境措施不仅得以"退居二线",而且欠税人有无可供保全的财产亦成为税务机关必须掌握的有关信息,如果调查认定欠税人确无可供保全乃至执行的责任财产,采取限制出境措施的意义就大为减弱。从这个角度看,税收财产保全措施亦须先于限制出境措施而适用。

3.是否符合狭义比例原则

狭义比例原则要求税务机关采取限制出境措施时,要对该措施所产生的收益与所造成的损失进行权衡比较,只有当收益大于损失时,采取的措施才具有正当性。虽然所谓收益和损失难以具体量化,但通过观察比较两岸得以适用限制出境的不同欠税额数标准还是能够获得一些认识。

大陆有关欠税金额标准规定在国税发〔1996〕216号文第1条第1款,即"各地税务机关对欠税人实施出境限制应严格掌握,原则上个人欠税3万元以上,企业欠税20万元以上,方可函请公安边防部门实施边控。但对拒不办理纳税申报的,可不受上述金额限制。"其中,"原则上"的表述,以及"拒不办理纳税申报的"情形,使得实践中只要有哪怕1元的欠税,也有可能被限制出境。

台湾地区,有关欠税金额标准规定于"税捐稽征法"第24条第3项,就该标准,首先区分个人与营利事业。其次,须为已确定之应纳税捐逾法定缴纳期限尚未缴纳完毕,欠缴税款及已确定之罚款单计或合计(以下统称"欠缴税款"),避免仅以尚未确定的欠缴税款金额为标准而作为限制出境的构成要件。最后,区分是否在行政救济程序终结前。换言之,个人欠缴税款在100万元新台币以上,营利事业在200万元新台币以上者;如在行政救济程序终结前,个人欠缴税款在150万元新台币以上,营利事业在300万元新台币以上。

首先,就欠税本身及其所包含的款项而言,已如前述。

其次,就金额标准本身而言,大陆规定个人3万元以上、企业20万元以上,

---

① 参见李刚、程国琴:《比例原则与我国税收代位权制度的构建》,载《涉外税务》2007年第4期,第60～63页;李刚、程国琴:《税收代位权与撤销权的比较研究》,载《当代财经》2007年第11期,第29～35页。

该标准在制定当时的 1996 年不可谓不低,然而在 20 多年后的今天,该一成未变的标准又不可谓不高。台湾地区在 2008 年规定的最低标准即为个人 100 万元新台币和营利事业 200 万元新台币,如果按照目前人民币与新台币大约 1∶4.5 的汇率计算,大约分别相当于人民币 22.2 万元和 44.4 万元,不可谓不低,而且历经十余年尚未修订,应该尚能符合实际。

最后,台湾地区之所以对行政救济程序终结前的欠缴税款金额设置更高的标准,其原因在于行政救济程序中的欠税金额处于不确定的状态,因此需要以更高的金额标准来避免对欠税人出境自由的不当影响。在大陆,由于《税收征管法》第 88 条规定的"清税前置"程序,纳税主体等在提起行政复议之前就已经缴纳了税款及滞纳金或提供相应担保,税收债权已经获得清偿或者已达到税收保全目的,就无须再有限制出境措施的适用,也无须根据行政救济程序与否而在限制出境制度中设置不同的欠税金额标准。

上述最低欠税金额标准,两岸之间的差异固然因其经济发展水平不同所致,但大陆的标准目前来看显然太低,明显有违狭义比例原则,应当予以提高,而且最好是在《税收征管法》当中明确授权国务院在《实施细则》当中规定该具体金额标准,不应再转授权给税务总局会同公安部制定。此外,还值得进一步探讨的问题是,单一的标准其实仍然不足以确实保护纳税人权利。有学者对此主张:"本着慎重保护纳税人权利的考虑,对欠税数额可采取双重限定标准,即一方面,欠税数额必须达到一个法定的具体而明确的标准,并且该标准应随着社会经济条件的变化而及时加以调整;另一方面,应当同时要求欠税数额必须达到欠税人应纳税额的一定比例,方可对其采取阻止出境措施。"[①]这一双重限定标准,不仅可以使欠税金额随着经济发展而具有一定的灵活性,而且可以避免例如纳税人的应纳税额为 10 亿元、却因欠税 20 万元被限制出境,或者 19 万元的应纳税额均欠缴的欠税人反而不得限制其出境等不合理现象的发生。

此外,既然狭义比例原则要求在收益与损失之间加以衡量,则欠税人因被限制出境所遭受的损失除其出境自由被限制以外,还存在由于不能出境而导致的旅行费用的实际损失,以及其拟出境从事商务谈判或者探亲旅游等的可期待利益的损失。尽管这种由于欠税人欠缴税款在先而造成的可期待利益损失,即便是因税务机关违法采取限制出境措施而造成者,税务机关亦不负赔偿责任,但税务机关并非没有义务将欠税人的可能损失降至最低,例如将限制出境决定通知被限制的欠税人就是最有效的方法,起码可以避免欠税人临到出境那一刻才得知自己被限制出境而造成的旅行费用损失。台湾地区"税捐稽征法"第 24 条

① 王华:《对阻止欠税人出境的重新审视——从纳税人权利角度出发》,载《太原理工大学学报(社会科学版)》2009 年第 4 期,第 10 页。

2008 年 8 月首次修订时并未对此加以规定,但不到 1 年之后的 2009 年 5 月再次修订时即增订第 4 项规定:财政事务主管部门在函请有关机关限制出境时,"应同时以书面叙明理由并附记救济程序通知当事人,依法送达。"反观大陆,不仅在《税收征管法》中付之阙如,而且在《限制出境实施办法》和国税发〔1996〕216 号文居然也未规定,实在是对纳税人权利保护的严重疏漏。因此,应当借此次《税收征管法》修订之机,在相应条文中明文规定税务机关的书面通知和送达义务,这不仅是行政处分生效的必备要件,亦可视为减少纳税人因被限制出境而遭受损失的必要性措施。

第二节　限制出境具体制度规则的比较①

限制出境的具体制度主要包括适用对象、适用条件、适用程序和救济制度。其中,适用对象界定该制度的具体适用范围,适用条件解决其在何种情况下得以适用的问题,适用程序提供具体的操作方法,救济制度则是对该制度运行中存在的瑕疵进行补救。

一、限制出境适用对象的比较

(一)大陆限制出境的适用对象

根据《税收征管法》第 44 条及其《实施细则》第 74 条,限制出境的对象为欠缴税款的纳税人或者其法定代表人。所谓欠缴税款的纳税人,《阻止出境实施办法》第 2 条规定,系指欠缴税款的公民、法人和其他经济组织,统称为"欠税人"。该办法第 3 条第 2—5 款规定:"(第 2 款)欠税人为自然人的,阻止出境的对象为当事人本人。(第 3 款)欠税人为法人的,阻止出境对象为其法定代表人。(第 4 款)欠税人为其他经济组织的,阻止出境对象为其负责人。(第 5 款)上述法定代表人或负责人变更时,以变更后的法定代表人或负责人为阻止出境对象;法定代表人不在中国境内的,以其在华的主要负责人为阻止出境对象。"

由此可见,限制出境的对象分为两类:一类是自然人,一类是法人和其他经济组织。就自然人而言,除欠缴税款的纳税人外,负有税收连带债务的自然人应否成为适用的主体对象。就法人或其他经济组织而言,仅限定为其法定代表人,

---

① 本节原稿参见石楚:《海峡两岸欠税限制出境制度比较研究》,厦门大学法学院经济法专业 2013 年硕士学位论文。收入本书时,由李刚做了全面修改。

明显存在不合理之处：一方面，通常只有法人型企业才有法定代表人，即便如此，例如当法定代表人仅为"挂名"时限制其出境并无效果；另一方面，《税收征管法》所使用的法定代表人概念与《公司法》中所使用的法定代表人概念是否作同一理解，也不无疑问。另外，《税收征管法》对合伙企业等非法人型企业的限制出境问题也缺乏规定。虽然《阻止出境实施办法》第 3 条第 4 款规定其他经济组织的限制出境对象为其负责人，但过于笼统而指向不明。

（二）台湾地区限制出境的适用对象

根据"税捐稽征法"第 24 条第 3 项，限制出境的对象为在台湾地区居住的个人或在台湾地区的营利事业。同时，依该法第 50 条有关纳税人规定之准用的规定，限制出境同样适用于扣缴义务人、代征人、代缴人及其他依法负缴纳税捐义务的人。但有学者认为，个人欠税人方面"应以租税债务人及其连带债务人为限，不应及于行为义务人（缴纳义务人），因后者只就债务人之财产负缴纳之行为义务，并不以自己之财产担保他人之租税债务"。[1] 此外，依台湾地区"所得税法"第 15 条第 1 项前段规定，[2]综合所得税纳税人之配偶虽应与纳税人本人合并申报，但配偶尚非纳税人，并非限制出境对象。[3]

欠税之营利事业，则由稽征机关限制其负责人出境。如果欠税之营利事业被限制出境后，如其负责人有变更时，应以变更后之负责人为限制出境对象。但经查明变更后原负责人仍属该营利事业之受雇人、股东、合伙人或为变更后负责人之配偶、三等亲以内之亲属者，应继续限制其出境。[4] 已函报限制出境之欠税营利事业负责人或清算人变更时，税捐稽征机关应以变更后之负责人或清算人为限制出境对象。[5]

对于欠税公司之营利事业而言，如果公司欠税达限制出境标准，其负责人死亡，则以该公司董事为限制出境对象，嗣补选负责人，应以该负责人为限制出境对象，并解除原董事之出境限制。[6] 在公司进入清算时，清算人在执行职务范围

---

① 葛克昌：《税捐行政法》，厦门大学出版社 2016 年版，第 119 页。

② 台湾地区"所得税法"第 15 条第 1 项："……纳税义务人、配偶及合于第 17 条规定得申报减除扶养亲属免税额之受扶养亲属，有第 14 条第 1 项各类所得者，除纳税义务人与配偶分居，得各自依本法规定办理结算申报及计算税额外，应由纳税义务人合并申报及计算税额。"

③ 参见黄淑瑜：《台湾地区内地税租税保全制度之研究》，台湾中原大学 2006 年硕士学位论文，第 92 页。

④ 台湾地区财政事务主管部门 2000 年 10 月 13 日台财税字第 0890065507 号函。

⑤ 台湾地区财政事务主管部门 2010 年 6 月 23 日台财税字第 09904042590 函。

⑥ 台湾地区财政事务主管部门 2006 年 11 月 28 日台财税字第 09504532170 号函。

内为公司负责人。① 公司清算期间,如有限制负责人出境之必要时,应以清算人为限制出境对象。② 在公司应行清算而未进行清算,且其章程未规定或未决议选任清算人者,于无限公司及有限公司,系以全体股东为清算人;于股份有限公司,系以董事为清算人。③ 有解散事由应行清算之股份有限公司,倘其欠税达限制出境之标准,应限制其负责人出境时,如"公司法"或该公司之章程对于清算人未有规定,其股东会亦未选任清算人者,应以全体董事为限制出境对象。④ 公司经宣告破产而于破产程序尚未终结或终止前,不宜对该公司破产管理人或原负责人为出境限制;其已于公司破产程序中对该公司原负责人办理限制出境者,除于破产程序终止后,仍有欠税达限制出境之金额标准且原负责人依法仍为应限制出境之对象而应继续限制出境外,应即解除其出境限制。⑤ 公司经废止登记后,未选任清算人,稽征机关尚不得以法人董事之负责人为限制出境对象。⑥

对于欠税合伙之营利事业而言,限制出境之营利事业负责人,其为合伙营利事业者,以"商业登记法"第 10 条所称之负责人为限。⑦ 如果合伙"未办营利事业登记,自无法认定何人系该合伙组织之负责人,依据'民法'第 668 条:'各合伙人之出资,及其他合伙财产,为合伙人全体之公同共有',第 671 条第 1 项:'合伙之事务,除契约另有订定外,由合伙人全体共同执行之'之规定,可将全体合伙人一并报请限制。"⑧因此,合伙营利事业欠税,原则上以"商业登记法"第 10 条规定之登记负责人为限制出境对象。如果合伙营利事业未办理营利事业登记,则以全体合伙人为限制出境对象。

(三)简要比较

由上述对比可以看出,两岸虽然均将限制出境的对象区分为自然人和经济组织体,但各自规定的对象范围不同。此外,两岸在公司负责人的内涵上也存在重大的区别。

---

① 台湾地区财政事务主管部门 1985 年 8 月 19 日台财税字第 20693 号函。
② 台湾地区财政事务主管部门 1994 年 12 月 2 日台财税字第 831624248 号函。
③ 台湾地区财政事务主管部门 2007 年 4 月 16 日台财税字第 09604522400 号函。
④ 台湾地区财政事务主管部门 2005 年 4 月 21 日台财税字第 09404522480 号函。
⑤ 台湾地区财政事务主管部门 2008 年 7 月 10 日台财税字第 09704033310 号函。
⑥ 台湾地区财政事务主管部门 2007 年 5 月 22 日台财税字第 09604518240 号函。
⑦ 台湾地区"商业登记法"第 10 条:"(第 1 项)本法所称商业负责人,在独资组织,为出资人或其法定代理人;在合伙组织者,为执行业务之合伙人。(第 2 项)经理人在执行职务范围内,亦为商业负责人。"
⑧ 台湾地区财政事务主管部门 1985 年 9 月 23 日台财税字第 22598 号函。

1.限制出境对象范围的比较

（1）自然人范围的比较

大陆欠税自然人仅指欠缴税款的纳税人,至于税收连带债务人是否属于限制出境的对象范围,尚无明确规定。但从学理上而言,税收连带债务人既负税收连带债务,则应与纳税人的纳税义务等同。因此,税收连带债务人应属于限制出境对象。台湾地区欠税自然人范围较广,不仅包括纳税人,还包括扣缴义务人等其他依法负缴纳税捐义务的人。

（2）经济组织体范围的比较

大陆区分自然人、法人和其他经济组织,分别规定其得以限制出境的对象。台湾地区则使用"营利事业"这一概念,①首先将除自然人以外的其他所有以营利为目的的经济组织体都包括进来,其次将非营利事业排除在限制出境对象范围之外。因此,"依法成立以公益为目的之社团法人及财团法人,如有欠缴税捐,不适用'限制欠税人或欠税营利事业负责人出境实施办法'②,无须限制其负责人出境。"③"对于祭祀公业之财产,为其派下子孙所公同共有,依'税捐稽征法'第12条规定,其如设有管理人者,以管理人为纳税义务人,故祭祀公业如符合限制出境之标准时,可以管理人为限制出境之对象。"④

2.公司负责人内涵的比较

大陆《公司法》中没有公司负责人这一概念,与之相似的概念为法定代表人。⑤　依据《公司法》第13条,⑥公司法定代表人原则上应由董事长、执行董事⑦

---

① "营利事业"系台湾地区"所得税法"为了满足其规范规划上的需要而建构的固有概念之一,即"所得税法"第11条第2项规定"本法称营利事业,系指公营、私营或公私合营,以营利为目的,具备营业牌号或场所之独资、合伙、公司及其他组织方式之工、商、农、林、渔、牧、矿、冶等营利事业。"由于"民法"上并未有包括法人、个人独资企业和合伙企业等在内的法律统称概念,因此"所得税法"新创"营利事业"概念用以指称其纳税主体有其必要性,目的在于将不限于法人的其他组织形式均包括进来,从而能够适用一部统一的"所得税法"。参见黄茂荣:《税法总论》（第一册增订三版）,台湾植根法学丛书编辑室2012年第3版,第673～674页;李刚:《税法与私法关系总论》,法律出版社2014年版,第62页。

② 因该办法已被废止,目前适用"税捐稽征法"。

③ 台湾地区财政事务主管部门1999年9月27日台财税字第881125900号函。

④ 台湾地区财政事务主管部门1984年6月20日台财税字第54266号函。

⑤ 为行文方便,本章有时称为"公司负责人"。

⑥ 《公司法》第13条:"公司法定代表人依照公司章程的规定,由董事长、执行董事或者经理担任,并依法登记。公司法定代表人变更,应当办理变更登记。"

⑦ 《公司法》第51条:"股东人数较少或者规模较小的有限责任公司,可以设一名执行董事,不设立董事会。执行董事可以兼任公司经理。执行董事的职权由公司章程规定。"

或者经理担任,且须登记。而依台湾地区"公司法"第 8 条,①所谓公司负责人,在无限公司、两合公司为执行业务或代表公司之股东;在有限公司、股份有限公司为董事。公司之经理人或清算人,股份有限公司之发起人、监察人、检查人、重整人或重整监督人,在执行职务范围内,亦为公司负责人。② 显然,比较而言,台湾地区公司负责人的范围远比大陆法定代表人广泛。即便这样,在台湾地区"公司法"领域,在公司负责人认定标准方面仍然存在实质标准与形式标准之争。③而大陆则一概采用形式标准,即以登记的董事长、执行董事或者经理作为公司负责人。两岸在公司负责人内涵上的区别显示了法律思维模式上的不同,大陆重形式而轻实质,台湾地区重实质而轻形式。

尽管两岸公司法对公司负责人内涵的规定有着明显的不同,但在税法领域,都面临着一个共同的问题,即如何在税法上界定公司负责人这一概念的内涵?大陆税法实务上对于公司负责人含义的理解,基本遵从《公司法》的规定,理论上则尚未有探讨。而在台湾地区,对于何为税法上营利事业之负责人,无论是实务界还是理论界,都有较为深入的讨论。

台湾地区的理论与实践表明,税法中公司负责人的概念有其特定内涵,并不

---

① 台湾地区"公司法"第 8 条:"(第 1 项)本法所称公司负责人:在无限公司、两合公司为执行业务或代表公司之股东;在有限公司、股份有限公司为董事。(第 2 项)公司之经理人或清算人,股份有限公司之发起人、监察人、检查人、重整人或重整监督人,在执行职务范围内,亦为公司负责人。(第 3 项)公开发行股票之公司之非董事,而实质上执行董事业务或实质控制公司之人事、财务或业务经营而实质指挥董事执行业务者,与本法董事同负民事、刑事及行政罚之责任。但政府为发展经济、促进社会安定或其他增进公共利益等情形,对政府指派之董事所为之指挥,不适用之。"

② 有学者将台湾地区"公司法"第 8 条所规定之公司负责人划分为当然负责人和职务负责人,即对公司负责人采取"二分法"。其中,执行业务或代表公司之股东和董事是当然负责人,而经理人、清算人、发起人、监察人、检查人、重整人或重整监督人因其仅在执行职务范围内为公司负责人,故称为职务负责人。有关"公司负责人二分法"的进一步讨论,请参见王志成:《公司负责人之概念与地位》,载《月旦法学教室》2004 年第 24 期,第 83 页。

③ 在台湾地区,对公司负责人之认定采实质标准还是形式标准之争论,源于这两种标准所产生的法律效果截然不同,"如对公司负责人采取形式标准,则必须具有'公司法'第 8 条所规定之法定职称者,且经法定程序选任,始为公司负责人;相对地,如采取实质标准,则即使未具有'公司法'第 8 条所规定之法定职称或未经法定程序选任,如果实质上具有公司负责人之权限,而以公司负责人之地位处理公司事务,则仍为公司负责人。"参见王志成:《公司负责人之概念与地位》,载《月旦法学教室》2004 年第 24 期,第 88 页。

完全适用"公司法"第 8 条,[①]这是因为:一方面,税法具有其自身的相对独立性,税法在借用公司法的有关法律概念时,可以基于其自身立法目的的考量作出不同的选择;另一方面,经济观察法或实质课税原则在税法领域的运用,也推动了税法对经济实质的关注。公司负责人概念在引入税法后,便产生了形式负责人与实质负责人的争论。

　　台湾地区在以往的税务和司法实践中,对公司负责人的概念往往作形式意义的认定,即以公司登记之负责人作为限制出境对象。[②] 然而,近年来随着税法理论研究的深入以及税务实践经验的积累,税务和司法部门对公司负责人的概念逐渐由形式主义的认定标准转向实质主义的认定标准(或者二者兼备)。例如,台湾地区"最高行政法院"针对一起欠税限制出境案件的判决就体现了这一变化趋势。该判决认为,"依'公司法'第 8 条、第 208 条之 1[③] 规定,在股份有限公司,董事当然为公司负责人,只要系公司董事,不管其是否实际负责公司业务,均属于公司负责人,系采形式主义。至公司之经理人或清算人,股份有限公司之发起人、监察人、检查人、重整人或重整监督人,则仅在执行职务范围内,始为公司负责人,系采实质主义。故'公司法'对公司负责人并非仅限于第 8 条所定之人,同法第 208 条之 1 第 1 项所定之临时管理人,在代行董事长及董事会时,自属公司负责人,如其非公司负责人,如何能行使董事长及董事会之职权,是以被选定之临时管理人,依'公司法'第 208 条之 1 第 1 项之规定,足认其为公司负责人,自难以其未在同法第 8 条第 2 项规定之列而遽认其非股份有限公司之法定负责人。"[④]该判决通过采取实质主义的认定标准,将本未列入"公司法"第 8 条之 1 第 1 项职务负责人范围的临时管理人也纳入职务负责人范围,从而将实质

---

　　① 台湾地区"财政事务主管部门"台财税字第 34927 号函:"依'限制欠税人或欠税营利事业负责人出境实施办法'规定限制出境之营利事业负责人,系指以依法得代表该营利事业之法定代理人为限。其为公司组织者,仍系经公司董事会或股东会议合法授权之董事长或执行业务而代表公司之股东。至非公司组织之独资或合伙营利事业,亦可参照'商业登记法'第 9 条第 2 项所称之负责人为限。"该函并未完全适用台湾地区"公司法"第 8 条的规定,而是在税法上另作规定。

　　② 台湾地区财政事务主管部门曾于 1994 年 9 月 22 日以台财税字第 830432027 号函规定:"限制营利事业负责人出境,应以公司登记之负责人为准,如该负责人被限制出境后,发生公司登记负责人变更而营业登记负责人未准变更之情事,则仍应限制营业登记负责人。"该函确立了税务实践中对公司负责人认定之形式主义标准,但该函已于 2010 年 6 月 23 日被废止,这或许是台湾地区对以往形式主义标准之弊端检讨的结果。

　　③ 台湾地区"公司法"第 208 条之 1 规定:"(第 1 项)董事会不为或不能行使职权,致公司有受损害之虞时,法院因利害关系人或检察官之申请,得选任一人以上之临时管理人,代行董事长及董事会之职权。但不得为不利于公司之行为。(第 2 项)前项临时管理人,法院应嘱托主管机关为之登记。临时管理人解任时,法院应嘱托主管机关注销登记。"

　　④ 台湾地区"最高行政法院"2009 年 2 月 12 日判字第 97 号判决。

主义的认定标准运用于税法实践,可以说这是台湾地区司法部门对税法领域公司负责人概念在税法上的内涵作出的一次有益探索。

在台湾地区,对公司负责人的认定标准之所以发生由形式主义向实质主义的转变,主要原因是基于经济观察法或者实质课税原则和比例原则的考量。实质课税原则要求当出现公司登记的形式负责人与实质上控制或者执行公司业务者不同时,应以后者为实际的公司负责人从而限制其出境;否则就容易造成公司登记的形式负责人的"人头顶替"和"挂名负责人"等税收规避现象。以"挂名负责人"为例,"登记之负责人实际上并不过问公司事务,公司之一切业务均由职务范围内之负责人即经理人掌理时,则实际执行公司业务,为公司逃漏税捐之负责人不必'代罚',不过问公司事务之登记负责人反应'代人受过',岂符公平正义原则及立法本意,此于登记之负责人与职务范围内负责人之经理人分属不同之派系时尤然。"相反,"如能确实找到实际负责人,使其负责,应该是较为适当之作法,因其实际参与公司之业务,对于公司事务知之最详。""又限制出境强调'对人性',则以租税保全之角度思考,若要维持此制度,自当使其发挥最大之效用,而限制挂名负责人出境通常很难达成租税保全之效果,唯有限制实际负责人出境,才最能使租税获得保全。"[①]此外,从职权调查主义的角度来看,限制出境作为行政行为,应有"行政程序法"的适用,"负责人作为限制出境的法定要件,处分机关负有职权调查的权责,依'行政程序法'第 9、36 及 43 条规定,并非采'法定证据主义',处分机关须综合有利及不利当事人之事项,依论理及经验法则(即所谓'自由心证主义'),来判断所欲限制出境之对象是否符合负责人要件,私法关于负责人登记充其量作为负责人认定之参考,难认有取代职权调查义务的功能,故基于职权调查权责,私法负责人之登记对限制出境而言,不应具有拘束力。"[②]依该见解,行政机关应当尽职权调查主义的职责,依据调查结果理性判断限制出境对象是否符合负责人的要件,而不能为了"便宜省事",在不作任何职权调查的情况下,仅以私法上登记的负责人作为限制出境对象。

从比例原则的角度看,采用实质主义的认定标准,实际上赋予税务机关宽泛的行政裁量权,因此实质负责人的内涵应受有助于目的达成的比例原则拘束。具体而言,应当对实质负责人的内涵施加两项限制,一是被限制出境的法人须有偿债能力,二是被限制出境的负责人必须具有处理法人财务事项的决策权限。"以'税捐稽征法'第 24 条第 3 项来说,限制出境的行政目的既在要求负责人协力履行法人履行欠税缴纳义务,该欠税法人须以有偿债能力为前提,除非负责人

---

① 吴启玄:《限制出境制度之实务研析》,台湾翰芦图书出版有限公司 2003 年版,第 155 页。

② 黄士洲:《法人欠税限制出境对象之探讨》,载《财税研究》2008 年第 2 期,第 107 页。

有掏空法人财产或账务不明情形之外,将无偿债能力的法人的负责人予以限制出境,既无解于欠税的清偿,反有'押人偿债'之意味;其次被限制出境的负责人必须具有处理法人财务事项的决策权限,未参与法人经营、单纯借名登记的负责人,仍予限制出境,无异惩罚其借名行为,同时也无解于清偿欠税目的。"①陈清秀教授也认为,"如果公司登记负责人在'民法'上及'公司法'上,并无权责管理处分公司财产以供缴纳欠税时,则纵然限制出境,仍无从达成其保全税捐债权之行政目的。从而即不得限制出境,以免违反台湾地区宪制性规定上及'行政程序法'上比例原则。"②

二、限制出境适用条件的比较

(一)大陆限制出境的适用条件

《阻止出境实施办法》第 3 条第 1 款规定:"经税务机关调查核实,欠税人未按规定结清应纳税款又未提供纳税担保且准备出境的,税务机关可依法向欠税人申明不准出境。对已取得出境证件执意出境的,税务机关可按本办法第 4 条规定的程序函请公安机关办理边控手续,阻止其出境。"据此,阻止欠税人出境须满足两个条件:一是欠税人在出境前,不能依法结清应纳税款、滞纳金,并且又不能提供纳税担保;二是欠税人已取得出境证件执意出境。如果欠税人未取得出境证件,税务机关只能向欠税人申明不准出境,并通过适用法定不准出境人员备案通报制度③来限制欠税人出境。此外,国税发〔1996〕216 号文第 1 条还规定了得适用限制出境措施的最低欠税金额标准,已如前述。

2001 年《税收征管法》对上述要件作了部分修正,根据该法第 44 条,需要出境的纳税人或者他的法定代表人在同时满足以下两个条件时,税务机关即可对

---

① 黄士洲:《法人欠税限制出境对象之探讨》,载《财税研究》2008 年第 2 期,第 108 页。

② 陈清秀:《现代财税法原理》(修订 2 版),台湾元照出版有限公司 2016 年第 2 版,第 482 页。

③ 法定不准出境人员备案通报制度是 1998 年公安部发布的《公安部关于实行对法定不批准出境人员通报备案制度的规定》(公通字〔1998〕33 号)确立的一项制度。该文件第 2 条规定:"人民法院、人民检察院、公安机关、国家安全机关和司法行政机关,部队军以上单位、国务院有关主管机关对须限制出境的对象应当及时向公安机关通报备案。公安机关出入境管理部门依据法律规定不批准限制对象出境。"第 3 条规定:"通报备案对象必须是具有法定不准出境情形之一的下列人员:(1)刑事案件的被告人和公安机关、国家安全机关或者人民检察院认定的犯罪嫌疑人;(2)人民法院通知有未了结民事案件不能离境的;(3)被判处刑罚正在服刑的;(4)正在被劳动教养的;(5)国务院有关主管机关认为出境后将会对国家安全造成危害或者对国家利益造成重大损失的。"

欠税人采取限制出境措施:一是欠税人在出境前未向税务机关结清应纳税款、滞纳金;二是在出境前未向税务机关提供担保。

(二)台湾地区限制出境的适用条件

在台湾地区,限制出境的适用条件包括客观要件和主观要件。客观要件在"税捐稽征法"中已有明确规定,争议不大。而对于主观要件,因"税捐稽征法"未对其作出明确规定,理论上存在较大争议。

1. 客观要件

根据"税捐稽征法"第24条第3项和第5项,限制出境应符合以下要件:

(1)欠税达一定金额

规定于"税捐稽征法"第24条第3项,即纳税人已确定之应纳税捐逾法定缴纳期限尚未缴纳完毕,所欠缴税款及已确定之罚锾单计或合计,个人在100万元新台币以上,营利事业在200万元新台币以上者;其在行政救济程序终结前,个人在150万元新台币以上,营利事业在300万元新台币以上。

上述条款中所谓"欠缴税款",应包括本税、滞纳金、利息、滞报金、怠报金、短估金及教育经费或教育捐在内,[①]也包括欠缴所得税之暂缴税款在内。[②] 但是,有关欠缴应纳税捐达一定金额之认定,应不包括行政救济加计利息部分。税捐稽征机关原函报限制出境案件,如系加计行政救济利息者,应即主动清理;其扣除前述利息后,未达限制出境标准,应即函报财政事务主管部门解除出境限制。[③] 已依法提起行政救济尚未确定之欠缴罚锾,尚不得并计入欠缴应纳税捐中予以限制出境。[④] 如果营利事业欠缴之税捐或罚锾与负责人本人所欠缴之税捐或罚锾同时存在,因二者属于不同纳税人所欠缴,从而是否达限制出境之金额,自应个别认定,不宜合并计算。[⑤]

(2)已执行税收财产保全措施

根据"税捐稽征法"第24条第1项、第2项及第5项,税捐稽征机关在未执行下列税收财产保全措施的情况下,不得径行对欠税人采取限制出境之税收保全措施:①税捐稽征机关得就纳税人相当于应缴税捐数额之财产,通知有关机关,不得为移转或设定他项权利;其为营利事业者,并得通知主管机关,限制其减资或注销之登记。②前项欠缴应纳税捐之纳税人,有隐匿或移转财产、逃避税捐

---

① 台湾地区财政事务主管部门1984年10月24日台财税字第61849号函。

② 台湾地区财政事务主管部门1985年2月22日台财税字第12122号函。

③ 台湾地区财政事务主管部门2001年8月16日台财税字第0900455270号函。

④ 台湾地区财政事务主管部门1994年6月11日台财税字第831596619号函。

⑤ 台湾地区财政事务主管部门1981年11月10日台财税字第39547号函。

执行之迹象者,税捐稽征机关得申请法院就其财产实施假扣押,并免提供担保。但纳税人已提供相当财产担保者,不在此限。

此外,根据"税捐稽征法"第 24 条第 3 项最后段规定"但已提供相当担保者,应解除其限制",欠税人如已提供相当担保,固然应解除限制,但如果欠税人在稽征机关采取限制出境措施之前即提供担保,是否具有阻却限制出境措施的效果,不无疑问。在限制出境前,稽征机关须先采取财产保全措施,如在该阶段,纳税人已提供担保的,由于阻却了在先的财产保全措施,因此无所谓此后的限制出境措施;如在稽征机关采取财产保全措施、特别是假扣押之后,又欲采取限制出境措施之前,纳税人在此时提供担保,则因本身即已达致保全税捐债权的目的,同时又有解除假扣押措施之效,从而亦使限制出境措施的采取失去必要前提。因此,基于比例原则而形成税收财产保全措施和限制出境措施一先一后的适用顺序,规定在限制出境措施之前提供担保以阻却该措施的采取显得没有必要。

2.主观要件

有学者主张,"税捐稽征法"第 24 条第 3 项应作修改,限制出境应以有"意图逃避税捐"的"主观要件"[1]。"盖大多数人民之所以需要迁徙,多出于营业或者选择职业之故"[2],因此这一类义务人因其借由出境工作增加收入,可提高履行义务之能力,有助益于行政执行目的之达成,若不顾及其出境之原因事由,不分青红皂白,一律限制出境,显已逾越达成执行目的之必要限度,而有违"行政执行法"第 3 条规定的比例原则之虞。[3] 也有学者认为,限制出境本质上并非行政罚,不问是否有无归责事由。[4]

本书倾向于后一主张,即限制出境的适用无须欠税人主观要件。其理由一是在于限制出境应为一种税收保全措施,而税收保全措施的采取以纳税人客观上欠缴税款为已足,至于行政罚才需考虑被处罚对象主观上是否有可归责事由。二是,如纳税人存在主观逃税故意,则有相应的行政处罚,而非以限制出境来代替行政罚。

(三)简要比较

两岸在限制出境适用的客观条件方面,异同并存,例如均有得以适用的最低

---

① 参见蔡震荣:《金钱给付义务与限制出境之探讨》,载《律师杂志》2004 年第 303 期,第 24 页。

② 萨孟武:《台湾地区宪制性规定通论》,台湾三民书局 1980 年第 9 版,第 94 页。

③ 该学者的主张虽然是针对台湾地区"行政执行法"第 17 条第 1 项事由而论的,但本书认为其对"税捐稽征法"第 24 条第 3 项同样适用。参见姚其圣:《"行政执行法"拘提管收与限制出境之研究》,台湾翰芦图书出版有限公司 2007 年版,第 140 页。

④ 参见葛克昌:《税捐行政法》,厦门大学出版社 2016 年版,第 116 页。

欠税数额标准,且区分个人和经济组织体设置不同标准,但对欠税的界定明确性程度和经济组织体的范围界定又有所不同,已如前述。此外,大陆对于拒不办理纳税申报的纳税人,可不受欠税数额标准的限制而采取限制出境措施,混淆了作为税收保全措施的限制出境要件与税收处罚的处罚要件。如前所述,限制出境措施的采取不问欠税人主观状态,而(经通知申报仍)拒不办理纳税申报者,其主观状态应属"故意",如造成未缴或者少缴税款后果的,构成"偷税",自应适用《税收征管法》第63条予以处罚;若其所欠税款达到欠税金额标准,才有限制出境措施的适用。因此,应区分限制出境和偷税罚界限,分别具体情形予以适用。

两岸间最大的差异应当在于是否依比例原则的要求将税收财产保全措施作为限制出境措施的前置措施,本章第一节已有详述,此处不赘。而且,由于台湾地区将假扣押置于限制出境措施之前,因此于假扣押前后提供担保即可起到保全税捐债权之效,因此未再对提供担保以阻止限制出境措施加以规定。而大陆由于将税收财产保全措施和限制出境措施分别作为独立的措施,因此提供担保均有阻止该两项措施之效。

三、限制出境适用程序的比较

(一)大陆限制出境的适用程序

大陆有关限制出境的程序性规范主要体现于《阻止出境实施办法》和国税发〔1996〕216号文这两个规范性文件当中。

1.限制出境的申请、审批及实施机关

《阻止出境实施办法》第4条规定,阻止欠税人出境由县级以上(含县级)税务机关申请,报省级税务机关审核批准,由审批机关填写《边控对象通知书》函请同级公安机关办理边控手续;已移送法院审理的欠税人由法院依照法律规定处理。第5条规定,省级公安机关接到税务机关《边控对象通知书》后,应立即通知本辖区有关边防口岸,依法阻止有关人员出境;欠税人跨省级行政区出境的,由本省级公安机关通知其他有关省级公安机关实施边控;有关边防检查站在接到边控通知后应依法阻止欠税人出境,必要时可以依法扣留或者收缴欠缴税款的中国大陆居民的出境证件。

国税发〔1996〕216号文第3条在《阻止出境实施办法》的基础上进一步明确了阻止欠税人出境的层级审批程序。此外,国税发〔1996〕216号文第4条还规定,公安边防部门阻止欠税人出境时,申请阻止出境的税务机关应派员到场,并告知当事人其被阻止出境的事由、依据、欠税金额,及未结清税款或未提供纳税担保前不得离境等内容。

2.限制出境的期限及续控、撤控程序

《阻止出境实施办法》第7条规定,阻止欠税人出境的期限一般为一个月;对控制期限逾期的,边防检查站可自动撤控。需要延长控制期限的,税务机关按照第4条、第5条规定办理续控手续。第8条规定了应撤销对欠税人限制出境措施的具体情形,包括:(1)已结清阻止出境时欠缴的全部税款(包括滞纳金和罚款);(2)已向税务机关提供相当全部欠缴税款的担保;(3)欠税企业已依法宣告破产,并依《破产法》程序清偿终结者。国税发〔1996〕216号文第5条进一步规定,被阻止出境的欠税人结清所欠税款或提供纳税担保后,税务机关应立即依照布控程序撤控。

(二)台湾地区限制出境的适用程序

台湾地区限制出境程序方面的内容主要表现在以下几个方面:

1.限制出境管辖机关

根据"税捐稽征法"第24条第3项,欠税人符合限制出境法律要件时,得由财政事务主管部门函请"内政事务主管部门入出境及移民事务主管机关"(以下简称"移民事务主管机关")限制其出境。然而,该条款并未明确限制出境的管辖机关究竟为谁,以致理论和实务中存在较大争议。陈敏教授认为,人民入出境之管理及限制,其主管机关为入出境管理机关,而非财政事务主管部门,理由在于"税捐稽征法"第24条第3项并未将入出境事务管辖权授权财政事务主管部门,如认为财政事务主管部门为限制欠税人出境之原处分机关,即与事务管辖之规定不符。[①] 然而,大多数学者认为,限制欠税人出境之原处分机关为财政事务主管部门,出入境管理机关仅为财政事务主管部门之协助机关。目前台湾地区实务部门也多采取大多数学者之观点;对此,本节第四部分再予详述。

2.说明理由和送达

说明理由是正当法律程序思想在税收程序法中的重要体现,也是"基于权力必须理性行使这一法律精神而赋予纳税人的一项程序性权利"。[②] 它"关注行政机关判断形成过程的合理性,要求行政机关在作出行政决定时,必须就事实认定、法律适用、政策选择以及裁量权的形式等作出合理的解释,从而使得对行政

---

① 陈敏:《限制出境之税收保全措施》,载《法治斌教授纪念论文集——法治与现代行政法学》,台湾元照出版有限公司2004年版,第552页;以及陈敏:《行政法总论》,台湾新学林出版有限公司2016年第9版,第362~363页。

② 施正文:《税收程序法论》,北京大学出版社2003年版,第168页。

权的控制从传统的立法与司法审查扩展到对行政过程的控制。"①因此,从控权的角度来讲,说明理由制度将对税务机关行政权的控制从传统的"事前控制"和"事后控制"扩展到"事中控制",从而实现了对税务机关行政权的"全方位控制"。这就使得税务机关的决策过程更加理性,防止或减少税务机关的专横和恣意。另一方面,从纳税人的角度而言,说明理由制度使纳税人能够了解税务机关行政决策的过程,适时与税务机关进行交流沟通,及时向税务机关陈述自己的意见,从而提高了纳税人对税务机关行政决策的参与度、接受度和认同感,有利于缓解税务机关与纳税人之间的紧张关系,形成税务机关与纳税人之间的"征税合作"。因此,正如韦德所言,"给予决定的理由是正常人的正义感所要求的,这是所有对他人行使权力的人一条健康的戒律"。② 限制出境作为一项极为严格的税收保全措施,自然离不开说明理由制度的支撑。因此,台湾地区"税捐稽征法"第 24 条第 4 项明确规定财政事务主管部门在函请移民事务主管机关限制出境时,"应同时以书面叙明理由并附记救济程序通知当事人,依法送达"。

送达也是"税捐稽征法"第 24 条第 4 项规定的一项不可或缺的重要制度。"行政处分须送达相对人,送达系行政程序终了之标志,亦为行政处分在法律上存在之起点,③未经送达之行政处分仍非行政处分,送达不仅为行政处分之合法要件,亦为行政处分之成立要件。"④⑤"行政主体与行政相对人的关系就是通过行政行为连结在一起的,而这个连结点就处在行政行为送达这样一个环节上,在行政主体作为的行政行为中,如果这个行为具有合法性的话,送达就是其中的必备环节。"⑥除此之外,送达也是行政权力与公民权利的结合点。"行政权力要对公民权利发生作用,必须通过送达这样一个不可缺少的起始环节。这个环节是

---

① 有学者认为,传统的立法控制模式所确立的授权明确性原则为行政机关设立了据以行动的范围和标准,但无法控制行政过程;传统的司法控制模式作为一种事后的救济机制,对行政过程的控制只能是一种间接的反向控制;而强制说明理由则提供了对行政过程加以控制的机制。参见赵银翠:《论行政行为说明理由——以行政过程为视角》,载《法学杂志》2010年第 1 期,第 129 页。

② [英]威廉·韦德:《行政法》,徐炳等译,中国大百科全书出版社 1997 年版,第193 页。

③ 大陆有学者对此持不同观点,认为,送达是行政程序的继续和深化,而不是行政过程的结束,但也不是行政过程的开始。进一步讲,在行政行为送达的上一环节是行政主体对行政事态的分析和判断,而在行政行为送达的下一环节则意味着行政主体与行政相对人真正意义上的博弈关系的开始。行政行为送达的后果则是行政过程的进一步深化和行政行为是否合理化证明的开始。参见田瑶:《论行政行为的送达》,载《政法论坛》2011 年第 5 期,第 187页。——引者注

④ 根据台湾地区"行政程序法"第 110 条,送达为行政处分的生效要件。——引者注

⑤ H. Maurer, Allgemeines Verwaltungsrecht, 16 Aufl., 2006, § 9 Rn. 65. 转引自葛克昌:《税捐行政法》,厦门大学出版社 2016 年版,第 271 页。

⑥ 田瑶:《论行政行为的送达》,载《政法论坛》2011 年第 5 期,第 182 页。

一个结合点,同时又是一个公权力与私权利能量交换的控制阀。如果这个阀门没有被控制好,那么,公权与私权在行政法中的能量交换就可能是无序化进行。"①由此可见,在税务行政中,税收文书之送达的重要性不言而喻。它是税务机关行政处分的合法性要件和成立要件,也是公权力与私权利进行"能量交换"的一项重要机制。借助送达这个"能量交换的控制阀",行政相对人得以知悉其权利义务所在,并在对其不服时,得以及时向税务机关陈述意见及提起行政救济。

另外,"税捐稽征法"第19条规定了具体的受送达人。"行政程序法"对说明理由②和送达③还有更为具体的规定,可以作为一般法补充"税捐稽征法"而适用。④

3.期间和解除情形

"税捐稽征法"第24条第5项规定,限制出境之期间,自移民事务主管机关限制出境之日起,不得逾5年。继而第6项规定了应解除出境限制的具体情形,包括:(1)限制出境已逾前项所定期间者;(2)已缴清全部欠税及罚锾,或提供相当担保者;(3)经行政救济及处罚程序终结,确定之欠税及罚锾合计金额未满第3项所定之标准者;(4)欠税之公司组织已依法解散清算,且无剩余财产可资抵缴欠税及罚锾者;(5)欠税人就其所欠税款已依"破产法"规定之和解或破产程序分配完结者。

(三)简要比较

两岸在限制出境的适用程序方面,存在许多相似之处,例如,在实施机关方面,两岸都趋向于将财税行政机关作为决定实施限制出境的原处分机关,而将出入境管理机关作为协助机关。台湾地区的决定机关为财政事务主管部门,协助机关为移民事务主管机关;而大陆则规定县级以上税务机关申请、省级税务机关审批,且由与审批机关同级的公安机关办理边控手续。二者相较,显然前者协助

---

① 田瑶:《论行政行为的送达》,载《政法论坛》2011年第5期,第189页。

② 参见台湾地区"行政程序法"第43条、第97条和第114条。

③ 参见台湾地区"行政程序法"第67—91条。

④ 有关"税捐稽征法"与"行政程序法"二者之间的关系,前者未规定而后者有规定者,后者自有适用余地。但二者均有所规定的竞合之处,应当如何取舍适用,主要有两种学说:一为"完整规定除外说",认为"税捐稽征法"完全或完整之规定,始得排除"行政程序法"之适用;二为"程序保障说",认为"税捐稽征法"程序保障更严格者,始得优先于"行政程序法"适用。葛克昌教授则认为,"行政程序法"之适用,在税捐稽征程序中,应从纳税义务人之程序基本权观点出发,个别认定,方能获致正确之结论。参见葛克昌:《税捐行政法》,厦门大学出版社2016年版,第71~73页。

主体与请求主体的级别较高,这与其人口与地域面积是相适应的。大陆幅员辽阔,行政机关层级较多,因此无法、也无必要将限制出境的审批级别提升至税务总局的部级层面,应当维持目前的审批与执行级别现状。只是从保护纳税人权利角度出发,应当补充规定,要求限制出境的申请与审批均需经县级以上税务局(分局)局长批准。① 如前所述,限制出境的强度重于税收财产保全措施,《税收征管法》第 38 条所规定的税收保全措施尚且需要经过县级以上税务局局长批准,按照举轻以明重的法理,限制出境措施的采取亦应如此。

至于两岸在限制出境适用程序方面的不同之处,包括如下几点:

首先,台湾地区明确规定税务机关有向纳税人说明理由和告知救济程序并依法送达的义务,而大陆缺失类似规定。我们认为,从依法行政和纳税人权利保护的角度而言,税务机关不仅应当作出书面决定,而且应当以书面形式向纳税人说明理由并告知救济途径,且将书面决定书依法送达。说明理由不仅可以提高税务机关行政决策的合理性和行政执法的质量,而且可以增加纳税人对行政决定的可接受度,从而形成税务机关与纳税人之间的"征税合作"。告知救济途径可以避免纳税人寻求救济的盲目性,降低纳税人的遵循成本、节省税务机关和司法机关在纳税人救济方面的资源消耗,从而更好地保护纳税人的权利。而税务文书的送达对纳税人而言实际上起到了"提示"和"催告"的作用,一方面有利于督促欠税人及时清缴所欠税款,另一方面也有利于避免纳税人因事先不知晓自己已被限制出境而耽误其行程或给其造成其他不必要的损失。总之,"让行政相对人知晓针对自己的具体行政行为的内容是行政执法的一项基本原则。对被阻止出境的欠税人而言,其有权知晓自己已经被采取了阻止出境的税收保全措施。这一方面使得欠税人享有充分的知情权;另一方面,阻止出境措施的效用也方能得以发挥。"②

其次,在限制出境的期限方面,虽然大陆《阻止出境实施办法》第 7 条规定了阻止欠税人出境的一般期限为 1 个月,但又规定可以无期限、无次数的延长控制期限。其存在的主要问题包括:(1)该条规定的期限为边防检查站阻止纳税人出境的期限,并非对税务机关限制出境处分的限制。也就是说,税务机关在作出限制出境行政处分决定时,可以不受上述期限的限制。(2)该期限明显偏短。短期内,欠税人不一定有出境的需要;而当欠税人产生出境需要时,该期限却已经经

---

① 国税发〔1996〕216 号文附件一《阻止欠税人出境布控申请表》和附件二《阻止欠税人出境撤控申请表》中仅为"申请机关领导签字",实践中有时只是分管领导签字,应当明确为"申请机关局长签字",作为局长批准的形式。

② 王华:《对阻止欠税人出境的重新审视》,载《太原理工大学学报(社会科学版)》2009年第 4 期,第 12 页。

过。即使在该期限内纳税人存在出境的需要,一旦税务机关作出的限制出境处分决定规定了较长的限制出境期限时,边防检查站需要依照繁杂的程序反复延长限制出境的期限。(3)该条未对延长期限的次数作出限制,除了增加繁琐的延长程序外,实际上相当于对限制出境期限没有作出规定。

台湾地区"税捐稽征法"规定了最多 5 年的限制出境期限,在该期限内,税务机关可以根据纳税人欠税的数额以及其他因素,裁定具体的限制出境期限。而且,限制出境的期限应由税务机关在其处分文书中具体写明,出入境管理机关作为协助机关,并无裁定限制出境具体期限的权限。超过该期限,税务机关不得再对欠税人实施限制出境,已经实施限制出境的,无论税收保全目的有无实现,税务机关必须无条件解除其出境限制。因此,大陆《税收征管法》修订时,有必要增加限制出境期限的规定。

最后,在限制出境解除情形方面,两岸虽有部分规定相同(或相似),但台湾地区规定得更为详细完备。台湾地区"税捐稽征法"不仅规定在结清欠税(含罚锾)、提供担保和破产的情形下应当解除出境限制,而且对期间届满、行政救济及处罚程序终结、破产和解以及解散清算等情形也进行了具体规定。而这些在大陆尚属于立法空白,亦值得大陆未来修改《税收征管法》时予以借鉴。

四、限制出境救济制度的比较

(一)大陆限制出境的救济制度

限制出境行为是一项具体行政行为,作出该行为的主体究竟是税务机关,还是出入境管理机关,涉及欠税人不服时应以何者为被告而寻求救济的问题。《阻止出境实施办法》只是规定,在符合条件时,税务机关应当向欠税人"申明"不准出境,或"函请"公安机关阻止欠税人出境;由此似乎可以认为,出入境管理机关限制纳税人出境,是基于自己的职权,而不是基于对税务机关的协助。如果纳税人申请行政复议,只能以出入境管理机关为被申请人。如果纳税人提起行政诉讼,也只能以出入境管理机关为被告。[①] 也有观点认为,"根据文义解释规则,'申明'即郑重宣布、说明;'函请'是指用书信请求或邀请。实施办法对阻止出境的规定,'申明'不准出境应解释为是税务机关对欠税人作出的限制其出境的决定而郑重予以宣布、说明,对欠税人具有拘束力,是税务机关作出的具体行政行为,体现行政关系中国家行政机关与行政相对人在地位、权益上的不对等。'对

---

① 参见刘剑文、熊伟:《税法基础理论》,北京大学出版社 2004 年版,第 429 页。

已取得出境证件执意出境的,税务机关可……函请公安机关办理边控手续,阻止其出境'则应当解释为欠税人对于税务机关作出的限制其出境的具体行政行为拒不执行,税务机关可以信函的形式请公安机关对其实施边控,阻止其出境。税务机关对公安机关的'函请'从性质上来说是协助执行请求,而公安机关对欠税人实施边控限制其出境,则是履行其协助义务。"[1]还有观点认为,边防检查机关根据税务机关的通知而限制欠税人出境,是一种被动型的限制出境行为,是一种非常典型的多阶段行政行为,并且前一阶段的行为(税务机关作出限制出境的决定),是一个独立的行政行为,它对后一阶段(边防检查机关具体实施限制出境)具有拘束力。"在被动型的限制出境中,由于前阶段参与机关的参与行为具备直接对外的法律效力,当事人若有不服,应该针对该参与机关提起诉讼,由该参与机关承担相应的法律责任。"[2]据此,在欠税限制出境处分行为中,税务机关起着主导作用,出入境管理机关只是被动的协助机关,它所作出的是否阻止欠税人出境的决定不能违反税务机关先前作出的限制出境行政处分所产生的拘束力;如果当事人申请行政救济,只能以税务机关为被申请人(或被告)。

事实上,上述观点也得到了大陆立法机关的认可。例如,《2015修订草案》第71条第2款规定:"对决定不准出境的人员,税务机关应当按照规定及时通知出入境边防检查机关予以协助,或者提请公安机关出入境管理机构不予签发出(国)境证件。"该款规定即认为出入境管理机关是税务机关的协助执行机关。由此可见,在大陆,税法学界正在逐渐形成一种共识,即在限制出境制度中,税务机关是作出限制出境处分决定的机关,而出入境管理机关仅是协助执行机关。

(二)台湾地区限制出境的救济制度

台湾地区有关限制出境处分的救济,以往实务上认为,"因欠税由'财政事务主管部门'函请限制出境者:(1)受限制出境者如依财政事务主管部门函副本提起诉愿,依'诉愿法'第6条规定,应由财政事务主管部门参照'行政法院'1983年裁字第678号裁定意旨,认该函副本系事实通知,并非行政处分,从程序上驳

---

① 胡树月:《离境清税制度法律问题研究》,载《研究生法学》2008年第4期,第103页。

② 该学者认为,多阶段行政行为中,最后阶段行政机关的行为,因是直接针对相对人,且对外发生法律效力,具有行政行为性质,此时的诉讼管辖,应以显名主义为支配性原则,学者间尚无争议。但是,在具备下列条件时,应存在显名主义的例外:(1)作成行为的机关(即最后阶段行为的机关)对其依法应与尊重,且不可能有所变更者;(2)先前阶段的行为属行政行为成立的必要要素;(3)先前的行为以直接送达或以其他方式使当事人知悉;(4)后阶段行为只是补充前阶段的行为,其为前阶段行为的手段而已。例如,出入境边防管理机关的限制出境,只是要求当事人缴税之目的,此目的在税务部门作出征税行为时即已达成。参见陈立波:《论我国限制出境的司法救济》,载《行政法学研究》2010年第4期,第94~98页。

回其诉愿。(2)受限制者于财政事务主管部门限制出境后,经'内政事务主管部门入出境管理局'申请出境,该局依财政事务主管部门函未准所请时,如有不服,依'诉愿法'第 6 条规定,应向'财政事务主管部门'提起诉愿。"①也就是说,税务机关函请出入境管理机关实施限制出境的行为仅是一种事实上的通知,而非具体行政行为,当事人不能对这种函请行为提起诉愿,而只能在当事人向出入境管理机关提出出境申请,出入境管理机关依据财政事务主管部门函未批准当事人的出境申请时,当事人对出入境管理机关的未批准行为不服而向财政事务主管部门提起诉愿。不过,"行政法院"现在认为,"营利事业欠税其负责人(原告)是否有限制出境之必要,系由财政事务主管部门决定,'内政事务主管部门入出境管理局'无从审查财税机关决定之当否,是于财政事务主管部门函请该局限制出境同时将副本送达原告时,应认为已发生法律上之效果,即为行政处分,得对之请求行政救济。"②可见,财政事务主管部门限制出境的通知送达当事人时,即发生法律效力,当事人可依据该通知向财政事务主管部门申请行政救济,而不再受出入境管理机关行为的影响。

尽管台湾地区实务上对限制出境处分的救济已有定论,但理论界对此的争议仍在继续。有学者认为,由税务机关通知出入境管理机关限制出境,后者限制出境处分系以前者通知行为为依据,构成多阶段行政处分。此际原则上应以移民事务主管机关限制出境之公文书,作为最后阶段之处分,如有不服得依法提起行政争讼。但此种处理原则有其缺点,故应有变通之办法,即在理论上如先前阶段之行为符合一定条件时,则应允许当事人直接对先前之行为,提及救济。目前实务上已采前述变通办法。③ "惟依多阶段行政处分之理论,财政事务主管部门函送④'入出境管理局'之通知函,'入出境管理局'依法应予尊重。换言之,当事人权益受损事实上系因先前阶段行为所致。故财政事务主管部门或所属'国税局'之限制出境应认为行政处分,可对之提起行政救济。"⑤有学者认为,"财政事

---

① 台湾地区行政管理机构秘书处 1984 年 4 月 7 日台诉字第 16279 号函。

② 台湾地区"行政法院"1994 年 3 月 16 日庭长评事联席会议(一)。该决议推翻了"行政法院"1983 年 11 月 1 日庭长评事联席会议决议的见解。原决议认为,"'财政事务主管部门'该项函请限制出境,仅系请求'内政事务主管部门入出境管理局'对原告予以限制其出境,而原告应否受限制出境,有待'内政事务主管部门入出境管理局'之决定。是该项函送行为,显尚不发生限制原告出境之法律上效果,自非诉愿法上之行政处分。而该项函件副本之送达原告仅属事实之通知,尤非处分书可比。"

③ 参见吴庚、盛子龙:《行政法之理论与实用》(增订 15 版),台湾三民书局 2017 年增订 15 版,第 318～319 页。

④ "函送"二字系本书作者斟酌后加上,原文中并无此二字,可能系笔误。

⑤ 廖怡贞:《限制欠税人出境制度合宪性之检讨》,载《月旦法学杂志》2001 年第 72 期,第 76 页。

务主管部门函送'境管局',同时将副本送达当事人者,其所发生之法律效果,尚非限制出境,毋宁说在于确认当事人欠税已达限制出境标准。当事人之诉愿,系对此种确认之不服;至于对欠税未有不服,而对'境管局'之拒绝出境许可不服,宜向其上级内政事务主管部门诉愿。"[①]有学者认为,关于人民之入出境管制,属移民事务主管机关管辖,财政事务主管部门无此权限,因此,"仍应以入出境及移民事务主管机关为限制出境之主管机关,但其未经财政事务主管部门之函请,不得主动限制欠税人出境,未经财政事务主管部门之同意,亦不得主动解除欠税人之出境限制。"[②]也有学者认为,"有关欠税人之出境限制,系'税捐稽征法'所特别规定赋予财政事务主管部门之权限,财政事务主管部门自有此权限。且就事件本质而言,纳税义务人是否欠税,有无符合税法所定限制出境之要件,涉及财税主管机关之专业知识,并非入出境及移民事务主管机关所能了解,因此,以财政事务主管部门作为限制出境之处分机关,并由财政事务主管部门于行政救济程序中作为被告进行答辩,也符合专业分工之理念。且于财政事务主管部门函请入出境及移民事务主管机关限制出境之时,即给予受处分人救济机会,而非等到入出境及移民事务主管机关限制出境通知才给予救济,更能提供迅速有效的救济管道,有效提供人民权利保护。"[③]

值得注意的是,台湾地区"立法机构"于 2009 年 5 月 13 日修订"税捐稽征法"时,在该法第 24 条增加了第 4 项,即要求财政事务主管部门函请移民事务主管机关限制出境时,应同时以书面叙明理由并附记救济程序通知当事人,依法送达;其中,所谓的"通知"应当指财政事务主管部门以正本作出的限制纳税人出境的通知。这也改变了以往财政事务主管部门函请移民事务主管机关限制出境时,将副本送达当事人的做法。而"书面叙明理由""附记救济程序"这些义务的存在,也使得财政事务主管部门与纳税人在限制出境制度中的法律关系更为明确。由此可见,台湾地区"税捐稽征法"正式以法律的形式确认财政事务主管部门直接以纳税人作为限制出境行政处分的行政相对人。因此,纳税人如果对财政事务主管部门限制其出境的行政处分行为不服,应依据该通知向"财政事务主管部门"申请行政救济。

---

①　葛克昌:《租税债务不履行与限制出境》,载《月旦法学杂志》2001 年第 70 期,第 27 页。

②　陈敏:《限制出境之税收保全措施》,载《法治斌教授纪念论文集——法治与现代行政法学》,台湾元照出版有限公司 2004 年版,第 560 页。

③　陈清秀:《税法总论》(修订 9 版),台湾元照出版有限公司 2016 年第 9 版,第 621～622 页。

(三)简要比较

如前文所述,大陆《税收征管法》目前存在的作出限制出境决定的主体不明的问题有望通过《2015 修订草案》的修订而得到解决。而台湾地区理论上虽多以限制出境制度中财政事务主管部门与移民事务主管机关间之关系作为多阶段行政处分之实例,但不仅有观点认为此种理论有其缺点而应变通,亦有认为根本并非多阶段行政处分,移民事务主管机关无非是财政事务主管部门或行政执行处限制出境处分中的执行机关而已。① 而且,无论其理论上争议如何,实务上还是均以财政事务主管部门为被告而开展救济程序。

因此,作出限制出境决定的主体应该是税务机关,而出入境管理机关仅是税务机关的协助执行机关。具体而言,税务机关依法作出限制出境的决定,并且在决定书上叙明理由并附记救济程序等事项,向纳税人送达,对其产生直接的法律效力。同时,税务机关应将该决定书的副本以及要求出入境管理机关予以协助执行的请求书(或函请书、通知书)送达出入境管理机关。而对于限制出境的形式要件,应由出入境管理机关在收到税务机关的请求书后进行形式审查。"出入境管理机关可以对相关法律文书是否齐全,内容是否存在错漏进行形式上的审查,发现问题可以与决定机关进行沟通,也可以退回限制出境的决定,以确保限制出境决定的准确性。"②出入境管理机关依据其形式审查的结果对纳税人作出是否执行的决定,并在执行决定书上说明执行的依据(即税务机关的限制出境处分决定书),向纳税人送达。出入境管理机关作出的决定对纳税人同样产生直接的拘束力。

换言之,如果纳税人被限制出境,那么,其应该先后收到两份具有直接拘束力的决定书,一份是税务机关对其作出的限制出境处分决定书,另一份是出入境管理机关对其作出的执行决定书。这两份决定书的效力有所不同:前者一方面对纳税人产生限制其出境的效力,另一方面对出入境管理机关产生构成其协助税务机关执行限制出境处分决定书的依据的效力;而后者仅对被限制出境的纳税人产生执行税务机关限制出境处分决定书的效力。因此,如果纳税人对税务机关作出的限制出境决定书不服,应该以税务机关为被申请人(或被告);如果对出入境管理机关作出的执行决定书及其具体执行行为不服,则应以出入境管理

---

① 参见姚其圣:《"行政执行法"拘提管收与限制出境之研究》,台湾翰芦图书出版有限公司 2007 年版,第 144～153 页。

② 李娜、余翔:《论具体行政行为视角下的限制出境措施》,载《华北电力大学学报(社会科学版)》2010 年第 4 期,第 68 页。

机关为被申请人(或者被告)。这样,既可以明确税务机关和出入境管理机关各自的权限和职责,也可以减轻纳税人在申请救济时因不知道被申请人(或被告)究竟是谁而带来的困扰。

第十章

海峡两岸税务稽查
法律制度比较

作为税收征管的重要保障手段,税务稽查包括选择稽查对象、实施稽查措施、审理稽查案件、将案件交付执行等诸多环节,并与税收实体法、税收程序法的其他制度有着密切联系,涉及面广、内容丰富。然而无论是大陆的《税收征管法》及其《实施细则》还是台湾地区的"税捐稽征法",涉及稽查的法律规定都只有寥寥数笔,与税收管理、税收征纳方面丰富的制度内容形成鲜明对比。不过,大陆税务总局颁布了《税务稽查工作规程》、《税收违法行为检举管理办法》(2011年国家税务总局令第24号)、《重大税务案件审理办法》(2014年国家税务总局令第34号)和《税务稽查案源管理办法(试行)》(税总发〔2016〕71号;简称《稽查案源管理办法》)等一系列部门规章和(内部)规范性文件,以低效力层级的税法文件构建起了较为完整的稽查制度体系。相比之下,台湾地区虽然也以行政规则的解释令函形式对"税捐稽征法"的规定进行了一定补充,但整个稽查体系还不够完整,制度化程度也不高。理论上分析,两岸的稽查程序包括"一般稽查程序"与"特殊稽查程序"两类。前者主要表现为税务机关利用行政权力监督纳税人的税务活动,具有单方面的强制性;后者则主要表现为税务机关运用各种激励手段或非强制手段调查纳税人的税务活动,具有一定的指导性和互动性。

第一节　一般稽查程序比较

一般稽查程序在税务执法中具有基础性和广泛性,对纳税人权利也有着直接或间接的影响。以下结合两岸现行立法,对一般稽查程序的几个重要阶段以及由此形成的主要权利义务关系展开论述。

一、稽查对象选择的比较

税务机关的稽查资源相对于纳税人的数量来说是远远不够的,因此有必要科学地选取一定数量和类型的稽查对象,以达到稽查投入与追缴税款之间的成本收益最大化。首先,为使稽查局有计划地实施稽查,严格控制对纳税主体的税务检查次数,《税务稽查工作规程》要求稽查局应当在年度终了前制订下一年度的稽查工作计划,经所属税务局领导批准后实施,并报上一级稽查局备案。《税务稽查工作规程》规定,稽查局查处税收违法案件时,实行选案、检查、审理、执行分工制约原则,稽查局设立选案部门负责稽查对象的选取。确定稽查对象的具体程序为:选案部门对案源信息采取计算机分析、人工分析、人机结合分析等方法进行筛选,发现有税收违法嫌疑的,应当确定为待查对象。待查对象确定后,经稽查局局长批准后立案检查。对上级税务机关指定和税收专项检查安排的检查对象,应当立案检查。其次,案源信息的获取是选案(选择稽查对象)的前提。《稽查案源管理办法》明确案源管理的具体流程主要包括案源信息收集、案源分类处理、案源分配和处理结果使用。案源信息来源包括:(1)风险管理等部门推送的高风险纳税人风险信息;(2)纳税人自行申报信息、税收管理数据、税务稽查数据、国际税收情报信息和第三方信息等涉税数据、信息;(3)书信、来访、互联网、传真等形式的检举线索;(4)12366纳税服务热线举报专岗接收的电话形式的检举线索;(5)协查信息管理系统发函、不通过协查系统发起的纸质发函、实地协查等形式的协查线索。案源处理是指案源部门对收集的案源信息进行识别和判断,根据案源类型、纳税人状态、线索清晰程度、税收风险等级等因素,进行退回或者补正、移交税务局相关部门、暂存待查、调查核实(包括协查)、立案检查等分类处理的过程。其中,需要立案检查的案源包括:(1)督办、交办案源:督办、交办事项明确要求立案检查的案源。(2)推送、安排、自选案源:案源部门接收并确认的高风险纳税人风险信息案源,以及按照稽查任务和计划要求安排和自选的案源。(3)检举案源:举报受理部门受理的检举内容详细、线索清楚的案源。(4)协查部门接收的协查案源信息涉及的纳税人状态正常,且存在下列情形之一的案源:委托方已开具《已证实虚开通知单》并提供相关证据的;委托方提供的证据资料能够证明协查对象存在税收违法嫌疑的;协查证实协查对象存在税收违法行为的。(5)转办案源:转办案源涉及的纳税人状态正常,且税收违法线索清晰的案源。(6)协查案源:经过调查核实(包括协查)发现纳税人存在税收违法行为的案源。(7)其他案源:其他经过识别判断后应当立案的案源。(8)上级稽查局要求立案检查的案源。通过上述程序,不仅税务机关的稽查效率得到了提高,避免了随意确定稽查对象带来的无序化问题,而且纳税人的权益也得到了保障,防止了税务机关滥用稽查权力干预纳税人生产经营的情况。

从我们掌握的资料来看,台湾地区立法上尚无关于稽查对象产生方式的统一规定,制度化程度较低。但是,台湾地区重视运用信息技术确定稽查对象,最早于 1980 年就开始规划营利事业所得税选案作业计算机化的"选案模式系统",于台北"国税局"试点计算机查核案件。2007 年研发出了新的"营利事业所得税电脑选案系统",极大地提升了稽查选案的质量。为强化查审效能、加强信息连结性与智能型整合应用,营业税、营所税及综所税查审辅助系统陆续自 2011 年前后上线,建立了在单一纳税个体的基础下,整合跨税目之赋税资料存储,并通过资料整合、风险事件搜集与风险控制等措施,建构纳税人的风险管理机制,搭配新建立的选案查核功能,据以评估纳税义务人逃漏税捐之风险,筛选违章概率最高之案件,并指引查核方向,借以遏阻逃漏,维护租税公平。①

关于稽查选案中的随机抽查方式,税务总局 2015 年印发了《推进税务稽查随机抽查实施方案》(税总发〔2015〕104 号)。该方案的主要内容如下:(1)首次采取摇号方式确定稽查对象。方案要求,分级分类确定抽查对象和主体,所有待查对象,除线索明显涉嫌偷逃骗抗税和虚开发票等税收违法行为直接立案查处的外,均须通过摇号等方式,从税务稽查对象分类名录库和税务稽查异常对象名录库中随机抽取。(2)明确稽查人员通过摇号抽取。税务机关建立税务稽查执法检查人员分类名录库,通过摇号等方式随机选派执法检查人员,也可以采取竞标等方式选派执法检查人员,力求公平公正。(3)确定抽查比例和频次。对全国、省、市重点税源企业抽查,拟定每年抽查比例 20% 左右,原则上每 5 年检查一轮;对非重点税源企业,每年抽查比例不超过 3%;对非企业纳税人,每年抽查比例不超过 1%。对列入税务稽查异常对象名录库的企业,要加大抽查力度,提高抽查比例和频次;3 年内已被随机抽查的税务稽查对象,不列入随机抽查范围。(4)建立国地税联合随机抽查机制。国、地税机关建立税务稽查联合随机抽查机制,共同制订并实施联合抽查计划,确定重点抽查对象,实施联合稽查,同步入户执法,及时互通查获的情况,避免国、地税机关分别抽查,多头执法。(5)抽查成果增值运用。税务稽查随机抽查与社会信用体系相衔接,综合运用经济惩戒、信用惩戒、联合惩戒和从严监管等措施,将税务稽查随机抽查结果纳入纳税信用和社会信用记录,将严重税收违法行为列入税收违法"黑名单",实施联合惩戒,让失信者一处违法、处处受限。台湾地区"营利事业所得税结算申报书面审核案件抽查要点"(以下简称"抽查要点")也确定了随机抽查的方式,并对抽查范

---

① 《"国税"信息化历程》,台湾地区"财政事务主管部门财政史料陈列室"网站:http://museum. mof. gov. tw/ct. asp? xItem＝3749&ctNode＝33&mp＝1,访问日期:2016 年 12 月 30 日。

围、优先抽查的对象作了规定。具体内容将在本章第二节特殊稽查程序中详述。

除此之外,大陆还明确了稽查的管辖原则。首先是以职能管辖为主要原则,稽查局应当在所属税务局的征收管理范围内实施税务稽查。上述以外的税收违法行为,由违法行为发生地或者发现地的稽查局查处。税法另有规定的,按税法规定执行,主要是针对纳税人所在地与经常行为发生地不一致时作出的特殊规定。其次是指定管辖。税务稽查管辖有争议的,由争议各方本着有利于案件查处的原则逐级协商解决;不能协商一致的,报请共同的上级税务机关协调或者决定。再次是分级分类稽查。省级和计划单列市国税稽查局、地税稽查局可以结合本地实际以及结合税收违法案件查处、税收专项检查、税收专项整治等相关工作实施分级分类稽查。最后是级别管辖。上级稽查局可以根据税收违法案件性质、复杂程度、查处难度以及社会影响等情况,组织查处或者直接查处管辖区域内发生的税收违法案件。下级稽查局查处有困难的重大税收违法案件,可以报请上级稽查局查处。同时,《稽查案源管理办法》规定了国地税共同管辖的案源在一定情况下由国地税共同立案的制度。

二、稽查措施实施的比较

税务稽查措施不仅决定着实际稽查效果,而且直接影响纳税人权益,因而在整个稽查程序中占据核心地位。从法律渊源上看,稽查措施的相关规定主要来源于税收程序法,[①]效力层级较高;从基本原则上看,实施稽查措施必须满足行政法上的合法性原则和比例原则,并在税收程序法出现规则空白时,适用行政程序法的规定。实施稽查措施还必须严格遵守时限:大陆要求检查应当自实施检查之日起 60 日内完成,确需延长检查时间的应当经稽查局局长批准;[②]台湾地区的稽查措施要在受理后 2 个月内实施完毕,但本机关首长核准延长的以下情况除外:[③](1)搜集资料;(2)会同其他机关调查;(3)重大案件设专案小组办理。

税务总局还发文强调了税务检查的三项重要原则,以规范税务机关的执法行为:[④](1)不重复检查原则,即不允许多个检查组同时对同一纳税人实施检查,也不允许因同一检查内容对同一纳税人进行多次检查;(2)综合检查原则,即以复合方式开展检查,避免各税种、各项目的单独检查;(3)限制专项检查原则,即

---

① 无论大陆《税收征管法》还是台湾地区"税捐稽征法",其税务稽查部分都只对稽查措施进行了规定,而对稽查选案、案件处理等方面的问题则未予关注。

② 《税务稽查工作规程》第 22 条第 4 款。

③ 台湾地区"各级稽征机关处理违章漏税及检举案件作业要点"第 4 条(二)。

④ 《国家税务总局关于实行税务检查计划制度的通知》(国税发〔1999〕211 号)。

国税、地税一年最多各进行 2 次专项检查。但在日常征收过程中对纳税人申报、纳税事项的核实检查，以及对举报、协查、上级批办事项的检查，不受检查次数限制。

至于具体稽查措施，大陆《税收征管法》及其《实施细则》中的"税务检查"部分为其设立了 11 条规则，台湾地区"税捐稽征法"的"调查"部分也包含 5 项规则。对比上述规则，可以将两岸现行主要稽查措施分为四类。

（一）询问纳税人

由于这种方式对纳税人权益影响甚小，因而两岸税务机关享有充分的询问权，立法上对此干预不多。大陆询问权的行使只需要满足出示税务检查证件、由 2 名以上工作人员进行、向被检查人告知法律后果等基本要求即可，除此之外没有特殊限制。但在台湾地区，税务机关应通知纳税人到其办公地点备询。[1] 并且"所得税法"进一步规定，纳税人因正当理由不能按时接受备询的，可以在接到稽征机关通知后 7 日内作出申复。[2] 由此来看，台湾地区的询问程序更为正式，对纳税人的保护也更为周到。

（二）涉税信息查询

这里的涉税信息是指纳税人在银行等金融机构的诸如存款、资金往来等与税收有关的信息。这种稽查方式尽管对纳税人的生产经营影响不大，但由于涉及纳税人的个人隐私或商业秘密，因此两岸立法规定了较为严格的条件，即事前集中审批制度。此外，大陆还对查询范围进行了限制，旨在防止查询权的滥用。依《税收征管法》的规定，大陆税务机关的查询对象通常是生产、经营型纳税人或扣缴义务人在银行等金融机构的存款账户，查询前需要获得县级以上税务局局长批准；而对于税收违法案件，查询对象为涉案人员的储蓄存款，但需要得到地市级以上局长的批准。《实施细则》第 87 条第 3 款将有关的资金往来也纳入查询范围，从而扩展了税务机关的查询权。不过对于纳税人在金融机构的其他经济信息，大陆则没有明确授权税务机关进行查询。

台湾地区令函则规定："向金融机构调查纳税人与该金融机构资金往来记录以作为课税资料的，应报经财政事务主管部门核准；如向金融机构调查的资料未涉及资金往来记录的，则不受此限制。"[3]从该规定来看，台湾地区税捐机关有权

---

① 台湾地区"税捐稽征法"第 30 条第 1 项。

② 台湾地区"所得税法"第 84 条。

③ 台湾地区财政事务主管部门第 40060 号函。此外，根据第 810839538 号函，向保险机构调查资金往来记录无须报财政事务主管部门核准。

查询纳税人在金融机构的一切经济信息,而并不限于存款和资金往来。

相比之下,大陆注重对纳税人涉税信息的保护,严格控制税务机关的查询权力。但存在的问题是,有限的查询范围不利于税务机关全面掌握纳税主体的经济状况,可能影响稽查效率。

(三)调取课税资料

此措施会在一定程度上影响纳税人的财务管理和日常经营,故两岸立法对此也有较为严格的限制,主要表现为审批权限和审查期限的要求。依照大陆《实施细则》第 86 条,过往年度的账簿、凭证、报表等资料经县级以上税务局局长批准后,可以调回进行审查,期限为 3 个月;而税务机关仅在特殊情况下才能将当年的资料调回审查,并且需要由地市级以上局长批准,此时课税资料的审查期限为 30 日。

台湾地区则将过往资料和当期资料的调取期限统一规定为 7 日。若涉嫌违章漏税等特殊情形,还可以再延长 7 日。"所得税法"赋予纳税人延期报送资料的权利,即营利事业如在规定送交调查时间以内申请延期提示账簿文件者,稽征机关应予受理。但延长期限不得超过 1 个月,并以一次为限。[①]

两相比较,大陆尽管规定了比台湾地区严格的审批制度,但调取资料后的审查期限相对于台湾地区来说还是偏长,尤其是当年资料调回审查的时限可以达到 1 个月,可能对纳税人的财务活动造成不当干扰。

(四)现场调查

该项措施在纳税人所在地或相关地实施,主要是对纳税人生产、经营过程或产品进行调查,因而其潜在影响是各种措施中最大的,需要在立法上作出严格限制。《税收征管法》第 54 条赋予税务机关在纳税人业务场所、分支机构以及车站、邮局等特殊场所进行检查的权力。检查对象可以是会计资料,也可以是纳税人的产品或财产。而对扣缴义务人的检查则仅限于与扣缴义务相关的税务资料与经营情况。

台湾地区"税捐稽征法"虽然没有规定调查的具体形式,但从"所得税法"和"营业税法"的规定来看,调查主要是以调取资料这种非现场方式进行。不过特殊情况下当纳税人或税务机关认为有必要时,也可以实施现场检查。[②] 相比大陆现场调查对象的广泛性,台湾地区的现场检查主要针对常规的课税资料。税捐机关只有发现纳税人有重大逃漏税嫌疑,并报经财政事务主管部门核准后,才

---

① 台湾地区"营所税查核准则"第 6 条第 2 项。
② 台湾地区"所得税法"第 83 条第 2 项。

能对纳税人的资产净值、资金流程以及不合营业常规的营业资料进行调查。①因此,台湾地区税捐机关的现场调查权受到很大限制。

作为补充,台湾地区也赋予税捐机关不完全的搜查权,以弥补其因现场调查权受限而无法高效率进行稽查的缺陷。按照其"税捐稽征法"第31条,稽征机关在获得当地法院签发的搜查票后,可以会同当地警察或自治人员展开搜查。搜查必须在10日内执行完毕,并将搜查票交还法院。不难看出,台湾地区对于税捐机关的现场调查行为持较为谨慎的态度。其稽查主要依赖纳税人提供课税资料的方式进行,并严格限制现场调查的对象,以减少现场执法可能给纳税人造成的不利影响。与此同时,为保证特殊情形下的稽查效果,又额外规定了"搜查"制度,并引入司法机关进行预先审查和执行监督,以约束税捐机关的行为。与此相反的是,大陆税务机关享有广泛的"现场检查权",其行使缺乏有效的制度规范,在保障税务机关稽查能力的同时忽视了对纳税人权利的保护。

总的来说,大陆的稽查措施体现了税务机关主导下的行政管理模式,立法上更注重对纳税人行为的规制,税务机关的权力较台湾地区稽征机关更大。比如税务机关在稽查过程中有权凭《冻结存款通知书》,通知银行或其他金融机构冻结纳税人相当于应纳税款金额的存款,还可以依法查封相关商品、货物或者其他财产。② 台湾地区的稽查措施则属于征纳互动模式,立法上更强调双方的配合,措施相对温和。

三、稽查案件处理程序的比较

大陆检查部门接到由选案部门制作《税务稽查任务通知书》后,应当及时安排人员实施检查。检查人员实施检查前,应当查阅被查对象纳税档案,了解被查对象的相关情况,确定相应的检查方法。

检查阶段的程序如表10-1-1所示:③

表 10-1-1　大陆稽查案件检查阶段流程表

检查前	应当告知被查对象检查时间、需要准备的资料等,但预先通知有碍检查的除外。检查应当由两名以上检查人员共同实施,并向被查对象出示税务检查证和《税务检查通知书》。

---

① 台湾地区"所得税法"第83条之1第1项。
② 《税务稽查工作规程》第35条。
③ 《税务稽查工作规程》第33—36条。

续表

检查过程中	检查人员应当制作《税务稽查工作底稿》,记录案件事实,归集相关证据材料,并签字、注明日期。
检查结束前	检查人员可以将发现的税收违法事实和依据告知被查对象;必要时,可以向被查对象发出《税务事项通知书》,要求其在限期内书面说明,并提供有关资料。
检查结束时	制作《税务稽查报告》,由检查部门负责人审核。经检查发现有税收违法事实的,《税务稽查报告》应当包括以下主要内容:(1)案件来源;(2)被查对象基本情况;(3)检查时间和检查所属期间;(4)检查方式、方法以及检查过程中采取的措施;(5)查明的税收违法事实及性质、手段;(6)被查对象是否有拒绝、阻挠检查的情形;(7)被查对象对调查事实的意见;(8)税务处理、处罚建议及依据;(9)其他应当说明的事项;(10)检查人员签名和报告时间。经检查没有发现税收违法事实的,应当在《税务稽查报告》中说明检查内容、过程、事实情况。
中止检查	检查暂时无法进行的,检查部门可以填制《税收违法案件中止检查审批表》,经稽查局局长批准后,中止检查。中止检查的情形消失后,应当及时填制《税收违法案件解除中止检查审批表》,经稽查局局长批准后,恢复检查。
终结检查	致使检查确实无法进行的,检查部门可以填制《税收违法案件终结检查审批表》,附相关证据材料,移交审理部门审核,经稽查局局长批准后,终结检查。

进入最终审理程序后,审理部门需要结合税务稽查报告对被查对象是否准确、是否符合法定程序、是否超越或者滥用职权,税务处理、处罚建议是否适当,稽查案件的事实认定是否清楚、证据是否充分、数据是否准确、资料是否齐全,适用法律、行政法规、规章及其他规范性文件是否适当,定性是否正确及其他应当审核确认的事项或者问题进行审核。上述事项存在问题的,审理部门可以将《税务稽查报告》及有关资料退回检查部门补正或者补充调查。税收违法事实清楚、证据充分,但适用法律、行政法规、规章及其他规范性文件错误,或者提出的税务

处理、处罚建议错误或者不当的,审理部门应当另行提出税务处理、处罚意见。并在 15 日内[1]提出审理意见,案情复杂确需延长审理时限的,经稽查局局长批准可以适当延长。审理完毕,审理人员应当制作《税务稽查审理报告》,由审理部门负责人审核。最后,审理部门区分不同情形分别作出处理,如表 10-1-2 所示。

表 10-1-2　大陆稽查案件审理阶段处理类型

案件情形	处理方式
认为有税收违法行为	应当进行税务处理的,拟制《税务处理决定书》。
	应当进行税务行政处罚的,拟制《税务行政处罚决定书》。
认为税收违法行为轻微,依法可以不予税务行政处罚的	拟制《不予税务行政处罚决定书》。
认为没有税收违法行为的	拟制《税务稽查结论》。
税收违法行为涉嫌犯罪的	填制《涉嫌犯罪案件移送书》,经所属税务局局长批准后,依法移送公安机关。

台湾地区也分设稽查和审理单位对违章漏税及检举案件分别处理。稽查部门采取稽查措施后,认为存在违章事实的,移交审理单位审查;认为不存在违章事实的,也应将稽查情形签报审理单位。审理单位审查后决定给予罚款的,除简易、明确的案件外,还需要提交"裁罚审议小组"(该小组隶属于稽征机关,由 5 人以上组成)进行审议。台湾地区的审查过程需要视案件类型遵守不同时限,如表 10-1-3 所示:[2]

表 10-1-3　台湾地区稽查案件审理时限表

案件类型	审理时限
简易及行为罚案件	分案后 10 日内审结
一般案件	分案后 2 个月内审结
案情复杂、牵涉面较广的案件	需专案签报本机关首长核准,指派高级人员成立专案小组审理,于分案后 4 个月内审结

---

[1]　稽查人员增补证据等资料、就有关政策问题书面请示上级、重大案件报经上级税务机关审理定案的时间不计入。

[2]　台湾地区"各级稽征机关处理违章漏税及检举案件作业要点"第 4 条(三),第 21 条、第 23 条、第 29 条。

大陆《税务稽查工作规程》实行选案、检查、审理、执行分工制约的原则,取消了原《税务稽查工作规程》(国税发〔1995〕226 号)稽查程序中初查阶段,稽查机构所享有的案件处理权。大陆与台湾地区一样,严格贯彻稽查/检查、审理职责分离原则,由审理单位作出最终处理决定。同样相似的是,台湾地区由特别机构对罚款类处罚进行二次审查,以保障纳税人权益。而大陆拟对被查对象或者其他涉税当事人作出税务行政处罚的,应向其送达《税务行政处罚事项告知书》,告知其依法享有陈述、申辩及要求听证的权利。

在最终处理决定形成后,稽查案件将被交付执行。纳税人不履行义务的,两岸税务机关都有权采取税收保全措施和强制措施,并可以发布"欠税公告"。

四、稽查程序中权利(力)义务关系的比较

依照《税收征管法》第 56 条、第 57 条,大陆纳税主体承担的主要义务为接受税务检查并如实反映情况、提供资料;其他相关主体则在税务检查程序中承担如实提供资料的义务。被检查者有权要求检查人员表明身份、出示证件。《税务稽查工作规程》还赋予被检查人请求回避、陈述意见的权利。台湾地区被检查者的权利义务状况与此类似。

不过两岸各自赋予被稽查人一项特殊的权利。大陆被检查者在检查前有权事先被告知被查对象检查时间、需要准备的资料等情况,但预先通知有碍检查的除外。[①]

从立法思路上看,税务机关实施突击检查是受到限制的。提前告知纳税人检查内容尽管会带来规避检查的隐患,但这一规定能够提高检查的针对性和效率,对于保障纳税人权益具有积极意义。

台湾地区则规定,被调查者有权以调查人员调查行为不当为由,要求调查人员的服务机关或其上级主管机关作出适当处理。[②]

台湾地区的异议权制度扩大了纳税人的救济途径,具有借鉴价值。当前大陆的稽查制度属于义务本位,纳税人处于绝对服从地位,在税务检查中往往比较被动。对于税务机关在税务稽查中的不当行为,《税收征管法》并没有给出有效的法律救济措施。其第 88 条第 1 款针对的是与税款确定有关的具体行政行为,第 2 款则将税务机关的不当行为范围限定为"处罚决定""强制执行措施"和"税收保全措施"三种具体行政行为。而税务检查中的许多行为可能只是间接影响

---

① 《税务稽查工作规程》第 22 条。
② 台湾地区"税捐稽征法"第 30 条第 2 项。

纳税人的经营自由或税收权益,性质上也不属于"具体行政行为",①难以通过行政复议或行政诉讼予以救济。因此,从建立良性征纳关系的角度出发,在税务检查中赋予纳税人异议权是有必要的。

由于税务机关在稽查程序中能够大量掌握纳税人的商业信息,且这类信息的市场价值极大,因此法律要求税务机关和稽查人员承担严格的保密义务,除法律另行允许外,稽查获得的信息不得泄露给第三方。《税收征管法》第59条明确了该义务,但该保密义务还只是一种宣言性的要求,不具备可操作性。《税务稽查工作规程》第6条对需要保密的内容和不属于保密范围的例外情况都进行了规定,税务稽查人员应当依法为纳税人、扣缴义务人的商业秘密、个人隐私保密。而纳税人、扣缴义务人的税收违法行为不属于保密范围。

台湾地区"税捐稽征法"第33条和第34条,则将保密内容规定为财产、所得、营业及纳税等资料;并列举了无须承担保密义务的8类对象。而以下三种情况税务机关也无须承担保密义务或仅承担有限的保密义务:(1)其他政府机关为统计目的而请求提供资料,稽征机关在不泄漏纳税人名称的情况下提供相关信息;(2)重大欠税、逃漏税案件确定后,稽征机关公布违法纳税人的姓名、违法内容;(3)对纳税额较高的纳税人,经其同意后公告其名称并予以奖励。

台湾地区的上述保密制度值得大陆借鉴。我们认为,这种反向列举方式对加强纳税人商业利益、个人隐私的保护具有重要意义。大陆立法上需要进一步明确哪些情况下税务机关可以不受保密义务的约束,并对这些情况下税务机关的谨慎义务(主要表现为将保密义务和法律责任告知资料的获取人)作出规定,从而更大程度地发挥稽查制度在税收征管中的作用。

第二节　特殊税收检查制度比较

一、大陆的纳税评估制度与台湾地区的抽查制度比较

(一)纳税评估与抽查制度的内容

大陆的纳税评估(tax assessment),有的国家或地区如德国称为税收评定、税收核定(确认),我国香港特别行政区称为评税,是指税务机关运用数据信息对

---

① 理论上可能属于行政机关的"准备性行为",即行政机关尚未作出完全、最终的行政处理决定前,为推动行政程序的进行所实施的行为,主要涉及调查取证、监督检查等活动。

比分析的方法,对纳税人和扣缴义务人(以下统称"纳税主体")纳税申报(包括减免缓抵退税申请,下同)情况的真实性和准确性作出定性和定量的判断,并采取进一步征管措施的管理行为。① 纳税评估是税务机关进行税源管理的主要内容,也是其主要工作职责和法定程序。

而台湾地区的抽查制度,是针对营利事业所得税结算申报采取书面审核②的案件进行账簿、文据及有关资料进行查核的活动。③

我们认为,两岸相关制度虽不尽相同,但二者都是税务机关对纳税人申报的准确性、真实性和合法性进行审核评价,确定纳税人依法实际应纳税款,对纳税人未缴少缴税款进行确定并通知纳税人执行,促进纳税遵从并加强税源管理、降低税收风险并减少税款流失的一项制度,具有一定的可比性。需指出的是,如上一节所述,大陆目前也有称为"抽查"的制度,按照国务院关于建立"双随机"抽查机制,规范事中事后监管的要求,税务总局于 2015 年出台了《推进税务稽查随机抽查实施方案》(税总发〔2015〕104 号)。但是该随机抽查只是其税务稽查制度中选案环节确定稽查对象的一种方式,与台湾地区的书面审核案件的抽查制度并非同一概念。此外,二者的立法目的都是为了强化税源管理,降低税收风险,减少税款流失,不断提高税收征管的质量和效率。

(二)纳税评估与纳税申报、税收核定等制度的衔接

大陆纳税评估工作作为一种防止虚假纳税申报的有效手段,原则上在纳税申报到期之后进行。纳税评估作为税源管理的工作程序,处于税款征收与税务稽查的中间环节,税款征收与税务稽查的结果,可通过纳税评估反馈到税务登记、发票管理、行政审批等各个征管环节,通过信息反馈机制,解决征收管理中疏于管理、淡化责任的问题,既可保证税收征管各个环节的协调统一,又可剖析问题,区分责任。税源管理部门与稽查部门之间对纳税人税收违法行为的衔接处理方式为:一是通过纳税评估,为稽查局提供案源,将评估发现纳税人有偷税、逃避追缴欠税、骗取出口退税、抗税或其他需要立案查处的税收违法行为嫌疑的,移交税务稽查处理。二是建立反馈机制,规定稽查部门经审查认为不需要立案的,应及时退回税源管理部门。稽查部门立案查处后,应当及时将处理结果向税

---

① 《纳税评估管理办法(试行)》第 2 条。

② 台湾地区的书面审核申报是系指公司因凭证不足或为免除"国税局"查核之困扰等因素,纵使账务结算后之纯益率或净利率低于财政事务主管部门所颁布之纯益率或所得额标准、同业利润标准率,亦同意在结算时将纯益率或净利率调整至财政事务主管部门所颁布的标准申报。

③ 台湾地区"营利事业所得税结算申报书面审核案件抽查要点"第 2 点。

源管理部门反馈。三是管理部门和稽查部门对是否立案存在不同认识的,由共同的局长确定是否立案查处。"纳税评估"的目的是发现纳税人不遵从行为并督促其提高遵从度,"税务稽查"的目的是打击严重不遵从行为,加上以帮助纳税人履行纳税义务为目的的"纳税服务",共同构成了大陆的税务管理体系。

台湾地区的抽查,乃是经书面审查暂行核定后进行的,但实践中,税捐稽征机关书面审查所做出的核定结果其实不具有绝对效力,只要仍处于核课期间内,税捐稽征机关依然保留事后抽查权限,而且事后的抽查无须以有新事实或新证据为要件。[1]

这涉及台湾的"核课期间"规定,具体而言:(1)依法应由纳税人申报缴纳之税捐,已在规定期间内申报,且无故意以诈欺或其他不正当方法逃漏税捐者,其核课期间为 5 年。(2)依法应由纳税人实贴之印花税,及应由税捐稽征机关依税籍底册或查得资料核定课征之税捐,其核课期间为 5 年;未于规定期间内申报,或故意以诈欺或其他不正当方法逃漏税捐者;其核课期间为 7 年。(3)如行为人系以"未于规定期间内申报,或故意以诈欺或其他不正当方法逃漏税捐者",其核课期间则为 7 年。[2] 也就是说,书面审查暂行核定后,在上述核课期间内,稽征机关仍得通知纳税人应提示有关各种证明所得额之账簿、文据以供查核。

相反,大陆并没有评估期限规定,仅有"开展纳税评估工作原则上在纳税申报到期之后进行,评估的期限以纳税申报的税款所属当期为主,特殊情况可以延伸到往期或以往年度"的含糊规定。[3] 从理论上来说,纳税评估应明确其行为期限,规定若超出该期限则税务机关所做的纳税评估无效,这样既可以保障纳税人权益,又能在客观上督促税务机关提高工作效率。除台湾地区外,美国、德国等国家和地区的税法中都规定有评估(核定)期限,大陆应结合现行征管法关于税款追缴的规定,并借鉴其他国家和地区的相关经验,明确可以"延伸到往期或以往年度"的具体时间,即评估(核定)期限。

(三)纳税评估制度与抽查制度具体操作规程比较

1.执法对象范围比较

依据《纳税评估管理办法(试行)》(国税发〔2005〕43 号),纳税评估对象的范围是主管税务机关负责管理的所有纳税主体及其应纳所有税种。但实际上,一般是经计算机自动筛选、人工分析筛选或重点抽样筛选后的重点分析对象。具体而言,综合审核对比分析中发现有问题或疑点的纳税主体、重点税源户、特殊

---

① 参见台湾地区"最高行政法院"2004 年判字第 1614 号判决要旨。
② 参见台湾地区"最高行政法院"2007 年判字第 1887 号判决要旨。
③ 《纳税评估管理办法(试行)》第 4 条。

行业的重点企业、税负异常变化、长时间零税负和负税负申报、纳税信用等级低下、日常管理和税务检查中发现较多问题的纳税主体要列为纳税评估的重点分析对象。

而台湾地区的抽查制度,虽说经稽征机关书面审核核定之营所税结算申报案件,不论该营利事业是否已经申请复查。① 但主要也是就每年书面审核核定之案件,随机选样抽查进行审核。② 一般抽查范围包括以下经书面审核核定的案件:会计师查核签证申报案件,申报所得额达各该业所得额标准案件及其他依有关法令规定,经书面审核核定的案件。③ 与大陆的"重点分析对象"相似,台湾地区 2002 年发布的"抽查要点"规定了优先列入抽查的案件:(1)课税年度及课税年度之前 2 年度内经查获逃漏所得税情节重大者;(2)已连续 4 年书面审核核定,尚未经抽查者;(3)使用虚设行号或伪造、变造之统一发票申报扣抵营业税者;(4)经书面审核发现申报异常或涉嫌违章情节重大者;(5)涉有"所得税法"不合营业常规之调整或第 66 条之 8 藉股权移转或虚伪安排规避或减少纳税之调整、"金融控股公司法"第 50 条、"企业并购法"第 42 条规定情事者;(6)其他经财政事务主管部门或稽征机关首长指定应予抽查者。不同的是,台湾地区还规定了可以降低其抽查比率或免予抽查的案件:"其属会计师查核签证申报案件,签证质量优良者"。此外,大陆《纳税评估管理办法(试行)》还对重点税源户表示关注,保证每年至少重点评估分析一次。④

可以想见,所谓"重点分析对象"和"优先列入抽查"只是有更多的可能性被筛选到,但大陆"必须评估分析"对象则是不参见随机抽样,直接列入调查范围,反映了执法机关对该部分纳税主体的高度关注,可以防范纳税人产生侥幸逃脱抽查的心态。另外,台湾地区稽征机关首长有较大裁量权,可以指定"必须抽查"某些纳税人。

2. 执法程序与方法比较

(1)大陆纳税评估的评估程序和评估方法

按照属地管理原则并借助改革后的税收管理员制度的管户责任,大陆纳税评估以对同一纳税主体申报缴纳的各个税种的纳税评估相互结合、统一评估的方式开展,其主要依据及数据来源就包括"一户式"存储的纳税主体各类纳税信息资料与税收管理员通过日常管理所掌握的纳税主体生产经营实际情况。

对于纳税评估的具体程序,大致包含几个步骤:首先是根据宏观税收分析和

---

① 台湾地区"财政事务主管部门"台财税字第 30993 号函。

② 台湾地区"抽查要点"第 4 点:"比率由稽征机关首长视人力及案件数量自行决定。"

③ 台湾地区"抽查要点"第 3 条。

④ 《纳税评估管理办法(试行)》第 23 条。

行业税负监控结果以及相关数据设立评估指标及其预警值;然后综合运用各类对比分析方法筛选评估对象;接着对所筛选出的异常情况进行深入分析并作出定性和定量的判断;最后对评估分析中发现的问题分别采取税务约谈、调查核实、处理处罚、提出管理建议、移交稽查部门查处等方法进行处理。另外,平时必须做好税源管理数据的维护和更新工作,对纳税评估工作中发现的问题要作出评估分析报告,提出进一步加强征管工作的建议,并将评估工作内容、过程、证据、依据和结论等记入纳税评估工作底稿。纳税评估分析报告和纳税评估工作底稿是税务机关内部资料,不发纳税主体,不作为行政复议和诉讼依据。

至于采何种分析方法,税务机关有裁量权,根据所辖税源和纳税主体的不同情况采取灵活多样的评估分析方法,主要有:①对纳税人申报纳税资料进行案头的初步审核比对;②设置相应的预警值,并与纳税人的申报数据做比较;③与财务会计报表数据进行比较;④与同行业相关数据或类似行业同期相关数据进行横向比较;⑤将纳税人申报数据与历史同期相关数据进行纵向比较;⑥通过对纳税人生产经营结构、主要产品能耗、物耗等生产经营要素的当期数据、历史平均数据、同行业平均数据以及其他相关经济指标进行比较,推测纳税人实际纳税能力。

(2)台湾地区抽查制度的执法程序

①稽征机关的通知:应行抽查之案件,视其是否经会计师查核签证,程序有略微差别:如经会计师查核签证的,稽征机关应通知代理会计师向委托人调取账簿文据查核,且不得以电话或口头通知;如果因为逾期未提送,或因该代理会计师丧失税务代理人资格等其他原因致无法通知者,稽征机关得直接向该营利事业调取账簿文据查核。

②查核期限:明确规定稽征机关对于抽查案件应于调取账簿文据齐全后2个月内审核完毕。如果因特殊情况不能如期完成,可以报经稽征机关首长核准延长。相比于大陆的规定,即"原则上在纳税申报到期之后进行,评估的期限以纳税申报的税款所属当期为主,特殊情况可以延伸到往期或以往年度",台湾的期限规定更为明确,而大陆对于特殊情形下的延期却没有制度性约束,对执法裁量权没有限制,还可能导致影响行政效率,降低税收服务水准等不良结果,我们建议在今后的立法中予以程序上的明确限制。

③执法人员回避制度:抽查工作应由稽核或审核员担任,如稽核或审核员不敷分配,得由资深查账人员担任。但原担任该抽查案件之书面审核人员,应行回避。

④规定了针对经会计师查核签证的营利事业的特殊程序:

A. 除以下情形外,原则上应当书面查核认定:对所提供之查核报告、查核工作底稿以及其他有关表报说明尚有疑问或认为尚有应行查核事项,得向该会计师查询,或通知会计师限期补具查核说明文件,或通知会计师向委托人调阅账簿文据并备询说明。

B. 调取账簿制度:会计师逾期未提送账簿文据或丧失税务代理人资格,或其他原因致无法通知时,稽征机关得直接向该委托人调取账簿文据查核。

C. 签证会计师申复制度:经抽查发现其有"会计师代理所得税事务办法"第8条所定情事,涉及会计师责任者,应书面函请签证会计师申复说明,说明为有理由者,应予采纳。

D. 免予抽查制度:税捐稽征机关可以视人力许可,对前项书面查核认定案件,进行定期实地抽查。值得注意的是对经实施评鉴绩优者的受托代理查核签证申报之案件,可以免予抽查。既是"可以",则何种情形免查、何种情形照常抽查,交由税捐稽征机关决定。

3. 对相关执法结果的处理方式

(1)大陆对之规定较为细致。总的说来,对纳税评估中发现的问题分别采取税务约谈、调查核实、处理处罚、提出管理建议、移交稽查部门查处等方法进行处理。

第一,税务约谈或提请自行改正。对纳税评估中发现的计算和填写错误、政策和程序理解偏差等一般性问题,或存在的疑点问题经约谈、举证、调查核实等程序认定事实清楚,不具有偷税等违法嫌疑,无须立案查处的,可提请纳税主体自行改正。需要纳税主体自行补充的纳税资料,以及需要纳税主体自行补正申报、补缴税款、调整账目的,税务机关应督促纳税主体按照税法规定逐项落实。

第二,对纳税评估中发现的需要提请纳税主体进行陈述说明、补充提供举证资料等问题,应由主管税务机关约谈纳税主体。

第三,发现纳税主体有偷税、逃避追缴欠税、骗取出口退税、抗税或其他需要立案查处的税收违法行为嫌疑的,要移交税务稽查部门处理。对经纳税评估发现纳税主体未按规定期限缴纳或者解缴税款的,按照《税收征管法》第32条、第52条和《实施细则》第75条的规定加收滞纳金。对税源管理部门移交稽查部门处理的案件,税务稽查部门要将处理结果定期向税源管理部门反馈。另外,发现外商投资和外国企业与其关联企业之间的业务往来不按照独立企业业务往来收取或支付价款、费用,需要调查、核实的,应移交上级税务机关国际税收管理部门。

(2)依据台湾地区相关法令,在抽查后如有发现短漏报、逃漏税事宜,应当依前文所述按"所得税法"与"税捐稽征法"有关规定予以处罚。值得一提的是,抽查人员于抽查时,如发现营利事业涉嫌逃漏所得额情节重大,或认为调查工作之必要,得签报稽征机关首长核准调取该事业前5年内之申报书一并加以查核。这实际上是通过对涉嫌逃漏税行为的营利事业开展有一定溯及力的调查,以维护公库债权的不受损害。

我们认为,大陆可以借鉴台湾上述措施,以打击纳税主体逃脱查处的侥幸心理。当然,遇到此种情形需要调取企业一定年限前纳税申报资料的,应当设置一定的决策批准程序。例如,可规定事先须上报县级以上税务局局长并签字批准,以防范行政执法裁量权的滥用,伤害诚实纳税人的信赖利益。

大陆幅员广阔,要将纳税评估制度的效用最大限度地发挥,有必要强调每个税收管理员的管户责任的落实,及其税源管理责任的落实。对税收管理员不负责任,玩忽职守,进行虚假调查,造成税费流失的,应由纪检监察部门按照有关规定追究责任,情节严重的,从严处理。同理,稽征部门查处的应纳税额与核定征收部门核定的税额相差悬殊的,可能就涉及追究主管核定征收工作的负责人的相应责任的问题。

另外,按照《纳税评估管理办法(试行)》规定,评估工作的内容和结论仅记入纳税评估工作底稿,该底稿是税务机关内部资料,不发纳税人,不作为行政复议和诉讼依据;而《税收征管法》和《实施细则》都没有关于纳税评估的具体规定。因此,就现有规定来看,纳税评估只是一种税务机关的内部管理行为,对于纳税评估结果的处理缺少法律法规依据,无法律效力,评估结果也就不会对纳税人带来法律效果,这导致了实务中纳税评估工作的尴尬定位。而实务中,纳税评估很好地沟通了税务管理、税款征收和税务稽查,作用越来越明显,有学者甚至认为纳税评估在税收征管中居于核心地位。[1] 因此,我们认为,应当在将来的法律修订中承认纳税评估的法律地位及其效力,并明确规定纳税人配合税务机关评估工作的协力义务。另外,一般而言,纳税评估过程中发现有偷漏税嫌疑的,将移交稽查部门,则纳税评估成为介于申报和稽查之间的一层"过滤网"。因此,理顺评估部门与稽查部门之间的管理权限关系,防止权力间的扯皮或争夺也变得尤为重要。[2]

二、税务约谈制度的比较与借鉴

(一)税务稽查约谈制度概况

1.税务约谈的简介与法源依据

目前为止,大陆还没有制定专门、统一的税务约谈规范,仅在《纳税评估管理

---

① 参见卢剑灵:《论纳税评估的定位及其配套改革》,载《税务与经济》2008 年第 3 期,第83 页。

② 参见龚伟:《论纳税评估的适法性》,载《中国财税法学教育研究会 2008 年年会暨第九届海峡两岸财税法学术研讨会会议论文集》,上海,2008 年 12 月,第 328 页。

办法(试行)》中描述了税务约谈制度的大致框架,再次,税务约谈的对象主要是企业财务会计人员。因评估工作需要,必须约谈企业其他相关人员的,应经税源管理部门批准并通过企业财务部门进行安排。除此之外,大陆部分省份早在2004年就开始采取税务约谈制度作为纳税评估的有力辅助,并且一些地区还发布了相应的规范性文件,其中以上海市国税局颁布的《纳税评估税务约谈制度暂行办法(试行)》(沪国税稽〔2004〕21号;简称《上海约谈暂行办法》)最为完整和成熟。[①] 但是,上海2009年印发的《纳税评估工作规程(试行)》(沪国税征〔2009〕13号)废止了上述通知,在第3节专门对税务约谈进行了规定,2012年重新颁布的《纳税评估工作规程(试行)》(沪国税征科〔2012〕2号;简称《上海纳税评估规程》),将约谈作为税收评估作业案头审核过程中核实疑点的方式之一进行了规定。目前,大多数税务机关将约谈相关规则作为内部使用规则,鲜有明文规定,可检索到的地方有效的税务约谈规范有《北京市地方税务局纳税评估税务约谈实施办法(试行)》(2010年)、吐鲁番地区地方税务局《税务约谈暂行办法(试行)》(吐鲁番地区地方税务局公告2011年第1号,以下简称《吐鲁番约谈办法》)。本部分主要以《吐鲁番约谈办法》为例介绍大陆的税务约谈制度。《吐鲁番约谈办法》将税务约谈的程序具体分为纳税评估分析、约谈辅导、纳税自查、审核处理、监督执行五个步骤。

税务约谈,台湾地区称为"税捐协谈",1989年公布"税捐稽征机关行政救济案件协谈作业要点"(以下简称"行政救济协谈要点")并施行,目的在于畅通纳税人申诉管道,增进征纳双方意见沟通,以减少行政救济案件,提升为民服务绩效。不过当时税捐协谈制度只适用于行政救济性质的案件;后又于1992年修正并发布"税捐稽征机关税务案件协谈作业要点"(以下简称"协谈要点"),[②]成为目前台湾协谈案件的主要法令依据。遗憾的是,"协谈要点"只是财政事务主管部门发布的规定,没有"法律"授权,法规层级似应属"行政程序法"第159条所规定的行政规则,即"协助下级机关认定事实及行使裁量权所为之裁量基准的行政规则。"[③]与此同时,台湾某些地区"国税局"也发布了相关细则,本书对台湾税捐协谈制度的介绍,将主要以2007新修正的"财政事务主管部门台湾省北区国税局处理税务案件协谈作业要点"(以下简称"'国税'协谈要点")与1992年的"协谈要点"为依据。

---

① 上海《纳税评估税务约谈制度暂行办法(试行)》共35条,对税务约谈制度进行了详尽的规定。

② 参见台湾地区财政事务主管部门1992年9月2日台财税字第811675652号函。

③ 刘雅菁:《税捐协谈之研究》,台湾中正大学财经法律学研究所2003年硕士学位论文,第14～15页。

2.程序的启动与申请人资格

大陆税务约谈的启动方仅为主管税务机关,启动的前提是对纳税评估中发现的需要提请纳税人进行陈述说明、补充提供举证资料等问题,必要前提是税务约谈要经所在税源管理部门批准。而最早的《上海约谈暂行办法》(已失效)则突破了这一限制,由税务机关事先向纳税人送达的文书称为《税务约谈建议书》。同时,纳税人因特殊情况不能按期接受约谈的,可以提出延期约谈申请。而2009年和2012年的《上海纳税评估规程》送达的文书分别称为《纳税评估约谈通知书》和《询问通知书》,并取消了纳税人申请延期的权利。

《吐鲁番约谈办法》确定启动约谈(确定约谈对象)的程序或步骤为纳税评估分析,是税务机关采取案头审查、信息比对等手段,对纳税人相关资料进行审核分析,就纳税人申报缴纳税款情况进行综合评定,以此确定约谈对象的一种方法。该步骤由审核纳税资料和确定约谈对象两个环节组成。资料审核是指主管税务机关对税收征管系统反映纳税人的各种信息资料、纳税人报送的纳税资料和财务会计报表,以及税务人员通过调查了解收集的资料进行审核分析,查找出纳税人在纳税申报中存在的疑点和异常情况。对纳税人的资料审核结束后,发现纳税人有纳税异常情况或涉税疑点的,税务人员应填制《税务约谈申请审批表》,报部门领导审批后,确定为约谈对象。

台湾地区1992年"协谈要点"删除了1989年"行政救济协谈要点"中纳税人可以作为税务协谈申请人的资格,使申请人(协谈案件产生方式)仅限于:(1)由承办复查人员或其股长签报单位主管核准者;(2)依复查委员会之决议者;(3)稽征机关首长交办者。而2007年"'国税'协谈要点"重新允许纳税人或其代理人可以当面或以书面方式提出申请。值得一提的是,"协谈要点"允许纳税人委任代理人协谈,但限制了代理人的人数不能超过3人。[①]

3.税务约谈的适用范围

(1)大陆适用税务约谈的案件范围

税务总局发布的《关于进一步加强税收征管工作的若干意见》(国税发〔2004〕108号)明确了非纳税人主观过错的情形,即对纳税评估发现的一般性问题,如计算填写、政策理解等非主观性质差错,可由税务机关通过约谈纳税人进行必要的提示与辅导,引导纳税人自行纠正差错;在申报纳税期限内的,根据税法有关规定免予处罚,超过申报纳税期限的加收滞纳金。在已失效的《上海约谈暂行办法》中,税务约谈的适用范围采列举加兜底条款的方式,与纳税评估制度的适用范围比较类似,如纳税申报异常、申报所得明显偏低或大幅度变动等情

①　台湾地区"协谈要点"第3点。

形。而后来的《上海纳税评估规程》只是简单地规定,税务机关通过纳税评估,发现纳税人存在异常情况或涉税疑点的,需要提请纳税人进行陈述说明、补充提供举证资料的,都可以实施税务约谈。另外,早期的《上海约谈暂行办法》还规定了三种不能适用约谈的纳税人,例如,纳税信用等级为 D 类的纳税人。而对于纳税信用等级为 A 类的纳税人一般适用约谈方式,无特殊情况的,一般不适用稽查程序;B 类、C 类纳税人既适用约谈方式,也适用稽查程序。《吐鲁番约谈办法》也规定,适用税务约谈的纳税人包括:所辖纳税人经营期连续在 2 年以上,且经营业务比较稳定、财务管理制度比较健全、有固定经营场所。[①] 不符合上述条件的,一般不适用税务约谈方式。并进一步明确"对举报的案件、上级督办的案件、其他部门转办的案件、专案检查的案件,以及发现涉嫌偷税、逃避追缴欠税或涉嫌伪造、倒卖地税发票的,不得采用约谈方式。"由此可见,约谈制度在大陆更多体现为一种激励机制,是对信用等级较好的纳税人的程序上的优惠或便利措施,而并非如台湾地区几乎适用于所有案件。

(2)台湾地区适用税捐协谈的案件范围

如上所述,台湾税捐协谈制度几乎适用于所有案件。协谈的案件范围具体如下:[②]首先是查核阶段:①稽征机关于审查阶段中,就课税事实的认定或证据之采认,认有协谈必要者,即可与纳税人进行税务协商;②承办单位核定后,纳税人提出申请之案件,就核定内容有协谈必要者。其次是行政救济阶段:①复查、依"诉愿法"第 58 条第 2 项规定由原处分机关重新审查或经行政救济撤销重核案件,对课税事实之认定或证据之采认,征纳双方见解歧异者。②申请复查之程序或理由,显与有关法令规定不符者。此外,"'国税'协谈要点"还有一个兜底性规定:"其他税务案件,有协谈必要者"。

4.适用程序比较

(1)大陆

大陆的纳税约谈是作为纳税评估制度中的一个程序,但全国性、规范性的纳税约谈制度还没有建立,虽目前各地都在适用,但基本没有明文制定的程序,各地做法各异。以下以《吐鲁番约谈办法》为例介绍约谈程序。

第一,税务约谈对象确定后,负责约谈的税务人员应根据《税务约谈申请审批表》和被约谈纳税人的实际情况,事先拟订约谈提纲,明确约谈重点。

第二,通知制度:负责约谈的税务人员在约谈前应制作《税务约谈通知书》,明确税务约谈的时间、地点、内容等事项,需要纳税人提供相关举证资料的,同时

[①] 《吐鲁番约谈办法》还进一步列举了符合该范围,通过纳税评估分析后可以实施税务约谈的纳税人存在的异常情况或涉税疑点的具体情形。

[②] 台湾地区"'国税'协谈要点"第 3 点。

发出《税务事项通知书》，送达纳税人。纳税人因特殊困难不能按时接受税务约谈的，应填制《税务约谈延期申请表》说明情况，报负责人审批后可酌情延期。

第三，送达制度：税务机关应在约谈日期的 5 个工作日前送达《税务约谈通知书》。纳税人因特殊情况不能按期接受约谈的，应在收到《税务约谈通知书》次日起 3 个工作日内提出延期约谈申请，延期时间一般不超过 10 个工作日。

第四，正式约谈辅导：税务机关就发现的涉税疑点和纳税异常情况，约请纳税人到税务机关进行解释、说明，并给予政策宣传和辅导的过程。正式约谈时，税务人员应向约谈参加人讲明约谈的目的，向纳税人告知有关事项，并对约谈参加人做好纳税宣传和辅导工作。

第五，约谈过程记录：约谈过程中，必须有专人负责记录，填制《税务约谈记录》，记录员可由参加约谈辅导的税务人员担任。约谈结束时，《税务约谈记录》由约谈对象进行审阅，并签字。对当面约谈未能说明清楚的问题，应要求纳税人提供书面说明材料。

（2）台湾地区

第一，协谈前：承办人员先了解案件是否曾有协谈纪录，若有则请纳税人依行政救济程序办理。若无，则授权协谈案件应签奉核准，①于协谈期日期前将协谈日期、地点及协谈要点以书面通知所有参加协谈之人员。纳税人或其代理人经合法通知未到场，应另定日期通知，届期仍未到场者，视为拒绝协谈，以节省执法成本；若案件涉及其他单位还应确定主办协谈单位；由承办人员整理案件资料，就相关法令作充分准备，并将征纳双方意见报告协谈人员，以利协谈之进行。

第二，协谈中：协谈地点设在各单位协谈室。协谈人员由承办单位指派 2 人以上人员担任，涉及其他单位的，应请其他单位指派人员参与，重大案件应签请局长指定适当人员参与。为顺利完成税务协谈案件，必要时，得采行以视讯方式与纳税人进行协谈作业。②

第三，协谈后：应将协谈经过及结果制作协谈请示单暨纪录表，载明协谈日期地点、参加协谈人员之姓名和职称、协谈内容、协谈结果，并由所有参加协谈人员签章。承办人员应将协谈经过及结果，签报核定，作为审理该案件之参考；如属依复查委员会决议之案件，应签提复查委员会参考。

---

　① 承办人员应先填写《处理税务案件协谈请示单暨纪录表》或《行政救济协谈案件处理纪录表》叙明案由，经单位主管核可后，将协谈日期、地点及协谈要点在协谈日期前，以书面通知所有参加协谈之人员。若由纳税义务人当面提出，且协谈所需资料俱全者，承办人员得向协谈人员及单位主管报告，并取得核可后协谈。参见台湾地区"'国税'协谈要点"第 8 点。

　② 台湾地区"财政事务主管部门台北市'国税局'行政救济案件授权协谈作业要点"（2005 年修订）还规定了各类税务案件进行协谈的必要妥协幅度（协谈幅度），规定若首次协谈已超过法定的协谈幅度而复查后仍认为有协谈必要的，可以决定再次与申请人协谈。

5.约谈后的处理规则比较

(1)大陆

约谈后的处理,在《吐鲁番约谈办法》中是指,纳税评估分析和约谈辅导之后的纳税自查、审核处理、监督执行三个步骤。

第一,纳税自查,指纳税人经约谈辅导后,在规定的期限内进行自查纠正,并依法申报补缴税款的过程。主管税务机关在进行约谈后,应要求纳税人在10—30个工作日(特殊情况可申请延期)内就涉税问题进行自查。纳税人经自查存在应缴未缴或者少缴税款的,应在规定的自查期限内办理纳税申报、补缴税款,且在规定的期限内报送《纳税自查报告表》及自查情况说明等相关资料。

第二,审核处理,是指在纳税人自查后,对税务约谈和纳税自查情况进行分析处理的过程。约谈过程中无违法情形的,即纳税人对涉税疑点能作出合理解释,并符合税收法律、行政法规规定的,或在约谈辅导后,约谈人员对纳税人报送的《纳税自查报告表》及自查情况说明等相关资料进行审核,认为纳税人的自查符合有关法律、法规规定,并能及时纠正差错,补缴税款、滞纳金的,由约谈人员制作《税务约谈工作报告》,经审核归档。① 约谈辅导过程中,纳税人如有拒绝约谈辅导或未进行自查的,或发现纳税人存在故意偷逃税等行为的,主管税务机关可适时开展专项检查或立即转入税务稽查实施阶段。

第三,监督执行,是指税务机关在税务约谈结束后,对约谈对象自查自纠,补缴税款的情况进行监督执行的过程,是税务约谈的最后一个步骤。税务机关的管理部门和稽查部门对约谈对象的后续管理着重进行监督执行以下内容:(1)约谈对象是否就发现的涉税疑点,按照税收法律法规的规定,及时进行整改,并依法正确履行纳税义务;(2)约谈对象自查出的应纳税款是否按税法规定的期限办理纳税申报和解缴入库手续;(3)对约谈对象与约谈人员就税收政策存在的分歧,应督促约谈人员及时提请税政法规部门予以解答,或请示上级部门予以解答;(4)其他应督促执行的事项。

(2)台湾地区

第一,协谈后应将协谈经过及结果制作协谈请示单与纪录表,并由所有参加协谈人员签章,并同原案陈核,必要时应将准、驳情形通知纳税人。

---

① 主管税务机关管理部门或稽查局审理部门在对约谈实施人员提交的《税务约谈工作报告》以及所附资料进行核实时,应对如下内容进行确认:(1)纳税评估分析、约谈辅导和纳税自查三个步骤的资料是否齐全,数据是否正确;(2)纳税评估分析、约谈辅导中所有问题或疑点是否都进行了分析、说明和按规定进行了处理;(3)纳税评估、约谈辅导、纳税自查三个步骤是否按照规定的程序实施;(4)其他相关事项的审核。审定结束后,审核人员应在《税务约谈工作报告》上签署审定意见。

第二,协谈后,若仍维持原核定,应委婉说明法令依据,以取得纳税人谅解。

第三,纳税人所持之见解或建议事项确有建设性,惟囿于法令限制,未便实行时,协谈人员应制作协谈作业反映意见表移相关业务单位研究改进或作修法建议案之参考。

第四,原核定若须更正或重核时,应交由承办人员依更正案件程序办理。

6.协谈结果的效力

大陆并未对协谈结果的效力作出规定,而台湾地区税捐协谈结果的效力,在2003年版"协谈要点"里有明确规定:"凡依本要点达成之协谈结果,对稽征机关及纳税人均无拘束力。但经稽征机关签报核定或签提复查委员会的协谈案件,除下列情形之外,稽征机关应尽量遵照协谈结果办理:(1)协谈之成立,系以诈术或其他不正当方法达成者;(2)协谈成立后,发现新事实或新证据,影响课税之增减者。"2003年版"协谈要点"关于法律效力的规定长久以来深受台湾学者的诟病,因为对稽征机关及纳税人均无拘束力,又要求稽征机关尽量遵照协谈结果办理。该效力的不确定性,不仅伤害纳税人的信赖利益,还会造成任何一方的不履行不受惩戒,使"协谈"流于空谈。[①] 而2005年及2007年修订的"协谈要点"以及"'国税'协谈要点"则将措辞变更为,"对于协谈后之案件,应秉持诚信原则遵照协谈结果办理",已经不再提"无拘束力",做出了肯定其法律效力的表态。另外,"协谈要点"及"'国税'协谈要点"均规定:"协谈除因需要得择期再谈外,纳税义务人如有异议时,依行政救济程序办理。"同时,台湾地区法院在近几年出现了一些以诚信原则与信赖保护原则加以推导出税务协谈具有拘束力的案例。[②] 可见,台湾不仅在税收法令中,而且在司法实践中越来越肯定协谈结果的效力,以维护纳税人的信赖利益。

(二)大陆对台湾地区税捐协谈制度的借鉴

大陆现阶段在税务执法力量不足、执法水平较低的情形下,引进税务约谈制度自然有利于节省成本,提高执法效率。但是也应该考虑到,税务约谈制度毕竟从发出《税务约谈建议书》到最后做出调查结论,都不可避免地赋予了税务机关较大的裁量权,容易引发寻租等执法中的腐败现象。另外,正如波斯纳所说的,"服从法律更多的是一个利益刺激的问题而不是敬重或尊重的问题。"[③]税务约

---

① 参见陈新民:《行政法总论》(新9版),台湾三民书局2015年新9版,第352～353页。

② 参见台湾地区"高雄高等行政法院"2003年诉字第204号判决,"最高行政法院"2011年判字第532号判决。

③ [美]理查德·A.波斯纳:《法理学问题》,苏力译,中国政法大学出版社1994年版,第297页。

谈制度主要是想解决征纳双方信息的严重不对称。而从法律经济学的角度看，如果没有一个比较好的法治环境作为基础，约谈激励作用有限，不仅不能有效缩小税务机关与纳税人之间的信息不对称差距，反而引发了税务机关和纳税人就应纳税额问题所进行的博弈。同时，约谈还有可能引起部分纳税人规避税法的行为，人为地造成了税负不公平，背离税收公平原则，引起诚实纳税人的心理不平衡，且使他们在竞争中处于不利地位，这等于给了他们一个不服从税法的激励。而现代法治的精神应该在于限制行政机关的权力，保护人民的权利。①

因此，我们认为，对于大陆的税务约谈，应该在承继各地已实践的税务约谈制度的相关经验，尽早制定全国统一的税务约谈制度规程，最好能在将来修订《实施细则》时加以规范，并针对大陆的具体法制环境进行完善。

根据上面的分析，我们认为，要最大限度地发挥税务约谈的施行效用，必须做到两方面并重：一是在将来立法中明确肯定纳税人在约谈程序中的应有权利，二是要加强对税务机关裁量权的程序限制，相关程序规定得越细致，对行政权的控制就越有效。比如，纳税人在约谈之前的合理时间有权获得必要通知，不能搞突袭式的约谈；纳税人应当有权被告知约谈的程序和约谈可能导致的后果；纳税人有权就税收专业问题聘请专业会计师作为约谈顾问；主管约谈负责人回避制度；约谈过程必须在合理的时间内进行和完成，不能搞成变相的羁押，约谈过程不能采取诱供、逼供等不合理的方式；约谈的笔录应当允许纳税人过目并进行修改等。② 种种这些都是为了防止约谈制度的变质。

另外，我们认为，应当借鉴台湾地区的做法：第一，明确规定纳税人主动申请约谈的权利，当然也应该允许纳税人有拒绝约谈的权利。第二，为了激励纳税人采取约谈方式，必须强调在执法理念上进行改革，在执法中对纳税人以礼相待，如台湾地区就规定，协谈后，若仍维持原核定，应委婉说明法令依据，以取得纳税人谅解。第三，还应该借鉴台湾地区对于纳税人的修法建议积极采纳的制度。即如果纳税人所持见解或建议事项确有建设性，只是因为现行法律的不合理限制而不能实行时，约谈人员应制作"反映意见表"移送相关单位作为研究改进或修订法律建议的参考。第四，对于税务机关所拥有的裁量权应当实行必要的监督，"一方面可以考虑将裁量权实施批准权的审查级别提高，并建立必要的备案

---

① 参见李刚、龙稳全：《税务"质疑约谈"初探——从法律经济学和比较的角度》，载《中国财税法学教育研究会 2005 年年会论文集》，上海，2005 年 11 月。

② 参见林文生：《税务约谈制的比较研究与思考》，载《当代财经》2005 年第 6 期，第 57 页。

制度"；另一方面，可以在稽查机关内部同级稽查部门之间实行必要的相互监督制度。[①]

总之，只有不断从执法理念和执法实践上切切实实提升税务机关的服务水平，真正实现税收征收管理方式由事后的"监督打击型"向事前的"服务管理型"转变，才能营造依法纳税、诚信纳税的税收环境，形成新型的税收征收管理体制。

---

① 参见林文生：《税务约谈制的比较研究与思考》，载《当代财经》2005 年第 6 期，第58 页。

第十一章

海峡两岸税务代理法律制度比较

随着经济活动日趋复杂化,税收法律法规也变得更加繁多且趋向于多变,导致税务机关在税收征收中的事务性工作量增加;纳税人在处理涉税事项时,变得越来越困难。于是,为纳税人代办涉税事宜的代理人应运而生。从世界范围内税务代理制度的起源来看,日本是最先实行税务代理制度的国家。随着税务代理制度在全世界的逐步发展与普及,大陆和台湾地区也建立和发展了各自不同的税务代理制度。以下两节将就两岸税务代理法律制度分别从整体和具体方面作一比较。

第一节　税务代理法律制度的整体比较

税务代理是税务代理人在法定的范围内,接受纳税人、扣缴义务人的委托,以纳税人、扣缴义务人的名义代为办理税务事宜的一种专门行为。[①] 有台湾学者认为广义的税务代理是指代理纳税人从事税捐申报、缴纳、救济等税捐程序。[②] 税务代理均是税务代理人以被代理人的名义作出的行为,而两岸都存在的涉税鉴证业务,[③]依其业务性质来看,不属于本章所指税务代理,对之不予讨论。税务代理在两岸产生的时间不同,但其发展都经历了曲折的过程。

---

① 参见刘剑文主编:《财税法学研究述评》,高等教育出版社 2004 年版,第 442 页。
② 参见葛克昌、陈清秀:《税务代理与纳税人权利》,北京大学出版社 2005 年版,第 1 页。
③ 涉税鉴证是指注册税务师对鉴证对象信息实施必要的审核程序,并出具鉴证报告,以增强除责任方之外的预期使用者对鉴证对象信息信任程度的行为和过程。

一、税务代理发展概况比较

(一)大陆税务代理发展概况

大陆税务代理(其早期是以税务咨询的形式出现)最早出现在 1983 年。20 世纪 80 年代末和 90 年代初期,税务咨询业逐步向税务代理行业过渡,1992 年《税收征管法》为税务代理业的发展提供了法律依据,1994 年财政部颁发《税务代理试行办法》,税务代理业进入全面试行阶段。20 世纪 90 年代中后期,税务总局和人事部联合颁布《注册税务师资格制度暂行规定》(人发〔1996〕116 号),首次建立了注册税务师资格制度。1999 年,税务总局对注册税务师行业进行了全面清理整顿工作,税务代理行为逐步规范。进入 21 世纪,注册税务师行业作为具有涉税鉴证和涉税服务双重职能社会中介组织的定位逐步清晰;行业队伍逐步壮大,制度建设得到加强,执业水平不断提高,管理体制初步理顺。2006 年,《注册税务师管理暂行办法》(2005 年国家税务总局令第 14 号;已失效)的出台标志着行业进入规范发展时期;[1]2014 年,国务院取消了注册税务师职业资格许可和认定,意味着税务代理转型时期的到来。[2] 回顾这一过程,大体可以分为以下五个阶段:[3]

1.税务咨询阶段

20 世纪 80 年代初,大陆进行了税制改革,从单一税制改变为复合税制,无论从纳税角度还是从征税角度来说,都增大了难度。为了帮助纳税人解决涉税难题,一些地方的离退休税务干部组建了税务咨询所,为纳税人解答税法方面的问题。这是大陆税务代理的雏形阶段。

1984 年 12 月,中国税务学会成立,第一届全体大会通过的学会章程中明确了学会有提供经济、税收信息,进行税务咨询服务,开展税务审核和业务培训的任务。1985 年开始,新疆石河子地区最早成立了税务咨询事务所,随后武汉市和各省市也陆续建立了专门的税务代理机构,并逐步扩展到中小城市。

---

[1] 《国家税务总局关于印发〈"十一五"时期中国注册税务师行业发展的指导意见〉的通知》(国税发〔2006〕115 号)。

[2] 参见 2014 年 7 月 22 日,《国务院关于取消和调整一批行政审批项目等事项的决定》(国发〔2014〕27 号)。

[3] 前四个阶段主要参见丁芸主编:《税务代理》,北京大学出版社 2010 年版,第 8～10 页。

2.税务代理启动阶段

1988年起,税务总局开始在全国进行税收征管改革,辽宁、吉林的一些地区结合征管方式的改变,进行税务代理的试点,取得了一定的成效。随后,税务总局、中国税务学会发出《关于加强税务咨询服务管理的通知》,规定成立的税务机构可以受托对企事业单位进行财产评估、资金验资、查账、审查财务预决算报表,指导企业建账等,1988年还成立"七城市税务咨询联合会",随后联合会成员定期交流经验,从理论和实践上对税务代理的各方面问题进行研究和探讨,为税务代理的发展奠定了一定的理论基础,使税务代理的发展又向前推进了一步。

3.税务代理正式实施阶段

1992年《税收征管法》第57条规定,纳税人、扣缴义务人可以委托税务代理人代为办理税务事宜,并授权税务总局制定具体办法。这就为实行税务代理制度确立了法律依据。同时,为了加快税务代理制度在全国的推行,保证1994年新税制的顺利实施,《税务代理试行办法》得以出台,并随文下发了《关于开展税务代理试点工作的通知》(国税发〔1994〕211号),标志着税务代理制度正式实施。《税务代理试行办法》对税务师的资格认定、税务代理机构、税务代理业务范围、税务代理关系的确定和终止、税务代理的管理、税务代理人的权利和义务及代理责任等都做了详细规定。

4.税务代理规范发展阶段

1996年,人事部和税务总局联合发布了《注册税务师资格制度暂行规定》,在税务代理行业全面推行注册税务师制度,严格控制税务代理行业的职业准入制度,明确规定实行注册税务师职业垄断代理制度。随后,税务总局相继制定并下发了《注册税务师执业资格考试实施办法》(人发〔1999〕4号)和《注册税务师注册管理暂行办法》(国税发〔1999〕79号),下发了组建省级注册税务师管理机构的文件,加强了对税务代理行业的管理。这一阶段的税务代理存在许多问题,比如:许多税务机关没有严格执行税务总局关于"各级税务机关不得设立税务代理机构,在职税务干部不准从事税务代理业务"的规定;一些中介机构也未经批准非法从事税务代理业务。为此,1999年8月16日,税务总局下发了《清理整顿税务代理行业实施方案》(国税发〔1999〕145号),在全国整顿税务代理行业。2000年5月,针对税务代理业务与会计业务重叠,以及注册会计师在税务代理中占有主导地位的情况,国务院发展研究中心提交了"三师"归类合并的研究方案。2002年9月,《财政部、国家税务总局关于贯彻落实国务院关于注册税务师与注册会计师行业实行"统一领导分行业管理"决定的通知》规定,按"统一领导、分行业管理、业务兼容"的原则,促进两行业的协调发展和规范管理。[①] 这一时期,随着律师业务中涉税法律实务的频繁出现,税务律师及税务律师事务所开始出现。

进入新世纪,随着我国经济与世界经济的进一步接轨,尤其是我国加入WTO以后,税务代理行业已经进入了成长期,步入了快速发展的轨道,特别是2006 年以来,《注册税务师管理暂行办法》《注册税务师行业自律管理办法(试行)》的颁布实施进一步规范了注册税务师行业的执业管理,明确了注册税务师行业从事涉税服务和涉税鉴证的业务范围,使税务代理行业在为市场经济服务、为税收事业服务、为纳税人服务的过程中,不断发展壮大,进入了黄金发展期。

5. 行业转型升级阶段

国务院 2014 年 7 月 22 日发布的《关于取消和调整一批行政审批项目等事项的决定》(国发〔2014〕27 号)取消了注册税务师职业资格许可和认定,将注册税务师职业资格由准入类职业资格调整为水平评价类职业资格。同时,税务总局《关于停止执行〈注册税务师管理暂行办法〉第 23 条有关规定的通知》(税总函〔2016〕407 号)决定:从发文之日起,暂停执行《注册税务师管理暂行办法》第 23条"注册税务师可承办涉税鉴证业务"的规定,待《税务师事务所行政登记和监管办法(试行)》出台后,按照新规定执行。该规定暂停了涉税鉴证业务的准入门槛,涉税鉴证业务将不再是只能由注册税务师提供的业务,企业可以自主选择税务师、注册会计师、律师等来提供。鉴证业务在税务师的各项业务中所占比重最大,据 2015 年度税务师行业年度报表统计,全行业 2015 年度主营业务收入服务客户总户数为 230 多万户。三大业务中,鉴证业务约 112 万户,占比约为48.6%;咨询业务约 26 万户,占比约为 11.3%;代理业务约 76 万户,占比约为32.9%。因此,占有重要地位的鉴证业务的取消,迫使税务服务行业的转型。在上述背景下,税务师行业协会及事务所都在加紧研究推进行业业务转型升级的措施,将税务师事务所对企业所得税纳税申报鉴证业务向纳税申报全程代理业务和为纳税人出具纳税申报咨询意见业务转型。围绕纳税申报代理和税务咨询主业,扩宽业务范围和增加客户数量,做好业务援助等工作。同时,在行业协会的领导下,加快业务准则制定和修订,并继续推进行业立法工作。[②]

2015 年税务师行业经营收入总额 149.98 亿元,比上年增长 4.31%。截至2015 年 12 月 31 日,全国从事经营的税务师事务所共 5511 户(包括税务师事务所的子所和异地分所),比上年增长 1.03%。税务师行业共有从业人员 102161

---

① 该文件已于 2011 年 2 月 21 日被财政部废止,注册税务师行业组织——中国注册税务师协会不再由中国注册会计师协会领导,而由税务总局直接管理。

② 参见《中国注册税务师协会 2017 年工作要点》。

人,其中税务师 41838 人。发达国家个人和企业由涉税专业服务机构协助完成纳税申报的比例超过 60%,德国更是高达 90% 以上,而大陆仅有约 11%。与西方市场经济发达、国际竞争力强的国家健全的涉税专业服务法律制度和壮大的涉税专业服务队伍相比,我国迫切需要加快发展涉税专业服务。① 我国现有企业纳税人约 4500 万户,年均增长 18%;自然人纳税人约 3000 万人,如个人所得税改为综合与分类相结合的混合税制,将呈几何级数增长。而税务机关现有一线税收管理员仅 27.7 万人,年均增长仅为 1‰,人均管户超过 160 户,东南沿海地区近 1000 户,部分地市突破 8000 户。我国征管工作量加大和税务机关服务资源有限的矛盾日益突显,需要涉税专业服务弥补公共服务的不足。②

此外,近年来,税务总局多次发文,如《国家税务总局关于规范涉税鉴证服务,严禁强制代理的通知》(税总函〔2014〕220 号)、《国家税务总局关于严禁违规插手涉税中介经营活动的通知》(税总发〔2015〕75 号)、《国家税务总局关于全面开展严禁税务人员违规插手涉税中介经营活动专项治理自查工作的通知》(税总函〔2016〕389 号),开展专项治理工作,严禁违规插手涉税中介经营活动的专项治理工作,要求彻底斩断税务机关、税务人员与涉税中介的利益链条。2016 年 7 月 4 日,税务总局发布《关于建立税务机关、涉税专业服务社会组织及其行业协会和纳税人三方沟通机制的通知》(税总发〔2016〕101 号),就畅通税务机关、涉税专业服务社会组织及其行业协会和纳税人之间三方沟通交流机制建设有关事项进行了规定。上述规定为税务代理行业的长远和健康发展奠定了一定的基础。

(二)台湾地区税务代理发展概况③

台湾地区税务代理制度的沿革,就所得税部分,可分为创制时期、推动时期及开展时期三阶段,以下分别介绍。

1. 创制时期(1953—1956 年)

台湾地区税务代理制度,早在 1953 年即着手研议,拟就"税务代理师法"草案,送请"立法机构"审议,因各方面尚未达成共识,旋又自动撤回,一直到 1956 年修正"所得税法"时,增列第 100 条规定:"纳税义务人,对于本章规定各节,有

---

① 中国注册税务师协会:《税务师行业 2015 年度报表基本数据情况通报》(中税协发〔2016〕044 号)。

② 王娜:《让涉税专业服务做大做强——访全国政协副主席、农工党中央常务副主席刘晓峰》,载《中国政协》2016 年第 18 期,第 30～31 页。

③ 本部分主要参见葛克昌、陈清秀:《税务代理与纳税人权利》,北京大学出版社 2005 年版,第 58～60 页。

关应行估计、改正估计、报告、申报或申请复查等事项,得委托会计师代为办理。"

2. 推动时期(1963—1973 年)

迨 1963 年 2 月 1 日再次修正"所得税法"时,将上述条文加以修正补充,并改列于第 102 条规定:"纳税义务人对于本章规定各节,有关应行估计、报告、申报、申请复查、诉愿及行政诉讼等事项,得委托会计师或其他合法代理人代为办理,其代理办法,由财政事务主管部门定之。营利事业之营利事业所得税结算申报,委托会计师及其他合法代理人查核签证申报者,得享受本法对使用蓝色申报书所规定之各项奖励。"按本次修正,补充规定事项有三:(1)关于代理人部分,除原规定之会计师外,另增列"其他合法代理人";(2)明定财政事务主管部门应订定代理办法,对税务代理人实施辅导、管理,以利执行;(3)增列纳税义务人委托税务代理人查核签证申报者,可享受"所得税法"对使用蓝色申报书所规定各项奖励减免税捐之权利。

3. 开展时期(1973 年至今)

在"所得税法"第三次修正时,复就第 102 条修正增列第 2 项规定:"在一定范围内之营利事业,其营利事业所得税结算申报,应委托会计师或其他合法代理人查核签证申报。"同时并明定,财政事务主管部门应订办法,切实督促执行。基于法律授权,财政事务主管部门曾自 1964 年 9 月 9 日起至 1973 年 5 月 18 日止,配合历次税法修正重点,前后分别订定以下三种有关税务代理人的制度规章:(1)"会计师代理所得税事务办法"①,共 18 条;(2)"会计师办理所得税查核签证申报须知"②,共 19 条;(3)"营利事业委托会计师查核签证申报所得税办法"③,共 5 条。1986 年 6 月 27 日,为配合新制营业税之需要,财政事务主管部门曾以台财税字第 751245 号函订定"会计师代理营业税查核申报注意事项";2001 年 1 月 31 日,台财税字第 0890456430 号函订定"会计师代理所得税事务违失移付惩戒作业要点"④。

上述税务代理制度,一方面仅局限于所得税申报及其行政救济尤其营所税

---

① 台湾地区财政事务主管部门 1964 年 9 月 9 日台财税发字第 06478 号令发布,其后历经 8 次修正,最新于 2016 年 5 月 10 日修订。

② 台湾地区财政事务主管部门 1972 年 1 月 19 日台财税发字第 30434 号令发布,2005 年 12 月 30 日废止。

③ 原名为"营利事业委托税务代理人查核签证申报办法"。台湾地区财政事务主管部门 1973 年 3 月 31 日台财税字第 32334 号令订定发布,后历经 4 次修正;2002 年 8 月 30 日,"财政事务主管部门"台财税字第 0910454833 号函修正发布变更为现有名称,最新修正时间为 2005 年 12 月 30 日。

④ 2005 年 12 月 30 日,台湾地区财政事务主管部门台财税字第 09404585700 号令修正发布全文 3 点,并自 2006 年 1 月 1 日生效。

的结算申报及其行政救济事件,并未全面及于其他各项税目税捐申报事件;另一方面除会计师外,并未全面建立合格的税务代理人制度。至于代客记账业者,虽实际上从事代客记账及报税之税务代理工作,但在制度上则未予以承认。台湾地区行政管理机构于 1999 年 4 月 12 日,向"立法机构"函请审议"报税代理人法"草案,共 6 章,计 39 条。2004 年 6 月 2 日,台湾地区发布"记账士法",对税务代理制度的规范提升到法律位阶。

从两岸税务代理制度发展概况的比较可以看出,大陆的税务代理最初是以税务机关的辅助机构的形式诞生,受税务机关的影响很大,不具有完全的独立性,随后渐渐与税务机关在名义上脱离了联系。但迄今为止,对于税务代理制度的规范,是以行政规章为主,并没有一部专门针对税务代理的法律。而台湾地区的税务代理最初就以较独立的形式产生,虽然也未建立专门的税务代理制度,但随着实务中税务代理行为的增多,对税务代理制度进行专门的立法受到学界和当局日渐重视并最终通过了"记账士法",对税务代理的各个方面作了较为具体的规定,更重要的是,通过将税务代理关系上升到法律位阶,更有利于纳税人通过聘请地位独立的税务代理人以维护自己的合法权益。这值得大陆参考,也希望大陆能尽快制定专门的税务代理方面的法律,以促进税务代理更好地发展。

二、税务代理的基本法律渊源比较

(一)大陆税务代理基本法律渊源

大陆关于税务代理的规定主要包括:(1)《税收征管法》第 89 条,规定纳税人、扣缴义务人可以委托税务代理人代为办理税务事宜。(2)1993 年 10 月 31 日通过、1994 年 1 月 1 日起施行的《注册会计师法》第三章规定了注册会计师的业务范围,其中第 15 条规定注册会计师可以承办会计咨询、会计服务业务,至于会计咨询、会计服务业务具体是指哪些业务该法未加以具体规定。但是根据被该法废止的《注册会计师条例》第 12 条,会计咨询业务包括了税务咨询、代理纳税申报等业务。(3)2002 年《实施细则》第 98 条规定税务代理人违反税收法律、行政法规,造成纳税人未缴或者少缴税款的,除由纳税人缴纳或者补缴应纳税款、滞纳金外,对税务代理人处纳税人未缴或者少缴税款 50% 以上 3 倍以下的罚款。

1996 年《注册税务师资格制度暂行规定》（人发〔1996〕116 号），[①]规定了注册税务师的考试条件、注册，权利和义务、罚则等内容。2001 年《税务代理业务规程（试行）》（国税发〔2001〕117 号），对税务代理的业务范围、税务代理关系的确立、税务代理业务实施、税务代理工作底稿、税务代理工作报告、税务代理关系的终止、税务代理业务档案的管理作了详细地规定。2005 年《注册税务师管理暂行办法》，规定了注册税务师执业资格考试和备案、注册税务师的权利和义务、业务范围及规则、税务师事务所、注册税务师协会、罚则等内容。大陆目前没有一部专门针对税务代理制度的法律，且对税务代理的管理规范几乎都是以部门规章或者规范性文件的形式作出。根据《国务院机构改革和职能转变方案》和《国务院关于取消和调整一批行政审批项目等事项的决定》（国发〔2014〕27 号）有关取消"注册税务师职业资格许可和认定"的要求，取消注册税务师准入类职业资格，调整为水平评价类职业资格。人力资源社会保障部、税务总局在总结原注册税务师职业资格制度实施情况的基础上制定了《税务师职业资格制度暂行规定》和《税务师职业资格考试实施办法》（人社部发〔2015〕90 号）。

（二）台湾地区税务代理基本法律渊源[②]

2004 年 6 月 2 日，台湾地区发布了"记账士法"，该法将记账士[③]资格的取得、主管机关、登录、[④]业务范围及责任、公会、[⑤]惩处等作了规定，这是台湾地区针对税务代理制度的效力最高的专门法律。

"会计师法"第 39 条规定："会计师得执行下列业务：（1）财务报告或其他财务信息之签证；（2）关于会计之制度设计、管理或税务咨询、稽核、调查、整理、清算、鉴定、财务分析、资产估价或财产信托等事项；（3）充任检查人、清算人、破产管理人、仲裁人、遗嘱执行人、重整人、重整监督人或其他受托人；（4）税务案件代理人或营利事业所得税相关申报之签证。……（6）前 5 款业务之诉愿或依'行政诉讼法'规定担任税务行政诉讼之代理人。……（8）其他与会计、审计或税务有关之事项。"由上述规定可知，会计师充任税务案件以及税务行政诉讼之代理人，乃是其业务之一。

---

① 依据《人力资源社会保障部、国家税务总局关于印发〈税务师职业资格制度暂行规定〉和〈税务师职业资格考试实施办法〉的通知》（人社部发〔2015〕90 号），本法规自 2015 年 11 月 2 日起全文废止。

② 以下内容主要参考了葛克昌、陈清秀：《税务代理与纳税人权利》，北京大学出版社 2005 年版，第 60～69 页。

③ 相当于大陆的税务师。

④ 相当于大陆的注册。

⑤ 相当于大陆的注册税务师协会。

"土地法"第37条之1规定："土地登记之申请,得出具委托书,委托代理人为之。"依据该条文制定的"土地登记专业代理人管理办法"规定了专业代理人的业务范围,包括代理土地申请登记、代理相关税费申报等业务。但该办法已于2003年4月24日被内政事务主管部门第0920081595号令废止。

"关税法"第22条规定："(第1项)货物应办之报关、纳税等手续,得委托报关业者办理;其向海关递送之报单,应经专责报关人员审核签证。(第2项)前项报关业者,应经海关许可,始得办理公司或商业登记;并应于登记后,检附相关文件向海关申请核发报关业务证照。(第3项)报关业者之最低资本额、负责人、经理人与专责报关人员应具备之资格、条件、许可之申请程序、登记与变更、证照之申请、换发、办理报关业务及其他应遵行事项之办法,由财政事务主管部门定之。"报关业者必须具备一定法定资格,才能执行有关"关税法"上报关纳税的税务代理业务。

第二节　税务代理制度的具体比较

一、税务代理的资格取得比较

(一)大陆税务代理资格的取得

由于取消注册税务师准入类职业资格,调整为水平评价类职业资格,2015年公布的《税务师职业资格制度暂行规定》总则部分规定,其适用于从事涉税服务的专业人员,国家设立税务师水平评价类职业资格制度,面向社会提供税务专业人员能力水平评价服务,纳入全国专业技术人员职业资格证书制度统一规划。税务师职业资格实行统一考试的评价方式。通过税务师职业资格考试并取得职业资格证书的人员,表明其已具备从事涉税专业服务的职业能力和水平。上述规定取消了"从事税务代理业务需取得中华人民共和国注册税务师执业资格证书并注册"的规定,将"注册税务师"的称谓替换为"税务师",明定税务师为水平评价类职业资格。依据《税务师职业资格制度暂行规定》第2章的规定,税务师执业资格考试实行全国统一大纲、统一命题、统一组织的考试制度;全国统一考试原则上每年举行一次。并由行业协会——全国税务师行业协会负责税务师职业资格考试的组织和实施工作。组织成立税务师职业资格考试专家委员会,研究拟定税务师职业资格考试科目、考试大纲、考试试题和考试合格标准。而人力资源社会保障部、税务总局对全国税务师行业协会实施的税务师职业资格考试工作进行监督和检查,指导全国税务师行业协会确定税务师职业资格考试科目、考试大纲、考试试题和考试合格标准。①（注册）税务师执业资格考试从 1999 年开始实施,原则上每年举行一次,考试时间为每年的第二季度。

《税务师资格制度暂行规定》施行前,按照原人事部、税务总局印发的《关于印发〈注册税务师资格制度暂行规定〉的通知》（人发〔1996〕116 号）规定,取得的注册税务师职业资格证书效用不变。

在大陆税务代理业的发展过程中,注册会计师曾经是税务代理业务的主要承担者。在税务总局大力推动注册税务师制度的建设与发展之后,很多会计师事务所纷纷成立了税务部乃至同一品牌的税务师事务所,由注册税务师专职从事涉税业务。但由于注册会计师与注册税务师的业务内容有很大的重叠,在会计师事务所的业务活动中存在人员相互借调的情况,只是在签报告时,审计报告由注册会计师签,涉税鉴证报告由注册税务师签,其他涉税服务,如税务咨询、税收筹划等,注册会计师与注册税务师、税务律师均在从事。因此,在实践中,从事税务代理的是（注册）税务师、注册会计师、税务律师。

（二）台湾地区税务代理资格的取得

台湾地区 2004 年"记账士法"第 2 条规定："经记账士考试及格,并依本法领有记账士证书者,得充任记账士。"第 35 条规定："本法施行前已从事记账及报税代理业务满 3 年,且均有报缴该项执行业务所得,自本法施行之日起,得登录继续执业。但每年至少应完成 24 小时以上之相关专业训练。"2007 年 7 月 11 日修订后的"记账士法"第 2 条增加第 2 项规定："依本法第 35 条规定领有记账及报税代理业务人登录执业证明书者,得换领记账士证书,并充任记账士。"其立法理由为："依本法第 35 条得继续执业之人员,系为本法施行前已从事本行业之从业人员,然而在本法规范下,却无法取得'记账士'的名称,更无法适用本法的相关规定,造成同一行业有两种不同的从业人员的混乱状况,为有效管理依本法第 35 条得继续执业之人员,并给予专业自律及惩戒机制,并重视'以训代考'的制度,宜将此类人员纳入第 2 条之规范,给予'以证换证',并继续执业。"然而此增列的第 2 项规定于 2009 年 2 月 20 日被"大法官"释字第 655 号解释认定违反宪制性规定而失去效力,其理由是："记账士系专门职业人员,依台湾地区宪制性规定第 86 条第 2 款规定,其执业资格应经考试机构依法考选之。'记账士法'第 2

---

①　具体考试办法由原人事部与税务总局共同制定。原人事部和税务总局共同负责注册税务师执业资格考试工作,日常管理工作由税务总局注册税务师管理中心负责。具体考务工作委托原人事部考试中心组织实施。各地考试工作由各地原人事部门会同当地注册税务师管理机构组织实施。

条第 2 项之规定,使未经考试机构依法考试及格之记账及报税代理业务人取得与经依法考选为记账士者相同之资格,有违上开台湾地区宪制性规定之意旨。"而该法第 35 条虽与第 2 条相关,但因不是"申请释宪的客体"而未作"审查"。因此,实践中存在的其他税务代理人员的代理资格通过"记账士法"第 35 条而获得承认,但却不能以记账士的名义从事相关业务。而第 35 条也经历了两次修订,其中 2012 年 12 月 5 日的修改中增列了继续执业的强制入会与惩戒规定条款,依规定得登录继续执业者,非加入"记账及报税代理(业务)人公会",不得执行业务;公会亦不得拒绝具有会员资格者加入。并要求依规定得登录继续执业者,应自该修正施行之日起 1 年内加入公会。同时,增列了对依规定得登录继续执业者应付惩戒的事由(与第 26 条记账士应付惩戒之事由相同)及该惩戒的准用法律。

从以上比较可以看出,大陆针对税务代理的资格主要以部门规章的形式作出规定,在取消"注册税务师准入资格"之前,明确规定实行注册税务师职业垄断代理制度,从事税务代理的人员为注册税务师,机构为税务师事务所。而在实务中却存在注册税务师和注册会计师两种税务代理人员分立的局面。其根本原因在于各自主管部门——税务总局和财政部之间的利益之争,谁拥有管理权谁就拥有组织培训、组织考试进而收取费用的权力。台湾地区为规范税务代理制定了专门的"记账士法",规定从事税务代理必须经过考试取得记账士资格方可进行,然而针对实践中存在的记账士、会计师、律师、土地登记专业代理人、报关员多种税务代理人员长期分立的情况,"记账士法"没有采取一刀切的态度,在作出原则规定的同时,也承认他们满足一定的专业训练要求后,不经记账士考试,只在主管机关登录后可继续执业。为解决同一行业存在不同从业人员的状况而赋予记账士之外其他人员记账士之名义的规定却被认定违反宪制性规定而失去效力,多种税务代理人员分立的局面依然存在。但毕竟多种税务代理人员的代理资格通过法律获得了承认,这较大陆的相关规定来说多少算是一种进步。而2015 年《税务师职业资格制度暂行规定》公布之后,将(注册)税务师由准入类职业资格调整为水平评价类职业资格后,彻底消除了税务师职业垄断代理制度的情形。

两岸都对离职税务人员从事税务中介存在限制规定,台湾地区"记账士法"第 8 条规定:"曾任税务机关税务职系人员者,自离职之日起 3 年内,不得于其最后任职机关所在地之'直辖市'、县市区域内执行记账士职务。"而大陆也有同样的规定,税总发〔2015〕75 号文中规定的领导干部"三项制度"其中之一就是"职后从业限制制度",该制度规定领导干部辞去公职或者退(离)休后 3 年内,不得到本人原任职务管辖的地区和业务范围内的涉税中介兼职(任职),或从事涉税中介营利性活动。与台湾地区不同的是该"职后从业限制制度"针对的主体为税务人员中的"领导干部",而非台湾地区所有的税务人员。由此来看大陆的规定似乎比台湾地区宽松。但事实并非如此,大陆领导干部"三项制度"中的"报告制度"还要求副处级以上领导干部应在每年度按要求填报配偶、子女从事涉税中介经营活动的情况。同时"回避制度"要求领导干部配偶、子女及其配偶在本人管辖的业务范围内从事与税收业务相关的中介活动,应该回避,经劝阻其配偶、子女及其配偶拒不退出或者本人不服从工作调整的,依规进行处理。由于大陆的税法实践中,"红顶中介"、有能力插手税务中介经营以及离职后利用其影响从事中介获利的税务人员基本上都是领导干部,而大陆除要求税务机关领导干部自身,还要求其配偶子女回避,因此大陆的规定实际上比台湾地区的更为严格。

二、税务代理的范围比较

在大陆,已失效的《注册税务师资格制度暂行规定》第 20 条和第 21 条曾对税务代理的业务范围进行了列举加概述式的规定。而目前依然有效的《税务代理业务规程(试行)》第 3 条规定的税务代理的范围与《注册税务师资格制度暂行规定》第 20 条完全一致:(1)办理税务登记、变更税务登记和注销税务登记;(2)办理除增值税专用发票外的发票领购手续;(3)办理纳税申报或扣缴税款报告;(4)办理缴纳税款和申请退税;(5)制作涉税文书;(6)审查纳税情况;(7)建账建制,办理账务;(8)税务咨询、受聘税务顾问;(9)税务行政复议;(10)税务总局规定的其他业务。注册税务师可以接受纳税人、扣缴义务人的委托进行全面代理、单位代理或常年代理、临时代理。2005 年《注册税务师管理暂行办法》规定了注册税务师的涉税服务业务为:代办税务登记、纳税和退税、减免税申报、建账记账,增值税一般纳税人资格认定申请,利用主机共享服务系统为增值税一般纳税人代开增值税专用发票,代为制作涉税文书,以及开展税务咨询(顾问)、税收筹划、涉税培训等。在实践中,注册会计师和税务律师所从事的涉税业务也基本是在上述业务范围之内。

在台湾地区,依据"记账士法"第 13 条,记账士的税务代理(执行业务)范围为:(1)受委任办理营业、变更、注销、停业、复业及其他登记事项;(2)受委任办理各项税捐稽征案件之申报及申请事项;(3)受理税务咨询事项;(4)受委任办理商业会计事务;(5)其他经主管机关核可办理与记账及报税事务有关之事项。前项业务不包括受委任办理各项税捐之查核签证申报及诉愿、行政诉讼事项。

依台湾地区"会计师代理所得税事务办法"第 3 条规定,会计师向财政事务主管部门申请登记为税务代理人,经审查合格发给证书后,得受托代理下列各项与所得税有关之事务:(1)充任营利事业之设立、合并、转让、废止以及变更登记之代理人;(2)会计制度之设计以及撰拟有关税务之商事文件;(3)各项会计纪录、账表、财务状况之查核、整理、分析、签证、鉴定以及报告等事务;(4)办理资产估价、重估价以及会计方法之申请与变更;(5)代理所得税暂缴、结算、股东可扣抵税额账户变动明细、未分配盈余及决清算申报,纳税、退税、留抵以及申请奖励减免等事务;(6)有关所得税案件之更正、申请复查、提起诉愿及行政诉讼;(7)申请为有关所得税法令之解释;(8)充任清算人、破产管理人、遗嘱执行人或其他有关所得税事务之受托人;(9)关系人交易预先订价协议之申请事务;(10)其他有关所得税事务之代理。

此外,台湾地区另一类得作为税务代理人的报关员的业务范围为"关税法"上的报关纳税。同时,实践中大量存在的代客记账业者主要从事账务处理、申报纳税等。

通过上述比较可以看出,和台湾地区的规定相比,大陆的税务代理业务范围规定得更全面,更集中。对于税务代理人能否代为提起税务行政诉讼,大陆未作明确规定,但依据税务代理的业务性质和《税务代理业务规程(试行)》第 3 条第 9 项规定的税务行政复议业务,[①]不难看出税务行政诉讼应在税务代理人的业务范围之内。台湾地区为对税务代理进行更好的规范而出台了"记账士法",但在该法中,将诉愿、行政诉讼事项明确排除在记账士的业务范围之外。而从事所得税代理业务的会计师却可从事这两项业务。

三、税务代理人的权利义务比较

《税务师职业资格制度暂行规定》取消了原《注册税务师资格制度暂行规定》关于注册税务师权利义务的规定;已失效的《注册税务师管理暂行办法》第 3 章规定了税务代理人的权利和义务,第 26 条还规定了注册税务师不得从事的行为。总体而言,由于大陆税务师职业资格问题的变化导致原有部门规章失效,因此税务师的权利义务目前没有明确规定。

台湾地区"记账士法"未明确规定税务代理人的权利,只规定了其义务:记账士受委任后,非有正当事由,不得终止其契约。如需终止契约,应于 10 日前通知委任人,在未得委任人同意前,不得终止进行。记账士执行业务,应设置簿册,载明下列事项:(1)委任案件之类别及内容;(2)委任人之姓名或名称及地址;(3)酬金数额;(4)委任日期。依前项规定设置之簿册,应保存 5 年。记账士不得为下列各款行为:(1)未经委任人之许可,泄漏业务上之秘密;(2)对于业务事件主管机关通知提示有关文件或答复有关查询事项,无正当理由予以拒绝或迟延;

---

① 依已失效的《注册税务师资格制度暂行规定》第 20 条第 9 项规定,注册税务师可以接受纳税人、扣缴义务人的委托,从事税务行政复议业务。

（3）以不正当方法招揽业务；（4）将执业证书出租或出借；（5）帮助或教唆他人逃漏税捐；（6）对于受委任事件，有其他不正当行为或违反或废弛其业务上应尽之义务。此外，"记账士法"还规定记账士因懈怠或疏忽，致委任人或其利害关系人受有损害时，应负赔偿责任。

台湾地区"会计师代理所得税事务办法"也规定了会计师代理所得税事务，不得有下列情事：（1）明知受托代理案件，必须详加说明，方不致使第三者误解之事项，而未予说明者；（2）明知代理案件为不当不实，而为之签证、鉴定或申报者；（3）明知代理案件内容与税务法令或关系法令及一般公认会计原则不符而未予更正、调整或指明者；（4）任由无权代理所得税事务人员利用本人名义或合作招揽所得税代理业务者；（5）以不正当手段获委托人之委托或影响税务人员核办案件者；（6）其他违背有关法令或会计师职业道德之行为。有下列情事之一者，会计师应拒绝接受代理或继续代理：（1）委托人不提供必要之账簿文据凭证或关系文件者；（2）委托人意图为不实不当之申报、签证、鉴定或报告者；（3）其他因委托人隐瞒或欺骗而致无法为公正翔实之签证者。此外，还规定会计师代理所得税事务，得与委托人约定受取合于规定之酬金，但不得以任何名义收取额外报酬。会计师受托代理所得税事务，应将委托人委托书副本随同代理案件附送有关稽征机关。

对纳税人的权利进行更好地保护是发展税务代理制度的重要目的，税务代理人本应是纳税人的辅助，其权利义务在某种程度上可以看作是纳税人权利义务的延伸。台湾地区虽未明确列举税务代理人的权利，但对税务代理人义务及禁止性行为的规定上，体现了对纳税人权益保障的重视，值得大陆借鉴。

四、税务代理的法律责任比较

对于由税务代理而产生的法律责任，大陆已失效的《注册税务师管理暂行办法》第7章"罚则"作了较为详细的规定。税务代理人在税务代理中违反国家税法规定，扰乱税收征收和管理活动，构成犯罪的要承担相应的刑事责任；主要是《刑法》第2编第3章第6节危害税收征管罪中规定的各个罪名，如逃税罪、逃避追缴欠税罪、虚开增值税专用发票罪等。税务代理人员构成这些罪主要是与委托人相互勾结的情形，通常属于共同犯罪。此外税务代理人单独也可能构成行贿罪、贪污罪、受贿罪等。[①]

台湾地区"记账士法"第26条对此作出的规定是：记账士有下列情事之一

---

① 参见刘剑文主编：《税法学》，人民出版社2003年版，第477页。

者,应付惩戒:(1)因业务之犯罪行为经判刑确定者;(2)逃漏税捐,经税捐稽征机关处分有案者;(3)帮助、教唆他人逃漏税捐,经移送法办者;(4)违反其他有关法令,受有行政处分,情节重大,足以影响记账士信誉者;(5)违反记账士公会章程的规定,情节重大者;(6)其他违反本法规定者。

"记账士法"第27条规定记账士惩戒处分的方式如下:(1)警告;(2)申诫;(3)停止执行业务2个月以上,2年以下;(4)除名。记账士受申诫处分3次以上者,应另受停止执行业务之处分;受停止执行业务处分累计满5年者,应予除名。

关于记账士交付惩戒之程序,"记账士法"第28条规定,记账士有第26条情事时,利害关系人、业务事件主管机关或"记账士公会"得列举事实,提出证据,报请主管机关交付惩戒。记账士应付惩戒者,由"记账士惩戒委员会"处理之。关于惩戒机关及惩戒事件之处理及记账士请求复审之程序,"记账士法"第29条、第31条规定,"记账士惩戒委员会"应将交付惩戒事件,通知被付惩戒人,并命其于通知送达之翌日起20日内,提出答辩或到会陈述;未依限提出答辩或到会陈述时,得径行决议。被惩戒人对于"记账士惩戒委员会"之决议不服者,得于决议书送达之翌日起20日内,向"记账士惩戒复审委员会"请求复审。"记账士惩戒委员会"及"记账士惩戒复审委员会"之组织及程序,由主管机关定之。

"记账士法"第34条规定了非法从事税务代理的法律责任,即未依法取得记账士资格,擅自执行第13条第1项第1款至第3款及第5款规定之记账士业务者,除依第35条第1项或其他法令规定得执行报税业务者外,由主管机关处3万元新台币以上15万元新台币以下罚锾。前项所定之罚锾,经限期缴纳,届期仍不缴纳者,依法移送强制执行。受第1项处分3次以上,仍继续从事记账士业务者,处1年以下有期徒刑、拘役或科或并科15万元新台币以下罚金。

需要特别指出的问题是,针对非法进行税务代理的行为,台湾地区明确了相应的行政责任甚至刑事责任,而大陆未对该行为作出规范。这或许是由于台湾地区通过"记账士法"的特别条款对实践中存在的不同的税务代理人员的业务资格作了确认,从而可以较无阻碍地推行税务代理的规范化管理,而大陆实践中的税务代理人员分立的问题迄今仍存在,各个利益集团的分歧尚未得到解决,对未取得税务代理资格的人员进行处罚势必带来重大的影响,因而采取"睁一只眼闭一只眼"的态度。未来大陆立法对税务代理进行统一规范以后,也应当对非法代理行为作出相应的规定,如此方可有效促进税务代理的规范发展。

第十二章

海峡两岸税务行政救济
法律制度比较

本书第一章第四节已对海峡两岸税务行政救济制度的历史演变及其整体实施状况做了简要介绍，此外，鉴于大陆税务行政复议方面的"清税前置"程序系《税收征管法》修订过程中的重点难点问题之一，因此，本章首先对海峡两岸税务行政救济制度进行规则总体比较，其次专门就清税前置问题加以比较。

第一节　税务行政救济制度的比较与借鉴[①]

台湾地区的税务行政救济手段包括复查和诉愿两种程序，大陆的税务行政救济途径则是提起税务行政复议；相较之下，复查可以说是由作出行政处分的原税务机关"自省"来判断其行为是否有不当之处，而诉愿和复议均是由其上级主管机关对其进行"纠正"；因此，台湾地区的税务诉愿制度与大陆的税务行政复议制度更具有可比性，而台湾地区的复查制度在大陆没有相对应的类型可供比较。故本节主要以诉愿制度和复议制度为比较对象，通过其标的、程序和审议这三个方面对两岸税务行政救济制度进行微观层面的对比。

---

① 本节原稿参见毛文婷:《海峡两岸税务行政救济制度比较研究》，厦门大学法学院经济法专业 2012 年硕士学位论文。收入本书时，由李刚、郝利军做了部分修改。

一、税务行政救济制度的具体比较

(一)税务行政救济标的的比较

税务行政救济的标的,是指对税务机关的哪些行为可以申请行政救济。可以提起救济的标的范围越广,表示对税务机关的约束越强;反之,则纳税人越难主张其权利,其利益也越容易受到侵害。因此,从某种程度上说,从行政救济标的范围的大小可以探知立法者对纳税人权利的保护程度,这也是衡量税务行政救济制度能否有效保护纳税人权益的重要标准之一。纳税人在其合法权利受到侵害的情况下,提起税务行政救济的目的之一自然是要获得赔偿;所以在申请行政救济的同时能否提出赔偿,也是关乎制度设计是否方便纳税人权益保护的重要问题。

1.税务行政救济的标的范围

(1)诉愿标的的范围

台湾地区"税捐稽征法"第35条主要规定了复查的标的及其申请时限,以及稽征机关作出复查决定的时限,并于第6项规定,税捐稽征机关在复查决定时限期间届满后仍未作成决定者,纳税人得径行提起诉愿。因此,税务诉愿方面对于诉愿标的的范围并无特殊规定,而可适用"诉愿法"的规定。

根据"诉愿法"第1、2条,诉愿可分为撤销诉愿和课予义务诉愿。撤销诉愿即请求撤销行政处分。如果纳税人对税捐稽征机关的复查决定或对税捐稽征机关非核定税捐的一般行政处分不服,可以提起撤销诉愿。"诉愿法"第3条第1项、第2项规定:"(第1项)本法所称行政处分,系指'中央'或地方机关就公法上具体事件所为的决定或其他公权力措施而对外直接发生法律效果之单方行政行为。(第2项)决定或措施的相对人虽非特定,而依一般性特征可得确定其范围的,亦为行政处分。"依该概念,行政处分的构成要件包括:行政机构的行为、公权力的行使单方性、个别性、法效性,类似于大陆的具体行政行为。课予义务诉愿即请求行政机关为一定行政行为的诉愿。依"诉愿法",人民因税务机关对其依法申请之案件,于法定期间(法令未规定者,自机关受理申请之日起为2个月)内应作为而不作为,认为损害其权利或利益者,亦得提起诉愿。

(2)复议标的的范围

大陆对税务行政复议范围的立法,采取的是列举兼概括主义,规定在《税务行政复议规则》第14条,包括征税行为,行政许可、行政审批行为,发票管理行为,税收保全措施、强制执行措施,行政处罚行为,不依法履行特定职责的行为,资格认定行为,不依法确认纳税担保行为,政府信息公开工作中的具体行政行为,纳税信用等级评定行为,通知出入境管理机关阻止出境行为和其他具体行政行为共计 12 类行为。同时,大陆的复议制度是以选择主义为原则,前置主义为例外,即对第 14 条第 1 项规定的征税行为必须先提出行政复议,才可以进入行政诉讼程序;而对其他事项当事人可以自由选择先提起复议或者直接向法院起诉。实施税务复议前置一方面可以使大量纠纷在行政救济阶段得以解决,从而减轻司法机关的压力,另一方面则是希望通过复议,整理出较为清晰明了的争议点,便于提高行政诉讼的审理效率。①

(3)简要比较

两岸在行政救济标的范围方面最大的差异在于对抽象行政行为能否提起救济。抽象行政行为作为一个学理上的概念,学界对其的定义众说纷纭,比如有的学者认为抽象行政行为是指行政机关制定和发布普遍性行为规范的行为;②有的学者则主张抽象行政行为是指行政主体运用行政权、针对不特定相对人所作的行政作用,包括行政立法和行政规范性文件。③ 但学界对抽象行政行为的概念的基本内核已得到确定,即针对不特定主体,向后发生效力,可反复适用。而对抽象行政行为的表现形式上一般都认为包括行政法规、规章、其他规范性文件。大陆《税务行政复议规则》第 15 条规定:"(第 1 款)申请人认为税务机关的具体行政行为所依据的下列规定不合法,对具体行政行为申请行政复议时,可以一并向行政复议机关提出对有关规定的审查申请;申请人对具体行政行为提出行政复议申请时不知道该具体行政行为所依据的规定的,可以在行政复议机关作出行政复议决定以前提出对该规定的审查申请:(一)国家税务总局和国务院其他部门的规定。(二)其他各级税务机关的规定。(三)地方各级人民政府的规定。(四)地方人民政府工作部门的规定。(第 2 款)前款中的规定不包括规章。"由此可以看出,对规章以下规范性文件已纳入审查范围。

对抽象行政行为的审查,台湾地区"诉愿法"未作出规定,即诉愿范围并不包括抽象行政行为。那么如果某项法律法规确实侵犯了人民的合法权益又该如何对其进行监督呢?根据台湾地区"司法机构'大法官'案件审理法"第 4 条,认为某项法律和命令,或者省自治法、县自治法、省法规及县规章有抵触台湾地区宪制性规定之事项,可向司法机构申请"大法官释宪",以判定某项法律法规是否违反宪制性规定,借此督促立法机关对宣告违反宪制性规定的法律作出修改。比如对"税捐稽征法"第 35 条就经 1988 年"大法官"释字第 224 号解释为"系对人

---

① 张小平:《日本的税务行政复议制度及其借鉴》,载《税务研究》2004 年第 10 期,第 67 页。

② 罗豪才主编:《行政法学》,北京大学出版社 2006 年版,第 96 页。

③ 叶必丰主编:《行政法与行政诉讼法》,武汉大学出版社 2008 年版,第 162 页。

民诉愿及诉愿权所为不必要限制",而被宣告违反宪制性规定。

台湾地区的诉愿范围较大陆的复议范围更窄,大陆的复议制度可以针对抽象行政行为进行审查,而台湾地区则不得针对抽象行政行为提起诉愿;但是台湾地区司法机构"大法官"可以针对所有侵害纳税人权利的法律、法规命令、行政规则和司法解释进行审查,以填补对抽象行政行为进行监督约束的空白。从实施效果的角度来看,大陆只能在对具体行政行为提起复议的时候才可附带对相关的规范性文件进行审查。同时,大陆对附带提起抽象行政行为复议的,仍然按照现行具体行政行为复议管辖的法律规定确定复议受理机关;而且原则上其对抽象行政行为的审查仅具个案效果,即不能直接宣告该规范性文件无效,对大陆目前出现的越权立法及下位法违反上位法的问题无法从根本上给予解决。相较之下,台湾地区对涉税相关法规的事后审查程序更加完善。

2.行政赔偿

相对人提起行政救济的原因即认为自己的合法权益受到侵害,那么在申请救济的同时是否可以一并提出行政赔偿的请求呢? 大陆《税务行政复议规则》第82条规定:"(第1款)申请人在申请行政复议时可以一并提出行政赔偿请求,行政复议机关对符合国家赔偿法的规定应当赔偿的,在决定撤销、变更具体行政行为或者确认具体行政行为违法时,应当同时决定被申请人依法赔偿。(第2款)申请人在申请行政复议时没有提出行政赔偿请求的,行政复议机关在依法决定撤销、变更原具体行政行为确定的税款、滞纳金、罚款和对财产的扣押、查封等强制措施时,应当同时责令被申请人退还税款、滞纳金和罚款,解除对财产的扣押、查封等强制措施,或者赔偿相应的价款。"据此,申请人在复议申请中要求行政赔偿的,复议机关自然应当对其进行处理;但当申请人并未一并提出行政赔偿的情况下,复议机关也可主动责令原行政机关赔偿;可见行政赔偿可以作为复议的合并请求,复议机关还可就赔偿做出决定,以体现税务救济制度对纳税人的权益保障功能。

台湾地区的行政赔偿采行违法赔偿主义,根据其所谓的"国家赔偿法"第2条第2项规定:"公务员于执行职务行使公权力时,因故意或过失不法侵害人民自由或权利者,政府应负损害赔偿责任。公务员怠于执行职务,致人民自由或权利遭受损害者亦同。"因为台湾地区的诉愿范围仅限于撤销之诉及课予义务之诉,其他形式并无诉愿前置程序;申请人的损害赔偿请求,属于给付之诉,不在诉愿的范围之内,当事人需要通过民事诉讼或者行政诉讼途径来请求行政赔偿。相较之下,大陆的规定更方便当事人提出赔偿请求。

(二)税务行政救济申请程序的比较

纳税人如何提出行政救济的申请,以及在此之前,是否还有前置程序,是否还需要缴纳税款,两岸的立法规定差异较大,故本部分就大陆的税务行政复议和台湾地区税务诉愿的申请程序进行比较分析。

1. 是否有前置程序

台湾地区的税务行政救济制度,采复查前置程序,在行政救济的阶段,除了诉愿之外,还有复查程序,而且复查程序是诉愿程序的先行程序。"税捐稽征法"第 35 条第 5 项、第 6 项规定:"(第 5 项)税捐稽征机关对有关复查之申请,应于接到申请书后 2 个月内复查决定,并作成决定书,通知纳税义务人……(第 6 项)前项期间届满后,税捐稽征机关仍未作成决定者,纳税义务人得径行提起诉愿。"即税捐稽征机关在收到复查申请之后,此时若税捐稽征机关故意拖延,在法定期限内仍不作出复查决定,则纳税人一直都无法提起诉愿程序,其权利也无法得到主张;故在这种情况下规定纳税人可以径直提起诉愿,以保障其权利能够得到及时的救济。申请人除了对税务机关的消极不作为不服,可以直接提起诉愿,对税务机关的其他行政行为,必须要先经过复查程序,才可以提起诉愿。而大陆的税务行政救济制度,没有类似的复查前置程序。

复查程序可以为作出课税处分的税捐稽征机关提供自我审查的机会,以减少诉愿机关或法院的工作量,对于有较强专业性和复杂性的税务案件而言,由原作出具体行政行为的税务机关先进行过滤,还是有其必要性的;而大陆是否有必要借鉴台湾地区的复查制度,本节第二部分再做详细的探讨。

2. 申请主体

大陆的复议申请主体,依照《税务行政复议规则》第 2 条,包括公民、法人和其他组织,这一范围与《行政复议法》第 2 条的规定一样,其实也属不必要的重复规定。但这里的申请主体范围是否仅限于本国的自然人和法人呢? 根据《税务行政复议规则》第 102 条规定:"外国人、无国籍人、外国组织在中华人民共和国境内向税务机关申请行政复议,适用本规则。"可见,税务行政复议的申请主体不受国籍的限制。

台湾地区"诉愿法"第 1 条规定,人民对于"中央"或地方机关之行政处分,得依本法提起诉愿。乍看之下,其申请主体的范围较大陆更窄。但"诉愿法"中"人民"的内涵根据其第 18 条的规定,并不限于台湾地区自然人,外国人、法人或非法人之团体均包括在内。同时,"诉愿法"第 1 条第 2 项规定:"各级地方自治团体或其他公法人对上级监督机关之行政处分,认为违法或不当,致损害其权利或利益者,亦同。"因此,台湾地区诉愿申请的主体,不但包括台湾地区的自然人、法人、非法人团体及外国人、外国组织,还包括自治团体或其他公法人。

上述的申请主体是否只能在作为征税行为的直接相对人(即纳税人与扣缴义务人)时才可提起税务行政救济程序;换言之,作为征税行为的间接相对人,可否独立提起行政救济程序? 大陆 2004 年《税务行政复议规则(暂行)》(国家税务总局令第 8 号,已废止)第 2 条把复议申请人限定为"纳税人及其他当事人",而对"其他当事人"的范围究竟包括哪些,并未作出明确的解释。根据《行政复议法》第 9 条:"公民、法人或者其他组织认为具体行政行为侵犯其合法权益的,可以自知道该具体行政行为之日起 60 日内提起行政复议申请。"可见,第三人若认为税务机关的具体行政行为侵犯了其合法权益,也可以向复议机关提起复议。比如 1999 年宝辰饭店与高杰申请行政复议案,[①]北京市第一中级人民法院经审理后认为,根据《行政复议法》第 9 条的规定,提起行政复议的主体应不限于具体行政行为的直接相对人,与具体行政行为在法律上存在利害关系的公民、法人或其他组织都具有提起行政复议的资格。因此,法院于 2000 年 9 月 6 日做出终审判决,撤销一审判决和税务行政复议决定书,同时责令北京市地税局在判决生效后,对高杰的复议申请重新作出复议决定。2010 年《税务行政复议规则》对这一条文进行了修改,在第 2 条规定:"公民、法人和其他组织认为税务机关的具体行政行为侵犯其合法权益,向税务行政复议机关申请行政复议。"即税务行政复议的申请主体并不限于征税行为的直接相对人,只要是认为税务机关的具体行政行为侵犯了其合法权益,即可向税务行政复议机关申请行政复议。

台湾地区"诉愿法"第 1 条规定,人民认为违法或不当,致损害其权利或利益者,得提起诉愿。此处仅指行政处分的直接受害者,对于行政处分的间接受害人,则根据"诉愿法"第 18 条规定:"自然人、法人、非法人之团体或其他受行政处分之相对人及利害关系人得提起诉愿。"由此可见,当第三人与某项行政处分有利害关系的情况下,也可提起诉愿。因此,两岸可申请税务行政救济程序的主体范围基本相同。

3. 是否先缴纳税款

对于纳税人提起税务行政救济之前是否需要缴纳税款,依"税捐稽征法"第39 条规定,申请复查的,可暂缓移送强制执行。同时,依"大法官"释字第 224 号

---

① 案件的起因是 1999 年 8 月 31 日,北京市东城区地方税务局对宝辰饭店做出税务处理决定,认定宝辰饭店桑拿健身部存在少缴税款及发票违法行为,故责令宝辰饭店限期补缴桑拿健身俱乐部少缴的税款、滞纳金,并处以罚款。宝辰饭店收到税务处理决定书后,始终未提出行政复议申请。而该饭店的桑拿健身部承包人高杰,依据其与饭店签订的内部承包协议,要最终承担税款、滞纳金和罚款,高杰以该税务处理决定侵犯其合法权益为由,向北京市地方税务局申请行政复议。由于宝辰饭店桑拿部没有单独进行工商登记,不是独立核算单位,一直以宝辰饭店的名义对外进行经营活动,北京市地方税务局认为其税务处理决定是对宝辰饭店做出的,高杰作为饭店的内部承包人没有行政复议的申请资格。高杰不服北京市地方税务局的行政复议决定,向北京市西城区法院提起行政诉讼。2000 年 5 月 23 日西城区法院做出一审判决,维持了北京市地方税务局的行政复议决定。高杰不服该判决,上诉至北京市第一中级人民法院。

解释,"税捐稽征法"为保障人民行政救济的权利,已无申请复查须缴纳一定比例的税款或提供相当担保的限制性规定,所以纳税人如果对于核定税捐之处分不服,无须缴纳半数税额或提供担保即可申请复查。但是,为避免滥诉,如后续又依法提起诉愿的,则须就复查决定的应纳税额(本税不包含行政救济利息)缴纳半数,或经税捐机关核准提供相当担保,否则仍然会被移送强制执行。而大陆根据《税收征管法》第 88 条第 1 款,对纳税争议仍然采行必须先缴纳税款及滞纳金或者提供相应担保的"清税前置"程序,才可以依法申请行政复议;对行政复议决定不服的,才可起诉。对此,本章第二节将予以详述。

4.申请方式

大陆的税务行政复议程序仅能由申请人启动,复议机关不能主动提起,提起的方式根据《行政复议法》第 11 条:"申请人申请行政复议,可以书面申请,也可以口头申请;口头申请的,行政复议机关应当当场记录申请人的基本情况、行政复议请求、申请行政复议的主要事实、理由和时间。"同时《行政复议法实施条例》第 29 条规定:"行政复议申请材料不齐全或者表述不清楚的,行政复议机构可以自收到该行政复议申请之日起 5 日内书面通知申请人补正。补正通知应当载明需要补正的事项和合理的补正期限。无正当理由逾期不补正的,视为申请人放弃行政复议申请。补正申请材料所用时间不计入行政复议审理期限。"该条文对补正期限并未作出明确规定,而是交由税务机关自行裁量"合理"期间,这一做法的目的在于方便税务机关根据不同个案的具体情况确定补正期间,"一刀切"的做法则不能考虑到不同案件的情况而可能会造成复议申请人的不便;但由税务机关来确定其申请材料的补正期限也存在一些弊端:一是税务机关可能滥用职权,规定很短的期限而阻碍纳税人提起行政复议,二是根据每件个案的情况裁定补正期间诚然不是一种有效率的做法。实践中,各地税务局往往都以 15 日或 20 日为限,造成各地方补正期限规定不同,反而会造成不公平的情况;因此还不如在立法中明确规定补正期间以15 或 20 日为限,也有利于复议申请人提前做好准备。

在台湾地区,纳税人提起诉愿,应以书面方式提出,属于要式行为。"诉愿法"第 56 条规定了诉愿应具诉愿书,以及诉愿书应载明的事项。诉愿人所提交的诉愿申请内容如有欠缺或格式不符合规定的,根据"诉愿法"第 62 条,受理诉愿机关认为而其情形可补正者,应通知诉愿人于 20 日内补正。这 20 日为法定的不变期间,诉愿人逾期未补正的,则根据"诉愿法"第 77 条第 1 项,受理机关应作成不受理的决定。相较之下,台湾地区并无可口头申请的规定。就这一点来看,大陆的规定更加合理和便民。

5.申请和决定期限

(1)申请期限

大陆《税务行政复议规则》第 32 条第 1 款规定:"申请人可以在知道税务机

关作出具体行政行为之日起 60 日内提出行政复议申请。"据此,一般情况下,纳税人提出复议申请的期间应从其知道税务机关作出具体行政行为之日起算。但对于应当先向复议机关申请行政复议,对行政复议决定不服,才可再向法院提起行政诉讼的情况,根据《税务行政复议规则》第 33 条第 2 款的规定:"申请人按照前款规定申请行政复议的,必须依照税务机关根据法律、法规确定的税额、期限,先行缴纳或者解缴税款和滞纳金,或者提供相应的担保,才可以在缴清税款和滞纳金以后或者所提供的担保得到作出具体行政行为的税务机关确认之日起 60 日内提出行政复议申请。"明确了在复议前置的情况下,应当以行政机关对其纳税人的缴清税款、滞纳金或者提供担保作出确认之日作为起算点,而纳税人缴清税款、滞纳金或提供担保经税务机关确认的期间,则不计算在内。

此 60 日为法定不变期间,申请人超过期限提出复议申请,权利即归于消灭。但因遭遇因不可抗力或者被申请人设置障碍等原因耽误法定申请期限的,申请期限的计算应当扣除被耽误时间。行政复议的申请期限为法定不变期间,其起算的方法可采发信主义或到达主义。大陆《税务行政复议规则》第 35 条对第 32 条第 1 款规定的行政复议申请期限作出进一步规定:"(第 1 款)(一)当场作出具体行政行为的,自具体行政行为作出之日起计算。(二)载明具体行政行为的法律文书直接送达的,自受送达人签收之日起计算。(三)载明具体行政行为的法律文书邮寄送达的,自受送达人在邮件签收单上签收之日起计算;没有邮件签收单的,自受送达人在送达回执上签名之日起计算。(四)具体行政行为依法通过公告形式告知受送达人的,自公告规定的期限届满之日起计算。(五)税务机关作出具体行政行为时未告知申请人,事后补充告知的,自该申请人收到税务机关补充告知的通知之日起计算。(六)被申请人能够证明申请人知道具体行政行为的,自证据材料证明其知道具体行政行为之日起计算。(第 2 款)税务机关作出具体行政行为,依法应当向申请人送达法律文书而未送达的,视为该申请人不知道该具体行政行为。"同时在其第 104 条规定:"行政复议期间的计算和行政复议文书的送达,依照民事诉讼法关于期间、送达的规定执行。"根据《民事诉讼法》第 75 条的规定:"期间不包括在途时间,诉讼文书在期满前交邮的,不算过期。"

台湾地区"诉愿法"第 14 条和第 16 条规定:"诉愿之提起,应自行政处分达到或公告期满之次日起 30 日内为之。""诉愿人不在受理诉愿机关所在地住居者,计算法定期间,应扣除其在途期间。"可见,两岸的申请期间均扣除了在途期间,且均采到达主义,以有利于纳税人的方式计算申请期间。

(2)决定期限

至于决定期间,台湾地区"诉愿法"第 85 条第 1 项规定:"诉愿之决定,自收受诉愿书之次日起,应于 3 个月内为之;必要时,得予延长,并通知诉愿人及参加人。延长以一次为限,最长不得逾 2 个月。"大陆决定期间的计算,根据其提起复议的是抽象具体行为还是具体行政行为而有区别。根据《税务行政复议规则》第73条和第74条,申请人只针对具体行政行为提起复议的情况下,行政复议机关审查被申请人的具体行政行为时,认为其依据不合法,本机关有权处理的,应当在30日内依法处理;无权处理的,应当在7日内按照法定程序逐级转送有权处理的国家机关依法处理。申请人在申请行政复议时,一并提出对抽象行政行为的审查申请的,行政复议机关对该规定有权处理的,应当在30日内依法处理;无权处理的,应当在7日内按照法定程序逐级转送有权处理的行政机关依法处理,有权处理的行政机关应当在60日内依法处理。可见,大陆的决定期间较台湾地区更短,避免了冗长的行政程序对申请人的不利影响,对督促行政机关提高行政效率也有一定的积极作用。但实践中,大陆税务机关超越法定期限而迟迟不作出复议决定的现象十分普遍。《税务行政复议规则》第79条规定,行政复议期间,案件涉及法律适用问题,需要有权机关作出解释或者确认的,行政复议中止。立法者设置这一条款的初衷是在于对于涉及的法律问题较为复杂的案件,可以请有权机关解释,以保障最终作出复议决定的正确性,因此,这段寻求有权机关咨询的期间自然不应该计算在内。但若这里的"有权机关"一再拖延不作出答复或者税务机关认为"有权机关"的解释不够清楚,而不断要求其继续解释。实践操作中,税务机关就常常利用这一条款来作为迟延作出决定的借口,导致行政复议的期限一再拖延,而纳税人的合法权益也无法得到及时的救济。

(三)税务行政救济审理程序的比较

税务行政救济审理程序设计是否合理,会直接影响到最后做出的决定是否公正,而两岸在此方面的规定也区别较大。

1. 审理机关

(1)受理机关

台湾地区"诉愿法"第4条规定,诉愿原则向上级(隶属、监督),例外向原机关提起。依"诉愿法"第7条,视为委托机关(无隶属关系)所为的行政处分比照第4条规定,也向原委托机关或其直接上级机关提起诉愿;对于两个以上不同隶属或不同层级之机关共为的行政处分,应向其共同上级机关提起诉愿。据此,在"国税",是由各地区"国税局"(即台北市"国税局",高雄市"国税局",台湾省北区、中区、南区"国税局")作成复查决定,如有不服,应经由原处分机关,向其上级机关财政事务主管部门提起诉愿,并由"财政事务主管部门诉愿审议委员会"(简称"财政事务主管部门诉审委")作出诉愿决定。在地方税,是由"直辖市"及各县市所属税捐稽征处作出复查决定,如有不服,在"直辖市",应向"直辖市"政府提起诉愿;在各县市,则是向县市政府提起诉愿。①

　　大陆《行政复议法》第12条规定:"对海关、金融、国税、外汇管理等实行垂直领导的行政机关和国家安全机关的具体行政行为不服的,向上一级主管部门申请行政复议。"《税务行政复议规则》第16条至第19条将税务行政复议申请的管辖及其受理机关具体化规定如下:第一,对各级国税局的具体行政行为不服的,向其上一级国税局申请行政复议。第二,对各级地税局的具体行政行为不服的,可以选择向其上一级地税局或者该税务局的本级人民政府申请行政复议;省级人大及其常委会、人民政府对地税局的行政复议管辖另有规定的,从其规定。第三,对税务总局的具体行政行为不服的,向税务总局申请行政复议;对行政复议决定不服,申请人可以向人民法院提起行政诉讼,也可以向国务院申请裁决。国务院的裁决为最终裁决。第四,对下列税务机关的具体行政行为不服的,按照下列规定申请行政复议:①对计划单列市国税局的具体行政行为不服的,向税务总局申请行政复议;对计划单列市地税局的具体行政行为不服的,可以选择向省级地税局或者本级人民政府申请行政复议。②对税务所(分局)、各级税务局的稽查局的具体行政行为不服的,向其所属税务局申请行政复议。③对两个以上税务机关共同作出的具体行政行为不服的,向共同上一级税务机关申请行政复议;对税务机关与其他行政机关共同作出的具体行政行为不服的,向其共同上一级行政机关申请行政复议。④对被撤销的税务机关在撤销以前所作出的具体行政行为不服的,向继续行使其职权的税务机关的上一级税务机关申请行政复议。⑤对税务机关作出逾期不缴纳罚款加处罚款的决定不服的,向作出行政处罚决定的税务机关申请行政复议。但是对已处罚款和加处罚款都不服的,一并向作出行政处罚决定的税务机关的上一级税务机关申请行政复议。有前述第②③④⑤项所列情形之一的,申请人也可以向具体行政行为发生地的县级地方人民政府提交行政复议申请,由接受申请的县级地方人民政府依法转送。

　　(2)税务行政救济审议委员会的组成

　　大陆的复议委员会负责研究重大、疑难案件,提出处理建议,行政复议的具体事项是由各级行政复议机关负责法制工作的机构负责;台湾地区则由复查委员会和诉愿审议委员会作为处理机关。在委员的组成方面,两岸都会吸纳专家学者的参与,以保证具有专业性和复杂性特点的税务案件能得到公正处理。台湾地区在立法中还明确规定了社会公正人士、学者、专家不得少于委员人数的二

---

　　① 参见陈清秀:《税法总论》(修订9版),台湾元照出版有限公司2016年第9版,第711页。

分之一,且委员应有二分之一以上具有法制专长;①目前台湾地区"财政部诉审委"的组成为主任委员 1 人,"财政事务主管部门"高级职员兼任者 4 人、外聘学者及专家 10 人。这一举措有利于保障诉愿处理机关的专业性和独立性。

而大陆仅规定行政复议委员会可以邀请本机关以外的具有相关专业知识的人员参加,并未对专业人士的组成比例作出强制性的规定;实践中,大陆多数税务机关的做法是将内设机构和下属各部门的正职负责人选为本机关的复议委员会委员。这样做的好处在于当选的委员中大部分具有较高的业务素质,且具有较高的权威,对于一些需要不同部门协调的事项可以在复议委员会的范围内解决,不需要另行协调。不利之处则在于:①大部分委员并非来自法律专业或未从事法律工作,存在知识结构不均衡的问题;②从事法律工作的专门人才或非领导职务的业务骨干被排斥在外;③全部成员都是因为行政职务而当选,因而给复议委员会带上很强的行政色彩,也很容易将行政性做法带进复议委员会,并因此削弱税务行政复议的司法性。② 因此,为了确保行政复议的公正与中立,有学者建议在人员的构成上,除了从税务部门中选用之外,应该广泛地吸收税务机关之外的专家,也可以采用交流的方式,吸收来自司法机关的法官、检察官或者律师、税务师等专业人员从事复议审理工作。③ 但本书认为,如果吸收了法官、检察官等司法人员的参与,则在复议申请人对复议决定不服要提起行政诉讼的情况下,难以保证法院判决的公正。因此,本书不建议吸收司法机关的工作人员,而可以从高校及科研单位中选择专家学者以及与案件没有利害关系的并具有丰富工作经验的律师、税务师或者注册会计师人员作为专业人士。

2.不利益禁止变更原则

禁止行政复议不利益变更原则,是指复议机关在审查具体行政行为的合法性和适当性的过程中,禁止自己作出或者要求其他行政机关作出对行政复议申请人较原具体行政行为更为不利的行政复议决定。④ 即行政复议决定既不能加

---

① 台湾地区"行政管理机构及各级行政机关诉愿审议委员会组织规程"第 4 条第 1 项:"诉愿会置委员 5 人至 15 人,其中一人为主任委员,由机关首长就本机关副首长或具法制专长之高级职员调派专任或兼任;其余委员由机关首长就本机关高级职员调派专任或兼任,并遴聘社会公正人士、学者、专家担任;其中社会公正人士、学者、专家不得少于委员人数二分之一。委员应有二分之一以上具有法制专长。""诉愿会所需承办人员,由机关首长就本机关职员中具法制专长者调派之,并得指定一人为执行秘书。"

② 参见段光林:《论我国税务行政复议制度之创新》,载《税务研究》2006 年第 3 期,第 67 页。

③ 参见刘召:《我国税务行政复议存在的问题及对策研究》,载《税务研究》2007 年第 11 期,第 62 页。

④ 孟庆霞、刘庆国:《论税务行政复议申请权的法律保障及制度完善》,载《中国经贸导刊》2011 年第 3 期,第 71～72 页。

重对复议申请人的处罚或课以更多的义务,也不能减损复议申请人既得的利益或权利。对于税务诉愿的审查,台湾地区很早就开始遵循"不利益禁止变更"原则,[①]并在其"诉愿法"第81条第1、2项规定:"(第1项)诉愿有理由者,受理诉愿机关应以决定撤销原行政处分之全部或一部,并得视事件之情节,径为变更之决定或发回原行政处分机关另为处分。(第2项)但于诉愿人表示不服之范围内,不得为更不利益之变更或处分。"即经过诉愿程序作出的新行政处分相较之前的,不得对诉愿人更为不利。这一原则旨在保护纳税人避免因为提起诉愿而受到更不利的处分。相比之下,大陆原《税务行政复议规则(暂行)》却未对这一原则作出规定,因此,一直有学者主张应当增加这一条款,以免导致纳税人会担心税务机关的报复而不敢提起行政复议,复议制度的救济功能无法彰显;此外,对于作出新的行政处分的行政机关缺少约束,存在滥用行政权力的可能。[②]但实际上《行政复议法实施条例》第51条已经明确规定:行政复议机关在申请人的复议请求范围内,不得作出对申请人更为不利的行政复议决定。除行政复议机关认为原具体行政行为主要事实不清、证据不足或适用依据错误而决定撤销的,被申请人可以重新做出对当事人更为不利的具体行政行为这一情形之外,复议机关本身不能直接做出加重申请人责任的行政复议决定,也不能责令被申请人做出对申请人更为不利的行政复议决定。该条规定表明,大陆已确立了行政复议不利变更禁止原则。因此现行《税务行政复议规则》第5条新增规定:"行政复议机关在申请人的行政复议请求范围内,不得做出对申请人更为不利的行政复议决定。"实属重复规定。

3. 税务调解/协谈

台湾地区于1989年4月12日颁布"税捐稽征机关行政救济案件协谈作业要点",其目的在于畅通纳税义务人的申诉管道,增进征纳双方的意见沟通,以减少行政救济案件,提升为民服务的效率。协谈的范围主要包括以下几项:(1)稽征机关与复查申请人就课税事实之认定或证据之采认双方见解歧义之案件;(2)申请复查之理由,显与有关法令规定不符者;(3)申请人对税务法令发生误

---

① 台湾地区对于受理诉愿机关,为变更原处分之决定时,是否能对诉愿人为不利益之变更,有积极说(得为不利变更)、消极说(不得为不利变更)和折中说(有一般监督权之上级机关始得为不利变更)三种学说见解;行政法院判例则采消极说。参见陈敏:《行政法总论》,台湾新学林出版有限公司2016年第9版,第1369~1370页。

② 参见袁森庚:《新〈税务行政复议规则〉的新精神》,载《涉外税务》2010年第11期,第61页。

解,有协谈之必要者;(4)经行政救济撤销重核案件。[①] 之后台湾地区财政事务主管部门于 1992 年对其进行修订,更名为"税捐稽征机关税务案件协谈作业要点"(即前文所称"协谈要点"),并规定凡依本要点达成的协谈结果,对稽征机关及纳税义务人均无拘束力。设计协谈制度的目的是为了减少纳税争议,提升税捐稽征机关的行政效率。"协谈要点"关于法律效力的规定长久以来备受诟病,因为对稽征机关及纳税人均无拘束力,又要求稽征机关尽量遵照协谈结果办理。该效力的不确定性,不仅伤害纳税人的信赖利益,还会造成任何一方的不履行不受惩戒。若稽征机关事后不依照协谈结果办理,纳税人必须再提起行政救济程序;反之,若纳税人不遵守协谈结果,稽征机关将会启动强制执行程序。即任何一方违反协谈结果,都会造成税务协谈流于一纸空文。因此,2008 年修订的"协谈要点"则将措辞变更为,除"协谈之成立,系以诈术或其他不正当方法达成者"以及"协谈成立后,发现新事实或新证据,影响课税之增减者"两种特殊情况外,"对于协谈后之案件,应秉持诚信原则遵照协谈结果办理",已经不再提"无拘束力",做出了肯定其法律效力的表态。台湾地区"行政法院"在实务中以诚信原则与信用保护原则推导出税务协谈的拘束力,使协谈并不完全演变成空泛的制度,可见,台湾不仅在税收法令中,而且在司法实践中越来越肯定协谈结果的效力,以维护纳税人的信赖利益。但还需要在立法上予以更为明确的规定,才能让税务协谈制度真正实现其功能。

大陆《税务行政复议规则》规定了税务和解和调解制度,也是为了提高解决纳税人和税务机关争议的效率。复议申请人和被申请人在复议机关作出行政复议决定以前,按照自愿、合法的原则,对下列行政复议事项可以达成和解或由行政复议机关进行调解:(1)行使裁量权作出的具体行政行为,如行政处罚、核定税额、确定应税所得率等;(2)行政赔偿;(3)行政奖励;(4)存在其他合理性问题的具体行政行为。申请人和被申请人达成和解的,并经行政复议机构准许的,则申请人不得以同一事实和理由再次申请行政复议。而行政复议调解书经双方当事人签字,即具有法律效力。申请人不履行行政复议调解书的,由被申请人依法强制执行,或者申请人民法院强制执行。相较台湾地区的协谈制度,大陆明确规定调解书的效力,有利于充分发挥调解制度的作用。

---

① 2008 年 12 月 19 日修订的"税捐稽征机关税务案件协谈作业要点"规定税务案件有下列情形之一,稽征机关得与纳税人协谈:(1)稽征机关于审查阶段中,就课税事实之认定或证据之采认,有协谈之必要者。(2)复查、依"诉愿法"第 58 条第 2 项规定由原处分机关重新审查或经行政救济撤销重核案件,对课税事实之认定或证据之采认,征纳双方见解歧异者。

4.复议/诉愿的审理

(1)诉愿的审理

目前,台湾地区的诉愿审议程序已实现"准司法化"。"诉愿法"规定诉愿一般应书面审查决定。但是,诉愿程序除书面审理外,尚包括陈述意见、言词辩论、调查证据、申请鉴定等。"诉愿法"规定了诉愿当事人与利害关系人的参加制度。受理诉愿机关必要时可以通知诉愿人、参加人或利害关系人到达指定处所陈述意见。诉愿人或参加人请求陈述意见而有正当理由者,应予到达指定处所陈述意见之机会。此外,受理诉愿机关应依诉愿人、参加人之申请或于必要时,得依职权通知诉愿人、参加人或其代表人、诉愿代理人、辅佐人及原行政处分机关派员于指定期日到达指定处所言词辩论。诉愿人或参加人得委任代理人进行诉愿(不得超过3人),以税务案件而言,可以委任律师或会计师为诉愿代理人。审议阶段的职权调查中,受理诉愿机关应依职权或嘱托有关机关或人员,独立实施调查、检验或勘验,不受诉愿人主张之拘束。诉愿人或参加人也可申请受理诉愿机关应调查证据。但就其申请调查之证据中认为不必要者,不在此限。受理诉愿机关依职权或依申请调查证据,非经赋予诉愿人及参加人表示意见的机会,不得采为对之不利之诉愿决定之基础。上述规定体现了诉愿程序"准司法化"的特点。

关于台湾地区诉愿审理中的言词辩论,"诉愿法"第65条规定:"受理诉愿机关应依诉愿人、参加人之申请或于必要时,得依职权通知诉愿人、参加人或其代表人、诉愿代理人、辅佐人及原行政处分机关派员于指定期日到达指定处所言词辩论。"即言辞辩论一经当事人申请,受理的诉愿机关就应该举行,同时遵照"诉愿法"第66条规定的程序:"一、受理诉愿机关陈述事件要旨。二、诉愿人、参加人或诉愿代理人就事件为事实上及法律上之陈述。三、原行政处分机关就事实上及法律上之陈述。四、诉愿或原行政处分机关对他方之陈述或答辩,为再答辩。五、受理诉愿机关对诉愿人及原行政处分机关提出询问。前项辩论未完备者,得再为辩论。"

(2)复议的审理

大陆《税务行政复议规则》第64条规定,行政复议原则上采用书面审查的办法,但是申请人提出要求或者行政复议机构认为有必要时,应当听取申请人、被申请人和第三人的意见,并可以向有关组织和人员调查了解情况。因此,行政复议以书面审理为原则,言辞辩论并非必要。行政复议采用书面审理的方式简便易行,但若行政复议案件比较复杂,不给予相对人当面陈述的机会,作出的结论可能有失公平,所以当事人如果要求陈述意见,则应允许。

可见,两岸在复议/诉愿的审理过程中,言辞辩论均可在申请人的提出要求或者审理机关觉得有必要时启动,但大陆是以书面审查为原则,非书面审查作为例外情况；同时，台湾地区的诉愿参加人也可以提出要求进行言辞辩论，对于"诉愿参加人"的概念，台湾地区的"诉愿法"并未作出明确规定，根据"诉愿法"第 28 条第 1 项的规定："与诉愿人利害关系相同之人，经受理诉愿机关允许，得为诉愿人之利益参加诉愿。受理诉愿机关认有必要时，亦得通知其参加诉愿。"则台湾地区的"参加人"类似于大陆"行政复议第三人"的概念。此外，台湾地区对言辞辩论所依照的程序也作了明确规定，相较之下，大陆对非书面审查的规定较为简单，还需要进一步的完善。

5. 复议/诉愿决定的执行

两岸均以提起行政救济不停止执行为原则，在例外情况下才可以停止执行。关于复议决定执行的主体，根据《税收征管法》第 38 条，税务机关经县级以上税务局（分局）局长批准，能对欠税户的个人财产实施强制扣押、查封、拍卖或变卖，或书面通知其开户银行或其他金融机构从欠税户存款中直接扣款等保全或强制措施，可见，税务行政机关就具有强制执行权。对复议决定，大陆根据《行政复议法》第 33 条的规定，若维持原行政处分的，由原行政处分机关依法强制执行，或申请法院强制执行；若复议改变原行政处分的，由变更行政处分的复议机关依法强制执行，或申请法院强制执行。台湾地区的"诉愿法"并未对诉愿决定的执行主体作出规定，但根据"行政执行法"第 4 条的规定："行政执行，由原处分机关或该管行政机关为之。"即诉愿机关作出维持具体行政行为行决定的，由原作出具体行政行为的税务机关执行；诉愿机关作出变更具体行政行为决定的，则由作出新的具体行政行为的机关负责执行。

6. 诉愿的再审

目前，"诉愿法"删除再诉愿阶段，增设诉愿再审制度，其本质系对于确定诉愿决定为非常救济之方法，并非用以取代再诉愿程序。[①] 税务诉愿的再审是指针对已经确定的税务诉愿决定，再向原诉愿决定机关申请再为审查。诉愿人经过诉愿程序之后，在未提起行政诉讼的情况下，如果诉愿案件发生重大瑕疵，或其合法性及合理性随时间推移而发生动摇，若因为当事人未在法定期限内提起诉讼而不能再审，则剥夺了当事人寻求救济的机会，因此"诉愿法"第 97 条第 1 项规定了诉愿人、参加人或其他利害关系人得对于确定诉愿决定，向原诉愿决定机关申请再审的 10 种具体情形。诉愿再审程序为台湾地区所特有，对此，既有学者认为该诉愿再审程序与"行政程序法"第 128 条"行政程序再进行"及"行政诉讼法"第 273 条"再审程序"在事由方面皆有重叠，因此将来修法时可予删

———————————

① 参见陈敏：《行政法总论》，台湾新学林出版有限公司 2016 年第 9 版，第 1377 页。

除;①又有学者认为此对人民权益保障有利之制度有存在价值,但应再予以精细规定。②

我们认为,大陆无须规定复议再审程序,《行政复议法》规定公民、法人对复议决定不服的,应该在 15 日内依法向人民法院提起行政诉讼,其目的即在于督促相对人及时行使自己的权利,如果新增类似的复议再审程序,会使行政行为的效力一直处于不确定的状态,也会影响到行政机关的工作效率。而且实践中台湾地区每年受理的有关税务机关诉愿决定而受理的再审案件一般不超过 20 件,且半数均被驳回。③ 因此,大陆无须借鉴台湾地区的诉愿再审制度。

二、大陆税务行政救济制度的完善及建议

本部分主要针对大陆税务行政复议制度的不足提出完善的建议;同时,也探讨大陆是否有必要借鉴台湾地区特有的复查制度。

(一)大陆税务行政复议制度的不足

通过比较,我们认为大陆的税务行政复议制度主要存在以下几方面问题:

1. 信息公开不够透明

不论是复议还是诉愿,都是旨在为纳税人提供主张其权利的途径,而实践中这一制度的运行情况则关乎纳税人的权益是否能得到良好的保障。因此,每年税务行政复议(诉愿)案件受理数量的多少,是否能在法定期限内予以解决,作出决定之后仍提起行政诉讼的比例都是衡量这一制度实施情况的重要标准。台湾地区在其财政事务主管部门网站每年都会公布诉愿案件受理及审理的详细情况,不仅有助于行政机关和立法机关发现诉愿制度存在的不足,还为专家学者进行研究探索寻求改进的途径提供了详细的数据资料;同时,也可以减少诉愿制度的神秘感,让民众敢于拿起法律的武器维护自身权益。相较之下,大陆的复议信息则不太透明,在《政府信息公开条例》颁布以前,税务机关每年受理复议案件的情况,几乎未进行任何披露;在其颁布之后,税务总局在其政府信息公开工作年度报告中也只公布了因对政府信息公开不满而提起行政复议的情况,给复议制度笼罩了一层神秘的面纱。实践中,税务行政复议制度是否能真正地有效运作很难得知。究其原因,我们认为主要还是因为行政机关作为行政复议的被申请

---

① 参见陈敏:《行政法总论》,台湾新学林出版有限公司 2016 年第 9 版,第 1379 页。
② 参见陈新民:《行政法总论》(新 9 版),台湾三民书局 2015 年新 9 版,第 535 页。
③ 《台湾地区行政管理机构及所属机关再审案件统计表》,http://tnews.cc/02/downloadtxt_26969.txt,访问日期:2011 年 12 月 6 日。

人,其对税务行政复议制度的认识还停留在是纳税人在给其"找麻烦"的认识层面,特别是在复议机关作出的复议决定变更或者撤销其原行政行为的情况下,行政复议的被申请人会被认定其工作上存在"疏忽"或"错误",所以,税务机关对纳税人提起行政复议有敌对情绪;而实践中,复议机关对税务复议案件也常常未按照法定期限作出决定,希望一再拖延以不了了之,而这也是其不愿意公布每年复议案件受理及审理情况的重要原因之一。

税务案件本身就具有专业性及复杂性的特点,税务机关在处理大量税务案件的过程中,难免会发生错误;同时税务机关征收税款是站在保障国家财政收入的角度,而纳税人在缴纳税款时则是力求保障自身财富的最大化,因此,税务机关和纳税人难免会对应纳税额或者优惠条款的适用存在认定上的分歧,纳税人提起税务行政复议,既是捍卫自身的合法权益,也是对税务机关的一种鞭策;而随着纳税人法律意识的增强,行政复议案件的数量必然也会相应提高,税务机关应该以正面的态度去应对,提高工作人员的专业素质,同时优化其服务态度;而不是阻碍纳税人提起行政复议或者对有关情况进行隐瞒。此外,根据《税务行政复议规则》第97条的规定:"省以下各级税务机关应当定期向上一级税务机关提交行政复议、应诉、赔偿统计表和分析报告,及时将重大行政复议决定报上一级行政复议机关备案。"可见,省级税务机关完全有条件对每年全省税务行政复议的受理信息进行披露,也可以为专家学者的研究提供所需的数据和案例,有助于税务行政复议制度的进一步完善。

2.复议前置条件过于苛刻

有关大陆税务行政复议的清税前置程序和台湾地区税捐复查限制规则的比较,本章第二节有详述,此处不再重复。

3.复议机构的独立性及其人员的专业性不够

大陆的税务行政复议机构是指税务行政复议机关内设的具体负责税务行政复议工作的机构,它以其所从属的税务机关的名义行使职权,对外发送的复议文书均以其所从属的税务机关的名义进行,它的行为实际上是其所从属的税务机关的行为。根据《行政复议法》第3条,税务行政复议应由税务复议机关负责法制工作的机构具体办理税务行政复议事项。目前省级税务机关普遍成立了税务法制机构,设区的市级税务机关也有部分成立,县区级税务机关没有专门的法制机构,法制工作一般挂靠在某一业务部门。为了适应税务行政复议专业性、业务性强的特性,各地各级税务机关一般通过设置税务行政复议委员会,研究重大、疑难案件,提出处理建议。税务行政复议委员会作为税务机关内部一个专门的联席会议组织,不同于税务机关的各业务部门,是一个非常设机构,其成员由行政首长和各业务部门领导及业务人员组成。然而,不管是复议机关负责税收法制工作的机构还是作为咨询机构的税务复议委员会,他们都难以保证其独立性。

各地税务行政复议处、复议科、税务复议委员会等组织各方面都受制于税务局，人事、财务没有一点独立性，要求他们成为独立的第三人充任公正的裁判很难。而且，税务机关的上下级关系也会影响到复议审议的独立性。许多基层税务行政复议案件中的具体行政行为在作出之前，已向上级事先请示、沟通过，是按上级意志"遵旨行事"。此种情况下，税务行政复议的"层级监督"功能很难实现，复议成为一种形式，其客观公正性为人诟病。相较之下，台湾地区的税务诉愿委员会直接隶属于财政事务主管部门，财政事务主管部门网站每年都会公布其诉愿审议委员会的组成。以2010年为例，其成员除主任委员1人外，委员中，有财政事务主管部门（含所属机关）高级职员兼任者6人、外聘学者及专家8人，共15人。① 同时根据"诉愿法"第53条的规定："诉愿决定应经诉愿审议委员会会议之决议，其决议以委员过半数之出席，出席委员过半数之同意行之。"且委员中外聘专家的数量要保证超过半数，以保证诉愿决定的独立性。

税务行政复议的审理很大程度上是一种法律实践活动，因此要求担任税务行政复议审理的税务行政人员既要熟悉税务知识，也熟悉法律知识。而大陆现有的税务行政复议成员大多是税务系统的人才，对税务知识了解比较多，但是对法律知识不熟悉，其专业性还有待进一步加强。相较之下，台湾地区诉愿委员会的成员中具有法学专长者9人，具有财税专长者6人，无论是对涉及税法的会计问题或者对涉及审理程序的法律问题，都可以得到妥善的解决。如果税务行政复议案件的审理人员的专业性得不到保障，其作出的复议决定自然也难以获得纳税人的信服。因此，本书认为大陆复议机构的独立性和人员的专业性都有待提高。

4. 复议审理方式存在缺陷

大陆行政复议的审理方式是以书面审理为主，以书面审理为原则主要是基于以下两点的考虑：一是可以节省复议案件的审理时间，提高复议的效率；二是书面审理可以避免纳税人和税务机关的直接对抗，减轻双方的对抗情绪。② 但实践中则很可能成为复议机关图简单省事而忽视纳税人主张权益的借口。由于税务官员的工作作风，或者由于纳税人自己的权利意识缺乏，税务复议的非书面审查很难见到。而税务纠纷本身就具有情节复杂，涉及问题技术性强等特点；因此，不得不质疑税务行政复议官员仅仅通过看案卷就可以了解案件事实。

大陆《税务行政复议规则》第64条虽然规定："申请人提出要求或者行政复

---

① 从2011年开始改组为主任委员1人，财政事务主管部门（含所属机关）高级职员兼任者4人，外聘学者及专家10人。

② 参见姜明安主编：《行政法与行政诉讼法》，北京大学出版社、高等教育出版社2007年版，第419～420页。

议机构认为有必要时,应当听取申请人、被申请人和第三人的意见,并可以向有关组织和人员调查了解情况。"根据该规定,启动非书面审查程序的主体仅限于复议申请人和复议机关,第三人则不得提出要求,但行政复议的第三人与行政复议的具体行政行为有利害关系,在税务行政复议案件中,其复议案件的审理结果通常都会关乎第三人的财产安全,但在复议案件的审理过程中,第三人却处于被动的地位而无法自由提出自己的主张,其权利救济自然也会受到影响。此外,大陆的书面审查方式缺乏相应的制度支持,实行公正有效的书面审查方式必须有相应的制度基础。① 对于非书面审理启动之后,该如何进行言辞辩论,该依照怎样的顺序进行,申请人与被申请人如何就案件疑点进行讨论都未作出规定,没有一个具体、细致、规范的审查程序,这很可能导致言辞辩论在行政复议案件的审理过程中只流于形式,导致申请人的程序性权利得不到有效保障,因此,大陆税务复议案件的审理方式还有待完善。

(二)借鉴台湾地区复查制度的必要性及可行性探讨

台湾地区的税务复查程序作为税务诉愿的前置程序,是指纳税人对稽征机关的课税处分不满,可以直接向作出该课税处分的稽征机关提出异议,由其对异议进行审理;其目的在于减轻诉愿机关及行政法院的工作负担,以起到疏减讼源的作用。

1.台湾地区的复查制度及其优点分析

"税捐稽征法"第 35 条第 1 项规定:"纳税义务人对于核定税捐之处分如有不服,应依规定格式,叙明理由,连同证明文件,依左列规定,申请复查。"即纳税人对税务机关的课税处分不服,应先向作出该课税处分的税务机关提出异议;如果未经过复查程序,纳税人不得径行提起诉愿。

复查案件的审理是由原稽征机关作为受理机关,设立复查委员会来办理各项税捐复查案件。复查案件之审理一般由原核定之稽征机关即各地区"国税局"或各县(市)税捐稽征处之正或副处长主持,委员则由各单位主管、资深稽核、督导或审核员等组成复查委员会审议,并作复查决定。复查委员会由以下人员组成:(1)机关首长或副首长,并兼任主任委员;(2)有关单位主管;(3)机关首长指定有关人员 3 人至 9 人。稽征机关在受理复查案件后,应立即进行审查,并于两个月之内作成决定,未在期限内作出决定者,纳税人可径行提起诉愿。

台湾地区采取复查前置主义,对于稽征机关的课税处分,强制规定非经申请复查,不得径行提起诉愿;其原因在于:作出课税处分的稽征机关最了解案件详

---

① 参见杨小君:《对行政复议书面审查方式的异议》,载《法律科学》2005 年第 4 期,第94 页。

情,根据相对人提出的异议,能够迅速自行检讨,重新审视业已作出的课税处分,如发现原课税处分有错误,可以自我更正,重新作出新的课税处分。这样不仅可以减少诉愿和行政诉讼的发生,而且能够给稽征机关一个改正自己错误的机会,有利于其树立自律意识,健全自我监督机制,改进以后的行政行为;同时,由作出课税处分的稽征机关进行异议审理,可以避免相对人因找不到复议机关而投诉无门的现象,使一部分税务争议就近、简便、有效地得到解决,相对人的合法权益即使得到补救。① 因此也有学者提出大陆应当借鉴台湾地区的复查程序,以节约相对人投诉的精力和财力,减轻相对人的诉累。②

2.必要性及可行性探讨

我们认为,台湾地区复查程序的设置有一定的积极意义,但制度的移植还要考虑有无适合的土壤,就目前大陆的环境而言,没有必要也不可能借鉴台湾地区复查程序,其理由主要有以下几点:

第一,根据台湾地区财政事务主管部门公布的数据,2010年诉愿审议委员会每年的受理案件为3439件,即平均每个工作日要处理13—14件税务诉愿案件,因此需要设置复查制度以充分发挥行政机关自我审查的作用,减少诉愿委员会的工作量③(参见表12-1-1)。而大陆的复议机关就目前而言,并未完全地发挥作用,部分市县一年只受理几件甚至根本没有受理税务行政复议案件;因此,大陆目前亟须解决的不是如何减轻税务行政复议机关工作量的问题,而是该如何充分发挥税务行政复议制度的作用,更好地保障纳税人的合法权益。因此,从减轻复议机关工作量的角度考虑,大陆不必设置类似的前置程序。

表 12-1-1　台湾地区 2011—2014 年税务诉愿办案时效统计表

	2014 年		2013 年		2012 年		2011 年	
	件数	百分比	件数	百分比	件数	百分比	件数	百分比
3 个月内审结	2097	84.59%	2198	93.29%	2594	98.41%	2695	93.51%
3—5 个月内审结	382	15.41%	158	6.71%	42	1.59%	187	6.49%
逾 5 个月审结	0	0	0	0	0	0	0	0
合计	2497	100%	2356	100%	2636	100%	2882	100%

---

① 参见刘红霞:《我国税务行政复议的缺陷及其完善》,载刘剑文主编:《财税法论丛》(第3卷),法律出版社2004年版,第184页。

② 参见李长江、刘红霞:《完善我国税务行政复议制度的思考》,载《税务研究》2007年第10期,第72～73页。

③ 参见本书第一章第四节,表1-4-2:台湾地区税务诉愿提起数量统计表(2001—2014年)。

第二,目前大陆的税务行政复议案件很难在法定期限内作出复议决定,复议机关往往一拖再拖,纳税人的权利很难得到及时地救济。倘若大陆也参考台湾地区复查制度,设立了类似的必要前置审理程序,会导致纳税人寻求行政救济的路途变得更加漫长,也会加重税务机关的工作负担,降低行政效率。

第三,无论是诉愿制度还是复查制度,都是要以审议机关的专业性和独立性作为保证,如果审议机关作出的决定无法保证公正,则相对人还是需要通过提起行政诉讼的方式寻求救济,复议和诉愿制度只是耗费相对人的时间和精力而已。目前大陆的税务机关工作人员的素质参差不齐,如果借鉴台湾地区的做法,在税务机关内部设置复查委员会,人员也是来自税务机关内部,其公正性很难得到保证;因此,大陆目前不需要借鉴台湾地区的复查制度,也不具备设立的条件。

(三)大陆税务行政复议制度的完善

1.明确申请补正期限的规定

台湾地区"诉愿法"第 62 条规定,受理诉愿机关认为其情形可补正者,应通知诉愿人于 20 日内补正。这 20 日为法定的不变期间,诉愿人逾期未补正的,则根据"诉愿法"第 77 条第 1 项的规定,受理机关应作成不受理的决定。大陆《行政复议法实施条例》第 29 条规定:"行政复议申请材料不齐全或者表述不清楚的,行政复议机构可以自收到该行政复议申请之日起 5 日内书面通知申请人补正。补正通知应当载明需要补正的事项和合理的补正期限。无正当理由逾期不补正的,视为申请人放弃行政复议申请。补正申请材料所用时间不计入行政复议审理期限。"其对补正期限的长短则是由税务机关决定,而实践中税务机关也很少根据每件个案来确定补正期限的做法,基本上都是以 15 天或 20 天为限,因此,不如在立法中予以明确规定,也有助于相对人准备补正材料,避免税务机关滥用其行政权力,决定的补正期限"不合理"给相对人带来的困扰。因此,我们建议借鉴借鉴台湾地区的立法规定,对申请补正的期限在立法中予以明确规定。

2.修改复议前置条件

对此,本章第二节将予详述。

3.设立独立的税务行政复议机构

目前大陆的税务行政复议委员会或者是各级复议机关的法制工作机构与税务局都存在人事或者行政上的依附关系,因此陷入了既当运动员又当裁判员的尴尬处境;其在办理复议案件的过程中,难免受制于内部行政关系的先天性制约而导致偏私行为的发生,实际上复议活动根本无法独立进行。复议机关只有成为独立的裁判者,才能为税务行政复议决定的公正公平奠定坚实的基础。

从一些国家和地区设置税务行政复议机构的情况来看,考虑到税务复议的特殊性,大多是将复议机构放在税务机关的内部(如日本、美国和我国台湾地区),也有的放在了税务机关外部(如英国的行政裁判所),但无论怎样设置,有一点是共同的,即都特别强调复议机关的独立性和从事复议工作人员的专业性。关于大陆的税务行政复议机构的究竟应该如何建立,学者们主要提出了以下三种模式。第一种是税务行政复议机构设在政府法制机构内部或者和政府法制机构合署办公,即所谓"块块管辖";第二种是税务行政复议机构设在税务机关内部,即"条条管辖";第三种是设置一个独立于税务部门之外的专职税务复议机构。① 从可行性的角度来说,改革的目标是在尽量减少不必要的财力和物力的投入的同时,满足税务行政复议工作的实际需要。目前,大陆也在积极地开展行政复议模式的探索。2008 年国务院法制办公室出台了《关于在部分省、直辖市开展行政复议委员会试点工作的通知》,率先在北京市、黑龙江省、江苏省、山东省、河南省、广东省、海南省、贵州省等 8 个省、直辖市开展行政复议委员会试点,而其他有条件的省、自治区、直辖市,也可以结合本地区行政复议工作的实际情况,逐步探索开展相关工作。在 2010 年 11 月 8 日发布的《关于加强法治政府建设的意见》中,国务院再次提出了"探索开展相对集中行政复议审理工作,进行行政复议委员会试点"的要求。可见,设立独立的行政复议审理机构来处理复议案件是大陆行政复议体制改革的整体趋势。

针对大陆税务行政复议机构独立性和专业性不足的问题,本书提出如下改进意见。首先,应当明确规定解决税务行政争议是税务行政复议机构专属和唯一的职能,其在业务上完全独立,不受所在税务机关的随意干预。在已经开展了行政复议委员会试点的地区,可以成立专门的部门或委员小组来处理具有较强专业性的税务行政复议案件;而对于还未开展试点的地区,可以通过提高税务行政复议机构负责人的行政级别(如赋予其复议机关副职领导的职务)来增强其抵御外来干涉的能力,待条件成熟时建立直属税务总局领导的专门从事税务行政复议工作的机构。② 其次,为了提高税务行政复议工作人员的专业化水平,应明确行政复议工作人员的任职资格及任用程序,对复议机构中专门从事税务行政复议工作的人员与从事辅助工作的人员进行分类管理,增强对税务行政复议工作人员的独立性保障,对现有的税务行政复议机构队伍进行整顿,淘汰不合格人员,提高复议队伍的整体水平,同时对行政复议委员会成员的产生办法、议事表决程序、其处理建议与最终复议决定的关系等作出明确规定。再次,明确规定税务复议委员会中专家学者所占的比例,以实现设立保障税务行政复议机构独立

---

① 参见刘红霞:《我国税务行政复议的缺陷及其完善》,载刘剑文主编:《财税法论丛》(第 3 卷),法律出版社 2004 年版,第 186~187 页。

② 阮友利:《对我国税务行政复议制度的几点思考》,载《税务与经济》2010 年第 5 期,第 97 页。

性的目标。比如 2010 年选举出来的北京市第二届行政复议委员会共有 43 名委员组成,其中 30 名非常任委员由来自国家部委和北京部分高校、科研机构的知名专家学者担任。

4.完善税务行政复议审理程序

行政复议原则上采用书面审理的方式,早在《行政复议法》第 22 条就作出规定,《税务行政复议规则》第 64 条又进行了重复规定,实属没有必要。因为根据上位法优于下位法的原则,如果《税务行政复议规则》未作出特殊规定,自然依照《行政复议法》第 22 条的规定审理复议案件,而大陆的立法习惯似乎是以"重复"的方式来表示强调或者对于上位法的尊重,但其实无须如此也无法做到。因此我们建议对《税务行政复议规则》的第 64 条进行修改,删除不必要的重复规定,并作出如下修改:第一,由于税务行政复议案件的结果通常会涉及相对人的财产安全,因此,可以借鉴台湾地区的立法规定,增加第三人作为启动非书面审理的主体的条款。第二,完善非书面审查的具体程序规则。对非书面审查方式制定详细的程序规则。重点完善诸如调查制度、通知制度、传唤制度、回避制度、辩论制度、质证制度等各项制度以及法律责任,以使复议法律关系各方主体可依循。需要强调的是,上述程序中应当恪守"禁止单方接触"原则,禁止复议机关或复议机构人员向申请人、被申请人、第三人单方面调查事实、了解情况,以避免先入为主;如确需查证事实,必须通知双方或三方均到场,让当事人有机会进行面对面的陈述、辩论和质证,彰显复议程序的公正性。[①]

第二节　税务行政救济制度中
清税前置程序比较

大陆现行《税收征管法》的全面修订于 2003 年、2008 年和 2013 年连续被纳入三届全国人大常委会的立法规划,但至今无一完成。继 2013 年 6 月 7 日国务院法制办在其官网公布根据"小修"思路起草的《税收征管法修订案(征求意见稿)》、遭到学术界的普遍批评之后,[②]又推倒重来,按照"大修"思路重新起草修订案草案;2014 年 7 月 9 日,税务总局办公厅将《2014 审议稿》下发全国税务系

---

① 参见蔡金荣、胡小双:《略论行政复议非书面审查方式及完善》,载《甘肃理论学刊》2008 年第 1 期,第 115 页。

② 该意见稿避重就轻,注重部分条文文字的改动,例如修订最多之处就是将 15 处"滞纳金"改为"税款滞纳金",而未对 2001 年《税收征管法》颁行十几年来存在的主要问题加以修订。

统征求意见;2015年1月5日,国务院法制办官网第二次公布该法修订案草案(即《2015修订草案》)公开征求意见。由此可见,该法修订过程中存在的难点问题及其争议之多,而有关税务争议解决机制中的"清税前置程序"与"复议前置程序"即为其中之一。

《税收征管法》第88条(以下简称"第88条")、《实施细则》第100条和《税务行政复议规则》等所规定的独特的税务争议解决机制,使之在行政争议解决机制中独树一帜。① 本书将之概括为"自由选择程序"+"双重前置程序"的"分程序机制",其中"双重前置程序"又由"清税前置程序"+"复议前置程序"构成。具体而言,所谓分程序机制,是指共同构成税务争议的纳税争议②与非纳税争议(即除纳税争议以外的其他税务争议)分别采取不同的救济程序。对于非纳税争议,采取纳税主体(即纳税人、扣缴义务人和纳税担保人的统称;后同)享有自由选择行政复议或者行政诉讼权利的自由选择程序,即可以先申请复议、对复议决定不服的再起诉,也可以不经复议、直接起诉。对于纳税争议,则须适用双重前置程序,即纳税主体必须先经复议、对复议决定不服的再起诉——所谓复议前置程序;而纳税主体申请复议的前提条件是必须先缴清税款及滞纳金或提供相应担保——所谓清税前置程序,③亦即学界俗称的"花钱买诉权"。

在台湾地区,也曾经存在与大陆清税前置程序类似的规则、即税捐复查限制规则,但在从1986—1997年间,历经台湾地区"大法官"对税捐复查限制规则的四次④违反宪制性规定审查之后,最终认定该规则违反宪制性规定,相关法条应予以修改。

大陆《税收征管法》第88条第1款所规定的清税前置程序,长期以来不断遭受学术界和实务界的诟病,在修订过程中也一直争议不断,而台湾地区类似的税

---

① 《海关法》第40条和《进出口关税条例》第64条在有关关税的纳税争议解决机制方面,采取与《税收征管法》相同的双重前置程序;本节不作单独讨论。

② 《实施细则》第100条:"税收征管法第88条规定的纳税争议,是指纳税人、扣缴义务人、纳税担保人对税务机关确定纳税主体、征税对象、征税范围、减税、免税及退税、适用税率、计税依据、纳税环节、纳税期限、纳税地点以及税款征收方式等具体行政行为有异议而发生的争议。"

③ 学界亦有称为"纳税前置"。本文认为,如仅系针对缴纳税款和滞纳金而言,可称为纳税前置;但将提供担保考虑在内,则称为"清税前置"更为妥当。

④ 1991年12月13日"大法官"释字第288号解释:"1990年1月24日修正前之'货物税条例'第20条第3项:'受处分人提出抗告时,应先向该管税务稽征机关提缴应纳罚款或其没入货价之同额保证金,或觅具殷实商保'之规定,使未能依此规定办理之受处分人丧失抗告之机会,系对人民诉讼权所为不必要之限制,与台湾地区宪制性规定第16条保障人民诉讼权之意旨有所抵触。"其中所谓抗告前应提缴罚款或保证金或觅具殷实商保,与税捐复查限制规则其实同理,但尚不属于对税捐复查限制规则的范畴。

捐复查限制规则的演变对大陆极富借鉴意义,值得详细比较。

一、大陆清税前置程序的立法演变及其评析

(一)大陆清税前置程序的立法演变

表 12-2-1　税收征管法中税务争议解决机制不同方案比较表

	1986 年《税收征管条例》	1992 年《税收征管法》	现行《税收征管法》	2014 审议稿	2015 修订草案
条文概括[1]	第 40 条　纳税主体同税务机关发生纳税或者违章处理问题争议时,必须先缴纳税款、滞纳金、罚款,然后复议。对复议答复不服的,可以起诉。	第 56 条　纳税主体同税务机关发生纳税争议时,必须先缴纳或者解缴税款及滞纳金,然后申请复议。对复议决定不服的,可以起诉。其他税务争议,当事人可以申请复议;对复议决定不服的,可以起诉。当事人也可以直接起诉。(第三款:略)	第 88 条　纳税主体同税务机关发生纳税争议时,必须先缴纳或者解缴税款及滞纳金或者提供相应的担保,然后申请复议;对复议决定不服的,可以起诉。其他税务争议,当事人可以申请复议,也可以起诉。(第三款:略)	第 131 条　纳税主体同税务机关发生争议时,可以申请复议。第 136 条　对复议决定不服的,应当先缴纳或者解缴税款或者提供相应的担保,然后可以起诉。	第 126 条　纳税主体同税务机关在纳税上和直接涉及税款的行政处罚上发生争议时,可以申请复议;对复议决定不服的,应当先缴纳、解缴税款或者提供相应的担保,然后可以起诉。其他税务争议,可以申请复议,也可以起诉。
分程序与否	不分程序[2]	分程序	不分程序	分程序	
必经复议的争议	税务争议	纳税争议	税务争议	纳税争议＋税款处罚争议＝扩大版纳税争议	
自由选择对象范围	无	非纳税争议	无	除扩大版纳税争议以外的其他税务争议	
清税条件	缴纳税款、滞纳金和罚款	缴纳、解缴税款及滞纳金	同前＋提供相应的担保		
前置程序	双重前置程序:清税→复议→诉讼			双前置程序:(清税＋复议)→诉讼	
优劣比较[3]	4	2	1	3	2

说明:
　　[1] 本表所列有关规定的条文表述经概括而成,概括的条文不影响对核心问题的探讨。
　　[2] 所谓"不分程序",并非是所有税务争议均可适用自由选择程序,而是均适用双重前置程序。
　　[3] 以对纳税主体救济权利的限制程度为主要标准,由优至劣按 1 至 4 排序。

如表 12-2-1 所示,现行《税收征管法》有关清税前置程序的规则最早来源于 1986 年由国务院颁行的《税收征管条例》;该条例第 40 条规定,纳税主体等当事人与税务机关在纳税或者违章处理问题上发生争议时,必须先缴纳税款、滞纳金(简称"纳税前置程序")和罚款,然后申请复议;对复议决定不服的,可以起诉。1992 年《税收征管法》第 56 条开始采用分程序机制,将针对罚款等事项的非纳税争议纳入自由选择程序,纳税争议采取双重前置程序。现行《税收征管法》第 88 条则在前法的基础上增加了提供相应担保作为清税的选择条件之一。

(二)大陆清税前置程序评析

长期以来,以税务机关为代表坚持清税前置程序的主要理由在于两个方面:一方面是确保税款及时入库,另一方面是防止纳税人滥用救济权获取延迟纳税的好处。

从第一方面看,有学者指出清税前置程序的目的是为了最大限度地保全国家的财政利益。税收是国家财政收入的主要来源,为国家机器的正常运行和社会公共服务职能提供资金支持,如不要求纳税人提前缴纳税款,税款在漫长的救济过程中可能有"灭失"的风险。[①] 对此,学界多以《行政复议法》第 21 条和(新)《行政诉讼法》第 56 条(原《行政诉讼法》第 44 条)所规定的复议、诉讼期间行政行为不停止执行原则(简称"不停止原则")为理由,认为税务机关完全可以通过税收强制执行措施来获得税收债权的满足,因此清税前置程序与确保税款安全之间无必然联系。实际上,如果说 1986 年《税收征管条例》第 40 条规定纳税前置程序,是由于当时尚无《行政诉讼法》(最早施行于 1990 年)和《行政复议法》(最早施行于 1999 年)还情有可原的话;即便 1992 年《税收征管法》颁行之时,也还仅有《行政诉讼法》、尚无《行政复议法》[②],因此 1992 年《税收征管法》第 56 条第 2 款最后一句话称"复议和诉讼期间,强制执行措施和税收保全措施不停止执行";2001 年《税收征管法》修订之时,其第 88 条删去了上述最后一句话,说明在《行政复议法》和《行政诉讼法》已经明确规定不停止原则的情况下,《税收征管法》无须重复规定,但仍然保留清税前置程序,就很难说得过去了。事实上,由税务总局先后于 1991 年颁发的《税务行政复议规则》(国税发〔1991〕160 号)第 39 条、1993 年修订颁发的《税务行政复议规则》(国税发〔1993〕119 号)第 44 条、

---

① 参见王霞、陈辉:《税收救济"双重前置"规则的法律经济学解读》,载《税务研究》2015 年第 3 期,第 78~82 页。

② 事实上,作为《行政复议法》的前身,由国务院 1990 年颁布、1991 年起施行、1994 年修订的《行政复议条例》第 39 条就已经规定了复议期间具体行政行为以不停止执行为原则、停止执行为例外。

1999 年颁发的《税务行政复议规则（试行）》（国税发〔1999〕177 号）第 24 条、2004 年颁发的《税务行政复议规则》（暂行）（国家税务总局令第 8 号）第 24 条和 2010 年颁发的《税务行政复议规则》（国家税务总局令第 21 号）①第 51 条均规定了复议期间的不停止原则。由此可见，认为纳税主体试图通过提起复议的方式来阻碍税收强制执行措施、进而影响税款入库的担心完全是多余的。

从第二方面看，所谓滥用救济权获取延迟纳税的好处，实则既先以纳税人存在过错的假设为前提，又后推定纳税人存在"滥用"救济权的"恶意"。就前者而言，有学者指出，清税前置"实质是对提起行政复议的纳税人预先推定为违反了税收法律法规。在纳税行政争议尚处于是非不明之时，就将过错先行归结为纳税人一方，待纳税人纠正了'过错'后才具有提起重新认定过错的请求资格，这种'过错推定'是对纳税人基本权的不尊重"②；就后者而言，有学者认为，推定纳税人行使救济权利的目的是"恶意"延缓缴纳税款或转移财产，使得清税前置成为一种"有罪推定"。③还有学者指出，《行政诉讼法》第 34 条规定，作为被告的行政机关对作出的行政行为负有举证责任，应当提供作出具体行政行为的证据和所依据的规范性文件，否则视为没有相应的证据。该条是对被诉具体行政行为实行违法推定原则。之所以对被诉具体行政行为实行违法推定，目的是为了促进依法行政。而清税前置程序则是对不能按税务机关要求补缴税款及滞纳金或者提供相应担保的纳税人实行违法推定，既有违《行政诉讼法》的立法原则，也有违依法行政原则。④

结合现行《税收征管法》有关税收滞纳金的规则来看，我们认为，清税前置程序对于纳税人权利保护唯一可能的好处就在于避免税收滞纳金计征期间过长。⑤由于大陆税收滞纳金计征规则未扣除任何期间，因此如果在纳税主体提起行政复议之前不先行清税的话，那么当纳税人在复议程序中败诉时，复议程序进行的期间均将计入税收滞纳金的计征期间，在税务机关未依法定期限而拖延

---

①　2015 年 12 月 28 日《国家税务总局关于修改〈税务行政复议规则〉的决定》（国家税务总局令第 39 号）修正。

②　刘剑文、侯卓：《纳税前置制度的反思与超越》，载《江汉论坛》2015 年第 6 期，第 114 页。

③　参见付大学：《比例原则视角下税务诉讼"双重前置"之审视》，载《政治与法律》2016 年第 1 期，第 137、141 页。

④　参见廖仕梅：《废除税务行政救济前置条件的必要性与可行性》，载《行政法学研究》2017 年第 1 期，第 127 页。

⑤　清税前置程序有两个选项，一个是缴纳税款及滞纳金，当然也就无再继续计征滞纳金的情形。至于另一个选项、即提供相应担保是否亦有同样作用，因无明确法律规定而尚存疑问。从有利于纳税人的立场，以及所谓"相应担保"的文义解释角度出发，应当认为提供相应担保即相当于缴纳了税款及滞纳金，此后的复议期间和诉讼期间不得再继续计算滞纳金。

作出复议决定的情况下,对纳税人不利的程度则更甚。但是,这并不能成为清税前置程序取得正当性的理由,而只是由于大陆税收滞纳金计征规则不当,从而使先行清税在客观上具有了阻止税收滞纳金继续计算的作用。

除了上述对保留清税前置程序的两个主要理由的反驳之外,学界对该程序最主要的批评性意见就在于其对平等原则和比例原则的违反。对平等原则的违反方面,清税前置程序以经济条件决定纳税人是否能够获得救济,造成有资力的纳税人与无资力的纳税人之间的不公平,[①]实践中已不乏无力满足清税前置程序而救济无门的案例。[②] 对比例原则的违反方面,有学者指出,清税前置程序形式上确保税款及时入库的立法目的在实践中异化成税务机关减少复议和诉讼的发生,救济期间不停止执行原则也使该程序缺乏必要性,至于该程序造成部分纳税人救济权利被剥夺的损害也远非所谓税款所代表的公共利益所能比拟。[③]

此外,还有学者从法经济学角度分析,认为预先清税使企业资产减少,会对企业生产经营产生负面影响。此时企业会根据成本利益理论决定是否复议和诉讼,如果投入的时间成本和金钱成本过高而影响生产经营活动的,纳税人可能会对税务机关妥协。而税务机关的成本由国家承担,在纳税争议中占有垄断性的优势,不会轻易对纳税人妥协,故纳税人在与税务机关的博弈中常常处于弱势地位。[④] 而且,清税前置程序还可能是造成税务机关滥用征税权力的制度原因之一。如果税务机关决定的征税数额越大,纳税人申请行政复议的经济负担越重,难度也越大。这给个别税务机关滥用征税权力创造了条件。[⑤] 最后,税务机关往往更重视复议和诉讼的监督功能,而忽视其救济功能;在考核制度上,上级税务机关常以下级税务机关的败诉率作为衡量其工作能力的标准,认识上的偏差和考核制度上的偏差也会让行政复议和行政诉讼被视为行政执法、司法风险,从而导致纳税人维护合法权益的途径受阻。[⑥] 可见,清税前置是税务机关在"泛风险"意识下与纳税人博弈的一种体现。

---

① 参见刘剑文:《纳税人权利保护:机遇与挑战》,载《涉外税务》2010 年第 5 期,第 5～8 页;施正文:《论〈税收征管法〉修订需要重点解决的立法问题》,载《税务研究》2012 年第 10 期,第 57～62 页。

② 2009 年河南省汇林置业有限公司税案,参见廖仕梅:《废除税务行政救济前置条件的必要性与可行性》,载《行政法学研究》2017 年第 1 期,第 121～124 页。

③ 参见付大学:《比例原则视角下税务诉讼"双重前置"之审视》,载《政治与法律》2016 年第 1 期,第 136～140 页。

④ 参见王霞、陈辉:《税收救济"双重前置"规则的法律经济学解读》,载《税务研究》2015 年第 3 期,第 78～82 页。

⑤ 参见林雄:《疑难税案法理评析》,福建人民出版社 2006 年版,第 179 页。

⑥ 参见饶立新:《修正对税务行政复议和诉讼认识及考核上的错误》,载《涉外税务》2012 年第 10 期,第 11～12 页。

二、台湾地区税捐复查限制规则的立法演变及其评析

(一)台湾地区税捐复查限制规则的立法演变——以有关"大法官解释"为线索

台湾地区行政救济包括复查、诉愿和诉讼三个程序,其中复查系向原处分机关提出,诉愿则向原处分机关的上级机关提出(类似于大陆的复议),二者均属行政机关内部救济程序。所谓税捐复查限制规则,是指有关以缴纳一定比例税款、保证金或者提供相应担保等作为进入复查程序前置条件的规则的统称;[①]为表述的简洁起见,本节暂以"部分纳税前置"指称缴纳一定比例税款或者保证金,以"部分清税前置"指称"'部分纳税前置'或者提供相应担保"。

由于台湾地区法制历史较为悠久,有关税捐救济限制规则变动相对频繁。对诉愿或者诉讼前须先行缴纳税款的税捐救济限制规则首现于1914年"所得税条例"第21条,当时是作为诉愿或者诉讼前的前置条件,且须全额缴纳;此后不仅其"所得税法",而且其"营业税法""房屋税法""遗产及赠与税法""证券交易税法""契税法""税捐稽征法""关税法"和"海关缉私条例"等各法均各自规定了有关税捐救济限制规则,既有全部或者部分纳税前置、又有全部或者部分清税前置,前置的位置既有在诉愿或者诉讼前、又有在复查前,前置的条件既有全额缴纳、又有二分之一或者三分之一的部分缴纳,前置款项既有税款、又有称保证金者,未满足前置条件的法律效果则有复查权消灭、视为未申请复查和异议不予受理三种,总之纷繁复杂、不一而足。[②]由于自1986年起,台湾地区税捐复查限制规则的立法演变受其"大法官解释"的影响甚巨,故本部分仅以有关"大法官解释"及其申请案由为线索,梳理受其影响所及的"海关缉私条例""税捐稽征法"和"关税法"中税捐复查限制规则在有关"大法官解释"前后的立法演变历史。

1.1986年12月"大法官"释字第211号解释和1997年10月释字第439号解释与"海关缉私条例"第49条

释字第211号解释和释字第439号解释所针对者系当时的"海关缉私条例"第49条。"海关缉私条例"颁行于1934年6月,至今最近的一次修正为2013年6月,共修正9次。1973年该条例第1次修正公布全文,由原35条增设为54

---

① 参见黄俊杰:《税捐正义》,台湾翰芦图书出版有限公司2002版,第83~84页。
② 参见黄俊杰:《税捐正义》,台湾翰芦图书出版有限公司2002版,第14~33页。

条,其中第 49 条规定,声明异议(即申请复查)①案件,海关得限期缴纳原处分或不足金额二分之一保证金或提供同额担保,逾期不为缴纳或提供担保者,其异议不予受理。

[案例 1]1982 年,台北市某报关行股份有限公司(以下简称"某报关行")进口货物时未据实申报,被基隆海关科处罚款 3000 万余元新台币并没收未据实申报的货物,某报关行未依"海关缉私条例"第 49 条满足部分异议前置条件,即向基隆海关声明异议,未被基隆海关受理。后该报关行依法提起诉愿、再诉愿和行政诉讼均因程序未合遭驳回,并于 1984 年 9 月被台湾地区"行政法院"1984 年裁字第 552 号裁定终局驳回。该报关行负责人王某某于 1984 年 10 月向"大法官"提出"释宪申请书"并被受理。

1986 年 12 月,释字第 211 号解释的解释文认为"海关缉私条例"第 49 条,"旨在授权海关审酌具体案情,为适当之处分,以防止受处分人借故声明异议,拖延或逃避税款及罚镤之执行,为贯彻海关缉私政策、增进公共利益所必要,与台湾地区宪制性规定第 7 条、第 16 条尚无抵触。又同条例所定行政争讼程序,犹有未尽周详之处,宜予检讨修正,以兼顾执行之保全与人民诉愿及诉讼权之适当行使。"唯有"大法官"刘铁铮提出"不同意见书",认为"海关缉私条例"第 49 条"对于人民依台湾地区宪制性规定应受直接保障之诉愿权及行政诉讼权,显有抵触",违反台湾地区宪制性规定第 16 条,应为无效。

[案例 2]1993 年,某有限公司因进口货物涉嫌提供价格不实发票、逃漏进口税捐,被基隆关税局追征所漏税费并科处罚款合计约 141 万余元新台币。

[案例 3]1994 年,某股份有限公司被台北关税局认定未经核准将保税物品转售,科处罚款 4.51 亿余元新台币。

[案例 4]1994 年,某有限公司进口货物时,因货主黄某某私自夹藏毒品被检获,虽经司法调查认定某有限公司并不知情,却仍被高雄关税局科处货价 1 倍的罚款 3186 万余元新台币。

上述三案中,被处罚当事人均因未依"海关缉私条例"第 49 条满足部分异议前置条件,声明异议未予受理,后依序提起诉愿、再诉愿和行政诉讼,并终遭"行政法院"终局裁定驳回;于是三案当事人分别提出"释宪申请书"并被"大法官"受理。值得一提的是,案例 4 中,高雄关税局先科处某有限公司货价 3 倍罚镤 9559 万余元新台币,该有限公司未满足部分异议前置条件而声明异议,因高雄关税局也确知该有限公司对于货主夹藏毒品为不知情,遂函报财政事务主管部门后将原货价 3 倍罚款改为货价 1 倍罚款,但并非是基于对声明异议的处理

---

① 此处"声明异议"实即"申请复查","海关缉私条例"2001 年 1 月第 5 次修正时,即将原法中的"声明异议"改为"申请复查",以与其他税法有关规定保持一致。

决定。

1997 年 10 月,释字第 439 号解释认为"海关缉私条例"第 49 条"使未能于法定期限内缴纳保证金或提供同额担保之声明异议人丧失行政救济之机会,系对人民诉愿及诉讼权利所为不必要之限制,与台湾地区宪制性规定第 16 条所保障之人民权利意旨抵触,应不再适用。本院释字第 211 号解释相关部分应予变更。"

然而,即便有释字 439 号解释已然宣布"海关缉私条例"第 49 条违反宪制性规定,但自该号解释作出之后,该条例 2001 年第 5 次、2005 年第 6 次、2007 年第 7 次和 2010 年第 8 次修正均未涉及第 49 条,直至 2013 年第 9 次修正时才最终删除了第 49 条。

2.1988 年 4 月"大法官"释字第 224 号解释和"税捐稽征法"第 35 条

1976 年"税宪捐稽征法"第 35 条第 1 项规定,纳税人申请复查之前,应于规定缴纳期间内,遗产税须按核定税额缴纳三分之一税款、其他各税须按核定税额缴纳二分之一税款,或提供相当担保(以下简称"部分清税前置条件");第 36 条第 1 项规定,纳税人未依第 35 条第 1 项满足部分清税前置条件而申请复查者,视为未申请复查。

[案例 5]纳税人郑某某获得其先父遗产土地一块,于 1979 年 12 月 26 日时核定的遗产税为 4965 元新台币,但高雄县税捐稽征处凤山地政事务所以郑某某尚未办理产权移转登记为由不予办理继承遗产申报。直至 1983 年 4 月 21 日申请人办妥一切手续再次申报时,该土地每平方米公告现值 150 元新台币被误为 280 元新台币核算,遗产税额由原 4965 元新台币随之增至 24 万余元新台币,另外加上 1978 年至 1983 年期间的非法利息,以及误将非纳税人先父原所有土地亦核算在内。纳税人无资力按照"税捐稽征法"第 35 条缴纳三分之一税款近 20 万元新台币,申请复查未被受理;因税单仅注明缴纳税款三分之一始得复查,待纳税人得知亦可提供担保并以提供担保为由再次申请复查,因已逾缴纳期限,仍遭驳回。纳税人依序提起诉愿、再诉愿和行政诉讼,终被"行政法院"1984 年裁定第 709 号裁定终局驳回。

[案例 6]某股份有限公司原股东将所有股份转让给纳税人陈某某及其他股东后,陈某某等人发现该公司已经属于倒闭公司,公司账载之实际资产实际均已不存在,公司始终无法营业。陈某某等人欲将其公司股份返还原股东,但原股东已经潜逃。1986 年 1 月,公司全体股东决定予以解散,陈某某被选任为清算人,依"公司法"有关规定进行清算。1986 年 12 月,高雄市国税局核定该公司 1981 年营利事业所得税 94 万余元新台币及短估金 9 万余元新台币,并以陈某某未按照税捐受偿顺序缴清税捐为由,要求陈某某依照"税捐稽征法"第 13 条规定补缴。陈某某未申请复查,而直接提起诉愿、再诉愿及行政诉讼,终被"行政法院"

1987 年裁字第 896 号裁定终局驳回。上述两案当事人遂提出"释宪申请书"而被受理。

1988 年 4 月,释字第 224 号解释认为"税捐稽征法"有关部分清税前置的规定"使未能缴纳或提供相当担保之人,丧失行政救济之机会,系对人民诉愿及诉讼权所为不必要之限制,且同法又因而规定,申请复查者,须于行政救济程序确定后始予强制执行,对于未经行政救济程序者,亦有欠公平,与台湾地区宪制性规定第 7 条、第 16 条、第 19 条之意旨有所不符,均应自本解释公布之日起,至迟于届满两年时失其效力。"时有"大法官"李钟声提出"不同意见书",认为"税捐稽征法"第 35 条与"海关缉私条例"第 49 条类似,"均系行政救济之程序规定,借以防止纳税义务人任意申请复查,拖延纳税,为增进公共利益所必要",因此与台湾地区宪制性规定第 7 条和第 16 条并无抵触,业经释字第 211 号解释予以阐释在案。另有"大法官"杨建华提出"理由不同意见书",主张释字第 211 号解释认为"海关缉私条例"第 49 条系授权海关审酌具体案情为适当之处分,与"税捐稽征法"第 35 条系以提供担保作为行政救济之绝对条件,二者显不相同;因此释字第 211 号解释与释字第 224 号解释意旨并无不符。

1990 年 1 月,"税捐稽征法"第 2 次修正,第 35 条得以大幅修订,第 1 项有关部分清税前置条件的规则予以删除,其立法理由称:"参照司法机构'大法官'会议释字第 224 号解释,将第 1 项有关申请复查需缴纳一定比例税款或提供相当担保之规定及不得异议案件除外之规定删除,以保障人民行政救济之权利。"该法第 36 条亦配合第 35 条的修正被删除。

3. 1993 年 6 月"大法官"释字第 321 号解释与"关税法"第 23 条

1967 年"关税法"第 23 条第 1 项规定,纳税人如不服海关的核定,得于法定期限内书面声明异议,请求复查;在复查未确定前,异议人得申请海关准其缴纳相当于核定税款的保证金,作为先将货物放行的条件。至 1986 年 6 月"关税法"第 12 次修正时,第 23 条则系第 5 次被修订,规定:"(第 1 项)纳税义务人如不服海关对其进口货物核定之税则号别、完税价格或应补缴税款或特别关税者,得于收到海关填发税款缴纳证之日起 14 日内,按税款缴纳证所列税额缴纳全部税款,依规定格式,以书面向海关声明异议,请求复查。但纳税义务人得经海关核准,提供相当担保,免缴上开税款。(第 2 项)纳税义务人未依前项规定期限缴纳税款或提供担保者,视为未请求复查。"

[案例 7]某木业股份有限公司为原木保税工厂,高雄海关保税组认为其合板与密迪板在 1982 年、1983 年申报之税则号别、税率有误,重新合计税捐并补征差额税捐。申请人不服提出异议,曾奉财政事务主管部门特准免交保证金,并经高雄海关撤销原处分。后高雄海关保税组又依 1982 年、1983 年的标准计征税捐。申请人认为这种改变无明文规定,因此提出政府赔偿。申请人之申请经

高雄地方法院、台湾"高等法院"台南分院及"最高法院"判决,均予以驳回;其中, "最高法院"1991 年 6 月 21 日以 91 年台上字第 1358 号判决确定,认为高雄海关所为"补税处分,于法难谓无据,以申请人未依'关税法'第 23 条之规定缴纳相当全部补税额之保证金,依法视为未请求复查,应认为该补税处分于届 14 日期限时已拟制确定。虽事后财政事务主管部门准予'免除保证金,进行行政救济,均不足以影响此项法律拟制之效力。"后申请人提出"释宪申请书"被受理。

1993 年 6 月,释字第 321 号解释认为,1986 年 6 月修正公布之"关税法"第 23 条之规定,"使纳税义务人未能按海关核定税款于期限内全数缴纳或提供相当担保者,丧失行政救济之机会,系对人民诉讼权所为不必要之限制,与台湾地区宪制性规定第 16 条保障人民诉讼权之意旨有所抵触。"

由于 1988 年释字第 224 号解释已对 1976 年"税捐稽征法"第 35 条有关部分清税前置条件作出违反宪制性规定宣告,而 1986 年"关税法"第 23 条有关全部清税前置条件的规定与之相比有过之而无不及。为此,行政管理机构于 1990 年 4 月 26 日主动以配合释字第 224 号解释意旨为理由,向"立法机构"提出修正"关税法"第 23 条规定(删除申请复查之条件限制)之法律案。[①] 1991 年 7 月, "关税法"修正时,其第 23 条修订为:"(第 1 项)纳税义务人如不服海关对其进口货物核定之税则号别、完税价格或应补缴税款或特别关税者,得于收到海关填发税款缴纳证之日起 14 日内,依规定格式,以书面向海关声明异议,请求复查。(第 2 项)海关在行政救济未确定前,经纳税义务人缴纳全部税款或提供相当担保后,应将货物放行。"[②]据此,清税不再作为复查前置条件,而是改为货物放行的条件。

(二)台湾地区税捐复查限制规则立法演变的评析

由以上台湾地区税捐复查限制规则的演变可知,最早确立于 20 世纪 10 年代的税捐复查限制规则,先于 1986 年释字第 211 号解释被确认为符合宪制性规定之后,随后于 1988 年释字第 224 号解释、1993 年释字第 321 号解释和 1997 年释字第 439 号解释相继被宣告违反宪制性规定,"海关缉私条例""税捐稽征法"和"关税法"有关税捐复查限制规则亦因违反宪制性规定宣告而被废止。

---

① 参见台湾地区"大法官"释字第 321 号解释,"大法官"郑健才之"不同意见书"。

② 2001 年 10 月,"关税法"修正全文公布,原第 23 条调整为第 40 条:"纳税义务人如不服海关对其进口货物核定之税则号别、完税价格或应补缴税款或特别关税者,得于收到税款缴纳证之翌日起 30 日内,依规定格式,以书面向海关申请复查,并得于缴纳全部税款或提供相当担保后,提领货物。"清税仍然作为提领货物的条件。2004 年 5 月,"关税法"修正全文公布,原第 40 条调整为第 45 条,内容未变。

从释字第 211 号解释来看,其确认税捐复查限制规则之所以符合宪制性规定的主要理由在于"防止受处分人借故声明异议,拖延或逃避税款及罚款之执行",与前述大陆赞成清税前置程序的理由并无二致。对此,有学者批评指出,"此时期之'大法官',完全忽略税捐平等稽征及救济公平原则,是税捐正义之重要内涵,而扮演着税捐正义漠视者之角色,且未仔细斟酌比例原则所蕴含之宪制性规定之价值,并无视侵犯人权之宪制性规定之界限,仅着重确保税捐目的之实现,可谓已弃守宪制性规定之维护者应善尽人权保障之职责。"①然而,也正是在该号解释中"大法官"刘铁铮提出的"不同意见书",主张应宣告税捐复查限制规则违反宪宪制性规定,并且由该号解释中的少数意见成为此后作违反宪制性规定宣告的三号解释的多数意见。

在其"不同意见书"中,"大法官"刘铁铮系统阐述了 1973 年"海关缉私条例"第 49 条之所以违反宪制性规定的主要理由包括四个方面:第一,"海关缉私条例"1978 年修订时,增订第 49 条之 1 有关假扣押与假处分的规定,②此规定已可以达到避免受处分人故意借申请异议之名以拖延、逃避执行的目的,所以缴纳保证金与增进公共利益没有必然联系,反而构成人民诉愿权行使的障碍。第二,台湾地区宪制性规定第 16 条规定了人民有诉愿及诉讼的权利。声明异议制度属于台湾地区宪制性规定第 16 条扩充的权利。故"海关缉私条例"对声明异议设置限制实际上剥夺了台湾地区宪制性规定保障人民权利的意旨。第三,"大法官"应当审查的是税捐复查限制规则是否符合宪制性规定问题而非原海关处分是否恰当的问题,这二者要区分开来。第四,请求行政救济以不停止原处分之执行为原则。在台湾地区,缴纳保证金并不是停止执行的条件,而为行政救济的要

---

① 黄俊杰:《纳税人权利之保护》,北京大学出版社 2004 年版,第 8 页。

② 1978 年"海关缉私条例"第 49 条之 1:"受处分人未经扣押货物或提供适当担保者,海关为防止其隐匿或移转财产以逃避执行,得于处分书送达后申请法院假扣押或假处分,并免提担保。但受处分人已提供相当财产保证或觅具殷实商保者,应即申请撤销或免为假扣押或假处分。"该条立法理由称:"若干受处分人虽自知显无理由获得行政救济,惟仍一再依第 48 条规定声明异议乃至提起诉愿、再诉愿、行政诉讼,其目的在推迟案件之确定,以便进行隐匿或移转财产,及至处分确定,已无执行效果,对缉私政策之遂行,实有严重之影响,爰参照'所得税法'第 110 条之 1 及'税捐稽征法'第 24 条规定,增订本条,以资确保。"

件;这与《德国租税通则》第 361 条[①]和《日本国税通则法》第 105 条[②]规定有关纳税人提供担保请求停止行政强制措施的规定正好相反。因此,系争规定不仅缺乏正当理由,也影响纳税人诉愿权的行使。因为原处分一旦确定,纳税人的财产即被法院强制执行,但因为纳税人又未缴纳保证金,他也不能获得救济,这与台湾地区宪制性规定保障救济权的意旨相抵触。

释字第 224 号解释的解释理由书,则从三个方面说明了 1976 年"税捐稽征法"第 35 条有关税捐复查限制规则违反宪制性规定的理由:首先,该规则虽使部分税款迅获清偿或担保,但仅使有资力之人得享行政救济之利益,而未能满足规则的纳税人则丧失行政救济机会,造成有资力者与无资力者之间的不公平待遇。其次,"税捐稽征法"第 38 条第 3 项及第 39 条有关行政救济程序确定后始予强制执行的规定,可能导致申请复查者反而可在部分清税之后,利用行政救济程序,长期拖欠未缴部分税款或趁机隐匿财产,以逃漏其余税款,故该规则难达防止流弊之目的,系对人民行使救济权所为不必要之限制。最后,第 39 条规定对于未经行政救济程序者,亦有欠公平,且与不因提起救济程序而停止原处分执行之原则不合。

释字第 321 号解释的解释理由书,除援引释字第 224 号和第 288 号解释之外,针对 1986 年"关税法"第 23 条,进一步指出该条规定虽为防止受处分人任意请求复查以拖延缴纳税款,但提起行政救济并无停止原处分执行之效力,致上述规定徒使未能于规定期限内清税的纳税人丧失行政救济之机会,系对人民诉讼权所为不必要之限制。释字第 439 号解释的解释理由书,则指出"海关缉私条例"第 49 条"对人民诉愿及诉讼之权利'显为'不必要之限制"。

可见,违反宪制性规定的审查对税捐复查限制规则的废除起到了决定性作

---

①　《德国租税通则》第 361 条第 2 款最后一句话:"停止执行得以提供担保为要件。"参见陈敏译著:《德国租税通则》,台湾地区司法机构 2013 年版,第 598 页。

②　《日本国税通则法》第 105 条第 3 款:"在异议申诉人提供担保,并要求对构成异议申诉目的之处分的有关国税不予以滞纳处分形式的扣押,或解除已实施的滞纳处分形式的扣押的情况下,异议审理厅认为合理时,可不予实施扣押,或解除该扣押,或者发出命令。"第 5 款:"在审查请求人项征收管辖厅提供担保,并要求对构成审查请求目的之处分的有关国税不予实施滞纳处分形式的扣押,或解除已实施的滞纳处分形式的扣押的情况下,国税不服审判所所长认为合理时,可向征收管辖厅要求不实施或解除该扣押。"《外国税收征管法律译本》组译:《外国税收征管法律译本》,中国税务出版社 2012 年版,第 1820 页。

用。由于不同的解释对违反宪制性规定的系争规定采取了不同的宣告方式,^①致使相关系争规定修订或废止的进程不一。例如,释字第 224 号解释采取限期失效宣告方式,促使"税捐稽征法"第 35 条在 2 年限期届满前得以修订。再如,释字第 321 号解释因所针对的"关税法"第 23 条在作成解释前已因释字第 224 号解释的影响而被修订,因此仅作违反宪制性规定宣告,从而使该号解释的申请人得以获得"个案救济"。^② 至于释字第 439 号解释采取的是"违反宪制性规定并立即失效"的宣告方式,但所针对的"海关缉私条例"第 49 条在该号解释之后数次修订均未触及,直至该号解释作出 16 年后的 2013 年才被废除,由此可见即便是"大法官"解释亦有窒碍难行之时,"工程受益费征收条例"第 16 条有关半数缴纳的复查限制规则至今依然存在便是另外一例。^③ 此外,"证券交易税条例"第 13 条有关税捐复查限制规则 2010 年修改时也被废除。

三、大陆清税前置程序与台湾地区税捐复查限制规则比较

台湾地区的税捐复查限制规则(以下或简称"限制规则")虽然已被废止,但

---

① 吴庚教授认为,"大法官"对法令审查结果的宣告方式,有多种类型:单纯符合宪制性规定宣告,保留性符合宪制性规定宣告(有条件之符合宪制性规定宣告),符合宪制性规定非难,违反宪制性规定但不失效,违反宪制性规定并立即失效,违反宪制性规定定期失效,代替立法者弥补漏洞的宣告。参见吴庚、陈淳文:《"宪法"理论与政府体制》(增订 5 版),台湾三民书局 2017 年增订 5 版,第 811～827 页。

② 1982 年 11 月 15 日,台湾地区"大法官"释字第 177 号解释指出:"……本院依人民申请所为之解释,对申请人据以申请之案件,亦有效力。"确立了"大法官"解释的效力得溯及既往,从而使申请人因此就申请案件获得"个案救济"的机会。此后经 1984 年 1 月 27 日释字第 185 号解释重申并指出:"确定终局裁判所适用之法律或命令,或其适用法律、命令所表示之见解,经本院依人民申请解释认为与台湾地区宪制性规定意旨不符,其受不利确定终局裁判者,得以该解释为再审或非常上诉之理由。"

1983 年 2 月 8 日,释字第 193 号解释指出:"本院释字第 177 号解释所称:'本院依人民申请所为之解释,对申请人据以申请之案件,亦有效力',于申请人以同一法令抵触台湾地区宪制性规定疑义而已申请解释之各案件,亦可适用。"由此将此前释字第 177 号解释所确定的"大法官"解释的效力仅适用于申请人据以申请的案件,而扩大至申请人以同一法令抵触台湾地区宪制性规定疑义申请"释宪"虽被受理但并未被"大法官"合并审理的其他案件上。2011 年 3 月 25 日,释字第 686 号解释再次对释字第 177 号和第 193 号解释予以补充,将"大法官"解释的效力再次扩大至原申请人以外之人以同一法令抵触台湾地区宪制性规定疑义申请解释,虽未合并办理,但其申请经"大法官"决议认定符合法定要件者,其据以申请之案件。

③ 台湾地区 1971 年"工程受益费征收条例"第 16 条第 1 句:"受益人对应纳之工程受益费有异议时,应于收到缴纳通知后,按照通知单所列数额及规定期限,先行缴纳二分之一款项,申请复查;对复查之核定仍有不服,得依法提起诉愿及行政诉讼。"该条例此后经过 1973 年、1977 年、1987 年和 2000 年 4 次修订,但第 16 条没有变化。

其演变对大陆当前《税收征管法》的修订极具参考价值。本部分即在前文两岸有关规则演变历史的基础上，从形式到实质上比较台湾地区限制规则和大陆清税前置程序（以下或简称"前置程序"）的异同，从而建立起二者的可比性基础。

（一）清税前置程序与税捐复查限制规则的形式差异

1. 清税前置的位置不同

大陆的清税前置于税务行政复议，是取得复议申请资格的必要条件；在台湾地区，部分清税条件前置于复查申请前，是取得复查申请资格的必要条件。造成如此差异的主要原因，当然就在于台湾地区的税务行政救济相比大陆多了一道向原处分机关申请复查的类型。

2. 要求清税的程度不同

大陆要求全额清税，而台湾地区，除"关税法"原第 23 条要求全额清税外，其他绝大多数税种按"税捐稽征法"原第 35 条规定为半数清税或者三分之一清税（仅适用于遗产税）。因此，比较而言，台湾地区的限制规则对纳税人行政救济权利影响的程度要比大陆为轻。

至于台湾地区遗产税为何仅须三分之一清税，主要是基于遗产以及遗产税的特殊性。"遗产及赠与税法"第 8 条第 1 项前段规定："遗产税未缴清前，不得分割遗产、交付遗赠或办理转移登记。"据此，遗产税未缴清之前，继承人或者受遗赠人（以下统称"继承人"）对于遗产的权利处于一种不确定的状态。无论是现金遗产或者非现金遗产，均意味着缴纳义务人须先以自己的财产履行缴纳义务，而此时继承人尚未取得遗产利益，如其对遗产税税额存有异议而欲申请复查，公平起见，应当与其他税种的纳税人有所区别对待。此外，当遗产价值较高而致相应遗产税金额亦高，而继承人并无相应负担能力时，确定较低的清税比例亦有利于其申请复查。

3. 规则修订的推动力不同

根据台湾地区"司法机构'大法官'审理案件法"第 5 条第 1 项第 2 款，人民申请"大法官"解释，必须"依法定程序提起诉讼，对于确定终局裁判所适用之法律或命令发生有抵触台湾地区宪制性规定之疑义"。所谓"确定终局裁判"，是指"申请人已依法定程序尽其审级救济之最终裁判而言。"[①]因此，前述台湾地区限制规则立法演变史中所介绍的作为解释申请案由的 7 个案例，无一不是当事人穷尽行政救济与一般司法救济程序并取得终局裁判之后，仍然不服，再向"大法官"申请对终局裁判所依法律法规进行违反宪制性规定审查。在"大法官"审查

---

① 　陈敏：《行政法总论》，台湾新学林出版有限公司 2016 年第 9 版，第 107 页。

确认系争规定违反宪制性规定后,再由"立法机关"对相关条文进行修改。因此,可以说是始于纳税人、终于"立法机关",属于自下而上的模式。而在大陆,作为《宪法》监督具体体现的违宪审查机构至今未能建立起来,在现行《宪法》里找不到专司违宪审查的机构,①因此无法通过违宪审查的方式促使立法机关修法。从《税收征管法》的立法史来看,均由全国人大常委会制定或修改,因此,属于一种自上而下的模式。

立法机关立法修法本就属分内之事,然而法律规则是否存在问题,必须经由法律实施,尤其是司法实践才能反映出来。在大陆,税收法律法规存在的大量问题或者被低位阶的部门规章或规范性文件以取代上位法的方式在一定程度上得以消解,或者由于税务行政诉讼不彰而被掩盖;加之税收法律、行政法规草案的拟定历来被财税主管部门所把持,因此对于清税前置这样一个明显有利于税务行政的制度,财税主管部门显然没有动力加以改变,反而有足够的积极性尽量维持。因此,从这个角度来说,台湾地区的司法促动"立法"修订的模式更胜一筹。

(二)清税前置程序与税捐复查限制规则的实质相同

1. 以经济性能力作为救济前提

前置程序和限制规则中的"清税"与"限制",论其实质就是纳税人"花钱买救济",两规则均要求纳税人在公权力救济前,先行全部或者部分清税。这种以纳税人的经济能力作为其是否有资格启动行政救济程序的唯一的必要前提,不仅增加了其救济难度和救济成本,还造成无资力的纳税人"无钱无救济"的情形;不仅违反了平等原则,而且与税法理应以保障纳税人权利为宗旨背道而驰。这亦是两岸相关规则中清税位置虽然不尽相同,却具有可比性的重要基础。

2. 违反宪法及其意旨

宪法是国家的根本大法,对其他法律规范应当具有统领性的作用,一切其他法律的制定与施行应当遵循宪法的精神,税收的征收管理立法与执法也不例外,不得逾越宪法的宗旨和原则。

大陆《宪法》第33条与第44条1款分别规定了公民的平等权和请求救济的权利,②但无论是《税收征管法》还是《2014审议稿》或《2015修订草案》,均存在

---

① 参见王克稳:《我国违宪审查制度建立的主要法律障碍》,载《现代法学》2000年第2期,第72页。

② 《宪法》第33条第1款、第2款:"(第1款)凡具有中华人民共和国国籍的人都是中华人民共和国公民。(第2款)中华人民共和国公民在法律面前一律平等。"第41条第1款:"对于任何国家机关和国家工作人员的违法失职行为,有向有关国家机关提出申诉、控告或者检举的权利。"

清税前置规则。虽然后二者将清税前置的位置从行政内部救济前改成了行政外部救济前,但其本质都是以纳税人的经济基础衡量其能否行使救济权。因此,首先违反平等原则,其次由于对平等原则的违反,造成无资力的纳税人救济权被限制甚至剥夺。同样在台湾地区,宣告限制规则违反宪制性规定的数号解释,或者以其违反台湾地区宪制性规定保障人民救济权或者以违反课税公平原则为最终理由。

综上所述,前置程序与限制规则虽然在清税前置的位置、要求清税的程度以及规则修订的推动力三个方面存在形式上的差异,但却均以限制纳税人救济权利和违反平等原则为其实质,从而具有了较为可靠的可比性基础,因此台湾地区限制规则的演变值得大陆借鉴。

四、大陆清税前置程序规则重构

(一)清税前置程序修订方案评析

如本节第一部分表 12-2-1 所示,《2014 审议稿》第 131、136 条和《2015 修订草案》第 126 条对现行《税收征管法》第 88 条的修订分别提供了两个方案;为简便起见,分别简称"方案一"和"方案二",其中又以方案二为主。

方案二与第 88 条在税务争议解决机制方面的共同之处在于基本维持了分程序机制,最大的差异则在于两个方面:①一方面扩大了必经复议的纳税争议的范围,即在现有纳税争议范围的基础上增加了所谓"直接涉及税款的行政处罚"争议(简称"税款处罚争议"),从而构成了扩大版的纳税争议;另一方面是将清税程序由目前的复议之前后移到起诉之前,从而将现行的"复议之前清税＋起诉之前复议"的"双重前置程序"改为了在起诉之前必须"复议＋清税"的"双前置程序"。② 方案一的变动则更大,取消了目前的分程序机制,即不再赋予纳税主体

---

① 还有一个差异在于将现行法规定的作为清税条件之一的缴纳税款及滞纳金改为缴纳税款,这主要是因为《2015 修订草案》第 59 条第 1 款将现行《税收征管法》第 32 条所规定的滞纳金改为"税收利息",并在第 59 条第 3 款规定:"纳税人补缴税款时,应当连同税收利息一并缴纳。"因此,在后续条文出现应补缴税款情形时,当然就包括了税收利息在内,而无须再对税收利息单独予以列明。

② 需要说明的是,学术界对现行《税收征管法》第 88 条所规定的复议之前的清税程序与诉讼之前的复议程序通常以"双前置程序"来指称。但由于该两个程序其实各自独立,前者限制的是复议权、后者限制的是诉讼权,与方案二将两个程序叠加共同限制诉讼权不同,为了以示区别并简便指称起见,我们将第 88 条所规定的两个程序的简称改为"双重前置程序",而将方案二所规定的两个程序简称为"双前置程序"。

就非纳税争议所享有的争议程序选择权,将所有税务争议的解决都置于双前置程序框架中。

以上方案二取消了复议之前的清税前置程序,取消了申请复议救济的门槛,表面来看,较之第88条而言似乎是一个进步。但仔细分析,会发现实质上并非进步而是退步;从保障纳税人救济权的角度观察,反而不如第88条。理由如下:一是方案二扩大了必经复议的纳税争议范围,相应地就缩小了目前可以在复议和起诉间自由选择的其他税务争议范围,进一步限缩了纳税主体对争议救济程序自由选择权的空间。二是"双重前置"程序改为"双前置"程序,对纳税主体救济权的限制有过之而无不及。现行的"双重前置程序",是指复议前的清税程序和诉讼前的复议程序;换言之,在复议和诉讼前各有一个前置程序,先后分别限制纳税主体的复议权和诉讼权,并以"清税→复议"的方式连环相扣综合限制纳税主体的救济权。而方案二的规定则将复议前的清税程序改为起诉前,同时维持起诉前的复议程序,从而使复议和清税同时构成了诉讼前的"双前置程序",即以"复议+清税"的方式最终限制纳税主体的诉讼权。这一做法使得进一步限制纳税主体将纳税争议提交独立司法机构审查的意图昭然若揭。因为,取消复议前的清税程序,看似保障了纳税主体申请复议的行政救济权利,但由于前述第一个原因扩大了必经复议的纳税争议范围,再加上复议毕竟是行政机关的内部救济程序,无论其如何完善,在独立性及由此而带来的公正性方面,都难以与由司法机关主持的司法诉讼程序相比,而司法程序恰恰是保障纳税人权利的最后一道防线。因此,作为诉讼的前置程序,方案二规定"复议+清税"较之第88条规定"清税→复议",以复议和清税两个制度叠加的效应,将会使纳税主体试图寻求司法途径解决纳税争议的道路难上加难。至于方案一的规定则将这一困难予以了最大化,因为其不再采取分程序机制,而将所有的税务争议都纳入了双重前置程序适用范围之内。所以,表12-2-1中,我们以对纳税主体救济权利的限制程度为主要标准,将第88条列为现有方案中的最优方案,而将方案一列为最劣方案;1992年《税收征管法》第56条采取的虽然是双重前置程序、但在清税条件中无提供担保的选项,方案二虽有提供担保的选项、但采取的却是双前置程序,故二者并列为中间方案。

从方案一和方案二对复议之前清税前置程序的取消,我们可以大致体会到起草机关在面对社会各界对该程序的批评意见、从而试图加以改进的努力,但遗憾的是,起草机关并未清楚地意识到清税前置程序问题的要害所在,以为只需变换该程序在税务争议解决机制中的位置就可消解对现行法中该程序的批评意见。清税前置程序之所以不合理,其要害就在于违反了《宪法》等有关法律赋予纳税主体的救济权和法律适用方面的平等权。具体而言:(1)救济权是宪法和法律赋予每一主体的权利,不应附加限制性的前提条件,造成由于不能满足前提条件而无法寻求救济的后果。在税务争议实践中,有不少纳税主体虽然与税务机关存在纳税争议,但由于其缺乏缴清税款的资力或者提供担保的财产[①](特别是在税务机关认定的应纳税款数额巨大的情形下),无法提出复议申请,加之复议前置的规定,更无从提起行政诉讼;同时,由于无须面临复议和诉讼的审查,还给税务机关滥用其权力创造了空间。[②] (2)在平等权方面,清税前置程序意味着有资力清税的纳税主体可以循"复议→诉讼"途径与税务机关开展纳税争议的解决进程,而无资力清税的纳税主体只能望而兴叹、无处争辩,这就违背了税收公平原则。因此,解决清税前置程序问题的最终方案并非变换位置,而在于从税务争议解决机制中取消该程序。

　　无论是方案一,还是方案二,税务机关之所以坚持保留清税程序的主要理由无非就在于该程序具有所谓能够确保税款及时入库的功能。这种以牺牲纳税人的救济权为代价保障存在有争议的税款及时入库,与《税收征管法》的功能应由"权力之法"向"权利之法"、由"管理之法"向"服务之法"实行转变的理念是相悖离的。且在大陆现行法律制度下,税务机关完全可以通过税收强制执行措施来实现税款征收的目的,不受税收救济程序的影响。虽然现行《税收征管法》对救济程序期间不予停止执行具体行政行为的问题未作出规定,但《行政复议法》第21条和《行政诉讼法》第56条都做了有关救济程序期间具体行政行为的实施以不停止为原则、停止为例外的规定,按照特别法未予规定者应适用一般法的法律适用原则,税务机关完全可以不必担心纳税主体可能利用救济程序来谋取延迟缴纳税款利益的问题。[③] 更何况,《2015修订草案》还新增第129条基本重复了《行政复议法》第21条的规定。所以,方案一、二试图在"失之东隅"——取消复议前置的清税程序——的同时,又"收之桑榆"——将清税程序改为诉讼前置条件——的做法,不足可取。

(二)重构清税前置程序规则的建议

　　我们认为,清税前置程序的存废非一蹴而就,鉴于行政主导式的立法模式短期内还无法扭转,必须考虑把持修订方案拟定权的财税主管部门的可接受程度。为此,可以将清税前置程序的修改分为近期目标与远期目标,从部分清税到最终完全废除清税前置程序,循序渐进。

---

　　① 　实践中,还存在无资力的纳税主体虽依法提出纳税担保申请,但税务机关为了能够避免成为后续可能的行政诉讼的被告以及可能败诉的结果,就以各种不尽合法的理由对纳税主体的纳税担保申请不予认可,从而通过堵塞其复议之路进而"变相剥夺"其起诉之权。

　　② 　参见林雄:《疑难税案法理评析》,福建人民出版社2006年版,第179页。

　　③ 　参见刘剑文:《纳税人权利保护:机遇与挑战》,载《涉外税务》2010年第5期。

1. 近期目标——部分清税前置程序

所谓部分清税前置,首先是仍然"前置",但并非如《2015 修订草案》那般前置于诉讼,因为其采取的"复议＋清税"的双前置程序所具有的叠加效应对于纳税人提起行政诉讼的阻力过于巨大,因此应维持现行《税收征管法》第 88 条所规定的前置于复议。其次是按比例清税,即如同台湾地区"税捐稽征法"原第 35 条所规定的那般,至于清税的比例应为多少,有主张 20％者,亦有主张 50％者,[①]从保障纳税人权益角度出发,当然比例越低越好。只不过,财税主管部门可能更倾向于 50％。这样与现行规则相比,既可降低纳税主体提起复议的困难程度,又可相对减少有资力的纳税主体与无资力的纳税主体之间适用该程序规则时不公平的程度,起码算得上是一种进步。

2. 远期目标——废除清税前置程序

即便按照上述近期目标改采半数清税前置程序,也必须意识到这其实是不得已而为之的办法,主要目的在于使财税主管部门易于接受。但这不过是台湾地区在 20 世纪 70 年代的已有做法,如 1973 年"海关缉私条例"第 49 条和 1976 年"税捐稽征法"第 35 条,距今已超过 40 年。我国既然努力朝向现代法治国家方向行进,近年来又掀起轰轰烈烈的"落实税收法定原则"运动,如果延用已陈旧落伍并且经理论与实践证明有违宪之虞的半数清税前置程序,不能不说是一种讽刺,因此从长远来看,还是宜彻底废除清税前置程序为妥。

(三)远期目标下应考虑的问题

台湾地区限制规则最终予以废除的立法演变史还提示我们,如果欲完全废除清税前置程序,需要同时解决如何防止纳税人利用救济程序拖延纳税或者如何引导纳税人尽早缴纳税款的问题。纳税主体无须清税,而循序提起复议和诉讼,的确可能存在利用较长的救济程序期间而拖延纳税的情形,但其对税收债权的影响程度,由于两岸有关制度规则不同而有所差异。

在大陆,由于税收滞纳金计征期间不做任何扣除,因此纳税主体若滥用其救济权利而拖延纳税,且救济程序结果又对之不利的话,需承担救济程序期间被连续加征税收滞纳金的不利益。此外,有学者提出,一方面,要在立法上作相应完善,现有税收担保、(狭义的)税收保全、税收代位权、税收撤销权和限制出境等制度足以防止纳税人滥用救济权造成国家税款流失;[②]另一方面,考虑既设置正向

---

① 参见刘剑文、侯卓:《纳税前置制度的反思与超越》,载《江汉论坛》2015 年第 6 期,第 118～119 页。

② 参见茅铭晨:《税务行政复议纳税义务前置的法理反思》,载《税务研究》2004 年第 10 期,第 60 页。

的诱导性条款,如退还多缴税款时加算利息,以鼓励纳税人在提起复议之前先行缴纳税款,又配置反向的阻却性条款,如补税加算利息,对于恶意提起救济程序者,则加算双倍利息的制度,剥夺纳税人拖延纳税可能带来的时效利益。[①] 我们赞同其中正向诱导性措施和反向阻却性措施双管齐下的思路,但并不认可其具体建议。道理很简单,倘若经过救济程序后确认税务机关核定税款有误,退税给纳税人时本就应加算利息,因此难称具有诱导性;至于经过救济程序后纳税人应补缴税款,本就应计征税收滞纳金,倘若再加算利息,则引起二者重复计征的问题;而欲加算双倍利息,尚需证明提起救济程序者具有主观恶意,这一举证责任对于税务机关而言难免强人所难。

在台湾地区,根据"税捐稽征法"第 20 条和"所得税法"第 112 条第 1 项,滞纳金最长计征期间仅为 30 日,超过滞纳期间仍未缴纳者,一方面加计利息,另一方面则移送强制执行。纳税人若滥用救济权利而拖延缴纳税款者,由于不似大陆那般连续计算税收滞纳金至实际缴纳时止,因此比较而言似乎确实"有利可图"。但由于救济期间不停止执行原则,配合移送强制执行的规定,使得纳税人利用救济程序拖延缴纳税款从而"获利"的空间较小。尽管如此,为引导纳税人尽早缴纳,"税捐稽征法"在 1990 年修订第 35 条废除限制规则时,亦同步修订其第 39 条,[②]第 1 项规定纳税人滞纳期间届满后仍未缴纳者,移送强制执行,但纳税人已依第 35 条申请复查者,暂缓移送强制执行;第 2 项则规定,复查决定之后,如果纳税人对复查决定之应纳税款缴纳半数并依法提起诉愿者,或者纳税人缴纳半数税额确有困难,经稽征机关核准提供相当担保者,继续暂缓移送强制执行。换言之,以复查后、诉愿前的部分清税产生暂缓移送强制执行的效果,从而避免一旦强制执行即为对全部应纳税款的强制执行且可能造成难以回复的结果,来引导纳税人自愿主动缴纳半数税款。这一做法值得大陆借鉴,结合本书第七章第二节之二所提有关应当允许纳税主体以提供担保的方式阻止税收强制执行的建议,可以规定当纳税主体申请复议之前,如缴纳一定比例的税款或者提供相应担保,则可阻止税务机关对其采取税收强制执行措施。

---

① 参见刘剑文、侯卓:《纳税前置制度的反思与超越》,载《江汉论坛》2015 年第 6 期,第 118 页。

② 此次修订之前的第 39 仅规定:"经确定后逾期未缴之税捐,由税捐稽征机关移送法院强制执行。"

【下 编】

海峡两岸税收
协调问题研究

第十三章

海峡两岸税收协议及其评析

从 2009 年税务总局和台湾相关部门通过海协会和海基会建立的平台商谈两岸税收协议开始,历经 6 年数回合协商就协议内容达成全部共识。2015 年 8 月 25 日,海协会和海基会在福州举办的"两岸两会第十一次高层会谈"中,签署了《海峡两岸避免双重课税及加强税务合作协议》(以下简称《两岸税收协议》或"协议")。虽然该协议至今尚未生效,但已为两岸税收协调勾勒出大体的框架,将来一旦生效,将成为两岸税收协调最主要的法源依据,有必要提前了解并研析。

第一节 《两岸税收协议》的主要内容

一、《两岸税收协议》概况

依据协议正文第 13 条,协议生效须经双方各自完成相关程序并以书面通知另一方。但是截至 2018 年 2 月,两岸均未完成相应的生效程序,该协议处于未生效状态。大陆方面的程序较为简易;但在台湾方面,其通过立法部门的审查仍有待时日。依据"台湾地区与大陆人民关系条例"(简称"两岸关系条例")第 5 条第 2 项,[①]台湾地区行政管理机构于 2015 年 9 月 3 日函请"立法机构"优先审议,并经"立法机构"同年 9 月

---

① "两岸关系条例"第 5 条第 2 项:"协议之内容涉及法律之修正或应以法律定之者,协议办理机关应于协议签署后 30 日内报请行政管理机构核转'立法机构'审议;其内容未涉及法律之修正或无须另以法律定之者,协议办理机关应于协议签署后 30 日内报请行政管理机构核定,并送'立法机构'备查,其程序,必要时以机密方式处理。"

15 日院会决议交付"内政及财政委员会"联席审查。该协议在台湾的通过还需配合"两岸关系条例"第 25 条之 2 修正并完成相关生效程序后才能进行。① 目前本协议属于已签署等待"立法机构"审查的两岸协议,台湾地区希望能在"两岸协议监督条例"完成立法后,再依"两岸协议监督条例"进行《两岸税收协议》及配套法案的审议。因此,《两岸税收协议》何时能够生效还存在较大的不确定性。该协议的效力向前适用、不溯及既往,源泉(就源)扣缴税款适用于协议生效之次年 1 月 1 日(含当日)以后实际给付金额;其他税款适用于本协议生效之次年 1 月 1 日(含当日)以后开始之课税年度的所得;资讯交换适用于本协议生效之次年 1 月 1 日(含当日)以后开始之课税年度的资讯。

《两岸税收协议》参照了双方各自签订的税收协议,以经济合作与发展组织(OECD)税收协定范本(为主)及联合国(UN)税收协定范本为蓝本,考虑了双方税法规定、经贸往来情况及税收政策等因素签订。其包括正文《海峡两岸避免双重课税及加强税务合作协议》及附件《海峡两岸避免双重课税及加强税务合作具体安排》两部分,正文包括序言及 13 个条文;附件包括 13 个条文。正文为两岸税务领域加强合作与交流的原则性规定,附件则对各类所得的征税权划分和协议税率、消除双重课税方法、非歧视待遇、相互协商、资讯交换等具体内容作了明确规定。《两岸税收协议》文本体例不同于常规税收协定,但基本涵盖所有常规税收协定要素。《两岸税收协议》既参照了税收协定惯例,又充分考虑了两岸特色,特色主要体现在制定了一些不同于大陆和台湾地区各自与其他国家或地区签订的税收协定(安排)条款,例如设置"实际管理机构(处所)",以解决经由第三地间接投资大陆台商的税收居民认定问题。就特色而言,除了文本体例以及个别条款的内容与常规税收协定不同外,相较于大陆目前对外正式签订的 103 个双边税收协定,以及与香港、澳门两个特别行政区签署的税收安排,《两岸税收协议》整体上提供的减免税措施更为优惠(参见表 13-1-1),规定了信息保护水平高、范围限缩程度高、程序最严谨的税收信息(资讯)交换条款以及更完善的争议解决机制,还特别架设税务交流合作平台。此外,包括《两岸税收协议》在内的两岸协议,都是由海协会和海基会这两个非政府组织签署的,签署主体与以往中国

---

① "两岸关系条例"第 25 条之 2 为拟增订条款,其要点为:基于互惠原则下,对于大陆人民、法人、团体或其他机构自台湾地区取得之收入或所得,及台湾地区人民、法人、团体或其他机构自大陆取得之收入或所得,减免其应纳之营业税及所得税,并得相互提供税务协助。草案全文内容为:"(第 1 项)大陆人民、法人、团体或其他机构自台湾地区取得之收入或所得,及台湾地区人民、法人、团体或其他机构自大陆取得之收入或所得,得于互惠原则下,减免应纳之营业税及所得税,以避免在台湾地区及大陆双重课税;台湾地区与大陆并得相互提供防止逃漏税及征税之协助。(第 2 项)前项减免税捐及相互提供协助之范围、方法、适用程序及其他相关事项之办法,由财政事务主管部门依第 4 条之 2 规定订定之台湾地区与大陆协议事项拟订,报请行政管理机构核定。"

与其他国家和地区的税收协定(安排)签署主体亦有不同,这也是协议的特色。

表 13-1-1　《两岸税收协议》与大陆签订(选样)税收协定(安排)主要措施比较表①

项目	在大陆承包工程构成常设机构的期间	大陆投资所得适用税率				出售大陆股票交易所得	信息交换不溯及既往规定
		股息	利息	特许权使用费			
				税率	工商科学设备租金		
中国台湾地区	超过 12 个月	5%;10%	7%	7%	不包括可能免税	免税	明定
中国香港	超过 6 个月	5%;10%	7%	7%	包括 7%	可课税	—
中国澳门	超过 6 个月	10%	7% 10%	10%	包括 10%	可课税	—
新加坡	超过 6 个月	5%;10%	7% 10%	10%	包括 6%	可课税	—
韩国	超过 6 个月	5%;10%	10%	10%	包括 10%	免税	—
日本	超过 6 个月	10%	10%	10%	包括 10%	可课税	—

　　总体来说,OECD 范本是基于维护居住地国(资本净输出国)课税权观点,UN 范本则倾向维护所得来源国(资本净输入国)课税权,《两岸税收协议》是在两岸贸易严重不对等情况下签订的,目前台商对大陆投资金额远高于陆商对台湾地区投资金额,且大陆市场规模远大于台湾地区市场规模,在两岸经贸往来中台湾地区相对大陆属于净资本输出地,大陆主要是扮演所得来源地的角色。而《两岸税收协议》以 OECD 范本为主,大陆方面相对提供较优惠的租税减免措施,而台湾地区方面则相对保留较多课税权。因此,整体而言协议最大的受益方为台湾地区。大陆因《两岸税收协议》的税收损失将大于台湾地区,台湾地区将有税收净增加。以股息转让所得的征税为例,假如台湾地区 A 公司获得大陆 B 公司分配的股息 200 万元,在《两岸税收协议》生效前,A 公司适用《企业所得税法》第 4 条、第 27 条与《企业所得税法实施条例》第 91 条,②需先在大陆被扣缴企业所得税 20 万元;次年 A 公司在台湾缴纳营所税时,应缴纳 40 万元(股息 200 万元×营所税税率 20%),可抵免大陆已纳税额 20 万元,最终只需缴纳差额税

---

　　① 来源:《两岸租税协议简明版问答集》,台湾地区财政事务主管部门 2015 年 10 月 13 日台财际字第 10424516060 号函。

　　② 《企业所得税法实施条例》第 91 条:"非居民企业取得企业所得税法第 27 条第 5 项规定的所得,减按 10% 的税率征收企业所得税。"

负 20 万元。在《两岸税收协议》生效后，倘若 A 公司直接持有 B 公司 25% 的股权，那么股息所得适用税率上限为 5%，①在大陆缴纳企业所得税 10 万元；次年 A 公司在台湾地区应缴纳营所税 40 万元，可抵免大陆股息扣缴税额 10 万元，最终在台湾地区需缴纳差额税负 30 万元。这样一来，虽然 A 公司整体税负未变，但大陆因适用《两岸税收协议》而放弃的税收收入 10 万元，就转为台湾地区所增加的 10 万元税收收入。

再如，台湾地区甲公司系以大陆为主要销售市场的计算机制造商，在大陆设立发货中心储存货物，并视大陆客户需要随时运送货物，以缩短供货时间并维持供货稳定。假设甲公司在大陆的发货中心营业利润为 100 万元。《两岸税收协议》生效前后甲公司税负及两岸税收的影响分析如下：(1)在《两岸税收协议》生效前，甲公司大陆营业利润需缴纳 25 万元(100 万元×企业所得税税率 25%)企业所得税；其在台湾地区办理所得税结算申报，应纳营所税 20 万元(100 万元×营所税税率 20%)。由于这 100 万元在大陆实际缴纳的税额大于台湾地区应纳税额，甲公司在台湾地区无须再缴纳营所税。甲公司大陆营业利润两岸税负合计 25 万元(大陆税额 25 万元＋台湾地区税额 0 元)。(2)在《两岸税收协议》生效后，大陆仅能对归属于甲公司大陆常设机构的营业利润课税。根据《两岸税收协议》附件第 2 条第 1 款第 4 项，"专为储存、展示或交付(运送)属于该企业的货物或商品的目的而使用的设施"不构成常设机构，甲公司在大陆的发货中心不构成常设机构，因此无须在大陆缴税，仅须在台湾地区结算申报缴纳营所税 20 万元，两岸税负合计 20 万元(大陆税额 0 元＋台湾地区税额 20 万元)。②

表 13-1-2 《两岸税收协议》生效前后甲公司税负及两岸税收比较表(营业利润)

甲公司税负	《两岸税收协议》生效前	《两岸税收协议》生效后	两岸税收影响
在大陆	25 万元	0 元	－25 万元
在台湾地区	0 元	20 万元	＋20 万元
甲公司总税负	25 万元	20 万元	－5 万元

《两岸税收协议》对来源地征税权的限制，让部分台商不必在大陆纳税而仅需向台湾地区纳税，并因此可以节省税收成本。依台湾地区财政事务主管部门 2013 年的研究估算，协议约可使台湾地区税收净增加 81 亿元至 133 亿元，台商及陆商纳税分别减少 39 亿元及 1 亿元。

---

① 《两岸税收协议》附件第 5 条第 1 款。

② 案例及表格来源于《两岸租税协议答客问》，台湾地区财政事务主管部门网站：http://www.mof.gov.tw/public/Data/42717124126.pdf，访问日期：2018 年 2 月 8 日。

对于大陆投资者来说,现阶段台湾地区对于大陆人民及企业在台湾地区从事投资、技术合作、商业行为或两岸贸易等经济活动有相当严格的规定,大陆人民及企业来台投资仍受严格管理。[①] 同时,台湾地区的税收协定网络远没有大陆广,大陆投资者在台湾地区借助于其税收协定安排商业布局并进行税收筹划的空间有限。由于大陆企业所得税税率(25%)较台湾地区营利事业所得税税率(20%)为高,《两岸税收协议》生效后,大陆方面对陆资企业取得台湾地区来源所得无论在台湾地区有无纳税义务,仍得依 25%税率在大陆纳税,对陆资企业而言,依据抵免法等消除双重征税原理,其两岸总体税负并无明显、直接减轻效果。[②] 但是,大陆以短期税收损失的代价,换取吸引或维持投资、保障就业机会、促进经济发展的长远利益,以此扩大税基,进而创造长期税收效益。同时,协议提供的是双向互惠,赴台投资的大陆企业和赴台工作的大陆个人也可以享受协议带来的种种优惠,协议使大陆企业投资台湾地区可能面临的重复课税风险进一步降低,大陆企业在台湾地区从事经济活动产生的所得的税负确定性提高,解决争议渠道进一步拓宽。

《两岸税收协议》基于平等互惠原则,就跨境活动产生的各类所得,商定合适的减免税措施,以避免双重课税。总体来看,该协议生效后,可以进一步优化两岸相互投资的税务环境,强化两岸税收合作,为两岸企业提供相对稳定、透明、公平以及有竞争力的投资环境和条件,对于深化两岸经贸合作有重要意义。协议

---

① 近几年来,台湾地区对陆资赴台投资审查趋严。综合各项因素分析,台湾地区并没有给予赴台投资的陆资企业相当于外商的平等待遇。从 2009 年 6 月 30 日起施行,经 2010 年、2013 年、2015 年三次修订的"大陆人民来台投资许可管理办法"(以下简称"办法")中,可以看出台湾地区对于大陆人民赴台投资,采取愈趋严格的审查态度。举例来说,"办法"第 9 条规定,陆企在台设立分公司或办事处许可,应委托会计师或律师办理。第 11 条规定,"实收资本额达 3000 万元新台币以上之陆资投资事业,应于每届会计年度终了六个月内,检具经会计师签证之财务报表、股东名簿及其他指定资料,报主管机关备查"。换言之,在修订前,陆资企业实收资本额达 8000 万元新台币才需要检附相关资料报主管机关,但修订后大幅紧缩,变成只要实收资本额 3000 万元新台币就必须将相关资料报主管机关,且"主管机关于必要时,得命投资人所投资事业申报前项财务报表、股东名簿及其他指定资料"。不仅如此,为了对赴台陆资进行投资后的管制,"办法"第 11 条还规定"主管机关得定期调查投资人所投资事业之经营情况或活动。……必要时,得单独或会同相关机关派员前往调查,投资人所投资事业不得规避、妨碍或拒绝。"该规定授权主管机关在陆资企业未有任何违法事宜时,即可径行对该企业的调查。更严格的规范是,修订后的"办法"第 8 条,还加入所谓审查机制,并明订赴台投资的陆资若有以下情况:(1)经济上具有独占、寡占或垄断性地位;(2)政治、社会、文化上具有敏感性或影响台湾地区安全;(3)对台湾地区经济发展或金融稳定有不利影响,则主管机关"得撤销或废止其投资"。

② 来源:《两岸租税协议简明版问答集》,台湾地区财政事务主管部门 2015 年 10 月 13 日台财际字第 10424516060 号函。

搭建的税收合作平台,有利于维护良好的税收征管秩序,消除潜在的税收不公平现象,促进两岸相互投资和经贸往来。对投资者来说,协议规定合理的协议税率、税收抵免规定和方法、非歧视待遇、税务争端协商解决程序,可以使纳税人在降低税收负担、消除重复课税的基础上享受无差别的税收待遇,并为其提供了争议解决渠道和权益救济机制。

以下将对《两岸税收协议》的适用范围、常设机构认定、不同类型收入的税收管辖权、非歧视待遇、一般反避税条款等具体规定进介绍和分析。《两岸税收协议》有关消除双重征税的内容将在第十四章第二节中进行介绍,有关资讯交换和相互协商的内容将在第十五章第二节中介绍。

二、适用范围

《两岸税收协议》的适用范围包括主体范围、客体范围,即适用对象和适用的现行税种。总的来讲,协议适用于两岸一方或双方居民(居住者)及对其所得征收的所有税收。

(一)适用对象

依《两岸税收协议》正文第 1 条,有权适用协议的主体是"两岸一方或双方居民(居住者)"。一方居住者在另一方所得可依协议在另一方享受减免税优惠,并在一方主张消除双重课税。适用主体的表述采取"居民(居住者)",是由于大陆所称"税收居民"在台湾地区称为"居住者"(以下统称为"居民")。如果同时为台湾居民及大陆居民,可依判定准则决定唯一居民身份,无须在两岸均就双方所得合并课税。

1.如何确定"居民"身份

依据协议附件第1条第1款第1项,居民的定义需按两岸各自税法规定加以处理,但不包括仅就该一方所得而负有该一方纳税义务的人。按照大陆税法的规定,居民包括个人、公司、合伙企业和其他团体。

与大陆签订的其他税收协定以及协定范本不同的是,附件第 1 条第 1 款第 2 项对居民进行了补充定义,即"虽有前述规定,依第三方法律设立的任何实体,其实际管理机构(处所)在协议一方者,视为该一方的居民。"并对前述实际管理机构的定义进行了明确,实际管理机构(Place of Effective Management,以下或简称 PEM),是指企业实际作出其整体营业所必需的重大管理及经营决策的机构。所称 PEM 在协议一方,指企业同时符合下列规定者:(1)作出重大经营管理、财务管理及人事管理决策的人为该一方居住的个人或总机构在该一方的企业,或作出该等决策的机构在该一方;(2)财务报表、会计账簿记录、董事会议记录或股东会议记录的制作或储存机构在该一方;(3)实际执行主要经营活动的机构在该一方。

《两岸税收协议》中 PEM 条款的作用不同于 OECD 范本和 UN 范本以及大陆签订的其他税收协定中规定的常设机构,后者常设机构的作用是法人的双重居民身份的处理原则,而在《两岸税收协议》中,实际管理机构的判定,是用来认定通过第三地投资的企业的居民身份。在《两岸税收协议》生效前,对于在第三地(国)设立的实体,大陆方面依据《国家税务总局关于境外注册中资控股企业依据实际管理机构标准认定为居民企业有关问题的通知》(国税发〔2009〕82 号)[①],可能被判定为实际管理机构在大陆境内的居民企业,并进行征税。在陆资间接投资台湾地区的情况下,对于作为陆资间接投资台湾中介的第三国(地)实体,符合条件的,可以依据国税发〔2009〕82 号文,向其实际管理机构所在地或大陆主要投资者所在地主管税务机关提出居民企业申请,判定为实际管理机构在大陆境内的居民企业,从而适用《两岸税收协议》,享受相关优惠规定。台湾方面,《两岸税收协议》签署后,于 2016 年 7 月通过增订"所得税法"第 43 条之 4 建立了PEM 制度,将实际管理处所位于台湾地区的实体纳入居民企业的范围。PEM制度一方面将台湾课税权有条件地延伸到第三地;另一方面对于通过第三地间接投资大陆的台商来说,可以依相关规定重新申请成为台湾税收居民,从而适用《两岸税收协议》,享受该协议的优惠规定。目前,台商通过在第三地设立的投资控股公司在赴大陆间接投资约占其对大陆投资总额 75%。因此,在协议生效后,结合"所得税法"第 43 条之 4 的规定,协议的 PEM 条款可以使实际管理处所位于台湾地区的第三地公司被认定为台湾居住者,以满足两岸间投资与运营实际的需要。

2. 双重居民身份处理

OECD 范本和 UN 范本对于双重居民身份的协调,个人采用决胜法(tie-breaker rule)解决,法人通过实际管理机构所在地的判定解决。决胜法,是指通过永久性住所所在地、重要利益中心、习惯性居住地、国籍顺序判定个人为哪一方的居民,若上述标准都无法判定,则由缔约双方主管机关协商解决。在大陆所签的税收协定中,因缔约国或地区的不同,有较大的灵活性。对于个人的双重居民身份,中日、中法等税收协定规定通过协商或协议解决,中英、中马、中丹、中挪、中意、中捷等税收协定则按照两个协定范本的判断顺序来确定。对于法人的双重居民身份,协定有不同的处理方法——有的明确为以总机构所在地为准,如中日、中德、中比等税收协定;有的明确为以实际管理机构所在地为准,如中英、中马、中丹等税

---

① 该号文于 2014 年 1 月 29 日被《国家税务总局关于依据实际管理机构标准实施居民企业认定有关问题的公告》(公告 2014 年第 9 号)修订。

收协定;有的明确为通过协商解决,如中加、中新(新加坡)税收协定等。

《两岸税收协议》附件第 1 条规定,个人同为双方居民时,其身份按永久住所、主要利益中心所在地、经常居所依序决定。对居民个人身份的决定如有疑义,或个人以外的人同为双方居民时,由双方税务主管部门商定,从而避免个人对两地均承担完全的纳税义务。《两岸税收协议》关于个人双重居民身份的处理,参照两个协定范本的判断顺序,由于两岸并非国与国之间的关系,因此相较范本缺少了"国籍"标准。而对于法人双重居民身份的判断只明确由双方税务主管部门商定。

(二)适用现行税种(税目)

在适用客体方面,《两岸税收协议》适用税种为对所得征收的所有税收,即大陆的企业所得税和个人所得税,以及台湾地区的营利事业所得税、综合所得税及所得基本税额。但也有例外,正文第 2 条第 2 款规定海运及空运收入还另包含营业税、增值税或类似税收(台湾地区统称为"营业税")。

三、常设机构的认定

常设机构(Permanent Establishment,PE)是指协议一方的居民企业在协议另一方进行全部或者部分营业的固定营业场所。常设机构通常是用来判断营业利润来源地是否具有税收管辖权的重要标准,对于收入来源地的税收管辖权具有至关重要的影响。由于税收协定的主要功能是划分居住国与来源地国对跨国收入的征税权,从而避免对跨国收入的双重征税,因此,国际税收协定通常采用的原则是,居住国企业在来源地国有常设机构的,来源地国的征税权受限制的程度低,居住国企业在来源地国没有常设机构的,来源地国的征税权受限制的程度高。对于赴台投资或者从事经营活动的大陆居民来说,是否按照《两岸税收协议》的规定构成在台湾的常设机构,对于其税收成本具有重要影响。

《两岸税收协议》附件第 2 条规定了常设机构的概念、正面清单和负面清单。根据协议的规定,常设机构是指企业进行全部或者部分营业的固定营业场所。根据协议规定的正面清单,常设机构主要可以分为场所型常设机构、工程型常设机构、代理型常设机构以及服务型常设机构四类。从上述规定来看,常设机构首先必须是一个营业场所;其次,常设机构具有三个特性,即固定性、持续性和经营性。《两岸税收协议》中,场所型常设机构参照了 OECD 范本的规定,将单纯提供"交付(运送)"功能的设施、货物或商品排除适用常设机构的规定;工程型常设机构也参照了 OECD 范本的规定,将其构成时间定为 12 个月(UN 范本为 6 个月);服务型常设机构则采用了 UN 范本的规定,采用 183 天标准。

(一)场所型常设机构的认定

1.正面清单

《两岸税收协议》规定的场所型常设机构的形式有管理处、分支机构、办事处、工厂、工作场所、矿场、油井或气井、采石场或任何其他天然资源开采场所。

2.负面清单

并非所有的非本国或本地区企业及其分支机构都是常设机构。要构成常设机构,需要符合一定的条件。《两岸税收协议》规定的常设机构的负面清单主要针对场所型常设机构,负面清单的功能在于阻却场所型常设机构的构成。根据《两岸税收协议》附件第 2 条第 1 款第 4 项,下列情形不构成常设机构:(1)专为储存、展示或交付(运送)属于该企业的货物或商品的目的而使用的设施;(2)专为储存、展示或交付(运送)的目的,或专为供其他企业加工的目的,而储备属于该企业的货物或商品;(3)专为该企业采购货物或商品或搜集资讯的目的,或专为该企业从事广告、资讯提供、科学研究或具有准备或辅助性质的类似活动,所设置的固定营业场所;(4)专为从事以上活动的结合所设置的固定营业场所。但以该结合的固定营业场所整体活动具有准备或辅助性质者为限。

上述负面清单,将一些具有辅助或准备性的场所设施排除在了常设机构之外。

(二)工程型常设机构的认定

工程型常设机构是指存续期间超过 12 个月的建筑工地、建筑(营建)或安装工程或与其有关的监督管理活动。

(三)服务型常设机构的认定

服务型常设机构是指一方企业直接或通过雇员或雇用的其他人员,在另一方为同一个项目或相关联的项目提供的劳务(服务),包括咨询劳务(服务),且在有关纳税年度开始或结束的任何 12 个月连续或累计超过 183 天的劳务(服务)。

(四)代理型常设机构的认定

1.非独立代理人的认定

代理人的活动使缔约一方企业在缔约另一方构成常设机构的,这类代理人是非独立代理人。也就是说,缔约一方的居民企业在缔约另一方的代理人按照协议的规定能够构成非独立代理人的,那么该居民企业的代理人就构成在缔约另一方的代理型常设机构。《两岸税收协议》附件第 2 条第 1 款第 5 项对非居民企业的代理型常设机构作了规定,代表一方企业的人(具有独立身份的代理人除外),有权以该企业的名义在另一方签订契约,并经常行使该权力,其为该企业所从事的任何活动,视为该企业在另一方有常设机构。但其经由固定营业场所仅从事前述常设机构不包括情形的活动,该固定营业场所不视为常设机构。综上,一旦大陆居民企业在台湾地区的代理人构成非独立代理人的,即被认为是大陆居民企业在台湾地区的常设机构,由此在台湾地区产生的营业利润要承担纳税义务。

2.独立代理人的认定

为了限制来源地的税收管辖权,《两岸税收协议》附件第 2 条第 1 款第 6 项对独立代理人作了规定。如果缔约一方企业在缔约另一方的代理人是独立代理人的,那么这个代理人不构成该企业的常设机构,则其来源于缔约另一方的营业利润在缔约另一方不征税。独立代理人是指专门从事代理业务的代理人,以常规的经营方式(以通常的营业方式),在另一方从事营业者(其不仅为某一个企业代理业务,也为其他企业提供代理服务),经纪人、一般佣金代理人或其他具有独立身份的代理人属于独立代理人。

《两岸税收协议》附件第 2 条第 1 款第 7 项对母子公司之间是否构成代理型常设机构作出规定。一方居民公司,控制或受控于另一方居民公司或在另一方从事营业的公司(不论其是否通过常设机构或其他方式),此项事实不使任何一方公司构成另一方公司的常设机构。即母公司通过投资设立子公司,拥有子公司的股权等形成的控制或者被控制关系,不会使子公司构成母公司的常设机构。但是,子公司有权并经常以母公司名义签订合同,并符合第 2 条第 1 款第 5 项非独立代理人构成条件的,子公司构成母公司的常设机构。而且,在现实经济活动中母子公司之间常存在较为复杂的跨境人员及业务往来,至于母公司是否能够构成子公司的常设机构需要具体分析。如果大陆母公司派其员工到台湾子公司为台湾子公司工作,且台湾子公司对员工有工作指挥权,工作责任及风险完全由台湾子公司承担,那么台湾子公司向此类员工支付的费用是子公司内部人员收入分配,不是大陆母公司的营业收入,该类员工不构成大陆母公司在台湾的常设机构。如果大陆母公司派其员工到台湾子公司为中国母公司工作,即大陆母公司对外派员工的工作有指挥权,并承担风险和责任,在这种情况下,大陆母公司向台湾子公司收取有关服务费时,如果外派员工构成大陆母公司在台湾的常设机构,台湾方面有权对子公司支付母公司的服务费征收所得税。

四、不同类型收入的税收管辖权

《两岸税收协议》附件第 2 条至第 8 条对不同类型收入的税收管辖权进行了规定,将两岸居民取得的跨境收入区分为积极所得和消极所得(投资所得)进行征税权的划分。所谓积极所得是指,通过实质性经营活动而取得的所得。消极所得也称为投资所得,是指没有实施经营活动而获得的投资性所得,如利息、股息、特许权使用费。对于积极所得,居住地的税收管辖权没有很大的区别,但对于来源地的税收管辖权影响很大。同时,结合常设机构的认定,来源地的税收管辖权在一定程度上被加以限制。根据《两岸税收协议》附件第5条,消极所得包括股息、利息以及特许权使用费,积极所得包括营业利润、不动产使用所得以及财产转让所得,个人劳务所得由于具有特殊性从积极所得中分割出来单独规定。本部分条款在划分各类收入的税收管辖权的同时,还规定了各类所得减免税措施,对来源地税收管辖权进行了限制(《两岸税收协议》生效前后税率差异参见表13-1-3),协议生效后,这些措施的适用可大幅降低两岸企业跨境投资的税负成本,增强税务方面的确定性。以下将分不同类型的所得对税收管辖权的划分进行介绍。

表 13-1-3　《两岸税收协议》生效前后税率差异表[①]

所得种类	来源地	协议生效前	协议生效后
		税制	对来源地税收管辖权的限制
营业利润	法人	**台湾地区** 构成固定营业场所或营业代理人:按17%(2018年度起为20%)依所得净额申报纳税(以下台湾来源所得,若构成固定营业场所或营业代理人,适用本条);未构成固定营业场所或营业代理人,但营业行为在台湾:按20%扣缴。 **大陆** 构成机构、场所:按25%汇算清缴(以下大陆来源所得,若构成机构、场所,适用本条);未构成机构、场所,但销售货物交易活动发生地在大陆:按10%扣缴;未构成机构、场所,但提供劳务的劳务发生地在大陆:按10%扣缴。	构成常设机构,来源地才有课税权。1.差异分析:交易活动发生地标准、劳务提供地标准、营业行为所在地标准不适用。2.场所型常设机构:原本仅提供仓储、运输等固定营业场所,都会被认定为常设机构,协议项下则不会。3.工程型常设机构:原只要在一方进行建筑业务将构成常设机构,协议项下则必须超过12个月才会被认定为常设机构。4.代理型常设机构:大陆不具有独立代理人条款(台湾有),也就是说在大陆只要构成代理人,不论是否具有独立地位,都会被认定为构成机构、场所。协议项下若适用独立代理人条款则不会被认定为常设机构。5.服务型常设机构:原本按照劳务发生标准或是营业行为所在地标准,协议项下只要没有待满183天,则不会构成常设机构。

---

① 《两岸租税协议简明版问答集》,台湾地区财政事务主管部门2015年10月13日台财际字第10424516060号函;王选仲:《两岸税收协议的制度分析及其影响》,载彭莉、季烨主编:《两岸关系法制评论(2015)》,九州出版社2016年版,第45~48页。

续表

所得种类	来源地	协议生效前	协议生效后
		税制	对来源地税收管辖权的限制
股息	台湾地区（个人）	由依台湾"公司法"成立之公司所分配：按20％（2018年起按21％）扣缴。	税率上限： 1.持股25％以上：5％ 2.其他：10％ 差异分析：税率降低。
	大陆（个人）	从大陆公司、企业及其他组织或个人取得：按20％扣缴； 长期持有上市公司：一个月以上按所得50％计入应纳税所得额，一年以上按所得计入25％应纳税所得额，2015年9月8日起，一年以上改成免税。	
	台湾地区（法人）	由依台湾"公司法"成立之公司所分配：按20％（2018年起按21％）扣缴。	
	大陆（法人）	分配股息的企业在大陆：按10％扣缴。	
利息	台湾地区（个人）	自政府、法人以及个人取得： 1.短期票券、受益证券、资产基础证券、公债、公司债或金融债券之利息，或上述证券票券的附条件交易：15％； 2.其余各种利息：20％。 邮政存簿储金储蓄利息：免税。	税率上限：7％ 政府部门或其100％持有之金融机构取得利息、促进出口贷款利息：免税 1.差异分析：税率降低。 2.协议中的免税条款，在双方各自税法中已经存在，故没有差异。
	大陆（个人）	从大陆公司、企业及其他组织或个人取得：按20％扣缴； 国债利息、储蓄利息：免税。	
	台湾地区（法人）	自政府、法人以及个人取得： 1.短期票券、受益证券、资产基础证券、公债、公司债或金融债券之利息，或上述证券票券的附条件交易：15％； 2.其余各种利息：20％。	
	大陆（法人）	负担、支付利息的企业或者机构场所在大陆：按10％扣缴。	

续表

所得种类	来源地	协议生效前	协议生效后
		税制	对来源地税收管辖权的限制
特许权使用费	个人 台湾地区	在台湾供他人使用:按20%扣缴。	税率上限:7% 差异分析:税率降低
	个人 大陆	特许权利在大陆境内使用:按20%扣缴。	
	法人 台湾地区	在台湾供他人使用:按20%扣缴。	
	法人 大陆	负担、支付利息的企业或者机构场所在大陆:按10%扣缴。	
股权转让	个人 台湾地区	转让经台湾证券主管机关核准在台募集与发行或上市交易之有价证券:按15%扣缴,适用长期持有优惠政策。	满足两个条件其中之一,且该股份未达50%以上价值直接或间接来自来源地的不动产,来源地就不具有课税权: 1.居住地对其居民转让来源地居民的股权免税。 2.在转让前的12个月内,转让人不曾直接或间接持有来源地居民公司25%以上的资本。 3.差异分析:大陆居民取得来源于台湾的股权转让所得:若从2016年台湾废除证券交易所得税后的政策来看,仅有法人的部分要课征所得基本税额。而在协议项下由于大陆并没有对来源于台湾的股权转让所得免税,所以只要该股份未达50%以上价值来自台湾不动产,大陆就没有课税权。 4.台湾居民取得来源于大陆的股权转让所得:原本大陆皆有课税权。在协议项下,由于台湾并没有对来源于大陆的股权转让所得免税,所以只要该股份未达50%以上价值来自大陆不动产,台湾就没有课税权。
	个人 大陆	在大陆境内转让,不论支付地是否在大陆境内:按20%扣缴;转让上市公司股:免税。	
	法人 台湾地区	营利事业所得税:免征。 基本所得税额: 1.在台湾有固定营业场所或营业代理人者,计入基本所得额课征基本税额; 2.持有满三年以上,以所得半数计入基本所得额。	
	法人 大陆	被转让企业在大陆:按10%扣缴。	

续表

所得种类	来源地	协议生效前	协议生效后
		税制	对来源地税收管辖权的限制
其他动产转让	个人 台湾地区	在台湾注册之动产,或起运地在台湾之动产:按20%扣缴。	转让人为其居民的一方才具有课税权。差异分析:原台湾居民个人在大陆境内转让财产、大陆居民个人及法人转让注册地或起运地在台湾的动产,来源地即有课税权。协议项下,仅有居住地有课税权。
	个人 大陆	在大陆境内转让,无论支付地是否在大陆境内:按20%扣缴。	
	法人 台湾地区	在台湾注册之动产或起运地在台湾之动产:按20%扣缴。	
	法人 大陆	转让动产的企业或者机构场所在大陆才课税,故对非大陆居民企业或是在大陆境内未构成机构场所的企业,不课税。	
独立个人劳务	个人 台湾地区	在台湾境内提供劳务:按20%扣缴。	符合以下要件之一,来源地具有课税权:1. 在来源地具有固定构成处所。2. 在有关年度开始或结束的12个月期间,在来源地连续或累计居留达到183天。差异分析:原只要劳务提供地在一方境内,就会被认定为一方来源所得,来源地即具有课税权。协议项下需构成固定处所或停留达183天,来源地才具有课税权。
	个人 大陆	劳务提供地在大陆,适用超额累进税率:1. 小于2万:按20%扣缴;2. 一次性收入介于2—5万之间的,超过2万的部分:30%;3. 一次性收入超过5万的,超过5万的部分:40%;	
受雇劳务	个人 台湾地区	在台湾境内提供劳务:按18%扣缴;全月给付总额在台湾基本工资1.5倍以下的:按6%扣缴;停留不超过90天,由境外雇主支付的所得:免税。	符合以下要件之一,来源地不具有课税权:1. 在有关年度开始或结束的12个月期间,在来源地连续或累计居留超过183天。2. 报酬并非由来源地居民雇主支付的。3. 报酬并非由雇主在来源地的常设机构或固定处所负担的。差异分析:原本只要停留超过90天,由境外雇主支付的薪资就会被认定为来源地来源所得,协议项下放宽至183天。
	个人 大陆	在大陆受雇:须视其停留天数、薪资给付方而定,按累进税率3%～45%纳税。停留不超过90天,由境外雇主支付的所得:免税。	

(一)营业利润

在所得税领域中,所得的分类非常重要,因为其可能导致不同的税基以及税率的适用。《两岸税收协议》与 OECD 范本和 UN 范本一样,并没有明确定义何谓营业利润,但其附件第 8 条"其他所得"条款明确规定,所得人如为一方居民,经由其所得来源的另一方的常设机构从事营业,且与该所得给付有关的权利或财产与该常设机构有实际关联时,应适用有关营业利润的规定。即若任何所得可以归类于协议其他条款提及的所得种类,则不应适用营业利润的条款,只有所得在无法被归类到协议中其他条款的所得时,才会被归类为营业利润。

对于课税权的归属问题,依据《两岸税收协议》附件第 2 条第 2 款,"一方居民企业如经由其在另一方的常设机构从事营业,另一方可就该企业的利润课税,但以归属于该常设机构的利润为限。一方居民企业在另一方营业取得的利润,在未构成常设机构的情况下,另一方予以免税或不予课税。"即若一方在营业利润来源地构成常设机构,只有来源地对此营业利润有课税权。大陆居民企业通过在台湾地区设立的常设机构取得来源于台湾地区的营业利润,台湾方面有权向大陆居民企业的常设机构征税;大陆居民企业没有在台湾地区设立常设机构而取得来源于台湾地区的收入或者虽在台湾地区设立常设机构但取得的来源于台湾地区的收入与该常设机构没有实际联系的,台湾方面无权向大陆居民企业及其常设机构征税。

关于归属于常设机构的利润问题,《两岸税收协议》采用了 OECD 范本确定并为大多数国家的双边税收协定采用的实际联系原则,仅针对可归属于该常设机构的利润保留来源地课税权。对此问题,UN 范本则采用引力原则,只要产生所得的营业活动属于该常设机构的营业范围或与其相类似,即便与常设机构没有联系,来源地也有课税权。附件第 2 条第 2 款第 2 项规定:"一方居民企业通过其在另一方的常设机构从事营业,双方在确定归属该常设机构的利润时,应将该常设机构视为在相同或类似条件下从事相同或类似活动的独立企业,并以完全独立的方式与该常设机构所属的企业从事交易所应获得的利润相同";第 4 项规定:"如果一方惯例依企业总利润按比例分配予所属各单位利润的方法,计算确定应归属于常设机构的利润,前述规定不得排除该一方的分配惯例。但采用该分配方法所得到的结果,应与前述规定的原则一致。"第 6 项规定,前述有关常设机构利润的归属,除有正当且充分的理由外,每年应采用相同方法确定。此外,UN 范本在营业利润的归属上还有一个特别的规定,就是针对"常设机构仅为该企业采购货物或商品"的情况,能不能对该常设机构归属利润。UN 范本持中立态度,交由双方自行协商。对此问题,《两岸税收协议》附件第 2 条第 2 款第 5 项则明确规定为不得对其归属营业利润。

关于营业利润扣除问题,《两岸税收协议》附件第 2 条第 2 款第 3 项规定,计算常设机构的利润时,该常设机构有权减除"为该常设机构营业目的而发生的费用",包括行政及一般管理费用,无论该费用在何处发生。

此外,《两岸税收协议》正文第2条关于营业利润部分规定,一方居民企业在另一方营业取得的利润,在未构成常设机构的情况下,另一方予以免税或不予课税。一方如对关联企业间交易进行转让定价(移转订价)调整,另一方应作合理对应调整。

(二)海运及空运收入

对于海运及空运收入征税权,依据《两岸税收协议》正文第2条第2款,一方海、空运输企业在另一方经营取得的收入及利润,另一方予以免税或不予课税。该免税或不予课税的税种除了包含所得税之外,还包括营业税、增值税或类似税收(台湾方面统称为"营业税"),有助于两岸直航运业务的发展。

依据《两岸税收协议》附件第4条,上述免税或不征税的海运及空运收入,是指以船舶或航空器经营海、空运输业务的收入及利润。海运及空运收入范围即其免税范围,包括下列项目:(1)以计时、计程或光船方式出租船舶或航空器。(2)使用、维护或出租运送货物或商品的货柜(包括货柜运输的拖车及相关设备)。前述使用、维护或出租应以船舶或航空器经营海、空运输业务的附带活动为限。参与联营或其他经营机构取得的收入及利润,属于本协议规定的海运及空运收入及利润范围,但以归属于参与上述经营的比例所取得的收入及利润为限。

(三)投资所得(消极所得)

《两岸税收协议》规定的投资所得(消极所得),包括股息(股利)、利息以及特许权使用费(权利金)。

对于消极投资所得,一般按照《两岸税收协议》附件第5条的投资所得条款来征税,但也有例外规定,根据协议附件第5条第4款,股息、利息、特许权使用费的受益所有人如为一方居民,经由其所得来源的另一方的常设机构从事营业或固定处所从事独立个人劳务,且与该所得给付有关的股份、债券、权利或财产与该常设机构或固定处所有实际关联时,应适用有关营业利润或独立个人劳务的规定。同时,大陆居民企业在台湾地区设立常设机构取得的投资所得并入其常设机构的营业利润在台湾地区征收营利事业所得税,适用协议的营业利润条款。

1.来源地税收管辖权

对于投资所得,《两岸税收协议》明确了居民管辖权原则。同时,也承认来源地管辖权原则,但有一定的限制,协议限定来源地对投资所得适用的税率最高分别为5%(或10%)、7%、7%。根据台湾地区"所得税法"的规定,在台湾地区没有常设机构(固定营业场所、营业代理人)的境外公司取得来源于台湾地区的消极收入,一般要按照 20%的税率(2018 年以后为 21%)缴纳营所税。如果大陆居民企业适用《两岸税收协议》的优惠,则会享受上述最高分别为 5%(或 10%)、7%、7%的协议限制税率。

2.股息(股利)

依据《两岸税收协议》,股息是指"以股份或非债权关系参与利润分配的其他权利所取得的所得,以及按照分配利润的公司是其居民一方的税务规定,视同股份所得同样课税的其他公司权利取得的所得。"也就是说,"股份"以及"非债权关系参与利润分配的其他权利"都将被视为股权,由"此股权取得的所得"以及"按照两岸的税法规定视同股权取得的所得"都将被认定为股息。

《两岸税收协议》限制了来源地管辖权原则,即股息受益所有人如为一方居民,在受益所有人为公司且直接持有给付股息的公司 25%以上资本的情况下,来源地所课征税额不超过股息总额的 5%;在其他情况下,所课征税额不超过股息总额的 10%。本规定不影响对该公司用以发放股息的利润的课税。同时,一方居民公司从另一方取得利润或所得,其所给付的股息或其未分配利润,即使全部或部分来自另一方的利润或所得,另一方不得对该给付的股息或未分配利润课税。但给付予另一方居民的股息,或据以给付股息的股份与另一方常设机构或固定处所有实际关联者除外。

3.利息

依据《两岸税收协议》,利息是指从各种债权所取得(孳生)的所得,不论有无抵押担保及是否有权参与债务人利润的分配,尤指债券或信用债券的所得,包括附属于该等债券的溢价收入及奖金。但延迟给付的违约金,不属于协议所称利息。

对于利息所得,协议同样规定了有限的来源地管辖权原则,利息受益所有人如为一方居民,则来源地所课征税额不超过利息总额的 7%。

需特别指出的是,由于两岸税法均有针对部分利息的免税规定,该规定也延续到了协议中,因此,协议还规定了利息来源地一方应予免税的利息范围:(1)给付予另一方的公共服务部门或另一方公共服务部门完全所有的金融机构的利息,或给付予该等部门或机构为促进出口所提供、担保或保险的贷款利息;(2)经双方税务主管部门确认为促进出口目的的金融机构所提供、担保或保险的贷款利息。

对于不符合独立企业交易原则(台湾称"不合营业常规")的利息给付,《两岸税收协议》规定了特别纳税调整方法:"给付人与受益所有人间,或上述二者与其他人间有特殊关系,所给付的利息数额,超过给付人与受益所有人在无特殊关系时所同意的数额,本协议有关利息的规定仅适用于后者的数额。在此情况下,对该超过给付数额的部分,应按各方规定课税,但应考虑本协议其他相关规定。"

4. 特许权使用费（权利金）

依据《两岸税收协议》，特许权使用费是指使用或有权使用文学、艺术或科学作品（包括电影影片、供广播或电视使用的影片、磁带、录音带）的著作权、专利权、商标权，设计或模型、计划、秘密配方或制造程序，或有关工业、商业、科学经验的资讯，所给付的各种款项。对于上述特许权使用费，应按照《两岸税收协议》附件第 5 条第 3 款的规则进行征税。但是，若股息、利息、特许权使用费的受益所有人为一方居民，经由其所得来源的另一方的常设机构从事营业或固定处所从事独立个人劳务，且与该所得给付有关的股份、债务、权利或财产与该常设机构或固定处所有实际关联时，应适用有关营业利润或独立个人劳务的规定。需注意的是，与大陆签订的大多数税收协定不同的是，《两岸税收协议》有关特许权使用费的定义明确排除因使用或有权使用任何工业、商业或科学设备所给付的款项。依据大陆《国家税务总局关于执行税收协定特许权使用费条款有关问题的通知》（国税函〔2009〕507 号），税收协定的特许权使用费条款定义中所列举的有关工业、商业或科学经验的情报应理解为专有技术，一般是指进行某项产品的生产或工序复制所必需的、未曾公开的、具有专有技术性质的信息或资料。凡税收协定的特许权使用费定义中明确包括使用工业、商业、科学设备收取的款项（即按大陆税法规定为有关租金所得）的，有关所得应适用税收协定中特许权使用费条款的规定。

《两岸税收协议》规定了有限的来源地管辖权原则，特许权使用费受益所有人如为一方居民，则来源地所课征税额不超过特许权使用费总额的 7%。

由于特许权使用费在实务中种类很多，比较难界定，因此协议规定了确定特许权使用费来源地的三种方法。根据协议规定，由一方居民所给付的利息及特许权使用费，视为源自该一方。利息及特许权使用费给付人如在一方有常设机构或固定处所，而与利息及特许权使用费给付有关的债务及权利与该常设机构或固定处所有关联，且该利息及特许权使用费由该常设机构或固定处所负担，不论该利息及特许权使用费给付人是否为该一方居民，该利息及特许权使用费视为源自该常设机构或固定处所所在的一方。具体来说，若支付特许权使用费的人是台湾居民，来源地是台湾地区；支付特许权使用费的人是台湾居民在大陆设立的常设机构，来源地亦是台湾地区；支付特许权使用费的人是大陆居民在台湾设立的常设机构，来源地是大陆。

关于特别纳税调整方法，《两岸税收协议》附件第 5 条第 3 款第 3 项规定："特许权使用费（权利金）给付人与受益所有人间，或上述二者与其他人间有特殊关系，所给付的特许权使用费（权利金）数额，超过给付人与受益所有人在无特殊关系时所同意的数额，本协议有关特许权使用费（权利金）的规定仅适用于后者的数额。在此情况下，对该超过给付数额的部分，应按各方规定课税，但应考虑本协议其他相关规定。"

(四)财产收益

《两岸税收协议》附件第 6 条有关财产收益条款,对不动产转让或使用所得、常设机构营业财产转让所得、股权转让所得、转让经营海、空运输业务的船舶或航空器等所得的征税权划分进行了规定。协议规定了上述财产转让所得来源地有限的征税权,转让上述财产以外的其他财产所取得的收益,仅由该转让人为其居民的一方课税。

1.不动产转让和使用所得

《两岸税收协议》在附件第 6 条第 1 项中原则性规定,一方居民转让或使用位于另一方的不动产所产生的所得(包括农业或林业所得),另一方(来源地)可以课税。大陆居民转让或使用位于台湾地区的不动产而产生的所得,不论其是否在台湾地区存在常设机构,台湾方面可以向大陆居民征税。但是,协议明确列举的不动产范畴仅包括农业和林业,同时并未规定"使用"的形式。

2.常设机构营业财产转让所得

依《两岸税收协议》附件第 6 条第 2 款,转让企业常设机构用于营业的资产中的动产所取得的收益,或一方居民转让其在另一方从事独立个人劳务的固定处所的动产而取得的收益,包括转让该常设机构(单独或连同整个企业)或固定处所而取得的收益,可以由常设机构所在地征税。因此,若大陆居民企业在台湾地区设有常设机构,那么其转让营业财产中的动产产生收益的,台湾方面有权向该常设机构征税。

3.股权转让所得

依《两岸税收协议》附件第 6 条第 4 款,一方居民转让股份,且该股份的 50％以上价值直接或间接来自另一方的不动产,其取得的收益,另一方可以课税。

依《两岸税收协议》附件第 6 条第 5 款,除前述转让股份规定外,一方居民转让其在另一方居民公司资本中的股份或其他权利取得的收益,仅由转让人为其居民的一方课税。但是如果转让人为其居民的一方对来自于另一方的该项收益免税,且该转让人在转让行为前的 12 个月内,曾经直接或间接持有该另一方公司至少 25％资本,另一方可以课税。

简言之,大陆居民转让其在台湾居民公司的股份取得的收益,在满足以下任一条件时,台湾方面有权征税:(1)被转让台湾居民公司的股份的 50％以上价值直接或间接来自位于台湾的不动产;(2)大陆居民在转让前的 12 个月内曾经直接或间接持有该被转让台湾居民公司至少 25％资本。除此之外,大陆居民转让其在台湾居民公司的股份取得的收益,台湾方面无权征税。

此外,《两岸税收协议》附件第 6 条第 3 款规定,转让经营海、空运输业务的船舶或航空器,或附属于该等船舶或航空器营运的动产而取得的收益,仅由转让人为其居民的一方课税。

(五)个人劳务所得

《两岸税收协议》附件第 7 条规定个人劳务所得包括一般个人劳务所得和特殊个人劳务所得。协议将一般性个人劳务所得区分为独立个人劳务所得与非独立个人劳务所得,并规定了一般的个人劳务所得的征税权划分。同时,还对表演人、运动员、学生的纳税义务以及董事报酬、养老金、公共服务等特殊的个人劳务所得的征税权划分做出了规定。

1.独立个人劳务(执行业务)

《两岸税收协议》对独立个人劳务活动的定义为,具有独立性质的科学、文学、艺术、教育或教学等活动,及医师、律师、工程师、建筑师、牙医师及会计师等独立性质的活动。

针对独立个人劳务所得,《两岸税收协议》采用了 UN 范本的规范,通过固定处所(Fixed Base)以及停留时间作为来源地能否课税的依据。根据《两岸税收协议》的独立个人劳务条款,一方居民在另一方因从事独立个人劳务或其他具有独立性质活动所取得的所得,除以下情形外,仅由居民地征税,符合以下情形之一的,另一方(来源地)可以课税:(1)该居民为执行活动而在另一方有固定处所;但另一方仅就归属于该固定处所的所得课税。(2)该居民在有关纳税年度开始或结束的任何 12 个月期间,在另一方连续或累计居留 183 天以上;但另一方仅就该居民在另一方执行该等活动而取得的所得课税。

2.非独立个人劳务(受雇劳务)

根据《两岸税收协议》的非独立个人劳务条款,一方居民因受雇而在另一方提供劳务所取得的报酬,双方均有权征税。同时,协议对来源地的征税权作出限制,即同时符合下列三个条件时,仅由一方(居民地)课税:(1)该居民在有关纳税年度开始或结束的任何 12 个月期间,在另一方连续或累计居留不超过 183 天;(2)该项报酬非由为另一方居民的雇主所给付或代表雇主给付;(3)该项报酬非由该雇主在另一方的常设机构或固定处所负担。

3.特殊个人劳务

参照国际税收协定范本,《两岸税收协议》对于表演人、运动员、学生的纳税义务以及董事报酬、养老金、公共服务等特殊性个人劳务的征税权作出规定。

(1)表演人及运动员

根据《两岸税收协议》的表演人及运动员条款,一方居民为表演人,如音乐家或戏剧、电影、广播、电视演艺人员,或为运动员,在另一方从事个人活动而取得的所得,另一方可以课税,不受有关营业利润、独立个人劳务及受雇劳务规定的限制。表演人或运动员在一方从事活动所取得的所得,如该活动完全或主要由双方或任一方的公共服务部门所资助,或基于公益慈善目的所举办,该一方应予免税。

（2）学生

根据《两岸税收协议》的学生条款,学生专为教育或训练目的而在一方停留,且在停留该一方时或之前为另一方的居民,其为生活、教育或训练目的而取得的所得,该一方应予免税。

（3）董事报酬

根据《两岸税收协议》的董事报酬条款,一方居民因担任另一方居民公司董事职务而取得报酬及其他类似给付,另一方可以课税。

（4）养老金

根据《两岸税收协议》的养老金条款,因过去雇佣关系,源自一方而给付予另一方居民的养老金或其他类似给付,及依一方社会保险制度规定给付予另一方居民的养老金或其他给付,仅由该一方课税。

（5）公共服务

一方公共服务部门给付予其派驻另一方为该等部门提供劳务的一方人民的报酬,仅由派驻方课税。但为一方公共服务部门所经营的事业提供劳务而取得的薪金、工资或其他类似报酬及养老金,不适用本规定。

五、非歧视待遇

《两岸税收协议》附件第 10 条的非歧视待遇条款规定了大陆和台湾之间在税收征管方面的非歧视待遇原则,主要涵盖四方面内容:(1)居民无差别待遇。一方的居民在另一方所负担的税收或相关要求,不应较另一方的居民在相同情况下,负担不同或较重的任何税收或相关要求。(2)常设机构无差别待遇。一方企业在另一方设有常设机构,另一方对该常设机构不应课征较从事相同活动的另一方企业不利的税收。(3)间接投资无差别待遇。即一方企业给付予另一方居民的利息、特许权使用费及其他款项,在计算该企业应课税利润时,应与在相同情况下给付该一方居民同样准予扣除。(4)子公司等无差别待遇。即一方企业的资本全部或部分由一个或一个以上的另一方居民直接或间接持有或控制者,该企业不应较该一方其他类似企业负担不同或较重的任何税收或相关要求。例如,大陆企业在台湾地区的子公司无论出资形式或比例如何,不应较台湾地区其他类似企业负担不同或较重的任何税收或相关要求。

此外,《两岸税收协议》附件第 10 条第 5 项、第 6 项规定,前述规定仅适用于协议适用的税种。同时,非歧视待遇规定不应解释为一方给予其居民的税收优惠或抵免税规定,应同样给予另一方的居民。

六、一般反避税条款

BEPS 第 6 项行动计划《防止税收协定优惠的不当授予》中指出,BEPS 行动计划将协定滥用,特别是择协避税(Treaty Shopping)作为产生税基侵蚀和利润转移问题最重要的原因之一。BEPS 第 6 项行动计划呼吁进行下列工作:(1)针对各国国内法规的设计,制定协定范本条款和建议,以防止税收协定优惠的不当授予;(2)澄清导致双重不征税并非税收协定的意图;(3)确定各国与他国缔结税收协定前通常应进行的税收政策考量。该行动针对滥用税收协定尤其是择协避税,建议采用最低标准。BEPS 报告中的该最低标准包括两部分。第一部分包括了一项共识,即税收协定的序言需包含一项声明:缔约各国的共同目标是避免双重征税,同时防止为偷漏税或避税行为(包括择协避税)创造条件造成不征税或少征税。最低标准第二部分中,各国也均同意在双边协定中加入相关条款以限制包括择协避税在内的协定滥用,同时意识到,各国政府应当享有一定的灵活度,选择符合自身情况的工具,因此可以同时或有选择地使用不同工具。为了能实现该灵活度,各国同意在双边税收协定中至少采用下述方案中的一种:(1)基于美国、日本、印度和其他一些国家所签订协定中包含的利益限制条款(the limitation-benefits provisions),制定特别反滥用规则——利益限制规则(Limitation on Benefits,LOB 规则),和针对交易或安排的主要目的的一般反滥用规则——主要目的测试规则(Principal purposes test,PPT 规则);(2)仅采用PPT 规则;(3)采用 LOB 规则并辅以能够应对协定尚无法解决的导管安排的机制(例如适用于导管融资安排的有限 PPT 规则)。[①]

《两岸税收协议》一定程度上借鉴 BEPS 的建议,制定了一般反避税条款,即附件的第 13 条。附件第 13 条第 1 款规定:"一方居民或与该居民有关的人,以取得本协议的利益为主要目的或主要目的之一者,该居民不可以享受本协议规定的减税或免税。"该条为上文所述的 PPT 规则,指的是若要适用协议的优惠规定,不得以套取协议优惠为主要目的或主要目的之一。第 13 条第 2 款规定:"本协议不应被解释为排除一方执行其关于防止规避税负的规定及措施。如上述规定导致双重课税时,双方税务主管部门应相互协商,以避免双重课税。"则是禁止滥用税收协议的条文,明确指出《两岸税收协议》的条文不得妨害一方反避税规则的适用。

---

① 参见税务总局网站,G20 税基侵蚀和利润转移项目 2014 年成果——第 6 项行动计划《防止税收协定优惠的不当授予》专题,http://www. chinatax. gov. cn/2013/n2735/n622518/n779904/n779995/c781222/content. html,访问日期:2018 年 2 月 21 日。

第二节 《两岸税收协议》评析
——从港台比较的角度①

《两岸税收协议》的主要内容已如第一节所述,虽然暂未生效,但其签署已是两岸税收协调之路上迈出的关键一步。同一主权国家之内不同法域之间签订双边税收协议以开展税收协调。内地与香港签订的《内地和香港特别行政区关于对所得税避免双重征税和防止偷漏税的安排》(简称《香港税收安排》)开启先例,至于海峡两岸相互之间在经济交往方面的关系相比内地与香港之间更为特殊,这一特殊性也在一定程度上反映到《两岸税收协议》的文本当中。为了能够更加全面地把握《两岸税收协议》与《香港税收安排》乃至与(2014 年版)OECD 范本和(2011 年版)UN 范本之间的同与不同,本节特开展比较研究。

一、《两岸税收协议》与《香港税收安排》的可比性基础

香港由于其国际著名低税区的角色,对内地吸引外资和对外贸易上起着至关重要的作用。据商务部统计,截至 2017 年 9 月底,内地总共实际利用港资9788 亿美元,占吸收境外投资的 52.6%,②且香港始终位居"对华投资前十位国家/地区"第一位。香港行使单一的来源地税收管辖权,内地则同时实行来源地和居民税收管辖权,因此,当两地的税务机关对于相关所得项目发生来源地认定上的冲突时,就可能使跨境纳税人遭受双重征税。为此,两地采用税收安排的形式来开展税收协调,成为一种创新性的探索。

回溯历史,早在 1997 年香港回归后,内地与香港就于 1998 年签署了《内地和香港特别行政区关于对所得避免双重征税的安排》,这是简单性的税务安排;2003 年,两地又签订了《内地与香港关于建立更紧密经贸关系的安排》(Closer Economic Partnership Arrangement,CEPA),这是关于减少或取消双方间所有货物贸易的关税和非关税壁垒的双边协议;为了配合 CEPA 的实施,同时修订此前简单性的税务安排,2006 年 8 月,两地正式签署了《香港税收安排》。

---

① 本节前三部分原稿参见李松香:《〈两岸租税协议〉评析——从港台比较的角度》,厦门大学法学院财税法方向 2017 年法律硕士学位论文。收入本书时,由李刚做了全面修改。

② 商务部台港澳司:《2017 年 1—9 月内地与香港经贸交流情况》,http://www. mofcom. gov. cn/article/tongjiziliao/fuwzn/diaoca/201710/20171002662786. shtml,访问日期:2018 年 2 月 18 日。

《香港税收安排》自实施以来，在促进两地投资与贸易往来、配合中央政府扶持香港巩固和提升国际金融中心地位等方面发挥了极为重要的作用，在避免和消除对两地跨境所得的双重征税、为各项所得提供安排项下的税收优惠待遇以及为解决两地税务争议提供良性机制方面取得了重要成果。①

内地通过《香港税收安排》主动放弃或者减损了自身的税收管辖权，为香港居民提供了更多的优惠待遇。② 例如，在投资所得方面，《香港税收安排》对"投资所得"的限制税率低于我国对外签订的大部分税收协定。比如股息，根据《香港税收安排》第 10 条第 2 款第 1 项，如果作为受益所有人的香港居民直接拥有大陆支付股息公司至少 25％股份的，则股息的预提所得税税率可低至 5％。再如，根据《香港税收安排》第 11 条第 2 款与第 12 条第 2 款，对利息和特许权使用费的预提所得税税率为 7％。由于《香港税收安排》参考 OECD 范本，明确了两地各自行使来源地税收管辖权的标准，一般情况下两地出现双重征税的可能性很小，所以《香港税收安排》的意义并不侧重于消除双重征税，而侧重于为香港居民提供税收优惠，更接近于单方倾斜优惠的性质；这与前文所述，大陆出于政治方面的考量，而在《两岸税收协议》中予以台湾方面更为优惠的税收协议条件就具有了一致性。

进一步而言，《两岸税收协议》与《香港税收安排》有许多相似之处。首先，在性质上，都是综合性的双边区际税收协议。其次，就其体现的双方关系而言，二者都体现了同一国家内部的两种特殊制度间的关系，是在一个主权国家内不同法域之间的合作，属于一国的内部事务。③ 最后，就内容而言，二者的内容有相同之处也有差异之处。

这些差异之处，按照差异性大小可以分为两类：第一类是《两岸税收协议》的创新性规定，意即不仅我国此前对外签订的国际税收协定中无此类规定，而且在内地与港澳签订的税收安排中也无类似规定。这些创新性规定主要包括：协议的体例结构，两岸税务联系机制（当发生税务争议时）与业务交流制度（未发生税务争议时），信息交换"四不原则"中的不溯及既往原则、不用于刑事案件原则以及非具体个案不提供原则。

第二类是差异性较小的规定。二者均规定了类似制度，但由于两岸关系不同于

---

① 参见付瑶：《内地与香港避免双重征税安排的内容、成果与展望》，载《国际税收》2013年第 8 期，第 54～56 页。

② 据统计，2011—2012 年，《香港税收安排》为香港居民减免税收总计 100 亿元人民币。参见付瑶：《内地与香港避免双重征税安排的内容、成果与展望》，载《国际税收》2013 年第 8 期，第 54 页。

③ 参见朱炎生：《两岸四地开展所得税税务合作的法律思考》，载《涉外税务》2003 年第 1 期，第 31～35 页。

内地与香港的关系,因此《两岸税收协议》做出了差异化规定。例如,在特许权使用费条款方面,《两岸税收协议》中的特许权使用费并不包括"因使用或有权使用任何工业、商业或科学设备所给付的款项"即动产租金,改由常设机构原则调整,但《香港税收安排》将动产租金纳入了特许权使用费的范围;又如,在针对特许权使用费的征税方面,《香港税收安排(第四议定书)》增加了"对飞机和船舶租赁业务支付的特许权使用费,所征税款不应超过特许权使用费总额的5%"的规定;在对"海运及空运收入"的征税权划分上,《两岸税收协议》增加了收入的种类:以计时、计程或光船方式出租船舶或航空器,使用、维护或出租运送货物或商品的货柜。

综上所述,《两岸税收协议》与《香港税收安排》在性质、体现的双方关系以及内容上相似程度很高又有些许差异,这为开展二者的比较研究奠定了可比性基础。以下则分别就上述两类差异性之处展开讨论。

二、《两岸税收协议》的创新性规定

《两岸税收协议》的创新性规定,是指其与《香港税收安排》比较而言自身特有的规定,基于两岸的特殊关系而形成。以下依序介绍协议的体例结构、两岸税务联系机制与业务交流制度以及信息交换的特殊原则。

(一)体例结构

在体例结构上,《两岸税收协议》和国际上通行的税收协定范本以及《香港税收安排》的结构都不同。协议包括正文和附件两个部分:正文共有13个条文,是对两岸避免双重征税及加强税务合作的原则性规定;附件部分另外规定了单独的名称,即《海峡两岸避免双重课税及加强税务合作具体安排》,共有13个条文,是对课税权划分、消除双重征税方法、非歧视待遇原则、相互协商及资讯交换等具体内容的规定,但与正文部分并非完全对应的关系。首先,中国签订的税收协定以及内地和港澳签订的税收安排都未采取过类似体例,《香港税收安排》无正文与附件之分,在每一条中细致地罗列了具体解释条款,其体例与中国签订的其他税收协定相同。其次,台湾地区此前与其他国家或地区签订的税收协议也未采取过类似体例。[①]最后,《两岸税收协议》的体例与此前海协会和海基会签署的《海峡两岸经济合作框架协议》与《海峡两岸服务贸易协议》的体例相同,都采取了正文和附件的构成方式,且正文均为原则性规定,阐述本协议的目标、适用范围等,附件再做出具体规定。综合以上三点来看,可以认为,《两岸税收协议》的特殊体例结构形式上看是为

---

① 参见李睿:《大陆与台湾涉外税收协定之比较析论(下)——兼谈两岸避免双重征税之议题》,载《安徽警官职业学院学报》2010年第2期,第20~23页。

了遵循此前两会签署的协议之惯例,就实质而言,这种"正文原则规定＋附件具体规定"的构成方式,可能是为了将来生效实施一段时间之后,如果需要修改协议时,可以只修改附件而无须触及正文。当然,从具体内容上看,协议的附件内容其实与《香港税收安排》的内容极为相似,也在很大程度上参照了 OECD 范本和 UN 范本,所以并不会对协议的理解和执行造成影响。

(二)两岸税务联系机制与业务交流制度

1. 两岸税务联系机制

《两岸税收协议》第 5 条所规定的两岸税务联系机制,是在已有税收协定普遍规定的相互协商制度之外,基于两岸间特殊关系而发展创造的一种新制度。

协议正文第 5 条规定:"双方同意建立两岸税务联系机制,由双方税务主管部门协商解决因解释或实施本协议时所发生的困难或疑义,以及消除双重课税等事宜。"《香港税收安排》的协商程序条款中,并无建立税务联系机制之规定,第 23 条第 3 款规定:"双方主管当局应通过协议设法解决在解释或实施本安排时所发生的困难或疑义,也可以对本安排未作规定的消除双重征税问题进行协商"。这是因为香港已经回归祖国,其税务主管部门与内地税务主管部门之间已经建立起稳定的业务联系机制,因此无须在税收安排中加以规定。但两岸之间关系尚处特殊阶段,因此在协议中特别规定两岸税务联系机制,作为相互协商程序之基础,以便为双方税务主管部门无须经由海协会和海基会而建立起直接的工作联系提供法源依据。再者,此前两岸签署的《海峡两岸服务贸易协议》第 18 条"联系机制"规定:"双方同意由两岸经济合作委员会服务贸易工作小组负责处理本协议及与服务贸易相关事宜,由双方业务主管部门各自指定的联络人负责联系。服务贸易工作小组可视需要设立工作机制。"据此,之前的经济合作并未设立正式的两岸经济联系机制,只是"视需要"而设立,带有不确定性、不稳定性、非长久性的特征,这是因为当时(2013 年)两岸经贸合作尚处于逐步推进、步步深化的过程中。① 而此次"两岸税务联系机制"可谓是在此前各种经济联系机制的经验基础上,拟在税收协调领域实现相互联系制度化的努力。

至于建立在两岸税务联系机制基础之上的相互协商程序,与《香港税收安排》类似规定相比,也有不同。《香港税收安排》第 23 条第 3 款后段明确规定,"可以对本安排未作规定的消除双重征税问题进行协商"。② 但《两岸税收协议》

① 参见李睿:《大陆与台湾涉外税收协定之比较析论(上)——兼谈两岸避免双重征税之议题》,载《安徽警官职业学院学报》2010 年第 1 期,第 26～28 页。

② 不论是 2014 年版或者 2017 年版 OECD 范本的第 25 条第 3 款,还是 2011 年版 UN 范本的第 25 条第 3 款,均规定缔约双方可以相互协商本协议未作规定的消除双重征税问题。

正文第 5 条后段仅称"以及消除双重课税等事宜",同时附件第 11 条亦未加以明确。在台湾地区签订的其他税收协议,例如 1981 年与新加坡签署的税收协议中就规定了"以消除本协议未规定之重复课税问题",[①]2015 年与日本签订的税收协议中关于相互协商程序又丝毫未提及本协议未作规定的消除双重课税事宜。[②] 不过,从《两岸税收协议》正文第 5 条后段表述采取了"等"字作为列举未尽式的规定方式,以及协议附件第 13 条第 2 款所称"本协议不应被解释为排除一方执行其关于防止规避税负的规定及措施。如上述规定导致双重课税时,双方税务主管部门应相互协商,以避免双重课税"的规定来看,得以通过相互协商程序解决的双重课税问题是否仅限于协议所规定者,应该还有解释空间,只是该解释空间大小有待于将来协议生效实施后由其实践进一步观察。

2.业务交流制度

《两岸税收协议》正文第 9 条规定:"双方同意通过人员互访、培训或工作会议等形式,加强两岸税务方面的交流与合作。"该条所建立的业务交流制度亦为《香港税收安排》及我国所签订的其他税收协定所无,其主要原因亦在于两岸间特殊的政治关系。这种业务交流制度不仅有先例可循,[③]而且与建立在两岸税务联系机制基础上的相互协商程序旨在解决协议争议或疑义不同,业务交流制度并不以发生协议争议或者疑义为前提,而是着眼于更加广泛的两岸税收协调,试图在仅因协议争议或疑义而促发的两岸税务联系机制及相互协商程序之外,建立起两岸税务主管部门之间更加常态化的交流与合作关系。因此,这一业务交流制度亦可视为在两岸经贸往来经年累月已达相当的紧密程度下,两岸税务主管部门为回应 BEPS 行动计划而谋求未来更加广泛和深入的合作埋下的制度伏笔。

(三)资讯交换的"四不原则"

所谓资讯交换的"四不原则",是指不溯及既往、不作税务外用途、不用于刑事案件以及非具体个案不提供,分别规定于协议正文第 13 条与附件第 12 条。

1.不溯及既往原则

不溯及既往原则并未明白表述于《两岸税收协议》中,而是由其中的内容提炼而得。协议正文第 13 条第 2 款规定:"本协议之规定适用于……(三)资讯交换:本协议

---

① 参见"台湾地区财政事务主管部门赋税事务主管机关与新加坡共和国财政部内地税署关于避免所得税双重课税及防杜逃税协定换函"第 20 条第 3 款。

② 参见"亚东关系协会与公益财团法人交流协会避免所得税双重课税及防杜逃税协定"第 24 条第 3 款。

③ 2009 年 4 月,海协会与海基会签署的《海峡两岸金融合作协议》第 6 条、2010 年 8 月签署的《海峡两岸知识产权保护合作协议》第 8 条均规定了类似的业务交流制度。

生效之次年1月1日(含当日)以后开始之课税年度之资讯。"这一将资讯交换的生效时间范围单独列出的做法,主要是为了消除在协议谈签过程中,台商对一旦两岸交换相关资讯后会使他们面临被台湾地区稽征机关查税的顾虑,也因此成为协议相比两岸各自所签订的税收协定或者税收协议而言的一大特色。

上述所谓"不溯及既往",一方面,台湾地区财政事务主管部门在2015年发布的《〈海峡两岸避免双重课税及加强税务合作协议〉相关说明》(以下简称《相关说明》)中,将"不溯及既往"解释为:仅适用于协议生效年度之次年1月1日以后开始之课税年度之资讯,假设协议本年底生效,即仅交换2016课税年度以后之资讯。另一方面,台湾地区针对他方提出的税收资讯交换请求,有一套相当严格的审核程序:[①]第一,确认缔约他方提出请求援引的法律是否符合租税协定资讯交换条文规范。第二,确认是否已具体陈述逃漏税情节及事实、请求交换资讯的内涵。第三,确认所请求资讯涉及的税目、受调查案件的课税期间及所请求资讯所属课税期间,是否符合租税协定规定。由于资讯交换通常自协定生效年度的次一年度起课税所得开始适用(即不溯及既往原则),因此对于所请求交换的资讯,亦需审核所属课税期间是否符合规定。第四,确认请求方是否已完备其境内程序仍无法查得资讯,且所需资讯确实为我方法律及正常程序所能获得。第五,确认是否系为适用租税协定或租税稽征目的所提出,如为试探性质或不具明确性的调查案件,例如仅为确认其居住者是否具备领取社会福利的资格,或是用于其他刑事案件(例如,防制洗钱或贪污治罪等用途)的调查,均不进行资讯交换。

《香港税收安排》的信息交换条款,并未特别列明其生效时间范围。但税务总局发布的《关于〈内地和香港特别行政区关于对所得避免双重征税和防止偷漏税的安排〉有关条文解释和执行问题的通知》(国税函〔2007〕403号)第12条指出,"要求交换的信息可以是纳税人发生于《安排》开始执行以前年度的信息。但该信息应适用于《安排》执行后纳税年度的税收。"由此可见,内地和香港之间所交换的信息可以"溯及既往",但其适用"不溯及既往"。

投资大陆的台商之所以对协议中的资讯交换条款顾虑重重,主要原因在于:首先,台湾地区的营所税兼采居民管辖权和来源地管辖权原则,[②]因此作为营利事业的台商在大陆的营业所得和投资所得等由于居民管辖权的缘故构成其在台湾地区的法定应税所得。在目前两岸税收资讯交流不畅的情况下,台湾地区税捐机关对台商在大陆的应税所得,除非台商主动申报,否则无从掌握。如果台商以往并未如实申报,一旦通过税收资讯交换方式而被台湾地区税捐机关所掌握,

---

① 台湾地区财政事务主管部门:《两岸租税协议答客问》,http://max.book.com/html///.shtm,访问日期:2016年10月28日。

② 参见台湾地区"所得税法"第2条与第3条。

则不仅需要补税,甚至面临被刑事追责的风险。

其次,两岸税法对于违法逃漏税的追征期间不同。在大陆,根据《税收征管法》第 52 条第 3 款,对偷税、抗税、骗税的追征无期限限制。在台湾地区,"税捐稽征法"第 21 条第 1 项第 3 款规定:"未于规定期间内申报,或故意以诈欺或其他不正当方法逃漏税捐者,其核课期间为 7 年。"第 2 项规定:"在前项核课期间内,经另发现应征之税捐者,仍应依法补征或并予处罚;在核课期间内未经发现者,以后不得再补税处罚。"因此,如果两岸能够交换协议生效前的税收资讯,就意味着至少在协议生效前 7 年,投资于大陆的台商如果有未报的营利事业所得,均会被台湾税务当局追征。

最后,台湾地区财政事务主管部门于 2014 年拟出台"海外追税条款"(即 2016 年 7 月"所得税法"新增之第 43 条之 3 的前身),旨在进一步强化针对海外所得征税的力度。其中与大陆台商利益最密切相关的是 CFC 规则,针对直接或间接持有符合一定条件的境外关系企业(如半数以上持股或有重大影响力),即便该关联企业还没有发放股息也要按照权益法来认定投资损益,以杜绝企业将盈余保留在避税地或是低税负国家的子公司账上规避税收。[1] 由于台湾地区跨境企业之经营模式,都以三角贸易为主,由台湾地区母公司负责接单,再转由大陆制造出货。[2] 现阶段两岸贸易依存度相当高,而且过去在规划两岸经贸交流上,均设有特殊规范,因此,台湾地区母公司需透过第三地间接投资大陆子公司,而第三地通常会设在香港、开曼群岛或维京群岛等租税天堂,这些地区的特色为无外汇管制和资金自由流动,加上台湾设有境外金融中心,[3]供台湾跨国企业免除外汇管制及资金自由进出,因此造就了许多受控外国公司。由于"海外追税条款"的酝酿,台湾海外资金已有明显的出逃倾向,这也同样增加了大陆台商面临被"查税"的风险。综合以上三点原因来看,《两岸税收协议》规定税收资讯交换不回溯适用,与两岸税制和经济形势密切相关,实质性地打消了台商的顾虑,从而消除了签署协议的障碍。

2. 不作税务外用途

不作税务外用途原则体现在《两岸税收协议》附件第 12 条第 1 款:"一方依协议所取得的任何资讯,应比照该一方依有关规定取得的资讯作密件处理,且仅能提供给与本协议规定税种(税目)的核定、征收、执行、行政救济有关人员或部

① 参见吴青伦:《台湾地区近年税制改革热点》,载《国际税收》2014 年第 1 期,第 66~69 页。

② 参见吴金德、刘弘景:《中国台湾跨国市场进入竞争发展模式探讨》,载《当代财经》2010 年第 7 期,第 97~111 页。

③ 参见张进德:《企业租税法律风险管理实例分析》,台湾元照出版有限公司 2009 年版,第 78 页。

门。上述人员或部门应仅为前述税务目的而使用该资讯,包括不得将该资讯用于刑事案件。"其中,"仅为前述税务目的使用该资讯"所体现者即为不作税务外用途原则。对比《香港税收安排》第 24 条第 1 款的有关规定:"……该信息仅应告知与本安排所含税种有关的查定、征收、执行、起诉或裁决有关上诉人员或当局(包括法院和行政管理部门)。上述人员或当局应仅为上述目的使用该信息,但可以在公开法庭的诉讼程序或司法裁定(就香港特别行政区而言,包括税务上诉委员会的裁定)中公开有关信息。"其中,"应仅为上述目的使用该信息"与"不作税务外用途"类似,而后文但书部分则与《两岸税收协议》不同,因为信息一旦公开,就难谓限于税务用途了。因此,《两岸税收协议》对于所交换而来的税收信息的用途限制显然更加严格。

税收协定中的信息交换条款本身就蕴含了信息保密的要求,这不仅是出于保护纳税人权益的需要,而且也是缔约方之间得以通过信息交换开展进一步税收合作的基础。在信息交换机制下,交换双方必须保证所交换的信息只用于被允许的目的,"不作税务外用途"实质上就是对资讯交换的使用目的范围的限制,然而这一严格的限制与当前国际税收协定的发展趋势大不相同。以 OECD 范本为例,从 1963 年、2005 年、2014 年 OECD 范本内容来看,呈现出信息使用目的多元化、允许信息披露的群体扩大化、保密标准相对化的特点,[①]如表 13-2-1 所示。

表 13-2-1　OECD 范本中信息情报交换之机密性条款演变历史[②]

1963 年	2005 年	2014 年
任何交换的情报应当保密,不允许透露给除了和本税收协定规定的税种查核或征收有关的人员或当局之外的任何人。	缔约国一方根据第 1 款收到的任何情报应该同该国国内法所得到的情报给予保密,仅应告知与第 1 款所述的查定、征收、执行、起诉、裁定上诉有关的人员或当局(包括法院和行政机关)或其监督机关,上述人员或当局应仅为上述目的使用该情报,但可以在公开法庭程序或法院判决中披露有关情报。	缔约国一方根据第 1 款收到的任何情报应该同该国国内法所得到的情报给予保密,仅应告知与第 1 款所述的查定、征收、执行、起诉、裁定上诉有关的人员或当局(包括法院和行政机关)或其监督机关,上述人员或当局应仅为上述目的使用该情报,但可以在公开法庭程序或法院判决中披露有关情报。即便如此,如果根据双方缔约国的国内法该信息可以用于其他目的,并且得到提供信息一方缔约国的允许,那么缔约国一方可以将取得的信息移作他用。

---

① Tonny Schenk-Geers, International Exchange of Information and the Protection of Taxpayers, Woulter Kluwer, 2009, pp. 135-151.

② 参见邱冬梅:《晚近跨境税收情报交换规则的最新发展及对我国的回应之反思》,载《武大国际法评论》(第 16 卷第 1 期),武汉大学出版社 2013 年版,第 218 页。

从上表中不难看出，《两岸税收协议》中"不作税务外用途"的相关规定，选择性地吸收了 2005 年 OECD 范本的经验，严格地限制资讯交换的使用目的范围，在某种程度上说，亦是出于打消投资大陆的台商对资讯交换条款可能对其造成不利的顾虑。

3. 不用于刑事案件原则

前述《两岸税收协议》附件第 12 条第 1 款最后一句话"包括不得将该资讯用于刑事案件"，即体现为资讯交换不用于刑事案件原则。

首先，其中的"刑事案件"是指狭义的税收刑事案件，还是指广义的所有刑事案件。如前文有关台湾地区对于他方提出的资讯交换请求的审核程序第五点提到，若是他方将该信息用于"其他刑事案件（如防制洗钱、贪污治罪等用途）"，则不会交换该税收信息。在台湾地区财政事务主管部门发布的《两岸租税协议答客问》中也指出，所交换的资讯仅作为适用两岸租税协议及双方核定、征收及执行所得税使用，不可作为刑事案件起诉的证据。因此，这里的"刑事案件"应解释为广义的所有刑事案件，自然也就包括了税收刑事案件。

其次，"不用于刑事案件"原则对于台湾地区与大陆的意义有所不同。基于当前台商投资大陆远超陆商投资台湾地区的现状，对于台湾投资者在台湾地区是否被追究刑事责任的意义更大。至于对大陆而言，信息交换而来的信息是否被运用于追究有关纳税人的刑事责任主要是指，构成大陆居民纳税人的大陆投资者和台湾投资者（均包括企业和个人），其在台湾地区来源所得也构成其大陆应税所得，则其在台湾地区来源所得是否如实向大陆申报纳税。不溯及既往原则意味着只有待《两岸税收协议》生效后，才会有资讯交换；不用于刑事案件原则，意味着即便有了资讯交换，两岸也不能将之运用于刑事案件的调查，但不排除运用于税收行政责任的认定。

最后，大陆台商执着地要求"不用于刑事案件"有其特殊性。台湾地区有关逃税等行为的刑事责任规定于"税捐稽征法"，第 41 条和第 42 条第 1 项分别规定了纳税人和代征人或扣缴义务人逃漏税的刑事责任，可处 5 年以下有期徒刑、拘役或科或并科 6 万元新台币以下罚金。若经由资讯交换，台湾地区税捐机关获取的有关信息可以用于刑事案件，那么有的台商就有可能涉嫌构成上述犯罪。因此，自 2009 年两岸开始谈签协议以来，"不用于刑事案件"一直是大陆台商的关注焦点之一。

4. 非具体个案不提供

《香港税收安排》第 24 条第 2 款与《两岸税收协议》附件第 12 条第 2 款前 3

项规定完全相同,①这三项规定历来是税收资讯交换的限制性原则。不同之处在于,协议附件第 12 条第 2 款第 4 项规定:"前述规定不得解释为一方有下列义务:执行自动或自发性资讯交换。"台湾地区财政事务主管部门将此直接解释为"非具体个案不提供"。

税收信息交换一共包含 6 种类型:应请求交换(exchange of information on request)、自动交换(automatic exchange of information)、自发交换(spontaneous exchange of information)、同期税务调查(simultaneous tax examinations)、同行业交换(industry-wide exchange of information)、境外税务调查(tax examinations abroad)。倘若严格遵循协议"不执行自动或自发性资讯交换"的规定,对此作平义解释,则应理解为双方没有进行"自动交换"和"自发交换"的义务,则可以进行的信息交换类型为其他 4 种,台湾方面仅仅将此解释为"非具体个案不提供",既缩小了信息交换可适用类型的范围,又缺乏明确的对应类型。

在税务总局港澳台办公室的答记者会上,有关负责人提到"两岸税收协议规定资讯交换仅限于专项资讯交换,不执行自动或自发性资讯交换",其中所谓"专项资讯交换"对应上述"应请求交换"的类型。应请求的信息交换,是指缔约国一方主管当局向缔约国另一方主管当局要求特定信息的情形,例如请求与对某个纳税人在特定税收年度的税收能力的检查、询问或者调查有关的信息;主要适用于一国税务机关对有关税收资料有疑问或有关税收资料缺失而需要特别查证的情形。作为几乎所有税收协定或者专项税收信息交换协定中均会规定的最典型的信息交换类型,应请求的信息交换的最大优点是针对性强、有效性高。这非常符合台湾地区当前的资讯交换现状。依据以往经验,台湾地区仅依租税协定应缔约对方要求进行个案资讯交换,并未从事自动或自发资讯交换。在实务上,目前台湾地区已生效的租税协定有 28 个,近年来仅有 19 个具体个案进行资讯交换要求。②

三、《两岸税收协议》与《香港税收安排》差异较小的规定

此类规定是指《两岸税收协议》和《香港税收安排》都有基本相同的制度规定,但又略有差异。

---

① 即"前述规定不应被理解为一方有下列义务:(一)采取与该一方或另一方法律和行政惯例相违背的行政措施;(二)提供按照该一方或另一方法律或正常行政渠道不能得到的信息;(三)提供泄露任何贸易、经营、工业、商业、专业秘密、贸易过程的信息或者如泄露便会违反公共政策的信息。"

② 参见陈清秀:《国际税法》,台湾元照出版有限公司 2015 年版,第 73~76 页。

(一)实际管理机构的规定

如本章第一节所述,《两岸税收协议》中的实际管理机构(PEM)条款将依第三方法律设立的任何实体但其实际管理机构在协议一方者,视为该一方的税收居民。《香港税收安排》中也有类似的规定,即"在香港特别行政区以外地区成立为法团而通常是在香港特别行政区进行管理或控制的公司。"但这一 PEM 条款在两个协议或者安排中的作用不同;或者说,其对于香港、台湾地区和大陆的意义有所差异。

1.对香港的意义

就香港税制而言,它采用来源地税收管辖权,只就来自于香港的收入征税,任何人都不会仅仅因为自己的香港居民身份而在香港负担纳税义务,单独规定"居民"的认定标准意义甚微。即使《香港税务条例》第 20A 条有关于"香港居民"的定义,也只适用于其中"离岸基金"有关条款的解释。[①] 因此,《香港税收安排》中的 PEM 条款,是为了便于纳税人根据其判定条件,确认自己是否可以享有安排的优惠待遇,还可避免《香港税收安排》被非"居民"身份的人利用。考虑到增设"居民"认定条件对于香港意义较小,所以这一规定主要是有利于内地税务机关的征收管理,减少其在某些情况下对香港居民身份的疑虑。

2.对台湾地区的意义

就台湾地区税制而言,其"所得税法"于 2016 年 7 月修订时增设第 43 条之 4 有关营利事业的实际管理处所标准条款之前,营利事业居民身份的认定标准仅有第 3 条所规定的总机构标准。而其"所得税法"增设第 43 条之 4,除响应 BEPS 行动计划之外,在某种程度上来说,亦为配合《两岸税收协议》而采取的必要立法措施。

在 20 世纪 70 年代末至 80 年代晚期,台湾地区实行与大陆"不接触、不谈判、不妥协"的政策,严格限制两岸来往,禁止大陆企业对台投资,还限制台湾地区与大陆通商、通邮及通航,[②]台商对大陆投资均须经第三地间接进行。当时的两岸经贸往来基本处于间接、部分单向的状态。20 世纪 80 年代起,台湾地区与大陆交往之门渐渐开启,香港、澳门成为两岸往来和台商向大陆投资的中间地。

台商间接投资大陆,主要是为了避开台湾当局对台商赴大陆投资的审查,通过开曼群岛、英属维尔京群岛、我国香港等第三地转投资大陆。商务部于 2009

---

① 参见《香港税务条例释义及执行指引》第 44 号,http://www.docin.com/p-.html,访问日期:2017 年 1 月 10 日。

② 参见孙亚夫:《概论 1987 年至 2012 年两岸关系发展脉络》,载《政治学研究》2015 年第 4 期,第 4 页。

年统计了全年全国吸收台湾地区直接投资的情况,其间自当年 8 月起将经由开曼群岛、巴巴多斯等地对华投资的数据纳入全国吸收台商投资的统计样表中(如表 13-2-2 所示)。

表 13-2-2　2009 年全国吸收台湾地区直接投资统计表

单位:亿美元①

月份	1	1—2	1—3	1—4	1—5	1—6	1—7	1—8	1—9	1—10	1—11	1—12
金额	1.1	2.25	3.79	4.96	6.36	8.72	—	45.52	50.77	56.07	60.37	65.63

从表 13-2-2 可知,在增加了新的统计口径后,1—8 月的数据是 1—6 月的 5 倍多,这说明当年台湾地区有 80% 之多的对陆投资是通过第三地转投资的。《两岸税收协议》如果生效实施,台商就可以以较小成本的措施(如向台湾地区赋税事务主管机关申请认定税收居民身份),使其经由第三地的转投资适用《两岸税收协议》中特设的 PEM 条款,从而取得协议项下的居民身份,进而享受协议所提供的优惠待遇,而不必再进行复杂的股权交易。而且,在其"所得税法"中增设 PEM 条款,也利于台湾地区将税收管辖权延伸至第三地,增加税收收入。

《两岸税收协议》中 PEM 条款的特别规定,还与经由第三地投资大陆的台商的税收信息逐步暴露有关。目前,大陆已经建立起庞大的税收协定网络,不仅加入了《多边税收征管互助公约》,而且与包括维京群岛和开曼群岛等在内的国际著名避税地签订了 10 个单项税收信息交换协定。而台商转投资于大陆所经由的第三地基本被大陆上述税收协定网络所覆盖,即便《两岸税收协议》尚未生效、甚至根本未签订,大陆台资企业位于第三地的投资母公司及其台籍员工的税收信息均有可能通过上述税收协定中的信息交换条款或者单项税收信息交换协定而被大陆税务机关所掌握,从而可能使台资企业及其投资母公司陷入被查核补税的境地。与此同时,位于第三地的台资投资母公司却因其身份,而不能享受《两岸税收协议》项下的各项税收优惠以及解决双重征税方法而带来的减轻税收负担的好处。因此,《两岸税收协议》中特别规定 PEM 条款,正是为了解决上述问题。

3. 对大陆的意义

在《两岸税收协议》生效前,大陆根据《企业所得税法》第 2 条和国税发〔2009〕82 号文等规定,即可将依第三地法律设立的实体判定为实际管理机构在

---

　　①　数据来源:中华人民共和国商务部商务数据中心网站"利用外资"栏目,http://www. mofcom. gov. cn/article/tongjiziliao/v/? 5,http://www. mofcom. gov. cn/article/tongjiziliao/v/? 6,访问日期:2018 年 2 月 8 日。

中国境内的居民企业。因此,若有陆资间接投资台湾地区,便可根据上述规定,向其主管税务机关提出居民企业身份的认定申请,从而适用《两岸税收协议》。只不过,这点意义对大陆微乎其微,因为毕竟实践中主要是台商间接投资大陆。

综上所述,《香港税收安排》中的 PEM 条款,在内地与香港间主要利好内地税务机关;《两岸税收协议》中的 PEM 条款,在两岸间则主要利好台湾地区、尤其是间接投资大陆的台湾企业。

(二)工程型常设机构的存续期间

对于工程型常设机构,《香港税收安排》规定以该工地、工程或活动连续 6 个月以上构成常设机构,参照了 UN 范本;而《两岸税收协议》规定存续期间超过 12 个月才构成常设机构,参照了 OECD 范本。显而易见,《两岸税收协议》的标准较《香港税收安排》更宽松,相对提供更优惠的税收利益。中国在对外签订税收协定时,过去一般采用 6 个月的时间标准,但随着近年来大型国企对外国投资兴建基建项目的热潮,[①]也逐渐改为 12 个月的标准(如表 13-2-3 所示)。

表 13-2-3　大陆签订税收协定/协议/安排中工程型常设机构构成时间表(选样)

项目	构成工程型常设机构的存续期间	签署时间
中国台湾地区	超过 12 个月	2015 年
德国	超过 12 个月	2014 年
	超过 6 个月	1985 年
法国	超过 12 个月	2013 年
	超过 6 个月	1984 年
中国香港	超过 6 个月	2006 年
中国澳门	超过 6 个月	2004 年
新加坡	超过 6 个月	1986 年
韩国	超过 6 个月	1995 年
日本	超过 6 个月	1983 年

① 参见张晓薇、李炜:《后危机时代中国国企对外投资问题研究》,载《经营管理者》2013年第 6 期,第 3～5 页。

(三)特许权使用费的涵盖范围

对于特许权使用费,《香港税收安排》第12条第3款的规定包括了"使用或有权使用工业、商业、科学设备所支付的作为报酬的各种款项",参照了 UN 范本。《两岸税收协议》附件第5条第3款第2项明定"不包括因使用或有权使用任何工业、商业或科学设备所给付的款项",参照了 OECD 范本。1992年修改后的 OECD 范本将"出租工业、商业和科学设备"所取得租金收入从特许权使用费中删除;这一修改是根据 OECD 财政事务委员会1983年关于设备租赁问题的研究报告作出的,该报告认为,这类有形财产的租赁收入含有融资成本、折旧等因素,且其使用权在同一时期只能提供给一个承租人使用,不像无形财产那样可同时授予数个被许可人使用。[①] 因此,将出租这类财产的租金所得列入营业所得处理更为恰当。所以,《两岸税收协议》中的该项所得也是按照营业利润处理,由常设机构原则调整其课税权。

那么,两岸间因使用"工业、商业或科学设备所给付的款项"就不能享受7%的限制税率,与中国同其他国家(地区)签订的税收协定中该项所得的限制税率相比,相对无法享受此税收优惠。

表 13-2-4　中国签订税收协定/协议/安排中特许权使用费的限制税率情况(选样)

缔约对方	特许权使用费的限制税率
美国	工业、商业和科学设备的租金为7%,其他为10%
法国	工业、商业和科学设备的租金为6%,其他为10%
英国	工业、商业和科学设备的租金为7%,其他为10%
比利时	工业、商业和科学设备的租金为6%,其他为10%
德国	工业、商业和科学设备的租金为7%,其他为10%
突尼斯	为技术或经济研究或技术援助的为5%,其他为10%
中国香港	7%
中国澳门	10%
中国台湾地区	7%(不包括使用工业、商业或科学设备的租金)

但是,既然《两岸税收协议》中该项租金由常设机构原则调整,那么,只要在不构成常设机构的情况下,该项租金既不受"特许权使用费"条款调整,也不受"营业利润"条款调整,两岸对该项租金都不享有征税权。这样,台湾地区很可能

---

① 参见艺阳:《解读中英税收新协定》,载《新理财》2011年第9期,第82~83页。

成为大陆企业动产租赁的首要考虑地,[1]更能促进陆商投资台湾地区。

(四)财产收益的课税权划分

《两岸税收协议》关于财产收益的规定中,最为独特的是附件第 6 条第 5 款:"除前述转让股份规定外,一方居民(居住者)转让其在另一方居民(居住者)公司资本中的股份或其他权利取得的收益,仅由转让人为其居民(居住者)的一方课税。但是如果转让人为其居民(居住者)的一方对来自于另一方的该项收益免税,且该转让人在转让行为前的 12 个月内,曾经直接或间接持有该另一方公司至少 25％资本,另一方可以课税。"

本款前段规定,转让股权时,由转让人的居住地一方行使课税权,与《香港税收安排》以及被各国双边税收协定实践采纳最多的 UN 范本相一致。[2] 但是,对于被转让股份的公司的居住地一方何时可以分享课税权,两份协议规定的条件有所不同。《香港税收安排》只包含一个条件,即在转让行为前的 12 个月内曾经直接或间接持有另一方公司至少 25％资本,而在《两岸税收协议》中还包含须居民方对来自于另一方的该项收益免税的条件,条款使用"且"字,说明二者缺一不可。这也说明,必须居民地放弃自己的课税权,另一方才享有对股权转让所得的课税权。

但目前来看,两岸税法对于该种转让股份或其他财产收益所得免税的规定尚未出现。对于居民纳税人境外转让股权的问题,在大陆方面,由于其所得税制兼采居民管辖权与来源地管辖权,凡属大陆居民纳税人须就其全球所得负无限纳税义务,因此大陆居民纳税人境外转让股权所得属于所得税法的课税范围;[3]而且,近年来境外股权转让,尤其是间接转让构成大陆所得税反避税工作的重点。在台湾地区,由于其综所税仅采来源地管辖权,[4]所以对个人来源于境外股权转让的所得本就无课税权,自然由所得来源地独享课税权;但在营所税方面,同样由于兼采居民管辖权与来源地管辖权的缘故,其居民企业须就包括境外股权转让所得在内的全球所得负无限纳税义务。在《香港税收安排》中并没有上述免税条件的规定,是因为香港实行单一的来源地管辖权,因此境外股权转让所得

---

① 参见吴凌畅:《两岸租税协议相关条款深度解析》,http://www.vccoo.com/v/26556d,访问日期:2017 年 1 月 10 日。

② 参见朱青:《国际税收》(第五版),中国人民大学出版社 2011 年版,第 179～189 页。

③ 参见《个人所得税法》第 2 条,《企业所得税法》第 6 条。

④ "两岸关系条例"第 24 条第 1 项:"台湾地区人民、法人、团体或其他机构有大陆来源所得者,应并同台湾地区来源所得课征所得税。但其在大陆已缴纳之税额,得自应纳税额中扣抵。"虽然如此规定,但实际上台湾地区对综所税的税收管辖权还是主要及于纳税人来源于台湾地区的所得。

根本不在香港的税收管辖权范围内，更不用提是否对其予以免税。

我们认为，首先，前述协议附件第 6 条第 5 款前段对于股权转让所得等消极所得，按照国际税收惯例将其课税权分配给居民方税务主管当局；在目前台商投资大陆远超陆商投资台湾地区的现状下，亦即可能的股权转让行为多发生于大陆从而构成对台湾地区而言的境外股权转让，意味着台湾地区（就营利事业方面）获得了相当的税收利益。其次，该款后段相比《香港税收安排》有关规定，以附加居民方免税作为来源地方取得课税权的条件的主要原因，可能是基于《两岸税收协议》谈签当初直至签署之时，两岸经贸往来愈趋热络，台湾方面亦逐步开放陆资登台，由此可能带来较多根据第 5 款前段得由大陆独占台湾地区股权转让所得课税权的情形，或许届时大陆出于政治方面的考量而继续在税收利益上给予台湾地区"单方赋惠"，对大陆居民纳税人在台湾地区的股权转让所得予以免税，从而使台湾地区获得对该部分股权转让所得的税收利益。

四、《两岸税收协议》实施展望

内地与香港、大陆与台湾地区，这二者从政治关系上有较大差异，固不必论，即便香港特别行政区和台湾地区在国际经济贸易中的地位也有所不同。香港长期以来是内地与国外市场经贸往来的中介地，传统的国际贸易自由港地位为其发展奠定了较为稳固的基础。而台湾地区并不具备香港"低税率、税收管辖权单一"的特点，其出口导向型发展模式，决定了其必须积极地对外拓展经贸关系。然而，台湾地区受制于其政治地位，在对外缔结税收协议方面还困难重重，更不能与大陆相比，因此，在国际贸易中难以通过广泛的税收协定关系以消除其与其他国家或者地区之间的双重征税或者防范逃漏税问题。

不过，虽然香港和台湾地区之间存在众多差异，但《香港税收安排》实施经年，作为区际税收协调的开创性范例，其若干经验还是值得参考。例如，大陆基于政治方面的考虑，就在《两岸税收协议》中通过放弃或者减损自身的税收管辖权给予台湾地区更多的协议优惠，从而体现出比《香港税收安排》更大的税收利益让步；前文有关工程型常设机构存续期间和境外股权转让所得附加免税条件等规定即为适例。

（一）《两岸税收协议》与台湾地区"所得税法"新增 PEM 和 CFC 制度之间的关系

《两岸税收协议》虽未生效，但其对台湾地区相关税法产生的影响已然显现。例如，台湾地区 2016 年修订"所得税法"时新增第 43 条之 4 所规定的 PEM 制度，虽然可谓是对 BEPS 行动计划的响应，但亦难否认其为《两岸税收协议》未来施行提供内地税法依据的意图。因为《两岸税收协议》一旦生效,虽然有优先于两岸各自税法的适用效力,但并不能直接替代作为两岸各自税法而适用;亦即国际税收协定适用上消极作用原则的原理,[①]在《两岸税收协议》上亦有其适用。大陆《企业所得税法》已有 PEM 制度,因此适用《两岸税收协议》中的 PEM 条款当无问题,但台湾地区 2016 年 7 月以前的"所得税法"并无 PEM 制度,如果不补充增订该制度,则会使《两岸税收协议》中的 PEM 条款落空,从而无从解决经由第三地转投资于大陆的台商能否适用《两岸税收协议》的问题。

再如,《企业所得税法》第 45 条规定的 CFC 制度,首先需要判断位于其他国家或地区(通常是低税区或无税区)的公司是否属于受控外国公司,其次在做出肯定判断后还需要采取按股权比例强制归属的方式对我国境内的持股关联方征税,为此就必须掌握该公司的股东及其股权比例、生产经营、应税所得等较为全面的涉税信息。从实践来看,CFC 制度所针对的境外被控制公司大多位于维京群岛和开曼群岛等避税地。在《企业所得税法》2008 年生效施行之初,CFC 制度由于缺乏相应的从避税地获取税收信息的渠道,一度并无用武之地。但是,继 2009 年 12 月 1 日,我国与巴哈马签订了历史上第一个税收信息交换协定以来,截至 2012 年 7 月短短三年不到的时间,又与英属维尔京、马恩岛、根西、泽西、百慕大、阿根廷、开曼群岛和圣马力诺签署了 8 个税收信息交换协定,2014 年 1 月新签列支敦士登,目前共计 10 个税收信息交换协定,[②]从而为 CFC 的有效实施奠定了必要的信息前提。台湾地区"所得税法"新增的 CFC 制度要想发挥实效,面临着与大陆当初同样的问题,而且台湾地区无论是缔结税收协定还是单项税收信息交换协议,其空间均较为有限,因此其获取境外被控制企业的税收信息的难度较之当初的大陆有过之而无不及。在台湾地区可能暂时难以单独加入《多边税收征管互助公约》从而一劳永逸解决问题的情况下,通过《两岸税收协议》至少可以获取台湾地区营利事业在大陆被控制企业的税收信息。

(二)《两岸税收协议》中资讯交换条款进一步发展的可能

至于《两岸税收协议》生效实施之后,其某些条款经过实践检验也许可以进一步修改。例如资讯交换条款,对于所交换的资讯,《两岸税收协议》仍固受传统的所谓与本协议"所含税种(税目)相关且必要的"限定,在两岸拟以税收协议方式全面展开其税收协调进程的初期,对资讯交换作出如此限定虽然不失妥当,但

---

① 参见陈延忠:《简析税收协定适用上的消极作用原则》,载《涉外税务》2007 年第 5 期,第 61～65 页。

② 参见税务总局网站"税收条约"栏目,http://www.chinatax.gov.cn/n810341/n810770/index.html,访问日期:2018 年 2 月 10 日。

毕竟与国际税收协定领域税收资讯交换的最新趋势不合。

早在 1988 年,OECD 和欧洲理事会制定的《欧洲理事会/OECD 税务行政互助协定》(1988 Joint Council of Europe/OECD Convention on Mutual Administrative Assistance in Tax Matters,简称《税务互助协定》)第 4 条第 1 款就在所交换信息的范围上首次采用了"可预见的相关"(forseeably relevant)标准,突破了此前有关法律文件中一贯采用的"必要性"(necessary)标准,扩大了税收信息交换的范围。[1] 2004 年 6 月 1 日,OECD 财政事务委员会第 8 工作组公布了修订的 OECD 范本第 26 条及相关注释,吸收了此前 OECD 发布的《税收信息交换协议范本》(OECD Model Agreement on Exchange of Information on Tax Matters with Commentary,简称《OECD 信息协议范本》)的有关内容,[2]在实施协定规定的有关信息方面,此次修订以"可预见的相关"标准取代了此前的"必需"标准,即"缔约国双方主管当局应交换可预见地与实施本协定规定相关的情报"。其原因在于这一标准的运用,有利于进一步推动情报交换制度在国际范围内的开展,而且"可预见的相关性"(forseeable relevance)也已被《OECD 信息协议范本》和《税务互助协定》所采用。正如在同时修订的 OECD 范本第 26 条注释第 5 段所解释的那样:"采用'可预见相关'这一标准的目的是为了尽可能广泛地开展税收情报交换,同时又明确表明缔约国不能任意地以'撒网捕鱼'(fishing expeditions)的方式请求情报或者请求与某个纳税人的税收事项不太可能有关系的情报。缔约国可以协商同意用其他用语来替代符合本条规定范围的这个标准(例如'必需的''相关的'等)。情报交换的范围包括所有税收事务,并以不损害被告人、证人在司法程序中由一般规则和法律规定所保护的权利为前提。涉及税收犯罪的情报交换也可按双边或多边的法律互助条约(只要也适用于税收犯罪)开展。"[3]在此之后,OECD 范本第 26 条及其注释的内容虽然亦

---

① 参见邓力平、陈涛:《国际税收竞争研究》,中国财政经济出版社 2004 年版,第 148~149 页。

② 有观点评价,OECD 对其协定范本中的一个条款一次性地做了如此全面的修改在历史上是罕见的,足见信息交换工作的重要程度。参见王裕康:《OECD 修改情报交换条款的介绍及简要评价》,载《涉外税务》2004 年第 10 期,第 36 页。

③ OECD Commentaries on the Articles of the OECD Model Income and Capital Tax Convention,June 1,2004. Commentary on Chapter 6,Article 26,para. 5. 参见王裕康:《OECD 修改情报交换条款的介绍及简要评价》,载《涉外税务》2004 年第 10 期,第 33 页。Also see OECD Model Agreement on Exchange of Information on Tax Matters,18 April,2002. Commentary on Article 1,para. 5.

曾被修订,但基本未脱离此次修订的框架。①

《香港税收安排》就紧跟税收信息交换的国际发展趋势而适时修改其信息交换条款。2010年《〈香港税收安排〉第三议定书》第1条第1款中,信息交换范围以"可预见的相关"标准取代了之前的"必需"标准;第4款取消了用于税务目的与国内税收利益的限制;第5款取消了保护银行秘密的限制。2015年《〈香港税收安排〉第四议定书》第5条,拓展了信息交换适用税种的范围,增加了内地"增值税、消费税、营业税、土地增值税、房产税"五大税种。这些修订经验表明,内地与香港的税务主管部门始终保持对国际间税收信息交换发展趋势的关注与借鉴,使两地税务机关之间的信息渠道更为畅通。

因此,《两岸税收协议》如果生效实施,经过一段时间,台商原有的出于担心资讯交换而被补税或者追责的顾虑不复存在,而两岸税务机关从已有的信息交换中又有所获益,或许就会不满足现有资讯条款的限制而追寻国际最新发展趋势对资讯条款加以修改。

《两岸税收协议》虽然暂未生效实施,而且基于当前两岸关系现状,其生效实施之日还不可预期,但如前所述,其已经在发生影响。如果两岸双方能够将政治方面的考量搁置一旁,仅从技术规则以及协议能够给两岸人民带来的利益角度看待协议,促成其早日生效实施,对两岸经贸往来,尤其是台湾地区投资者不异是一件喜讯。

---

① 2012年7月,OECD对《OECD范本》第26条及其注释再次做出修订,目的在于澄清已有规则和完善措辞。对第26条的修订主要是将已包括在此前第26条注释第12.3段的一个选择性条款直接规定于该条第2款的最后,即"尽管有上述规定,当缔约国双方的法律允许或者提供情报的缔约国主管当局授权时,缔约国一方收到的情报可以用于其他目的。"从而将税收情报的使用范围给予了附条件的进一步扩大。对第26条注释的修订则主要包括:(1)对"可预见的相关性"标准和"撒网捕鱼式"术语的澄清;(2)提供给缔约国主管当局未另外达成协议时将提供情报的时限作为默认条款的选择;(3)如果缔约国一方采用其国内法或实践中通常并不可预见的措施收集情报,例如对银行情报的使用与交换,那么在互利原则的基础上,该缔约国也有权要求缔约国另一方提供类似的情报。See OECD, Update to Article 26 of the OECD Model Tax Convention and Its Commentary, Approved by the OECD Council on 17 July, 2012, Commentary para. 4.4.

2017年11月,OECD最新颁布的《OECD范本》第26条及其注释与上述2012年7月的修订基本相同。See OECD, Model Tax Convention on Income and on Capital: Condensed Version 2017, Commentary para. 4, OECD Publishing, 2017.

第十四章

海峡两岸税收协调
法律制度概况

虽然《两岸税收协议》本应作为两岸税收协调的最主要依据,但可惜迟迟未能生效施行,已如前述。本章则致力于介绍两岸税收协调的现状及其存在的主要问题,同时对两岸税收协调所要解决的最主要问题、即两岸双重征税及其解决方法加以简要分析。

第一节 两岸税收协调的现状及其存在的主要问题

一、两岸税收协调现状

2008 年 11 月和 2009 年 4 月,海协会与海基会相继签署了《海峡两岸海运协议》及其补充协议,双方同意对航运及航空公司参与两岸船舶及航空运输,在对方取得之运输收入及所得,于互惠原则下,相互免征营业税及所得税,以解决两岸船舶运送业及民用航空运输业所面临之两岸双重课税问题。为执行前述两岸直航互免税捐措施,财政部和税务总局分别于 2009 年、2010 年联合发布《关于海峡两岸海上直航营业税和企业所得税政策的通知》(财税〔2009〕4 号)、《关于海峡两岸空中直航营业税和企业所得税政策的通知》(财税〔2010〕63 号),台湾地区于 2010 年 6 月 15 日增订公布"两岸关系条例"第 29 条之 1,2010 年 7 月 1 日订定发布"海峡两岸海运协议及空运补充协议税收互免办法",使两岸海、空运事业分别于 2008 年 12 月 15 日、2009 年 6 月 25 日以后从事两岸海、空运直航取得之运输收入及所得,均可于对岸适用免征营业税及所得税规定。这一具有开创意义的协议标志着两岸的税收协调进入了一个新的实质性阶段。2015 年 8 月 25 日,《两岸税收协议》的签署,在两岸税收协调方面则具有里程碑式的意义,作为一个全面性的税收协调协议,该协议将来生效后,可以较为彻底地避免和消除两岸经贸往来中的重复征税问题及潜在的税收不公平现象。当然,我们也必须注意到《两岸税收协议》迟迟不能生效及两岸在其他领域的税收合作仍然停滞不前的问题。目前,在区域经济协作发展迅猛的背景下,在各国税务机关为消除重复征税和防止偷漏税而通力合作的趋势下,两岸之间的税收协调仍主要限于传统的单边税收措施,并主要呈现出以下三个特点:

(一)依靠单边税收措施消除双重征税

虽然两岸同属一个中国,但由于两岸在现实上各自拥有独立的税收管辖权,所以关于两岸双重征税的问题无法回避。如台湾地区对于营利事业所得税和大陆对于企业所得税的课征均同时实行居民管辖权和来源地管辖权,因此两岸对于企业的双重征税问题必将产生。此外,台湾地区对于综合所得税的课征实行单一的来源地管辖权,本来这可以有效地避免两岸对于个人所得双重征税问题的产生,但是,根据"两岸关系条例"第 24 条,台湾地区人民有大陆来源所得的,应并同台湾地区来源所得课征所得税,而大陆对个人所得税的课征也是同时实行居民管辖权和来源地管辖权,这样一来,两岸对个人所得的双重征税问题也同样存在。目前,两岸除前述《海峡两岸海运协议》及其补充协议外,还没有其他有效施行的双边税收安排,对双重征税问题的解决主要还是依赖于各自的单边税收措施。

现阶段,两岸对于消除双重征税的问题均采用限额税收抵免的方式。大陆主要是参照《企业所得税法》和《个人所得税法》中有关对外籍个人和企业的税收抵免规定。而台湾地区解决两岸双重征税问题的主要法律文件为"两岸关系条例"及"台湾地区与大陆人民关系条例施行细则"(以下简称"两岸关系条例施行细则"),凡涉及两岸的税收问题都优先适用该条例及其施行细则,只在该条例及其施行细则没有进行特别规定时,才参照其他税收法律法规处理。此外,由台湾地区财政事务主管部门发布的各类所得扣缴率标准,又对大陆人民、法人、团体或其他机构取得台湾地区来源所得应适用的扣缴率进行了具体的规定,基本上也是将大陆纳税人视为其他境外的纳税人。

根据"两岸关系条例"第 24 条,台湾地区纳税人有大陆来源所得者,应并同台湾地区来源所得课征所得税,但其在大陆已缴纳的税额,可以在应纳税额中抵扣。若是经第三地区转投资于大陆的,源自转投资于大陆公司或事业所分配的投资收益,也视为大陆来源所得,可以抵扣。此外,该条第 3 项规定,允许扣抵的数额不得超过因加计大陆来源所得,而依台湾地区适用税率计算增加的应纳税额(其具体计算公式见表 14-1-1)。此外,该条例第 25 条规定,大陆人民于一课税年度内在台湾地区居留、停留合计满 183 天者,应就其台湾地区来源所得,准用台湾地区人民适用之课税规定,课征综所税。

表 14-1-1　台湾地区所得税抵免限额计算表

步骤	营利事业所得税	综合所得税
1	(台湾地区来源所得额＋大陆来源所得额＋经第三地区转投资大陆所得额)×税率＝营利事业国内所得额应纳税额	(台湾地区来源所得额＋大陆来源所得额－免税额－扣除额)×税率－累进差额＝综合所得额应纳税额
2	台湾地区来源所得额×税率＝营利事业台湾地区来源所得额应纳税额	(台湾地区来源所得额－免税额－扣除额)×税率－累进差额＝台湾地区综合所得额应纳税额
3	营利事业国内所得额应纳税额－营利事业台湾地区来源所得额应纳税额＝因加计大陆来源所得及经第三地区转投资收益而增加的结算应纳税额	综合所得额应纳税额－台湾地区综合所得额应纳税额＝因加计大陆来源所得而增加的结算应纳税额

资料来源:根据台湾地区"两岸人民关系条例"及其"施行细则"相关规定整理而成。

(二)大陆单向给予税收优惠

大陆在《企业所得税法》颁布之前,对台资企业的税收征管参照涉外企业的做法,使得台资企业普遍享受到了大陆的各项涉外税收优惠政策,另外,大陆自 1988 年发布《国务院关于鼓励台湾同胞投资的规定》以来,各地方政府因为招商引资的需要也相继制订了专门针对台资企业的税收优惠措施。虽然 2008 年《企业所得税法》的生效实施不仅取消原先的涉外企业税收优惠及其他专门针对台资企业的税收优惠,而且国务院于 2014 年 11 月专门发布《关于清理规范税收等优惠政策的通知》(国发〔2014〕62 号),要求各地清理税收优惠政策。但是,国务院 2015 年 5 月又颁发《关于税收等优惠政策相关事项的通知》(国发〔2015〕25 号),基于信赖保护原则,要求各地区、各部门已经出台的优惠政策,有规定期限的,按规定期限执行;没有规定期限又确需调整的,由地方政府和相关部门按照把握节奏、确保稳妥的原则设立过渡期,在过渡期内继续执行。各地与企业已签订合同中的优惠政策,继续有效;对已兑现的部分,不溯及既往。至于国发〔2014〕62 号文规定的专项清理工作,待今后另行部署后再进行。因此,目前仍然存在针对台商的税收优惠。例如,2015 年泉州台商投资区曾下发《清理规范税收等优惠政策工作方案》,清理共涉及《关于促进总部经济发展的实施意见》等13 份政策性文件、协议,56 条优惠政策。其中,税收优惠政策 11 项,建议保留10 项,建议废止 1 项,财政支出优惠政策 134 项,建议废止 52 项,建议保留 82 项。① 同时,也还有很多针对台资企业的非税收的其他优惠措施,例如,根据《福建省厦门海沧台商投资区条例》的规定,台资企业在台商投资区投资的,企业用地从投产之日其 5 年内免交土地使用费。

对于个人所得税,大陆按现行政策将台籍人员参照外籍人员处理,其工资薪金所得(简称"工薪所得")缴纳的个人所得税可享受每月 4800 元的扣除额,这一标准比大陆人员每月 3500 元的扣除额高出了 1300 元。此外,大陆对于台湾的留学生以及留学生毕业后在大陆工作等事项也出台了各种税收优惠政策。2008年 3 月,国家人事部发布了《关于支持海峡西岸经济区建设,推动福建人事工作发展的意见》,明确规定福建可以推动大陆高校毕业的台湾学生在福建进行就业的试点工作;厦门市对台湾地区留学生取得的生活津贴和奖学金收入不予征税,其以非现金形式或实报实销形式取得的住房补贴、伙食补贴、洗衣费和搬迁费收入,如能提供当期合法有效凭证,在合理数额内可以免税;另外,台湾地区个人在厦门受雇,其符合条件的探亲费支出和境内外出差补贴也可以免税。②

(三)预约定价初步发展至渐趋成熟

税务总局 1998 年发布了《关联企业间业务往来税务管理规程(试行)》(国税发〔1998〕59 号,以下简称《管理规程》),"预约定价"首次作为大陆解决关联企业转让定价的一种办法被提出,而厦门市国家税务局(以下简称"厦门国税局")则是大陆最先实践预约定价的税务机关,并一直走在全国前列。厦门国税局于1998 年在没有任何先例的情况下,首创了"协定式"的预约定价协议范本,并与台商——厦门台松精密电子有限公司达成了 1999 年度该企业与台湾地区关联企业业务往来的预约定价协议,这是大陆首例预约定价协议,同时也是台资企业与大陆税务机关达成的首例预约定价协议,对预约定价在大陆今后的推广和发展起到了不可替代的作用。2005 年底,大陆首例跨地区预约定价安排在厦门举行签字仪式,由税务总局牵头,厦门、漳州和上海三地国税机关,分别与台资企业灿坤集团旗下的 4 家关联企业正式签署了预约定价安排。2005 年至 2017 年的

---

① 《泉州台商投资区下发〈清理规范税收等优惠政策工作方案〉》,http://qz. loupan. com/html/news/201504/1709268. html,访问日期:2018 年 2 月 21 日。

② 参见《台湾人才大陆就业可享受税收优惠政策》,新华网:http://www. fj. xinhuanet. com/hxla/2008-04/10/content_12979760. htm,访问日期:2008 年 11 月 16 日。

十二三年来,漳州灿坤实业有限公司(以下简称"漳州灿坤公司")先后 5 次主动向主管税务机关提出续签协议的申请,成功谈签单边税收预约定价安排,涉及 4 个国家和地区的关联交易;截至 2015 年度,涵盖关联交易金额共计 3.37 亿元。其中,第 5 次"签约"在 2016 年 12 月 27 日,是《国家税务总局关于完善预约定价安排管理有关事项的公告》(公告 2016 年第 64 号,以下简称"64 号公告")生效、单边预约定价权限下放新政落地之后签署的,明确了 2017 年至 2019 年漳州灿坤公司与关联企业之间的货物劳务往来、无形资产等关联交易的转让定价方法、计算依据和关键假设等内容。可以说,目前大陆税务机关与台资企业的预约定价安排总体上已经比较成熟,有了可供借鉴的先例,但现有的涉及台资企业的预约定价均是单边的预约定价,对降低企业纳税风险作用有限,亟待向双边的预约定价过渡和发展。值得注意的是,2017 年 2 月,漳州灿坤公司向漳州台商投资区国税局提交了双边预约定价安排预备会谈申请,希望通过预约定价安排,规范与印尼灿星公司之间关联交易的定价。①

二、现阶段两岸税收协调存在的主要问题

我们认为,两岸现有的进行税收协调的单边税收措施,与双边税收协调措施相比,至少存在以下六个方面的问题。

(一)无法协调两岸在税制方面的差异

台湾地区的综合所得税为综合税制,其个人所得按年综合各项所得,依综合税率计算申报;而大陆的个人所得税采分类税制,工薪所得等则是依其项目税率按月分项分别计算扣缴申报,对劳务所得和投资所得又实行按次课税;另外,两岸个人所得税和企业所得税的各种扣除额和免税额也不相同,这些因素势必造成两岸在税收抵免上的困难和复杂化。而这些问题,要想通过单边税收措施予以解决非常困难,必须依靠双边的税收协议。

---

① 2014 年,漳州灿坤公司通过香港的关联企业,在印度尼西亚设立全资子公司灿星网通有限公司(简称"印尼灿星公司"),投资总额 2392 万美元,主要从事小家电制造。2017 年 2 月 27 日,漳州灿坤公司为降低双重征税风险,向漳州台商投资区国税局提交了双边预约定价安排预备会谈申请,希望通过预约定价安排,规范与印尼灿星公司关联交易的定价,防范税企双方在业务交易真实性和交易价格合理性方面产生不必要的分歧,稳定公司的生产经营业绩预期,并有效避免双重征税问题。该案例来源于陈文裕:《灿坤:我和预约定价有个"约会"》,载《中国税务报》2017 年 6 月 2 日第 5 版。

(二)缺乏必要的税收信息交换

有效和通畅的税收信息交换是消除双重征税和遏制跨境偷漏税的不可缺少的一环。然而,目前两岸税务机关没有正式的交往和正常的工作交流机制,这严重阻碍了两岸的税收信息交流,造成了一些不必要的双重征税和大量的偷漏税现象。据厦门市地税局的调查,目前常驻大陆的台籍人员在大陆申报个人所得税时,大都没有申报其在台湾地区及其他国家或地区的公司所支付的工资薪金,而仅申报其在大陆的所得,并认为这是台籍人员个人收入申报偏低的直接原因。① 此外,大量的台资企业也并没有向台湾地区的税务机关如实申报其在大陆及其在第三地的资产和利润,这也严重损害了台湾地区的税收利益,同时也导致了台籍企业和人员向台湾地区税务机关申请已纳税额抵免时程序的复杂化。

(三)台湾地区的抵免程序相对复杂

由于《两岸税收协议》没有生效,台湾地区税务机关对于大陆税务机关开具的完税凭证的认证程序较为复杂。如根据"两岸关系条例"第 7 条,在大陆制作的文书,须经过行政管理机构设立或指定的机构或委托的民间团体的验证,才具有法律效力,实践中大陆的纳税凭证一般须经过海基会的验证。又根据"两岸关系条例施行细则"第 21 条第 4 项,台湾地区纳税人要申请抵免已在大陆缴纳的税款时,除须出具经过海基会验证的纳税凭证外,还须提出能足以证明源自大陆投资收益的财务报表或相关文件;足以证明第三地公司年度所得中源自大陆投资收益金额的相关文件,并经第三地合格会计师签证;以及足以证明第三地公司或事业分配投资收益金额的财务报表或相关文件。

不仅如此,台籍人员专门回台湾办理申报抵免的时间和金钱成本也都非常高。因此,该条例第 24 条关于在大陆已纳税额的抵免规定往往成为一纸宣言,起不了实际的作用;根据厦门市地税局的调查,这是大部分台籍人员不愿将其在大陆的已纳税额在台湾申报抵免的重要原因。而《两岸税收协议》一旦生效实施,抵免程序将大大简化,因为根据台湾地区 2001 年发布的"适用租税协定稽征作业要点"第 14 条,若台籍人员申请双重课税的消除,只需附缔约另一方的税务机关所出具的纳税证明即可。

(四)缺乏双边税收协议下的多方面协调

目前,两岸间避免双重征税仅限于对个人所得税和企业所得税已纳税额的

---

① 参见厦门市地方税务局课题组:《海峡两岸个人所得税协调问题研究》,载《涉外税务》2006 年第 2 期。

限额抵免,而缺乏双边税收协议下的多方面协调。比如,如果某一内地居民在内地拥有永久性住所,而于某一纳税年度内在台湾地区居住满183天,或者某一企业在台湾地区注册成立,而其实际管理机构在大陆,那么该纳税人将同时成为两岸的居民纳税人。而在《香港税收安排》中即有居民纳税人身份的确定规则和对常设机构的认定规则等;此外还有关于间接抵免的规定。如果缺乏《两岸税收协议》项下的多方面税收协调措施,单边的税收限额抵免措施在消除双重征税问题上起不到应有的作用或者功用不大。

(五)无法享受存在双边税收协议情形下的更多优惠

截至2017年12月底,大陆对外总共签订了103个避免双重征税协定,而一般而言,通过税收协定的方式进行税收协调会在协调的同时进一步给予对方优惠措施。[①] 比如根据具体情况,双边税收协定中可以规定税收饶让抵免条款;又如《个人所得税法实施条例》第7条规定,在中国境内无住所,但是在一个纳税年度中在中国境内连续或者累计居住不超过90日的个人,其来源于中国境内的所得,由境外雇主支付并且不由该雇主在中国境内的机构、场所负担的部分,免予缴纳个人所得税,而若与大陆订有税收协定的缔约方居民,则可以将上述期限宽限到183天。由于目前《两岸税收协议》没有生效,台湾地区的公司和个人也就无法享有其中的税收优惠,这样一来,还可能造成某种程度的税负不公平,也会导致大陆大量针对台资企业的税收优惠措施的作用降低,影响到两岸的经贸交流。

(六)单边预约定价的作用有限

自1998年厦门市国税局与台资企业达成首例预约定价协议以来,大陆税务机关与企业的预约定价协议的数量已经不少,然而,绝大多数仍为单边协议,直到2005年,中国才与日本签署了历史上第一例双边预约定价安排。2009年《特别纳税调整实施办法(试行)》首次明确了双边预约定价安排的谈签程序及具体规定后,中国双边预约定价安排谈签工作有了较快的发展(详见表14-1-2)。但与发达国家相比,双边的预约定价协议数量较少。而单边的预约定价协议作用有限,并不能完全避免双重征税,也就不能彻底消除企业的疑虑和税收风险。在日本、美国、加拿大等发达国家,申请预约定价的企业数量直线上升,而其中双边预约定价协议的数量和实际完成数量均在80%以上,并且双边预约定价协议的数量还将继续上升。2016年,美国共完成86例预约定价安排,其中65例是双

---

① 参见朱炎生:《两岸四地开展所得税税务合作的法律思考》,载《涉外税务》2003年第1期。

边安排,而根据美国联邦税务局的最新统计,2016 年新申请的 98 例预约定价中有 84 例为双边预约定价,详情见表 14-1-3。而实践中,双边的预约定价仍然须建立在有关国家或地区双边税收协定的基础之上。

表 14-1-2　大陆预约定价签订情况[①]

类型	2005—2008	2009	2010	2011	2012	2013	2014	2015	2016	总计
单边	36	5	4	8	3	11	3	6	8	84
双边	5	7	4	4	9	8	6	6	6	55
合计	41	12	8	12	12	19	9	12	14	139

表 14-1-3　美国预约定价申请及完成情况[②]

期间	单边	双边	多边	总计
	申请数			
Filed 1991—1999				401
Filed 2000—2015	542	1194	10	1746
Filed in 2016	14	84	0	98
Total Filed 1991—2016				2245
	完成数			
Total Executed 1991—2015	539	958	14	1511
Total Executed in 2016	21	65	0	86
Total Executed 1991—2016	560	1023	14	1597

　　由以上分析可知,两岸经贸关系发展到现在,已经遇到了税收协调方面的瓶颈,现有的税收协调亟待由单边走向双边,两岸的税务机关应当并且也能够在推动两岸发展更紧密经贸关系的过程中发挥自己的作用。早在 1992 年 11 月举行的"第一届海峡两岸法学学术研讨会"上,台湾地区的颜庆章教授就提出,避免两岸双重所得税的课征,解决两岸税收问题的出路在于"海峡两岸谋求类似租税条约协议之达成";而 1994 年当大陆开始全面实施新税制时,时任台湾地区经济事

---

　　①　表格来源于税务总局:《中国预约定价安排年度报告(2016)》,http://www.chinatax.gov.cn/n810214/n810606/c2873201/content.html,访问日期:2018 年 2 月 18 日。

　　②　2016 APMA Statutory Report:Announcement And Report Concerning Advance Pricing Agreements,https://www.irs.gov/pub/irs-utl/2016_apma_statutory_report.pdf,March 27,2017;访问日期:2018 年 2 月 1 日。

务主管部门负责人的江丙坤更明确表示,目前最迫切的就是签署"两岸避免双重课税协定"。[①] 从 2009 年两岸开始商谈,历经 6 年数回合协商终于 2015 年签署《两岸税收协议》,只是由于两岸政治分歧等现实问题,其生效工作被长期搁置。

第二节　两岸避免双重征税的具体方法比较

随着 19 世纪末 20 世纪初,国际经济交往的不断发展,各国(地区)之间在税收管辖权上的冲突日益加剧,使得重复征税的现象普遍存在。就目前而言,重复征税依其性质的不同,可以区分为税制性重复征税、法律性重复征税和经济性重复征税三类;国际或者区际重复征税主要是法律性重复征税和经济性重复征税。各个国家或地区在避免重复征税的方法上主要采用了免税法、抵免法、减免法和扣除法等方法。这些方法各有其优劣,而为各个国家或地区的立法在针对各种情形时依具体情况而采用。在本节中,我们拟简单比较两岸避免重复征税的具体方法。

一、两岸双重征税问题概述

(一)法律性重复征税

法律性重复征税又称对人的重复征税,是指两个或两个以上具有税收管辖权的主体,对同一纳税人的同一课税对象征税。两岸在企业所得税方面均同时实行居民管辖权和来源地管辖权,因此可能由于居住地之竞合、所得来源地之竞合、居住地课税与来源地课税之竞合,产生双重征税的问题。[②]

首先是居住地竞合。在大陆,依《企业所得税法》第 2 条,对居民企业的认定兼采公司注册地和实际管理机构所在地标准。在台湾地区,依"所得税法"第 3 条第 2 项,对营利事业的居民身份认定采取总机构所在地标准;2016 年 7 月修订"所得税法"增订第 43 条之 4 增加了实际管理处所标准,至此台湾地区兼采总机构所在地和实际管理机构所在地标准。在《两岸税收协议》没有生效的情况下,某一企业总机构在台湾地区,其投资于大陆,且其实际管理机构亦设在大陆,

---

① 参见史春玲:《海峡两岸税收协调研究》,厦门大学世界经济专业 2007 年硕士学位论文,第 1 页。

② 参见陈清秀:《国际税法》,台湾元照出版有限公司 2015 年版,第 295～296 页。

那么该企业将同时被两岸视为居民纳税人，面临双重征税的风险。

其次是所得来源地竞合问题。由于两岸所得来源地判断标准不完全一致，依据两岸各自税法的规定，对于同一笔所得，可能被两岸同时认定为各自来源所得，从而导致双重征税问题。例如，在大陆，依《企业所得税法实施条例》第7条第5款，特许权使用费所得按照负担、支付所得的企业或者机构、场所所在地确定，或者按照负担、支付所得的个人的住所地确定。在台湾地区，依"'所得税法'第8条规定台湾地区来源所得认定原则"，台湾地区来源之特许权使用费（台湾地区称"权利金"）是指"因在台湾地区境内供他人使用所取得之权利金"。由于大陆采取的是"支付地或负担地"标准，台湾地区采取的是"使用地"标准，如果因确认标准的不一致而在一方实际承担了所得税，这种境外已纳的所得税能否在另一方抵扣则不无疑问。[①]

最后是居住地与来源地课税之竞合。拥有跨境收入的纳税人一方面作为居民纳税人在其居住地就境内外所得承担无限纳税义务，同时，作为非居民纳税人向收入来源地就其在该地区境内取得的收入承担纳税义务，因此会产生重复征税问题。此类型的重复征税是导致对跨地区纳税人重复征税的主要原因，两岸当然也不例外。

另外，对于个人所得税，大陆同时实行居民管辖权和来源地管辖权，其对于自然人居民身份的认定，依《个人所得税法》第1条，为在中国境内有住所，或无住所而在境内居住满一年的个人。依台湾地区"所得税法"第2条之1规定，台湾地区对于个人综合所得实行来源地管辖权，即对自然人的境外所得采用免税法。但存在下列例外：（1）台湾地区个人如有大陆来源所得（如大陆工作的薪资），应缴纳台湾所得税，但在大陆已纳之个人所得税可以依法抵扣。即将台湾地区人民取得大陆来源之所得并入台湾地区来源所得课征所得税（依据"两岸关系条例"第24条规定）；（2）台湾居住者的海外所得，须依最低税负制，计算所得基本税额。依据"所得基本税额条例"，台湾地区行政管理机构于2008年9月15日核定，个人海外所得计入基本所得额课税之规定自2010年1月1日施行。在最低税负制下，海外所得存在被课税的可能性，[②]台湾地区可以对境内自然人

---

① 廖益新：《海峡两岸所得税制度差异对消除两岸重复课税的影响》，载《台湾研究集刊》2010年第2期，第17、18页。

② 依"所得基本税额条例"第12条之1，台湾地区境内居住者境外来源所得，超过100万的部分计入个人基本所得额。个人基本所得额扣除600万元新台币后，按20%计算之金额为个人之基本税额。依据财政事务主管部门制定的"非台湾来源所得及香港澳门来源所得计入个人基本所得额申报及查核要点"第2点规定，海外所得系指"所得税法"第8条规定的台湾地区来源所得及"两岸关系条例"规定大陆来源所得以外之所得，亦即包括非台湾地区来源所得及香港、澳门来源所得。

来源于大陆的所得及其海外所得在一定程度上主张行使具有居民税收管辖权性质的课税权。因此，台湾地区对于个人综合所得实行来源地管辖权和一定程度上的居民管辖权，两岸同样存在由于税收管辖权竞合而产生的双重征税的问题。其对自然人居民身份的判定，依"所得税法"第 7 条第 2 项，为在台湾地区有住所，并经常居住其境内者，或者无住所而于一课税年度内在其境内居留合计满183 天者。虽然台湾地区对个人所得仅关注其所得来源地，但是其对居民身份的认定规则仍相当重要。因为若为非居民而有来源于台湾地区所得的，则就各项所得分别就源扣缴有关税款，而台湾地区居民则应依照"所得税法"的规定缴纳综合所得税。另外，根据"各类所得扣缴率标准"的相关规定，居民与非居民有台湾地区来源所得时，其各类所得的扣缴率标准也有诸多不同（详见表 14-2-1）。

表 14-2-1　台湾地区来源所得扣缴率表

居民纳税人		非居民纳税人	
所得类型	扣缴率（%）	所得类型	扣缴率（%）
薪资	5	薪资	18
佣金	10	佣金	20
利息	10	利息	20
租金	10	租金	20
权利金	10	权利金	20
竞技竞赛机会中奖	10	竞技竞赛机会中奖	20
执行业务报酬	10	执行业务报酬	20
退职所得	6	退休所得	20
告发或检举奖金	20	告发或检举奖金	20

说明：本表根据"各类所得扣缴率标准"相关规定整理而得，未包括对纳税人所得的一些特殊的扣缴率规定。

常设机构概念来源于国际税法，依"无常设机构，即无课税"原则，常设机构在税收协定中作为对营业利润征税权分配的依据。从两岸税法来看，只要有来源于境内的所得都会课税，至于非居民企业是否在境内设立常设机构则在所不问。[1] 常设机构在两岸税法中的作用主要体现在决定采取申报纳税还是源泉扣缴的纳税方式上。一般有常设机构的情形下，非居民企业境内所得由常设机构按一般税率申报纳税，而无常设机构的情形下则需按预提所得税税率源泉扣缴

---

①　参见陈清秀：《国际税法》，台湾元照出版有限公司 2015 年版，第 127～128 页。

（台湾地区称"就源扣缴"）。因此，是否存在常设机构会影响非居民在所得来源地的应纳税额。常设机构在大陆称为机构、场所，在台湾地区称为固定场所或营业代理人。

两岸对于常设机构的课税原则（所得之归属）有着重大不同。在大陆，《企业所得税法》第3条第2款规定："非居民企业在中国境内设立机构、场所的，应当就其所设机构、场所取得的来源于中国境内的所得，以及发生在中国境外但与其所设机构、场所有实际联系的所得，缴纳企业所得税。"据此，非居民企业如在大陆设立常设机构时，则其所取得的境外来源所得，采取实际联系的"经济归属原则"（Attributable Principle）。

在台湾地区，依"所得税法"第3条第3项，总机构在台湾地区境外的营利事业，只就其在境内的所得纳税，对其境外所得不负有纳税义务。同时，第41条规定："营利事业之总机构在台湾地区境外，其在台湾地区境内之固定营业场所或营业代理人，应单独设立账簿，并计算其营利事业所得额课税。"有学者认为，其中"独立设立账簿计算其营利事业所得额并作为申报义务人"的规定，可以解释为台湾地区采取全部归属原则，即包括在台湾地区外总机构（非居民企业）直接在台湾地区境内取得的台湾地区来源所得，虽然经济上并不归属于其常设机构之所得，仍应由其常设机构合并申报纳税。[①]

（二）经济性重复征税

经济性重复征税，是指就同一课税，对两个（或以上）不同的纳税人进行征税。国际经济活动中，最为典型的经济性重复征税是在对股利的征税中，对公司利润和股东股息课税的并存，即分配股息所在地对公司所得课税的基础上，[②]当公司将股息分配予境外股东时，股东所在国（地区）也会对该股息征收所得税。例如，台商大陆子公司要将所得分回台湾，首先在大陆需缴纳25%所得税，以及10%的预提税，而在台湾地区该笔股息所得需承担20%（2018年之前为17%）的台湾所得税，即使抵扣后，仍需缴纳，存在重复征税的问题。同时，若台商通过第三地间接投资的情况下，因台湾地区没有间接抵免规定，是否可以抵免还存在疑问。

---

① 参见陈清秀：《国际税法》，台湾元照出版有限公司2015年版，第137页。

② 在台湾地区，税法除了对公司所得征收20%的营利事业所得税，若营利事业当年度之盈余未作分配者，还应就该未分配盈余加征5%（2018年度之前为10%）营利事业所得税。

二、两岸各自税法中规定的消除双重征税方法比较

一般来说,居民国(地)一般都会在其税法中单方面采取消除双重征税的措施或方法,如消除法律性双重征税的方法有减税法、免税法、抵免法、扣除法、低税法等,消除经济性重复征税的方法在公司层面包括股息扣除制(dividend-paid deduction system)、分离税率制(split-rate system)等,在个人层面包括税收减免法、归集抵免制(imputation system)等。① 各国(或地区)可以根据自身实际情况自主和灵活地制定上述单边规则,以实现在一定程度上消除重复征税的目的。两岸税法中也规定了相应的消除双重征税的单边规则,下文将分类进行比较。

(一)直接抵免法的采用

两岸对于纳税人已在境外缴纳的税款均允许限额抵免,但具体的抵免方式又有不同。

1.抵免额的计算

在大陆,依《企业所得税法实施条例》第 78 条,抵免限额是指企业来源于中国境外的所得,依照《企业所得税法》和其实施条例的规定计算出的应纳税额,即应加计其境外所得而计算出总的应纳税额,且该抵免限额应当分国(地区)不分项计算,即采用分国不分项抵免法,其具体计算公式为:抵免限额=中国境内、境外所得依照法律规定计算的应纳税总额×来源于某国(地区)的应纳税所得额÷中国境内、境外应纳税所得总额。在分国不分项抵免法下,企业是以一个国家(或地区)为维度计算可抵免境外所得税额和抵免限额,同一投资架构层级的位于不同国家(或地区)之间的企业盈亏不可以相互弥补。2017 年 12 月,财政部、税务总局联合印发的《关于完善企业境外所得税收抵免政策问题的通知》(财税〔2017〕84 号)规定,企业可以选择按国(地区)别分别计算[即分国(地区)不分项],或者不按国(地区)别汇总计算[即不分国(地区)不分项],其来源于境外的应纳税所得额,并按照《企业所得税法》第 4 条第 1 款规定的税率,分别计算其可抵免境外所得税税额和抵免限额。该规定在原分国(地区)别不分项抵免方法的基础上,增加不分国(地区)别不分项的综合抵免方法,供纳税人选择。综合抵免方法考虑了企业境外投资整体经营情况,同时在多个国家(或地区)投资的企业可以统一计算抵免限额,有利于平衡境外不同国家(地区)间的税负,增加企业可

---

① 参见马国强、李维萍:《股息红利双重征税的税收处理问题》,载《财经问题研究》2008 年第 12 期,第 78～80 页。

抵免税额,有效降低企业境外所得总体税收负担。① 另依《个人所得税法实施条例》第 33 条第 1 款,对于个人所得税的抵免限额是指纳税人从大陆境外取得的所得,区别不同国家或者地区和不同所得项目,依照税法规定的费用减除标准和适用税率计算的应纳税额;同一国家或者地区内不同所得项目的应纳税额之和,为该国家或者地区的扣除限额,即对于个人所得税的抵免限额采既分国(地区)又分项的计算方式。

在台湾地区,依"所得税法"第 3 条第 2 项,来自台湾地区境外之所得,已依所得来源地税法规定缴纳之所得税,得由纳税人提出所得来源地税务机关发给之同一年度纳税凭证,并取得所在地台湾地区代表机构或其他经认许机构之签证后,自其全部营利事业所得结算应纳税额中扣抵。扣抵之数,不得超过因加计其境外所得,而依台湾地区境内适用税率计算增加之结算应纳税额。而依"所得税法施行细则"第 2 条规定,所称"因加计其境外所得而依境内适用税率计算增加之结算应纳税额",其计算公式如下:境内所得额与境外所得额之合计数依台湾地区适用税率计算之全部所得额应纳税额－境内所得额依境内适用税率计算之境内所得额应纳税额＝因加计境外所得而增加之结算应纳税额。另外,台湾地区采综合抵免法,既不分国(地区)也不分项地进行计算抵免限额。②

关于两岸抵免限额的计算,大陆采用的是"所得比例计算法",台湾采用的是"边际计算法"。所谓"边际计算法",是先就境内外全部所得适用境内税率,算出"境内外全部所得应纳税额"后,再减去"境内所得"适用境内税率所算出的"境内所得应纳税额",以其余额作为可扣抵限额。在采取固定税率的情形下,边际计算法与所得比例计算法,其计算结果相同。但在采取累进税率的情形下,比例计算法将境内所得与境外所得按比例分摊累进税率,所算出的抵免限额低于边际计算法。③

对于综合所得税已在境外缴纳的税款,台湾地区没有关于可以申请抵免的规定,这主要是由于其仅采来源地管辖权的缘故,相当于通过免税法彻底解决综所税的双重征税问题;不过,如前所述,对于个人自大陆来源的所得还是采取抵免法。

2.超过抵免限额的处理

此外,大陆对于纳税人在境外已缴纳的税款超过抵免限额的部分,规定可以

---

① 参见《两部门就完善企业境外所得税收抵免政策答记者问》,税务总局网站,http://www.chinatax.gov.cn/n810341/n810760/c3001473/content.html,访问日期:2017 年 12 月 29 日。

② 参见台湾地区财政事务主管部门 1980 年 5 月 14 日台财税字第 33826 号函。

③ 参见陈清秀:《国际税法》,台湾元照出版有限公司 2015 年版,第 312 页。

在以后 5 个纳税年度内,用每年度抵免限额抵免当年应抵税额后的余额进行抵补,这样消除重复征税的程度更高,而台湾地区没有此类规定。

(二)间接抵免法的采用

两岸对于居民间股息分配存在的经济性重复征税都提供了相应的消除方法。在大陆,对个人从上市公司取得的股息红利实行差别化的税收政策。对个人从公开发行和转让市场取得的上市公司股票,持股期限超过 1 年的,股息红利所得暂免征收个人所得税。持股期限在 1 个月以内(含 1 个月)的,其股息红利所得全额计入应纳税所得额;持股期限在 1 个月以上至 1 年(含 1 年)的,暂减按 50% 计入应纳税所得额。① 对居民企业直接投资于其他居民企业取得的权益性投资收益免征企业所得税(不包括持续持有居民企业公开发行并上市流通的股票不足 12 个月取得的投资收益)。② 对证券投资基金从证券市场中取得的股息收入,暂不征收企业所得税。③ 综上,大陆采取的是部分免税法(部分计征制)来减轻经济性重复征税对居民纳税人的影响。在台湾地区,在原两税合一设算扣抵制下,从 1998 年起,营利事业取自其投资于台湾地区其他营利事业(转投资事业)所获配的投资收益,不计入投资事业之所得额课税、可扣抵税额计入股东可扣抵税额账户,待盈余分配给个人股东时,再连同盈余分配给股东,扣抵其应纳的综所税。④ 因此,台湾地区原两税合一税制下,采设算扣抵制(归集抵免制)来消除经济性重复征税。

对于跨国(地区)母子公司之间股息分配存在的经济性重复征税问题,两岸税法规定有很大的差别。在大陆,《企业所得税法》第 24 条规定了间接抵免法,即居民企业从其直接或者间接控制的外国企业分得的来源于中国境外的股息、红利等权益性投资收益,外国企业在境外实际缴纳的所得税税额中属于该项所得负担的部分,可以作为该居民企业的可抵免境外所得税税额,在规定的抵免限额内抵免。依财政部、税务总局《关于企业境外所得税收抵免有关问题的通知》(财税〔2009〕125 号),大陆企业在境外缴纳的所得税的抵免层级规定不能超过三层,财税〔2017〕84 号文将抵免层级扩大至五层。而台湾地区税法规则中没有

---

① 参见《财政部、国家税务总局、证监会关于上市公司股息红利差别化个人所得税政策有关问题的通知》(财税〔2015〕101 号)。

② 参见《企业所得税法》第 26 条。

③ 参见《财政部、国家税务总局关于企业所得税若干优惠政策的通知》(财税〔2008〕1 号)。

④ 2018 年税改后,上述两税合一制被废除,投资人可选择股利、盈余并入综合所得课税并可享受 8.5% 抵税额(最高不超过 8 万元),或是股利所得按 28% 税率分离课税,与其他所得合并申报。

规定消除跨国(地区)母子公司之间股息分配存在的经济性重复征税的方法。虽然根据其"所得税法"第3条第2项,有学者认为在法律解释上仍有采取包括"直接扣抵法"和"间接扣抵法"二者的可能。但也有学者认为,其仅准许直接扣抵,而无间接扣抵的规定。① 目前,只有在个别双边租税协议中才规定了间接抵免、如台湾地区与新加坡之间的租税协议第18条,而对于未签订租税协议的情形,则无法适用间接抵免,陈清秀教授认为此种情况值得进一步检讨。②

(三)减免税法的采用

1.减税法的采用

在大陆,非居民企业未设立机构、场所的,或者虽设立机构、场所但取得的所得与其所设机构、场所没有实际联系的,其来源于境内的所得减按10%的税率缴纳企业所得税,且采用源泉扣缴的方式按每次收入的毛额计征所得税,即不允许扣除相关的成本、费用和损失。而在台湾地区,对于总机构不在境内的营利事业,若其有来源于境内的营业所得,仍应适用普通税率。若在台湾地区境内有"所得税法"第88条规定之扣缴所得的,则应依规定之扣缴率扣缴。上述预提税与通常居民的按照净利润乘以普通税率计算的所得税相比,是否具有减税效果,仍有待商榷。

2.免税法的采用

除了上文所述的居民企业股息免税的规定和个人股息所得税差别化征收中使用的免税法,大陆《个人所得税法实施条例》第7条和台湾地区"所得税法"第8条第3项均规定在境内无住所,且在一个纳税年度内在境内合计居住不超过90日的个人,其来源于境内的所得,由境外雇主支付的部分,免予缴纳所得税。另外,《个人所得税法实施条例》第6条还规定,在中国境内无住所,但是居住1年以上5年以下的个人,其来源于中国境外的所得,经主管税务机关批准,可以只就由中国境内公司、企业以及其他经济组织或者个人支付的部分缴纳个人所得税;居住超过5年的个人,从第6年起,应当就其来源于中国境外的全部所得缴纳个人所得税。

如上文所述,台湾地区对于个人综合所得实行来源地管辖权,即对自然人的境外所得采用免税法。但是依据"两岸关系条例"第24条规定,台湾公民如有大陆来源所得,应缴纳台湾所得税,在大陆已纳之个人所得税可以依法抵扣。即将台湾地区人民取得大陆来源之所得并入(视为)台湾地区来源所得课征所得税,

---

① 参见颜庆章等:《健全台湾地区所得税涉外课税制度之研究》,载《财税研究》1991年第23卷第3期,第125页。

② 参见陈清秀:《国际税法》,台湾元照出版有限公司2015年版,第311～327页。

并允许抵扣。因此,"两岸关系条例"第 24 条对于台湾公民来源于大陆的所得,实行特殊的待遇,并不适用免税法。

三、《两岸税收协议》中消除双重课税的方法

上述单边规则对于缓解双重征税问题是必要的,但是单边规则以牺牲居住地税收利益为前提,因此其消除双重征税的程度较为有限。造成重复征税的重要原因是税收管辖权之间的冲突,而解决这一冲突最有效的方式还是冲突双方的协商。因此,签订税收协定,税收管辖权各方主动在一定范围内限制各自的税收管辖权,是避免国际重复征税最为有效的方法。以投资所得征税为例,在税收协定中,一般认为所得来源地的税收管辖权优于居民税收管辖权,但是,对来源地税收管辖权也会有一定限制。此种征税权分配方式,一方面符合公平原则,另一方面协定中上限税率的适用也在一定程度上减轻了双重征税对纳税人的影响。例如,非台湾地区境内居住之个人及总机构在台湾地区境外之营利事业(即外资)取得的股利、利息、特许权使用费,分别按 21%、15%(或 20%)、20% 扣缴率就源扣缴完税。然而,若与台湾地区有双边税收协议的国家,则可以享受到从台湾地区获得股利、利息和权利金时比较优惠的扣缴率(详见表 14-2-2);《两岸税收协议》生效后,可享受的协议税率分别为:股息 5%(或 10%),利息 7%,特许权使用费 7%。

表 14-2-2　台湾地区所签订税收协议中股利、利息及权利金适用税率(%)对比表[①]

国家(地区)\\所得类别	股利	利息	权利金
无租税协定国家(Non-treaty Countries)	21	15[1],20	20
澳大利亚(Australia)	10[2],15	10	12.5
奥地利(Austria)	10	10	10
比利时(Belgium)	10	10	10
加拿大(Canada)	10[3],15	10	10
丹麦(Denmark)	10	10	10
法国(France)	10	10	10
甘比亚(Gambia)	10	10	10

---

① 台湾地区财政事务主管部门网站:《台湾地区股利、利息及权利金扣缴率一览表》,https://www.mof.gov.tw/Detail/Index? nodeid=191&pid=63931&rand=1073,更新至 2018-01-03;访问日期:2018 年 1 月 3 日。

续表

国家（地区）\\所得类别	股利	利息	权利金
德国（Germany）	10，15[4]	10，15[5]	10
匈牙利（Hungary）	10	10	10
印度（India）	12.5	10	10
印尼（Indonesia）	10	10	10
以色列（Israel）	10	7[6]，10	10
意大利（Italy）	10	10	10
日本（Japan）	10	10	10
吉里巴斯（Kiribati）	10	10	10
卢森堡（Luxembourg）	10，15[7]	10，15[8]	10
马其顿（Macedonia）	10	10	10
马来西亚（Malaysia）	12.5	10	10
新西兰（New Zealand）	15	10	10
荷兰（Netherlands）	10	10	10
巴拉圭（Paraguay）	5	10	10
波兰	10	10	3[9]，10
塞内加尔（Senegal）	10	15	12.5
新加坡（Singapore）	40[10]	未订	15
斯洛伐克（Slovakia）	10	10	5[11]，10
南非（South Africa）	5[12]，15	10	10
史瓦济兰（Swaziland）	10	10	10
瑞典（Sweden）	10	10	10
瑞士（Switzerland）	10[13]，15	10	10
泰国（Thailand）	5[14]，10	10[15]，15	10
英国（UK）	10	10	10
越南（Vietnam）	15	10	15

　　说明：1."各类所得扣缴率标准"第3条第1项第4款（利息）：除短期票券到期兑偿金额超过首次发售价格部分之利息、依"金融资产证券化条例"或"不动产证券化条例"规定发行之受益证券或资产基础证券分配之利息、公债、公司债或金融债券之利息、前述三种有价证券或短期票券从事附条件交易，到期卖回金额超过原买入金额部分之利息，按给付额或分配额扣取15％。

　　2.在澳大利亚，依《联邦所得税法》规定"已缴纳一般公司税"之股利，不得超过股利总额之10%。在台湾地区,股利取得人为公司(合伙组织除外)直接持有给付股利公司资本25%以上,不得超过股利总额之10%。

3. 股利受益所有人为公司且直接或间接持有该给付股利公司之资本20%以上者,为股利总额之10%。

4. 德国不动产投资公司在德国该公司部分或全部之利润系适用免税,或其分配之金额得自利润中扣除时,所课征之税额不得超过股利总额之15%。

5. 台湾地区不动产投资信托或不动产资产信托所分配之所得,在台湾地区该信托部分或全部之利润系适用免税,或其分配之金额得自利润中扣除时,所课征之税额不得超过利息总额之15%。

6. 以色列(中国台湾地区)之银行所提供各种贷款所取得源自台湾地区(以色列)之利息,不得超过利息总额之7%。

7. 股利之受益所有人为设立于卢森堡之集合式投资工具,且依卢森堡租税目的视为法人者,不得超过股利总额之15%。

8. 利息之受益所有人为设立于卢森堡之集合式投资工具,且依卢森堡租税目的视为法人者,不得超过利息总额之15%。

9. 使用或有权使用工业、商业或科学设备所给付之对价,不得超过权利金总额之3%。

10. 股利课征之税额,连同给付股利之公司应纳之公司所得税,不得超过用以分配股利之公司课税所得额之40%。所称"应纳之公司所得税",包括依促进经济发展目的而制定之法律规定所减免之公司所得税在内。

11. 使用或有权使用工业、商业或科学设备所给付之对价,不得超过权利金总额之5%。

12. 股利受益所有人直接持有给付股利公司资本10%以上者,不得超过股利总额之5%。

13. 受益所有人为公司(不包括合伙)且直接持有该给付股利之公司之股份20%以上者,为股利总额之10%。

14. 受益所有人直接持有给付股利公司之资本25%以上者,不得超过股利总额之5%。

15. 由金融机构(包括保险公司)取得者,不得超过利息总额之10%。

《两岸税收协议》通过对非居民所得的征税权在居民地与来源地之间进行划分,在一定程度上限制了来源地的征税权,能够有效避免双重征税。同时,协议正文第3条规定,双方同意当一方居民在另一方取得所得并依本协议规定在另一方缴税时,该一方应依有关规定消除双重课税。关于消除双重课税的措施,《两岸税收协议》规定了税收抵免制度,其目的和功能就在于让居民地承认来源地征税的税额,并在此基础上在居民地给予税收抵免,从而进一步消除双重征税。在《两岸税收协议》附件第9条消除双重征税条款中,大陆方面允许对来源于台湾地区的收入实施直接抵免和间接抵免,台湾方面则仅提供了直接抵免。

根据《两岸税收协议》附件第9条第1款,大陆取得的所得在台湾缴纳的税额,允许在对该居民征收的大陆税收中抵免(直接抵免),但抵免额不应超过对该项所得按照大陆税务规定计算的税额;从台湾地区取得的所得是台湾居民公司给付予大陆居民公司的股息,而大陆居民公司直接或间接持有给付股息的公司股份不少于10％的,该项抵免应考虑给付该股息公司就该项所得缴纳的台湾税收(间接抵免)。在大陆提供的两项消除双重征税措施中,前者为直接抵免,后者为间接抵免,两者适用于不同的情形。

根据《两岸税收协议》附件第9条第2款,台湾方面仅允许对来源于大陆的收入实施直接抵免。即台湾居民取得来自大陆的所得,依本协议规定在大陆就该所得缴纳的税额,应准予扣抵大陆对该居民所课征的税额(如系股息,不包括用以发放该股息的利润所缴纳的税额),但扣抵数额不得超过台湾地区依其税法规定对该所得课征的税额。

需要说明的是,《两岸税收协议》附件第9条并没有规定税收饶让抵免的方法,对于一方居民在另一方因享受税收优惠而减免的所得税税款,是否允许视同在境外实际缴纳税款而给予抵免扣除没有做出明确规定。税收饶让是配合税收抵免的一种特殊方式,是税收抵免内容的附加或延伸。税收饶让是指居民国对其居民在来源国因税收优惠而减免的所得税,视同已纳税并给予抵免,不再按照本国税法规定补征。它是在抵免方法的基础上,为贯彻某种经济政策而采取的优惠措施。税收饶让这种优惠措施的实行,通常需要通过签订双边税收协定的方式予以确定。由于《两岸税收协议》中未规定税收饶让抵免,因此两岸一方居民取得来源于对方的收入并且享受了对方税收优惠的,该一方目前尚不承认在另一方的减免税额,该一方居民企业可以抵免的税额是在另一方实际缴纳的税额。这就使该一方企业在另一方得到的税收优惠在汇回居民地时面临补税的问题,而一旦补税该一方企业由于税收优惠而获得的利润将会遭受损失。因此,这不失为《两岸税收协议》的一大缺失。

目前,两岸税法均没有规定税收饶让抵免,但两岸与部分国家(或地区)签订的税收协定规定有税收饶让抵免条款。[①] 同时,两岸税法规则中均有适用税收协定饶让抵免的相关规定。在大陆,财税〔2009〕125号文第7条规定,居民企业从与大陆订立税收协定(或安排)的国家(地区)取得的所得,按照该国(地区)税收法律享受了免税或减税待遇,且该免税或减税的数额按照税收协定规定应视同已缴税额在大陆的应纳税额中抵免的,该免税或减税数额可作为企业实际缴纳的境外所得税额用于办理税收抵免。台湾地区"适用租税协定稽征作业要点"第15点规定,台湾地区境内居住之人申报视同已纳税额扣抵(即大陆所称的饶

---

① 在大陆,截至2013年8月所签订的99个双边税收协定和港澳税收安排中,有36个协定包括了税收饶让抵免条款;参见刘剑文主编:《国际税法学》(第3版),北京大学出版社2013年第3版,第192～194页。在台湾地区,其与新加坡、印度、比利时、匈牙利、冈比亚、塞内加尔等国签订的税收协议中规定了双向的税收饶让抵免条款,与奥地利、加拿大、马来西亚、泰国、越南等国签订的税收协议中规定了单向的税收饶让抵免条款。

让抵免），应于办理所得税结算申报时，提供他方缔约国税务机关出具载有租税减免之法律、所得额及减免税额等相关资料之证明供核。该视同已纳税额应不包括他方缔约国依其与第三国之租税协定所给予之境外税额扣抵金额。

海峡两岸税收协调的
模式选择与具体方法

　　海峡两岸之间的税收协调，与通常所谓国际税收协调有所不同。国际税收协调主要是不同的主权国家或者地区之间通过双边或者多边税收协定（也包括其他协定中的税收条款）的方式，对其相互之间基于税收管辖权冲突而导致的跨国税收利益分配问题加以协商、合作和调整的活动。从国际税收协调的历史发展来看，其类型除了国家间以国际税收协定开展的国际税收协调这一基本模式以外，还包括国际组织的国际税收协调、区域性国际税收协调等。[①]　其中，区域性国际组织的税收协调，以原欧共体、现欧盟的区域税收协调及一体化为范例；从这个角度看，海峡两岸之间的税收协调与之类似。只不过前者是国际性区际税收协调，而后者则属同一主权国家中不同法域之间的国内区际税收协调。至于世界性国际组织的税收协调，例如 OECD，更多地是以提供协定范本或者其他建议的方式引导各国开展税收协调；从这个角度看，海峡两岸之间的税收协调因此而与通常所谓的国际税收协调具有了在技术规则方面的共性。

第一节　两岸税收协调的模式

一、税收协调及其分类

　　税收协调通常指两个以上拥有独立的财政地位和实行独立的税收制度的政

---

　　①　参见刘剑文主编:《国际税法学》(第 3 版),北京大学出版社 2013 年第 3 版,第 332～345 页。

府,通过协商谈判采取措施来解决由于各自税制差异和彼此对跨国或跨区域从事经济活动的纳税人行使税收管辖权所产生的税收扭曲和税权冲突问题的税收法律现象。以参与税收协调的双方主权是否独立为标志,税收协调可分为国际税收协调和国内税收协调。因协调的内容和范围的不同,税收协调又有广义和狭义之分,其中狭义的税收协调仅限于所得税和一般财产税等直接税的相互协调;①而广义的税收协调则还包括以商品和服务的流转额为课税对象的关税、增值税等商品税在内的全面协调。②

此外,我们认为,税收协调除以上分类外,还可以根据参与主体的多少而分为单边税收协调、双边税收协调和多边税收协调。单边税收协调其实即为通常所说的单边税收措施;如今,双边税收协调是世界上绝大部分国家采取的模式,不过,随着全球经济一体化的逐步加深,多边税收协调也呈现出蓬勃的生命力,正在成为国际税收协调新的发展方向。

另外,还有学者根据税收协调的程度不同,而将税收协调分为协定模式、趋同模式和一体化模式。③ 所谓协定模式,即是通过谈判来签订税收协定,主要是双边的措施。所谓趋同模式即是有关国家或地区逐步消除在税制上的差异,即是为更好地实现资本和商品的自由流动而在税制上逐步趋同,目前欧盟即是此种模式。而一体化模式则是有关国家或地区在税制上完全相同,不存在任何差别。另外,国外还有学者将税收协调分为四个层次,即无协调的缓和模式、部分协调模式、名义协调模式和类似于"财政联邦制"的协调模式。④ 所谓无协调的缓和模式是指相关各方只有避免双重征税的协定;名义协调模式是指各方逐步设立某些相同的税种,如欧盟要求其成员国均须设立增值税,或者各方税种均相同,但税基和征管方式不同;而类似于"财政联邦制"的协调模式,是指各方税种与税基均相同。

① 参见高尔森主编:《国际税法》(第 2 版),法律出版社 1993 年版,第 8~9 页。

② 参见刘剑文主编:《国际税法学》(第 3 版),北京大学出版社 2013 年第 3 版,第 28~30 页。有学者对直接税和间接税的国际协调两种不同观点的分歧进行了评价,并指出将间接税的国际协调也纳入国际税收关系的观点,还需要从理论上对国际税收关系的矛盾性质以及国际税法宗旨、任务和原则作出符合逻辑的解释说明。参见廖益新主编:《国际税法学》,高等教育出版社 2008 年版,第 14 页。

③ 参见杨春梅:《经济全球化下的税收国际协调》,厦门大学财政学专业 2001 年博士学位论文,第 36 页。

④ James,D(2000). Can We Harmonize Our Views on European Tax Harmonization? International Bureau of Fiscal Documentation 6,263-268. 转引自常世旺:《国际区域性税收协调:理论与实证研究》,山东大学财政学专业 2007 年博士学位论文,第 24 页。

二、两岸税收协调的模式选择

自内地与香港、澳门相继建立了更紧密经贸关系,以及分别签署了避免双重征税和防止偷漏税的安排之后,大陆与台湾地区的经贸整合再一次受到关注,整合海峡两岸暨香港、澳门的市场,促进区域经济的一体化发展,并充分利用我国在 WTO 中"一国四席"的独特优势,促进区域经济更快更好地发展,将成为我国今后在相当长的一段时期内的重要任务。而目前最难以整合和协调的是海峡两岸的经贸关系,这也必将成为今后区域经济整合的关键。鉴于目前两岸已经在涉及两岸船舶运输的营业税和所得税上开始了实质的税收协调,我们认为,两岸的税收协调完全可以作为今后整合两岸经贸关系的突破口,应该抓住难得的历史机遇,尽快推动《两岸税收协议》的生效执行。

由于目前内地与港澳的税收安排已经签署,有学者提出应该尽快对海峡两岸暨香港、澳门进行整体地税收协调,即采用税收协调的多边模式或整体模式。① 固然如果能对海峡两岸暨香港、澳门进行整体地税收协调,这对于资本和商品在海峡两岸暨香港、澳门的自由流通以及区域经济的一体化进程都将起到非常大的推动作用。然而,就目前内地与港澳之间在并不存在大陆与台湾地区之间政治关系上困难的情况下,都还尚未具备签署三边税收安排的条件,更何况海峡两岸暨香港、澳门之间的多边税收安排。除海峡两岸在政治关系上的困难以外,税制上的较大差异以及在经济发展水平上的差异等情况都对目前在海峡两岸暨香港、澳门采取多边税收协调构成了阻碍。此外,中国自 1983 年 9 月与日本缔结第一个避免双重征税协定以来,截至 2017 年年底已正式对外缔结了 103 个避免双重征税协定,在这方面也积累了丰富的经验;就台湾地区而言,截至 2017 年 12 月 31 日,也签订了 34 个双边税收协议(包括与捷克和大陆两个未生效)(详见表 15-1-1)和 13 个海空运输税收协议(详见表 15-1-2)。因此我们认为,鉴于两岸目前在政治上和税收体制上的实际情况,两岸通过《两岸税收协议》进行税收协调是最为合适和彻底的模式。

---

① 参见朱炎生:《两岸四地开展所得税税务合作的法律思考》,载《涉外税务》2003 年第 1 期。

表 15-1-1　台湾地区对外缔结全面性双边税收协议表

签约国（地区）	签署日期	生效日期
新加坡（Singapore）	1981/12/30	1982/01/01
印度尼西亚（Indonesia）	1995/03/01	1996/01/12
南非（South Africa）	1994/02/14	1996/09/12
澳大利亚（Australia）	1996/05/29	1996/10/11
新西兰（New Zealand）	1996/11/11/	1997/12/05
越南（Vietnam）	1998/04/06	1998/05/06
冈比亚（Gambia）	1998/07/22	1998/11/04
斯威士兰（Swaziland）	1998/09/07	1999/02/09
马来西亚（Malaysia）	1996/07/23	1999/02/26
马其顿（Macedonia）	1999/06/09	1999/06/09
荷兰（The Netherlands）	2001/02/27	2001/05/16
英国（UK）	2002/04/08	2002/12/23
塞内加尔（Senegal）	2000/01/20	2004/09/10
瑞典（Sweden）	2001/06/08	2004/11/24
比利时（Belgium）	2004/10/13	2005/12/14
丹麦（Denmark）	2005/08/30	2005/12/23
以色列（Israel）	2009/12/18	2009/12/24
巴拉圭（Paraguay）	1994/04/28 2008/03/06（补充协议）	2010/06/03
匈牙利（Hungary）	2010/04/19	2010/12/29
法国（France）	2010/12/24	2011/01/01
印度（India）	2011/07/12	2011/08/12
斯洛伐克（Slovakia）	2011/08/10	2011/09/24
瑞士（Switzerland）	2007/10/08 2011/07/14（修约换函）	2011/12/13
德国（Germany）	2011/12/19 2011/12/28	2012/11/07
泰国（Thailand）	1999/07/09 2012/12/03（议定书）	2012/12/19
基里巴斯（Kiribati）	2014/05/13	2014/06/23
卢森堡（Luxembourg）	2011/12/19	2014/07/25
奥地利（Austria）	2014/07/12	2014/12/20
意大利（Italy）	2015/06/01 2015/12/31	2015/12/31
日本（Japan）	2015/11/26	2016/6/13
加拿大（Canada ）	2016/01/13 及 2016/01/15	2016/12/19
波兰（Poland）	2016/10/21	2016/12/30
捷克（Czech Republic）	2017/12/12	待生效

　　资料来源：根据台湾地区财政事务主管部门网站表格整理而成。

表 15-1-2　台湾地区对外缔结海空运输税收协议

签约国（地区）	内容	签署日期	生效日期
加拿大（Canada）	空运	1995/07/10	同左
欧联（EU）	海运	1990/08/01	同左
德国（Germany）	海运	1988/08/23	同左
日本（Japan）	海空运	1990/09/04	同左
韩国（Korea）	海空运	1991/12/10	同左
卢森堡（Luxembourg）	空运	1985/03/04	同左
澳门（Macau）	空运	1998/12/18	1999/02/26
荷兰（The Netherlands）	海运 空运	1989/06/07 1984/05/28	1988/01/01 1983/04/01
挪威（Norway）	海运	1991/06/07	同左
瑞典（Sweden）	海运	1990/09/05	同左
泰国（Thailand）	空运	1984/06/30	同左
美国（United States）	海空运	1988/05/31	同左

资料来源：根据台湾地区财政事务主管部门网站表格整理而成。

　　但是，如前文所述，截至 2018 年 2 月，两岸均未完成相应的生效程序，《两岸税收协议》处于未生效状态。而且，由于目前台湾地区执政党轮替导致海峡两岸政治关系进入冷冻期，《两岸税收协议》在台湾方面的生效期限具有极大的不确定性，其生效还需假以时日，或者可能被无限推延。在这一新情况下，基于大陆税务机关与台资企业交流合作的实际情况，我们认为可以经由预约定价协议的个案方式推进两岸税务机关的信息交换和相互协商程序，从而为《两岸税收协议》将来的生效执行提供技术上的准备。具体而言，由大陆台资企业比较集中的地方的税务机关在与台资企业的预约定价过程中积极主动地与台湾地区的税务机关进行预约定价的协调，即可以尽量要求大陆的台资企业及其在台湾地区的关联企业同时分别向两岸的税务机关申请预约定价，并在此过程中将该台资企业作为中介和桥梁以促成两岸税务机关关于预约定价的交流和相互认可，从而在此基础上推动两岸税务机关开展信息交换和相互协商程序。

　　鉴于此，我们有必要充分了解台湾地区预约定价的具体程序、具体要求、管理机构及其与大陆不同的地方，也有必要了解国际上税收信息交换的惯例以及《两岸税收协议》中有关税收信息交换的具体规定，和两岸税收协议中有关相互协商的具体规定。换言之，预约定价、信息交换和相互协商构成目前现状下可能推进两岸税收协调的方法。

第二节 两岸税收协调的具体方法

一、两岸预约定价程序相关问题比较与协调建议

预约定价协议（Advance Pricing Arrangement or Advance Pricing Agreement，APA），又称事先定价安排，是指税务当局和纳税人在受控交易发生之前，就一定期限内的那些交易的转让定价问题而确定一套适当的标准和重要假设的安排。[①] 预约定价制度最初的立法体现是日本于 1987 年采取的事先确认体制（Pre-Confirmation System，PCS），后来经过美国于 1991 年以"税收程序"（revenue procedure）形式以及 1996 年的修订等的进一步发展，并引致澳大利亚、加拿大、德国、比利时、日本、荷兰和西班牙等国的效仿，最终由 OECD 于 1999 年 10 月发布了《相互协商程序下制定预约定价安排指南》（Guidelines of Conduction Advance Pricing Arrangements Under the Mutual Agreement Procedure，"MAP APAs"），为预约定价安排制度的广泛运用提供了积极的促进作用。[②]

（一）预约定价相关问题比较

大陆预约定价制度的实践早于立法出现，在 20 世纪 90 年代中期，深圳市就具体运用过单边预约定价协议制度，[③]而相关规定则最早出现于税务总局 1998 年颁布的《管理规程》中，首次将预约定价协议作为关联企业间有形财产购销业

[①] OECD，Transfer Pricing Guidelines for Multinational Enterprises and Tax Adminis-trations，1995，Par，4，124.

[②] 参见刘永伟：《转让定价法律问题研究》，北京大学出版社 2004 年版，第 157～158 页。

[③] 参见林岳鑫、李伟军、陶红：《深圳市推行预约税制的实践》，载《税务研究》1999 年第 6 期，第 36～39 页。

务转让定价的调整方法之一。① 2002 年《实施细则》第 53 条虽未明确提出"预约定价"的名称，但对该制度作了一个言简意赅的定义。② 2004 年 9 月 3 日，税务总局颁布了《关联企业间业务往来预约定价实施规则（试行）》（国税发〔2004〕118 号；以下简称《实施规则》），初步建立起预约定价制度的具体实施规则体系，大陆反避税审核审批管理系统和预约定价管理系统也于 2006 年 6 月 19 日开始正式运行。2008 年《企业所得税法》及其实施条例都对预约定价制度作了规定，③从而将预约定价制度的法规位阶予以提升。2009 年 1 月 8 日，税务总局印发的《特别纳税调整实施办法（试行）》（国税发〔2009〕2 号；以下简称《调整办法》）对预约定价制度及执行程序进行了细化规定，并废止了上述《管理规程》和《实施规则》。④ 2016 年，为进一步完善预约定价安排管理程序，以适应实践发展的需要，并落实 BEPS 行动计划以促进国际税改成果转化，税务总局发布了 64 号公告，废止了并替代了《调整办法》第 6 章关于预约定价安排管理的条款。

在大陆预约定价制度的有关法律法规逐步完善的过程中，其预约定价制度的实践也渐次展开。中国首例预约定价协议早在 1998 年就由厦门市国家税务局与台商——厦门台松精密电子有限公司达成，采取由前者首创的"协定式"预约定价协议范本，同时成为我国首例单边预约定价协议和首例与台资企业达成的预约定价协议；2005 年 9 月，深圳市地方税务局与东芝复印机（深圳）有限公

---

① 《管理规程》第 28 条规定了对关联企业间有形财产购销业务转让定价的调整方法，该条第 1 款至第 3 款分别规定了可比非受控价格法、再销售价格法和成本加成法等正常交易原则下三种传统的调整方法，第 4 款则规定了在前述三种调整方法均不能适用时可采用的如可比利润法、利润分割法和净利润法等其他合理的替代方法，并在该款最后规定："对经企业申请，主管税务机关批准，也可采用预约定价方法。"该号文还在第 48 条专门规定了预约定价方法。

② 《实施细则》第 53 条："纳税人可以向主管税务机关提出与其关联企业之间业务往来的定价原则和计算方法，主管税务机关审核、批准后，与纳税人预先约定有关定价事项，监督纳税人执行。"

③ 参见《企业所得税法》第 42 条和《企业所得税法实施条例》第 113 条。

④ 《特别纳税调整实施办法（试行）》2009 年颁布以来，大陆税法理论和实践有了非常大的变化，2016 年以来税务总局陆续发布数个规范关联申报和同期资料管理、预约定价安排管理、特别纳税调查调整及相互协商程序等事项的公告，《调整办法》中相对应的数个章节和条文被废止。具体情况如下：（1）依据《国家税务总局关于完善关联申报和同期资料管理有关事项的公告》（公告 2016 年第 42 号），本法规第 2 章、第 3 章、第 74 条和第 89 条自 2016 年 1 月 1 日起废止；（2）依据 64 号公告，本法规第 6 章自 2016 年 12 月 1 日起全文废止；（3）依据《国家税务总局关于发布〈特别纳税调查调整及相互协商程序管理办法〉的公告》（公告 2017 年第 6 号），本法规第 4 章、第 5 章、第 11 章和第 12 章自 2017 年 5 月 1 日起废止。

司签订了我国首例、也是中日首例双边预约定价协议;①2007 年 4 月,深圳市地方税务局与沃尔玛集团在华九家子公司签订了我国第二例、也是中美首例双边预约定价协议;②2007 年 12 月,江苏省苏州工业园区国税局与三星电子(苏州)半导体有限公司签订了中韩首例双边预约定价协议。③ 据统计,截至 2016 年 12 月 31 日,我国税务机关已累计签署 84 例单边预约定价安排和 55 例双边预约定价安排。④ 可以说,目前大陆税务机关与台资企业的预约定价安排总体上已经比较成熟,有了可供借鉴的先例,但现有的涉及台资企业的预约定价均为单边,对降低企业纳税风险作用有限,亟待向双边预约定价过渡和发展。

台湾地区的预约定价机制起步较晚,其财政事务主管部门于 2004 年年底颁布的"营利事业所得税不合常规移转订价查核准则"(以下简称"移转订价查核准则")才正式规定了关联企业与税务机关之间可以进行预约定价安排,然而由于一直缺乏具体的程序规定和对申请预约定价企业交易规模的特殊要求,以至直到 2007 年 9 月,台湾地区企业申请预约定价协议的也只有 1 例。于是,财政事务主管部门又于 2007 年 9 月 27 日颁布了"营利事业申请预先订价协议作业要点",专门规定了税务机关处理预约定价协议案件的具体程序。而至 2014 年 7 月底,台湾地区申请预先订价协议件数仅 14 件,完成签署的 8 件。⑤

1. 对关联企业的认定标准比较

由于主要是将与关联企业进行转让定价交易的企业纳税人才有申请预约定价的必要,因此对于关联企业的认定标准是预约定价的一个前提问题。大陆在原《管理规程》第 4 条规定了构成关联企业的 8 个标准,《调整办法》第 9 条规定了 8 个标准,税务总局《关于完善关联申报和同期资料管理有关事项的公告》(公告 2016 年第 42 号,以下简称"42 号公告")废止上述第 9 条,规定了最新的 7 个标准。而台湾地区的"移转订价查核准则"第 3 条规定了认定关联企业的 10 个标准(详见表 15-2-1)。比较而言,台湾地区对关联企业的认定标准较大陆更加全面和细致。

---

① 参见曾立新、陈友伦、车俏冰:《我国首例双边预约定价安排签署》,载《中国税务报》2005 年 9 月 19 日,第 1 版。

② 参见陈友伦、曾立新、车俏冰:《中美首例双边预约定价执行安排签署》,载《中国税务报》2007 年 4 月 27 日,第 1 版。

③ 参见《中韩首例双边 APA 预约定价项目在江苏苏州签约》,http://www.chinatax. gov.cn/n480462/n501476/n546618/n547341/7238567.html,访问日期:2008 年 1 月 7 日。

④ 税务总局:《中国预约定价安排年度报告(2016)》,http://www.chinatax.gov.cn/ n810214/n810606/c2873201/content.html,访问日期:2018 年 2 月 21 日。

⑤ 台湾地区赋税事务主管机关:《参加亚洲税务行政及研究组织(SGATAR)第 44 届年会会议报告》,http://report.nat.gov.tw/ReportFront/report_result.jspx? page_size=15&page=3&sortField=5&cateType=2&categoryId=4.5,访问日期:2018 年 2 月 21 日。

表 15-2-1　两岸关联企业认定标准比较表

大　陆	台　湾　地　区
相互直接或间接持有一方股份≥25％	相互直接或间接持有一方有表决权股份或资本额≥20％
	持有另一方有表决权的股份或资本额占百分比为最高且≥10％
双方直接或间接同为第三方拥有或控制股份≥25％	双方直接或间接同由相同之人持有或控制有表决权的股份或资本额≥20％
与另一企业的借贷资金占自有资金50％以上,或者借贷资金的10％以上是由另一企业担保的	非金融机构企业对另一企业资金融通金额或背书保证金额达该企业总资产三分之一以上
一方的生产经营活动必须由另一方提供的特许权才能正常进行	一方的生产经营必须由另一方提供的特许权利才能进行,且该生产经营活动的产值占同年度总产值的50％以上
一方的购买、销售、接受劳务、提供劳务等经营活动由另一方控制	一方的原材料、商品由另一方控制,且向另一方购进原材料、商品的金额占该年度购进总额的50％以上
	商品销售由另一方控制,且该商品销售收入占该年度销售收入总额50％以上
一方半数以上董事或者半数以上高级管理人员由另一方任命或者委派,或者同时担任另一方的董事或者高级管理人员;或者双方各自半数以上董事或者半数以上高级管理人员同为第三方任命或者委派	双方执行业务股东或董事半数以上相同
	半数以上董事是由直接或间接持有该一方股份或资本额50％以上的企业委派
	总经理及以上职务的高管人员由另一方指派
具有夫妻、直系血亲、兄弟姐妹以及其他抚养、赡养关系的两个自然人分别与双方具有上述 5 种关系之一	任双方董事长、总经理或与其相当及以上职务的人员相同,或具有配偶或二等亲以内亲属关系
无规定	双方签订合资或联合经营契约
无规定	同属一总机构的两个分别在境内和境外的分支机构
双方在实质上具有其他共同利益	其他足资证明一方对另一方具有控制能力或在人事、财务、业务经营或管理政策上具有重大影响力之情形

资料来源:根据大陆 42 号公告和台湾地区"移转订价查核准则"相关规定整理而成。

如大陆规定,企业相互间直接或间接持有另一方股份总和达到 25％以上的才构成关联企业,而台湾地区规定企业相互间直接或间接持有另一方有表决权的股份或资本额达到 20％以上,或虽未达到 20％,但其持有的有表决权的股份或资本额占百分比为最高且达到 10％以上就构成关联企业。单此项规定,大陆较台湾地区就有两点差距:其一,台湾地区更看重其持有的股份或资本额是否拥有表决权,即不仅注重"量"而且注重"质";其二,大陆没有关于一方企业拥有另一方企业的资本额达到一定比例就构成关联企业的规定,这就把双方均为有限公司且互相大量拥有资本额的情况排除在了关联企业之外。

此外,在大陆,当双方之间并不具备列举的各项具体标准时,仅以"双方在实质上具有其他共同利益"即可认定具有关联关系;而在台湾地区,同样情形下,则须"其他足资证明一方对另一方具有控制能力或在人事、财务、业务经营或管理政策上具有重大影响力之情形"才可认定存在关联关系。后者所谓"足资证明"和"控制能力""具有重大影响力"等词,显然较大陆的认定标准更加审慎。还有,在双方企业因为原材料或商品的供应,以及特许使用权的提供,而构成关联企业的认定标准上,台湾地区有 50％的比例规定,因此较大陆更具可操作性,限制了税务机关的裁量权,也让双方企业更能准确地预见到自己是否构成关联企业,从而有效避免税负风险。

2. 申请条件比较

在台湾地区,本着税收效率原则的考量,并不是所有的关联企业均可以向税务机关申请预约定价,根据 2015 年修订之前的"移转订价查核准则"第 23 条第 1 项,向税务机关申请预约定价的企业必须在前三年度无重大逃漏税的情况、已备妥规定之文件、已完成移转订价报告,且该项申请预约定价的交易总额达到 10 亿元新台币以上或年度交易金额达 5 亿元新台币以上。2015 年"移转订价查核准则"修订时,降低申请预先订价协议之交易金额至交易总额达 5 亿元新台币以上或年度交易金额达 2 亿元新台币以上。

相反的是,在大陆,早期并没有对关联企业申请预约定价的资格再制定进一步的标准,而是由税务机关在实践中视具体情况灵活处理,这不但造成各地税务机关在选择预约定价谈签对象时的标准不同,而且还造成各地税务机关盲目追求签约数量的情况。针对此种情况,税务总局在 2005 年年底下发了《关于预约定价工作有关问题的通知》(国税函〔2005〕1172 号),强调各地税务机关要严格实施预约定价,提高工作质量,防止盲目追求签约数量,忽视质量,导致后续工作被动等情况发生;并且进一步明确了各地税务机关选择预约定价谈签对象的标准,规定要从节约税收成本和提高工作效率出发,侧重选择已经被税务部门进行转让定价审计调整的企业或熟悉的行业开展预约定价工作。关于预约定价安排的申请条件,《调整办法》规定了"年度发生的关联交易金额在 4000 万元人民币以上、依法履行关联申报义务及按规定准备、保存和提供同期资料"的申请条件。而 64 号公告则明确规定了预约定价安排一般适用于主管税务机关向企业送达接收其谈签意向的《税务事项通知》之日所属纳税年度前 3 个年度每年度发生的关联交易金额 4000 万元人民币以上的企业,在某种程度上,连续 3 年的要求比《调整办法》的规定更为严格。同时,64 号公告规定了 8 种税务机关可以优先受理企业提交的申请的情形,如关联申报和同期资料完备合理,披露充分、企业纳税信用级别为 A 级等表现较好的企业可以优先受理。此外,64 号公告还规定了税务机关拒绝谈签意向的 4 种情形和拒绝企业提交正式申请的 4 种情形。拒绝谈签意向的 4 种情形,在谈签程序中为企业设置了一些阻断谈签的条件,其虽没有纳入申请条件中,但却同时发挥着条件性的作用。《调整办法》原规定的另外两个申请条件"依法履行关联申报义务及按规定准备、保存和提供同期资料"在64 号公告中则被调整为拒绝谈签意向的情形之一。

3. 预约定价主管机关比较

根据原《实施规则》第 3 条的规定,在大陆,主管预约定价的税务机关为设区的市、自治州以上的税务局,且由该局设立的国际(涉外)税收管理机构或其他相关税务管理部门负责具体办理。《调整办法》第 47 条也规定预约定价安排应由设区的市、自治州以上的税务机关受理,若税务机关与企业磋商达成一致的,需层报税务总局审定。相较于《调整办法》,64 号公告将预约定价安排管理的主管税务机关做出下放调整,即除应由税务总局受理的情况外,明确由负责特别纳税调整事项的主管税务机关受理。预约定价安排同时涉及两个或者两个以上省、自治区、直辖市和计划单列市税务机关的,或者同时涉及国家税务局和地方税务局的,由税务总局统一组织协调。单边预约定价安排涉及一个省、自治区、直辖市和计划单列市内两个或者两个以上主管税务机关,且仅涉及国家税务局或者地方税务局的,由省、自治区、直辖市和计划单列市相应税务机关统一组织协调。

在台湾地区,预约定价的主管机关为各级税务机关,且根据"作业要点"第 2条,各级税务机关须设立由 7 人至 15 人组成的"预先定价协议审议委员会"(以下简称"APA 审委会"),并由该税务机关的局长兼任主任委员,APA 审委会又下设"审核评估小组"以具体办理预先定价协议案件(详见图 15-2-1)。

此外,64 号公告规定,申请双边或者多边预约定价安排的,应当同时向税务总局和主管税务机关书面提出预备会谈申请、预约定价安排谈签意向书、正式申请书。双边或者多边预约定价安排的协商签署由税务总局负责,监控执行阶段,主管税务机关将企业提交的电子版年度报告报送税务总局;涉及双边或者多边预约定价安排的,企业应当向主管税务机关报送执行预约定价安排情况的纸质版和电子版年度报告,同时将电子版年度报告报送税务总局。在执行期间,双边或者多边预约定价安排执行期间企业经营成果偏离中位值的,主管税务机关应当及时将有关情况层报税务总局。主管税务机关与企业发生分歧的,涉及双边或者多边预约定价安排的,必须层报税务总局协调。而在台湾地区,由于预约定价刚刚起步,还没有类似的规定。

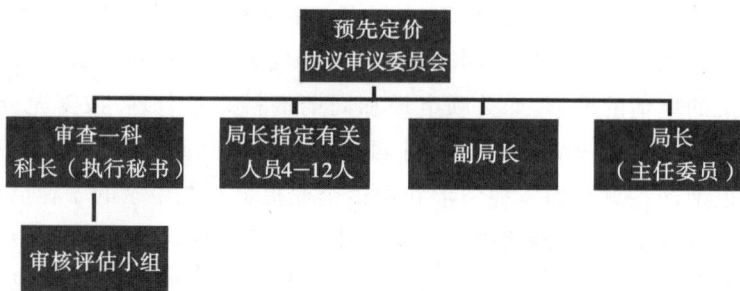

图 15-2-1　台湾地区预先定价协议审议委员会结构图

资料来源:根据台湾地区"作业要点"相关规定整理而成。

4.预约定价程序比较

两岸预约定价的具体程序有诸多不同(详见表 15-2-2)。在大陆,涉及关联交易的企业须先向主管税务机关提出预约定价的申请,但此时的申请并不是正式的申请,只是一般的书面请求,若税务机关认为可与之进行预约定价的预备会谈,则该企业再向税务机关就预约定价提出初步的书面建议和意见,然后税务机关再与之进行预备会谈,若预备会谈初步达成一致,则税务机关将通知该企业提出预约定价的正式书面申请,再由税务机关审核评估企业提供的相关文件,出具正式的审核评估结论并与该企业进行正式会谈,形成预约定价协议草案,最后由双方签订预约定价协议。与《调整办法》相比,64 号公告重新调整了预约定价程序,增加了谈签意向阶段,强调了谈签意向的重要性,将磋商和签订安排合并为一个阶段,即协商签署阶段,并调整了顺序。预约定价安排的谈签与执行经过预备会谈、谈签意向、分析评估、正式申请、协商签署和监控执行共 6 个阶段。同时,64 号公告不允许以匿名的形式进行预备会谈,也未明确规定各阶段之间的时间间隔。

在台湾地区,符合法律要求的企业可直接向主管税务机关提出预约定价的正式书面申请,若审核评估小组决定受理,则通知企业提供相关文件,审核评估小组再对该相关文件进行审核评估作成结论,并与企业进行进一步讨论,接着该小组再撰写评估报告提交 APA 审委会审议,审议通过后再签报局长,最后双方签订预约定价协议。财政事务主管部门 2015 年修订了"移转订价查核准则",增加预先订价的预备会议申请机制。营利事业可于交易所涵盖之第 1 个会计年度终了(亦即预先订价协议申请期限)3 个月前先以简化文件(申请适用期间、集团全球组织架构、企业主要经营项目、受控交易类型与功能风险分析及申请预先订价协议理由等)提出预备会议申请,待稽征机关审视同意受理后,再进一步备妥移转订价报告等详细资料,提出正式申请。稽征机关应于营利事业申请预备会议之日起 3 个月内完成前项预备会议,并以书面通知申请人是否同意正式申请,营利事业应于书面通知送达之日起 3 个月内依规定格式,并检附"作业要点"第24 条规定的申请预先订价协议应提供的数据文件及报告,向该管稽征机关(正式)申请预先订价协议。

　　比较两岸的预约定价程序,两岸均规定了预备会议(谈)这一前置程序,即企业在正式申请预约定价之前须向税务机关进行预备会谈(申请),这一规定更加符合国际惯例,可以增加预约定价协议申办制度的弹性、提升企业申请意愿,进而有效降低跨国企业双重课税的风险。但是大陆此阶段安排的是税企之间会谈,台湾地区则是企业以简化的申请文件向税务机关进行申请,由此可以看出,大陆更注重企业与税务机关之间的互动,而台湾地区则偏向税务机关对于关联企业的管理和审查。

表 15-2-2　两岸预约定价程序对比表

大　陆	台湾地区
预备会谈阶段:所有考虑申请预约定价安排的纳税人需要首先进行预备会谈。预备会谈不得以匿名的形式进行。	预备会议申请阶段:营利事业可于交易所涵盖之第 1 个会计年度终了 3 个月前先以简化文件提出预备会议申请。
谈签意向阶段:税务机关和纳税人在预备会谈期间达成一致意见的,纳税人将提交谈签意向及预约定价安排申请草案。税务机关或拒绝企业的谈签意向,或接受企业的谈签意向并对申请草案进行分析评估。	决定是否同意正式申请阶段:稽征机关应于营利事业申请预备会议之日起 3 个月内完成前项预备会议,并以书面通知申请人是否同意正式申请。
分析评估阶段:若税务机关受理申请,将与纳税人就申请草案进行讨论,进行实地访谈。	

续表

大　陆	台湾地区
正式申请阶段:若税务机关同意企业的申请草案,将通知纳税人提交正式的预约定价安排申请。同样地,税务机关或拒绝申请,或接受企业的申请并与企业就预约定价安排进行协商。	正式申请阶段:待稽征机关同意受理后,纳税人再进一步备妥移转订价报告等详细资料,提出正式申请。 小组决定是否受理:稽征机关接到上述申请后,应由审核评估小组决定并通知申请人是否受理。
	审核评估阶段:同意受理的,应于申请人提供规定的文件及报告后,进行审核评估。审核评估小组完成审核评估后,应撰写审核评估报告提委员会审议。委员会审议通过的,应将结论作成记录签报局长。
协商签署阶段:在单边预约定价安排的情况下,税务机关将与纳税人就预约定价安排的最终条款进行协商。在双边预约定价安排的情况下,国家税务总局将与其他管辖区的主管机关进行协商。达成协议后,各方将签署预约定价安排。	协商签署阶段:稽征机关应于作成审核评估结论之日起6个月内,与申请人或其代理人就可比较对象及其交易结果、假设条件、订价原则、计算方法、适用期间及其他主要问题相互讨论,并于双方达成协议后,由申请人或其代理人与该管稽征机关法定代表人或授权签署人共同签署预先订价协议。
监控执行阶段:预约定价安排执行期间,纳税人须向税务机关提交年度报告。税务机关将监控预约定价安排的执行情况。若纳税人的业务运营发生重大变化,该预约定价安排可被终止或重新协商。	监督执行阶段:申请人应于适用预先订价协议各该课税年度之结算申报期间内,向该管稽征机关提出执行预先订价协议之年度报告。申请人于预先订价协议适用期间实际进行之交易,符合协议规定并遵守协议条款者,稽征机关应按协议之常规交易方法及计算结果核定其所得额;若不符合稽征机关得不依协议条款办理,并得依规定进行调查。申请人如有隐瞒重大事项、提供错误信息、涉及诈术或不正当行为,该协议自始无效。若出现影响价格或利润因素变化时,税务机关可以采取与营利事业协商修改预先订价协议条款及条件或停止预先订价协议之适用等措施。

资料来源:根据大陆64号公告和台湾地区"作业要点"相关规定整理而成。

5.预约定价协议的适用年限比较

64 号公告规定了预约定价安排的适用期限,即适用于主管税务机关向企业送达接收其谈签意向的《税务事项通知书》之日所属纳税年度起 3 至 5 个年度的关联交易。与此同时,64 号公告明确规定了预约定价安排可以向前追溯适用。对于企业以前年度的关联交易与预约定价安排适用年度相同或者类似的,经企业申请,税务机关可以将预约定价安排确定的定价原则和计算方法追溯适用于以前年度该关联交易的评估和调整,追溯适用期限最长不得超过 10 年。

在台湾地区,预约定价协议的适用期间,以申请年度起 3 年至 5 年为限。但申请交易之存续期间较短者,以该期间为准。台湾地区没有可以追溯适用于以前年度的规定。可以看出,大陆对于预约定价协议适用年限的规定更加灵活。

此外,两岸均规定,在预约定价协议期满前,该纳税人可申请续签,是否准许由税务机关决定。64 号公告规定,执行期满后预约定价安排自动失效。企业如有续签意愿的,应当提供执行现行预约定价安排情况的报告,及现行预约定价安排所述事实和经营环境是否发生实质性变化的说明材料以及续签预约定价安排年度的预测情况等相关资料,在执行期满之前 90 日内向税务机关提出续签申请。若预约定价安排所述事实和经营环境没有发生实质性变化的情形下,该续签申请还属于税务机关可以优先受理的情形。台湾地区"移转订价查核准则"第 32 条规定预先订价协议可以延长适用。申请人已确实遵守预先订价协议之各项条款者,得于适用期间届满前,检附足资证明影响预先订价协议内容之相关事实与环境未发生实质变化之资料,向该管稽征机关申请延长适用期间,经该管稽征机关审核同意者,得再签署预先订价协议。但延长之期间,不得超过 5 年。

当预约定价协议签订后,税务机关发现纳税人在协议签订过程中故意隐瞒了影响协议条款的重要情况时,两岸均规定该协议自始无效。

6.争议解决的比较

由于预约定价安排直接关涉企业未来年度的应纳税额和税务机关的税收利益,因此双方在可比价格和假设条件的认定、转让定价的原则和计算方法、预期的公平交易价格或利润值域方面极有可能发生争议。在税务机关与企业正式签署预约定价协议之前,台湾地区规定税务机关可以书面通知的形式终止预约定价的谈判;而大陆却规定,纳税人和税务机关均可暂停、终止谈判。① 而当协议签署后,双方在实际执行过程中发生争议时,两岸关于解决争议的规定基本相同,即先应自行协商,协商不成的,报上级机关协调解决,纳税人最终无法接受的,则终止该协议。

64号公告第13条规定:"预约定价安排执行期间,主管税务机关与企业发生分歧的,双方应当进行协商。协商不能解决的,可以报上一级税务机关协调;涉及双边或者多边预约定价安排的,必须层报国家税务总局协调。对上一级税务机关或者国家税务总局的决定,下一级税务机关应当予以执行。企业仍不能接受的,可以终止预约定价安排的执行。"此条中主管税务机关无单方终止的权力,同时还必须执行上级税务机关的决议,因此,赋予了纳税人对该协议在履行过程中的单方解除权。而原《实施规则》第27条规定:"在预约定价安排的执行和解释中,如果主管税务机关与纳税人发生分歧,双方应当进行充分协商,协商不能解决的,可报上一级主管税务机关或逐级上报国家税务总局协调。对上一级主管税务机关或国家税务总局的协调结果或决定,下一级税务机关应当执行。但若纳税人仍不能接受的,应当考虑中止安排的执行"。此种情况下税务机关最多只能考虑"中止"该协议,那么这个"中止"的期限是多久呢? 是不是一直"中止"到协议规定的期限届满,然后该协议再自动失效呢? 或者说,当以后双方又形成意见一致时,再恢复该协议的履行,并让"中止"已经过的期间往后顺延呢?对此,并没有明确规定。不过,原《实施规则》第22条规定,当原预约定价安排中止执行时,主管税务机关可以与纳税人重新协商新的预约定价安排,也就是说,税务总局认为当原安排中止执行时,也就等于失效了,以后不可能再恢复该已被中止的协议,只能谈签新的预约定价协议。如此处理的原因可能在于,若双方在预约定价安排的履行过程中发生争议又不能合理解决时,由双方协商终止该协议是很难成功的,因为协议终止后即是由税务机关对该企业一系列关联交易的利润进行调整,这必将增加企业的纳税负担,也就是说税务总局实际上在此条中赋予了主管税务机关对该协议在履行过程中的单方解除权,只是将单方解除协议的权利换了个说法,说成是"考虑中止安排的执行"而已。还要注意的是,此种单方解除权是在纳税人不存在任何过错的情况下行使的,即只要双方对协议条

---

① 64号公告第14条规定:"在预约定价安排签署前,税务机关和企业均可暂停、终止预约定价安排程序。税务机关发现企业或者其关联方故意不提供与谈签预约定价安排有关的必要资料,或者提供虚假、不完整资料,或者存在其他不配合的情形,使预约定价安排难以达成一致的,可以暂停、终止预约定价安排程序。涉及双边或者多边预约定价安排的,经税收协定缔约各方税务主管当局协商,可以暂停、终止预约定价安排程序。税务机关暂停、终止预约定价安排程序的,应当向企业送达《税务事项通知书》,并说明原因;企业暂停、终止预约定价安排程序的,应当向税务机关提交书面说明。"

款的理解和解释不一致,税务机关即可考虑中止该协议的执行。上述新旧两个规定比较而言,赋予了纳税人对该协议在履行过程中的单方解除权的规定在纳税人权利保护方面实属进步之举。

台湾地区"作业要点"第9条规定:"稽征机关与申请人于签署协议后,如就协议内容发生争议者,应由该管稽征机关查明事实协商解决;经协商无法解决者,申请人或稽征机关得向财政事务主管部门申请协调,如经协调后仍无法接受协调结果,双方得合意终止本协议。"由此可见,台湾地区对于预约定价争议解决的最终方式是税企进行合意协商。由于预约定价协议是企业与税务机关在平等谈判的基础上签订的,当履行过程中发生争议又不能合理解决时,当然可以由双方合意终止该协议。

此外,64号公告第12条还规定,预约定价安排采用四分位法确定价格或者利润水平,在预约定价安排执行期间,如果企业当年实际经营结果在四分位区间之外,税务机关可以将实际经营结果调整到四分位区间中位值。预约定价安排执行期满,企业各年度经营结果的加权平均值低于区间中位值,且未调整至中位值的,税务机关不再受理续签申请。双边或者多边预约定价安排执行期间存在上述问题的,主管税务机关应当及时将有关情况层报税务总局。即在大陆,出现此种情况后,只能由税务机关单方面作出调整,而没有双方协商修改协议条款的规定。而对此种情况,台湾地区"移转订价查核准则"第31条规定,应由双方协商修改预约定价协议的条款或者停止预约定价协议的适用。显然,台湾地区的规定更加合理。

(二)两岸预约定价协调的具体建议

依国际惯例,双边预约定价的协调一般须建立在双边税收协定的基础之上,如OECD范本第9条第2款规定,缔约国一方将缔约国另一方已征税的企业利润包括在该缔约国一方企业利润内征税,而且该部分利润按独立交易原则也本应由该缔约国一方企业取得时,缔约国另一方应对这部分利润所征收的税额加以调整,且在确定该调整时,应对本协定其他规定予以注意,如有必要,缔约国双方应相互协商。但是目前《两岸税收协议》仍未生效,因此一方税务机关并没有因另一方税务机关对该项关联交易的利润调整而自行进行相对应调整的义务,更谈不上发生分歧时双方税务机关的相互协商。

未来《两岸税收协议》生效后,企业将有机会与两岸税局主动签署双边预先定价协议(Bilateral Advance Pricing Arrangement,BAPA),企业有机会主动与两岸税务机关确定在其受控交易中,两岸关系企业所应保留的合理利润。换言之,未来若关联交易双方企业获利皆落于核准之常规交易区间内,则当地税务机关将不再对企业进行转移定价方面的税收调整,以避免可能发生的重复课税风险及争议。

举例说明,大陆乙公司向非关联企业甲公司购进70万元货物,以100万元转售予台湾地区关联企业丙公司,丙公司再以120万元转售给台湾地区非关联企业丁公司。其中,乙公司应税所得30万元(100万元－70万元),丙公司应税所得20万元(120万元－100万元),集团总应税所得50万元。在前述情况下,若台湾地区税务机关对丙公司进行企业所得税移转订价查核,核定丙公司向乙公司进货100万元,价格不合营业常规,调整为90万元,丙公司应税所得调整为30万元(120万元－90万元),增加10万元。(1)在《两岸税收协议》未生效的情况下,大陆并无相对应调整义务,故大陆乙公司课税利润仍为30万元。此时集团两岸课税利润合计为60万元(30万元＋30万元),较该集团实际总利润50万元增加10万元,集团将面临台湾地区移转订价查核所产生的双重课税问题。(2)《两岸税收协议》生效后但未签订BAPA时,依《两岸税收协议》正文第2条,一方如对关联企业间交易进行转让定价调整,另一方应作合理对应调整。因此,乙公司要求大陆税务机关相对调整其对丙公司销货为90万元,大陆税务机关依上述规定做相应的调整。但是,若大陆税务机关可能因台湾地区税务机关对丙公司进货所进行的转让定价调整不符合独立交易原则,不同意直接进行对应的调整。乙、丙公司则需要求双方主管机关启动相互协商程序解决。(3)依据《两岸税收协议》签订BAPA后,乙、丙关系企业依《两岸税收协议》有关相互协商及关系企业条文与两岸各自移转订价法令规定,可在交易发生前预先要求与大陆与台湾地区各自主管税务机关进行BAPA磋商。如果四方达成共识,双方税务机关将决定乙、丙关系企业交易价格或利润的关键性假设、常规交易范围、适用的移转订价方法及适用期间等,此时乙、丙关系企业在协议有效期间内依据BAPA所订定的交易价格,与双方税务机关同意的常规交易价格一致。假设依据BAPA,大陆乙公司对台湾地区丙公司常规销货价格为95万元,则大陆乙公司课税利润为25万元(95万元－70万元),台湾地区丙公司课税利润为25万元(120万元－95万元),集团总课税利润仍维持为50万元。[①] 因此,BAPA可减少税务机关对关联企业交易进行转让定价调查时,因征纳双方对于事实认定、差异影响及调整见解不同而发生争议的可能,合理降低调查风险,减少税负不确定性;可有效节省税务机关事后调查及企业应付调查所需耗费的资源及成本。关系企业无须面临一方税务机关因不认同对方税务机关的转让定价调整,而不同意进行相对应调整所产生的重复课税风险,并可节省请求双方税务主管机关相互协商解决所需额外耗费的人力及时间成本。

---

① 该案例改编自台湾地区财政事务主管部门网站:http://www.mof.gov.tw/public/Data/42717124126.pdf,访问日期:2018年1月29日。

在《两岸税收协议》生效时间不确定以至于其中的协调机制暂无法适用的情况下,我们建议,可以以预约定价制度作为两岸税务机关交流与合作的突破口。具体而言,可以在大陆台资企业较为集中的地区,如拥有海沧、集美和杏林等多个专门的台商投资区的厦门市,由台资企业的主管税务机关(主要为国税局)在与台资企业谈签 APA 的过程中可以积极主动地与台湾地区税务机关进行 APA 的协调,即可以要求台资企业及其在台湾地区的关联企业(以下简称"在台关联企业")同时分别向各自主管税务机关申请 APA 的谈签,在此过程中将该台资企业作为中介和桥梁,以促成两岸税务机关关于 APA 信息的交流和相互认可,并在此基础上进一步地推动两岸税务机关的信息交换和相互协商程序的建立。就具体过程而言,当该台资企业及其在台关联企业同时向两岸主管税务机关提出谈签 APA 的申请以后,大陆税务机关在与该企业进行的预备会谈阶段,可通过该企业查阅台湾地区税务机关针对该项申请的审核评估报告或意见,同时,也准许该企业通过其在台关联企业向台湾税务机关提供大陆税务机关针对该关联交易的审核评估意见。在此基础上,本着独立交易原则和大陆税法的相关规定,与台湾地区税务机关进行该项 APA 的沟通与协调。必要时可以在两岸各自财税主管部门、即大陆税务总局和台湾地区财政事务主管部门的特别授权下,通过两个单边 APA 而达到双边 APA 的效果。

我们认为,以 APA 作为两岸税收协调突破口的可行之处共有七点:[①]第一,如前所述,APA 制度自 1998 年末引进我国以来,至今已有 20 年的发展历史,目前已经趋向完善。第二,厦门市国税局在与台资企业达成单边 APA 和跨地区 APA 方面也走着全国前列,具备了实际经验。第三,对于在两岸之间有诸多关联交易的台资企业及其在台关联企业来说,单边 APA 不能完全消除其被台湾税务机关进行特别纳税调整和重复征税的风险,因此大多数台资企业也有争取达成双边 APA 的积极性。第四,对于两岸税务机关来说,双边 APA 可以有效防止关联企业通过转移定价的逃漏税行为,获取关联企业在两岸的诸多经营信息,维护各自的税收利益。第五,台湾地区 APA 起步较晚,效果也不佳,一方面正大力鼓励符合条件的企业申请谈签 APA,另一方面正在认真学习和借鉴大陆的经验。第六,为了避免台商被双重征税和推进两岸税务机关的交往,台湾地区"南区'国税局'"在 2007 年的研究报告《两岸移转定价查核之研究——兼论对台商影响》中也呼吁两岸应尽快签订双边税收安排,表明台湾地区税务机关有与大陆税务机关进行接触和交流的意向。第七,两岸税务机关可以通过初步的探索

---

① 参见李刚、李海波:《海峡两岸税收协调的基本原则与具体路径》,载《税务研究》2010年第 1 期,第 60~61 页;以及李刚:《现代税法学要论》,厦门大学出版社 2014 年版,第 320~325 页。

和实践而为今后《两岸税收协议》生效后的实施充分积累经验。

在这一过程中,需要注意以下四个问题。第一,大陆税务机关不一定被动地等待台资企业前来申请 APA,也可以主动地与符合一定条件的台资企业进行接触,告知其签订 APA 能获得的诸多利益,促使其提出谈签 APA 的申请,①当然,被接触企业拥有是否申请的最终选择权。第二,两岸认定关联企业的具体标准不同(参见前文表 15-2-1)。因此,大陆税务机关在建议台资企业在台关联企业同时向台湾地区主管税务机关申请谈签 APA 时,应考虑到该企业与在台关联企业依台湾地区"移转订价查核准则"是否也会被台湾地区税务机关认定构成关联企业。比如,可选择相互直接或间接持有一方有表决权股份达到 25% 以上的企业,因为该两企业在两岸都被认定为具有关联关系。第三,在选择台资企业时,应考虑到其在台关联企业规模较大且名声较好。因为根据"移转订价查核准则"的相关规定,向台湾地区税务机关申请 APA 的企业必须在前三年度无重大逃漏税的情况,且该项申请 APA 的交易总额达到 5 亿元新台币以上或年度交易金额达 2 亿元新台币以上;由于两岸税务机关在具体的 APA 协调过程中可能会互相提供该企业当年度的经营状况,因此名声较好的企业不会有被查处补税的后顾之忧,也就能更好地配合两岸税务机关。第四,要注意与台湾地区税务机关进行 APA 协调过程中必要的税收信息交换和相互协商工作,对此,下文续述。

二、两岸税收信息交换的相关问题与具体建议

(一)两岸税收信息交换规则与实践的比较

信息交换②制度是双边税收协调中至关重要的部分,信息交换的渠道是否畅通、制度是否完善将直接决定双方消除双重征税和防止偷漏税的措施能否真正落实并取得良好的效果。

---

① 如美国在《2006-9 税收程序》中就规定税务机关可以主动接触有关纳税人并向其介绍签订 APA 的好处。See Rev. Proc. 2006-9,section 2-05. 此外,我国广州市国税局也积极组织预约定价税企交流会,加大宣传力度,并收到了良好效果。参见《广州市国税局积极探索反避税工作方法成效明显》,税务总局网站:http://202. 108. 90. 130/n480462/n503201/n560627/n560687/6090190. html,访问日期:2009 年 8 月 23 日。

② 我国自 1983 年与日本签订第一个双边税收协定开始,直到 2007 年与新加坡签订双边税收协定(第 87 个)为止,有关税收情报交换条款所采用的中文本名称为"情报交换";从 2008 年我国与塔吉克斯坦签订双边税收协定(第 88 个)开始,所采用的中文本名称均改为"信息交换"。

1.两岸有关税收信息交换的规则

比较而言，我国的税收信息交换工作起步较早，在 20 世纪 90 年代就已经开始与有关国家和地区进行税收信息交换，之后税务总局也制订了一系列关于税收信息交换的具体规定，使税收信息交换工作更加规范化，相关情报的保密规定也比较完善。比如，在 2001 年和 2002 年税务总局相继印发了《税收情报交换管理规程（试行）》（国税发〔2001〕3 号）和《税收情报交换工作保密规则》（国税函〔2002〕931 号），在实践中积累经验后，又在 2006 年发布了最新的《国际税收情报交换工作规程》（国税发〔2006〕70 号，以下简称《工作规程》），并以之替代了上述两个文件。

台湾地区的税收信息交换工作起步较晚，直至 2016 年也没有专门的规范性文件，仅在"适用租税协定稽征作业要点"的最后一条有简单的规定。至于两岸各自对外签署的双边税收协定或安排，由于主要参照 OECD 范本，对于税收信息交换的规定基本一致，只在具体措辞上有所不同而已。2016 年以后，为配合国际税改，台湾地区相关"立法"及修法工作发展较快。鉴于国际间对提升信息透明度以反避税及维护税收公平的共识日益升高的趋势，台湾地区为建立制度化审理规范及有效执行信息交换机制，将跨国（地区）税务信息交换机制法制化，财政事务主管部门于 2016 年 4 月制定"依所得税协定提出及受理信息交换请求审查原则"，对启动信息交换请求的要件、台湾地区自己提出信息交换请求的审查程序、接获他方缔约国信息交换请求的审查程序以及可以不适用审查原则之情形等问题进行了规范。但是，在"依所得税协定提出及受理信息交换请求审查原则"制定前后，台湾地区仅进行个案信息交换，并依循税收协定以及 OECD 相关文件规定办理。

为应对纳税人通过境外金融机构持有和管理资产，并将收益隐匿在境外金融账户以逃避居民国纳税义务的现象，2014 年 7 月，OECD 发布了《金融涉税信息标准》，为各国加强国际税收合作、打击跨境逃避税提供了强有力的工具。在 G20 的大力推动下，截至 2017 年 6 月 30 日，已有 101 个国家（地区）承诺实施上述《金融涉税信息标准》，96 个国家（地区）签署实施上述标准的多边主管当局协议或者双边主管当局协议。

国务院于 2014 年 9 月批准，承诺将实施《金融涉税信息标准》，首次对外交换信息的时间为 2018 年 9 月。2015 年 7 月，《多边税收征管互助公约》由第 12 届全国人大常委会第 15 次会议批准，已于 2016 年 2 月对我国生效，为实施《金融涉税信息标准》奠定了多边法律基础。2015 年 12 月，经国务院批准，税务总局签署了《金融账户涉税信息自动交换多边主管当局间协议》，为我国与其他国家（地区）间相互交换金融账户涉税信息提供了操作层面的多边法律工具。2017 年 5 月 9 日，税务总局等多个部门联合发布《非居民金融账户涉税信息尽职调查管理办法》(国家税务总局、财政部、人民银行、银监会、证监会、保监会公告 2017 年第 14 号),同年 7 月金融机构开始对新开立的个人和机构账户开展尽职调查。2017 年 12 月 31 日前,金融机构完成对存量个人高净值账户(截至 2017 年 6 月 30 日金融账户加总余额超过 100 万美元)的尽职调查。2018 年 5 月 31 日前,金融机构报送信息。2018 年 9 月,税务总局与其他国家(地区)税务主管当局第一次交换信息。2018 年 12 月 31 日前,金融机构完成对存量个人低净值账户和全部存量机构账户的尽职调查。[①]

在台湾地区,为了应对国际日益提升的信息透明标准,完善其依国际新信息透明标准执行税务用途信息(含金融账户信息)交换之法律依据,落实《金融涉税信息标准》,于 2017 年 6 月增订"税捐稽征法"第 5 条之 1、第 46 条之 1,赋予财政事务主管部门本于互惠原则与外国政府或国际组织商订税务用途信息交换及其他税务协助之条约或协议的权限,以及相关限制。同时,规定了违反规避、妨碍或拒绝落实台湾地区信息交换机制之罚责。同年 12 月,财政事务主管部门依"税捐稽征法"第 5 条之 1 第 6 项授权制定了"租税协定税务用途信息交换作业办法"(以下简称"作业办法"),作为进行税务用途信息交换的规范依据,并废止制定仅一年半时间的"依所得税协议提出及受理信息交换请求审查原则"。"作业办法"参考 OECD 范本第 26 条信息交换与相关注释、《税务信息交换协议与议定书范本》《多边税收征管互助公约》《金融涉税信息标准》《为税收目的进行信息交换规定的实施手册》等文件,对税务用途信息交换之范围、执行方法、信息搜集与提供之程序及审查规定等相关事项做出了规定。在目前的国际税收信息逐渐透明的大趋势下,台湾地区也正在着手与他方进行自动资讯交换。但是,由于各因素影响,不少分析都认为台湾地区无法直接参加《金融账户涉税信息自动交换多边主管当局间协议》,同时,台湾地区也表示暂不考虑加入《多边税收征管互助公约》。因此,台湾地区目前主要是与和其有税收协议关系的其他国家进行信息交换。以上述"税捐稽征法"增订第 5 条之 1、作为台湾地区版的 CRS 子法——"作业办法"以及 2017 年 11 月制定的"金融机构执行共同申报及尽职审查作业办法"为依据,预计采取和他方签订双边资讯交换协议的方式进行,突破目前仅能进行严格个案资讯交换的现况,新增自发提供与自动交换两种方式。目前,台湾地区财政事务主管部门已持续积极进行跨国信息交换的相关工作,和与其有税收协议的 32 个国家优先商订税务用途信息交换的条约或协议,目前正在积极与上述缔约方洽询意愿,以便签订双边 CAA(Competent Authority Agreement,主管当局间协议)。预计 2020 年与其他国家进行第一次交换。

---

① 参见《金融账户涉税信息自动交换标准简介》,税务总局网站:http://www.chinatax.gov.cn/aeoi_index.html,访问日期:2018 年 2 月 2 日。

2.两岸税收信息交换的主管机关

在大陆,税收信息交换工作的主管机关为税务总局,省级以下税务机关协助税务总局负责管理本辖区内的信息交换工作,具体工作由国际税务管理部门或其他相关管理部门承办;在台湾地区,依据"作业办法"第3条第7款,主管机关是指财政事务主管部门或其他依租税协议有关主管机关之规定指定负责税务用途信息交换之机关或人,同时其立法解释明确台湾地区主管机关为财政事务主管部门,按"财政事务主管部门处务规程"第7条,负责单位为"财政事务主管部门'国际'财政事务主管机关"。此外,在大陆,省级以下税务机关为执行税收协定及其所涉及的税种的国内法,需要相关缔约国主管当局协助提供税收信息时,须提出专项信息交换请求,逐级上报税务总局,而相关缔约国主管当局需要获取我国情报时,也须先直接商请税务总局;同样,依"作业办法"第8条及第12条,台湾地区税捐稽征机关或赋税事务主管机关有向缔约他方提出个案请求的需要,需拟具检、附相关资料报送财政事务主管部门,而缔约他方主管机关提出之个案请求,受理机关也为财政事务主管部门。需要说明的是,台湾地区"适用租税协定稽征作业要点"第18点规定:"依据租税协议信息交换条款之规定,稽征机关得因查核业务需要,函请赋税事务主管机关洽请他方缔约国查证或提供相关信息;其由他方缔约国主管机关,函请赋税事务主管机关查证或提供相关信息者,应先由管辖稽征机关处理后,再转由赋税事务主管机关核复。"依此规定,台湾地区主管税收信息交换工作的机构为赋税事务主管机关,与"作业办法"及其"立法"理由有所矛盾。本书认为,在台湾地区没有明确规定的情况下,依据新法优于旧法及特别法优于一般法的原理,应适用"作业办法"的规定。

3.两岸税收信息交换的实践

根据OECD范本第26条注释第9节及第9.1节及其财政委员会2006年1月发布的《为税收目的进行信息交换规定的实施手册》[①]的相关内容,现行国际税收信息交换的执行方式有6种,分别为应请求交换(exchange of information on request)、自动交换(automatic exchange of information)、自发交换(spontaneous exchange of information)、同行业交换(industry-wide exchange of information)、同期税务检查(simultaneous tax examinations)和境外税务调查(tax examinations abroad)。

大陆的《工作规程》,对上述6种税收信息交换方式均予以了认可,就具体称谓而言,《工作规程》将应请求信息交换称为专项信息交换,将境外税务调查称为授权代表访问,但是原《管理规程》第22条的法律用语却又是"境外调查",由此

---

① OECD,Manual on the Implementation of Exchange of Information Provisions for Tax Purposes,2006.

可见在法律用语上还略显混乱。目前大陆采用比较多的税收信息交换方式为应请求交换、自动交换和自发交换。

20 世纪末,大陆的税收信息交换工作还处于初始阶段,体现在与大陆开展税收信息交换的国家、采用的信息交换方式(仅限于专项信息交换和自动信息交换两种)和所交换的税收信息数量都非常有限。以 1999 年为例,专项信息交换仅涉及瑞典、美国、日本、丹麦、挪威和俄罗斯等 12 个国家,查核专项信息 40 多份,补税近 200 万元;自动信息交换仅涉及日本、韩国和丹麦等 5 个国家,收到 1000 多份,查补税款 60 多万元。此外,我国还向日本、美国、英国等 6 个国家查询专项信息 10 多份。① 2002 年开始,中国的税收信息交换有了稳步的发展,当年处理其他国家提出的专项信息交换 200 多份,处理其他国家提供的自动和自发信息 3000 多份,向日本、韩国等国提供自动信息 4000 多份;②2003 年实现了与美国、日本和韩国的定期自动信息交换;③2006 年首次向加拿大和澳大利亚提供自动信息。④ 2008 年开始,中国的税收信息交换实践进入快速发展阶段,除了数量和质量稳步提高外,还体现在以下几个方面:⑤(1)主动提出的信息请求逐渐增加。2008 年,我国向 17 个国家提出高质量信息请求 59 份,比 2007 年增加 5 国 36 份;2009 年,我国向 19 个国家提出信息请求 68 份,比 2008 年增加 3 国 21 份;2011 年,我国向 23 个国家发出专项信息请求 110 份。(2)重视对其他国家专项信息交换请求的回复。我国在 2008 年对 34 个国家提出的专项信息 197 份、2009 年对 41 个国家提出的专项信息 258 份,全部在保证核查和回函质量的前提下及时给予了回复。(3)信息交换对查补国内税款的效果日益显现。2008 年,全国税务系统利用自动、自发和专项信息核查并结合纳税约谈,查补、加收滞纳金和罚款总计 3.2 亿元;2009 年达到 4.8 亿元;2010 年为 6.9 亿元;2011 年为 6.8 亿元,平均每个案件补税近 200 万元。(4)推进税收信息交换管理制度建设,开始尝试新的信息交换方式。2009 年,在深圳市地方税务局进行的自动信

---

① 参见《中国税务年鉴》编委会:《中国税务年鉴》,中国税务出版社 2000 年版,第 481 页。

② 参见《中国税务年鉴》编委会:《中国税务年鉴》,中国税务出版社 2003 年版,第 161 页。

③ 参见《国家税务总局关于 2004 年情报交换工作情况和 2005 年工作安排的通知》(国税函〔2005〕195 号)。

④ 参见《中国税务年鉴》编委会:《中国税务年鉴》,中国税务出版社 2007 年版,第 141 页。

⑤ 以下各年情况介绍综合参见:《中国税务年鉴》编委会:《中国税务年鉴》,中国税务出版社 2009 年版,第 115 页;中国税务出版社 2010 年版,第 133 页;中国税务出版社 2011 年版,第 131 页;中国税务出版社 2012 年版,第 163 页。

息自动制作试点工作取得初步成效,部分解决了多年来自动信息手工制作的困难,完成了向真正自动化的过渡;2010年,自动信息电子化制作逐步推广至16个省(市),实现了自动信息由手工制作向电子化制作的转变;2011年,广东省国家税务局探索性地接受了一次税收协定缔约国的授权代表访问。

近年来,我国积极深度参与税收信息交换国际规则的制定,积极争取国际税收话语权。主动参与到BEPS行动计划、《多边税收征管互助公约》《自动信息交换统一新标准》等国际反避税规则的制定中,积极协助解决反避税工作中信息不对称的问题,积极改变发展中国家在国际税收权益斗争中的弱势地位。同时,在自动信息交换领域和外来信息利用方面有较大的发展。2015年,自动信息交换涉及的缔约国家由5个增加到18个。各省自动信息上报和接收信息的核查工作成效显著,注重对相关信息线索的挖掘,利用"离岸金融解密"自发信息,核查入库税款1.2亿元,其中北京、安徽、湖北国税和安徽地税入库税款8000余万元。2015年,江苏省制作发出电子自动信息581份,涉及8个G20国家,全年利用信息线索追缴税款1.83亿元。河南省上报美、日、韩、加、澳自动信息交换166条,全年核查各类案件470余件,查补税款8.5亿元,平均个案补税180万元。福建省全年共制作上报自动信息209份,组织核查专项信息4份、自发信息5份,国税利用协定缔约方提供的企业再销售价格信息,调增居民企业应纳税所得额24亿元。广东地税利用信息线索查补个人所得税3000余万元,创最高单案个人所得税补征金额。山东国税、厦门地税灵活利用自发信息,核实大额跨境支付和对居民个人的税收管理。湖北地税在依靠信息技术进行信息管理和使用方面进行了有益尝试。[①]

相较而言,目前台湾地区的税收信息交换工作发展较为滞后,主要以接受税收协议缔约方提出的税收信息交换请求的个案信息交换为主,目前尚未主动提供信息给缔约国,亦未提供自发性信息交换。同时,也很少向其他国家或地区发出信息交换请求,有台湾地区税务官员认为这应该是由于台湾地区对于综合所得税主要采地域管辖权原则所致,但同时认为随着台湾地区推行移转订价制度以及依照"所得基本税额条例"第12条的规定,从2009年1月1日起将台湾地区之外的来源所得纳入个人所得基本税额之税基,此种局面会有一些转变。[②]依台湾地区财政事务主管部门2015年资料,近8年来,缔约他方依租税协议向台湾地区要求信息交换的案件19件,其中13件经审核符合规定可以提供,其余

---

① 参见《中国税务年鉴》编委会:《中国税务年鉴》,中国税务出版社2017年版。
② 参见台湾地区赋税事务主管机关稽核李雅晶:《参加澳大利亚税务局自动资讯交换研讨会会议报告》,2007年7月10日。

6件经审核后拒绝或请缔约他方再补充完备信息。[①] 2015年10月,OECD发布BEPS第5行动计划后,即有缔约国自发提供交易对象有关"台湾地区居住者关系企业"的移转订价单边预先订价协议、个案租税优惠核释等信息案件给台湾地区主管机关。根据"财政事务主管部门'国际'财政事务主管机关"统计,自2016年1月1日至2017年11月30日止,单边预先订价协议已有54件,加上个案税务优惠与其他税务信息共计有83件数(详见表15-2-3)。

表15-2-3　台湾地区税收协议缔约国自发性信息交换案件统计

(2016.01.01—2017.11.30)[②]

国　　别	单边预先订价协议	个案税务优惠核释	其他税务信息	合　　计
德国	0	1	1	2
印度	3	0	0	3
意大利	0	0	1	1
卢森堡	0	10	0	10
荷兰	50	9	2	61
新西兰	1	0	0	1
瑞典	0	0	4	4
英国	0	0	1	1
合　　计	54	20	9	83

(二)《两岸税收协议》中的税收信息交换

税收信息交换在《两岸税收协议》中表述为(税收)资讯交换,主要规定于正文第6条及附件第12条。正文第6条规定,双方同意相互交换为实施本协议或为课征本协议所含税种(税目)相关且必要的资讯,并负保密义务。因此。两岸税务机关可以根据本条规定要求对方税务当局提供一方居民在另一方当地的情报,从而能够更全面地掌握其居民的境外收入情况和境外纳税情况,防止跨境偷漏税的行为。

大陆方面在资讯交换条款上作出极大的让步,体现在《两岸税收协议》附件

----

① 台湾地区财政事务主管部门:《两岸租税协议答客问》,载财政事务主管部门网站: https://www.mof.gov.tw/File/Attach/1024/File_3778.pdf,访问日期:2018年2月2日。

② 数据来源:台湾地区财政事务主管部门网站:https://www.mof.gov.tw/File/Attach/77055/File_11585.pdf,访问日期:2018年2月2日。

第 12 条对税收资讯交换作出的某些限制。首先,对税收资讯交换协作的目的加以限制,并规定了保密义务,即一方依本协议所取得的任何资讯,应比照该一方依有关规定取得的资讯作密件处理,且仅能提供给与本协议规定税种(税目)的核定、征收、执行、行政救济有关人员或部门。上述人员或部门应仅为前述税务目的而使用该资讯,所交换的资讯不可用于任何其他用途,包括不得将该资讯用于刑事案件。其次,对双方在税收资讯交换中的义务进行了限制,规定双方在税收资讯交换中不负下列义务:(1)执行与一方或另一方有关规定或行政惯例不一致的行政措施;(2)提供依一方或另一方有关规定或正常行政程序无法获得的资讯;(3)提供可能泄露任何贸易、营业、工业、商业、专业秘密或贸易过程的资讯,或有违公共政策的资讯;(4)执行自动或自发性资讯交换。

依上述规定,《两岸税收协议》中资讯交换条款较国际税收协定范本及《多边税收征管互助公约》更严谨、更限缩其"要件及范围",明定"四不原则"及"禁止规定"。当两岸主管机关遇到依法负有一方纳税义务之人,以不合法方式逃漏所得税之具体个案时,只有符合规定"要件及范围"(限居住者、限所得税目的,不包括第三地区信息)才可以请求对方提供信息。受请求方主管机关依国际标准审核符合规定"要件及范围",且未违反"四不原则"及"禁止规定"("贸易、营业、工业、商业、专业秘密或贸易过程之信息"或"有违公共政策之信息"不在交换之列)后,才有搜集及提供对方所要求资讯的义务;请求方对于取得之资讯仅限所得税用途使用,还负有保密义务,足以保障双方纳税人权益。

(三)启动两岸税收信息交换的具体建议

如前所述,在当前《两岸税收协议》尚未生效,如能采取在陆台资企业及其在台关联企业各自与其所在地主管税务机关谈签单边 APA 以及两岸主管税务机关在得到授权的基础上相互之间谈签双边 APA 的方式作为启动两岸税收协调的突破口,那么大陆有关主管税务机关若与台湾地区有关主管税务机关进行关联企业的预约定价协调,就可能涉及税收信息交换。如可能会互相提供该申请预约定价的关联企业在各自地域内的具体经营状况,此种情况既可能是应请求信息交换,也可能是自发信息交换;若一方在处理预约定价时需要另一方提供该关联企业的经营情况,此即应请求信息交换;若一方在处理预约定价时发现该关联企业有在另一方偷逃税款的情况,而将这一情报主动提供给另一方,此即自发信息交换。另外,鉴于目前上海、苏州和厦门等地有众多台资企业,它们在台湾地区的来源所得常常不能查明,同时也常常把在大陆的所得转到避税地,以逃避台湾地区税务机关征缴的实际情况,两岸的税务机关在今后还可进一步展开税收信息交换工作,采用更多的税收信息交换方式,比如自动信息交换、行业范围信息交换和同期税务检查等。因此,我们认为双方税务机关今后在税收信息交换工作方面的发展前景非常广阔。

　　然而,依据《工作规程》的相关规定,税收信息交换必须在税收协定生效并且执行之后才能进行,而且只能通过税务总局进行,《香港税收安排》也规定涉及税收信息交换工作,由税务总局与香港特别行政区税务局或它们授权的代表进行。因此,目前大陆税务机关想要与台湾地区税务机关开展税收信息交换工作将有两个难点,一是目前《两岸税收协议》尚未生效,二是大陆税务机关没有进行税收信息交换的权限。但是,《工作规程》第 1 条规定,该规程是根据我国与外国政府签订的双边税收协定、《税收征管法》及其《实施细则》制定的;第 2 条也规定,"本规程所称情报交换,是指我国与相关税收协定缔约国的主管当局为了正确执行税收协定及其所涉及税种的国内法而相互交换所需信息的行为"。据此,我们认为,由于《两岸税收协议》尚未生效,当然也就谈不上"正确执行双边税收协定",更何况,台湾地区是我国的一部分,因此,大陆税务机关与台湾地区税务机关进行相关的税收信息交换可以不适用此规程,也就不存在会违反《工作规程》的问题。再加之,大陆目前共有上海、广东、天津、福建等共计 11 个自由贸易(试验)区,还有包括福建在内的海峡西岸经济区,均可采取"先行先试"的制度创新。所以,我们认为,可以先选择特定地区、如福建自贸区中的厦门片区,由有权机关授权给厦门市有关税务机关,以方便其在与台湾地区税务机关进行预约定价协调过程中或者在其他方面交换相关税收信息,并建立试点型的税收信息交换机制。如前文所述,税收信息交换一直是两岸税收合作中最敏感的话题,台商对于资讯交换机制的疑虑,曾一度成为《两岸税收协议》签署的重大阻力。最后,在"四不原则"妥协的基础上,协议才得以最终签署。其中,不是具体个案不提供的规定,将两岸税收信息交换局限于个案信息交换,排除了自动和自发信息交换等方式。鉴于台湾地区财政事务主管部门正积极和与其有税收协议的国家商订税务用途信息交换的条约或协议,待《两岸税收协议》生效后,[①]两岸可以在此基础上继续推动签订《金融涉税信息标准》框架下的双边 CAA,引入自动和自发交换方式,进一步推动两岸税收信息交换合作。而上述试点如能实现,必将是两岸税务协调的重要一步,也必定为将来《两岸税收协议》的生效执行和两岸税收信息交换的深入开展提供宝贵的实践经验。

---

　　① 《两岸税收协议》不溯及既往规定,使信息交换条款仅对协议生效次年的所得税课税信息开始适用,这使台商有时间重新调整投资架构,以消除税收信息交换后可能引发的税务调查风险。因此,《两岸税收协议》生效后,台商对于两岸信息交换的抵触会有所降低,在一定程度上为两岸税收信息交换合作的进一步推进消除了障碍。

三、《两岸税收协议》中的相互协商程序和两岸税务交流机制

在预约定价的执行过程中,不可避免会发生纳税人与主管税务机关之间以及两岸主管税务机关之间的争议,因此相互协商程序(Mutual Agreement Procedure,MAP)必不可少;鉴于两岸目前的关系现状,《两岸税收协议》又特别规定了两岸税务联系机制和业务交流制度(统称"两岸税务交流机制")而成为协议的特色之一,已如本书第十三章第二节中所述。一方面,两岸税务部门可通过相互协商,具体解决两岸投资者面临的涉税争议,消除重复征税。另一方面,两岸税务主管部门建立沟通与合作管道(两岸税务交流机制),协助处理一方居住者在另一方所面临之税务问题,减少歧见,并且将通过开展人员互访、进行培训交流、举办学术论坛等多种方式,拓展与深化在税务领域的交流与合作,共同为两岸经贸往来创造公平、良好的税收环境。

(一)《两岸税收协议》中的相互协商程序

《两岸税收协议》附件第 11 条协商程序条款为两地税务主管当局之间的协商解决机制提供了依据。税收协议争议是指两岸之间因税收协议条款的解释和适用而引发的争议,从本质上来说,该争议是一种区际税务争议,是两岸因税收协议适用不明确导致的税收管辖权冲突。从税收争议主体上来看,争议中可能存在两种情况,一是两岸就税收协议适用产生争议;二是大陆或台湾地区税务机关与跨地区纳税人在区际税收关系的适用中产生争议。相互协商程序即是两岸税务主管当局为解决上述争议,在双边税收协议的相互协商程序条款的框架内共同协调磋商的机制。

《两岸税收协议》对相互协商程序的规定为:(1)任何人如认为一方或双方的行为,导致或将导致对其不符合本协议规定的课税时,可以不论各自救济规定,向其为居民一方的税务主管部门提出申诉。此项申诉应于首次接获不符合本协议规定的课税通知起 3 年内提出。(2)一方税务主管部门如认为该申诉合理,且其本身无法获致适当的解决,应致力于与另一方税务主管部门相互协商解决,以避免发生不符合本协议规定的课税。达成的协商决定应予执行,不受各自规定的期间限制。

双方居住者于对方面临本协议适用问题或税务争议,可通过大陆税务总局及台湾地区财政事务主管部门努力协商解决或沟通处理,如图 15-2-2 所示。

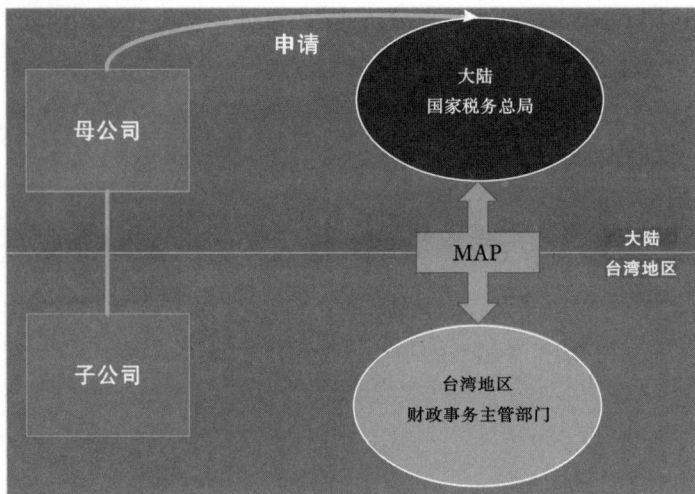

图 15-2-2　《两岸税收协议》相互协商程序申请流程图

（二）关于转让定价特别纳税调整相互协商程序的另行规定

因转让定价引起的税务争议是各国主管当局需要通过相互协商程序协调解决的最主要问题，转让定价问题的特殊性也注定了其是国际税收争议中最复杂的领域之一。近年来两岸税务机关皆将转让定价列为税务查核之重点项目，鉴于两岸关联企业间交易频繁，且两岸税法和税务机关对于常规交易的认定上也存在一定的差异，在《两岸税收协议》生效前，企业若因两岸关联企业受控交易被一方税务机关进行转让定价调整，同时两岸税务主管机关对于关联交易转让定价认定不一致时，由于缺乏相应调整机制，被调整的税负并无法在交易另一方的关联企业做相对应的税负调整，因而使集团遭受两岸双重课税。

《两岸税收协议》附件第 3 条第 2 款和第 3 款规定，关联企业间商业或财务关系方面所设定的条件不同于独立企业，以致本应归属而未归属于其中一企业的利润，可以计入该企业的利润，据以课税。但一方已对前述本应归属而未归属于该企业的利润课税时，另一方如认为该项调整符合独立交易原则，应对该部分利润所课征的税额作适当调整。在确定此项调整时，应考虑本协议其他相关规定，如有必要，双方税务主管部门应相互协商。同时，《两岸税收协议》正文第 2 条第 1 款规定，一方如对关联企业间交易进行转让定价调整，另一方应作合理对应调整。该"转让定价相对应调整"的规定，意在解决两岸税务机关对关联企业交易进行转让定价查核所产生的双重课税问题。依该规定内涵的目的，协议一方对关联企业交易进行转让定价查核，按营业常规合理调增在一方关联企业所得并据以课税,另一方应相对调减其交易对方的所得,以避免两边重复计入所得课税。这种一方调整时另一方调减的制度安排,在必要时,可以借助相互协商程序实现。未来在《两岸税收协议》生效后,集团企业遭转让定价调整时,在协议建立的相对应调整机制下,企业被赋予申请消除双重课税的权利,若双方税务主管机关针对转让定价调整看法不一致,则交易双方任一方可于 3 年内向其主管税务机关提出申诉。若税务机关认定此双重课税的现象属实,且该申诉合理,且其本身无法获致适当的解决,应致力于与另一方税务主管部门相互协商解决,以避免上述不符合协议规定和精神的双重课税问题。除上述相互协商机制外,未来《两岸税收协议》生效后,企业将有机会与两岸税务主管当局主动签署双边预先定价协议,企业有机会主动与两岸税务机关确定在其受控交易中,两岸关联企业所应保留的合理利润;换言之,未来若交易双方企业获利皆落于核准之常规交易区间内,则当地税务机关将不再对企业进行转让定价方面的税务调整。如此一来除可降低企业集团的税务不确定性外,亦可增加企业集团整体预算编制的准确性。如上所言,《两岸税收协议》的确为两岸跨境投资企业提供了一个降低双重课税的机会。

(三)两岸税务交流合作机制

与我国和外国所签的税收协定和内地与港澳签订的税收安排不同的是,与台湾地区签订的《海峡两岸避免双重课税及加强税务合作协议》的名称中就包含税务合作的内容。协议双方除同意建立两岸税务联系机制,由双方税务主管部门协商解决因解释或实施本协议时所发生的困难或疑义,以及消除双重课税等事宜外,双方还同意通过人员互访、培训或工作会议等形式,加强两岸税务业务方面的交流与合作。此外,还包括协助征税条款,即双方同意在各自有关规定均可以进行协助征税时,双方税务主管部门将进一步协商确定具体协助征收方式。上述规定为两岸税务合作交流建立了制度框架,对于两岸税务争议的解决具有重大的意义。

参考文献

一、外文译著

1. [日]金子宏:《日本税法原理》,刘多田等译,中国财政经济出版社 1989 年版。

2. [日]金子宏:《日本税法》,战宪斌、郑林根等译,法律出版社 2004 年版。

3. [日]北野弘久:《税法学原论》,陈刚等译,中国检察出版社 2001 年版。

4. [日]芦部信喜:《宪法》,李鸿禧译,台湾元照出版有限公司 2001 年版。

5. [英]威廉·韦德:《行政法》,徐炳等译,中国大百科全书出版社 1997 年版。

6. [美]维克多·瑟仁伊:《比较税法》,丁一译,北京大学出版社 2006 年版。

7. [美]理查德· A.波斯纳:《法理学问题》,苏力译,中国政法大学出版社 1994 年版。

8. [德]平特纳:《德国普通行政法》,朱林译,中国政法大学出版社 1999 年版。

9. [德]哈特穆特·毛雷尔:《行政法学总论》,高家伟译,法律出版社 2000 年版。

10. 陈敏译著:《德国租税通则》,台湾地区司法机构 2013 年版。

11. 《外国税收征管法律译本》组译:《外国税收征管法律译本》,中国税务出版社 2012 年版。

二、中文著作

12. 黄茂荣:《税法总论——法学方法与现代税法》(第一册增订三版),台湾植根法学丛书编辑室 2012 年第 3 版。

13. 黄茂荣:《税法总论——法学方法与现代税法》(第二册),台湾植根法学丛书编辑室 2005 年版。

14. 黄茂荣:《税法总论——税捐法律关系》(第三册),台湾植根法学丛书编辑室 2008 年第 2 版。

15. 黄茂荣:《税法解释与司法审查》(税法总论第二册增订三版),台湾植根法学丛书编辑室 2015 年版。

16. 葛克昌:《纳税人权利保护——"税捐稽征法"第一章之一逐条释义》,台湾元照出版有限公司 2010 年版。

17. 葛克昌:《税捐行政法——纳税人基本权视野下之"税捐稽征法"》,厦门大学出版社 2016 年版。

18. 葛克昌:《纳税者权利保护法析论》,台湾元照出版有限公司 2018 年版。

19. 葛克昌、陈清秀:《税务代理与纳税人权利》,北京大学出版社 2005 年版。

20. 陈清秀:《国际税法》,台湾元照出版有限公司 2015 年版。

21. 陈清秀:《税法总论》(修订 9 版),台湾元照出版有限公司 2016 年第 9 版。

22. 陈清秀:《现代财税法原理》(修订 2 版),台湾元照出版有限公司 2016 年第 2 版。

23. 黄俊杰:《税捐正义》,台湾翰芦图书出版有限公司 2002 年版。

24. 黄俊杰:《纳税人权利之保护》,北京大学出版社 2004 年版。

25. 张劲心:《租税法概论》,台湾三民书局 1979 年版。

26. 张昌邦:《税捐稽征法论》,作者自刊 1994 年版。

27. 张进德:《企业租税法律风险管理实例分析》,台湾元照出版有限公司 2009 年版。

28. 吴启玄:《限制出境制度之实务研析》,台湾翰芦图书出版有限公司 2003 年版。

29. 钟典晏:《扣缴义务问题研析》,北京大学出版社 2005 年版。

30. 萨孟武:《台湾地区宪制性规定通论》(第 9 版),台湾三民书局 1980 年第 9 版。

31. 吴庚、陈淳文:《"宪法"理论与政府体制》(增订 5 版),台湾三民书局 2017 年增订 5 版。

32. 吴庚、盛子龙:《行政法之理论与实用》(增订 15 版),台湾三民书局 2017 年第 15 版。

33. 翁岳生编:《行政法》(上册),中国法制出版社 2002 年版。

34. 陈敏:《行政法总论》,台湾新学林出版有限公司 2016 年第 9 版。

35. 陈新民:《"宪法"学释论》(修正 8 版),台湾三民书局 2015 年第 8 版。

36. 陈新民:《行政法学总论》,台湾三民书局 2015 年新 9 版。

37. 李铭义:《"宪法"与人权》,台湾新学林出版股份有限公司 2007 年版。

38. 蔡震荣:《行政制裁之理论与实务》(修订 2 版),台湾元照出版有限公司

2017年第2版。

39.姚其圣:《"行政执行法"拘提管收与限制出境之研究》,台湾翰芦图书出版有限公司2007年版。

40.高培勇:《财税体制改革与国家治理现代化》,社会科学文献出版社2014年版。

41.杨斌:《中国税改论辩——文化差异对财税制度设计及其运行效果的影响》,中国财政经济出版社2007年版。

42.刘剑文主编:《财政税收法》,法律出版社2000年版。

43.刘剑文主编:《税法学》,人民出版社2003年版。

44.刘剑文主编:《财税法学》,高等教育出版社2003年版。

45.刘剑文、熊伟:《税法基础理论》,北京大学出版社2004年版。

46.刘剑文主编:《财税法学研究述评》,高等教育出版社2004年版。

47.刘剑文:《财税法专题研究》,北京大学出版社2007年第2版。

48.刘剑文:《走向财税法治——信念与追求》,法律出版社2009年版。

49.刘剑文主编:《国际税法学》,北京大学出版社2013年第3版。

50.刘剑文、王桦宇:《两岸税法比较研究》,北京大学出版社2015年版。

51.张守文:《税法原理》,北京大学出版社2016年第7版。

52.廖益新主编:《国际税法学》,高等教育出版社2008年版。

53.靳东升主编:《依法治税——税收执法环境研究》,经济科学出版社2006年版。

54.熊伟:《美国联邦税收程序》,北京大学出版社2006年版。

55.施正文:《税收程序法论——监控征税权行使的法理与立法研究》,北京大学出版社2003年版。

56.丁芸主编:《税务代理》,北京大学出版社2010年版。

57.李万甫、孙红梅主编:《〈税收征收管理法〉修订若干制度研究》,法律出版社2017年版。

58.李刚:《税法与私法关系总论——兼论中国现代税法学基本理论》,法律出版社2014年版。

59.李刚:《现代税法学要论》,厦门大学出版社2014年版。

60.闫海主编:《税收征收管理的法理与制度》,法律出版社2011年版。

61.陈韵如:《海峡两岸所得税制比较研究》,中国财政经济出版社2005年版。

62.叶少群:《海峡两岸税收制度比较》,中国财政经济出版社2008年版。

63.於鼎丞:《两岸税制比较》,中国税务出版社2009年版。

64.马伟主编:《台湾地区税收制度》,当代中国出版社2014年第2版。

65. 福建省地方税务局编:《中国台湾税收制度》,中国税务出版社 2007 年版。

66. 厦门大学财政系、厦门市国家税务局编:《两岸租税问题探索——海峡两岸租税学术研讨会论文集》,中国财政经济出版社 2006 年版。

67. 岳树民、李建清等:《优化税制结构研究》,中国人民大学出版社 2007 年版。

68. 林雄:《疑难税案法理评析》,福建人民出版社 2006 年版。

69. 刘永伟:《转让定价法律问题研究》,北京大学出版社 2004 年版。

70. 付慧姝:《税收情报交换制度法律问题研究》,群众出版社 2011 年版。

71. 叶必丰:《行政法学》,武汉大学出版社 1996 年版。

72. 叶必丰主编:《行政法与行政诉讼法》,武汉大学出版社 2008 年版。

73. 姜明安主编:《行政法与行政诉讼法》,北京大学出版社、高等教育出版社 2007 年版。

74. 方世荣、石佑启主编:《行政法与行政诉讼法》,北京大学出版社 2005 年版。

75. 罗豪才主编:《行政法学》,北京大学出版社 2006 年版。

76. 傅士成:《行政强制研究》,法律出版社 2001 年版。

77. 朱丘祥:《从行政分权到法律分权》,中国政法大学出版社 2013 年版。

78. 王利明:《人格权法新论》,吉林人民出版社 1994 年版。

三、论文

(一)期刊等论文

79. 黄茂荣:《论税捐之滞纳金》,载《台大法学论丛》1987 年第 2 期。

80. 葛克昌:《租税债务不履行与限制出境》,载《月旦法学杂志》2001 年第 70 期。

81. 陈敏:《租税法之提供担保》,载《政大法学评论》1994 年第 52 期。

82. 陈敏:《租税法之附带给付》,载《政大法学评论》1995 年第 54 期。

83. 陈敏:《限制出境之税收保全措施》,载《法治斌教授纪念论文集——法治与现代行政法学》,台湾元照出版有限公司 2004 年版。

84. 陈清秀:《税捐稽征罚之处罚标准》,载《月旦法学杂志》1997 年第 4 期。

85. 陈清秀:《限制出境处分之探讨——"最高行政法院"2005 年判字第 1030 号判决评析》,载《月旦裁判时报》2011 年第 7 期。

86. 陈清秀:《台湾地区"纳税者权利保护法"之条文解析》,载《现代法治研究》2017年第3期。

87.洪家殷、江彦佐:《两岸税务行政内部救济程序之比较研究——以税捐稽征(征管)法为中心》,载刘剑文主编:《财税法论丛》(第11卷),法律出版社2010年版。

88.黄俊杰:《台湾地区税捐复查限制之"违宪"审查》,载刘剑文主编:《财税法论丛》(第2卷),法律出版社2003年版。

89.廖怡贞:《限制欠税人出境制度"合宪"性之检讨》,载《月旦法学杂志》2001年第72期。

90.蔡震荣:《金钱给付义务与限制出境之探讨》,载《律师杂志》2004年第303期。

91.黄士洲:《法人欠税限制出境对象之探讨——"台北高等行政法院"2006年诉字2675号及3352号判决简评》,载《财税研究》2008年第2期。

92.王志成:《公司负责人之概念与地位》,载《月旦法学教室》2004年第24期。

93.刘剑文:《纳税人权利保护:机遇与挑战》,载《涉外税务》2010年第5期。

94.刘剑文、侯卓:《论〈行政强制法〉在税收征管中的适用》,载《税务研究》2012年第4期。

95.刘剑文:《税收征管制度的一般经验与中国问题——兼论〈税收征收管理法〉的修改》,载《行政法学研究》2014年第1期。

96.刘剑文、陈立诚:《迈向税收治理现代化——〈税收征管法修订草案(征求意见稿)〉之评议》,载《中共中央党校学报》2015年第2期。

97.刘剑文、侯卓:《纳税前置制度的反思与超越》,载《江汉论坛》2015年第6期。

98.廖益新:《税法的移植与本土化问题》,载《政法论坛》2006年第5期。

99.廖益新:《海峡两岸所得税制度差异对消除两岸重复课税的影响》,载《台湾研究集刊》2010年第2期。

100.熊伟、王华:《我国定期定额征税制度检讨——陈德惠律师涉嫌偷税案为例》,载《涉外税务》2004年第9期。

101.熊伟、王宗涛:《中国税收优先权制度的存废之辩》,载《法学评论》2013年第2期。

102.施正文:《论〈税收征管法〉修订需要重点解决的立法问题》,载《税务研究》2012年第10期。

103.王惠:《推定课税权制度探讨》,载《法学家》2004年第3期。

104.刘继虎:《论推定课税的法律规制》,载《中国法学》2008年第1期。

105.李刚、谢玲:《对加算金法律性质与时效问题的探讨》,载《涉外税务》

2006 年第 12 期。

106. 李刚、程国琴:《比例原则与我国税收代位权制度的构建》,载《涉外税务》2007 年第 4 期。

107. 李刚、程国琴:《税收代位权与撤销权的比较研究》,载《当代财经》2007 年第 11 期。

108. 李刚、李海波:《海峡两岸税收协调的基本原则与具体路径》,载《税务研究》2010 年第 1 期。

109. 李刚:《税制改革的含义与模式:法律解释学的分析——以新一轮税制改革为例》,载史际春主编:《经济法学评论》(第 15 卷),中国法制出版社 2015 年版。

110. 李刚:《论形式税收法定主义的落实——以税收立法体制的完善为关键》,载《税务与经济》2017 年第 1 期。

111. 李刚主持:《"十三五"税法体系规划研究》,国家税务总局政策法规司委托课题报告,2016 年 3 月。

112. 李刚主持:《中国大陆居民赴台湾地区投资税收指南(2017 年版)》,厦门市国家税务局委托课题报告,2017 年 12 月。

113. 龙稳全、李刚:《欠税公告的法律思考》,载《涉外税务》2006 年第 6 期。

114. 刘隆亨、孙健波、李玉红、吴军:《海峡两岸税收协调与合作的研究》,载《北京联合大学学报(人文社会科学版)》2009 年第 4 期。

115. 陆佳:《海峡两岸避免所得双重无税问题之初探》,载《西南民族大学(人文社科版)》2009 年第 10 期。

116. 袁森庚:《新〈税务行政复议规则〉的新精神》,载《涉外税务》2010 年第 11 期。

117. 袁森庚:《论税收强制与〈行政强制法〉的衔接》,载《税收经济研究》2012 年第 1 期。

118. 袁森庚:《关于税收滞纳金制度立法选择的思考》,载《涉外税务》2012 年第 6 期。

119. 朱晓波、曲荣芬:《税收行政协助相关问题的几点认识》,载《财经问题研究》2003 年第 2 期。

120. 李文:《税收行政协助的中外比较》,载《涉外税务》2004 年第 3 期。

121. 王麟:《比较行政协助制度研究》,载《法律科学》2005 年第 5 期。

122. 王麟:《行政协助论纲——兼评〈中华人民共和国行政程序法(试拟稿)〉的相关规定》,载《法商研究》2006 年第 1 期。

123. 黄学贤:《台湾地区行政程序中的协力行为》,载《台湾法研究》2006 年第 3 期。

124. 黄学贤：《行政程序中的协力行为研究——基于两岸理论与实践的比较》，载《苏州大学学报（哲学社会科学版）》2006年第5期。

125. 黄学贤、周春华：《行政协助概念评析与重塑》，载《法治论丛》2007年第3期。

126. 黄学贤、吴志红：《行政协助分类研究初探》，载《江苏社会科学》2009年第1期。

127. 黄学贤、吴志红：《行政协助程序研究》，载《行政法学研究》2009年第4期。

128. 李延、练琪：《论建立我国行政协助制度的困难和意义》，载《太原师范学院学报（社会科学版）》2006年第1期。

129. 周春华：《行政协助基本问题研略》，载《法治研究》2007年第7期。

130. 余湘青：《警察行政协助的困境与出路》，载《行政法学研究》2008年第2期。

131. 李建国、滕一良：《完善税务管理第三方法律制度体系研究》，载《税务研究》2010年第10期。

132. 刘可静：《西方信息共享的理念及其法律保障体系》，载《图书情报工作》2007年第3期。

133. 汤洁茵：《税收征管与隐私权的冲突与制衡》，载《河北法学》2008年第12期。

134. 廉霄：《从民法视角看隐私与个人信息保护机制的构建》，载《黑龙江省政法干部管理学院学报》2010年第8期。

135. 李建人：《税务公开语境下的纳税人信息保护》，载《南开学报（哲学社会科学版）》2012年第4期。

136. 庞凤喜：《台湾地区税制结构转型观察》，载《涉外税务》2013年第1期。

137. 张念明、庞凤喜：《论涉税信息管理能力与税制结构优化》，载《中南财经政法大学学报》2015年第2期。

138. 张怡、唐琳艳：《第三方涉税信息共享程序规则的构建》，载《经济法论坛》2014年第1期。

139. 樊其国：《涉税信息共享进行时》，载《首席财务官》2014年第3期。

140. 樊其国：《逾期缴纳税款不加收滞纳金的十四种情形》，载《税收征纳》2014年第7期。

141. 刘植才：《台湾营利事业所得税"蓝色申报"制度评价及借鉴》，载《涉外税务》2005年第2期。

142. 杨亦烽、顾志民：《滞纳金概念之我见》，载《石油大学学报（社会科学版）》1998年第4期。

143. 赖向明、吴芳:《加收滞纳金是否属行政处罚》,载《涉外税务》1998年第11期。

144. 张慧英:《税收滞纳金探析》,载《税务研究》2003年第1期。

145. 林雄:《税收保全和强制执行措施新思考》,载《福建税务》2003年第12期。

146. 林雄:《完善我国税款滞纳金制度的几点建议》,载《涉外税务》2010年第2期。

147. 谢愉虹、潘璐:《我国滞纳金制度的缺陷与完善——以〈税收征管法〉第32条为视角》,载《税务研究》2009年第7期。

148. 闫海、于晓骁:《论税收滞纳金的法律性质、适用情形与法定机制》,载《湖南财政经济学院学报》2011年第6期。

149. 张婉苏:《论滞纳金的法律性质》,载《学海》2013年第4期。

150. 叶姗:《论滞纳税款加收款项之附带给付属性》,载《法学》2014年第10期。

151. 张峰振:《税款滞纳金的性质与法律适用——从一起税款滞纳金纠纷案谈起》,载《河北法学》2015年第1期。

152. 欧阳明、刘芹:《"税收利息"探源及辨析》,载《税务研究》2016年第7期。

153. 岳彩申:《民间借贷规制的重点及立法建议》,载《中国法学》2011年第5期。

154. 岳彩申、车云霞:《民间借贷法律监管的新进路》,载《河北法学》2016年第5期

155. 廖振中、高晋康:《我国民间借贷利率管制法治进路的检讨与选择》,载《现代法学》2012年第2期。

156. 王林清、于蒙:《管控到疏导:我国民间借贷利率规制的路径选择与司法应对》,载《法律适用》2012年第5期。

157. 王林清:《民间借贷利率的法律规制:比较与借鉴》,载《比较法研究》2015年第4期。

158. 高圣平、申晨:《民间借贷中利率上限规定的司法适用》,载《政治与法律》2013年第12期。

159. 程金华:《四倍利率规则的司法实践与重构——利用实证研究解决规范问题的学术尝试》,载《中外法学》2015年第3期。

160. 章剑生:《现代行政法基本原则之重构》,载《中国法学》2003年第3期。

161. 郝朝信:《〈税收征收管理法〉与〈行政强制法〉:冲突与协调》,载《财经科学》2013年第2期。

162. 徐继敏:《税收征管程序适用〈行政强制法〉若干问题研究——兼议〈税收征管法〉的修订》,载《税务研究》2013 年第 5 期。

163. 华国庆:《略论纳税担保》,载《税务与经济》1995 年第 3 期。

164. 杨志强:《试论我国纳税担保制度》,载《税务研究》1995 年第 7 期。

165. 朱欣:《关于纳税担保的若干问题》,载《杭州大学学报》1996 年第 6 期。

166. 孟繁忠:《对纳税担保有关问题的研究》,载《税务研究》2005 年第 1 期。

167. 赖先云、王军伟:《纳税担保,新法解读》,载《中国税务》2005 年第 10 期。

168. 金永恒:《论税收担保的法律属性》,载《山西大学学报(哲学社会科学版)》2006 年第 4 期。

169. 郑丽清、卢圣震:《纳税担保的法律性质辨析》,载《福建政法管理干部学院学报》2006 年第 2 期。

170. 史学成:《纳税抵押担保登记问题研究》,载《税务研究》2009 年第 1 期。

171. 袁绍义:《纳税担保的法律性质与法律适用》,载《求索》2009 年第 9 期。

172. 陈文学、高圣平:《纳税担保登记制度研究》,载《求索》2010 年第 5 期。

173. 胡树月:《离境清税制度法律问题研究》,载《研究生法学》2008 年第 4 期。

174. 王华:《对阻止欠税人出境的重新审视——从纳税人权利角度出发》,载《太原理工大学学报(社会科学版)》2009 年第 4 期。

175. 李娜、余翔:《论具体行政行为视角下的限制出境措施》,载《华北电力大学学报(社会科学版)》2010 年第 4 期。

176. 陈立波:《论我国限制出境的司法救济》,载《行政法学研究》2010 年第 4 期。

177. 赵银翠:《论行政行为说明理由——以行政过程为视角》,载《法学杂志》2010 年第 1 期。

178. 田瑶:《论行政行为的送达》,载《政法论坛》2011 年第 5 期。

179. 卢剑灵:《论纳税评估的定位及其配套改革》,载《税务与经济》2008 年第 3 期。

180. 林文生:《税务约谈制的比较研究与思考》,载《当代财经》2005 年第 6 期。

181. 王克稳:《我国违宪审查制度建立的主要法律障碍》,载《现代法学》2000 年第 2 期。

182. 刘红霞:《我国税务行政复议的缺陷及其完善》,载刘剑文主编:《财税法论丛》(第 3 卷),法律出版社 2004 年版。

183. 张小平:《日本的税务行政复议制度及其借鉴》,载《税务研究》2004 年第 10 期。

184.茅铭晨：《税务行政复议纳税义务前置的法理反思》，载《税务研究》2004
年第 10 期。

185.杨小君：《对行政复议书面审查方式的异议》，载《法律科学》2005 年第
4 期。

186.段光林：《论我国税务行政复议制度之创新》，载《税务研究》2006 年第
3 期。

187.李长江、刘红霞：《完善我国税务行政复议制度的思考》，载《税务研究》
2007 年第 10 期。

188.刘召：《我国税务行政复议存在的问题及对策研究》，载《税务研究》2007
年第 11 期。

189.孟庆霞、刘庆国：《论税务行政复议申请权的法律保障及制度完善》，载
《中国经贸导刊》2011 年第 3 期。

190.饶立新：《修正对税务行政复议和诉讼认识及考核上的错误》，载《涉外
税务》2012 年第 10 期。

191.王霞、陈辉：《税收救济"双重前置"规则的法律经济学解读》，载《税务研
究》2015 年第 3 期。

192.阮友利：《对我国税务行政复议制度的几点思考》，载《税务与经济》2010
年第 5 期。

193.蔡金荣、胡小双：《略论行政复议非书面审查方式及完善》，载《甘肃理论
学刊》2008 年第 1 期。

194.付大学：《比例原则视角下税务诉讼"双重前置"之审视》，载《政治与法
律》2016 年第 1 期。

195.廖仕梅：《废除税务行政救济前置条件的必要性与可行性》，载《行政法
学研究》2017 年第 1 期。

196.林岳鑫、李伟军、陶红：《深圳市推行预约税制的实践》，载《税务研究》
1999 年第 6 期。

197.朱炎生：《两岸四地开展所得税税务合作的法律思考》，载《涉外税务》
2003 年第 1 期。

198.王裕康：《OECD 修改情报交换条款的介绍及简要评价》，载《涉外税
务》2004 年第 10 期。

199.厦门市地方税务局课题组：《海峡两岸个人所得税协调问题研究》，载
《涉外税务》2006 年第 2 期。

200.陈延忠：《简析税收协定适用上的消极作用原则》，载《涉外税务》2007
年第 5 期。

201. 马国强、李维萍：《股息红利双重征税的税收处理问题》，载《财经问题研究》2008 年第 12 期。

202. 李睿：《大陆与台湾涉外税收协定之比较析论（上、下）——兼谈两岸避免双重征税之议题》，载《安徽警官职业学院学报》2010 年第 1 期和第 2 期。

203. 吴金德、刘弘景：《中国台湾跨国市场进入竞争发展模式探讨》，载《当代财经》2010 年第 7 期。

204. 邱冬梅：《晚近跨境税收情报交换规则的最新发展及对我国的回应之反思》，载《武大国际法评论》（第 16 卷第 1 期），武汉大学出版社 2013 年版。

205. 张晓薇、李炜：《后危机时代中国国企对外投资问题研究》，载《经营管理者》2013 年第 6 期。

206. 付瑶：《内地与香港避免双重征税安排的内容、成果与展望》，载《国际税收》2013 年第 8 期。

207. 吴青伦：《台湾地区近年税制改革热点》，载《国际税收》2014 年第 1 期。

208. 孙亚夫：《概论 1987 年至 2012 年两岸关系发展脉络》，载《政治学研究》2015 年第 4 期。

（二）硕博士学位论文

209. 刘雅菁：《税捐协谈之研究》，台湾中正大学财经法律学研究所 2003 年硕士学位论文。

210. 黄淑瑜：《台湾地区内地税租税保全制度之研究》，台湾中原大学 2006 年硕士学位论文。

211. 朱大旗：《台湾税法研究》，中国人民大学中国法制史专业 1995 年博士学位论文。

212. 杨春梅：《经济全球化下的税收国际协调》，厦门大学财政学专业 2001 年博士学位论文。

213. 林淞：《税收征管程序中的当事人协力义务研究》，厦门大学法学院经济法专业 2005 年硕士学位论文。

214. 谢玲：《我国滞纳金制度的现状分析及完善构想》，厦门大学法学院经济法专业 2007 年硕士学位论文。

215. 武广彪：《比例原则在税收保全制度中的运用》，厦门大学法学院 2007 年法律硕士学位论文。

216. 程国琴：《具有私法属性的税收保全措施研究》，厦门大学法学院经济法专业 2008 年硕士学位论文。

217. 唐婉：《我国税收核定制度若干法律问题研究》，厦门大学法学院经济法专业 2008 年硕士学位论文。

218. 陈卡真:《海峡两岸税收担保制度比较研究》,厦门大学法学院 2010 年法律硕士学位论文。

219. 石楚:《海峡两岸欠税限制出境制度比较研究》,厦门大学法学院经济法专业 2013 年硕士学位论文。

220. 任新翠:《海峡两岸税收征管中第三人协助制度比较研究》,厦门大学法学院 2013 年法律硕士学位论文。

221. 李亚平:《海峡两岸个人捐赠所得税法比较研究》,厦门大学法学院经济法专业 2014 年硕士学位论文。

222. 邓娴:《〈税收征管法〉修订中清税前置规则问题研究——以台湾地区税捐复查限制规则之"违宪"审查为参考》,厦门大学法学院经济法专业 2016 年硕士学位论文。

223. 曾佳乐:《海峡两岸税收滞纳金制度比较研究——兼论〈税收征收管理法〉的修订》,厦门大学法学院 2016 年法律硕士学位论文。

224. 汪雯:《海峡两岸涉税信息共享制度比较研究——兼论〈税收征收管理法〉的修订》,厦门大学法学院 2016 年法律硕士学位论文。

225. 郑玮明:《内地与香港事先裁定个案的实证研究——兼评〈税收征收管理法〉的修订》,厦门大学法学院财税法专业 2018 年硕士学位论文。

226. 史春玲:《海峡两岸税收协调研究》,厦门大学世界经济专业 2007 年硕士学位论文。

四、英文文献

227. OECD，Transfer Pricing Guidelines for Multinational Enterprises and Tax Administrations，1995.

228. OECD Model Agreement on Exchange of Information on Tax Matters，18 April，2002.

229. OECD Commentaries on the Articles of the OECD Model Income and Capital Tax Convention，June 1，2004.

230. OECD，Articles of the Model Convention with respect to Taxes on Income and on Capital，2005.

231. OECD，Manual on the Implementation of Exchange of Information Provisions for Tax Purposes，2006.

232. OECD，Update to Article 26 of the OECD Model Tax Convention and Its Commentary，Approved by the OECD Council on 17 July，2012.

233. OECD，Model Tax Convention on Income and on Capital：Condensed

Version 2017，OECD Publishing，2017.

五、主要法律法规等规范性文件及其缩略语

234.《多边税收征管互助公约》(The Multilateral Convention on Mutual Administrative Assistance in Tax Matters)

235. OECD《金融账户涉税信息自动交换标准》(Standard for Automatic Exchange of Financial Account Information in Tax Matters；OECD 2014 年 7 月发布；《金融涉税信息标准》)

236.《中华人民共和国税收征收管理法》(1992 年颁布,最新修订于 2015 年 4 月 24 日;《税收征管法》)

237.《中华人民共和国税收征收管理法实施细则》(1993 年颁布,最新修订于 2016 年 2 月 6 日;《实施细则》)

238.《中华人民共和国税收征收管理暂行条例》(1986 年颁布,已废止;《税收征管条例》)

239.《税收征管法修正案》(征求意见稿)(2013 年 6 月 7 日国务院法制办公布;《2013 修订案》)

240. 2014 年 7 月 9 日《国家税务总局办公厅关于征求〈税收征管法修订稿(征求意见稿)〉意见的通知》(税总办函〔2014〕577 号;《2014 审议稿》)

241.《税收征管法修订草案》(征求意见稿)(2015 年 1 月 5 日国务院法制办公布;《2015 修订草案》)

242.《税务登记管理办法》(2014 年国家税务总局令第 36 号;《登记办法》)

243.《国家税务总局关于进一步完善税务登记管理有关问题的公告》(公告 2011 年第 21 号)

244.《国家税务总局、国家工商行政管理总局关于工商登记信息和税务登记信息交换与共享问题的通知》(国税发〔2003〕81 号)

245.《国家税务总局、国家工商行政管理总局关于加强税务工商合作、实现股权转让信息共享的通知》(国税发〔2011〕126 号)

246.《国家工商行政管理总局、国家税务总局关于加强信息共享和联合监管的通知》(工商企注字〔2018〕11 号)

247.《国务院关于印发政务信息资源共享管理暂行办法的通知》(国发〔2016〕51 号)

248.《国家税务总局关于加强国家税务局、地方税务局互相委托代征税收的通知》(税总发〔2015〕155 号)

249.《国家税务总局关于营业税改征增值税委托地税机关代征税款和代开

增值税发票的公告》（公告 2016 年第 19 号）

250.《国家税务总局关于营业税改征增值税委托地税局代征税款和代开增值税发票的通知》（税总函〔2016〕145 号）

251.《发票管理办法》（2010 年国务院令第 587 号）

252.《发票管理办法实施细则》（2014 年国家税务总局令第 37 号；《发票细则》）

253.《国家税务总局关于加强和规范税务机关代开普通发票工作的通知》（国税函〔2004〕1024 号）

254.《网络发票管理办法》（2013 年国家税务总局令第 30 号）

255.《国家税务总局关于进一步加强税源管理工作的意见》（国税发〔2006〕149 号）

256.《委托代征管理办法》（国家税务总局公告 2013 年第 24 号）

257.《纳税信用等级评定管理试行办法》（国税发〔2003〕92 号）

258.《国家税务总局关于纳税信用 A 级纳税人取消增值税发票认证有关问题的公告》（公告 2016 年第 7 号）

259.《纳税人涉税保密信息管理暂行办法》（国税发〔2008〕93 号）

260.《纳税担保试行办法》（2005 年国家税务总局令第 11 号）

261.《阻止欠税人出境实施办法》（国税发〔1996〕215 号；《阻止出境实施办法》）

262.《国家税务总局关于认真贯彻执行阻止欠税人出境实施办法的通知》（国税发〔1996〕216 号）

263.《税务稽查工作规程》（国税发〔2009〕157 号）

264.《重大税收违法案件信息公布办法（试行）》（国家税务总局公告 2016 年第 24 号）

265.《税务稽查案源管理办法（试行）》（税总发〔2016〕71 号；《稽查案源管理办法》）

266.《个体工商户税收定期定额征收管理办法》（2006 年国家税务总局令 16 号）；《个体户定期定额征管办法》

267.《纳税评估管理办法（试行）》（国税发〔2005〕43 号）

268.上海市《纳税评估税务约谈制度暂行办法（试行）》（沪国税稽〔2004〕21 号；《上海约谈暂行办法》）

269.上海市《纳税评估工作规程（试行）》（沪国税征科〔2012〕2 号；《上海纳税评估规程》）

270.吐鲁番地区地方税务局《税务约谈暂行办法（试行）》（吐鲁番地区地方税务局公告 2011 年第 1 号；《吐鲁番约谈办法》）

271.《注册税务师管理暂行办法》(2005 年国家税务总局令第 14 号;已失效)

272.《国际税收情报交换工作规程》(国税发〔2006〕70 号;《工作规程》)

273.《税务行政复议规则》(2015 年国家税务总局令第 39 号)

274.《国务院关于清理规范税收等优惠政策的通知》(国发〔2014〕62 号)

275.《国务院关于税收等优惠政策相关事项的通知》(国发〔2015〕25 号)

276.《中华人民共和国企业所得税法》(2017 年 2 月 24 日修订)

277.《中华人民共和国企业所得税法实施条例》(2007 年 12 月 6 日制定)

278.《企业所得税核定征收办法(试行)》(国税发〔2008〕30 号;《企业所得税核定办法》)

279.《关联企业间业务往来税务管理规程(试行)》(国税发〔1998〕59 号;《管理规程》;已失效)

280.《关联企业间业务往来预约定价实施规则(试行)》(国税发〔2004〕118 号;《实施规则》;已失效)

281.《国家税务总局关于完善关联申报和同期资料管理有关事项的公告》(公告 2016 年第 42 号;"42 号公告")

282.《国家税务总局关于完善预约定价安排管理有关事项的公告》(公告 2016 年第 64 号;"64 号公告")

283.《特别纳税调整实施办法(试行)》(国税发〔2009〕2 号;《调整办法》;部分条文被废止)

284.《财政部、国家税务总局关于企业境外所得税收抵免有关问题的通知》(财税〔2009〕125 号)

285.《财政部、国家税务总局关于完善企业境外所得税收抵免政策问题的通知》(财税〔2017〕84 号)

286.《中华人民共和国个人所得税法》(2011 年 6 月 30 日修订)

287.《中华人民共和国个人所得税法实施条例》(2011 年 7 月 19 日修订)

288.《中华人民共和国增值税暂行条例》(2017 年 11 月 19 日修订)

289.《中华人民共和国增值税暂行条例实施细则》(2011 年 10 月 28 日修订)

290.《增值税专用发票使用规定》(国税发〔2006〕156 号;部分条款被废止)

291.《国家税务总局关于下放增值税专用发票最高开票限额审批权限的通知》(国税函〔2007〕918 号;部分失效)

292.《增值税一般纳税人纳税辅导期管理办法》(国税发〔2010〕40 号)

293.《国家税务总局关于全面推开营业税改征增值税试点有关税收征收管理事项的公告》(公告 2016 年第 23 号)

294.《增值税一般纳税人登记管理办法》(2017 年国家税务总局令第 43 号)

295.《中华人民共和国海关法》(2017 年 11 月 4 日修订)

296.《中华人民共和国进出口关税条例》(2017 年 3 月 1 日修订)

297.《中华人民共和国行政强制法》(2011 年 6 月 30 日通过,2012 年 1 月 1 日起施行)

298.《海峡两岸避免双重课税及加强税务合作协议》(2015 年 8 月 25 日签署,尚未生效)

299. 台湾地区财政事务主管部门《两岸租税协议简明版问答集》(2015 年 10 月 13 日台财际字第 10424516060 号函)

300. 台湾地区"租税协定税务用途信息交换作业办法"(2017 年 12 月 7 日订定;"作业办法")

301. 台湾地区"适用租税协定稽征作业要点"(2001 年 2 月 22 日订定)

302. 台湾地区"纳税者权利保护法"(2016 年 12 月 28 日订定,2017 年 12 月 28 日起施行;"纳保法")

303. 台湾地区"税捐稽征法"(最新修订于 2017 年 6 月 14 日)

304. 台湾地区"税捐稽征法施行细则"(最新修订于 2013 年 1 月 7 日;"施行细则")

305. 台湾地区"税籍登记规则"(最新修订于 2017 年 3 月 29 日;原名"营业登记规则")

306. 台湾地区"统一发票使用办法"(最新修订于 2016 年 7 月 15 日)

307. 台湾地区"统一发票给奖办法"(最新修订于 2016 年 12 月 15 日)

308. 台湾地区"稽征机关办理营业人自行印制收银机统一发票注意事项"(最新修订于 2015 年 10 月 13 日)

309. 台湾地区"电子发票实施作业要点"(最新修订于 2017 年 1 月 12 日)

310. 台湾地区"记账士法"(最新修订于 2016 年 11 月 9 日)

311. 台湾地区"会计师法"(最新修订于 2018 年 1 月 31 日)

312. 台湾地区"会计师代理所得税事务办法"(最新修订于 2016 年 5 月 10 日)

313. 台湾地区"各级稽征机关处理违章漏税及检举案件作业要点"(最新修订于 2010 年 10 月 22 日)

314. 台湾地区"税务违章案件减免处罚标准"(最新修订于 2016 年 1 月 15 日)

315. 台湾地区"税捐稽征机关清理欠税作业要点"(最新修订于 2003 年 4 月 18 日)

316. 台湾地区"税捐稽征机关行政救济案件协谈作业要点"("行政救济协谈

要点")

317. 台湾地区"税捐稽征机关税务案件协谈作业要点"(最新修订于 2011 年 10 月 12 日;"协谈要点")

318. 台湾地区财政事务主管部门"北区'国税局'处理税务案件协谈作业要点"(最新修订于 2007 年 4 月 11 日;"国税协谈要点")

319. 台湾地区"台湾地区与大陆人民关系条例"(最新修订于 2015 年 6 月 17 日;"两岸关系条例")

320. 台湾地区"台湾地区与大陆人民关系条例施行细则"(最新修订于 2014 年 12 月 11 日;"两岸关系条例施行细则")

321. 台湾地区"各级公库代理银行代办机构及代收税款机构税款解缴作业办法"(最新修订于 2012 年 8 月 17 日)

322. 台湾地区"所得税法"(最新修订于 2018 年 2 月 7 日)

323. 台湾地区"所得税法施行细则"(最新修订于 2014 年 9 月 30 日)

324. 台湾地区"所得基本税额条例"(最新修订于 2017 年 5 月 10 日)

325. 台湾地区"营利事业所得税蓝色申报书实施办法"(最新修订于 1993 年 4 月 23 日;"蓝色申报办法")

326. 台湾地区"营利事业所得税查核准则"(最新修订于 2017 年 1 月 3 日;"营所税查核准则")

327. 台湾地区"营利事业所得税结算申报书面审核案件抽查要点"(2002 年 8 月 19 日订定发布;"抽查要点")

328. 台湾地区"各类所得扣缴率标准"(最新修订于 2017 年 12 月 29 日)

329. 台湾地区"营利事业所得税不合常规移转订价查核准则"(最新修订于 2017 年 11 月 13 日;"移转订价查核准则")

330. 台湾地区"营利事业申请预先订价协议作业要点"(2007 年 9 月 27 日订定)

331. 台湾地区"遗产及赠与税法"(最新修订于 2017 年 6 月 14 日)

332. 台湾地区"遗产及赠与税法施行细则"(最新修订于 2017 年 6 月 13 日)

333. 台湾地区"加值型及非加值型营业税法"(最新修订于 2017 年 6 月 14 日;"营业税法")

334. 台湾地区"加值型及非加值型营业税法施行细则"(最新修订于 2017 年 6 月 1 日;"营业税法施行细则")

335. 台湾地区"货物税条例"(最新修订于 2017 年 11 月 22 日)

336. 台湾地区"特种货物及劳务税条例"(最新修订于 2015 年 6 月 24 日)

337. 台湾地区"烟酒税法"(最新修订于 2010 年 9 月 1 日)

338. 台湾地区"关税法"(最新修订于 2017 年 1 月 18 日)

339.台湾地区"海关缉私条例"(最新修订于 2013 年 6 月 19 日)

340.台湾地区"进口货物先放后税实施办法"(最新修订于 2014 年 12 月 11 日)

341.台湾地区"证券交易税条例"(最新修订于 2016 年 12 月 30 日)

342.台湾地区"期货交易税条例"(最新修订于 2008 年 8 月 6 日)

343.台湾地区"房屋税条例"(最新修订于 2014 年 6 月 4 日)

344.台湾地区"娱乐税法"(最新修订于 2007 年 5 月 23 日)

345.台湾地区"印花税法"(最新修订于 2002 年 5 月 15 日)

346.台湾地区"契税条例"(最新修订于 2010 年 5 月 5 日)

347.台湾地区"使用牌照税法"(最新修订于 2017 年 12 月 6 日)

348.台湾地区"财政收支划分法"(最新修订于 1999 年 1 月 25 日)

349.台湾地区"'中央'统筹分配税款分配办法"(最新修订于 2016 年 7 月 20 日)

350.台湾地区"地方税法通则"(制定于 2002 年 12 月 11 日)

351.台湾地区"行政程序法"(最新修订于 2015 年 12 月 30 日)

352.台湾地区"行政执行法"(最新修订于 2010 年 2 月 3 日)

353.台湾地区"行政执行法施行细则"(最新修订于 2010 年 6 月 15 日)

354.台湾地区"强制执行法"(最新修订于 2014 年 6 月 4 日)

355.台湾地区"非讼事件法"(最新修订于 2015 年 2 月 4 日)

356.台湾地区"商业登记法"(最新修订于 2016 年 5 月 4 日)

357.台湾地区"公司法"(最新修订于 2015 年 7 月 1 日)

358.台湾地区"个人资料保护法"(最新修订于 2015 年 12 月 30 日)

359.台湾地区"诉愿法"(最新修订于 2012 年 6 月 27 日)

七、援引的两岸有关司法裁判文书或者有关解释

360.2017 年 11 月 3 日,莆田市地方税务局稽查局非诉执行审查行政裁定书(莆田市中级人民法院〔2017〕闽 03 行审 2 号)。

361.2016 年 9 月 13 日,四川新光硅业科技有限责任公司诉乐山高新技术产业开发区管理委员会税收行政允诺二审行政判决书(四川省乐山市中级人民法院〔2016〕川 11 行终 56 号)。

362.2016 年 9 月 8 日,额敏县地税局行政裁定书(新疆生产建设兵团第九师中级人民法院〔2016〕兵 09 行审复 2 号)。

363.2016 年 8 月 2 日,重庆市国家税务局第二稽查局申请强制执行重庆华亚电工器材厂行政处罚行政裁定书(重庆市渝北区人民法院〔2016〕渝 0112 行审

279号)。

364.2016年7月29日,米易县国家税务局与米易县石峡水电开发有限公司限期缴纳税费一审行政裁定书(四川省米易县人民法院〔2016〕川0421行审4号)。

365.2016年7月27日,嘉鱼县地方税务局与嘉鱼县外国语学校行政处罚纠纷一案行政裁定书(湖北省嘉鱼县人民法院〔2016〕鄂1221行审117号)。

366.2016年7月25日,临海市国家税务局诉台州特帕尔机械制造有限公司税务行政管理行政裁定书(浙江省临海市人民法院〔2016〕浙1082行审823号)。

367.2016年6月23日,银川市国家税务局稽查局与银川盛升物资有限公司税务行政管理行政二审判决书(宁夏回族自治区银川市中级人民法院〔2016〕宁01行终33号)。

368.2016年3月15日,陈世周与海南省地方税务局稽查局其他行政再审裁定书(海南省海口市中级人民法院〔2016〕琼01行审复1号)。

369.2016年1月7日,吴昌文与上海市徐汇区国家税务局、上海市地方税务局徐汇区分局税务一审行政判决书(上海市徐汇区人民法院〔2015〕徐行初字第212号)。

370.2015年7月15日,张建琴与常州市金坛地方税务局行政征收一审行政判决书(金坛市人民法院〔2015〕坛行初字第0024号);2015年10月27日,张建琴与常州市金坛地方税务局行政征收二审行政判决书(常州市中级人民法院〔2015〕常行终字第232号)。

371.2013年12月13日,佛山市顺德区金冠涂料集团有限公司诉广东省国家税务局一审判决书(广东省广州市中级人民法院〔2013〕穗中法行初字第21号)。

372.台湾地区"大法官"释字第754号解释(2017年10月20日)。

373.台湾地区"大法官"释字第700号解释(2012年6月29日)。

374.台湾地区"大法官"释字第696号解释(2012年1月20日)。

375.台湾地区"大法官"释字第686号解释(2011年3月25日)。

376.台湾地区"大法官"释字第685号解释(2011年3月4日)。

377.台湾地区"大法官"释字第655号解释(2009年2月20日)。

378.台湾地区"大法官"释字第616号解释(2006年9月15日)。

379.台湾地区"大法官"释字第593号解释(2005年4月8日)。

380.台湾地区"大法官"释字第588号解释(2005年1月28日)。

381.台湾地区"大法官"释字第505号解释(2000年5月5日)。

382.台湾地区"大法官"释字第503号解释(2000年4月20日)。

383. 台湾地区"大法官"释字第 443 号解释(1997 年 12 月 26 日)。
384. 台湾地区"大法官"释字第 439 号解释(1997 年 10 月 30 日)。
385. 台湾地区"大法官"释字第 436 号解释(1997 年 10 月 3 日)。
386. 台湾地区"大法官"释字第 428 号解释(1997 年 5 月 23 日)。
387. 台湾地区"大法官"释字第 414 号解释(1996 年 11 月 8 日)。
388. 台湾地区"大法官"释字第 389 号解释(1995 年 11 月 10 日)。
389. 台湾地区"大法官"释字第 384 号解释(1995 年 7 月 28 日)。
390. 台湾地区"大法官"释字第 380 号解释(1995 年 5 月 26 日)。
391. 台湾地区"大法官"释字第 374 号解释(1995 年 3 月 17 日)。
392. 台湾地区"大法官"释字第 356 号解释(1994 年 7 月 8 日)。
393. 台湾地区"大法官"释字第 345 号解释(1994 年 5 月 6 日)。
394. 台湾地区"大法官"释字第 327 号解释(1993 年 10 月 8 日)。
395. 台湾地区"大法官"释字第 321 号解释(1993 年 6 月 18 日)。
396. 台湾地区"大法官"释字第 318 号解释(1993 年 5 月 21 日)。
397. 台湾地区"大法官"释字第 289 号解释(1991 年 12 月 27 日)。
398. 台湾地区"大法官"释字第 288 号解释(1991 年 12 月 13 日)。
399. 台湾地区"大法官"释字第 275 号解释(1991 年 3 月 8 日)。
400. 台湾地区"大法官"释字第 243 号解释(1989 年 7 月 19 日)。
401. 台湾地区"大法官"释字第 236 号解释(1989 年 3 月 17 日)。
402. 台湾地区"大法官"释字第 224 号解释(1988 年 4 月 22 日)。
403. 台湾地区"大法官"释字第 211 号解释(1986 年 12 月 5 日)。
404. 台湾地区"大法官"释字第 193 号解释(1983 年 2 月 8 日)。
405. 台湾地区"大法官"释字第 185 号解释(1984 年 1 月 27 日)。
406. 台湾地区"大法官"释字第 177 号解释(1982 年 11 月 5 日)。
407. 台湾地区"大法官"释字第 35 号解释(1954 年 6 月 14 日)。